管理的支点

企业人力资源管理案例甄选（二）

中国人力资源开发研究会企业人才分会　出品

顾问
彭剑锋

主编
李直

> 管理就是实践
> 实践是我们最伟大的老师

副主编
王震　罗墉　蔡元启

企业管理出版社
ENTERPRISE MANAGEMENT PUBLISHING HOUSE

图书在版编目（CIP）数据

管理的支点：企业人力资源管理案例甄选 . 二 / 李直主编 . —北京：企业管理出版社，2023.11
　ISBN 978-7-5164-2990-7

　Ⅰ.①管… Ⅱ.①李… Ⅲ.①企业管理－人力资源管理－文集 Ⅳ.① F272.92-53

　中国国家版本馆 CIP 数据核字（2023）第 223341 号

书　　名	管理的支点：企业人力资源管理案例甄选．二
书　　号	ISBN 978-7-5164-2990-7
作　　者	李　直
策　　划	杨慧芳
责任编辑	杨慧芳
出版发行	企业管理出版社
经　　销	新华书店
地　　址	北京市海淀区紫竹院南路 17 号　　邮编：100048
网　　址	http://www.emph.cn　　电子信箱：314819720@qq.com
电　　话	编辑部（010）68420309　　发行部（010）68701816
印　　刷	北京联兴盛业印刷股份有限公司
版　　次	2023 年 11 月第 1 版
印　　次	2023 年 11 月第 1 次印刷
开　　本	787mm×1092mm　　1/16
印　　张	41 印张
字　　数	1076 千字
定　　价	398.00 元

版权所有　翻印必究·印装有误　负责调换

本书编委会
（按照姓氏笔画排序）

顾　问

　　彭剑锋

主　编

　　李　直

副主编

　　王　震　罗　墉　蔡元启

编　委

　　袁　军　秦　扬　宫艳卿　段　磊　胡志华　张月强　张小峰

　　吴月红　肖　扬　李朋波　贡　生　许　凯　刘平青

感谢以下公司对本书出版的大力支持!

1. 北京菜鸟无忧教育科技有限公司

菜鸟无忧，作为一家一站式精准实习就业咨询服务机构，以积极贯彻国家政策为己任，致力于打造公平、透明的就业环境。以推动和促进中国大学生就业为使命，消除就业信息不对称的现象，打破就业歧视瓶颈，为求职者（大学生）提供全面、高质量的就业系统解决方案。

2. 中智管理咨询有限公司

中智管理咨询有限公司，国内知名央企品牌咨询公司，致力于提供国企改革、企业管理咨询和政府智库服务。

3. 北京文悦嘉和人力资源科技有限公司

文悦嘉和作为一家综合性人力资源服务公司，以客户为本，以解决问题为先，致力于为客户提供全面一站式服务。

序言一

实践是我们最伟大的老师

彭剑锋

中国改革开放四十多年，中国企业管理最具有中国特色、最具有中国原创管理理论和最优实践的是关于人的管理。可以说，中国企业人力资源管理理论与实践最具有原创性和独特性。长期以来，我一直关注中国企业人力资源管理的最优实践，并坚信，中国企业过去对世界的贡献主要是GDP，未来中国企业对世界的贡献，不仅仅是GDP，更有原创管理理论与最优实践。

我认为，一个好的企业实践案例应该符合以下三个标准，第一是创新性，该企业的人力资源管理实践是不是具有独创性和创新性；第二是应用价值，该人力资源管理的理论与最优实践的应用是不是真正推动了企业的健康成长与人的发展；第三是标杆影响力，该企业的人力资源管理最优实践是否成为行业标杆并成为其他企业学习对象。

管理就是实践，实践是我们最伟大的老师！人力资源管理作为一门应用科学，来源于实践的创新与总结提炼，回归于实践的应用与价值创造。管理是科学和艺术的有机结合，作为科学，一定是基于理性假设与科学思维，有方法论与内在规律性，具有可复制性，在应用实践中，不需要个性化创造，而是更强调做到位、执行到位、改进到位；而作为艺术，往往植根于独特的文化土壤，基于非理性的激情与洞察，一定需要个性化创造，一定要有中国特色、中国创造。中国人跟西方人的思维方式不一样，西方是二元对立思维，我们是基于不二法则的整体思维、系统思维。从这个角度上来说，中国企业的管理实践模式肯定有中国特色，肯定有中国企业自己的独特性。实践是与时俱进的，时代在变，管理实践也在变，作为一种实践的管理是一盘永远下不完的棋，永远没有止境，永远达不到我们所要的理想状态。

总的来说，管理既是一门科学，又是一门艺术，是融为一体的一体两面；管理既是理论又是实践，但是我更承认管理是一种实践。

管理作为一种实践，是对度的把握，是科学和艺术、理论和实践的有机融合。一方面，企业不能被理论绑架，立意过高，落不了地，没法活下去；另一方面，如果不相信理论、不遵循规律，靠拍脑袋，又容易翻车掉沟里。管理作为一种科学理论，我不太赞成构建"中国式管理理论"之说，从科学管理理论的含义出发，中外科学管理的内在规律与底层逻辑是一致的，没有所谓中国模式和西方模式之说，但从管理实践的角度，中国的最优实践模式是有的，是一种独特的存在。就像日本的丰田精益模式一样，中国也要总结出自己的模式。比如华为的以奋斗者为本的价值管理循环实践模式、海尔的人单合一实践模式、小米的平台化生态实践模式，以及"专精特新"企业的实践，等等。我们拥有各种最优实践，也理应总结出被世界认可和标杆学习的模式。

中国企业的最优实践亟待总结出来，这是包括我们管理学人、管理实践者的共同使命与责任。在数智化时代，我们在理念引领性方面是进步的，如七八年前，我们就开始倡导长期价值主义、创新向善等，这种理念的方向是进步的，是代表人类管理的发展方向的，当时很多人不理解，现在基本都接受了，很多企业都把这些观念写进了大纲里，这就是前瞻性。最近我们提的中国企业转型升级的六大要点"登科技高峰，下数字蓝海，聚天下英才，与资本共舞，创世界品牌，做三好企业"以及"战略生态化、组织平台化、人才合伙化、领导赋能化、运营数智化、要素社会化"六化新思维等作为理念引领，十年内方向是没问题的。但这些年我们的遗憾在于，对于中国企业的最优实践持续挖掘不够、总结提炼不够，这也是我们应该和企业家一起努力的方向。实践是管理理论活的灵魂，只有面向实践、扎根实践、向实践学习，做有意义和有价值的研究，我们管理学人才能不辜负这个伟大时代。让我们共同努力，为中国企业最优管理实践贡献更多、更优秀的案例。

彭剑锋

企业管理专家

中国人力资源开发研究会副会长兼企业人才分会会长

中国人民大学教授、博导

华夏基石管理咨询集团董事长

序言二

以人力资源管理为支点

李 直

经过近一年的征集和遴选，中国人力资源开发研究会企业人才分会开展的 2022—2023 年人力资源管理案例征集工作已基本完成。这是我们连续第二年开展这样的案例征集工作。案例征集得到了广大企业的积极响应，300 多家企业提交了自己的人力资源管理案例，其中绝大部分都是规模以上企业。这些案例都是企业多年的人力资源管理实践的总结，内容翔实、丰富，干货满满。

经过慎重考虑，我们再一次把其中的优秀案例结集出版，继续命名为《管理的支点》。入选案例除了继续具有内容翔实、信息量丰富、兼具可读性和学习性等特点外，还有以下几个新的特点。

一是广。入选案例具有广泛性和代表性，涵盖了不同行业、不同规模、不同发展阶段的企业人力资源管理实践。

二是新。入选案例都是企业最新的人力资源管理实践，是企业在面对新的内外部环境下的人力资源新举措，是应用了新的数字化、智能化理念和工具后的新方法。这些新的举措和方法让企业的人力资源管理更加高效、精准。可以说，这些创新性的实践经验正在引领人力资源管理的新趋势。

三是深。入选案例不仅内容翔实，同时还体现了企业在管理实践中的思考和探索。每个案例都详细描述了企业在项目实施前的战略和专业考量，以及实施过程中的具体流程和步骤，部分案例涉及企业发展和人力资源管理实践过程中发生的转型、变革、创新等新的方法、系统，新的人力资源管理理念和方法被大量应用，为读者全景式地深入展现了人力资源管理的优秀实践。

在阅读本案例集时，我们建议读者注意以下几点。

一是关注企业的外部环境、内部战略以及组织文化等方面对人力资源管理的影响。近几年，企业面临着各种正常和非正常的挑战，这些因素都会影响企业的人力资源管理策略和实践效果。

二是关注企业的人力资源管理实践所带来的成效和影响。这些实践是否能够提高企业的绩效和竞争力，是否能够激发员工的工作热情和创新精神，是否能够提升企业的品牌形象和社会责任感等方面都是值得关注的重点。

三是注意总结和提炼企业在人力资源管理方面的成功经验和教训。这些经验和教训不仅可以为自身，也可以为其他企业提供有益的参考和启示，帮助企业更好地进行人力资源管理实践。

四是结合自身的实际情况，学习和借鉴本案例集中的优秀实践经验。每个企业都有其独特的历史、文化和战略背景，因此需要根据自身的实际情况来制定合适的人力资源管理策略和实践方案。

在这个充满变革和机遇的时代，企业人力资源管理的发展与创新任重而道远。我们认为，人力资源管理案例征集不仅仅是一个征集活动，《管理的支点》也不仅仅是一本书，更是一个平台。我们希望通过这样的征集和出版，搭建一个企业间互相学习、交流的平台，让更多企业一起探索、前行。通过探讨、交流本书中的优秀案例，获得新的视角、新的思路和新的方法，以提升企业的整体竞争力，帮助企业更好地应对未来的挑战和机遇，共同推动我国企业人力资源管理的发展和创新。

希望《管理的支点》能够成为企业在这条道路上不断前行的得力助手，为企业提供更多灵感和启示，以助力企业在人力资源管理领域取得更大的成功。让我们共同为中国企业人力资源管理的未来发展而努力！

李　直

中国人力资源开发研究会常务副秘书长

中国人力资源开发研究会企业人才分会副会长兼秘书长

《中国人力资源开发》社长、副主编

目 录

第一部分　国企三项制度改革

一体推进"三能"机制常态化　激发建设世界一流企业新动能
　　华润（集团）有限公司 002

强化改革牵引　激发改革活力　国药集团加快构建市场化经营机制成效显著
　　中国医药集团有限公司 006

基于"任期制和契约化"的组织绩效管理实践
　　海洋石油工程股份有限公司 009

规划总院职能部门机构、岗位、薪酬及绩效管理综合改革
　　中国石油天然气股份有限公司规划总院 018

全面深化改革　激发内生动力——中国绿发三家二级单位深化改革实践
　　中国绿发投资集团有限公司 024

坚持改革创新　持续放权赋能　以人力资源改革助推公司高质量稳健发展
　　中国石油云南销售分公司 033

以对标强基础、用改革增活力——以重庆物业公司为例论深化改革中的人力资源管理实践
　　重庆鲁能物业服务有限公司 036

做精做细三项制度改革文章　激发金融人才队伍活力
　　中海油国际融资租赁有限公司 041

H公司三项制度改革之岗位价值评估案例
　　双高集团所属企业双高志远公司 045

创新"三能"机制　激发内生动力　推动三项制度改革走深走实
　　中盐内蒙古化工股份有限公司 049

中国绿发扎实推进机制市场化改革　为企业改革发展打造强大引擎
　　中国绿发投资集团有限公司 053

第二部分　人力资源数字化

海尔集团人力资源数字化转型实践——数据驱动人才管理长效化案例
　　海尔集团人力资源平台 062

电网企业以"精准识别、高效培养、智慧应用"为目标的新员工职业素质人才评价体系构建
　　国网江苏省电力有限公司管理培训中心 069

基于人才画像技术的人才数字化管理场景建设实践
　　中共国网天津市电力公司委员会党校（国网天津市电力公司培训中心） 078

持续拓宽信息化技术应用场景，推动人力资管理向数字化、智能化迈进
——中海油服人力资源数字化转型研究与探索
　　中海油田服务股份有限公司 086

助力央国企构建"高合规、高满意"的员工关怀数字化平台
——中智关爱通数字化福利解决方案分享
　　中智关爱通（上海）科技股份有限公司 093

"锚定难点，抓住重点"，以数字化促人力资源管理精细化、高效化
　　北京新航城控股有限公司人力资源部 100

顺应数字化转型　打造全球人力共享模式
　　中国联通国际有限公司 104

贵州高速公路集团"人资云"平台
　　贵州高速公路集团有限公司 110

数字化赋能国企人力资源管理——以国家电投山东院人力资源管理系统为例
　　国家电投集团山东电力工程咨询院有限公司人力资源部（党委组织部） 119

筑牢人力资源管理数字底座　推进新焦煤五大治理体系建设走深走实
　　山西焦煤集团有限责任公司 123

打造新时代的数字化人才管理
　　国投人力资源服务有限公司 131

基于数字化平台的培训管理体系优化实践
　　大唐长春第二热电有限责任公司 139

"科创工厂"科技人才培养平台构建
　　中海石油（中国）有限公司湛江分公司 148

以客户为中心，打造"3+3"立体式无死角薪税服务体系
　　中智薪税技术服务有限公司 155

基于数字化时代赋能的学习型组织建设与实践
  中交天津航道局有限公司 160

人才管理"精准化、数字化"，助力公司全面数字化转型
  中国联通河南省分公司 171

数智化加速人力资源向智效合一转型
  用友网络科技股份有限公司 176

第三部分 管理机制与组织建设

以全员绩效考核为引领的人才管理体系改革
  中铁建设集团有限公司 186

中国石油人力资源共享服务体系建设与实践
  中国石油天然气集团有限公司人力资源部 中国石油集团共享运营有限公司 210

建筑施工企业"党建+HRBP"体系建设实践
  中铁十四局集团有限公司 216

以提升管档用档质量效率为目标的大型央企干部人事档案区域共享管理
  中国能源建设集团有限公司 227

基于价值链闭环管理的人力资源深度优化探索与实践
  中石化胜利石油工程有限公司 239

基于核心能力的专助责评价发展体系构建与应用
  深圳供电局有限公司培训与评价中心（公司党校） 248

能源互联网产业集团推动组织模式创新的探索与实践
  南瑞集团有限公司 255

以提升全员劳动生产率为目标的"两层五定"定岗定编体系的构建与实施
  中车南京浦镇车辆有限公司 262

建筑工程企业中业务导向型HRBP管理模式创新实践
  中国电子系统工程第四建设有限公司 270

追求卓越运营、探索创新实践——万达集团人力共享服务中心发展之路
  大连万达集团股份有限公司 277

"无边界虚拟矩阵式"人才队伍管理结构的研究应用与推广
  鲁能集团有限公司上海分公司 286

集团化煤炭企业"2体系2工程"人力资源管控体系的探索与研究
  华电煤业集团有限公司 293

"双效双赢"人力资源管理新模式的探索与实践
  大港油田公司人力资源部/党委组织部 299

以人力资源管理一体化创新机制 推进国有科技型企业改革做深做实
  中交（天津）生态环保设计研究院有限公司 306

新形势下大项目制操盘模式的探索——基于沈阳大东项目建设的思考
  大连鲁能置业有限公司 316

基于井筒业务链的人力资源统筹配置"双循环"机制创新与实践
  中石化胜利石油工程有限公司 322

第四部分　价值评价与价值分配

指标任务化、任务目标化、目标责任化的业绩考核新模式的创新与实践
  国网辽宁省电力有限公司 332

国有企业基层干部综合考核评价指标体系研究与实践
  中石化胜利石油工程有限公司渤海钻井总公司 342

以战略为导向、以价值创造为核心，打造多元激励体系
  南方电网深圳供电局有限公司 348

薪酬与绩效考核管理创新与实践
  贵州现代物流产业（集团）有限责任公司 357

KB平衡模式下的薪酬体系建设研究——基于绵阳公交集团驾驶员的薪酬案例
  绵阳市公共交通集团有限责任公司 362

某军工企业构建多元化考评激励机制探究
  北方光电集团有限公司 371

以价值创造为导向的薪酬激励体系构建与实施
  中车齐车集团有限公司 381

第五部分　人才队伍建设

破四唯、立新标：中国中化科技人才CVC评价模型的构建与实践
  中国中化控股有限责任公司人力资源部（党组组织部） 386

拓宽选人用人视野　激活人才发展动能　国药集团市场化选聘高级管理人员成效显著
　　中国医药集团有限公司 395
运用"加法思维"持续释放国有企业专业人才队伍发展活力
　　中石化胜利石油工程有限公司渤海钻井总公司 398
统筹人才"引进、使用、激励"，牵引夜视院集团核心技术攻关与产业发展
　　——北方夜视科技研究院集团有限公司人才队伍建设探索实践
　　北方夜视科技研究院集团有限公司 401
建设高水平体系化研发人才队伍，以创新驱动引领国有科技型上市公司高质量发展
　　航天信息股份有限公司 410
建强青年人才"供应链"，保障企业高质量发展
　　中化商务有限公司 419
以"智囊团"人才池建设筑牢"人才库"的屏障，为公司高质量发展建言献策
　　中海石油（中国）有限公司湛江分公司 424
"三强三化六协同"：基于产业链协同创效的国际化人才系统建设
　　中国国际石油化工联合有限责任公司 428
产教融合视域下解决产业人才需求侧与供给侧"两张皮"问题的探索与实践
　　——以北控水务集团有限公司为例
　　北控水务集团有限公司 434
打造"四位一体"跨越式人才发展体系
　　山东高速集团有限公司人才发展院 442
构建人才工作格局　打造东线人才高地
　　中国南水北调集团东线有限公司 452
围绕改革大局　对标世界一流　坚持人才引领——加快新时代市场化销贸队伍建设
　　中海石油气电集团有限责任公司 455
构建人才价值与人才发展工程，推动人才工作体系变革
　　中建三局一公司人力资源部（干部人事部） 461
探究"校农结合"与"校企合作"新模式，以农业产业发展带动人才队伍建设
　　贵州蔬菜集团有限公司 471
广西石化分公司专业技术岗位序列改革探索与实践
　　中国石油天然气股份有限公司广西石化分公司 481
"党建引领聚力，深化融合赋能"全力锻造"三强"干部队伍
　　中国石油天然气股份有限公司西北销售陕西分公司 489
打造人才孵化摇篮　助推企业高质量发展
　　中交浚浦建筑科技（上海）有限公司 494

建筑企业"新八级工"制度落地探索与实践
　　中能建建筑集团有限公司 502

基于任职资格与胜任力视角的战略人力资源双轮驱动模型研究
　　中国水利水电第十四工程局有限公司 507

第六部分　人才培养与实践

集团总部以"四突出、四实现"挂职工作法为体系的年轻干部培养创新与实践
　　中国华能集团有限公司党组组织部（人力资源部） 518

打造"哑铃型"干部培养体系，推动干部队伍建设
　　中化国际（控股）股份有限公司 527

让"知识场"扎根于企业土壤——航天特色课程体系建设与实践
　　中国运载火箭技术研究院长征培训中心 533

基于"一盘棋"理念的大培训体系优化与实践
　　国网陕西省电力有限公司人力资源部 541

工程项目管理岗位标准化培训体系建设
　　中国石油管道局工程有限公司 550

基于"1.2.3"人才培养框架的"551"习酒人才队伍培养
　　贵州习酒投资控股集团有限责任公司 555

基于海油智库实践的软科学人才全生命周期培育体系
　　中国海油集团能源经济研究院 566

搭建人才培训体系，培养中坚腰部力量——重庆鲁能"劲松计划"培训项目
　　重庆鲁能开发（集团）有限公司 574

以彩虹为桥　让人人出彩——科环集团人才培养创新之路
　　国家能源集团科技环保有限公司 579

特大型勘察设计企业以多维度激励为核心的"培家工程"建设
　　中铁第一勘察设计院集团有限公司 587

实施"青蓓"计划，打造青年人才"孵化器"
　　中国石油天然气股份有限公司西北销售呼和浩特分公司 594

打造全员过筛新模式　构建企业培训新格局
　　中国石油天然气股份有限公司抚顺石化分公司 598

基于"六化"模式的全链条人才培养管理体系建设
　　中交第四航务工程局有限公司 608

深化"三器"内涵，促进专家工作室作用发挥

  中国石油天然气股份有限公司辽河石化分公司 620

第七部分　企业文化与和谐劳动关系

内外合力，协同打造天江药业"1+2+6+4"特色雇主品牌体系

  江阴天江药业有限公司 628

做好农民工实名制管理，降低建筑施工总承包企业劳动用工风险

  中国水利水电第十二工程局有限公司 635

第一部分

国企三项制度改革

一体推进"三能"机制常态化
激发建设世界一流企业新动能

华润（集团）有限公司

华润（集团）有限公司（以下简称华润集团或华润）坚持以习近平新时代中国特色社会主义思想为指导，深入学习贯彻落实习近平总书记对华润80周年回信"一个定位、三个着力"重要指示精神，以"1246"模式为引领，立足完全竞争市场领域，汇聚改革合力，持续推动干部能上能下、员工能进能出、收入能增能减机制常态化，推动形成能者上、优者奖、庸者下、劣者汰的正确导向，全面激发建设具有华润特色的国有资本投资企业和世界一流企业新动能，为中国式现代化建设贡献华润力量。

一、不断推进干部人事制度改革，全力破解干部"能上不能下"的难题

作为红色央企，干部能上能下既是华润的优良传统，也是集团党委高度关注的重点，关系到华润改革发展的全局。华润坚持系统思维、多措并举，大力推动干部能上能下，破解职务"铁交椅"。一是营造良好的组织氛围聚共识。以华润"诚实守信、业绩导向、以人为本、合作共赢"的价值观为纽带，建立与干部之间的思想认同、职业操守等"文化契约"，并推动华润文化在传承中创新发展。2021年，《华润集团"十四五"文化理念体系》发布，推动企业文化重塑和创新发展，让企业文化入脑入心、落地生根。从现状看，华润内部各级管理人员的行政职务全部实行聘任制，职务名称与市场接轨，从员工到干部，均没有所谓的"行政级别"。在华润，无论是内部培养的还是外部引进的，都必须拥护党的领导、爱国爱企，认同华润文化价值观，赓续红色基因，破除"行政身份"意识。经过长期的发展，形成了尊重市场用人规律的文化氛围，无论什么样的干部和管理者，面对各种原因导致的个人进、退、留、转等调整变化时，内心都相对容易接受。二是优化干部退出机制求实效。完善退出规则，拓展退出渠道，制定《华润集团直管干部管理规定》《华润集团干部退出管理办法》《华润集团下属单位推行经理层成员任期制和契约化管理实施意见》等，实现正常退出、提前退出、强制退出等方式的集成。坚持将强制退出作为重点，把中央政策规定的15种不适宜担任现职的情形列入集团一级管理制度予以固化，持续完善干部不适宜担任现职的各类情形，规范工作程序及要求。压紧压实各级党委主体责任，敢于动真碰硬，推动干部能上能下向纵深迈进。集团层面，2020年以来，集团直管干部群体因末等调整、不胜任退出等被"下"的数量达50余人。二级企业层面，旗下华润置地大力推动末等淘汰和不胜任退出，2021-2022年包括直管干部在内共计调整3800余人，其中淘汰直管干部80余人；旗下华润燃气依托总部－大区－区域3级盘点机制，结合年度考核结果，近6年有百余名直管干部因考核评价不达标被降职或退出。三是深化任期制和契约化管理见真章。强化体系设计，构建"1+N"规范化制度体系框架，制定并完善实施意见，配套聘任协议、权责清单等规范性文件，有序落实重要子企业董事会职权，同步完善经理层选聘、考核评价、薪酬激励、退出、监督约束等机制。分层分类施策，提高考核指标的科学性和挑战性，出台《华润集团业务单元经营业绩合

同编制指引》，将二级企业按照"成熟领先、战略发展、转型重塑、孵化培育"进行分类管理，原则上成熟领先型企业预算目标值不低于行业标杆的良好值，战略发展型企业预算目标值不低于行业标杆的平均值，鼓励二级企业自我加压。严格考核并刚性兑现结果。2021-2022年，集团各级子企业经理层成员中，40余人因年度业绩考核结果未达到"双70"底线，被解聘退出；90余人因年度业绩考核结果未达到"80"合格线，被扣减年度全部绩效奖金。2022年，该项改革指标考核结果在中管企业也排名前列。四是强化干部综合考评动真格。优化集团综合考评管理体系，将每3年对二级单位领导班子和直管干部开展1次的综合考评调整为每年进行，充分发挥"指挥棒"作用。坚持把政治标准放到首位，自主开发管理团队效能、干部能力素质等测评工具，与组织绩效考核、党建责任制考核有机衔接。严格组织程序，集团党委书记担任考评领导小组组长、党委委员担任成员，各级领导干部、员工代表广泛参与，坚持定性评价与定量考核相结合，综合运用360度测评、民主评议、分析研判等方法工具，将深度访谈贯穿考评始终，确保考准考实。刚性兑现结果，对班子突出问题针对性地提出整改意见并落实到位，对干部个人按比例强制排序。2021-2022年，在对集团直管干部开展的任期综合考评中，对考评整体排名靠后的20余人分别给予退出集团直管干部序列、调整岗位、设置观察期、提醒谈话等处理。

二、全面推行市场化用工机制，强化业绩导向实现人才资源进出有序

华润各类业务均直面市场，市场化用工是华润赢取市场竞争优势的重要保障。作为一个海纳百川的组织，华润始终坚持党管人才原则，坚持五湖四海、广开进贤之路，用好"两个市场，两种资源"，将各方面优秀人才集聚旗下干事创业。2021-2022年，华润集团"市场化用工"改革指标连续两年在国资系统内获单项考核第一名。一是不断健全完善市场化招聘机制。坚持人岗相适、人事相宜，健全完善公开、平等、竞争、择优的市场化招聘机制，建立公开透明的招聘流程，严格执行社会招聘各项制度和流程，以保证全过程的透明度和公信力，确保公平公正。打造全集团统一的信息化招聘平台，推动人才招聘业务全流程线上化操作以及招聘渠道的整合，通过数字化手段不断规范招聘管理，提升工作效能和水平。全集团每年通过校园招聘、社会招聘等方式补充大量人才，市场化选聘人才具备丰富的实践基础。过程中，注重将市场化用工与履行驻港央企职责使命有机结合，例如为疏解香港社会青年就业压力，服务粤港澳大湾区发展战略，面向香港应届毕业生或香港居民，推出华润"春笋计划"项目，3年多累计招聘香港人才2000余人。二是充分用好全员绩效考核这一"指挥棒"。华润推行全方位、全过程、多方式、可执行的全员业绩管理体系，强调以精益化绩效管理为核心的日常绩效管理循环，并通过组织评价、干部评价、全员业绩合同和绩效信息化等方式系统推进。抓好战略解码，通过确定战略规划、商业计划并实施战略监控、战略检讨与战略评价，将一把手业绩合同指标和主题任务层层分解到组织的所有层级和全体员工，以各级组织和全体员工的业绩逐级支持保障华润战略目标的实现。强化考核结果刚性兑现，以《华润全员绩效管理指引》为指南，坚持绩效结果强制分布，考优罚懒黜劣，实现末等调整和不胜任退出，绩效卓越及优秀类员工比例、合格和不合格员工类比例均有明确限制，绩效等级与年度绩效奖金分配挂钩，是晋升评价的重要依据。对年度考核结果未达底线要求的员工进行解聘。三是积极推动管理人员竞聘上岗激发活力。通过竞聘上岗，进一步明确集团事业对人才的需求标准，不断优化各层级管理人员的素质和结构，有效提升队伍战斗力，激发组织活力动能。结合"去机关化"改革要求，集团总部自2021年起陆续开展竞聘上岗，坚持试点示范、分类并进、全面推广的思路，抓好岗位编制、岗位职责和标准要求梳理，公平、公正、公开抓好竞聘组织实施，全体员工"起立坐下"，300余人实现竞聘上岗，10%左右的人轮岗或退出总部岗位。

集团总部工作开展后，华润置地、华润医药商业、华润健康等多家二级企业借鉴总部工作方法和实践经验，相继开展本单位总部岗职优化和员工竞聘工作，并取得实质成效。同时，深入推进各层级管理人员竞聘上岗。2022年，集团及各级子企业管理人员新聘任上岗中，通过竞聘上岗聘任管理人员400余人，占比约为27%；因末等调整和不胜任现职退出300余人，占管理人员总数的5.63%。旗下华润电力将组织变革和公开竞聘结合，2022年有序推动区域企业中层"全体起立、公开竞聘"，20余家区域企业实施中层全员竞聘，其中平调交流20余人、退出30余人、降职10余人。

三、构建完善多元精准的激励机制，锚定价值创造合理拉开收入差距

围绕华润战略和文化，充分发挥市场机制作用，优化完善体现业绩价值、岗位价值和人才价值的差异化薪酬体系，持续探索构建多元精准的人才激励机制，充分激发价值创造的积极性、主动性等。同时，持续深化改革，通过组织变革和业务重塑，加强考核评价和激励力度，推进"瘦身健体"，集团和各二级企业普遍实现全员劳动生产率显著提升，促进国有资本提质增效。2019-2022年，集团全员劳动生产率年复合增长率达8.01%。一是建立差异化薪酬分配体系。结合业务多元化特点，设置分业态、分层级、分序列的市场化薪酬标准，构建与企业类型相适应、与市场竞争相兼顾、与经营业绩相挂钩的差异化薪酬分配体系，满足业务发展和价值创造需求，不断强化责任意识和风险意识，将干部员工的收入水平与承担的责任、风险相挂钩，建立起与企业利益共享、风险共担的激励机制。过程中，坚持按岗位付薪、按能力付薪、按业绩付薪相结合，即根据岗位价值大小确定薪酬参考水平高低，在岗位价值评估的基础上充分尊重员工能力差异及人岗匹配程度，保证薪酬资源向绩效优秀者倾斜。二是建立业绩薪酬双对标机制。对二级企业正职干部开展年度业绩与薪酬水平双对标，挑选关键经营指标与对标群体，进行业绩与薪酬双对标检视。每年年底通过对标考核，调整干部浮动薪酬（年度绩效奖金、战略激励金），实现收入能增能减。明确行业业绩对标分位值高于行业薪酬对标分位值5～20个分位为合理区间。对薪酬分位值高于业绩分位值20个分位以上的，总薪酬水平坚决下调；薪酬分位值低于合理区间20个分位以上的，通过浮动薪酬适度上调。例如，2021-2022年，华润旗下26家二级企业中，薪酬分位值高于业绩分位值5～20个分位导致浮动薪酬下调的有6家，浮动薪酬下调比例最高达21.3%；业绩分位值高于薪酬分位值20个分位且当年业绩表现优秀，浮动薪酬上调的有2家，浮动薪酬最高上调比例为28.5%；2家二级企业分别因年度主要考核指标净利润完成率低于70%、企业经营业绩合同得分低于80分，经理层班子成员奖金均按零刚性兑现。此外，坚决做到一岗一薪、易岗易薪，实现薪酬动态调整，每年均有二级企业干部上调、下调薪酬或奖金作零发放，确保业绩考核与激励水平相匹配。三是建立多元化激励机制。高度重视对改革政策的把握运用，因企施策、应给尽给，根据行业特点、发展阶段、人才状况等，合理选择中长期激励工具，逐步建立以战略、价值为导向的多元化中长期激励机制。对资产重、规模大、竞争激烈的"大国民生"业务以现金型中长期激励为主；对风险高、人才驱动、成长快、资产回报好的"大国重器"业务以股权激励为主。不同类型企业，匹配不同的激励政策，增强激励的系统性、整体协同性，激发组织活力，建立事业共创、风险共担、收益共享的多元激励机制，力争实现"力出一孔、利出一孔"。积极推进上市公司股权激励，华润微电子、华润三九、江中药业、华润双鹤、华润化学材料5家上市公司完成限制性股票授予，2000余名关键核心骨干及科创员工参与股权激励。实施后，公司经营业绩稳步提升，2022年，5家上市公司营业收入同比增长17.5%，归母净利润同比增长23.4%。稳慎推进员工持股和跟投，华润微电子旗下迪思项目实施混改员工持股，首期30余位核心骨干完成持股，占项目总股本1.57%；华润数科工业互联网及智能制造项目实

施跟投，50名左右核心骨干参与，占项目总股本15%。实施跟投后，华润数科工业互联网项目员工离职率从5.5%下降至2.1%，并成功引入10余名中高端人才。完成科技型企业分红激励破冰，华润水泥旗下技术研究院优选"60万吨级尾矿资源化综合利用研发项目"和"隔声涂料项目"开展项目分红激励，按照项目考核与个人考核结果确定兑现额度，实现科技型企业股权和分红激励政策工具在华润的"破冰"，助力企业创新转型。探索超额利润分享机制建设，华润万家实施超额利润分享，选取100余名核心骨干作为激励对象，每年提取超出净利润目标部分相应比例作为激励总额度，采用递延方式分3年兑现。华润环保旗下"科改示范企业"内蒙古环投公司也已制定超额利润分享方案，将按一定比例提取超额利润分享额，对管理和科研骨干员工进行激励。四是探索收入分配资源向科技创新倾斜机制。完善科技创新考核评价及激励机制，制定发布《科技创新管理规定》《科技成果转化实施办法》《科技创新工作评价管理办法》《科技创新业绩考核指引》《科技创新激励管理办法》等，明确激励工具和实施路径选取，构建中长期激励、项目奖励、科技创新成果奖励等分类管理激励体系。为创新孵化培育业务匹配市场均值及以上的薪酬水平，设置3年孵化期，期间根据业务需求与人员编制核定工资总额，例如对新成立的二级企业华润数科，2022年根据实际业务需求单列相应额度工资总额，有效支持业务发展。加大科技创新工资总额支持力度，对重点科技攻关项目所需人员及高层次科技创新人才薪酬、科技成果专项奖励等进行单列，不列入企业工资总额，2022年集团对各二级企业单列科技创新工资总额达1.12亿元。对科技创新人才，加大薪酬检讨频次，确保薪酬水平具有市场竞争力，2022年集团直接从事研发和技术创新工作的科技研发人员人均工资同比增长10%，人均工资及增幅高于同期集团整体增幅。

华润集团通过一体推进"三能"机制常态化，打造了一支忠诚、干净、有担当的高素质干部队伍，吸引培育了一批适应华润创新发展的优秀人才，企业市场化经营机制不断健全完善，提振了干事创业精气神，为高质量发展注入新动能，改革成效逐步显现。华润集团在2022年度国企改革三年行动重点任务考核中获评A级，位列央企第10名；2022年6月，经国务院国资委批准，正式转为国有资本投资企业；2023年，被纳入创建世界一流示范企业范围。2023年上半年，集团实现营业收入4001亿元，同比增长7.8%；利润总额为454亿元，同比增长5.7%；集团经营业绩考核累计17次被国务院国资委评为A级，并位列2023年《财富》世界五百强第74位。

2023年，是全面贯彻党的二十大精神的开局之年，对华润来说，更是具有特殊意义，华润人迎来了华润创立85周年、华润集团成立40周年。站在新的更高历史起点，以持续深化改革为契机，华润人"永远用奋斗定义自己"，主动扛起"大国民生"和"大国重器"的责任担当，锚定建设世界一流企业伟大目标，积极探索推进华润"1246"模式，全力实施集团第四次战略转型，意气风发地迈进百年华润新征程。

案例负责人：简　易

主要创作人：简　易

参与创作人：李永飞、赵恒石、曾庆军、张　彧

强化改革牵引　　激发改革活力
国药集团加快构建市场化经营机制成效显著

中国医药集团有限公司

一、基本情况

中国医药集团有限公司（以下简称国药集团）是由国务院国资委直接管理的唯一一家以生命健康为主业的中央企业，是国家创新型企业，是中央医药储备单位，是中国和亚洲综合实力和规模领先的综合性医药健康产业集团，拥有集科技研发、工业制造、物流分销、零售连锁、医疗健康、工程技术、专业会展、国际经营、金融投资等为一体的大健康全产业链。旗下有1700余家子企业和9家上市企业，员工总人数23万余人。截至目前，国药集团改革范围内企业经理层成员任期制和契约化管理比例为100%，经理层成员为3739人，企业数量多、经理层人数多、管理幅度大、业务板块多元。作为董事会职权试点企业，国药集团严格贯彻落实国务院国资委关于国企改革三年行动计划和改革深化提升行动有关要求，重点抓好三项制度改革的"牛鼻子"工程，建立健全从0到1的经理层成员任期制和契约化管理体系，以任期制和契约化管理改革为契机，带动综合改革纵深推进，克服经济下行的巨大压力，以改革创新组合拳开创高质量发展新局面。

二、经验做法

国药集团坚持系统思维，强化顶层设计，以高度政治责任感和使命感部署落实经理层成员任期制和契约化管理改革工作，要求"量"和"质"两手都要抓、两手都要硬。以"两办法、一协议、两合同"5个文本（即经理层薪酬管理办法、绩效管理办法、聘任协议、年度业绩合同、任期业绩合同）为标志，重点聚焦任期管理、契约签订、目标设置、薪酬兑现、退出管理等关键环节，加大工作力度，提高工作质量、延伸覆盖范围，统筹推进全级次企业制度体系建设，实现契约合同应签尽签，确保全面完成经理层成员任期制和契约化管理100%覆盖的改革任务。

（一）强化组织领导，在部署宣贯上下功夫

一是集团抓总，全级次部署改革工作要求。国药集团董事长亲自挂帅，牵头抓总，组织召开国药集团改革三年行动推进会、深化改革三年行动推进会、决战决胜改革三年行动工作推进会等有关会议，从集团层面对经理层成员任期制和契约化管理工作进行宣贯部署，以上率下，全面贯彻落实。

二是一贯到底，上下联动形成改革合力。国药集团改革领导小组、人力资源部等分管部门统筹推进，召开人力资源部门负责人深化改革专题推进会，进一步明确工作要求，及时通告改革进展情况，挂图作战，分级次、分批次全面落实改革要求。坚持一月一填报、一月一沟通原

则，对出现的共性问题，集中统一解释，对进度落后的，及时跟踪了解，确保各企业对要求理解到位、对政策理解到位。所属国药控股公司，作为"混合所有制改革"试点企业，建立任期制和契约化管理工作"承包"小组，包企到人，各"承包"责任人搭建所承包企业工作在线交流平台，及时指导、跟进各子企业工作情况，确保改革工作贯彻执行。

（二）把握实施路径，在制度建设上下功夫

一是围绕"六定"明确实施思路。国药集团在落实本项改革工作的过程中，总体实施围绕"六定"标准指导各企业开展工作：定岗位，明确各经理层成员岗位任职要求及具体岗位职责；定权责，明确规范董事会与经理层、总经理和其他经理层成员之间的权责关系；定考核，确定各经理层成员年度和任期考核指标及相关制度；定薪酬，确定经理层薪酬结构及具体考核机制；定退出，建立经理层成员退出岗位机制；定契约，各经理层成员与企业签订相关协议。

二是重点聚焦，完善制度建设体系。具体实施过程中，结合各企业面临的工作实际，集团先后印发了《国药集团经理层成员任期制和契约化管理工作方案》《关于加大力度推行经理层成员任期制和契约化管理工作的通知》《国药集团关于进一步加大力度推行经理层成员任期制和契约化管理工作的补充通知》，并下发有关协议、业绩合同模板，明确各层级企业完成时限，倒排工期，指导子企业修订完善制度、细化考核指标，从管理机制上确保子企业按照要求严格落实。

（三）注重改革质量，在督导检查上下功夫

一是消化吸收，确保"形神兼备"。主动学习国务院国资委下发的《50个参考示例》《契约文本操作要点》，并将其下发到全级次企业，对标对表，借鉴吸收好的经验做法。所属国药工程公司强化与岗位职级体系的联动效应，按照"跳一跳、摸得着"的原则，结合各业务单位近年的历史业绩、行业对标情况等，分档制定富有挑战性的考核目标，不同职级的目标档位匹配相应的考核计分和薪酬分配机制，通过持续深化改革，国药工程公司2022年实现营业收入和净利润增长15%以上。在总结经验的基础上，按照改革深化提升行动最新部署，探索任期制和契约化管理工作以点扩面，将任期制和契约化管理范围延伸至事业部负责人和各分子公司项目经理，通过契约化管理让公司核心骨干人才"凭业绩贡献取酬"，有效激发干事创业激情。

二是建立内部自查机制，开展企业内部自查。在国务院国资委抽查调研的基础上，积极主动开展集团所属企业自查评估工作，集团人力资源部组成抽查调研工作小组，结合企业规模及业务特点，差异化选取43家企业开展经理层成员任期制和契约化管理工作完成情况抽查调研，对"两办法、一协议、两合同"发现的问题及时反馈，形成"以点带面"的问题排查机制。同步落实国务院国资委自评估检查的工作要求，下发《关于开展经理层成员任期制和契约化管理工作自评估检查的通知》，要求各企业对照检查项逐项自查、及时完善。

三是借助专业外脑再评估再检查，确保改革质量。国药集团与第三方咨询机构合作开展再评估再检查工作，建立"集团改革领导小组＋子企业＋第三方机构"的沟通协调机制，现场抽查办法及有关协议文本的完成情况，查缺补漏的同时挖掘企业好的经验做法，最终形成改革评估报告，指导子企业进一步提升任期制和契约化管理工作的完成质量，确保集团改革任务务期必成、取得实效。

四是改革工作纳入考核评价，注重发挥"指挥棒"作用。将经理层成员任期制和契约化改

革工作完成情况纳入国药集团国企改革三年行动考核，考核结果作为确定企业领导人员绩效薪酬的重要依据。将经理层成员任期制和契约化管理工作完成情况纳入集团人力资源管理评审范围，在查缺补漏、督促提高方面持续保证完成质量。

三、改革成效

一是经营业绩创历史最佳。国药集团深入实施国企改革三年行动，不断加强改革牵引和制度体系建设，契约、目标更加明确，机制运行更加顺畅、高效。国药集团在"十四五"开局之年交出了一份亮眼的成绩单，2021年营业收入突破7000亿元，利润总额突破1000亿元，创历史最高水平。

二是市场化选用机制改革多点开花。变"相马"为"赛马"，推动管理人员市场化招聘机制，国药集团组织开展了面向集团内外招聘的子企业总经理、副总经理、财务高级管理人才公开选聘工作，制定公开选聘工作方案，发布招聘公告，得到了社会的广泛关注，全力盘活人才、激励人才，形成人才活水，取得了良好的效果。所属国药中生公司开展"良将工程"，子企业高管"全体起立"，竞聘上岗。所属国药国际公司在大健康、免税两个板块中，开展"服将工程"和"健将工程"，成功选聘15名管理人员。所属国药太极公司精简组织机构、优化人员队伍，"起立"竞聘子企业班子，压减92人，撤销部门11个，压减中层118人。

三是三项制度改革取得阶段性成效。牵好改革"牛鼻子"，全力推进三项制度改革工作，形成了上下贯通、纵深推进的人才管理机制改革新局面。全级次企业推进经理层成员任期制和契约化管理工作，100%完成了阶段性目标任务，国药工程、国药投资等"双百改革"试点企业将任期制和契约化管理机制实施范围下沉到项目负责人、中层管理人员，实现扩面延伸。在2021和2022两年度中央企业三项制度改革评估中，国药集团多项指标评价等级为"较高"水平，获评为"一级（A类）企业"。

案例负责人：刘敬桢、杨　柳
主要创作人：王香芬
参与创作人：刘　冬、王卫鑫、王　静

基于"任期制和契约化"的组织绩效管理实践

海洋石油工程股份有限公司

一、公司基本情况

海洋石油工程股份有限公司（以下简称公司）是中国海洋石油集团有限公司（以下简称中国海油）控股的上市公司，是中国唯一集海洋石油、天然气开发工程设计、陆地制造和海上安装、调试、维修以及液化天然气、炼化工程为一体的大型工程总承包公司，也是亚太地区规模最大、实力最强的海洋油气工程EPCI（设计、采办、建造、安装）总承包公司之一。公司总部位于天津市滨海新区，2002年2月在上海证券交易所上市。公司现有员工约8000人，在天津塘沽、山东青岛、广东珠海等地拥有大型海洋工程制造基地，形成了跨越南北、功能互补、覆盖深浅水、面向全世界的场地布局。公司拥有专业化海上施工船队，海上安装与铺管能力在亚洲处于领先地位。

二、组织绩效管理优化背景

近年来国有企业改革持续向纵深挺进，改革的广度、深度、力度远超以往。经理层成员任期制和契约化管理作为其中一项标志性改革动作，是加快建立健全国有企业市场化经营机制的重要一环，是激发国有企业内生活力动力的关键举措，是实现国有企业高质量发展的必然要求。2021年中国海油发布《中国海洋石油集团有限公司深化三项制度改革实施方案》，要求有序推进任期制与契约化管理，并同步打造配套薪酬分配机制，提高效率效能，增强企业活力，促进公司治理体系和治理能力现代化发展，为加快建设中国特色国际一流能源公司提供坚强的组织保障。

为在更深层次贯彻落实三项制度改革精神，打造与任期制与契约化管理模式相适应、权责匹配的体制机制，公司以配套组织机构优化为先手，精简机构和人员配置，全面梳理优化业务架构。公司基于原组织架构建立的组织绩效体系已不适应新的管理模式，且存在战略导向不够突出、部分单位考核定位不够准确、部分指标设置不够科学的问题，有待通过绩效体系的优化进行解决。

三、组织绩效优化方案介绍

（一）优化总体思路

为解决原考核体系存在的问题，需进行有针对性的优化和完善，提高指标设计的科学性与合理性，进一步聚焦核心竞争力和价值创造能力的提升。为充分发挥绩效考核的战略导向作用、畅通战略实现通道，指标体系优化方案采用平衡计分卡（Balanced Score Card，BSC）和关键业绩指标（Key Performance Indicator，KPI）法，从战略目标出发，理顺战略实现路径，绘制绩效战略地图，确定重点工作任务，同时全面对接国务院国资委及上级公司考核要求，建立公司关键业绩指标库。

在此基础上，结合各单位职能定位和业务特点，识别相关职责和业务范围，将公司关键业绩指标在总部部门和所属单位间进行逐层分解落实，压实指标责任。指标目标值的确定采用SMART原则，即要满足具体、可衡量、可达到、相关性和具有明确截止期限的要求，明确各指标的名称、权重、评价标准、考核周期和计分方法。

同时，健全完善与任期制和契约化相配套的组织绩效管理机制，全方位提升业绩考核的精细化管理水平。

（二）优化基本原则

1. 战略导向原则

组织绩效管理以推动公司战略落地为导向，指标设置与公司发展战略精准对接，力求实现自上而下层层分解，自下而上支撑公司中长期战略目标和短期经营目标。

2. 客观公正原则

建立健全规范统一的考核流程、规范、规则，形成完备的组织绩效管理体系。考核以业绩责任书为依据，以定量考核为主要抓手，确保组织绩效评价结果的客观公正。

3. 动态化管理原则

组织绩效管理是一个动态优化的过程，在实施过程中应结合内外部环境以及公司发展实际情况动态化调整考核指标体系，从而确保组织绩效管理方案与公司战略规划相匹配，推动战略目标的达成。

4. 差异化考核原则

结合各单位功能定位和业务特点，对各单位进行科学分类和差异化管理，一企一策制定业绩考核指标，增强考核的针对性和有效性。

（三）组织绩效指标体系优化

1. 绘制绩效战略地图

根据公司"十四五"规划和2035远景目标，运用平衡计分卡，从财务、客户、内部运营和学习成长4个维度分析战略实现路径，绘制绩效战略地图，公司绩效战略地图如图1所示。通过学习成长维度的指标促进核心价值创造能力提升，支持内部运营维度的高效运转，从而满足客户需求，最终实现股东价值的最大化。

2. 建立关键业绩指标库

通过平衡计分卡和关键业绩指标法相结合的方式，选取影响公司战略目标达成的关键因素，确定年度重点任务，同时全面对接国务院国资委及上级公司考核要求，对绩效战略地图逐层分解，建立关键业绩指标库。

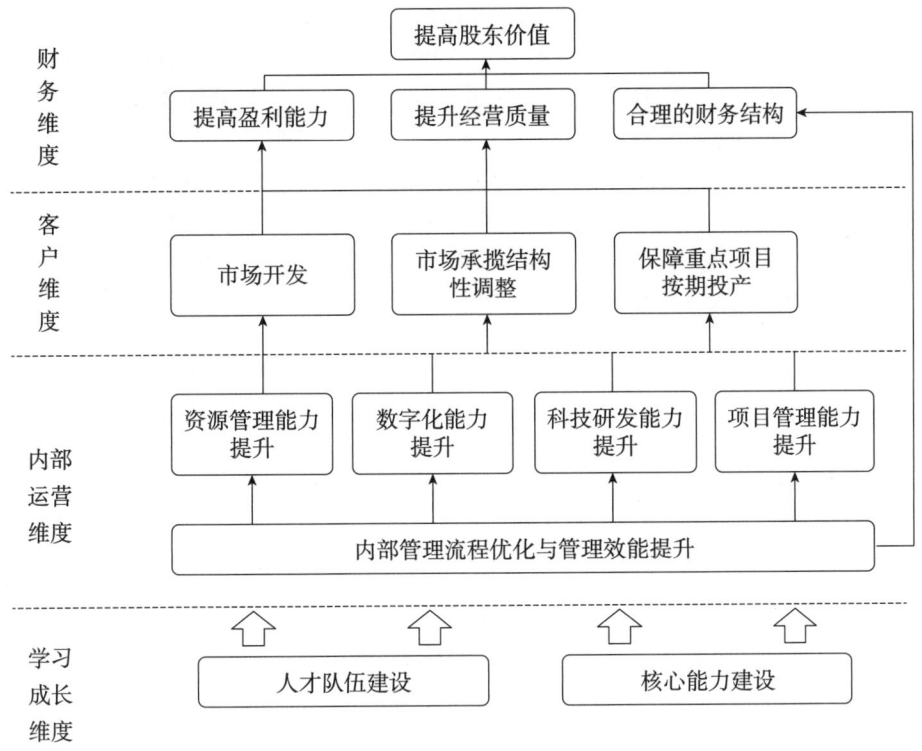

图1 海油工程绩效战略全图

（1）财务维度

财务目标综合体现公司战略执行成果和生产经营绩效，实现财务目标是客户维度、内部运营维度和学习成长维度绩效改善和提高的最终目的。财务方面的核心指标包括：利润总额/净利润、成本费用利润率、项目毛利润率、资产回报率、营业现金比率、全员劳动生产率等。

（2）客户维度

公司应以客户和市场为导向，加大市场开发力度，抢占市场份额，以增加营业收入，推动财务目标实现。同时通过市场承揽的结构性调整推动公司战略目标实现，实现高质量发展。客户方面的核心指标包括：市场承揽额、市场承揽目标的结构性划分、产能建设保障等。

（3）内部运营维度

内部运营指标以推动客户维度和财务维度目标实现为核心，聚焦项目运营、科技创新和管理效能提升。内部运营方面的核心指标包括：资源效率提升、数字化转型、关键和重要设备平均可用率、库存压降等。

（4）学习成长维度

学习成长指标的设置有助于提高公司软实力的竞争优势，可为实现其他以3个维度的目标提供内在驱动力。学习成长方面的核心指标包括：国际化人才培养、高层次人才引进、培训业务执行情况、智能化制造能力提升等。

绩效战略地图的分解及公司关键业绩指标库如表1所示。

表1 绩效战略地图的分解及公司关键业绩指标库

维度	一级成功因素	一级绩效指标	二级成功因素	二级绩效指标	指标责任部门
财务维度	提高盈利能力	利润总额/净利润			××部门
		成本费用利润率			××部门
		项目毛利润率			××部门
		降本增效	通过技术优化降低成本	设计优化降本	××部门
			通过采办优化降低成本	采办节资	××部门
			通过合同谈判降低成本	合同谈判降本	××部门
		资产回报率			××部门
	提升经营质量	全员劳动生产率			××部门
		营业现金比率			××部门
		海外经营	海外项目盈利能力	海外项目效益	××部门
			海外项目回款能力	海外项目自由现金流	
	合理的财务结构	资产负债率			××部门
客户维度	市场开发 市场承揽结构性调整	市场承揽额	市场承揽目标结构性划分	海外市场承揽 新能源市场承揽 水下市场承揽	××部门
	保障重点项目按期投产	产能建设保障	项目进度良好控制	投产项目完工里程碑	××部门
			资源投入按计划执行	资源计划执行情况	
			装备资源配置完好	装备资源配置完好性	
			外取资源完好	外取资源完好性	
内部运营维度	资源管理能力提升	资源效率提升			××部门
		公司关键和重要设备平均可用率			
内部运营维度	数字化能力提升	数字化转型	数字化重点工作开展	数字化管理系统建设 数据治理专项工作 数字化交付工作 ……	××部门
	科技研发能力提升	科技创新	科技创新重点工作开展	重大科技项目攻关 科技成果应用 科技体制机制创新 ……	××部门
	项目管理能力提升	工效提升及目标成本管理			××部门

续表

维度	一级成功因素	一级绩效指标	二级成功因素	二级绩效指标	指标责任部门
学习成长维度	人才队伍建设	人才队伍建设	培养项目管理骨干人才 培养高层次技术人才 培养国际化人才 ……	项目管理队伍建设 高层次人才队伍建设 国际人才队伍建设 ……	××部门
	核心能力建设	核心能力建设	大型装备管理能力提升 智能化制造能力提升 ……	船舶管理能力提升 智能化场地建设 ……	××部门 ××部门

3. 考核框架设计

为满足任期制与契约化管理要求，公司结合已建立的关键业绩指标库对原有组织考核框架进行优化调整。

总部部门组织绩效分为年度业绩考核和聘期业绩考核。年度业绩考核框架由重点任务、部门履职、部门效能等业务指标（权重60%），以及赋能指标（权重15%）、民主评议指标（权重25%）、约束激励指标（不占权重）组成；聘期业绩考核不单独设置指标，考核结果根据聘期内各年度业绩考核得分加权计算。

所属单位中利润单位组织绩效分为年度经营业绩考核和任期经营业绩考核，成本单位组织绩效分为年度经营业绩考核和聘期经营业绩考核。年度经营业绩考核框架由效益类、运营类、创新类、短板类等业务指标（权重100%）以及约束激励类指标（不占权重）组成，利润单位任期经营业绩考核框架由效益类、运营类、创新类、战略类等业务指标（权重80%），以及任期内年度考核结果（权重20%）、约束激励类指标（不占权重）组成，成本单位聘期经营业绩考核方式与总部部门一致。

通过对组织绩效考核框架的优化形成以业务指标聚焦核心业绩、以约束激励指标促进过程管控的"双控"考核模式，从而全面推动公司精益化管理水平提升。

4. 所属单位绩效指标体系优化

依据功能定位、经营性质将所属单位按照市场型（利润单位）和功能型（成本单位）进行分类，确定差异化考核标准，设置有针对性的考核指标，精准发挥考核"指挥棒""风向标"作用。市场型单位以市场化为导向，主要提供竞争性产品或服务，以增强企业经济活力、实现国有资本保值增值为主要目标，重点考核企业经济效益、资本回报水平和精益化管理水平，以引导其优化布局、提高运营效率、提升价值创造能力；功能型单位重点考核科技创新、服务保障、业务支持及单板块价值发挥，以引导其不断提升创新引领和支撑保障能力。

基于所属单位分类和考核框架，结合公司绩效战略地图将关键业绩指标进一步分解到各所属单位，经过梳理和进一步完善形成所属单位经营业绩考核指标。

（1）业务指标

效益类对应平衡计分卡中的财务维度；运营类和创新类对应客户维度和内部运营维度，其中科技创新和数字化转型为创新类指标，其他为运营类指标；短板类/战略类对应学习成长维度。为避免管理资源的浪费，任期考核指标与年度考核指标各有侧重，考核内容有所区分，不重复考核。

利润单位以 A 公司为例，年度考核指标如表 2 所示。任期考核指标如表 3 所示。

表 2　A 公司年度考核指标

维度	类别	指标名称		权重	考评周期
财务维度	效益类	经济效益	净利润	××	年/季度
			成本费用利润率	××	年
			营业现金比率	××	年/季度
		海外经营	海外项目效益	××	年
			海外项目自由现金流	××	年
客户维度	运营类	市场承揽		××	年
		资源管理能力提升	资源效率提升	××	年
			关键和重要设备平均可用率	××	年
内部运营维度	创新类	科技创新和数字化转型	科技创新	××	年
			数字化转型	××	年
学习成长维度	短板类	短板提升	数字化工厂建设	××	年

表 3　A 公司任期考核指标

维度	类别	指标名称		权重	考评周期
财务维度	效益类	经济效益	资产回报率	××	任期
			全员劳动生产率	××	任期
内部运营维度	运营类	工程项目建设	建造工效及目标成本管理	××	任期
		绿色低碳发展	节能量	××	任期
			减碳量	××	任期
	创新类	关键技术攻关与成果转化		××	任期
学习成长维度	战略类	提升场地运营效率		××	任期

成本单位以 B 中心为例，年度考核指标如表 4 所示。

表 4　B 中心年度考核指标

维度	类别	指标名称		权重	考评周期
财务维度	效益类	经济效益	采购节资比例	××	年度
客户维度	运营类	服务质量与效能		××	年度
内部运营维度		库存压降	常规储备物资周转天数	××	年度
			库存总额	××	年度
			一年以上库龄物资金额	××	年度
	创新类	科技创新和数字化转型	数据治理	××	年度
			数字化转型	××	年度
学习成长维度	短板类	短板提升	采办效率提升	××	年度

业务指标目标值分为基本目标值（80 分）、奋斗目标值（90 分）和挑战目标值（100 分）3 档。

原则上以年度生产建设计划、经营预算数据、相关工作任务及要求为基础确定基本目标值；奋斗目标值和挑战目标值是所属单位在实现基本目标值的基础上，通过进一步努力摸高才能实现的两档更高期望值。根据 SMART 原则，目标值的设置以定量为主，定性指标必须满足可准确计算各档分数的要求，具体评分方法如下。

定量指标评分标准：完成基本目标得 80 分，完成奋斗目标得 90 分，达到或优于挑战目标得 100 分；介于基本目标与奋斗目标之间、介于奋斗目标与挑战目标之间按线性插值法计算得分；未完成基本目标的，根据未完成程度，在 80 分的基础上等比例扣减，扣完为止。

定性指标评分标准：完成基本目标得 80 分，完成奋斗目标得 90 分，达到或优于挑战目标得 100 分；介于基本目标与奋斗目标之间得 85 分、介于奋斗目标与挑战目标之间得 95 分；未完成基本目标的，根据未完成程度相应扣减，扣完为止。

（2）约束激励指标

约束激励指标不占权重，涵盖质量安全、财务资金、物资管理等各项管理指标，包括资金集中管理、一年以上库龄物资压降、两金压控等，结合各单位实际情况选取相关指标，采取定量评价和/或定性评价的方式进行考核，根据考核结果额外扣分或加分，以促进对关键业务的过程管控，规范业务操作，防范管控风险，提高管理效能。

5. 总部部门绩效指标体系优化

基于总部部门考核框架，结合绩效战略地图指标分解情况和部门职责范围，形成总部部门年度业绩考核指标。

（1）业务指标

总部部门业务指标由分解落实公司级关键业绩指标和根据部门职责围绕部门核心价值制定的指标组成，以 A 部门为例，年度业务指标设置情况如表 5 所示。

表 5　A 部门年度业务指标设置情况

指标名称	指标来源	衡量标准	权重	考评周期
市场开拓	绩效战略地图分解	市场承揽额	××	年
业务多元化	绩效战略地图分解	考核系统外合同额及海外（含系统内）合同额	××	年
市场运营体系制度文件发布	部门职责及业务范围	工作进度及工作质量	××	年
各单位年度经营策略制定	部门职责及业务范围	工作进度及工作质量	××	年
国际合作	部门职责及业务范围	工作进度及工作质量	××	年
完成公司部署的其他重点工作及成效	部门职责及业务范围	工作进度及工作质量	××	年

业务指标目标值设置及计分方法与所属单位一致。

（2）民主评议指标

为促进总部部门加强作风建设、提升工作效能，在总部部门考核体系中设置民主评议指标。该指标由所属单位对总部部门进行民主测评的得分及总部部门间互评得分组成，考核内容包括责任意识、执行落实、基层减负、工作效率、专业水平、工作实绩、纪律规矩、服务意识、工作创新、制度建设等。

（3）赋能指标及约束激励指标

为强化总部部门价值创造和压力传导，在总部部门考核体系中设置赋能指标和约束激励指标，依据各部门职责范围，差异化挂钩上级公司对公司年度经营业绩的考核情况，并结合实际进行动态调整。

其中赋能指标挂钩公司年度业务指标完成情况，计分方法如下。

公司考核指标完成挑战目标，相关性强单位得105分，相关性一般单位得100分；未完成挑战目标，相关性强单位扣除的分数为相关性一般单位的2倍，以95分为分界线，公司指标得分大于95分，相关性强单位得分较高，公司指标得分小于95分，相关性一般单位得分较高；仅完成奋斗目标及以下，两者分差达到最大，为5分。得分说明如表6所示。

表6　得分说明

公司指标完成情况	相关性一般单位得分	相关性强单位得分	备注
完成挑战目标	100	105	k为公司相应指标扣除分数；各部门赋能指标依据挂钩方式计算单个指标得分，然后按照权重折算百分制得分
介于奋斗目标与挑战目标之间	$100-k$	$105-2k$	
仅完成奋斗目标及以下	$100-k$	$100-k-5$	

约束激励指标不占权重，挂钩公司年度约束激励指标完成情况。

（四）健全组织绩效管理机制

1. 建立常设组织绩效管理机构

为进一步规范组织绩效管理，建立客观、公正的考核评价机制和科学、高效的绩效管理体系，公司成立组织绩效考核领导小组及工作小组，将其作为组织绩效管理的常设管理机构，并明确管理职责。

组织绩效考核领导小组由公司党委成员组成，负责组织绩效考核工作的领导和总体部署，指导、协调组织绩效考核相关事项，审定组织绩效考核方案及考核结果。

组织绩效考核工作小组由各指标责任部门组成，负责研究编制组织绩效考核方案，实施组织绩效考核工作；编制、修订相关配套制度，健全完善相关配套机制；完成领导小组交办的其他事项。

2. 完善绩效考核闭环管理机制

从考核管理理念、管理重点、管理方式等方面多方位地实现转变，不断提高考核工作管理水平。在绩效计划制定、评价和反馈的基础上，以季度考核和定期摸底分析的方式强化生产运营监控，对于异常变动指标进行预警和监督整改，从而健全完善组织绩效"PDCA"闭环管理机制，保障公司各项生产经营目标的实现。

3. 强化组织绩效考核结果应用

组织绩效考核结果按照5∶4∶1的比例强制分布，作为各单位薪酬分配的重要依据，作为领导班子和领导人员综合考评的重要组成部分。同时，为进一步完善激励约束体系，考核结果与评优评先工作挂钩，绩效优秀单位入选先进集体的推优名单，并适当提高绩效优秀单位关于优秀个人的推优比例，从而形成以价值贡献为导向的动态联动机制。

四、结语

　　任期制和契约化管理是通过建立覆盖经理层成员和突出经营业绩、刚性兑现的新型经营责任制，科学确定契约内容和考核指标，来实现经理层成员职务能上能下、收入能增能减。任期制和契约化本质上是目标管理的延伸，核心在于权责利的匹配，目的是凸显经理层成员岗位价值创造。以此为基础的配套组织绩效考核管理的优化具有如下重要意义。

　　一是促进了多维度的目标分解。目标分解包括战略目标向任期和年度的分解，畅通了战略实现通道，实现了长期战略、中期计划、短期任务的有效衔接；组织目标向经理层成员的分解，形成内部压力传递的链条和"目标到人、责任到岗"的管理机制。

　　二是形成了有机融合的绩效评价体系。组织绩效考核与党建责任考核实行分别排名、双等级评定和交叉运用，加权形成所属单位、总部部门综合绩效考核成绩，与领导班子和领导人员综合考评挂钩，全方位覆盖考核需求，为客观衡量岗位价值创造，公平进行薪酬分配、人事决策提供重要依据。

　　三是推动了国企市场化管理理念的提升。把经营管理责任通过契约的方式落实到人，以法制化、标准化的形式进行传递，体现了考核的刚性和严肃性，有利于发挥管理者的积极性和创造性，促进公司内在活力的激发和价值创造能力的提升，为公司实现高质量发展提供有力支持和保障。

案例负责人：李　涛
主要创作人：刘英杰
参与创作人：顾国建

规划总院职能部门机构、岗位、薪酬及绩效管理综合改革

中国石油天然气股份有限公司规划总院

党的二十大报告指出，必须坚持科技是第一生产力、人才是第一资源、创新是第一动力，深入实施科教兴国战略、人才强国战略、创新驱动发展战略，开辟发展新领域新赛道，不断塑造发展新动能新优势。千秋基业，人才为先。习近平总书记多次强调"实施人才强国战略"，并对培养造就德才兼备的高素质人才作出具体部署。中国石油天然气股份有限公司规划总院（简称规划总院）立足管理实际，聚焦高质量发展，持续推进公司治理体系和治理能力现代化发展，坚决落实总院创新驱动发展战略，牢固树立"创新是第一动力、人才是第一资源"人才理念，大力开展人才强企工程，为建设世界一流能源产业规划和运行优化研究院提供坚强的组织人才保证。

一、工作背景

当前，中国石油天然气股份有限公司规划总院（以下简称规划总院或总院）正处于推进创新和高质量发展的关键时期，集团公司有关职能和管控方式也有较大变化。规划总院原有综合办、计财处、科技处、人事处、党群处 5 个职能部门，在部门定位、职能配置等方面尚不能较好地适应发展要求和内外部环境的变化，职能部门尚未完全实行岗位管理，岗位职责不尽清晰，岗位考核缺乏依据，岗位价值不能充分体现。为贯彻党的十四届四中全会关于"机构设置更加科学、职能更加优化、权责更加协同"的要求，深入推进三项制度改革，落实集团公司关于去行政化的有关要求，构建职能划分合理、管理边界清晰、运转协调高效的组织管理体系，规划总院实施企业流程再造，通过组织架构调整和业务管理优化来提高经营管理运作的效率和效能。

二、工作思路

通过前期政策研究、内部调研、主题座谈等方式，分析诊断制约总院发展的矛盾和问题，深度围绕总院战略发展，有效结合岗位管理、薪酬规划、绩效考核等理论工具，创新管理思路，搭建具有总院特色的职能管理体制机制。

（一）内部调研与诊断

归纳总结集团公司及总院现有规章制度及相关文件，分析研究近年工作报告、重点工作总结等，剖析职能部门组织架构及运行机制，从规模、绩效、敬业、能力等方面对职能部门进行全面人才盘点，从而系统描绘顶层设计及基层架构。

分 3 个层级开展调研，与相关院领导、职能部门中层管理人员、职能部门员工进行深入访

谈，累计调研43人次，与5个职能部门班子开展专题座谈，全面了解规划总院的管理状况。

通过诊断分析，原有部门职能之间存在"定位不清晰、业务有交叉、流程欠科学"等主要问题，职能部门岗位并未有效发挥作用、体现价值，而各职能部门原有的"科长"岗位也并未有效发挥人员管理职能，实施扁平化管理更加符合管理实际。

（二）工作目标

根据诊断分析结果，决定实施职能部门机构、岗位、薪酬及绩效管理综合改革项目，以岗位管理为基础、以实现岗位价值为目的、以高质量发展为方针，贯彻落实职能部门去行政化，制定系统科学、协调贯通的综合改革方案，完善配套措施，健全政策落地落实机制，提升部门水平及内部管理水平，激发员工动力活力，推进管理精准化，建设一支管理能力强、服务水平高、管理专业化和充满活力的职能管理团队，全面提升规划总院管理质量。

三、实施措施

（一）组织机构改革

1. 落实去行政化

根据集团公司关于去行政化的有关要求，结合总院实际，将相关职能部门名称由"××处"更改为"××部"，部门负责人岗位名称由"处长"更改为"主任"，从根本上淡化行政色彩、突破行政束缚、突出主要职能。

2. 职能机构重组

根据业务范围和专业性质，将职能部门进行拆分组合，合并同类业务，剔除重复业务，重新界定业务范围和职责。

结合实际对内部项目管理、财务管理、党建管理等主要工作流程进行深入分析，打破按照职能设置部门的管理方式，以提高业务运行效率和质量、提高服务满意度为宗旨，重新设计管理过程，从整体上设计业务流程。将横向项目和纵向项目的业务管理进行整合，将党建工作按照业务流程梳理后重新明确分工，企管、审计、内控、风险管理、综合服务等管理模块通过跨部门流程构建，重新划分部门管理界面，体现全局和整体。

合并同类业务，拆分非主营业务、归集类似业务，重新界定业务范围和职责。最终科技信息处与计划财务处重组，成立项目管理部（科技信息部）、企管法规财务部；综合办调整为院办公室，下设附属机构综合服务中心；清晰划分了党办、组织部、党群部的工作职责。

3. 工作流程再造

力求全局最优，力求高质量协同工作。将职能部门进行拆分组合，从根本上解决了业务范围交叉、业务流程不顺、管理界面不清等问题，充分发挥机构的分工和协同作用。进一步明确部门与部门之间相互协作的流程、部门对上对下的汇报请示职责或者检查指导的流程，从而实现了管理有的放矢，充分发挥部门特长，使其专心致志为总院发展提供强有力的专业支持。在此基础上，总院克服困难，方案平稳推进，机构快速变革，人员及时到位，为总院发展提供强有力的专业支持。

（二）岗位管理改革

企业每个岗位都是企业价值增值的来源，通过对岗位价值进行精细化管理，可实现由岗位价值最大化到企业效益最大化。为此，总院立足于岗位分类设置，改革岗位体系，实施岗位价值精细化管理，提升运行效率。

1. 按照岗位价值进行序列划分，推行岗位价值精细化管理

根据工作性质、管理难度、工作复杂性、人才培养周期等对岗位进行价值评估，将院职能部门所有岗位划分为职能管理（M）、服务保障（S）和操作服务（P）3个序列，通过价值区分，为今后的人才引进、用工方式、任职资格、岗位选聘、薪酬管理、业绩考核等方面的工作提供精细化管理的基础。

2. 建立岗位职级晋升"高速路"，畅通机关人员晋升通道

机关人员发展的"天花板"主要取决于行政级别，为了彻底解决机关人员缺乏职业发展空间的问题，总院按照去行政化的要求，彻底取消机关部门的科级建制，全面实施岗位管理，系统地制定职能部门的所有（66个）岗位及其职责，用标准化语言编写岗位说明书（包括职责、工作关系、岗位任职资格等内容），建立系统化任职晋升量化评分体系，设置基本条件（含学历、工作经历、职称）、工作业绩、岗位能力（含通用能力和专业能力）3类6项指标，建立通用、专业能力评价模型，规范竞聘选聘流程，打通职业晋升通道，着眼于拓展岗位职业发展空间。如为职能管理序列普通员工设置了M1—M6的发展通道，为服务保障序列员工设置了S1—S4的发展通道，为操作服务序列员工设置P1—P2的发展通道，既调动了员工自我提升的积极性和主动性，也有助于员工队伍职业化水平持续提升。

3. 全面推行人员聘任，激发机关人员活力动力

机关人员全部实行聘任制，制定了职级选聘工作组织流程，低职级岗位通过员工个人自我评价、部门量化评分和上级部门审核认定等环节聘任，高职级岗位通过竞聘的方式聘任。新的晋升通道实现了从"凭资历"到"凭能力、拼业绩"的转换，既确保了让能力强、贡献大的员工得到认可和晋升，也解决了员工长期在一个岗位上缺乏内生动力的问题，可激发员工持续的工作热情。

（三）薪酬管理改革

持续深化收入分配制度改革，坚持优化收入分配秩序，是促进总院健康发展、可持续发展的内在需求。总院在薪酬总量难增长甚至可能下降的情况下迎难而上，改革完善机关部门薪酬体系，构建合理收入分配格局，切实调动和激发广大员工的积极性，促进企业竞争力不断提升。

1. 以岗位价值评估为基础，构建基于岗位的宽带薪酬体系

薪酬管理体系由两套简化为一套，薪酬管理由原来存在的按身份管理彻底转变为按岗位管理。新的薪酬体系调整了薪酬结构，优化了固浮比，更加符合职能管理工作的特点。调整各序列各层级岗位工资标准，引入职级工资调整收入，将岗位工资及职级工资横纵向差额配置合理。新的岗位工资设计也更突出岗位价值，同时大幅增加了岗位工资纵向和横向调整力度，可使员工横向发展和纵向晋级都得到充分激励。

2. 淡化资历突出业绩贡献和能力提升，激发员工内生动力

设计薪酬方案动态运行机制，岗位工资横向晋档由过去"熬资历、熬年头"调整为与考核结果紧密挂钩，同一岗位横向有 1—12 个档级，考核为优秀的一年一晋档，考核为良好和称职的两年一晋档，考核为不称职的降级降档。岗位工资的纵向晋档由过去按职称或行政级别晋级调整为按能力评价和业绩考核，让能力强、贡献大的人快速得到晋升。

3. 强化严考核硬兑现方针，统筹规划实现薪酬能增能减

绩效奖金的分配机制将总院、部门和个人的业绩建立起紧密联系，明确绩效奖金分配规则，建立奖金分配模型固化分配公式，进一步强化绩效考核结果在绩效奖金分配中的作用。通过整套薪酬体系改革，形成了一个逐渐"拉大"的薪酬阶梯。工作能力强、业绩突出的员工，收入就会更多。

按照"坚持按劳分配为主体、多种分配方式并存"这一国家治理体系的要求，立足于突出能力和贡献，规划总院在薪酬总量不增的条件下，实现了薪酬体系改革，激发了个体活力。

（四）绩效管理改革

以提高全员能力素质为目标，立足于个体目标与组织目标相统一，改革完善机关部门全员绩效考核方式，持续深化总院全员绩效考核工作，全面推动各项工作提质增效。

1. 考核内容三结合，保证企业发展目标落实

做到考核内容三结合，即员工绩效考核与部门绩效考核相结合，员工考核目标与总院战略目标和部门职责相结合，员工短期考核与长期激励和发展相结合。总院每年制定的重点工作任务和集团公司制定的业绩指标分解到各职能部门，各部门通过工作任务和计划的形式将其再分解到员工年度考核指标中，通过层层分解和层层压实，有效保证了总院发展目标的推进和落实。

2. 创新考核工具，促进提升效果

针对职能部门员工考核难的问题，以健全岗位任职体系为基础，着力设计以岗位为核心，以日常履职、重点工作计划/任务、职业素养、负面行为为依据的"3+1"岗位绩效目标体系。

（1）日常履职

日常履职主要考核员工履行日常工作职责的完成情况，主要为经常性工作，需要基本覆盖企业、部门的一般要求任务。规范的岗位说明书为职能部门员工精细化考核提供了重要依据，部门可依据岗位说明书中的工作职责对员工进行对照考核。员工的直接上级需要在制定绩效计划时，结合年度工作计划和员工任职岗位的工作特点，确定日常履职的考核权重，权重一般在考核周期内不调整。绩效评估阶段对照岗位职责打分，内容直观明确，打分直接易行，结果客观有效。

（2）重点工作计划/任务

重点工作计划/任务指岗位职责内重要性高、难度大的工作，主要包括专项改革、管理创新、制度体系建设等。实际运行中，职能部门会出现一些计划外的专项工作、重要任务、阶段性任务等，这些工作/任务具有周期性不强、突发性和多变性高的特点，员工及上级需要在考核周期中根据任务情况增加、减少考核指标或调整某项任务的权重，因此需要建立一种动态考核机

制来实时调整方向更新工作目标。

实现动态滚动考核的关键是引入相对权重系数，每项任务在确定时需要被赋予一定的权重系数，进而通过权重计算公式，将权重系数向实际权重进行转化。当权重系数发生变化、任务发生增减时，每项任务的实际权重都会实时发生变化，但重点工作计划/任务的总体权重保持稳定不变，从而实现动态模型的运行。每项任务的实际权重在考核周期内实现了动态变化，主动应用绩效过程管理，通过滚动考核机制实时设置、及时考核，可以大幅提高考核的有效性，进一步建立任务间权重联动机制，增强指标结果的科学性。

（3）职业素养

职业素养主要考核员工考核周期内的个人能力综合表现，通过职业素养拆解，结合企业文化提炼出主要因素并赋予权重，编制各级评分标准，建立职业素养因素模型，提高评价的科学性、有效性。

（4）负面行为

负面行为指员工工作失误造成不良影响或收到内外部投诉的行为，主要包括违反企业规章制度、部门规范对部门工作造成不良影响的行为，以及出现重大工作失误的行为等。此项考核为扣分项，考核人确认后于员工绩效考核总分中直接扣减，给员工划清高压线，规范工作行为。

3. 考核结果三挂钩，激励员工成长

做到考核结果三挂钩，即员工考核与奖金分配硬挂钩，员工考核与薪酬调整硬挂钩，员工考核与职级晋升硬挂钩。员工考核做实做细后，部门既对员工业绩提升有帮助，也可以将考核结果与员工收入和发展硬挂钩，从而激励员工不断提高工作目标和对自我的要求，不断自我完善和成长。

4. 采用 PDCA 理念，以终为始促进绩效管理良性循环

以 PDCA 理念建立绩效管理的良性循环，在绩效计划、绩效辅导、绩效考核、绩效结果应用等过程设计上精雕细琢、协调统一，最终实现员工职业提升，组织持续发展的健康状态。

（1）绩效计划

考核期初应确认员工各项指标考核内容，对于重点工作计划/任务，需要根据分解的重点工作计划确定初期目标。接到某项任务时，直接上级应向岗位任职员工确定此项任务是否列入重点工作考核，进而根据 SMART 原则明确任务的具体目标，也可根据工作目标的变化随时调整任务权重。

（2）绩效辅导

规划总院大力推动全员绩效辅导，举办员工绩效管理培训，定期进行全员业绩考核督导，督促各部门推进绩效管理。对管理者来说，绩效辅导有利于有效掌控工作节奏、达成工作目标，有助于帮助下属提升能力、达成业绩，有益于提高考核工作的公平性、有效性和认可度。对员工来说，绩效辅导可让其得到工作的实时反馈，及时得到资源和帮助，发现不足确立改进点，最终实现目标达成。

（3）绩效考核

考核期末员工进行年度工作总结，针对考核内容进行自评，部门进行整体评价和量化评分。其中重点工作计划/任务实行滚动考核，每项任务完成后由员工提交自评表，描述主要里程碑

成果（简要说明制度、方案、成效、亮点等）并打出自评分数，之后由部门进行评分，并对员工完成任务的主动创新程度进行评价，鼓励员工积极创新探索管理新思路。通过对各项指标计算规则和参数值的设置，统一各指标计算单位和得分上限，实现指标间横向可比，综合考核结果具有科学性。

（4）绩效结果应用

总院督促各部门管理人员在考核结束后及时与员工进行绩效反馈，绩效反馈赋予了员工平等的地位，可以有效提高员工工作的主动性和自觉性，有效提升员工对绩效管理工作的关注度。综合绩效考核结果直接用于员工绩效奖金分配、工资晋档、评优选先等，可作为员工岗位调整、晋升及开展培训等的重要依据。

此外，考核数据是绩效管理提升的宝贵资源，有利于对员工和管理流程针对性地开展差异化改进方案。总院正探索结合波士顿矩阵理念，构建绩效结果二元分析模型，对员工分类施策，"因地制宜"制定差异化绩效提升方案。

四、改革效果

规划总院职能部门机构、岗位、薪酬及绩效管理综合改革，真正形成以岗位价值为核心的总院管理新模式。为有为人才"搭梯子""铺路子"，实现"有为者有位"，岗位精细化管理真正成为"尊重民意、汇集民智、凝聚民力"的有效措施。通过薪酬改革，岗位价值不断彰显，绩效奖金分配激励效能不断加强。通过实施绩效考核的"三结合三挂钩"，以"3+1"考核工具贯穿其中，全面深化全员绩效全流程管理。职能综合改革助力规划总院在集团公司业绩考核中连续11年A，三年间已有4名员工晋升至中层管理岗位，8名中层管理人员实现职能部门与研究单位交流任职，在人工成本基本不增加的前提下有力提升了职能部门效能。

有效探索职能管理改革"总院路径"，是深入贯彻集团公司三项制度改革的重要举措，也是改善企业治理体系和提高企业治理能力的具体体现，更为总院可持续发展、提质增效提供了不竭动力。

案例负责人：杜国敏

主要创作人：陈理言

参与创作人：杨洪伟、王梦媛、谭　禹、宋欣远、陈嘉伦

全面深化改革　激发内生动力
——中国绿发三家二级单位深化改革实践

中国绿发投资集团有限公司

中国绿发投资集团有限公司（以下简称中国绿发或集团公司）共有41家二级单位，本文选取能够突显公司主营业务的3家二级单位作为典型案例，分别是幸福产业分公司、中绿电公司和重庆公司。幸福产业分公司和中绿电公司分别是中国绿发旗下的绿色服务产业平台和绿色能源产业平台；重庆公司是中国绿发旗下的低碳城市产业代表单位，同时也是重要子公司之一。

单位1：幸福产业分公司——持续深化改革　推进绿色健康发展

一、公司概况

中国绿发投资集团有限公司北京幸福产业分公司（以下简称幸福产业分公司），作为集团公司现代服务业专业平台公司，主要定位为产业发展中心，以本产业运营和规划发展为导向，主要职能是战略实施、运营管理、业绩推动。2021年11月，幸福产业分公司加挂集团公司现代服务业事业部牌子，组织产业资源整合和对公司持有型物业的前期介入、策划定位、品牌落位、开业筹备、招商运营、客户服务等进行专业管理。

存在的问题如下。一是人才储备有待进一步丰富。现代服务业规模快速扩大，管理资产数量迅速提升，对人才队伍数量和质量都提出更高的要求，人才综合素质和专业能力与事业长远发展需求相差较大。二是市场化考核激励分配机制有待进一步完善。人才激励手段不够灵活，承包制、超额利润分享、重大任务突破奖励等市场化的激励手段运用得不够充分，核心岗位人才薪酬缺乏市场竞争力。

二、改革举措

幸福产业分公司紧紧围绕现代服务业绿色低碳高质量发展"一条主线"，立足构建政治坚定、管理领先、效能一流、作风过硬的"两化""两型"平台公司（市场化、专业化、服务型、赋能型），着力打造高素质经营管理、专业技术、服务技能人才"三支队伍"，全面建设"12345"体系。全面建设"12345"体系即抓好"首要"，夯实理论学习筑牢实践根基。坚持"两全"，深化制度方案建设，坚持总揽全局，广泛动员统一思想。聚焦"三能"，管理人员能上能下，员工能进能出，收入能增能减。实现"四新"，构建新格局、塑造新队伍、建立新机制、迈上新台阶。重塑"五力"，狠抓组织机构和人员精简，提升产出效力；切实推动市场化用工改革，提升流动活力；高效开展核心岗位竞聘上岗，提升人才竞争力；全面完成任期责任书签署，提升管理约束力；不断深化市场化薪酬激励，提升干事动力。

（一）深化两化改革工作，发挥总揽全局引领作用

1. 聚焦机制市场化，高质量高标准编制实施方案

制定重点任务，明确"时间表""路线图"，阐明总体要求、工作任务、责任部门，保证自上而下统一要求、统一标准。

2. 强化管理法制化，以规划引领完善制度流程体系

构建了以现代服务业"十四五"规划为核心的"1+N"项制度流程体系，共计完成5册权责手册、15项管理流程、75项作业指引。

（二）聚焦业务狠抓机构精简，从根本上提高组织效能

1. 积极开展行业对标，借鉴先进经验推动管理创新

组织各业务板块相关领导、中层管理人员、骨干员工赴凯德集团、金茂集团、世茂集团等有10余家先进企业考察，充分了解行业标杆在发展布局、品牌建设、组织架构设立、人力资源队伍建设等方面的先进经验。

2. 大力精简机构设置，科学合理释放组织活力

公司本部精简部门15个，精简定员32人，缩编29%，提高平台公司运营管理优势，切实做到降本增效。"拆庙压编"、减员增效，酒店、商业、文旅、物业等产业共减少定员3055人，缩编26.20%，助力各单位聚焦主责、整合优化、提高组织管理效率。

（三）精心策划认真组织，高质量完成管理层竞聘上岗

1. 依托岗位，科学编制契约及指标

针对经理层不同岗位，完善《岗位协议书》，做到"一人一书"；规范任期及年度《业绩考核责任书》中考核指标的结构和权重，设定以利润总额为首的2~3个主要经营指标，"一岗一策"，设置2~5个单项权重不低于10%的现代服务业指标。

2. 身先士卒，班子高管全体起立竞聘

幸福产业分公司高管班子第一时间响应，主动"摘标"，签订《竞聘承诺书》《岗位协议书》等责任书。幸福产业分公司8名高管完成竞聘上岗及《业绩考核责任书》签订，原班子中4人主动前往公司现代服务业一线单位。

3. 精心研究部署，中层管理人员竞聘高效推进

开展两批次中层管理人员竞聘，共发布34个岗位，最终26人竞聘上岗。从日常工作、竞聘材料、汇报表现、答辩表现4个方面，结合所在部门、单位的绩效表现和综合测评情况，对竞聘人员进行综合评判。

4. 全面考察客观评价，竞聘环节确保纪律公平

邀请中智、赛普、睿信咨询公司等的外部专家担任面试评委，对竞聘人员进行综合评判，

综合运用定量与定性评价方法，力求考察评价全面、客观、公正。竞聘人员、工作人员全部签署选拔竞聘承诺书、面试保密承诺书，保证选聘工作的严肃性，营造风清气正的选人用人环境。

（四）打破观念创新机制，切实推动市场化用工改革

1. 试点职业经理人建设，深化公开竞争机制

与国际五大行之一的高力国际合资合作成立了国际一流的绿色低碳、智慧服务商办资产管理平台。编制《现代服务业职业经理人实施细则》，将公开招聘作为新组建经营班子的主要方式，突出竞争择优导向。同时，通过市场化引进、差异化薪酬、制度化退出，有效传导生产经营压力。

2. 优化人才引进渠道，构建市场化选人用人体系

与国际知名酒店管理学院格里昂酒店管理学院、理诺士国际酒店管理学院合作，引进多名具有国际化视野的酒店专业优秀毕业生。制定《委外酒店高管团队招聘管理实施细则》，对委外酒店总经理、总监的招聘管理、入职管理、试用期管理、劳动合同续签管理和离职管理全过程实施全面市场化管理。对于委外酒店总经理，推行完全市场化考核，不胜任人员主动调整退出。

3. 去行政化走深走实，研究建立市场化职级体系和职业发展通道

现代服务业板块的商管分公司、物业分公司（管理处、服务中心）、酒店等取消行政职级，建立市场化职级体系，执行市场化薪酬分配机制。结合现代服务业管理实际，制定现代服务业职业通道管理方案，根据岗位为企业创造价值的方式、人员能力要求的不同，构建管理、专业技术、技能、服务4个序列的职级体系，拓宽员工职业发展通道，促进各专业人才培养发展，调动各层级员工的积极性、主动性和创造性。

（五）严肃考核刚性，不断深化市场化薪酬激励

1. 优化市场化考核激励体系，强化考核结果与薪酬挂钩机制

通过对标酒店管理集团和商业管理集团绩效考核指标，不断优化年度业绩考核责任书，重点考核营业收入、利润总额、经营利润、GOP率、RevPAR、经营坪效、客户满意度等指标。关键业绩指标完成目标值可得标准分值，超目标值完成最高分可为标准分值的1.2倍，根据考核结果确定年薪涨幅、核定年薪总额、组织绩效薪金兑现，考核结果达不到入门值的绩效薪金为0。

2. 助力攻坚克难，加强专项工作考核激励

坚持专项奖励向做出重要贡献员工和一线员工倾斜。天津综合体项目提前圆满完成经营提升揭榜任务并获得集团奖励；长白山项目销售去化工作未完成揭榜任务，根据集团规定对相关人员绩效薪金进行扣罚。完成绿色认证、922系列品牌活动、资产证券化和CMBS成功发行、旅游服务平台上线等重点攻坚任务，发放专项奖励。

三、改革成效

1. 激发活力，经营业绩稳中有进

2022年度，生产经营稳中有进，全年实现收入44.2亿元、EBITDA 3.4亿元。其中，商业、

物业板块保持经营稳定，全年分别实现收入 17.63 亿元、11.96 亿元，均超额完成全年目标任务，酒店板块全年实现收入 14.03 亿元，经营恢复速度行业领先。

2. 践行责任，全面彰显央企绿色发展担当

率先取得一批国际一流、行业领先的绿色低碳健康认证标志性成果，29 家运营酒店、7 家商业项目、48 个物业社区实现绿色认证，济南领秀城项目获得全国首批首个 BREEAM 低碳运营卓越级认证。倾力打造上海艾迪逊酒店等 5 个"碳中和"示范项目。千岛湖项目在联合国《生物多样性公约》第十五次缔约方大会上精彩亮相，长白山项目携手迪士尼开展冬季特色主题活动，长白山鲁能胜地、千岛鲁能胜地荣获全国首批"健康小镇"最高级铂金级荣誉。

3. 提升价值，产业专业化升级加快加强

产业规模不断壮大，千岛湖地中海俱乐部、千岛湖郝力克酒店、长白山地中海俱乐部高质量开业，九寨丽思卡尔顿酒店、三亚雅诗阁公寓实现试运行。数字化营销不断深化，绿发商城实现集团公司和产业单位应用全覆盖，格林悦游平台全面整合 33 家高端酒店旅游度假资源。充分发挥平台集约化、规模化采购优势，实现采购优质优价和全生命周期总成本最低，全年采购金额为 6907 万元，平均节资率为 22.21%。

单位 2：中绿电公司——以改革为抓手，助力企业提质增效

一、公司概况

天津中绿电投资股份有限公司（以下简称中绿电公司）是中国绿发进行新能源投资、开发、建设、运营的专业化管理平台，业务范围包括陆上风电、海上风电、光伏发电、光热发电、储能等，在青海、江苏、新疆、甘肃、河北、内蒙古、陕西、山东、广东成立了 9 个区域公司，布局 12 个资源富集省区，先后投资开发了国内第一批陆上风电、海上风电、第二批光伏发电特许权项目。建成当时国内离岸距离最远、单位规模最大、施工条件最复杂、电压等级最高的江苏东台海上风电项目，以及国家首批多能互补集成优化示范工程——青海海西州 70 万千瓦多能互补基地项目；在建青海格尔木乌图美仁 382 万千瓦多能互补项目，是全球极大的以光伏为主体的多能互补项目。

二、改革举措及成效

（一）积极贯彻落实，纵深推进经理层"全体起立、竞聘上岗"

加强与赛普咨询公司等的交流沟通，科学制定新能源产业任期制、契约化管理实施方案。坚持科学合理、导向明确、考核量化的原则，结合产业战略定位和"十四五"发展规划，测算发电量、收入利润、储备资源等关键指标，将公司业绩指标分解为经理层成员个人指标，同时明确聘任职务、主要职责、考核标准等具体内容，差异化制定考核指标体系和岗位聘任协议。组织董事长、党委书记、专职党委副书记、纪委书记等非经理层人员参照经理层成员任期制和契约化管理方式签订考核契约，实现指标共担、责任共担、压力共担。

通过起立竞聘，强化人才队伍建设，激发干事创业活力，推动形成"能者上、优者奖、庸

者下、劣者汰"的用人导向，逐步建立"责权明晰、奖惩分明、业绩突出、流动有序"的岗位管理模式。

（二）坚守盈利承诺，深化市场化考核激励机制建设

进一步健全公司市场化管理机制，构建更加符合市场规律和公司实际的激励方式，紧紧围绕三年盈利承诺，结合产业管控模式和业务特点，制定《绿色能源产业三年盈利承诺专项考核管理办法》，科学合理分解核心指标、制定考核目标，严格实行月度考核兑现，将平台公司和各区域公司全体干部员工月度绩效工资与分解后的累计净利润完成率挂钩，按照累计净利润完成率发放全体成员绩效工资，以刚性考核倒逼成本管控、降本增效等各项工作有力推进，不断提升公司管理效能，确保盈利承诺目标有效落实。

2022年度绿色能源产业完成发电量81.71亿千瓦时、同比提高8.2%，电价补贴回收16.94亿元，较年度目标超3.56亿元，主要指标均超额完成全年目标。

（三）优化组织机构，进一步提升组织效率与活力

结合新能源产业发展规划及未来业务规模，系统梳理平台公司和各区域公司现有机构、岗位设置及在岗人员情况，根据陆上风电场、海上风电场、光伏电站、光热电站及储能电站装机规模、运营特点及发展规划等的不同需求，全面优化各区域公司机构设置与定员方案，设置综合管理部、发展策划部、生态安质部等5个必要部门，根据党组织建制、装机规模等情况差异化设置党建部、人资部等职能部门，进一步优化机构设置，精简定员方案。

优化后，绿色能源产业总编制缩减15.5%，整体人员配置率为81.7%，劳动生产率为2.8人/万千瓦，优于行业平均水平，效率提升15.5%。结合场站岗位设置情况，以莒县、包头光伏项目为试点，积极研究同类业务、同类岗位实施场站运维外委，有效降低运维成本。

（四）大力拓展资源，充分发挥经理层谋经营抓发展作用

结合国家"双碳"战略的实施推进，公司经理层成员积极与政策制定单位对接沟通，充分了解国家"十四五"能源、电力发展规划情况，掌握"五大六小"企业战略动向，科学编制完成新能源产业"十四五"发展规划。统筹推进市场开发，在常规资源拓展手段的基础上，通过系统谋划"两个一体化"项目、策划开发大型海上风电项目、紧盯特高压配套新能源指标项目、探索实施"绿色能源＋乡村振兴"项目、发挥产业融合优势协同获取项目等多种方式，拓宽资源获取渠道。积极对接国内研究机构及头部企业，开展抽水蓄能、液化压缩空气储能、生物质发电、地热能、风电机组机械载荷一体化计算平台研究，为战略性新兴产业投资奠定基础。

组织项目全体人员签订新投资项目责任状，强化专项激励约束，进一步提升项目质量和运营效率效益，2022年度成功获取新疆阜康百万千瓦多能互补、青海液化空气储能配套光伏、内蒙古通辽绿电直供、陕西宜君三期林光互补项目共计150万千瓦建设指标，锁定资源1203万千瓦。全年开工建设280万千瓦。

（五）注重提质增效，切实提升经营管理质量

持续深化绿色金融创新，开展应收补贴款保理，推动低成本流动贷款置换。2022年，银

行平均贷款利率降至 3.33%，新增贷款利率最低降至 2.6%，创历史最低，年节约财务费用 2.12 亿元；绿电绿证交易和碳资产开发增收 1204 万元。

单位3：重庆公司——扎实推进三项制度改革，助推企业高质量发展

一、公司概况

重庆公司是中国绿发重要子公司，负责重庆区域的房地产经营开发与管理，入渝 24 年，公司在改革中不断发展壮大，累计开发 1080.08 万平方米，销售 539.04 亿元、网签 533.82 亿元、回款 530.85 亿元。截至 2022 年底累计实现收入 496.11 亿元、利润 71 亿元。

近年来，在调控力度加码、行业竞争激烈的影响下，房地产公司的规模增长速度明显放缓，在土地红利、金融红利等减退后，向管理要效能已经成为房地产业的重要发力方向。重庆公司受政策和市场影响，在建面积、销售额等主要指标数据出现明显下滑，美丽乡村项目总体策划定位不够清晰，人均效能不足峰值 1/6。

二、改革举措及成效

（一）"拆庙压编"，精简组织机构和定员编制

对标华润、万科等企业管理标准，坚持"服务战略、精简高效"原则，认真盘点梳理整体业务，开展内部访谈，广泛征求专业部门和员工的意见，反复研究，超前谋划，精简机构，提升效率。

1. 调整美丽乡村公司管理模式

美丽乡村公司是中国绿发践行央企社会责任、实施乡村振兴战略的示范点，以聚焦绿色产业发展、探索"地产+文旅"产业业务增长点为目标。为集约资源管理，将美丽乡村公司人资、财务、物资、工程等职能工作纳入重庆公司统一管理，优化后美丽乡村公司由 11 个部门调整为 3 个部门，定员编制由 109 人压减为 32 人。

2. 吸收合并生态旅游公司

结合经营业务调整，将合川生态旅游公司进行吸收合并。

3. 撤销竣备收尾项目部

将鲁能星城、茶园领秀城、九龙花园及东郡、南渝星城、北渝星城 5 个项目部撤销，其维修整改工作划入客户服务部统一管理。

4. 合并区域相近项目部

为提升管理效率，将鲁能城 1、2、3 期和 4 期合并为鲁能城项目部，将泰山 7 号 1、2、3 期和 4 期合并为泰山 7 号项目部，集约区域内资源调配。

5. 优化部分岗位设置

通过业务流程梳理，整合职能相近的岗位，撤销不必要的职能岗位，合并职能重复岗位，鼓励部门内部兼职。

优化调整后，重庆公司（含所属项目）部门由41个缩减为22个，约压减46.3%；定员由445人缩减为276人，约压减38%；中层管理人员由原来的73人缩减为44人，约缩减39.7%，为中层竞聘和员工双选工作奠定了坚实基础。

（二）不破不立，率先开展中层管理人员起立竞聘

重庆公司领导班子2022年1月召开会议集体研讨，提出中层管理人员"全体起立，公开竞聘"的总体思路，坚持人才选择"以事择人"，对中层管理人员实施动态管理，让"有为者"有位，"实干者"实惠。

1. 反复推敲，确立方案

第三方机构中智公司全程参与，同时成立了以董事长、党委书记为组长，班子成员全员参与的选聘工作领导小组，全面研究制定方案。多次召开内部工作会议，广泛听取分管领导意见，对可能出现的情况明确应对措施，提前约定竞聘后的任期及年度考核指标、"红黄牌"过程考核机制、不胜任退出以及人员安置等。

2. 先定目标，再行选人

按"一岗一策"的原则，将公司指标科学分解，确保人人背指标，以任期制与契约化管理为抓手，制定各岗位的年度、任期目标和岗位协议书。年度业绩指标中，30%权重为公司整体经营成果得分，10%权重为党建工作考评得分，60%权重为中层管理人员个人业绩指标得分，设置加减分，针对安全生产、创先争优等方面进行专项考核；任期业绩指标中，20%权重为公司整体经营成果得分，30%权重为年度考核平均分，50%权重为个人任期业绩指标得分。

3. 阳光透明，有序组织

公司第一时间召开动员大会，具体讲解竞聘相关政策，并在内网协同系统、工作群、张贴栏发布选聘公告。重庆公司共发布39个岗位，有85人报名参加。评委组由10名领导班子成员和2名中智专家组成，评委进入会场前全部上交手机并签署保密承诺书。评委提问试题由中智公司统一制作，相关人员在纪检人员监督下开启密封文件袋，公司还开通了线上线下董事长信箱、纪检监督信箱等，确保整个过程公开透明。

4. 能上能下，圆满完成

竞聘成绩公布后，立即启动专项考察，按照程序高效完成干部调整相关流程，一个月内完成公司20个部门39个岗位中层管理人员的配置。其中2名正职降为副职，7名副职降为一般员工，4名副职提拔为正职，5名一般员工提拔为副职，真正实现干部"能上能下"。

5. 持续跟踪，动态考核

第一时间与竞聘上岗人员签订"三书一协议"（年度考核责任书、任期考核责任书、任职承诺书、岗位协议），并严格按照契约约定进行动态考核。其中对于中层管理人员，在一个自然年度内的月度工作目标考核结果为不合格的（低于80分）出示一次"黄牌"；年度内累计出现3次月度考核不合格的出示一次"红牌"，扣减3个月的绩效薪金。

通过推行任期制与契约化管理，彻底打破中层管理人员"终身制"，增强了中层干部的紧

迫感和危机感，激发了其工作主动性和履职担当的积极性，干部队伍工作作风迅速转变，呈现"有抱负、敢担当、想干事"的崭新面貌，激励干部职工争做"担当有为者"，不做"无为占位者"，竞聘上岗理念深入人心，为公司深化改革奠定了思想基础。

（三）实施双选，开展全体员工"人岗匹配"

1. 加强作风建设，营造改革氛围

通过深入开展作风效能提升活动，针对思想方面、纪律方面、担当方面开展自查整改、抽查考核、宣传引导，营造干事创业、拼搏奋进的积极氛围；开展技能竞赛，提倡苦练基本功，增强广大干部职工争创一流的竞争意识，掀起"比、学、赶、超"浓厚氛围。

2. 细致调研摸排，稳妥有序推进

对落选安置方案进行充分讨论，给落选员工多项选择，助力员工以市场化的心态对待双选。制定《员工岗位双向选择实施方案》，237名员工报名参加，参选员工对照双选岗位任职资格条件，认真分析、精心准备、积极应对，提报材料内容丰富，通过对双选岗位再思考再梳理，展现出对工作的更深思考。

在整个双选过程中，重庆公司始终坚持公开、公平、公正和竞争择优的原则，形成报名表、评委分组表、保密承诺书、双选评分表、成绩统计表等标准化工作清单。评委认真审阅每一名参选员工的材料，多维度审慎评分，为公司发展挖掘优秀人才，形成人岗匹配、人尽其能的良好态势。通过实施双选，重庆公司最终实现退出员工16人，真正做到了"能进能出"。

（四）改革薪酬分配体系，实现收入能高能低

1. 更新岗位价值评估分数

重庆公司依据发展规划及经营计划，梳理新组织架构下各部门的权责划分情况和岗位说明书。聘请专业薪酬福利数据调研公司，采用科学岗位价值评估工具，从影响力、领导力、沟通力等6维度分别对地产板块109个岗位和乡村文旅板块33个岗位进行岗位价值评估打分排序。

2. 科学对标市场薪酬

重庆公司选择重庆地区8家国有房地产企业、8家非国有房地产企业共559个岗位，进行房地产板块薪酬调研对标，研究新市场环境中的薪酬标准；选取重庆地区8家房地产背景的农业文旅公司、7家专业文旅公司共243个岗位，开展文旅行业薪酬调研对标，研究美丽乡村公司薪酬标准，使人工成本贴近市场水平，增强盈利能力。

3. 确定薪酬比例分配

重庆公司明确设置业务、专业、服务保障3类部门序列，体现不同专业间的薪酬差异；将美丽乡村产品线单独提取进行薪酬体系考察设计，体现不同产品类型间的薪酬水平差异；开展职业发展双通道聘用管理工作，通过调整序列之间的分配比例，有效优化公司同专业间的薪酬水平差异。

4. 坚持宽带薪酬模式

坚持采取一岗多薪、宽带薪酬模式。在完成前期岗位价值评价之后，通过与市场对标，参照集团公司岗级标准表，科学开展薪酬套改工作，合理确定每个岗位等级内的多个工资档次，以体现同岗级人员不同能力、资历和业绩贡献的差别。

5. 实现薪酬结构差异

提高员工绩效工资占比，扩大浮动工资范围，实现薪酬结构变化；进一步研究营销激励奖金模型，强化销售奖惩兑现刚性，激活营销人员工作动力。

案例负责人：周悦刚
主要创作人：张吉飞
参与创作人：闫文文、李　洁、苗春晓

坚持改革创新　持续放权赋能
以人力资源改革助推公司高质量稳健发展

中国石油云南销售分公司

中国石油云南销售分公司扎实推进国企改革三年行动，以三项制度改革为突破口，以大部制改革为契机，聚焦体制改革、创新管理机制、坚持多维赋能，构建起了扁平高效、上下联动、充满活力的组织运行体系和管理运行机制，人力资源创新创效潜力得以充分发挥，有力助推了公司高质量稳健发展。

一、聚焦体制改革，提升组织运行效率

坚持"结构跟随战略"，紧扣发展战略和目标，瞄准一流公司，坚持"上中下"整体改革。一是聚焦大部制改革，构建省公司"153"组织新模式。省公司层面围绕"业务运营中心＋利润中心"职能定位，侧重大部制改革，以经营管理一体化运作、人力资源集约化配置为重心，以信息化、数字化、智能化建设为支撑，全面推进以机构职能调整、运行机制创新、业务流程再造、岗位设置优化为主要内容的大部制改革，构建了1个主营业务部门、5个服务支撑部门、3个监督保障部门的"153"大营销、大支撑、大监督组织运行新模式。省公司职能部门从13个压减至9个，压减率约为30.8%，有效解决了职能交叉、协同不畅、界面不清等大公司通病问题。二是聚焦一体化改革，实行分公司"3+1"管理新模式。分公司层面围绕"生产经营执行中心＋成本控制中心＋销售利润中心"功能定位，侧重一体化改革，重点推进"油卡非润气+N"一体化运营、直批零售一体化营销、购销调储一体化运作、支撑保障一体化协同等"四个一体化"，构建了以市场为导向、以零售为核心、以效益为中心的"3+1"（1个核心部门、3个保障部门）一体化管理新模式。分公司职能部门压减率为28.1%，有效解决了职能分散、多头管理、效率偏低等"老大难"问题。三是聚焦市场化改革，推行加油站"阿米巴"经营新模式。加油站层面围绕"阿米巴"经营效能定位，侧重市场化改革，公司先后布局了加油站团队管理、发布了《企业文化手册》、重构了加油站分类体系、开发了加油站模拟核算系统，借鉴了稻盛和夫"阿米巴"经营模式，在文化、制度、技术3个层面实现了3次迭代，创造性地构建了具有"魅力云销"特点的"阿米巴团队"经营模式。在经营中坚持"基层视角""底线思维""红线意识""问题导向""自下而上"的经营机制，在工作中充分尊重基层原创，凝聚基层力量，汇集基层智慧，实现了"让听得见炮声的人来决策"，倒逼机关进行服务转型，机关不再是发号施令者，而是服务提供者，改变了以往省、市两级"自上而下"制定营销方案、基层一线被动执行的经营模式。通过文化引领、制度创新、算法支撑，持续多维赋能基层一线，以及市场化改革，有效解决了管理过度、经营意识不强、全员参与度不高等加油站经营难题。

二、创新管理机制，激发干事创业激情

坚持机制创新与体制改革整体统筹、一体布局、协同推进，力戒为改革而改革。一是创新人才激励机制，激活人才内生动力。创新干部锻炼机制，选派人员多地挂职，多岗位多角色历练。改革选人用人制度，建立退出领导岗位、年轻干部培养选拔、人才战略五年行动计划等制度方案。开展领导人员全员换届竞聘、开通加油站经理竞选分公司管理层"直通车"，公司40岁左右中层领导人员队伍结构持续优化。拓宽技能人才成长空间，创建张本荷劳模创新工作室、"1+15+N"创新营销工作室、金孔雀文化营销创意工作室，培养各类高技能人才、市场营销专家（专员）107人。二是构建分类评价体系，激发干事创业激情。建立发展能力评价机制，采用规模、质量、成长性3个维度58项指标对二级单位发展能力实施综合评价，结果实行强制分布、每年动态调整，该结果与二级单位领导班子调整、效益年薪兑现直接挂钩；重构加油站分类管理制度，采用销量、效益、效率3大类5项指标将加油站分为3类6档，配套建立岗位互联互通机制，有效破解加油站经理"重量轻效"以及纵向流动难等问题。创建客户经理晋升机制，建立见习、初级、中级、高级、资深客户经理等级晋升机制，直销、非油客户经理人队伍稳定在130人左右，遍布云南省129个县市区。三是改革考核分配制度，发挥薪酬激励作用。健全工效挂钩机制，二级单位工资总额由工资总额基数、增量及专项奖励3部分构成，工资总额基数按比例核定，增量与销量、效益、效率指标挂钩，专项奖励与阶段性重点工作挂钩，多劳多得。考核聚焦主责主业，减少过程性指标、一般性指标考核，关键绩效指标数量不超过10个，"规模、效益、效率"指标考核权重在80%以上，体现业绩考核的导向性和精准性。多维评价业绩成果，针对KPI仅考核当年计划完成率内容，增设经营管理难度系数，其由同比、同行比、贡献比3部分构成，可客观真实反映二级单位业绩改善程度、市场竞争能力强弱和贡献大小等。

三、坚持放权赋能，夯实高质量发展根基

坚持顶层设计与基层原创相结合，创新基层组织运行模式，激发基层队伍活力动力。一是坚持文化引领，形成文化竞争力。"为员工创造美好生活"，建立"春送慰问、夏送清凉、金秋助学、冬送温暖"四季关怀体系，健全"医疗保险、大病保险、医疗互助"三级保障体系，打造基层库站"家"文化，员工满意度逐年提升。"为客户提供满意服务"，打造"五朵金花"等特色加油站26个，大理金花站案例被收入中国人民大学EMBA案例，丽江古路湾站被称为"纳西族自己的加油站"，文山老山站成为坚定理想信念的"红色加油站"。打造"司机之家"、爱心驿站200余个，3个"司机之家"获交通运输部"5A级"授牌。"七彩云南、魅力云销"特色公司文化促进员工与公司形成了利益、事业、命运共同体，提升了公司整体价值创造能力。二是坚持"放管服"赋能，提升自主营销水平。坚持基层视角、问题导向与"放管服"相结合。将选人用人、薪酬分配、绩效考核、营销支出等权限下放到基层团队。两级部门管方向、管流程、管标准，基层团队侧重生产经营和客户服务，倒逼职能部门从"经营决策"转向"服务支撑"，促使基层团队从"要我干"到"我要干"转变。坚持案例推广、实战培训与技术赋能相结合。总结经典案例，编制"阿米巴"经营《导读材料》《指导手册》《案例汇编》，固化"阿米巴"学研成果。加强实战培训，依托"1+15+N"创新营销工作室等实训基地建立"传帮带"长效机制，实现成果有效转化。研发模拟核算系统，从销量、效益、效率3个维度持续优化算法，解决想算账、不会算问题，实现自主经营、智能销售、数字运营。三是坚持精准激励赋能，

激发一线活力动力。创建工资总额"团队化"管理模式，根据销量、效益、效率完成情况将工资总额分配到基层团队，由团队自行确定内部薪酬分配、业绩考核方案，实行自主管理。构建量效率薪联动考核机制，将加油站原绩效薪酬一分为三，保留升油提成，增加效益提成和效率提成，量效贡献大收入就高，量效贡献小收入就低。工资总额"团队化"分配机制与量效率薪联动考核机制的确立，实现了员工、加油站、团队收益与公司整体量效的同向联动，唤醒了一线员工的自主经营和自我管理意识。

案例负责人：任家永
主要创作人：任家永、张　阳
参与创作人：余红美、武　举、吴汪平

以对标强基础、用改革增活力

——以重庆物业公司为例论深化改革中的人力资源管理实践

重庆鲁能物业服务有限公司

重庆鲁能物业服务有限公司（以下简称重庆物业公司）成立于2015年7月，具有重庆房地产中介服务机构A级资质，取得ISO9001（质量）、ISO14001（环境）、OHSAS18001（职业健康安全）、企业诚信管理、社会责任、企业标准化管理"六位一体"管理认证。公司坚持以习近平新时代中国特色社会主义思想为指导，坚决贯彻新时代党的建设总要求，扎实学习习近平总书记关于绿色发展、生态文明思想、创造美好生活等党的创新理论，着力构建以业主为中心的"绿色服务＋红色物业"体系，聚焦服务社区居民"最后一公里"，创新"党建＋物业"模式，致力于打造区域物业服务标杆，连续4年荣获"重庆服务业企业100强"荣誉称号。

公司以西南区域为发展重心，立足重庆，辐射成都、宜宾、东莞等地区，管理面积超1300万平方米，服务业主9万余人。坚持以习近平生态文明思想和新发展理念为指导，着力构建以业主为中心的绿色服务体系，致力于提供"绿色、健康、智慧"的高品质物业服务，打造独具特色的绿色服务中心，推进绿色健康社区全覆盖建设，努力营造绿色环保、智慧便捷、和谐舒适的人居环境。全面发挥集团公司幸福产业集群优势，深耕销售代理、商业运营等创新业务板块，打造行业先进、业主信赖的卓越品牌，建设具有核心竞争力的一流物业服务企业，服务中国绿发改革发展事业。

《习近平新时代中国特色社会主义思想学习纲要》中明确指出"深化人才发展体制机制改革，是做好人才工作的重要保障""人力资源是构建新发展格局的重要依托"。随着国有企业改革不断深入、人工智能和数字技术广泛应用，劳动密集型特征明显的物业行业市场竞争进一步加大。在深化国企改革过程中，建立"管理人员能上能下、员工能进能出、收入能增能减"的管理机制、加强基层一线用工管理、提高用工效率和质量，可有效助力公司应对外部压力、提高经济效益和提升市场竞争力。建立科学的人力资源管理体系，加快人力资源管理改革进程，充分发挥人力资源和人才资源优势，对做优做强国有资本、提高市场核心竞争力，以及实现企业健康、稳定发展尤为重要。

2022年伊始，公司坚持以习近平新时代中国特色社会主义思想为指导，深入推进人事劳动分配制度改革，持续激发各类人才队伍创新创效活力，全面加强组织人事系统自身建设，着力在强根基、促转型、搭平台上下功夫。

公司深入学习党的二十大精神，在中国绿发党委的坚强领导下，立足本职、提高站位，以落地国有企业改革三年行动为导向，全面开展人力资源管理基础工作规范化、人才工作多元化、成本严控化专项行动，通过对标行业先进促进公司改革转型、组织"全体起立、竞聘上岗"实现组织架构及关键岗位优化人员配置、加强定员管理和入/离职审批强化人工成本管控、实地调研完成用工量测定和人工成本预算精细化、与政府合作带动全体员工考取职业（执业）资格证书、开展个人技能提升工程实现中层管理人员学历水平提升。

一、深化改革是公司持续高质量发展的必然要求

习近平总书记高度重视国有企业改革工作，明确要求"要深化国有企业改革，完善企业治理模式和经营机制，真正确立企业市场主体地位,增强企业内在活力、市场竞争力、发展引领力"。为提高竞争力和经营效益效率，国有企业必须实施三项制度改革、统一管理目标，加强员工工作意识、提高员工工作能力，使国有企业管理人员能上能下、员工能进能出、收入能增能减。

对重庆物业公司来说，实施三项制度改革，推进国有企业改革三年行动落地是一项系统性工程，是解决行政色彩浓、架构不清晰、审批流程多的必然要求，是提振市场竞争力、激发干事创业活力、畅通员工晋升通道的必经之路。

二、深化改革在人力资源管理工作中的具体实践

重庆物业公司坚持"精简高效、科学统一"的原则，大力优化归并职能相关岗位，压缩管理人员职数和规模。按相近业务专业化重组的原则，积极推行大部制改革，采取合并、划出、撤销等方式，针对原有组织机构设置庞杂、业务交叉、多头双重管理、沟通衔接不畅等问题，进行资源整合。坚持"职责明晰、优势互补"的原则，减少职能交叉和机构重叠，优化业务流程，实现传统人事管理向现代人力资源管理转变。

重庆物业公司围绕"机制改革、管理创新，围绕中心、服务大局"工作主线，聚焦市场化、专业化、契约化管理目标，着力构建集约、高效的人力资源管理模式，深入挖掘人力资源潜能，充分发挥人才资源优势，形成"干事有岗位、发展有平台、晋升有通道"的人才工作格局，有助于夯实发展基础、释放发展活力、集聚发展势能、提高发展质量。

（一）加强思想建设，营造公平竞争、能上能下的文化氛围

为保证国企改革顺利落地实施、保障三项制度改革落地效果，重庆物业公司党组织以强烈的责任感、紧迫感，自 2021 年下半年开始，在党组织集中学习会议、日常工作会议、年度工作会议上均将"起立竞聘"作为重点工作进行宣贯，督促人力资源部制定相关工作方案、定期通报方案进度、针对性地做好员工思想工作、引导广大员工树立正确的思想观念。这在一定程度上打破了畏惧市场化竞争、求稳怕变的工作氛围，提高了员工对公司改革必要性和紧迫性的认识，提升了中层管理团队和关键核心岗位员工对"全体起立"的接受度，调动了广大干部职工参与国企改革行动的积极性。

（二）加强组织建设，打造精简高效、配置完备的架构体系

重庆物业公司聚焦"用工总量大、核心人才少、人工效能低、收入差距小"的问题，以精简机构、减员增效为目标，以市场对标为抓手，找准差距短板，持续规范组织设计，提高用工体系效率和市场化水平。

2022 年 1—2 月重庆物业公司不断进行同行业标杆企业组织架构及定员调查研究，对标华润、华侨城、龙湖等物业行业标杆和国有物业企业，拟定出"职能部门＋分公司（保留 2 个职能部门）+N 服务中心（1～2 个经理 +1 个行政兼出纳 +1 个客服主管 +1 个工程主管）"的主体架构，秉持精简架构理念，缩减不必要岗位，注重效率提高、效能改善，切实夯实高质量发展基础，不断增强公司活力与竞争力。在职能部门的设置上，裁撤及合并类似岗位、增设改革

创新研究类岗位,在充分考虑公司特点、未来发展规划及国家"双碳"目标的基础上,设置低碳运营管理岗、智慧物业研究岗等研究型岗位,为公司未来发展提供更多可能性。经过优化,在不考虑新增 4 个服务中心、1 个职能部门的基础上,组织架构人数及定编人数从 2019 年的 272 人压缩至 2022 年的 175 人,压缩率高达 35.67%;优化完成了"职能部门 + 分公司(2 部)+N 服务中心"的一线管理模式。重庆物业公司不断摸索和优化管控体系,经过前后 3 次摸索、尝试、调整后最终确定并优化出公司 – 分公司 – 服务中心 3 级管控体系,明确了各服务中心、多元专线的服务运营中心和价值创造中心的地位;明确了职能部门和分公司为创新中心、效率中心和能力建设中心的支撑辅助地位。

(三)强化机制建设,建立契约化、市场化管理机制

彻底打破统包统配管理机制,实施契约化管理机制,变行政化管理为市场化管理,坚持"放"和"管"两轮驱动,使契约化管理落到实处。在改革上能抗压、敢碰硬、善作为,切实做到把政治素质好、履职业绩优、勇于担当、敢于作为的优秀人才选出来、用起来,选优配强各级人才队伍。同时,建立以岗位管理为基础、以合同管理为核心的契约化、市场化用工管理机制,实现人力资源的高效流动,为公司适应新发展阶段新要求提供新的动力引擎。

1. 强化"竞聘上岗""能上能下"理念

坚持抓牢关键岗位,抓实重点任务,高质量、高标准地推进任期制和契约化管理全覆盖,确保"应推尽推"并向分公司、专业线延伸,充分盘活内部人力资源市场,让"动一动"成为常态、"跳一跳"成为状态。2022 年组织职能部门、分公司、多元业务专线、服务中心竞聘上岗、培训考核上岗 3 批次,涉及 67 个岗位,共计 129 人次参与其中;2023 年组织职能部门、分公司、多元业务专线、服务中心竞聘上岗 4 批次,涉及 51 个岗位,共计 69 人参与其中。

2. 亮出"上与下"的准绳,变"选马"为"赛马"

组织新拓展项目"揭榜挂帅",公司党员骨干带头扎根高原一线,以真诚沟通和优质服务获得了业主单位高度认可。组织开展"9·22 双碳引领 绿色征程"绿色营销行动,全力推进收代缴水电费和往期物业费清欠,不断强化各层级责任意识和竞争意识,全力攻坚业主满意度、物业费收缴率指标任务,超额完成全年目标。

3. 纵深推进薪酬分配机制改革

搭建公司"3+L+M+N"考核分配体系。"3+L+M+N"体系,即以《公司工资总额管理办法》《公司全员绩效管理实施细则》《公司岗位绩效管理实施细则》3 项制度规范为保障,构建公司领导人员(L 级)、中层管理人员(M 级)、员工层的 3 级管理体系,基于公司"战场扩大""战术革新""战斗升维"的转型发展阶段,以"攻坚重点""服务模式(职位序列)"为两大抓手,持续丰富"N"的内涵,提升改革的系统性、整体性、协同性。

4. 有序组织员工薪酬套改工作

树立"以岗定级""以级定薪""易岗易薪"理念,重塑公司职位价值体系,尤其针对分公司与服务中心,分业态、分层级、分专业构建岗级体系,保证薪酬向重要岗位倾斜,激发队伍内生动力;贯彻"为岗位付薪、为业绩付薪、为能力付薪"的理念,优化薪酬"组成 + 发放"结构,适当提高浮动薪酬占比,合理调整日常薪酬与年度薪酬比例,强化薪酬分配正向激励,有效解

决"对外招聘难""对内激励差"等管理痛点问题，夯实公司市场化改革转型基础。

5. 稳步推动市场化激励改革

全面签订绩效合约，实现"L""M""员工"3级全覆盖，突出"强激励""硬约束"，层层压紧压实责任，全方位强化增效思想，为冲刺公司年度目标打下基础；组织实施专项考核激励，围绕公司年度重难点工作，构建市场外拓、综合收费收入、多元收入3大专项奖励，阶段性地验收完成情况，做好专项奖惩兑现，提升激励的及时性和时效性。

（四）夯实人才基础，建立人才主动学习、积极思变的"用武"平台

积极构建全方位的人才升级战略，以格林学院创新工作室、"双向交流挂岗锻炼"、"青马小组"和"个人技能提升计划"为依托，培养和造就一批懂业务、懂经营、懂管理的人才。建立岗位交叉轮流制，打破了以往定人定岗工作制，为员工成长搭建学以致用的新平台。

1. 创办格林学院创新工作室，深化现代服务业"六个一流"建设发展

格林学院聚焦公司人才资源建设，着力打造综合性人才培养机制，建设完善全方位的培训体系。基于现有培训需求和公司发展方向，建设完善的内部培训体系。从培训需求分析出发，制定年度培训计划，不定期开展培训效果跟踪及意见征询活动，以提高培训工作质量。为了提高公司员工的知识和技能水平及提升公司外拓硬实力，重点培养了一批取得职业资格证书的高层次专业人才，打造涵盖关键岗位、关键专业的高素质业务管理团队。2022年共计牵头完成入职培训3次、业务培训2次、管理提升培训2次、职业技能认定培训2次；共计开展培训课程约120节，培训时长达126小时，覆盖约435人次。格林学院在技能培训方面，加大员工职业培训力度，优化员工结构，不断提高员工职业资格持证率。第一批职业技能认定培训考核后，共计244人获得国家职业技能证书，公司员工持证率提升26个百分点。格林学院在既有培训基础上，在培训的理念、方式等方面不断进行创新，多方面体现出层次性、多样性，采用不同性质的、不同水平的培训。员工培训，不仅是组织人力资源管理与开发的重要组成部分和关键职能内容，也是组织人力资源资产增值的重要途径。在达到人"事"匹配的基础上，进一步紧密联系实际业务开展情况，形成双方良性互动。

2. 加强岗位锻炼，提高综合素质；盘活内部市场，优化员工队伍

持续深化人事制度改革、加强员工队伍建设、激发队伍整体活力，提高工作效能；打破岗位限制，以建立长效机制为主题，制定《重庆鲁能物业服务有限公司"双向交流、挂岗锻炼"工作方案》，逐步实现轮岗常态化、制度化，不断增强员工队伍生机和活力，不断转变工作作风，提高工作效能。把基层一线、重要岗位、急难险重任务作为年轻人才培养的"试金石"，强调"懂管理必须懂业务、懂业务必须会管理"，2022年组织8名优秀年轻人才在催费攻坚、项目外拓中摸爬滚打，使其在实践中成长锻炼并成长为骨干力量。通过交流挂岗进一步完善党组织管理的人才数据库，为公司低碳高质量发展提供坚强的组织人才保障。

3. 突出多渠道发现、多途径培养、多方面使用，统筹做好年轻人才选育管用

注重系统性规划培养，制定并实施《统招毕业生培养实施方案》《优秀年轻管理人员培养实施方案》，搭建起"一个平台""两次调研""三大工程""四类培训"的培养体系，通过3~5年PDCA循环培养，夯实年轻员工的专业技能和职业素养，为人才队伍纵深发展打好适配基础。

抓好多角度立体培养，坚定不移推进政治能力培养，经笔试、面试选拔出 10 名青年员工，组建公司首届"青马小组"，开展常态化政治理论学习，确保青年员工站稳政治立场、提高政治能力；持续深化综合能力培养，有针对性地选拔出 6 名专业能力强、综合素质佳的青年员工并使其充实到基层一线，初步搭建起以"90 后"为主体的人才后备梯队，形成良好的传帮带机制。

（五）强化成本管控，促进精细化管理、合理化减员增效

持续强化人工成本管控体系搭建，科学化人工成本预算管理、常态化人工成本动态监控、标准化人工成本纠偏管理，编制《公司客服、工程人工成本管理办法》等制度规范；切实加强人工成本预算管理，组织外部对标龙湖等标杆企业，同时深入开展内部调研，针对重庆区域 10 大服务中心以及客服、工程、秩序 3 大序列，进行现场实地调研和工作饱和度分析，以此作为定编和招采的主要依据，有效有力地控制岗位外包、业务外包人工成本；持续扎实做好动态监控与纠偏提醒，采取以月为单位的全口径人工成本测算，实时通报，采取纠偏措施，确保每月发生的人工成本可控在控，全年岗位外包成本控制在年度预算的 91% 以内。

随着国企改革的逐步深入，重庆物业公司将在优结构、降成本、提效率、增效益方面持续发力，聚焦国资央企"一利五率"提升，围绕"强党建、谋创新、提效益、促发展"工作主线，将绿色低碳高质量发展的要求融入人力资源管理各项工作中，全面提升公司人才队伍的综合素养，完善分配制度及薪资配比机制，持续增强员工的发展意识和竞争意识，不断提升核心竞争力，推动国有企业的高质量发展。

案例负责人：潘玉峰

主要创作人：王永全

参与创作人：胡欣欣、林　欣、李美艳

做精做细三项制度改革文章
激发金融人才队伍活力

中海油国际融资租赁有限公司

金融业是典型的知识密集型、智力密集型行业，金融人才是集团公司金融板块发展最重要的核心资源，人才队伍建设是改革发展的核心议题。中海油国际融资租赁有限公司（以下简称海油租赁或公司）按照集团公司三项制度改革的总体部署，坚持以习近平新时代中国特色社会主义思想为指导，紧紧围绕集团公司"1534"总体发展思路，做精做细三项制度改革文章，坚持问题导向、目标导向、结果导向和市场化改革方向，打造公司高素质干部人才队伍，提高公司核心竞争力。通过建立新型岗位体系、畅通职业发展通道、构建价值型薪酬分配体系，与干部人才队伍建设"3+1"工程相结合，与公司组织机构改革相结合，在更深层次推进任期制和契约化管理，构建起与企业功能定位相配套的市场化人事劳动分配机制，提高效率效能，增强企业活力，促进公司治理体系和治理能力的现代化，为建设中国特色国际一流能源公司金融机构提供坚强的组织保障。

一、背景情况

中海油国际融资租赁有限公司经商务部批准，设立于2014年3月，属于中外合资融资租赁公司，是中国海洋石油集团有限公司的全资公司。三项制度改革前，公司整体用工规模为61人，其中45～55岁员工占26%、35～44岁员工占32%，干部整体年龄偏大，公司直管干部共10人，平均年龄为46.4岁，45岁及以下有3人，与干部队伍4∶3∶3的目标相差较远。高级主管（M9—M10）共9人，平均年龄为43.44岁，35岁左右仅2人。从干部人事角度来看，干部"下"的途径单一，激励约束机制不够有力，干部考核不够科学精准；从劳动用工角度来看，员工退出力度不够，用工形式单一，岗位序列单一；从收入分配角度来看，工资总额预算管理主动性不足，工资总额业绩目标导向占比较低，核心关键岗位市场薪酬竞争力优势不足。

面对以上困境，海油租赁党总支严格落实集团公司对中层干部结构优化的要求，从严把握领导人员任职资格。以加强契约化管理为突破口，扎实做好中层领导人员竞聘上岗和实施"两制一契"。以业绩为导向，积极稳妥实施任期期任考核，真正建立干部"能上能下"机制。坚决推行全体员工"两个合同"管理要求，抓好全员绩效考核体系建设，健全员工优胜劣汰机制。同时结合公司特色，制定更加系统、可操作的薪酬激励措施，真正发挥业务人员能力，实现薪酬"能增能减"。在做好以上工作的同时，海油租赁还突出金融行业特色，设立了金融业务开发销售（MS）序列，全体市场开发人员转入MS序列；另外发布《中海油国际融资租赁有限公司业务部考核奖励实施细则》，实施准市场化的薪酬激励机制，发挥考核"指挥棒"作用，激励业务部全员挖掘自身潜能，引导员工高质、高效实现公司战略目标和年度经营目标。自我加压开展全员竞聘上岗，一批优秀年轻干部脱颖而出，全体员工更加珍惜岗位、爱岗敬业。推行全员季度述职考核，有效破除了一次性考核不精准、平衡照顾等弊端。

二、主要做法

（一）规定动作一丝不苟，高质量高标准完成三项制度改革任务

截至 2021 年 12 月底，按照集团公司三项制度改革整体工作安排，海油租赁实现全体中层干部竞聘上岗、岗位序列重新设置、科学设置合理的市场化薪酬分配制度、全体员工转制。公司全面推行"两制一契"工作，充分激发领导干部的积极性和主动性，加快构建基于中国特色现代企业制度的新型经营责任制，有效激发公司活力和效率，推动实现高质量发展。公司还充分推动"两制一契"工作落实落地，制定《领导班子成员任期制和契约化管理工作方案》《领导人员业绩管理办法》《领导人员薪酬管理办法》，公司领导班子成员全部完成岗位合同书的签订以及"两书"的签订。

干部队伍实现能上能下，年龄结构进一步优化。严格落实"对党忠诚、勇于创新、治企有方、兴企有为、清正廉洁"的国有企业好干部标准，始终把干部人才政治标准放在首位，干部聘用和考察过程中重点关注干部在重大政治问题上是否有担当、在敏感问题上是否旗帜鲜明讲政治、在日常工作中是否遵守政治纪律和政治规矩。优化干部配备，增强整体功能，注重将政治素质过硬、理想信念坚定、工作作风过硬、善于带队伍、敢于担当作为、能够驾驭全局、注重团结协作、有基层经验或经历过复杂环境和急难险重岗位历练、廉洁自律的优秀干部选拔进公司中层领导人员队伍。2021 年 12 月，公司按照集团公司 2021 年 12 月 15 日前完成中层干部竞聘上岗要求，顺利完成全体中层干部竞聘上岗工作，共放出中层岗位 14 个，其中中层正职 3 个、中层副职 11 个，共 22 人次参与竞聘，最终 10 人上岗，1 人转入业务（B）序列。公司中层干部队伍年龄由改革前的平均 46.4 岁降至 45.8 岁，公司计划严格控制留白中层干部年龄结构，进一步降低中层干部队伍年龄，确保一个任期达到 4:3:3 的要求。

"两制一契"与"两个合同"100% 签订。按照集团公司《深化三项制度改革实施方案》要求，公司坚决贯彻落实相关要求，积极推行经理层成员任期制和契约化管理。截至 2022 年初，公司经理层成员均已完成年度/任期经营业绩责任书的签订与线上岗位合同书的签订。全体中层干部按照经营类与职能类进行区分，全部完成年度/任期经营业绩责任书的签订与线上两个合同的签订。按照集团公司整体工作计划，公司积极推进全体员工岗位合同制转制工作，并按要求对符合转制要求的员工全部进行转制。

（二）自选动作多措并举，全方位打造高素质专业化金融人才队伍

组织全员"起立坐下"，加快推进优秀年轻干部队伍建设。为贯彻落实公司三项制度改革方案，将改革措施落实落细，公司重新设置各部门岗位，设置阶梯式管理模式，增加岗位经理、资深专务等岗位，让员工晋升通道更加清晰畅通。公司组织开展全体员工竞聘上岗工作，共释放岗位 39 个，35 人次报名，最终提任 37 岁以下岗位经理 2 人，40 岁以下岗位经理 1 人，为优秀年轻干部后续选拔任用提供更大空间。公司十分注重年轻干部队伍建设，采取多项措施加快推进年轻干部队伍建设，为未来发展蓄力。时刻关注优秀年轻干部人才的政治能力，注重实践锻炼，积极推进优秀年轻干部梯队建设，制定了优秀年轻干部六位一体发展计划、《优秀年轻干部培养实施方案》，每季度由公司分管领导与年轻干部谈心谈话、答疑解惑。公司将骨干、核心人才等青年员工放到重要岗位、重大项目上，通过急难险重任务压担的方式培养更多的人才，壮大整体干部人才队伍。2021 年度 4 名优秀年轻干部均在本轮三

项制度改革中得到重用。

打造租赁销售特色，激发人才工作新活力。公司利用本次改革机会，有效突出租赁公司特色，设置 MS 序列，在前台业务部门设立市场总监、副总监岗位。在"进、用、出、考"4个方面构建更加灵活的专业化、市场化用工机制。在"如何进"方面，实行"职级分离，揭榜挂帅"，原业务部门管理序列岗位人员纳入新的销售序列，并作为管理序列的一部分。销售总监以下岗位每年通过业务量"认领"的方式确定任职岗位，实行契约化管理，岗位越高对应的业务指标完成量越高，对应的激励薪酬也越高。在"用得好"方面，丰富用工形式，壮大销售队伍，MS 岗位通过公开招聘、内部身份转换等方式开展市场化成品优秀人员选聘。鼓励其他序列向 MS 转换，鼓励入职第 3 年的大学毕业生参与高级销售经理岗位竞聘，提高销售队伍市场化比例。在"出得去"方面，加速考核，识别不胜任人员。销售岗位年度考核结果分 4 个等级，考核结果重点与业绩挂钩。一个任期内两年年度绩效考核结果为 D 的自然解聘原有岗位，依据岗位任职资格及相应积分条件降级转入业务序列岗位或竞聘其他岗位。在"考得准"方面，推行准市场化薪酬体系，实行"保底工资＋业绩提成"差异化阶梯挂钩提取的高弹性薪酬模式，发挥考核"指挥棒"作用，将业务量影响"业绩提成"的单一考核模式向多维度影响因素转变，推动业务高质量发展。

有效发挥考核"指挥棒"作用，全力服务"三大工程，一个行动"和"四个中心"建设。公司以服务集团公司主责主业为导向，着力研究重点工作、重点员工精准激励方案，主动探索适合业务部门的人才激励机制。为扎实推进三项制度改革工作，健全员工优胜劣汰机制，实现考核激励精准化运行机制，给系统、可操作的薪酬激励制度与"能增能减"措施提供有力支撑，最大限度激励业务部全员挖掘自身潜能，引导员工高质、高效实现公司战略目标和年度经营目标，公司制定并发布了《中海油国际融资租赁有限公司业务部考核奖励实施细则》，专门设立产融结合、绿色金融、创新增效系数，大力鼓励业务人员服务集团公司"三大工程，一个行动"和"四个中心"建设。构建了"固定工资＋浮动工资"的全要素激励机制，充分发挥薪酬管理的杠杆作用，引导和鼓励业务人员独立开发承揽项目，建立"能力＋业绩"的绩效考核评价机制，让薪酬结果科学反映业绩贡献，彻底打破平均主义和"大锅饭"。

有效推进季度考核述职，提升考核精准性和科学度。公司修订《员工绩效考核细则》，强化周期绩效考核，推进日常、季度、年度、任期、专项考核等动态化考核评价工作，采用季度考核的方式最大限度激发员工干事创业激情。开展季度绩效考核工作，既是对当前季度阶段性工作成效的检验，也是确保各项重点工作的推进落实，可以有效破除年底一次性考核不精准、平衡照顾等弊端。中层干部采用季度述职模式，围绕落实集团公司党组决策部署和公司重点任务情况，汇报本季度履职情况。党员领导干部还要履行"一岗双责"，汇报党建工作开展情况，接受党组直管领导质询和评议打分。员工根据年度绩效考核指标，填写本季度工作进展情况，由上级领导打分，并开展绩效面谈。季度考核结果应用于季度奖金分配、绩效改进和人事调整，公司按照排名顺序评选出本季度"一面红旗"，在公司范围内宣传典型事迹。季度考核是对年度考核的有效补充和完善，实践中取得了较好的效果。

三、经验启示

三项制度改革是改革三年行动的"牛鼻子"工程，抓好三项制度改革，对于顺利推进改革三年行动意义重大。海油租赁在实践中始终坚持问题导向、目标导向、结果导向和市场化改革方向，实现了改革稳步推进、干部人才队伍面貌焕然一新。

（一）始终坚持党的领导

充分发挥党组织"把方向、管大局、保落实"的作用，三项制度改革的整体方案、干部员工竞聘方案、季度考核方案及应用等重大内容，均提交党组织审议把关，保证党组织在改革中统揽全局、科学决策、把关定向，为深化三项制度改革提供坚强有力的政治保证、思想保证、组织保证。

（二）始终坚持市场化改革方向

金融企业面对着激烈的外部市场竞争，市场端和资金端高度市场化。海油租赁开展三项制度改革，更要遵循市场经济规律、金融企业发展规律和干部人才成长规律，充分发挥市场化机制在人力资源配置中的决定性作用，在人才的进、用、出、考各环节体现市场化原则。

（三）始终坚持契约化管理

完善以岗位职级动态化为基础、以合同管理为核心的全员契约化用人用工制度，坚持责权利相统一、激励约束相结合，强化全员绩效管理，着力解决"干部能上能下""员工能进能出""收入能增能减"等机制问题。

（四）始终坚持精干高效

以深化用工制度改革为切入点，结合公司发展规划和业务需求，科学定岗定编定员，做到人尽其责、才尽其用。完善以岗定薪、岗变薪变、有效激励的薪酬政策，体现效率优先、兼顾公平的分配原则。

（五）始终坚持统筹兼顾

以集团公司战略目标为引领，将三项制度改革贯穿于集团公司"十四五"发展规划、改革三年行动方案、干部人才队伍建设"3+1"工程实施方案之中。

面向未来，公司将始终围绕服务"三大工程，一个行动"和"四个中心"建设，持续做好三项制度改革后半篇文章，在重点制度、关键环节上持续取得突破，在绩效考核、岗位序列晋升等方面制定完善的配套措施，形成系统完备、措施有力、衔接有序、程序缜密的制度体系，有效支撑能上能下、能进能出、能增能减机制运行。

案例负责人：刘 博
主要创作人：刘 博
参与创作人：吉 鹏、周 丹

H公司三项制度改革之岗位价值评估案例

双高集团所属企业双高志远公司

一、案例简介

H公司是国有能源A集团的全资子公司，是集科研开发、工程建设、生产运营、产品销售"四位一体"管理模式的现代煤化工公司，主要从事煤制油、煤化工等煤炭清洁转化利用相关业务。在本次H公司人力资源咨询项目中，岗位价值评估是H公司建立与市场化经营接轨的岗位管理体系的重要一环，也是以岗位价值为基础的职级体系和薪酬绩效激励体系的重要前提和基础。

二、需求分析

（一）三项制度改革专项行动的深入开展，对H公司人力资源管理水平提出了更高要求

为贯彻落实国务院国资委三项制度改革专项行动的各项要求，国有能源A集团在三项制度改革领域做出了一系列部署，多项管理革新动作在如火如荼地进行。H公司作为央企二级平台公司，对上承接集团下达的三项改革制度要求，对下是分解落实政策要求的有效载体。为认真贯彻落实国家层面和集团层面三项制度改革的各项要求，H公司开展了本次涵盖组织体系、职级体系及薪酬绩效体系的人力资源管理体系优化升级项目，旨在完善人力资源体制机制，提升公司整体管理水平，为国企改革提供先进模式与经验。

（二）H公司亟须通过岗位价值评估完善人力资源体制机制建设，推动国有企业改革进程

以"岗位价值"为核心、体现激励和约束的薪酬绩效体系逐渐被国有企业认可，很多国有企业开始做岗位价值评估，期待通过这种方式破旧立新，实现工资和岗位价值、个人能力相匹配，打破国有企业工资体系的平均主义，增强内部公平性，甚至期待借此可实现重新洗牌，进行员工重新竞聘，建立能者上庸者下的体制机制。岗位价值评估可在H公司建立职业发展通道、强化薪酬体系内部公平性、全员绩效考核等方面发挥重要作用，成为完善H公司人力资源管理体制及推动公司高质量发展的重要手段。

三、设计思路及关键环节

岗位价值评估是对岗位职责大小、工作强度、岗位对所在组织的影响、岗位工作条件等的

综合评估。本次岗位价值评估项目是立足于国家三项制度改革大背景的重要尝试，将双高集团所属企业北京双高志远管理咨询有限公司（以下简称双高志远）积累的系统性、理论性的岗位价值评估方法付诸于实践，并创造性地基于 H 公司的管理现状和改革要求开发了适用于 H 公司本部业务和人员规模的"四维度六因素"岗位价值评估工具。

本次岗位价值评估的流程及关键环节如图 1 所示。

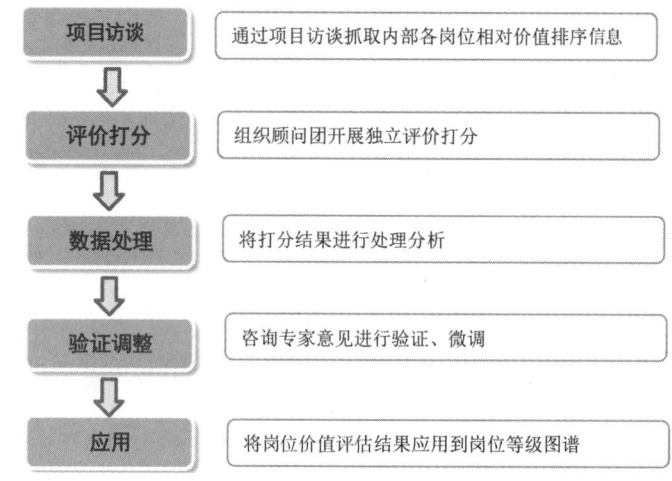

图 1　岗位价值评估的流程及关键环节

一是进行包含高层领导、部门负责人、核心员工等不同岗位层级在内的 30 余人次的项目访谈。通过项目访谈，抓取部门内部各岗位的相对价值排序信息。

二是组织顾问团对 H 公司本部共 55 个岗位开展独立评价打分。本次打分由双高志远领导、双高志远各咨询业务板块负责人及项目组成员共计 12 人参与，采取独立打分的方式，人均用时约 1.5 小时。

三是打分结果处理。将打分结果进行排序，基于打分结果的分布形态，结合项目组经验，设计橄榄形的岗级体系分布，有利于与公司薪酬体系对接。

四是咨询专家意见，对打分结果再次验证、微调。项目组委托公司专家，从横向、纵向、内部与外部 3 个角度对打分排序结果提出意见，最终形成 3 级岗位等级图谱。

五是对岗位等级图谱进行应用。根据岗位价值评估结果，结合 H 公司现有的薪酬标准体系，对各类别岗位设定对应关系，并根据具体情况开展后续薪酬定级套档应用。

四、案例创新点

本次案例的创新主要包括两个方面，一是岗位价值评估理念的创新，二是岗位价值评估技术方式的创新。

（一）岗位价值评估理念的创新

1. 植入差异化的"岗位价值"理念，重新审视各岗位自身价值

传统国有企业员工对岗位价值的理解普遍存在误区，总是将岗位自身价值与岗位在职人员的能力或贡献混淆，岗位价值评估的目的是明确岗位之间的相对价值，而不是从事该岗位的人的能力或贡献高低。国有企业由于其付薪依据往往是行政级别、个人表现及资历，对岗位价值、贡献的衡量比较模糊，存在着各岗位价值相一致的看法。本次项目岗位价值评估坚持以对岗不对人为基本原则，在岗位价值评估全流程实施过程中帮助客户不断澄清这些误解，解决在实施中面临的现实问题。

2. 实现了由岗位价值分析的定性化向岗位价值分析的定量化转变

由于过去国有企业对岗位价值的认识不足、重视程度不高，由国有企业领导或第三方公司凭借主观判断直接拍定岗位价值系数的现象屡见不鲜。有的国有企业在岗位价值评估过程中经常放大单一要素的作用，典型表现如把工作量当作重要甚至是唯一的维度，导致岗位价值分析缺少量化。本次项目岗位价值评估中，项目组开发量表对每个岗位进行了科学量化评估，相较于以往对岗位的定性判断，此次项目实现了岗位价值分析的定量化。

3. 运用多元化的评分方式来增加岗位价值评估的科学合理性

在评分方式上，很多国企领导摇摆不定，有的认为应该民主评分，让员工也参与打分；有的认为只需要高管打分，或者领导打分占更大的权重；有的以尊重权威为名，全部交给第三方咨询公司。采取单一的评分方式可能会导致评分结果不够客观、公正。本次岗位价值评估采取多元化的评分方式，首先由双高志远组织顾问团对H公司本部的岗位开展独立评价打分，然后项目组委托公司专家从横向、纵向、内部与外部3个角度对打分排序结果提出意见，最后结合公司的高层和中层管理人员的意见进行调整确定。

（二）岗位价值评估技术方式的创新

不同的岗位价值评估方法各有侧重，选择并开发适合的岗位价值评估方法是发挥本次岗位价值评估作用的关键。本次项目以岗位价值评估的应用为导向，基于H公司的管理成熟度，综合考虑实施成本和结果的有效性，采取了排序、因素计分和专家经验相结合的组合式评估方法，以现行主流的因素计分法为基础开发了"四维度六因素"的量化岗位价值评估工具，并结合排序法和专家经验法等定性评估方法最终形成了3级岗位等级图谱。各评方法运用的主要技术操作流程如下。一是排序法。在项目访谈阶段，项目组预先设定访谈问题，请部门负责人、分管领导对部门岗位价值进行排序，获取了重要的一手信息。二是因素计分法。项目组综合了多种因素计分法，结合实践经验，开发了适用于H公司本部业务和人员规模的"四维度六因素"岗位价值评估工具，并基于优化后的岗位体系，由项目组顾问团打分。三是专家经验法。针对因素打分结果，项目组充分听取了公司专家的意见，并在专家意见的基础上对打分结果进行优化，如图2所示。

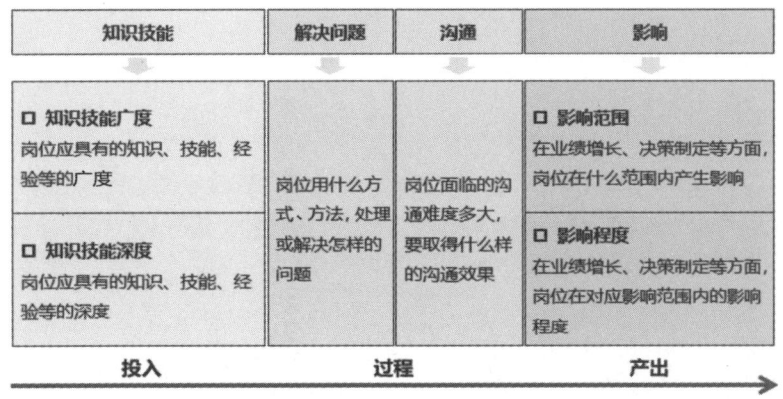

图2 "四维度六因素"岗位价值评估工具

五、案例经验与价值

本次项目案例是双高集团在国企改革"理论+实操"顾问式服务咨询案例方面的有益积累，项目内容涵盖组织体系、职级体系及薪酬绩效体系优化。从为客户创造的价值来看，集团对 H 公司的人力资源管理体系建设提出了具体明确的指标要求建议，通过本次岗位价值评估，H 公司清晰划分了岗位等级，建立了公司内部岗位价值体系，规范了职级体系与岗位价值体系的双维度管理，为建立清晰的职业发展通道、构建具有外部竞争力与内部公平性的薪酬体系奠定了基础。

案例负责人：马　莉
主要创作人：刘圆圆
参与创作人：茹　刚

创新"三能"机制　激发内生动力
推动三项制度改革走深走实

中盐内蒙古化工股份有限公司

一、企业简介

中盐内蒙古化工股份有限公司（以下简称中盐内蒙古化工，股票简称为中盐化工，股票代码为600328）是中国盐业集团有限公司（以下简称中盐集团）下属企业，总部位于内蒙古阿拉善高新技术产业开发区。目前，公司资产总额近200亿元，年营业收入190多亿元，年上缴税费近19亿元，员工共9000余人。主要生产装置有国内最大的390万吨/年纯碱生产线、23万吨/年糊树脂生产线；包括40万吨/年聚氯乙烯、10万吨/年糊树脂、64万吨/年电石、36万吨/年烧碱、2×135MW自备电厂装置的盐化工循环经济园区；世界产能最大的6.5万吨/年金属钠生产线；被列入国家863计划项目的800吨/年高纯钠生产线；国内单套产能最大的11万吨/年氯酸钠生产线；具有技术优势的500吨/年金属锂生产线。公司同时拥有湖盐、石灰石、煤炭等发展盐化工的资源禀赋。

二、主要做法

作为国务院国资委"双百企业"和"混合所有制改革第四批试点企业"，按照中盐集团的统一指挥和具体部署，中盐内蒙古化工于2020年完成重大资产重组，2021年兼并青海发投碱业有限公司，并以此为契机，本着"精干、高效"的原则，按照"理顺关系、收放有度、分步推进"的思路和"科学瘦身、流程再造、体系优化、资源整合"的步骤进行三项制度改革的顶层设计和目标分解，坚持挂图作战、打表推进，推动三项制度改革走深走实，实现了重组和兼并"1+2＞3"的预期目标，使组织机构更加科学、岗位配置更加合理、人员动能更加高效，推进企业的高质量发展。具体做法如下。

（一）在"能上能下"方面动真格，形成聚合效应

针对重组和兼并后各单位对三项制度改革认识不统一、管理体系不一致、任务目标推进参差不齐等情况，中盐内蒙古化工首先从组织机构、干部管理等方面入手，通过"能上能下"的示范，引领形成改革的聚合效应。

一是优化组织机构，压缩管理层级。以强化总部职能、打造高效中枢为目标，将重组前21个职能部室合并精简为12个，推动建立现代化的企业治理体系。生产单元取消事业部制，压减为"厂—车间—工段（班组）"3级，确保指令传递更加迅速、快捷。整合优化乌斯太地区动力资源，成立热电一车间、热电二车间，整合吉兰泰地区盐、碱两个生产单元，成立盐碱分公司，实现了"1+1＞2"的效果。将制钠厂检测中心纳入技术质量部，统一质量管理体系。

通过一系列的优化组合，形成了科学、顺畅、高效、扁平的组织架构。

二是优化干部结构，提升素质能力。通过业绩整体选优、末等淘汰、不胜任退出和刚性压减等多措并举，优化中层管理人员队伍。对连续两年考核排名靠后、经过综合研判无法胜任的中层管理人员实行降级调岗或不胜任退出，对考核优秀、表现突出的提档升级，使优胜劣汰形成常态。对盐碱分公司、制钠厂等单位进行动态三定，压缩中层管理岗位27个。以药业公司为试点，对中层管理人员采取"全体起立"竞聘上岗，3人落聘进行转岗降级。自2020年以来，因考核不达标、刚性压缩职数等因素累计退出中层序列的有63人，降职使用的有11人，提拔"80后""90后"46人，干部队伍年轻化、知识化、专业化水平得到显著提升。

三是优化人员结构，强化人尽其才。为提高总部机关工作效率，在压缩层级的同时，核定一般管理技术人员职数，统筹做好人岗相适、人事相宜工作，实现一般管理技术人员比例的源头控制，重组后，职能部室人员累计减少100人，压缩比例达30%。通过竞聘上岗，打破界限，建立完善"蓝领"和"白领"转换通道，累计36名一线产业工人通过公开竞聘走上了管理技术岗位。对盐碱分公司依据综合考评、按照职数配置的方式，进一步优化岗位设置，提高劳动效率，对解聘人员进行调整使用以充分发挥员工的作用。

（二）在"能进能出"方面出实招，形成乘数效应

中盐内蒙古化工作为基础化工生产企业，以打造一支"数量适中、结构合理、素质优良"的人才队伍为目标，不断优化人力资源结构，通过畅通出口关、严把进口关、抓好提升关，增强人力资源管理效能。

一是在"存量"上做文章。为提高劳动生产效率，压缩岗位冗员，增强企业员工的危机感和紧迫感，根据各单位实际，多措并举进行人员优化配置。对新并购单位青海发投碱业有限公司进行重新定员，共减少128人。对营销部、物资供应部、后勤服务分公司等非生产性单位刚性减员41人，使其转岗培训后充实生产一线。对引进新技术单位通过"机器代人"减员增效，如电石厂和制钠厂，分别根据出炉机器人和电解槽自动化改造进度累计减员107人。对药业公司调整营销模式，压减销售人员10人。对各生产经营单元，根据发展实际进行动态定员调整，做到增有依据、减有目标，不断提高劳动效率，如电石厂，从1300多人精减到现在的900多人，年度产量则由50万吨增长到75万吨。2020年以来，员工市场化退出共1082人。

二是在"增量"上下功夫。为引进新的"血液"，做好人才储备，公司坚持通过从高等院校招募高学历人才、"一人一策"引进紧缺专业人才等方式来补充缺口，确保引得进、留得住、有得用。自2020年以来，累计招聘本科学历人员160人、研究生学历人员5人，本科及以上人员引进占招录人数的比例较3年前提高了9%。对营销国际贸易、电石厂安全管理等需要一定经验的岗位缺员采取社会招聘的形式，通过笔试、面试、业绩评价等多个环节的考量，确保做到精准选人用人。公司公开招聘率达到100%。

三是在"质量"上求突破。为提高企业员工的专业能力和综合素质，更好地满足岗位需要，公司建立和完善了"1+1""1+N""N+N"培养机制，并荣获全国石油和化工管理创新一等奖。"1+1"是对新员工进行一对一师带徒技能培训，做到"结对有仪式、师傅有津贴、过程有监督、出徒有考核"；"1+N"是专业领军人才利用名师带徒工作室带领技术骨干进行集体攻关和素养提升，形成浓厚的"工匠"氛围，累计取得各类专利266项；"N+N"是以高技能人才培训基地为平台，通过教材编制、题库建设、内训师培养、职业技能等级认定、校企合作等多个环节，为企业培养不同专业、不同层次的人才，提高企业自我"造血"功能。

（三）在"能升能降"方面求实效，形成动力效应

2021年，中盐内蒙古化工完成了重组后的薪酬体系并轨工作，进一步完善了以岗位工资加效益工资为主，以及以工龄工资、技能工资、加班工资及津补贴为辅的宽带薪酬结构体系，并细化考核体系，使收入靠进步、收入靠业绩、收入靠能力的分配遵循机制得到进一步体现。

一是实现由"负激励"到"正激励"的转变，形成收入靠进步的分配遵循机制。为激发员工的积极性、主动性和创造性，通过不断优化激励机制，转变考核方式，实现变罚为奖，同时按照"跳一跳、够得着"的原则科学、合理地设置利润、产量、消耗、费用等主要考核指标，实现单位是否进步和个人收入高低的深度挂钩。完善宽带薪酬体系，建立3条晋升通道，每个通道划分8～12个等级，每个等级有8～20个档次，依据岗位职责、管理幅度、贡献大小等因素确定基本薪酬，并按照主要指标、基础管理、安全环保等考核事项完成情况确定浮动薪酬，现中层管理人员薪酬固浮比例达到4∶6，基层人员的达到6∶4。同时通过绩效考核，拉开单位之间、岗位之间效益工资的差距，生产单元月度效益工资人均最大差距达到2.5倍。

二是实现"两制一契"和中长期股权激励的有机结合，形成收入靠业绩的分配遵循机制。为建立和完善中层管理人员的内部竞争和激励约束机制，通过立下军令状、明确责任制，做到"能否坐得住，契约说了算""干得好不好，指标说了算""收入多与少，业绩说了算"。统筹考虑子公司及下设生产单元所处行业、工作环境、规模当量、安全系数等因素，分类施策确定各主要负责人薪酬水平，通过严肃刚性考核、严格奖惩兑现，子公司负责人、生产单元负责人最高薪差达到2倍以上，充分体现了"业绩增、薪酬增，业绩降、薪酬降"的分配原则。同时建立总经理特别奖、两年度综合测评按比例晋级的激励机制，充分激发中层人员的活力、潜力和创造力。为吸引和留住核心人才，2022年，公司聚焦经营管理、专业技术、技能操作3支队伍骨干，通过自愿入股、利益共享、风险共担的方式开展股权激励，累计470人完成认购，占当时职工总数的5%，共授予1347.22万股，占当时总股本的1.41%，合计认购款为1.16亿元。本次激励自授予完成登记日起两年内为限售期，后分3年解锁，激励对象在公司业绩目标达成的前提下，按照激励对象上一年度个人评价结果确定解锁比例，考核优秀的解锁当年的100%，良好的解锁80%，合格的解锁50%，不合格的不解锁，激励核心员工勤勉尽职工作。

三是实现通过提升员工整体素质激发员工的内生动力，形成收入靠能力的分配基础。为实现岗位工资、职称聘用和业绩考核的充分融合，公司坚持评聘分开的原则，对经营管理、专业技术和技能操作人才进行职称和技能等级聘用，并通过月度目标、年度目标、职业操守、业务能力、出勤情况5个模块的综合考评来对岗位工资进行调整。按照ABCDE（优秀、良好、合格、基本合格、不胜任）5个等级的强制分布，连续两年考评为A的晋升两档工资，一个A和一个B的晋升一档，一个D的下降一档，两个D的下降两档，一个E的由人力资源部组织培训或调整岗位，同时考评结果为D及以下的，不得参加年度专业技术职务评聘和职业技能等级聘用。3年来，共有4%的一般管理技术人员、8.5%的技能操作人员被降级聘用或解聘，有418人因考核优秀增加岗位工资，有191人因考核不达标下调岗位工资。

三、取得的成效

国企改革三年行动以来，中盐内蒙古化工通过深化三项制度改革，有效化解了企业所处偏远地区人力资源严重缺乏和市场竞争带来人才流动频繁的难题，解决了企业转型发展对高层次

人才需求的矛盾，激发了广大员工的动力、活力和创造力，员工的幸福感、获得感和归属感大大增强。企业营业收入从 2020 年的 80.44 亿元增长到 2022 年的 148.11 亿元，利润总额从 8.3 亿元增长到 25.61 亿元，全员劳动生产率提高了 27.68 万元 / 人。公司先后获得 2020 年"双百企业"三项制度改革专项评估 A 级、国有重点企业管理标杆创建行动标杆企业、2022 年度标杆"双百企业"荣誉。公司现为内蒙古自治区产业工人队伍建设改革试点企业、内蒙古自治区职业等级认定自主评价试点示范企业、内蒙古自治区和中盐集团高技能人才培养基地。

案例负责人：王多荣

主要创作人：王建刚

参与创作人：王　庆、刘发强、王　钰

中国绿发扎实推进机制市场化改革
为企业改革发展打造强大引擎

中国绿发投资集团有限公司

一、企业概况

中国绿发投资集团有限公司（以下简称中国绿发）是根据深化国资国企改革总体工作部署，经国务院国资委批准，于2020年12月新重组成立的一家股权多元化的中央企业（注册资本为400亿元）。

中国绿发深入贯彻党中央重要指示精神，落实国务院国资委工作部署要求，以"推进绿色发展、建设美丽中国"为使命，以绿色发展为主线，以绿色能源、绿色服务、低碳城市及国家鼓励的战略性新兴产业投资为发展方向，致力于建设世界一流绿色产业投资集团。

中国绿发重组成立以来，坚持以习近平总书记关于国有企业改革发展的重要论述为指导，全面贯彻党中央、国务院决策部署，认真落实国企改革三年行动工作要求，聚焦加快建设世界一流绿色产业投资集团。中国绿发以"增活力、提效率"为中心，通过"全体起立、竞聘上岗、拆庙压编、薪酬改革"等一系列举措，扎实开展经理层成员任期制和契约化改革工作，充分激发微观主体活力和企业发展动力，为企业高质量发展夯实了基础，实现了落实国企改革三年行动的"弯道超车"，整体改革成效显著，实现了"十四五"良好开局。

二、改革背景

公司开展机制市场化改革是深入贯彻党中央关于国资国企改革部署要求的重要政治任务。习近平总书记主持中央深改委会议审定国企改革三年行动方案，并作出一系列重要指示，强调要建立健全中国特色现代企业制度，完善法人治理结构，要按市场规律对经理层进行管理，强化"干好干坏不一样的导向"，增强企业内在活力、市场竞争力、发展引领力。中国绿发作为新组建的一级央企要着眼国资央企工作大局，坚决响应、知重负重、苦干实干，高质量完成习近平总书记布置的政治答卷。

公司开展机制市场化改革是落实中央企业改革三年行动推进会议精神的关键举措。国务院国资委党委明确要求，中央企业要进一步强化责任意识，确保改革三年行动有力有序有效推进。中国绿发虽然成立较晚、改革起步较晚，但始终保持一股劲头、一种精神，坚定信念信心，敢于斗争胜利，坚决破除桎梏，积极推进三项制度改革，充分调动干部员工积极性，增强基层一线自驱力，充分释放企业活力，实现考核层层落实、责任层层传递、激励层层衔接。

公司开展机制市场化改革是实现高质量发展、建设世界一流企业的根本出路。中国绿发在改革之前，与其他央企相比、与改革任务目标要求相比，都还存在一定差距和问题，诸如：公司总部人员服务比为2.2%、人均管理资产为5.3亿元，总部管理效率处于较低水平；人员选用方式较为单一,能上不能下的情形比较普遍;业绩与薪酬挂钩紧密度不够,效益导向未能充分体现,收入差距拉开较小,各层级职工薪酬固浮比不尽合理;人员队伍素质与公司高质量发展要求相比还有差距,不足以与中国绿发匹配。迫切需要通过改革,激发企业活力,提高管理效率,推动实现高质量发展,保障战略目标和重大经营决策落地。

三、改革举措

结合工作实际,中国绿发总结了以下9个方面的经验做法。

(一)统一思想认识,全面营造改革氛围

2021年5月,中国绿发党委书记、董事长刘宇同志主持召开公司党委会议,审议通过了《中国绿发投资集团有限公司机制市场化和管理法制化总体工作规划》,明确了开展机制市场化和管理法制化工作的目的意义、总体安排、组织领导和有关要求,推动实现思想大解放、机制大变革、管理大提升,全面筑牢推进公司健康持续发展、建设世界一流绿色产业集团的坚实基础。

刘宇同志指出,公司上下要深化思想认识,增强改革积极性主动性,改革没有局外人,人人都是改革者也都是被改革者。广大干部员工要进一步提高站位、统一思想、凝聚共识,深刻认识推动管理革命和管理创新、实现机制市场化和管理法制化的重要性和紧迫性,准确把握、清晰界定自身在深化改革中的职责和定位,坚持眼睛向内、刀刃向内,不折不扣、全力以赴、高质高效抓好贯彻落实,以更强的责任感、更实的举措、更大的力度打好新一轮深化改革攻坚战,确保改革取得圆满成效。

(二)积极组织行动,迅速掀起对标学习之潮

中国绿发党委多次开会研讨,对公司改革进行谋划部署,董事长、总经理分别带队前往中国一汽、三峡能源等标杆企业调研学习,就组织机构、管控模式、经营考核、研发管理、激励机制等方面进行了深入交流探讨。

公司多次组织"请进来"座谈交流,邀请国务院国资委有关厅局领导和来自中智、赛普元年、爱德擘峰、普华永道等的外部专家分别从市场化机制设计、端到端流程再造、工作标准化体系设计、数字化转型升级以及组织机制、管理变革、产品策略等多个维度,分享行业内先进经验和典型做法,为公司"机制市场化""管理法制化"改革提供了有益借鉴。总部各部门和所属各单位分别制定对标学习方案,有力有序有效开展了"走出去"对标学习,为推动公司改革发展奠定了良好基础。

(三)加强顶层设计,大力夯实任期制契约化基石

中国绿发全面贯彻落实《国企改革三年行动实施方案(2020—2022年)》,2021年7月发布《中国绿发投资集团有限公司管理法制化实施方案》和《中国绿发投资集团有限公司机制市场化实施方案》,强调要着眼国资央企工作大局,坚决响应、知重负重、苦干实干,深入落实国企改革三年行动方案,完善公司治理,激发企业活力,提高管理效率,努力创造无愧于党、无愧于时代的优秀业绩。2021年10月中国绿发印发《中国绿发投资集团有限公司国企改革三年行动实施方案(2020—2022年)》,同时印发《中国绿发投资集团有限公司经理层成员任期制与契

约化管理办法（试行）》，并编制了"四书"（任职承诺书、岗位协议书、年度考核责任书、任期考核责任书）模板，为有序推进任期制和契约化管理工作提供了制度保障，并为所属单位扎实做好经理层成员任期制和契约化改革工作提供了操作范本。

（四）优化管控模式，充分激发释放内生活力

中国绿发坚持市场化导向与责权利对等原则，关注资源的统筹与配置、板块间的差异与共性以及业务的协同与共享，平衡战略统筹与专业化发展、风险管控与运作效率，有效防控重大风险，充分激发一线活力，持续提升决策效率，全面构建"总部有统筹领导力，平台公司有专业发展力，一线企业有效益创造力，各单元有协同执行力，集团有国际竞争力"的运行格局，推动公司现代企业制度更加成熟定型、管控体系更加科学高效、激励约束更加精准有力、权责流程更加清晰明确，实现更有活力、更有效率、更高质量的发展。

公司总部：作为战略决策中心，主要行使党建统领、战略指挥、创新引领、资源调配、资本运作、风险控制、地产业务运营7项核心职能。同时，通过搭建和运用共享平台或对平台公司授权，实现其他职能的落实和发挥作用。

平台公司：作为产业发展中心，以本产业运营和规划发展为导向，是集团产业布局重要组成部分，主要职能是战略实施、运营管理、业绩推动。

一线企业：作为生产经营中心和利润实现中心，是安全生产、成本控制、项目实施的主体。

考虑各产业未来发展规划和管理现状等因素，中国绿发分产业实行差异化管控模式。

低碳城市产业：公司总部对低碳城市产业的城市公司实施战略运营型管控，即"公司总部—城市公司"的两层级管理模式。公司总部在履行一级央企总部核心职能的同时，充分发挥地产业务专业化运营管理优势，保障集团平稳转型过渡。

现代服务业和绿色能源产业：公司总部对现代服务业和绿色能源两家平台公司实行战略型管控，即"公司总部—平台公司——线企业"3层级管理模式。通过实施科学授权，将部分权责下移，充分发挥平台公司专业化运营管理优势，形成产业发展能力，保障集团总体战略目标的实现。

战略性新兴产业：集团公司对直接管理的新业务、正在培育的产业公司采取运营型管控，对其以快速培育、发展新产业为目标，充分给予资源和管理支持，全面指导、协调运营发展，使相关企业平稳起步、快速成长，待企业成熟后转为战略型管控。

（五）健全治理机制，全面精简机构、大力"拆庙压编"

全面加强基层单位党的建设，7家党委建制的基层单位均配置了专职党委副书记和专职纪委书记；加快推进党的领导与公司治理相统一，实现所属单位董事长（执行董事、负责人）与党组织书记"一肩挑"。进一步规范董事会建设，制定了《董事监事委派管理办法》《董事会和董事评价管理办法》《外部董事选聘与管理办法》《加强公司外部董事库建设工作方案》《推进公司子企业董事会建设工作方案》《进一步推动所属单位董事会配齐建强意见》《落实重要子企业董事会职权工作方案》等系列制度文件。有序推进董事配齐建强，列入应建清单的36家单位全部实现应建尽建，100%完成任务指标。创建"3+4"（内董3人、外董4人）或"4+5"（内董4人、外董5人）董事配置模型，探索建立"3+2"外部董事任职资格模型（注重基本资质、干部选用、业务能力3方面条件，注意法律禁入和关联禁入2个要求）；建立专职外部董事库，

选聘 20 名专职外部董事，全部实现外部董事占多数；明确了 5 家重要子企业名单，推进北京公司等 5 家重要子企业董事会落实 6 项职权。

根据国务院国资委关于国有企业总部"去机关化"和国企改革三年行动方案，中国绿发全面落实央企总部精简、管控放权的要求，对标其他央企总部机构设置和定员标准，结合公司总部功能定位、管控模式和工作实际，对公司总部部门负责人职数、内设机构和人员编制进行调整优化。按照改革方案，大力推行"拆庙压编"，不断提升组织效能，总部部门及直属机构由21 个缩减为 15 个，内设机构由 80 个缩减为 43 个，分别约缩减 29%、46%；编制由 375 个精简为 269 个，约缩编 28%；总部人员服务比和人均管理资产，较改革之前提升了近 40%。两个平台公司部门由 32 个缩减为 23 个，约缩减 28%；编制由 229 个缩减为 156 个，约缩编 32%。所属单位精简编制 4015 个，缩编 23.7%。

（六）搭建竞技平台，组织"全体起立、竞聘上岗"

依据《经理层成员任期制与契约化管理办法（试行）》，制定领导人员岗位竞聘工作方案，明确聘任条件、契约签订、考核评价、退出机制方面的内容。

在启动竞聘工作前，公司党委充分研究论证，系统完成了一揽子的市场化改革顶层设计，包括公司资本布局优化、产业结构调整、组织机构变革。总部是改革的先行区、示范区，为切实提高总部战略引领能力、高效运转能力，推动管理体系和管理能力现代化，走好全面深化改革"第一方阵"，中国绿发党委决定率先从总部开始实施"全体起立、竞聘上岗"。

通过发布公告、组织报名、资格审查、组织面试、拟定人选、组织考察、党委研究、公示聘任 8 个环节，对总部及各单位推行"全体起立、竞聘上岗"，先后分 7 个批次共发布岗位 196 个，最终成功竞聘上岗 189 人，其中 6 人从总部转到基层，5 人从基层转到总部，41 人跨单位交流。公司全体领导班子成员担任评委组成员，并邀请中智咨询顾问公司相关人员担任外部专家评委。所有竞聘上岗人员均进行了公示，公示结束后组织竞聘人员签订岗位协议书、年度考核责任书、任期考核责任书，正式实施任期制和契约化考核管理。

（七）坚持科学有效，全力塑造差异化、实效化指标体系

中国绿发紧抓契约目标设置这个关键环节，经过反复研讨和广泛征求意见，结合公司实际，在合理分解"两利四率"指标基础上，按照业务板块分类，研究编制了任期制契约化业绩考核指标体系，确保考核指标实现"三用"（牵引作用、聚焦作用、支撑作用）和"四性"（科学性、差异性、挑战性、实效性）。一是坚持短期与长远发展有机统一。切实发挥战略引领作用，构建年度考核与任期考核相结合，立足当前、着眼长远的考核体系。二是坚持效率效益导向。突出质量、效益等考核重点，合理设置考核指标及权重配比，激励所属企业不断提高经济效益、资本回报水平、劳动产出效率和价值创造能力，实现质量更高、效益更好、结构更优的发展。三是坚持产业分类考核。除了"两利四率"指标外，按照业务板块分类和"一企一策""一岗一策"原则，突出不同考核重点，差异化设置不同产业考核指标。如地产企业侧重网签销售额、销售回款额等主要指标，新能源企业侧重新增装机等主要指标。四是坚持科学设定业绩目标。结合公司"十四五"发展规划，突出考核目标的可行性和挑战性，让所属企业"跳一跳、够得着"。北京公司、济南公司等部分二级单位主要负责人自我加压，主动认领更高的利润目标，起到了压实经营责任、助推效益提升的效果。五是坚持个人绩效与组织绩效紧密挂钩。班子副职与本

企业主要负责人的年度及任期考核指标相衔接，有效分解落实本企业经营业绩总体目标，并鼓励所属企业建立考核对标机制，在不低于本企业主要负责人考核目标值的基础上制定每名班子成员的考核目标值。

（八）秉持多措并举，强化业绩导向、强激励硬约束

中国绿发按照薪酬业绩双对标、激励约束相统一的原则，着力构建强激励、硬约束的经理层成员薪酬分配机制。一是优化所属企业经理层成员的薪酬构成。在基本年薪、绩效年薪之外，为强化正向激励，增设任期激励和专项激励，推动任期目标达成和重难点工作取得攻坚突破，进一步激发活力动力。二是明确经理层成员的薪酬标准以及薪酬与业绩挂钩规则。基本年薪体现产业和岗位价值差异，通过基本年薪基数、岗级系数及分档系数拉开薪酬差距。基本年薪基数参照在岗职工平均工资，主要根据不同产业、企业规模、效益贡献等因素来确定；岗级系数由职级决定；分档系数由岗位价值决定。绩效年薪根据效益贡献、工作经营难度确定，通过产业利润规模系数、关键指标排名、净利润贡献、人工效能、战略性新兴产业投资系数等多维调节系数拉开不同企业间的绩效年薪标准差距。三是通过业绩考核系数进一步拉开绩效年薪差距。坚持高业绩对应高薪酬，结合业绩考核结果，对做出重大效益贡献的可突破系数上限，所属企业经理层成员薪酬倍差预计可达 10 倍以上，真正实现强激励与硬约束，为干事创业者注入"强心剂"，切实激发微观主体活力。四是明确零绩效规则。年度考核不合格的（低于 80 分）或年度经营业绩主要考核指标完成率低于 80% 的，综合考核评价不胜任的，扣减全部绩效年薪。五是明确退出条件。触发退出底线的情况包括但不限于以下几个方面：年度经营业绩考核结果低于 70 分；年度经营业绩主要考核指标未达到完成底线（如完成率低于 70%）；连续两年年度经营业绩考核结果为不合格（低于 80 分）；任期经营业绩考核结果为不合格（低于 80 分）；任期综合考核评价为不称职；年度综合考核评价中总经理得分连续两年靠后、其他经理层成员得分连续两年排名末位，经分析研判确属不胜任或者不适宜担任现职的。六是明确薪酬兑现规则。基本年薪按月发放，绩效年薪实行月度预发、年度兑现及延期支付制度。

（九）开展岗位评估，健全完善科学职级岗级体系

借鉴标杆企业做法，采用行业先进的"Talent"岗评工具，开展岗位价值评估，使用要素计分法，基于影响、知识、解决问题、合作、工作条件等 5 个要素 11 个维度进行科学评价，确保结果准确合理。岗评结果尊重评委评分，突出激励导向，体现产业和部门差异，统筹总部、平台与产业公司的层级关系，坚持分级管控与适度授权相结合。调整后，员工岗位等级分布由"倒金字塔"型优化为"正态分布"型，102 个岗级调低，53 个岗级调高，向一线岗位和核心价值岗位倾斜，实现岗级"该高的高上来，该低的低下去"，使岗位收入与能力水平、绩效贡献相挂钩，并与市场价位相匹配，充分激发企业活力。

分类优化队伍发展通道，制定了《优化公司各级领导人员和管理人员职级体系方案》，全面完成"总部去机关化"专项问题整改，建立了 L 级和 M 级两级管理体系，进一步明确了干部晋升通道；取消了绿色服务业的商管分公司、酒店、物业分公司行政职级，全面推行市场化管理，执行市场化选用和薪酬分配机制；制定了《职业经理人管理办法》，试点推行职业经理人制度；修订完善员工职业发展体系，建立涵盖管理、专业、技能、服务等多渠道的员工职业发展通道，为各产业各层次员工提供充分发挥个人专业能力的平台。

四、改革成效

（一）集团上下进一步坚定了改革发展的信心和决心

通过方案制定以及有力落实，集团上下全体职工真正认识到机制市场化改革是健全国有企业经营管理体制机制、激发企业活力的关键举措，对集团公司改革发展至关重要，增强了改革的使命感、责任感、紧迫感和压力感，这为把握新发展阶段、贯彻新发展理念、构建新发展格局、推动企业高质量发展提供了强有力的思想保证和组织保证。所有参加竞聘的同志都积极拥护改革，秉持习近平总书记在西柏坡考察时提出的"赶考"心态，怀着郝鹏书记调研公司时提出的"敬畏之心"，认真准备、积极竞聘。大家围绕习近平总书记关于国企改革、绿色发展等重要论述，围绕郝鹏书记工作调研关于争做绿色发展排头兵工作要求，在党的建设、改革发展、科技创新、管理提升等方面提出了诸多创新思路举措。

（二）经理层成员任期制和契约化完成率为 100%

中国绿发全面完成经理层成员任期制和契约化管理改革，着力推动任期制与契约化改革全铺开、早落地、见实效。所属企业经理层成员已全部完成契约签订，100% 完成任务指标。总部部门及所属单位经理层之外的党委副书记、纪委书记等其他负责人也参照签署了年度和三年任期考核责任书、岗位协议书等任期契约。中国绿发改革起步晚，但奋起直追、后来居上，提前完成了任期制契约化等国企改革任务目标。中国绿发通过公开竞聘选拔，进一步牢固树立了德才兼备、以德为先、任人唯贤、唯才是举的选人用人导向，干部员工增强了敢于竞争、知危思进的紧迫感，思想认识发生了显著变化。

（三）市场化薪酬分配机制更加科学完善

中国绿发通过工资总额分配机制改革、多元化激励方式创新、各层级职工薪酬标准重塑，横纵联动一体化协同推进，迈出薪酬分配机制变革关键一步。公司建立了更加市场化的工资总额分配模型，提升了子企业工资总额分配的合理性、规范性；大力实施"责任状""超额利润奖励""赛马""揭榜挂帅"等专项激励考核，构建了覆盖项目全周期的一体化激励体系，提升了激励的层次性、精准性和时效性；结合岗位价值评估、职业发展多通道、薪酬市场对标，统筹推进员工薪酬套改，重塑岗位间价值对比关系，从根源上保障了薪酬分配向重要岗位和核心人才倾斜；强化全员绩效考核及结果应用，通过优化员工薪档晋升规则、细分考核等级、拉大考核等级系数，有力打破"平均主义"，推动"能减"成为"新常态"。

（四）全面推行所属单位中层管理人员起立竞聘

中国绿发总部及所属单位领导人员起立竞聘已结束，正积极倡导推动所属单位开展中层管理人员起立竞聘工作，积极指导各单位制定岗位协议书、科学设立业绩考核指标。目前，基层单位正积极研究并有序推进相关工作，结合"一岗一策"原则，科学设置中层管理人员差异化考核指标体系，截至 2022 年底，40 家二级单位全部组织完成中层管理人员起立竞聘，694 人成功竞聘上岗，36 人未能成功竞聘，干部"能上能下"成为"新常态"。

（五）优秀年轻干部队伍建设更加坚强有力

中国绿发大力发现、培养年轻干部，制定了《"十四五"时期优秀年轻领导人员队伍建设实施方案》，创新采用"定向培养、公开竞聘"方式选拔中青班学员18人。截至2022年底，公司党委管理的领导人员及助理人员中45周岁及以下的有179人，占比达48%。为了强化年轻干部的"源头培养"，中国绿发制定出台了《"青松计划"管培生管理办法》，积极吸纳优秀毕业生加入，提升干部员工队伍素质，遴选首批"青松计划"人员13人。截至2022年底，累计引进博士20人、硕士326人，占比达85%；来自世界排名前100院校的有100人，来自国内双一流院校的有142人，占比达60%。

五、改革过程中遇到的困难及解决方案

（一）推动领导人员能上能下方面

由于部分领导人员年龄、专业岗位匹配度、性格特质等因素，在推行任期制和契约化过程中需要统筹做好安排。

解决方案：一是提前转任顾问。党委组织部对现有领导人员队伍进行盘点分析，梳理出不能任满一个任期的领导人员共计21名。经细致沟通，21名领导人员高风亮节，主动退出现职，不参加竞聘，提前转任顾问，给年轻人"搭台腾位"，全力支持改革。二是现职干部转任外部董事。结合班子结构和干部特质，经通盘考虑、统筹谋划，择优选拔20名专业能力较强、熟悉经营、审计、法律以及企业管理的现职干部转任外部董事。

（二）推动收入能增能减方面

部分地产单位、酒店等受政策等影响较大，领导人员完成任期业绩目标存在较大的不确定性，后续会面临较大的零绩效、退出风险，在统筹考虑此类企业业绩与薪酬挂钩规则方面存在一定难度。

解决方案：一是合理设置考核指标及权重占比，在落实"两利四率"指标基础上，根据产业实际和业务特点，制定更加差异化的考核指标，提升考核的针对性和实效性；二是大力实施"赛马""揭榜挂帅""责任状"等专项激励，通过多元激励考核，实现精准考核、有效激励、刚性退出，推动"三项制度"改革走深走实，从薪酬分配侧助推公司高质量可持续发展。

案例负责人：周悦刚
主要创作人：张吉飞
参与创作人：韩　静、操理智、任　飞

第二部分

人力资源数字化

海尔集团人力资源数字化转型实践
——数据驱动人才管理长效化案例

海尔集团人力资源平台

一、海尔集团人力资源数字化转型的背景

海尔集团创办于1984年，是全球领先的美好生活和数字化转型解决方案服务商，历经名牌战略、多元化战略、国际化战略、全球化品牌战略、网络化战略阶段，如今已经进入生态品牌战略阶段，连续5年作为全球唯一物联网生态品牌，蝉联"凯度BrandZ最具价值全球品牌100强"。

在每一个战略发展阶段，海尔始终坚持以用户为中心，对外秉承"真诚到永远"，创用户最佳体验；对内致力于人的价值最大化，让每个人都有机会成为创客合伙人。

随着物联网时代的不断发展，科技的进步不断颠覆传统的企业管理模式。数字化与智能化在人力资源管理领域被广泛应用。为了赋能组织提效，支持业务自主、自助管理，创员工最佳体验，海尔人力资源管理率先进行数字化转型。

海尔人力资源数字化转型的目标是"三零三高"。"三零"是HR对员工的服务承诺，即要实现员工办事"零跑腿、零签字、零延误"；"三高"是HR对业务单元（平台/小微）的服务承诺，即要帮助业务单元实现"高体验、高效率、高价值"。

随着近几年海尔人力资源在数字化实践方面的不断深化，海尔在人力资源数据化管理、数据资产化、资产业务化方面有了更多的实践与探索，本案例主要聚焦于数据如何驱动实现人才管理的长效化。

二、人才管理中的痛点

随着人力资源数字化转型逐步深入，业务快速发展，员工需求的差异化越来越高，对HR工作的精细度和人才管理颗粒度的要求越来越高。如何精细化人才管理、不断赋能业务人才管理需要，如何提升员工成就感、创员工最佳体验，是HR需要解决的重要课题。在人才精细化与差异化管理的推动中，数据的痛点逐渐凸显，主要表现在以下4个方面。

第一，数据治理。随着数字化不断深入，应用系统越来越多，各应用系统的数据对接越来越复杂。

第二，数据价值。在数据化的过程，沉淀的数据越来越多，但数据价值没有被充分挖掘。

第三，数据聚焦。企业往往更多关注组织的"大数据"，而忽略了员工的"小数据"。

第四，场景应用。更多关注数据本身，而忽视了数据真正的业务场景应用价值。

针对人才管理中的痛点和问题，海尔集团HR专业资源平台并联内部IT团队、业务HR

团队等形成了内部推动落地的无边界链群，经过不断沟通与讨论，主要从3大维度进行思考和目标聚焦。

维度1：如何管好数据——HR"全量"数据收好、管好。

维度2：如何用好数据——能够更好地利用数据以及衍生出来的更多数据，充分发挥数据价值。让所有员工都能被"关注"，让数据能够赋能业务场景。

维度3：如何在新的数据平台建设中，利用好新的科技手段，立足现在，布局未来。

三、HR 数据管理架构蓝图

海尔 HR 数据管理架构蓝图的设计基于业务场景应用，主要回答以下3个问题。

第一，数据来源于哪里？人力资源相关的数据主要来源于两大方面，一是 HR 各业务数字化应用系统，如人才云、组织云、发展云、自助云等，实现了 HR 管理范畴内的员工全流程数据上平台；二是逐步与各业务系统链接，实现"以人为索引"的员工数据打通，相关数据进入人力资源"数据湖"，通过这个过程实现"业务数据化"。

第二，如何进行数据的存储与加工？以上相关应用系统产生的原始数据统一进入人力资源"数据湖"——员工数据中心。同时，随着前端人才管理的精细化程度越来越高，需要基于人才管理的业务场景对数据进一步挖掘加工，基于此，海尔构建了数据加工处理的工具平台——"标签平台"。通过标签平台，实现了简单标签 HR 可通过前台自助打标，复杂标签由 IT 人员通过后台进行打标，由此衍生出新的数据，通过这个过程让数据变成了资产，数据开始变得有价值。

第三，数据用到哪里，怎么用？数据应用到业务场景，才能真正赋能于业务，为业务带来增值效益。海尔 HR 数据增值管理主要面向同4类用户：HR 用户、高管、主管、员工。面向 HR 用户，实现以员工、组织为索引的全量数据前台可视、支持数据 DIY，提效的同时能够更好地发挥 HR 专业价值；面向业务，为小微等业务部门自主用人、自主决策、自主分配提供决策依据；面向员工，通过个性化的服务，更好地支持员工发展、提升员工体验等。HR 数据管理架构蓝图如图1所示。

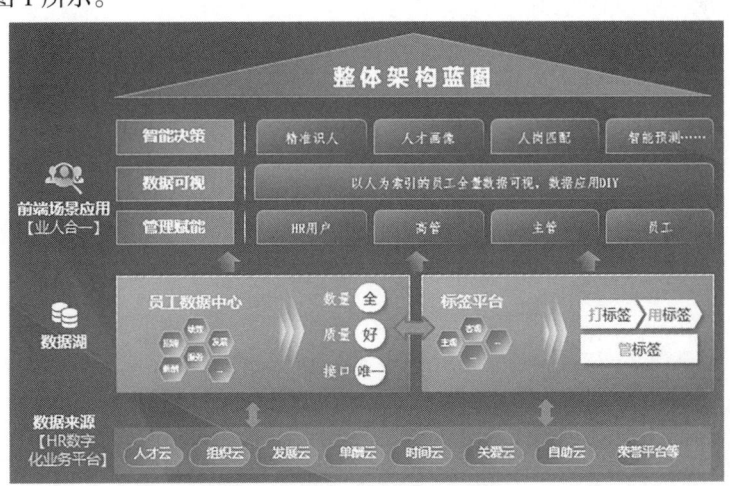

图1　HR 数据管理架构蓝图

接下来将主要介绍员工数据中心及标签平台的构建情况，并辅以介绍几个典型的人才管理应用场景。

四、员工数据中心和标签平台的构建及场景应用

（一）员工数据中心和标签平台的定位

员工数据中心是海尔人力资源全流程数据管理的平台，通过数据集中管理、应用，实现数据统管、数据可视、管理赋能、智能决策。

标签平台基于人才管理业务场景，对人才的基本属性、个性特征等进行加工描绘，形成新的衍生数据，能够支持人才的精细化管理。

借助员工数据中心和标签平台两个平台，可以通过人才看板，做到管理可视、动态显好、显差，各团队明确差距并协同达成目标。当然，最终的目的还是要实现"人的价值最大化"，能够满足多业务场景的需求，根据业务对人才的差异化需求，看清人、找对人、用好人；同时让员工能够感受到"被关注"，更有成就感，创造员工最佳体验，激活组织活力。

（二）数据资产化：数据中台——员工数据中心

数据中台是企业开展数字化转型的战略落地实践，是企业数字化转型的必然产物。通过数据中台的建设，打通数据壁垒，构建数据采集、治理、分析与应用闭环，提高企业运营效率，快速响应"用户"需求，支持决策、提升体验。数据中台是对海量数据进行采集、存储、计算、加工与融合的产物，可以解决数据标准和接口不一致的问题，实现面向场景应用的数据共享。

1. 员工数据中心的特点

员工数据中心是海尔人力资源的数据中台。员工数据中心与行业数据中台能力建设的要求与特点一脉相承。海尔员工数据中心主要有以下4个特点。

（1）"大"

员工数据中心集成了 HR 各应用系统中的"全量"数据，包括过程数据与结果数据、历史数据与实时数据。同时集成了非 HR 业务系统中与人相关的数据，如项目经历、专利发明等，可以更全面地体现一个人的能力、经验等。

（2）"小"

聚焦个体，能够体现以人为索引到员工个体的"小数据"，让每个人的优点与特点更加显性化，通过数据价值再挖掘，让每个人都能"被关注"。

（3）"活"

数据的应用更加灵活敏捷。例如，可以实现员工数据 DIY、人才报表自定义、全景人才档案自定制等。

（4）"密"

主要是指数据安全性。主要体现在敏感数据加密存储、数据的访问权限规范、调用数据接口可视等，可实现数据规范治理。

2. 数据集成与分类管理

（1）数据集成

对标业务数据中台建设的方法及行业相关实践，员工数据中心连通了全域 HR 数据，以及

与人相关的业务数据，通过统一的数据标准和质量体系进行数据的集成，实现职场"全量"数据留痕可控、可管理、可追溯。

员工数据中心的"全量"数据包括两大类：一类为 HR 的数据，来源于人力资源的各个应用系统，归类分为个人属性、社会属性等 6 种属性、12 类信息、N 个字段；另一类是业务应用系统中与人相关的业务数据。

（2）数据可视

数据来自业务，并反哺业务，不断循环迭代，实现数据可视、可用。通过员工数据中心，实现前台数据可视，全面灵活，满足业务多样化的需求，提高 HR 的分析效能，数据想怎么用就怎么用。可支持多维条件 DIY、一键智搜、自助查询，查询数据前台可视、一键导出。

（3）数据治理

在数据治理方面，海尔内部存在不同的人力资源应用系统，如招聘、绩效管理、人才盘点等。当一个应用模块需要调用其他系统数据时，需要分别分发数据，接口非常复杂。同时，一旦这些对应的业务系统发生迭代升级，可能需要二次甚至多次对接，增加开发成本，并造成不便。员工数据中心很好地解决了这个问题——即作为数据服务中心，一个接口统一对外分发数据，实现数据可调用、能回传，接口可视（我给谁数据→谁给我数据），数据应用可视，从而实现了数据开放、高效便捷、活而不乱。

（三）数据赋能

数据赋能是数据中台建设的重要使命。海尔的数据赋能主要体现在两大方面：一是形成人才看板，通过对"大数据"进行分析，实现管理可视，支持业务决策；二是员工"小数据"。通过标签中心对员工数据进行再加工，提取人才关键特征，形成人才标签，让每个人的优势显性化；通过聚合"人才标签+关键数据"，形成人才画像，让每个人更加全面、立体地被展示出来，并应用到人才管理场景，进而实现人才的精细化管理。

1. 人才看板，管理可视（"大数据"）

员工数据中心的赋能体现在各类数据看板、人才看板的 DIY，包括通用看板、领域平台的定制化赋能。人才看板主要针对管理者、HR，对于不同角色的用户，差异化分类显示，助力智能决策。如管理视角下主要包括组织人才效能、人才流动、人才结构、人才发展、人才激励 5 大类显示，以及科技人才、校园人才两大专题显示。同时，通过 PC 端、App 两个显示端口，支持不同用户的使用习惯。

2. 人才价值最大化（"小数据"）

数据赋能人才价值的最大化体现在两个方面，一是对组织或管理者来讲，能够看清人、找对人、用好人；二是，让员工能够感受到"被关注"，更有成就感，创造员工最佳体验，激活组织活力。这些主要通过数据（员工数据中心）→ 人才标签 → 人才画像 → 赋能人才管理业务场景这条主线来实现。

（1）人才标签

为了更好地实现人才的精细化管理，建立标签平台。标签建设是从数据中台走向数据业务化的关键步骤。从人力资源的应用场景来说，目前标签平台已经实现了对人才、组织、岗位、课程等对象标签化管理。

海尔内部将标签分为我 3 类。第一类是基础标签，通过字段和字段的组合锁定人群即可实现为不同对象打标。第二类是规则标签，是基于一定的逻辑规则进行计算，系统自动判断生成标签。前两类主要以结构化的数据为基础。第三类是基于非结构化的数据通过 AI 算法实现的预测标签，目前尚在探索中。以规则标签为例，比如某个 HR 想要找到组织内的研发高潜人才，可以通过设置相关规则进行锁定。如通过族群锁定研发人才，年轻人才自定义为 35 岁以下，通过绩效、人才盘点、潜力测评等维度定义高潜，定义完成后，则可以通过系统计算自动抓取符合相关条件的人员，动态建立标签。

同前海尔将常用的人才标签分成同 5 大类目，包括基本标签、工作表现、关键经历、能力特质、知识技能。典型人才标签示例如图 2 所示。

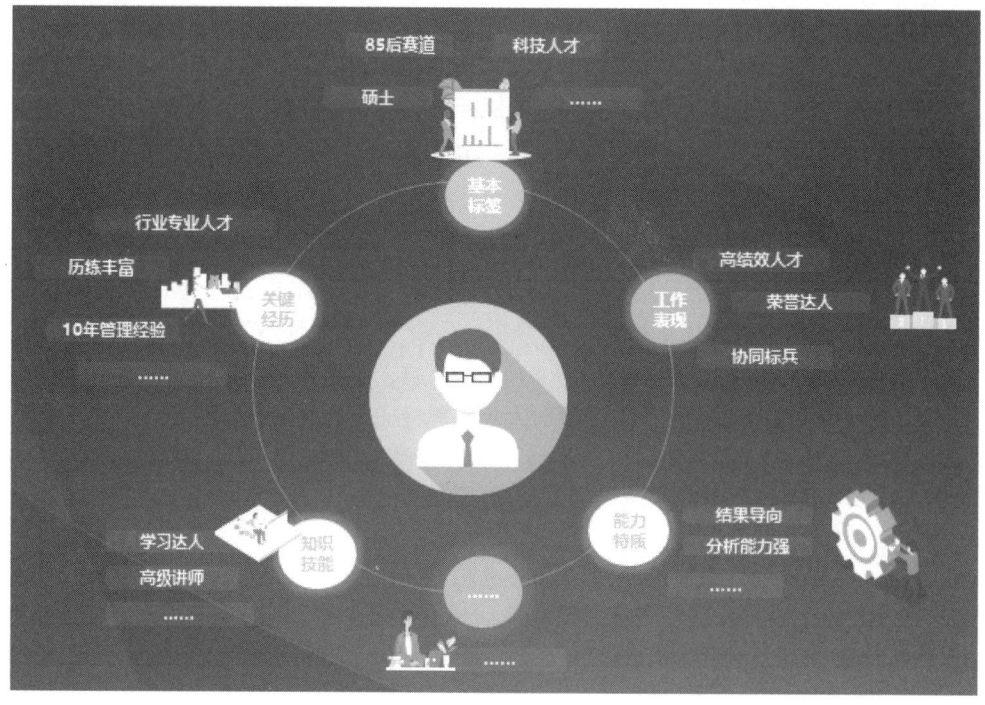

图 2　典型人才标签示例——独特的我

通过标签将人的特点显性化，可实现看人更全面、识人更客观。当组织想要找到某类优秀人才的时候，可以快速检索出来。当然标签需要根据组织人才管理的场景进行动态迭代与更新。

（2）人才画像

通过将"员工标签＋关键数据"聚合，可以形成"人才画像"。对员工来讲，人才画像可将个人职涯中的关键表现和成就充分展现，实现"成长看得见"。对组织来讲，人才画像可以更全面、立体地展示员工的关键特征及表现，通过画像，一键可览，从而更好地帮助管理者识人、用人。目前人才画像已经灵活嵌入各类用人场景，如人才盘点、内部人才竞岗等。人才画像示意图如图 3 所示。

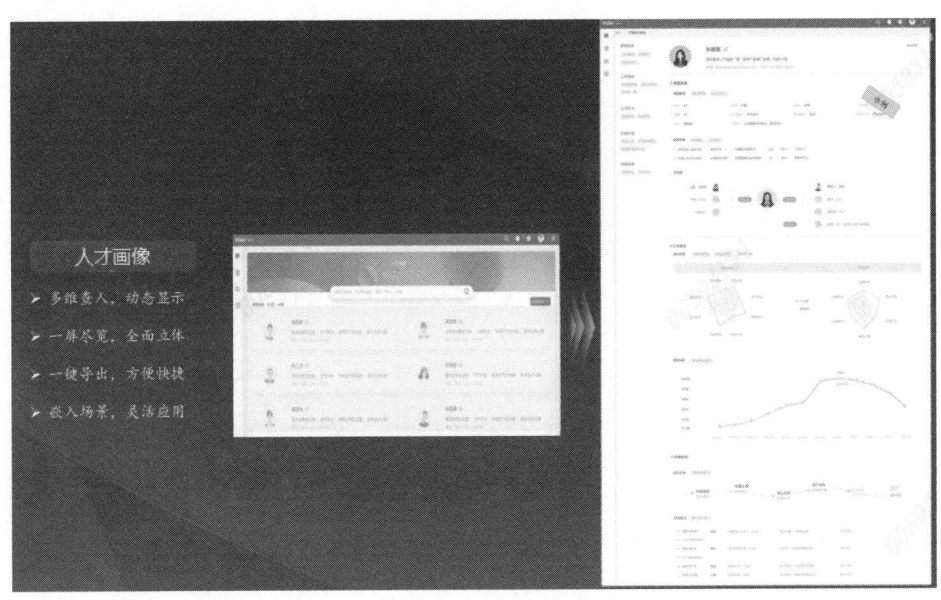

图 3　人才画像示意

（3）人才标签和画像典型应用场景

海尔集团在实践探索中，不断深入挖掘数据价值，目标是要在人才管理中逐渐从"凭感觉"转变为"讲事实"。人才标签和画像的典型应用场景举例如下。

场景 1：找对人。例如，某个组织有新的岗位需求，对于谁比较匹配的问题，可以基于岗位要求通过标签快速推荐相对匹配的人群。有些员工想实现进一步的发展，系统也可以根据他的特点、履历、历练经验等，推荐组织内部相对适配的岗位，员工可以在自己的工作台上看到这些机会信息。通过这个过程，实现岗找人、人找岗，智能推荐。当然在用人上，系统取代不了人，还是要由 HR 和业务部门决定最终谁更合适，但借助数字化工具可以提升内部决策的效率及精准度。

场景 2：发展人。例如，对组织里的后备梯队、高绩效人才、"荣誉达人"等，可通过标签和画像快速锁定出来。这些人中，哪些人发展比较好，哪些人 3 年、5 年还没有得到充分发展，可以借助数字化平台，推送信息给相应的 HR 和管理者审视，对于发展不充分的，是因为组织没有关注到，还是员工自身的问题，找到原因进而可以采取不同的措施。

场景 3：培养人。例如，作为一个新晋管理者，需要加速转型，从企业的角度上，可以基于他的标签画像、管理者的要求等，智能推送相关的学习资源，帮助新晋管理者成功转型。

场景 N：激励人、关爱人……

应用场景仍在持续探索升级。

五、结语

海尔的员工数据中心和标签平台，起点是"业务数据化"，通过这两个平台，让数据成为资产，但最终还是要实现数据增值，赋能业务。一方面，要让每个人在海尔的舞台上都能找到自己的机会、得到充分的发展，人人"被关注"；另一方面，通过创员工最佳体验，让员工更有获得感、成就感、幸福感，持续激发组织的潜能和活力。

未来已来！在数字化时代的当下，人力资源需要建立起新的思维体系，以适应组织内外部环境的变化。未来的人力资源管理不在于人力资源本身，而在于人力资源要和我们的利益相关方共同创造市场价值和用户价值，在这个过程中，HR要扮演一个什么样的角色，创造什么样的价值？这是需要同行共同探索和实践的。数字化人力资源转型空间很大，人才精细化管理道路也很长，我们将会持续探索数字技术在人力资源方面的应用与实践，以实现更高效的人力资源管理，创造最佳员工体验，满足企业持续发展的需要。

案例负责人：纪婷琪

主要创作人：纪婷琪、贾春娟、刘金霞

参与创作人：张俊玲、马玉娟、张海荣、王春玲

电网企业以"精准识别、高效培养、智慧应用"为目标的新员工职业素质人才评价体系构建

国网江苏省电力有限公司管理培训中心

一、构建背景

（一）服务新时代电网事业发展的需要

新形势下，中央作出了"碳达峰、碳中和"、深化电力体制改革、构建以新能源为主体的新型电力系统等重要部署，我国电网事业正大步迈入新发展阶段。国网江苏省电力有限公司（以下简称国网江苏电力）积极服务"双碳"目标，推动新型电力系统、"一体四翼"发展布局等重大决策部署在江苏率先落地，在具有中国特色国际领先的能源互联网企业建设中站排头、当先锋、作表率，为"强富美高"新江苏现代化建设做出巨大贡献。随着新型电力系统构建带来新要求，电网企业人才结构、质量和素质方面也有了更高要求。和管理人员相比，企业入职要3年以内的新员工经受工作历练考验较少，但新理念、新思想较多，可塑性更强，新员工素质基础和素质管理成效是影响国网江苏电力未来人才质量的关键因素，事关电网企业事业长期发展，不容忽视。

（二）支撑青年人才队伍建设的需要

近年来，国网江苏电力大力建设"品德优、能力优、业绩优"的青年人才队伍，实施青年人才托举工程，构建技能菁英人才、领英人才、卓英人才进阶培养模式，引导青年立足岗位、成长成才；实施青年精神素养提升工程，聚焦"信念坚强、作风坚韧、行动坚定"，引领青年传承优良品德、担当发展重任；注重年轻干部全链条一体化培养，建立各层级选调培养机制，推动年轻干部数量、质量"双提升"。新员工是优秀年轻干部、菁英人才、领英人才、卓英人才的"蓄水池"，他们的储备厚度和质量对青年人才队伍建设至关重要，新员工冰山下的个性特征和先天性素质是影响人才蓄水池质量的关键要素。国网江苏电力亟须精准设置符合企业人才需要的素质标准，通过精准识别优秀人才，提高人才选拔和人岗匹配水平，提升高素质品质人才的发展效率。

（三）破解青年人才管理症结的需要

在现实情况中，新员工从学校到企业后，企业对其是否与企业核心价值观高度融入、是否与企业工作精神要求完美契合、是否与岗位工作要求充分匹配等职业素质并不明确，人才画像

标准不细，评价手段不精。部分大学生进入企业后职业个性和能力难以满足企业要求，从而产生一系列负面现象。电网企业员工广泛分布在省市县3级各单位，通过行为观察法对新员工工作态度和表现进行评价虽然较为准确，但评价周期过长、效率偏低、用人风险管控滞后，降低了人才培养体系建设效率。因此，亟须借助数字化智慧手段建设新员工职业素质评价体系，畅通人才培养高效运作通道，这是青年人才队伍建设的关键抓手和路径基础。

二、主要做法

（一）明确思路目标，做好顶层设计

1. 厘清工作思路，落实实施路径

国网江苏省电力有限公司管理培训中心（以下简称国网江苏管培中心）以建设"品德优、能力优、业绩优"的青年人才队伍为目标，聚焦职业性格、职业天赋、职业动机、职业角色4个基本维度，从职业品质精准识别、职业素质评价路径构建和职业素质全息智慧化应用3个层面，构建集评价和画像为一体的职业素质评价体系，为青年人才队伍建设增厚储备、智慧决策、筑牢底盘提供强有力的评价和数据支撑。

（1）职业品质精准识别

以精准识别员工综合职业品质要求为基准，以职业品质为高地，以高标准职业素质为基线，构建国网江苏电力定位的"品德优、能力优、业绩优"的青年员工队伍高质量职业素质标准。

（2）职业素质评价路径构建

从职业性格（合适性）、职业天赋（擅长度）、职业动机（内在需求）、职业角色（匹配度）4个基本维度，增强对新员工的全景全息职业素质把握和职业发展前瞻预判。建立评价指标体系和测评工具体系，通过测评工具模块化、智慧化应用生成新员工职业素质全息画像。

（3）职业素质全息智慧化应用

将新员工职业素质全息画像结果与人才培养"选、管、育、留"环节联动，与员工能力素质测评系统、员工职业生涯发展中心和智慧人事管理平台对接，支撑新员工队伍精准、高效及实现智慧人才培养管理，有效推动人才源头储备和内在驱动，提升人才管理效率。电网企业新员工基本职业素质评价体系建设实施路径如图1所示。

2. 统筹多维联动，强化支撑保障

（1）加强组织领导保障

紧密围绕公司战略任务要求，国网江苏管培中心在国网江苏电力人资部的统筹下，全面推进工作开展。实现全局垂直打通，组建省、市、县级电力公司和直属单位组织人事专家柔性团队，建立专项工作组开展研究，加强体系落地有效性；实现信息系统横向打通，以"选、管、育、留"为应用环节，链接员工能力素质测评系统、员工职业生涯发展中心和智慧人事管理平台等，跨平台协同职业素质静态测评和动态管理相结合的工作机制，及时共享必要信息，提高新员工职业素质测评应用水平；实现科学理论和实践场景打通，综合融通组织行为心理学、特质心理学、人才供应链理论、人才经营理论、自驱动理论等科学基础内容，紧密贴合电网企业特殊专业工作场景、人才和职位结构，对接青年人才托举、青年素养提升、年轻干部选育等重点工程，驱动全生涯发展、人才选拔、动机激励等人才培养环节高效运作。

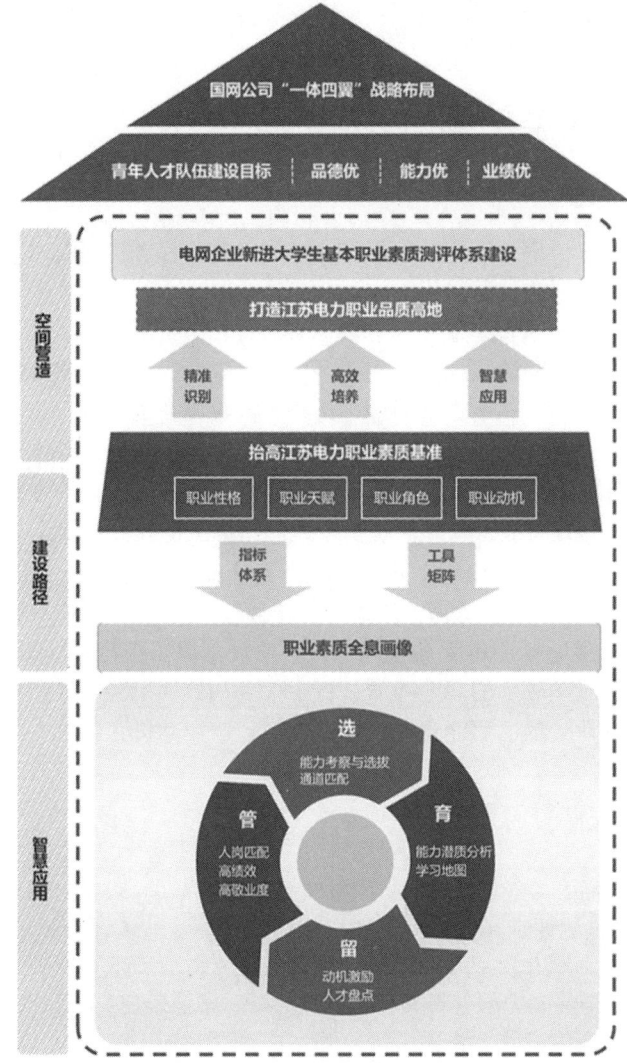

图 1　电网企业新员工基本职业素质评价体系建设实施路径

（2）加强资源保障

国网江苏管培中心自 2017 年起成立了评鉴中心，发展 5 年多以来为国网江苏电力人才队伍建设提供了扎实的评鉴技术和资源支持，其已经内化为国网江苏电力自有的专业素质测评能力。面向新员工群体，定制设计职业素质基本维度和基线标准，开发了职业素质测评的评价标准库、题库和案例，配合支撑线上线下相结合的测评活动实施流程、制度和规范，贴合业务实际和人才发展环境，在职业素质全息画像、职业素质导入后备储备遴选，以及职业素质结合培训发展、生涯发展和有效激励等应用方向开展了相应融合，为提高国网江苏电力青年人才职业素质基线、打造职业品质高地提供专业、动态、长效的支撑。

（3）加强人才管理数字化技术支撑

整合新员工职业素质评价数据，采用智能化人才数据分析方法，完善人才智能决策平台，从"选、管、育、留"等人才培养环节对新员工群体进行多维和实时分析，包括个人综合素质分析、团队综合素质分析等，为后备人才管理、全职业生涯管理、学习发展管理和全面激励管理提供决策支持。数据纳入员工职业生涯发展中心和智慧人事管理平台数据仓库，实现人才档案智慧化集中管理。

（二）构建评价指标体系，实现测评维度准确全面

1. 精准识别职业素质

基于国网公司的使命、愿景、中长期战略和年度策略目标，构建电网企业对优秀员工职业品质的评价标准，提炼与职业品质强相关的职业素质类型。

基于对企业文化、核心价值观、组织和团队存在的潜/亚文化的萃取，从文化上提取达成目标使命的过程中对组织和团队领导的原则要求。通过先广泛演绎再收敛归纳的推导路径，面向电力行业优秀单位如中广核、南方电网等广泛调研，收集新员工融合企业文化和价值观、融入工作场景、适应工作任务要求标准的情况信息；面向国网系统兄弟单位开展广泛问卷调研和解码；面向高校，走访向电网企业输送人才较多的高校，分析高校大学生校企转化的有效性和障碍点；面向国网江苏电力内部，选择入职3年内的新员工群体、新员工所在单位管理者、省市县各单位人力资源管理者开展座谈，累计访谈调研300余名新员工、30多名管理者、22名人力资源工作者。重点关注个性、动机、价值观等内容，将高潜力素质、在组织内成长的意愿和卓越的贡献相结合，兼顾任职风险和偏离风险，累计萃取了关键职业素质27项。运用因素分析、结构方程等方法对萃取到的职业素质进行了信度和效度检验。经频次分析、重要性分析和验证后，构建了"职业天赋、职业角色、职业性格、职业动机"四维一体的电网企业新员工基本职业素质评价模型。

2. 差异划分评价矩阵

围绕新员工"职业天赋、职业角色、职业性格、职业动机"职业素质评价维度，聚焦新员工的工作任务、职能定位和关键职责3个方面，从专业场景、执行场景、团队场景3个不同的场景对新员工所需的基本职业素质纵向细分，挖掘各场景所需的独特职业素质，提炼不同场景不同职业素质评价维度下的能力项，将其与"职业天赋、职业角色、职业性格、职业动机"4个维度的横向构面切分形成纵横能力素质评价矩阵，27项关键职业素质在12个象限中分别对应，通过素质要点提取和构面打造达到职业素质标准全贯通。新员工职业素质模型示意如图2所示。

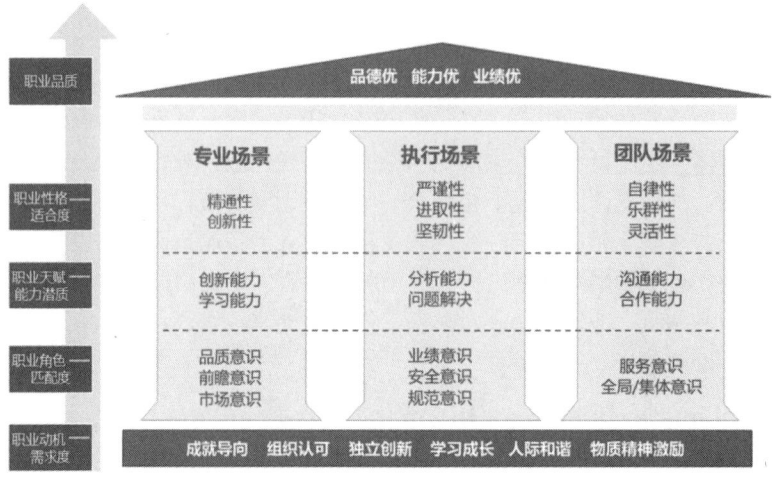

图2 新员工职业素质模型示意

3. 细化素质指标标准

对每项职业能力关键素质赋予电网企业新员工特殊群体的精确定义和描述。通过内部专家团队共创工作坊、战略文化演绎、工作场景推导等方法，明确素质指标定义，给予素质指标清晰并贴合电网特点的含义。例如"成就导向"定义是新员工要善于自我激励，拥有实现目标的动力，成为优秀的战略理解者和主动参与者，办事高效。"坚韧性"的含义是新员工在电网企业高标准严要求的压力环境中表现出高度的耐力、韧性以及适应性。"灵活性"的含义是新员工能够尽快适应变化，并且为了实现业绩增长会乐于思考新奇的、有创意的想法。"进取性"的含义是新员工不畏惧挑战，面对困难时能积极主动地解决问题等。

对职业能力关键素质的每项指标再进行由差到优的3个递进级别的细分，增加评价指标的区分度和牵引性。例如"严谨性"再分解为"待发展级""基本有效级""优秀级"。"待发展级"指仅完成本职工作中的基础项目，对于难题第一时间进行求助或推卸难题，遇到工作压力就气馁。"基本有效级"指不愿意多负责工作，不希望工作处在紧张的状态；不回避本职工作中的艰难困苦；愿意承担公司、上级交办的难题重任；能预估工作中可能出现的问题，并予以负责的态度。"优秀级"指站位高，会看到上一级、团队、部门或公司层面的工作要求，并主动申请承担难题与重任；乐于在专业领域攻坚，化压力为动力；能坦然面对失败，能在挫折中站起来。

（三）整合匹配测评工具，支撑能力测评精准可信

1. 锚定目标，丰富测评工具储备

按照"集约高效、定向精准、量表为主、矩阵对应"的原则，国网江苏管培中心聚焦新员工职业素质测评实施路径，针对"职业天赋、职业角色、职业性格、职业动机"4个维度，对现有测评工具进行了整合优化升级。通过访谈调研、文献检索、理论研究，确定测评工具和题库建设的维度结构，并根据新员工职业素质测评的应用需要，匹配最能保证测评信度和效度的题型作为待开发的测评试题题型。盘点现有测评量表工具中能充分兼容新员工职业素质测评需要的测评工具，如个性、性格测评工具等通用性测评工具。结合电网企业的特点和工作场景，基于主流、权威、科学、信效度高的测评理论和工具，开发可满足线上测评需要和线上线下测评实施需要的电网企业新员工测评工具。如基于麦克利兰的动机理论开发的心理动机量表、基于马斯洛的需求层次理论开发的个人需求量表、根据美国劳工部工作价值观模型开发的工作价值观量表、根据霍兰德的职业兴趣理论开发的职业兴趣量表、改编自Luthans等人研究成果的心理资本量表等。此外，融合主观幸福感量表、工作满意度量表等14种量表测评工具，确保新员工基本职业素质的评测指标满足应测尽测，为电网企业对测评工具的进一步组合和行业特征强化提供了基础。

2. 需求导向，整合测评工具系列

通过访谈调研，收集国网江苏电力新员工典型工作场景、关键行为事件，以及应对工作场景、关键事件的典型行为反应、工作方式等内容；按照特质性评价为主、类型性评价为辅的技术原则，融合包括大五人格量表（NEO-PIR）、霍根人格量表（HPI）、卡特尔16种个性因素测验（16PF）、加利福尼亚心理测验量表（CPI）、艾森克个性问卷（EPQ）、Y-G个性测验等测评工具精华，整合开发出在国网江苏电力容易实施、评价精确，结果可直接与人力资源管理"选、管、育、留"环节相衔接的4个测评工具系列。

（1）测量职业天赋的国网江苏电力新员工基本潜能测评系列

测评新员工在担任不同岗位工作所需的专业知识技能外所必须具备的基本能力潜质。确保基本能力潜质与未来胜任岗位上的专业工作开展及工作绩效呈现密切的正相关，有效预测被测者的绩效，为未来选才用才提供依据。

（2）测量新员工职业性格的国网江苏电力工作性格特质量表系列

通过测评准确反映新员工从校园到职场转换的初始阶段在国网江苏电力工作环境中稳定的工作态度和工作行为习惯，反映不同新员工各自的类型在职业性格匹配度方面的差异，评价其是否符合国网江苏电力的企业文化、岗位特性，帮助新员工更好地在工作中处理沟通、合作、执行、问题解决、创新等工作，呈现新员工表现、绩效与未来发展空间。

（3）聚焦职业角色维度的国网江苏电力岗位角色适应性测评量表系列

通过测评反映新员工的底层思维模式和行为习惯是否符合所在岗位的角色要求，与国网江苏电力已有的管理能力测评和专业技术技能评价相结合，对新员工未来发展提供素质能力的决策预判支持。

（4）围绕职业动机的国网江苏电力员工动力需求测评工具系列

包括职业适应性测验、个人工作需求测验、工作价值观测验等工具集成，测量新员工内在个性推动自身从事职业劳动并不断前进的内部驱动力。工作动力能从个体的职场需求、动机价值观、职业兴趣等方面呈现新员工在国网江苏电力中职业动机的需求满足程度，反映了员工努力投入工作的追求和愿望，能帮助国网江苏电力在员工管理中实现员工动机满足和精准激励的需要。

4大应用系列满足了对新员工职业素质测评的全方位需要，满足了对新员工职业素质画像的全息要求。同时可以根据实际测评需求，灵活提供单一系列或多个测评工具系列整合，测评题量可为150题至2000题，测评时长可为20分钟至120分钟，根据实际应用要求灵活设置，具有敏捷的应用响应能力。

3. 聚焦企业特性，定制测评题本

除了整合权威、成熟的心理测评量表外，国网江苏管培中心针对电网企业新员工工作场景特点，定制化地开发了场景化、案例式、角色性的测评题本共20套，强化了电网行业特色、企业特征和岗位工作特点。

在角色设置上，立足于新员工的第一成长台阶发展角色，即管理专家、技术专家、技能专家、班组长4种角色，各开发2套角色题本，合计开发8套角色题本。在任务场景设置上，选择综合能源、新型电力系统等8个具有电网特点的场景，广泛收集素材，萃取典型案例，形成可利用的素材题库，开发新员工素质测评场景化题本共12套，其中包括团队化测评题本8套、个人测评题本4套。

（四）联通数字平台，确保测评应用智慧高效

1. 实现测评数据智慧管理

测评工具基于原员工能力素质测评平台集成，有效实现了测评数据高效采集，形成新员工"一人一册"数据库。将新员工职业素质评价数据与新员工不同阶段的在线心理素质测评数据、

能力测评和考试结果数据、日常工作评价数据、绩效考评数据、经历数据、荣誉数据、专业等级数据等在平台上集成，实现新员工"一人一册一策"培养方案。提炼新员工人才测评数据、绩效数据、盘点数据以及岗位履历等素质标签，构建新员工素质全息画像数据库，确立画像分析维度和内容，实现灵活标签筛选，可视化地呈现画像全景分析结果。将职业素质画像"小全息"融入人员管理画像"大全息"，线上测评与人才画像实现了人员管理全息画像数据高效收集与整合。

2. 实现测评平台互联互通

与员工能力素质测评系统对接。在国网江苏电力员工能力素质测评系统上线新员工职业素质测评功能。针对新员工职业素质全息画像的功能要求，在国网江苏电力员工能力素质测评系统上进一步开发完善，增加系统架构和应用模块，开发完毕进行系统部署与测试，并试点开展系统运行和测试。

与员工职业生涯发展中心对接。国网江苏管培中心从国网江苏电力员工职业生涯全周期管理和"选、管、育、留"人才管理两方面交叉规划，确定数字化管理平台的连接点。除了员工能力素质测评系统外，从人才选拔储备的角度，与智慧干部人事管理系统贯通；从培育培养的角度，与网络培训平台苏电E学院贯通；从激励留用等生涯管理的角度，与员工职业生涯发展中心贯通。将针对新员工的动态管理，从聚焦于职业素质的画像扩展到反映职业品质和综合能力素质的画像，从测评实施的静态评价结果转到动态数字化素质测评数据管理，从分散在不同单位、不同专业、不同地域的散布式素质数据集成为国网江苏电力对新员工综合评价考察的统一人才看板。

建立与不同人员管理信息系统的数据整合策略。以人才能力素质测评系统为互通互联的数据采集和输出端口，输出与职业性格、天赋、角色、动机有关的测评数据和报告，将其作为不同人才管理相关平台的数据仓库源头。其中，干部人事智慧管理平台侧重职业天赋和职业性格数据，侧重人员未来潜力高低和更适配的发展通路，注重考察管理潜质和领导力角色的匹配度；职业生涯发展中心重视职业动机、职业性格、职业角色，会帮助新员工群体在平台上加强自我认知和形成个人发展计划，在职业生涯起始期和倦怠期等关键阶段及时发现和有效介入，完善针对不同个体、不同内驱力的精准激励和留用，驱动新员工朝着高职业品质、高敬业度和高绩效产出的期望方向发展。线上学习资源平台则针对新员工群体的职业素质特点动态调整学习地图，重点补充职业天赋中被观察到的且可后天发展的素质能力提升课程，同步推出帮助新员工从职业素质层面了解自我、规划自我、发展自我，从而与国网江苏电力价值理念和期望目标更高效地融为一体的课程内容。

三、构建效果

（一）围绕"选、管、育、留"，放大素质测评应用实效

新员工基本职业素质测评体系建设1年多以来，已经实施新员工职业素质测评2000余人次，积累职业素质数据上万条。系统与员工职业生涯发展中心完成链接，测评数据集成平台数据仓库。在人才源头储备、内在驱动、激励职业素养塑形等环节提升了新员工队伍管理效率。

1. 应用素质画像，数字化高效储备

通过职业素质标准建构和数字化评价，面向新员工未来发展的升级台阶，对应基层管理和

专业管理岗位角色能力素质，进行标准贯通和梯次衔接。相对于基层管理型，诸如新任管理人员、管理专职、班组长、供电所长等岗位角色，将新员工的职业素质评价结果与岗位胜任力要求进行数字化对标和分析，形成新员工成长发展的组织向导和拉力，以及其自身弥补短板不足、自我培养发展的驱动推力。尤其是职业天赋的潜力评价结果，在管理创新实践、持续改善、问题分析与解决、跨部门沟通、业务管理和管理自我、管理思维开拓、目标激励管理等胜任力能力素质之间出具体的准确度评价，提供具体的发展提高建议。实现智能"盘点"新入职毕业生的功能，为组织和人力资源管理部门的选用决策提供帮助，有助于择优选拔有发展潜力的新员工加强基层锻炼，以提升其技能本领，将全息画像数据表现优秀的前 10%~20% 部分作为 "54321" 核心人才梯队跟踪培养的底层储备。

2. 识别内在驱动力，差异化高效激励

设计职业生涯发展沙盘模拟功能，将人才管理规则、制度条款规定、人才画像指标和数据、能力素质结论的积分算法转化为量化判定标准，结合对人才的生涯管理和新员工自己规划成长的需要，组合成满足不同成长通路和工作场景的自我驱动、自我激励策略，为新员工在国网江苏电力平台上成才成功实施模拟，以成才成功激发员工内驱力。通过职业动机指标测评数据，实施因人而异、因才施策的激励策略，帮助各单位精准匹配本单位新员工的特质、价值观和内在驱动力，实现激励方式的针对性优化匹配，更加有效地激发新员工乐于奉献、乐于成长、乐于留用的积极性和热情。

3. 充实学习地图，职业化高效塑形

充分认识职业素质中有部分后天素质可以通过环境影响和教育而获得。在新员工培养学习地图中增加了职业品质自我引导、职业素质塑形、职业素质自我认知解读 3 个模块的课程，分别增加了 2 门、4 门、4 门线上自学课程。开发测培一体的职业素质报告解读和后续发展计划课程 4 门。基于职业素质在工作场景中体现，工作场景大部分以团队形式开展，打通个人职业素质和团队职业素质，在团队中每个个体的平均素质与团队凝聚力系数逻辑上，开发团队职业素质提升工作坊，采用体验式教学，以路线图绘制、过程辅导和反思等形式，批量弥补职业素质短板。

（二）人才管理效率得到大幅提升

新员工的职业素质基线有效抬高，包括制定符合国网江苏电力高要求的标准和通过精准测评得出实际状态水平，为拓展界定国网江苏电力青年员工乃至全员的职业素质空间，驱动更大比例员工以更短距离、更快速度、更高效率达到公司所树标的"品德优、能力优、业绩优"青年人才队伍职业品质，打造"信念坚强、作风坚韧、行动坚定"、传承优良品德、担当发展重任的青年员工队伍，提供了人才管理科学化的决策助力。实现了用隐性素质补充显性表现，用客观数据替代主观判断，用测准取代看准的科学人才管理系统。新员工职业素质数据与各选用育数字化人才平台贯通，打造了全局看板，具备了直接抓取底层素质数据、进行大数据分析和应用的基础，解决了原来分布太散或沉得太低、人才不易被发现和不易被统筹等问题。新员工精神风貌、工作状态、敬业意愿都有显著改善，向管理队伍和专家队伍输送的源头人才比例每年递增 5%~10%。

（三）队伍状态向上支撑全面效益实现

对新员工的"选、管、育、留"基于画像结果和数字化贯通会更加科学、精准。从用人单位角度来看，选人更有底，用人更有谱，团队更有序，一大批受得住国网江苏电力高强度、经得起工作任务高要求的新员工在基层各项工作中蓬勃涌现、崭露头角。近两年来，新员工参与省、市、县3级重点项目比例分别上升6.8%、9.5%、12.5%，专利和省级及以上荣誉获得团队中的青年员工占比显著提升，基层管理人员和专家后备的新员工储备量显著上升，技能菁英人才中青年员工比例接近30%。人才队伍的活力和生机支撑着国网江苏电力业绩考核连续11年保持国网系统第一名，有效推动了公司持续高质量发展。

主要创作人：夏伟文

参与创作人：程宝玉、周　权、黄　珊

基于人才画像技术的人才数字化管理场景建设实践

中共国网天津市电力公司委员会党校（国网天津市电力公司培训中心）

一、企业简介

国网天津电力党校（国网天津培训中心），是国网天津电力公司层面唯一的培训机构。其主要负责党员干部教育培训与党建研究，技能和管理人员培训，员工技能等级评价、电力行业职业技能鉴定和天津地区特种作业取证培训等业务。国网天津电力党校共包含市内和宝坻两个校区。市内校区占地28亩，建筑面积为20867平方米，建有党建实训中心（党性教育基地、廉政教育基地、保密宣教基地）与技能专业实训室1个；宝坻校区占地96亩，建筑面积11285平方米，建有专业实训室（场）17个。其中，电缆实训室、营销实训室等采用"三位一体"实训模式在国网具有示范作用。

资质荣誉：先后荣获全国文明单位，首批国网党校企业党建研究分中心，国网党校建设国内一流企业党校示范单位，中央党校国资委分校"黎明精神"党性教育现场教学基地，天津市"海河工匠"培训基地（企业培训中心）和职工教育培训示范点，第十八届中国企业教育先进单位百强，电力行业电缆附件安装人员评价基地，省公司级配网不停电作业技能实训考核基地，省公司级输电带电作业技能实训基地。

近年来，国网天津电力党校以习近平新时代中国特色社会主义思想为指导，认真落实新时代党的建设、党员干部队伍建设总要求，紧紧围绕公司加快推动新型电力系统建设打造电力"双碳"先行示范区，全面聚焦打造国网一流党校、华北标杆培训基地目标，贯彻"12368"工作指引，实施"党性淬炼"工程，主动发挥"主阵地、制高点、智力库"作用，坚持政治统领、服务大局，坚持改革创新、共建共享，坚持实事求是、从严管理。融入公司战略目标落地实践，融入公司党性教育建设，融入公司人才队伍发展，围绕质量第一、效率优先、效益最优，高质量开展教育培训工作、高水平服务公司事业发展，为打造习近平新时代中国特色社会主义思想先锋阵地、国家电网战略目标在津率先落地综合示范基地、服务公司党委决策提供有力支撑。

二、案例成果背景

党的二十大报告指出，要坚持教育优先发展、科技自立自强、人才引领驱动，加快建设教育强国、科技强国、人才强国。拥有一支德才兼备的高素质专业化人才队伍也是公司争创世界一流的坚强基石。党校作为国网天津电力公司层面唯一的培训机构，为公司育才、为公司献育才之策是职责所在、应有之义。

近年来，党校大力推进数字化转型，数字化校园在培训业务全流程数字管控等方面发挥了显著作用，同时沉淀积累了员工培训、专家人才等方面大量有价值的数据。如何挖掘数据、使用数据，支撑国网天津电力公司更好地培养人才成为发展中产生的新机遇和新挑战。为此，国网天津电力党校深入基层开展调研，掌握基层一线员工成长发展诉求。基层单位调研过程中反映出员工成长诉求和组织员工管理难点。

员工成长诉求如下。一是自我认知不全面。部分调研对象表示不了解发展路径，常年从事班组重复性工作，对专业前沿技术和岗位新要求不够明确，对自己工作对应的技能等级评价工种不了解。二是缺少对标积极性弱。公司的3年比武平台让很多青年找到奋斗方向，但3年比武之后，缺少对标的机会、平台、方式，很多青年就失去了寻找差距、磨炼技艺的动力。三是成长方向不够明确。缺乏对员工有计划、有步骤的跟踪式培养，导致员工发展目标不明确、成长动力不足。

组织员工管理难点如下。一是员工成长数据维度单一，现有人力资源管理系统仅包含员工基本信息，缺乏能够全面反映员工成长情况的数据沉淀。二是用人选人科学分析效率有待提升，选人用人多采用个人申报方式，报送效率、数据质量、分析处理浪费组织大量管理成本。三是人才队伍分析方法有待挖掘，虽然形成了职务、职员、专家3条成长通道，专家方面也选拔出了国网公司首席专家、天津公司高级专家和地市公司优秀专家，但在专业方面，由于缺乏评价方式、手段和对标载体，专业人才梯队储备不足，亟须选拔出一批高潜人才。对用人单位而言，缺少对青年人员现状的了解及对队伍质量结构的分析，在如何更好地从人口红利转变为人才红利方面举措也多依据经验，缺乏有效的数据支撑。青年人才的培养多为"漫灌式"培养，缺乏对青年人员针对性的培养提升。

三、案例整体思路

结合调研情况，国网天津电力党校决定利用现有数字化校园系统沉淀数据，进一步收集数据、治理数据、使用数据，探索开展人才画像和人才盘点，全职业生涯记录员工成长印记、全景化宏观分析队伍建设现状、全方位辅助推荐组织急需人才，构建人才数字化管理场景，以人才培养数字化转型解决组织人才培养困难和员工发展困惑，推进国网天津电力公司一流人才队伍建设，为公司全面提升人才队伍建设效益效能提供有效助力。

四、案例成果措施

（一）构建全职业生涯记录员工成长印记，着力推动员工成长从"外推"到"内驱"的动力变革

1. 建立规范人才画像数据字典

结合国网系统现有人才评价选拔方式，梳理人力资源管理系统、职称评价系统、技能等级评价系统、专家人才填报系统以及重点专业人群人才培养标准，对大量的原始数据开展了标准定义和结构化提取工作，依托人才画像技术对各类评价标准进行汇总整理，通过数据标准化定义、结构化提取，形成基于人才画像技术的数字化校园成长档案数据字典。最终的数据字典，共涵盖基本信息、政治素质、履职绩效、获得荣誉、工作业绩、创新成果、专业能力、传承育人、个人成长等共计10个一级页签，以及68个二级页签，同时该字典对数据含义、业务规则、数据来源渠道、数据更新频次等进行了明确的说明，为消除数据孤岛有效加强数据贯通打下了坚实的基础。

2. 构建数员工成长档案

利用数字化校园系统开发"云"档案功能，员工可通过数字化校园平台实时发起个人信息更新流程，经组织人事部门审批通过后完成维护，在专家人才评选、职称申报、评优评先、年度总结时，可以通过系统将日常记录的个人成长情况、成果获奖情况、重点项目完成情况及时进行数据迁移一键提取，从根本上减轻重复整理资料的负担，做到一次录入、终身受用。

3. 形成"一人一图"员工成长报告书

依托数字化校园系统员工成长档案，进一步提取关键内容，形成"一人一图"员工成长报告书，直观立体呈现员工基本信息、成长里程碑、成长大事记、积分雷达图等信息。"一人一图"员工成长报告如图1所示。

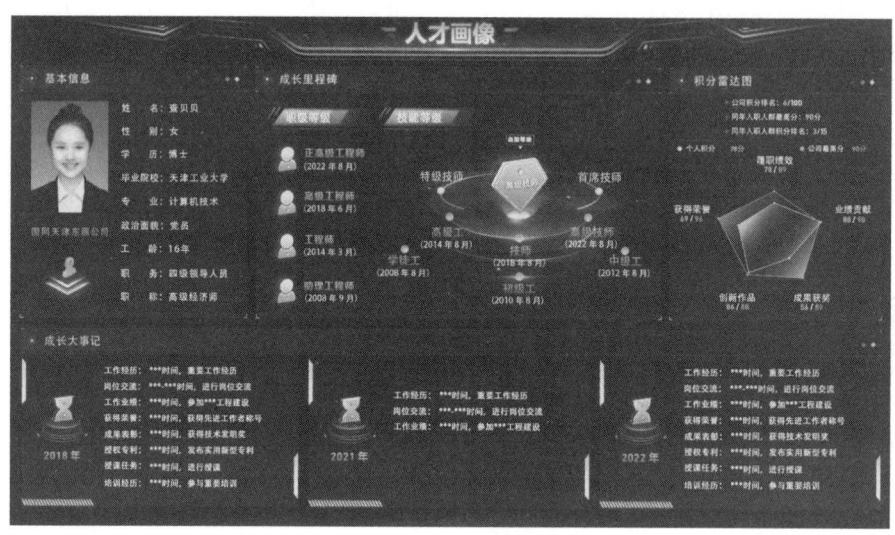

图1 "一人一图"员工成长报告书

其中成长大事记从工作经历、岗位交流、工作业绩、获得荣誉、成果表彰、授权专利、授课任务、培训经历8个维度，提取入职以来每一年最高级别荣誉，通过时间轴纵向呈现员工每年成长发展历程，积累形成个人成长轨迹。积分雷达图模块可以根据所属专业、所属岗位的积分标准，横向对比员工积分排名，可以实现员工在单位整体排名、在相同入职年限人员中排名，同时能够帮助员工明确自身的优势和劣势，明晰定位、找准差距，引导员工对标典型、主动成才。

（二）全景化宏观分析队伍建设现状，着力推动育才决策从"感性"到"理性"的效能变革

1. 构建人才画像标准

一是构建专业人才画像。提取获评国网公司评选首席专家业绩、国网天津电力公司高级专家业绩，从重点任务、创新成果、专利发明、传承育人等维度，为电网建设、调度运行、设备管理、电力营销、安全监察、信息技术6个专业，定制差异化的专业人才画像标准，形成6项专业化的高潜人才评价标准。二是构建青年人才成长积分标准。选取1家供电单位和1家业务支撑单位（党校），根据2家单位的业务特点和关注重点，形成适应业务需求的青年

员工成长积分标准。其中供电单位突出业绩和创新，共形成履职绩效、业绩贡献、成果获奖、创新作品、获得荣誉 5 个模块、10 个积分维度。党校建立入职 1～5 年员工的"人才成长地图"的成长达标标准。

2. 开展人员发展分析预测

（1）岗位胜任能力个人发展分析

通过对人员基本数据和岗位评价标准的关联性分析，搭建岗位胜任能力符合度模型，收集员工的人力资源数据，包括基本信息、培训数据、测评数据、持证数据、上岗数据等。人才数据收集完成后，要对数据进行预处理，一方面对数据集可能存在的缺失值进行处理或者对字符型变量数据进行类型转换，以满足后续建模算法对数据的要求；另一方面要找出对人才评价影响较大的数据，剔除无关的数据，这在数据挖掘流程中是比较重要的一环，也称为数据降维或变量约简。针对不同的数据处理需求有不同方法，如缺失值处理可用均值法、中位数法等，而指标变量的选择可用因子分析、主成分分析、聚类等方法。通过数据图形化展示，生成员工能力发展报告。

（2）人才发展趋势分析

基于个人发展分析，结合通过历史数据分析构建的人才发展趋势模型，可实现对员工发展趋势的预测。发展趋势分析结合培训、评价、持证、上岗和总体情况等关联因素，从知识、技能和潜能 3 个维度对员工进行未来 3 年发展预测。

3. 开展专业人才盘点分析

挖掘数据价值，横向开展基层单位的人才盘点分析、纵向开展具体专业的人才盘点分析，形成"一组织一策略"分析报告书（图 2~图 4），帮助组织全面掌握本单位或本专业队伍结构、质量等宏观现状，辅助组织精准分析人才当量密度、人才梯队后备、青年培养成效等关键信息，为组织科学打造"接得上"的人才梯队、精准储备"跟得上"的潜力人才提供量化数据依据。

①党校重点展示入职 5 年内员工对照"人才成长地图"规划的成长达标情况，入职 5 年及以上培训师"大先生"培养成效和职能管理人员"全能王"培养成效，辅助党校进一步推进入职新员工与"大先生"和"全能王"分类培养。

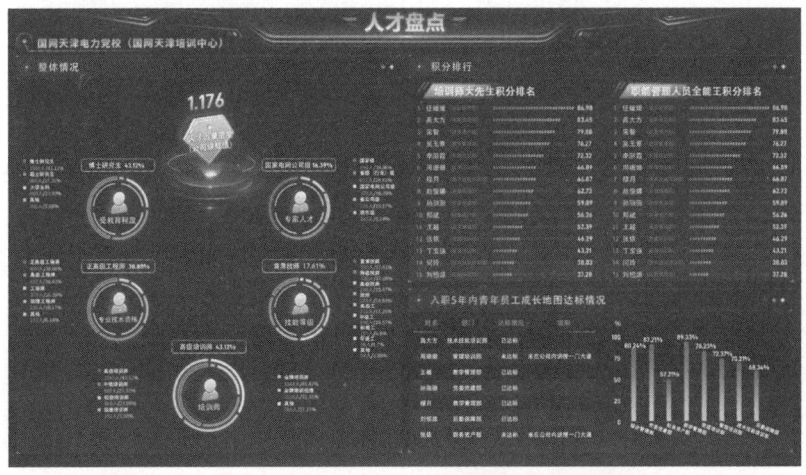

图 2　公司党校"一组织一策略"分析报告书

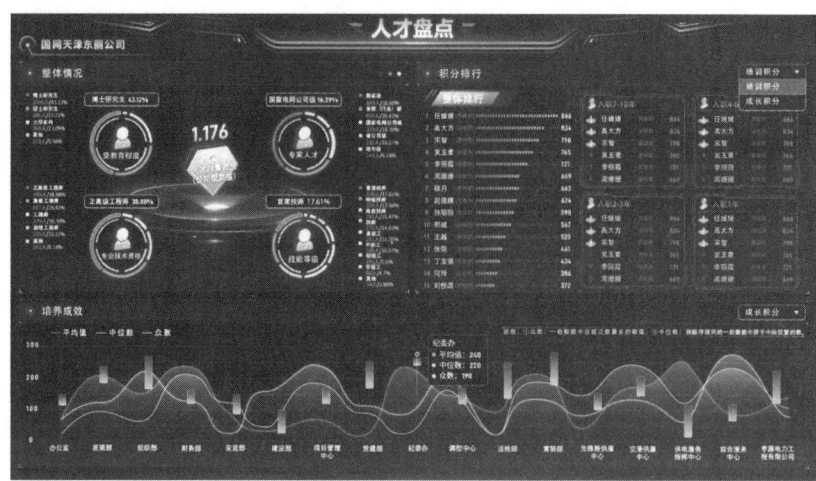

图 3 东丽公司"一组织—策略"分析报告书

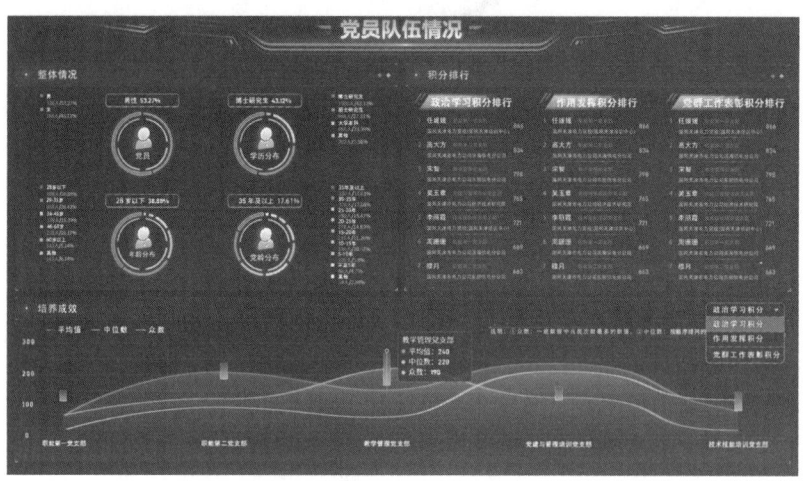

图 4 公司党员队伍"一组织—策略"分析报告书

②国网天津东丽公司重点展示员工在同一入职年限员工范围内和单位全体员工范围内的成长积分排名情况，以及不同部门间员工成长积分的平均值、中位数和众数对比情况，帮助组织对比了解员工成长情况以及各部门员工培养情况，储备重点培养对象、指导公司和部门两级员工培养工作。

③围绕党员学习活动情况，构建党员积分模型并进行积分排名，帮助组织了解、掌握党员队伍建设情况。

（三）全方位辅助推荐组织急需人才，着力推动人才选用从"点线"到"网面"的效率变革

1. 开发"一键筛选、靶向定位"功能服务

提供员工专业背景、工作业绩等工作维度，以及日常爱好、兴趣特长等"一键筛选、靶向定位"功能服务（图 5），满足组织岗位竞聘、柔性团队组建、各类专家选拔、专项人才推荐等不同人员选用场景需求，帮助组织更快速、更便捷、更全面地了解所需人才情况，提高人才选用

效率和精准度。

图 5 "一键筛选、靶向定位"功能

2. 开发辅助开展绩效评价、人员调用及辅助决策等功能

在开展季度或年度绩效评价时，从成长档案中遴选部门绩效经理人用于绩效评价的参考维度，提取部门所有员工该维度的信息，汇总形成可视化看板，周期性地反馈给各部门绩效经理人，用于辅助绩效经理人做出合理决策。当出现短时间人员分析及使用需求（如选拔推荐、人员调用等），规定申报条件且人力资源系统数据未覆盖（如获奖情况、个人荣誉、岗位交流等未覆盖）等情况时，可通过数字化成长档案信息梳理符合规定条件的员工，辅助本单位领导和人力资源

部门快速作出合理决策。

3. 企业高潜人才推荐

高潜人才推荐是借助 BP 数据分析模型与企业人才资源大数据进行智能化高潜人才分析的辅助性工具，可以帮助 HR 工作人员精准发现高潜人才，制定高潜人才培养计划，最终确定高潜人才。高潜人才是人才质量与结构关系密切的人群，他们对组织战略的落地、业务的发展、梯队的优化与建设至关重要。更快、更精准地发现具有晋升潜力的人才，已经成为企业赢得竞争优势的关键。企业人才大数据高潜人才推荐可以帮助人力资源部门更快、更准、更好地进行高潜人才推荐、人才培训与人才晋升，大幅提升企业生产效率、扩大生产力、实现企业整体战略。

五、案例成果效果

（一）管理效益

1. 以数据为驱动，形成"牵引式"人才成长模式

一方面，聚焦人 4 级领导人员、青年员工等关键人群，重点围绕"80 后"4 级领导人员成长轨迹、人才当量密度等关键维度，对人才数量、队伍结构、专业排名等数据进行分析盘点，为人才选拔配置、梯队建设提供保障。针对参培对象的培训经历、专业能力、兴趣特质等要素，个性化地匹配师资、课程等培训资源，做到"一人一策"，大幅提升培训质效。

另一方面，通过平台大数据，为每一名员工建立了"一人一图"，明确了职业规划指导和发展通道，各级各类员工可通过大数据平台可视化看板清楚看到自身定位、发展路径、优势及短板，可有效驱动员工弥补短板、主动成长，也有利于营造人心思"危"、人心思"干"、人心思"进"、人人争"先"的良好氛围。

2. 以画像为基础，形成"规范化"资源建设模式

以往培训方案、内部课程、教材、题库等资源开发都是"八仙过海，各显神通"，这种模式带来的弊端就是开发过程难以管理、成果质量难以保障、评价标准难以统一等。通过人才画像和岗位胜任能力分析，党校探索出了一种统一的资源建设模式，即以人才画像为核心，针对培训方案、课程开发、教材开发、题库开发等制定一系列标准化开发流程和模板，分别从开发思路、岗位任务分析、课程体系搭建等方面为学习资源开发划定统一动作，实现资源建设的标准化、规范化，很好地解决了痼疾。

3. 以业务为导向，形成"立体化"人才管理模式

通过可视化大数据平台，公司各级、各部门管理人员可即时查看员工成长轨迹，基于公司战略要求和业务需求，建立"人资搭平台，专业选人才"的选拔培养模式，按照各级各类人才上升通道逐级选拔，搭建多维岗位成长成才路径，形成人资和业务部门"立体化"人才管理模式。通过大数据平台搭建，公司人才队伍结构日趋合理，能力素质水平逐步提升，为增强企业核心竞争力提供日益坚强的人力资源保障。

（二）经济效益

国网天津电力党校所研究开发的大数据人才管理平台，在 2023 年完成公司 1000 余人云档案的上传，800 余人参加人才选拔申报，形成了相应的"一人一图"报告，为 2 家单位和公司电缆专业队伍形成了团体人才结构和素质分析报告。构建人才数字化管理场景，行业调研显示

同类项目构建费用预计为 30 万元~50 万元。目前已经完成 2 家试点单位、1 个重点人群分析，累计为公司节省资金 120 万元，后期针对整个国网天津电力系统 25 家基层单位，以及 13 项专业人才管理需求，潜在可节约费用预计为 1500 万元。

（三）社会效益

大数据为电网企业提供了可复制推广的人才管理模式。大数据平台的建立，注重实效性、推广性和应用性，同时能够紧密结合电力企业实际岗位工作，深入开展人才创新培养，大大提升了识人、选人、育人、用人、留人的管理成效，提升了企业队伍素质，增强了企业核心竞争力，实现了员工与企业的共同发展。该模式不仅可以在电力行业内广泛推广，也可在其他行业广泛推广，为企业人才培养提供了可借鉴的成熟体系，对社会人才、企业人才培养有很好的现实和长远意义。

六、案例总结

（一）项目价值

通过大数据人才画像项目实践，创新具有国网天津电力公司特色的"全景立体化"人才管理模式；通过大数据动态化更新管理，可根据人才数据的不断完善、相关数据的不断丰富，持续更新关键人才池和梯队结构，构建可持续发展的人才梯队。此外，利用数字化、智能化平台，可以帮助人力资源管理转型，建立业务驱动、数据驱动的闭环人力资源管理体系，提升人力资源运营效率、智能化运营能力，降低人工成本。

（二）项目管理创新亮点

本项目的亮点着重体现在人才培养及管理的"数据牵引""立体呈现""降本增效"。数据牵引：通过大数据平台，将公司整体及个人的基本信息、能力素养、队伍情况可视化呈现，有利于人才的针对性培养、成长，及公司各级各类人才队伍的科学合理组建。立体呈现：透过大数据人才画像，重点关注组织和业务对人才提出的要求，其中既包括年龄、教育背景、从业年限等门槛要求，也包括绩效要求、与创造高绩效相关的关键经历、专业与领导能力、发展潜力、动力等进阶要求，从而确保人才管理信息具有层次性，能够区分"能"或"不能"，也能鉴别"优秀"与"一般"，有利于人才信息的立体化呈现。降本增效：大数据平台的建立，一方面建立了"一人一档"，大大减轻了员工档案管理的负担；另一方面，通过数据分析，能够有效优化人才结构，提升全员劳动生产率和服务社会的效能。

案例负责人：韩晨曦

主要创作人：徐　轩

参与创作人：董　志、宋雪菲、刘　倩、崔振辉、李　郁
　　　　　　王　琪、曹雪雯、吕　浩、陈　晨、陈　骁

持续拓宽信息化技术应用场景，推动人力资管理向数字化、智能化迈进
——中海油服人力资源数字化转型研究与探索

中海油田服务股份有限公司

一、中海油服人力资源数字化转型背景

近年来，受地缘政治等多重因素影响，传统能源行业发展趋势面临较大的不确定性，特别是石油、天然气的发展格局复杂多变，导致油田服务行业发展形势面临较大挑战。立足于新发展阶段，中海油田服务股份有限公司（以下简称中海油服）党委通过对整体行业形势和未来发展趋势的研判，对公司发展战略提出转型要求。中海油服人力资源系统充分评估内外部发展形势，找准自身定位，打破固守藩篱，主动变革创新，围绕公司战略目标，全面推动战略型人力资源管理变革。在此背景下，人力资源管理团队认清责任使命，立足战略伙伴、职能专家、变革推动者、员工激励者4大角色，从思维理念、行为方式上实现转变，深入推进人力资源重点领域改革攻坚，为公司战略转型和可持续发展提供有力支撑和保障。

中海油服通过外部咨询机构对人力资源系统组织模式和运行效率进行运营扫描，发现主要存在以下突出问题。一是原有的人力资源系统管理效率较低，人力资源从业人员在传统事务性工作上投入了大量的时间和精力，未产生高附加值的工作成果，管理资源浪费；沟通成本高，业务标准化处理程度低；通用职能重复设置，业务集约化、流程化处理难度大。二是人力资源从业人员专业化管理能力较弱，习惯性固守传统人力资源实务和工具，管理视野狭窄，现代人力资源管理技能掌握不足。三是原有的人力资源管理与公司战略运营关联性不高，缺乏"运营思维"。这些现实问题导致人力资源未最大程度发挥应有价值，制约了公司更好更快发展，急需通过建立高度匹配公司战略的人力资源管理系统来支撑企业发展。新型人力资源管理系统既承接人力资源基础管理又要肩负推动组织转型和变革的需要，通过人力资源系统的变革解决公司人力资源管理效能低下等一系列问题。与此同时，为加快转型升级，拓展人力资源业务与信息化技术的深度融合，人力资源系统开展数字化转型。

二、中海油服人力资源数字化转型现状分析

中海油服人力资源系统于2018年进行战略改革，为匹配组织变革需要，初步搭建人力资源管理信息化平台，并于2019年8月上线。一期系统顺利上线，标志着中海油服人力资源业务从传统管理模式向部分业务实现自动化流转迈出第一步。主要成果包括如下内容。一是工单模式：一期系统将工单与核心人事业务流转相结合，系统实现了自动派单和按角色派单双重模式，依靠工单系统串联人力资源各项业务多个角色，实现线上协同办公，提升工作效率。二是考勤数据集成：针对中海油服一线员工复杂的工时计算模式，实现考勤灵活填报和系统导入两种模式，由系统自动流转并汇总生成发薪准备数据和考勤报表。三是日工资核算：对复杂的日工资核算模

式进一步优化，通过集成考勤数据自动完成一线员工浮动日薪核算。四是报表应用：按照不同角色定制数据报表，为各单位人力资源从业人员提供多维度的数据分析。五是员工智能服务终端：完成智能服务终端软硬件部署，提供工资单查询、证明打印、个人信息和政策查询等服务。六是呼叫中心：实现客户服务统一呼叫功能，系统后台可对通话时长和呼入数量进行记录，可进行报表展示。但出于信息安全考虑，中海油服一期人力资源信息化系统与 EHR 等人力资源管理系统未进行数据自动同步，且在业务流程、功能完善和用户体验方面还存在较大提升空间。

（一）现状分析

1. 人力资源业务现状

一期人力资源信息化系统以"岗位管理"为核心，实现了核心人事流程线上流转，但业务场景覆盖不全，部分业务未实现线上工单模式流转，如人员上岗、晋升等。另外，部分业务功能独立，如招聘和培训模块，未形成人力资源全链条闭环管理，通过信息化手段实现对全部人力资源活动监控和统计分析存在较大难度。

2. 数据现状

存在人力资源数据不完整、不准确、更新不及时等问题。主要原因一是人力资源业务未实现全面线上化处理，系统数据不完整。二是人力资源业务人员线上流程频发操作性错误，虽建立了配套的数据纠错流程，但纠错规则设计复杂，耗时较长。三是部分单位仍存在业务线下审批的情况，审批程序未能及时在系统中发起，导致人事数据更新不及时，人力资源活动存在滞后性。

3. 信息系统管理现状

人力资源数据存在于多个信息系统中，如 EHR、SAP、证书管理系统、海学系统等，未全面实现数据互联互通，信息孤岛模式未得到解决，人力资源数据需通过人工模式推动数据流交互。

4. 人员现状

由于中海油服的业务特点，工作在海上、陆地野外井场的一线员工（含两栖工作的员工）占 55%，员工如需办理人力资源业务需要休假后到公司各片区驻地办理，耗时费力，员工体验度较差，一期人力资源信息化系统员工自助模块功能尚不健全，有待进一步完善。部分人力资源从业者信息化、数字化管理理念落后，缺乏转型、创新的动力，对新事物、新方法、新理念有一定抵触情绪，这些因素直接影响公司人力资源数字化工作的推进效果。

（二）转型过程中存在的难点和痛点

1. 数据碎片化，信息不互通

公司存在大量人力资源数据，但管理分散，无法共享，协同管理难度大，未被盘活的人力资源数据不利于系统性推进人力资源数字化转型。针对数据不完整、不准确和不及时等问题，缺少定期的数据核查机制，导致数据分析失真，无法有效支撑管理者决策。

2. 风险管控不到位，监控预警不及时

人力资源从业人员操作失误或业务不熟练导致错误数据生成，业务流程监控仍停留在事后

处理分析，未实现事前预警和事中监控。运营监控的维度仅局限于业务处理的时效性和准确性，监控维度单一，未实现对角色、成本及综合类指标的全方位管控。

3. 人才培养数据分散且不完整，培训数据准确性和及时性不足

原有的人才培养体系迭代滞后，各单位仍停留在传统模式，能力标准、培训记录、评估结果存在碎片化、珍珠式等问题，经常出现记录不全、重复培训和培训不到位等情况。员工能力和经历的评估认证模式较为单一，缺乏对岗位STEP手册执行，以及科研人才培养与评价体系、国际化人力资源体系和经营管理人才培养体系进行统筹系统管理的工具。由于缺乏信息化管理手段，公司不能全面、系统地掌握各单位培训实施情况及技术技能队伍培养效果，对一线技术技能队伍能力现状缺乏信息化分析工具，迫切需要建立能够系统推动员工队伍能力提升的信息化管理平台。各事业部培训体系已经建立健全，但缺乏一套有效贯通各事业部的信息化系统使体系流程化、培训结果信息化，串联起整体的能力保证体系，形成一条完整的培训链条，最终建成公司全职业生涯培训体系。

三、优化措施及推广建议

（一）优化措施

针对人力资源数字化转型存在的难点、痛点，中海油服深入调研，过程中积极借鉴和学习优秀企业的成功经验，针对重难点问题制定有效解决方案。根据人力资源系统未来转型方向和需求，设计出集业务管理、共享服务、员工自助、不同系统数据集成于一体的综合型人力资源信息化平台模型，如图1所示。

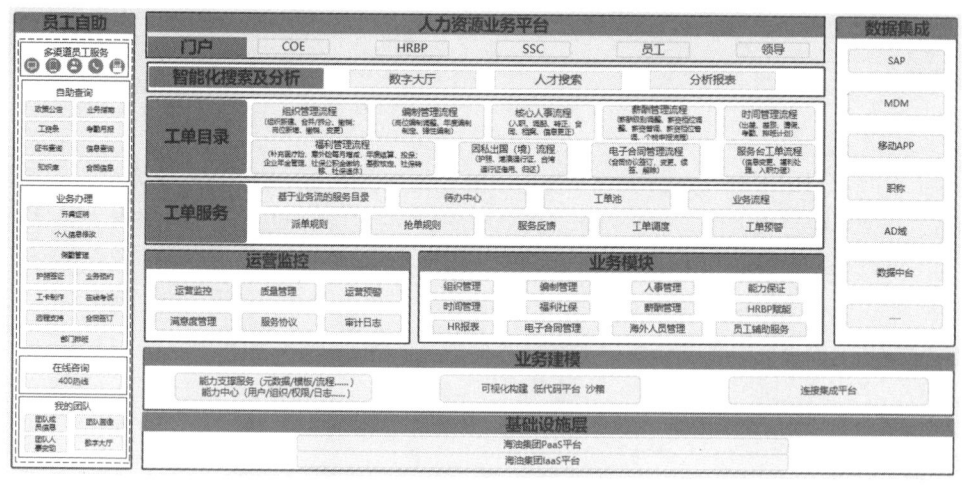

图1 一体化综合服务平台模型

1. 人力资源活动全面线上化，积极推动流程自动化

结合中海油服实际业务，充分考虑真实业务场景，将人力资源全业务流程场景覆盖，持续优化人力资源业务流程。重新梳理原人力资源297项职能，对185条业务流程进行端到端的流程再造，形成35条线上业务流程。系统自动生成业务流程审批记录表，人力资源管理者可随时查看下载，避免线下重复产生纸质文件，全面推动无纸化办公。人员入离职、岗位调动、晋

升流程数据自动归集。考勤、福利数据自动同步。月奖、日激励、年终奖、税务信息、特殊薪资项目实现线上调整。细化管理颗粒度，管理权限下沉至最基层，推动作业单元管理能力提升。

此外，全流程数据自动生成有助于实时有效地监控全业务流程。在人力资源管理信息化平台里预设消息待办通知、业务到期提醒和异常数据提醒，提升流程流转效率，针对发现问题，持续优化改进，推动人力资源监控模式从"事后分析"转向"事前预警"。

2. 数据深层次挖潜，完善数字仪表盘功能

（1）构建数据管理制度，规范数据使用标准

人力资源管理信息化平台的建立，打破了"部门墙"，实现内部数据的自由流动。为保证数据质量，建立人力资源领域数据质量考核制度，明确人力资源数据质量考核指标，质量考核指标包含准确性、及时性、完整性和规范性4个维度，明确考核周期、对象、评分规则和结果应用。

（2）完善数据管理平台，智能呈现数据报告

建立"三点一轴"的数据统计标准。由时间轴串联组织、岗位、人员"三点"，便于对不同时间段的人事事件切片进行全面分析，同时也便于对某个数据的问题进行定位和追溯。在数据标准方面，避免出现同一字段多重称呼的情况出现，根据"数据到点、责任到人"的原则，明确必填字段的填写流程和责任人，减轻业务人员重复工作量，压实数据责任，避免"僵尸字段"产生。"数据到点，责任到人"模型如图2所示。

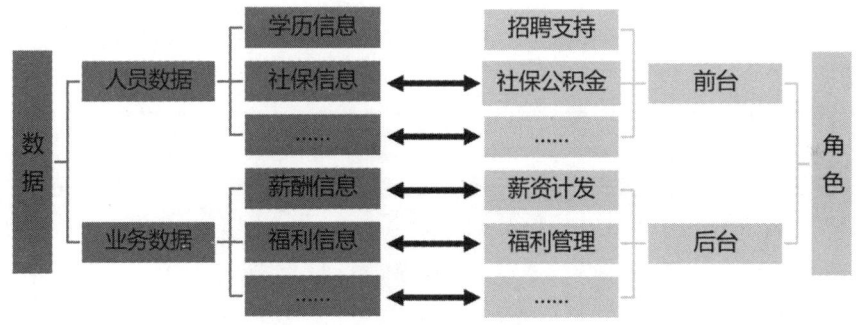

图2 "数据到点、责任到人"模型

基于"三点一轴"和"数据到点、责任到人"的原则，建立数据更正流程，在对数据进行更正的同时，思考数据错误的原因，并对原有的系统逻辑和管理制度进行优化，完成数据的闭环管理。

实现人力资源管理信息化平台与EHR系统、海学系统和证书管理系统的对接，打破"业务阻隔"和"数据孤岛"。通过多系统数据的有效整合，实现对全量数据的统一建模并提供多维度数据分析应用。系统预置40种图形控件，通过自定义拖拽，实现对特定数据的自定义图形分析，并预置24类图形分析报表，实现数据可视化应用。桥联第三方用工人员数据库，系统、完整地盘点人力资源队伍，并通过精细化权限配置，实现数据实时共享。

该系统为公司数据中台系统预留共享接口，后续可实现实时抓取财务数据等，全面分析公司用工成本利润回报和人事费用率等效能指标。此外，系统结合人才搜索、BI分析等工具，为各层级领导打造全景"管理者驾驶舱"，释放数据价值，让数据赋能业务，提供辅助决策支持，实现数据价值最大化。

3. 员工自助服务升级

为确保人力资源数字化转型惠及每一位公司员工，公司应全面升级员工自助服务功能，不断提升员工交互体验，增强员工使用人力资源管理系统的黏性，打通服务员工的"最后一公里"。

（1）完善信息查询功能

按照普通员工、管理人员、人力资源业务人员建立不同角色工作台，提供人力资源信息查询及统计报表，包括查询人员基本信息、工资单、培训记录、证书信息、假期余额、业务办理指南等管理人员可查询管理权限范围内的团队人员相关信息。

（2）事务咨询平台

支持客服系统入口集成，为全体员工提供在线人力资源业务咨询，主要包括事务咨询和常见问题等，并可对运营质量进行监督。

（3）业务办理移动平台

完善手机端服务功能，为员工提供个人基本信息变更、社保/公积金缴纳地变更、子女商保新增/变更和请销假申请功能。新增电子合同功能，员工可手机办理合同签订/变更/续签、协议签订业务。此外，开通人事流程移动端审批，管理人员可通过手机端审批核心人事流程和假勤申请，提升工作效率。

4. 人才培养能力保证建设

为充分保证各单位技术技能员工能力匹配一线生产作业需求，通过联通能力标准、培训体系、经历认证、岗位考试、证书管理、能力评估等能力培养各个环节，建立员工能力保证管理信息化全景平台，如图3所示。

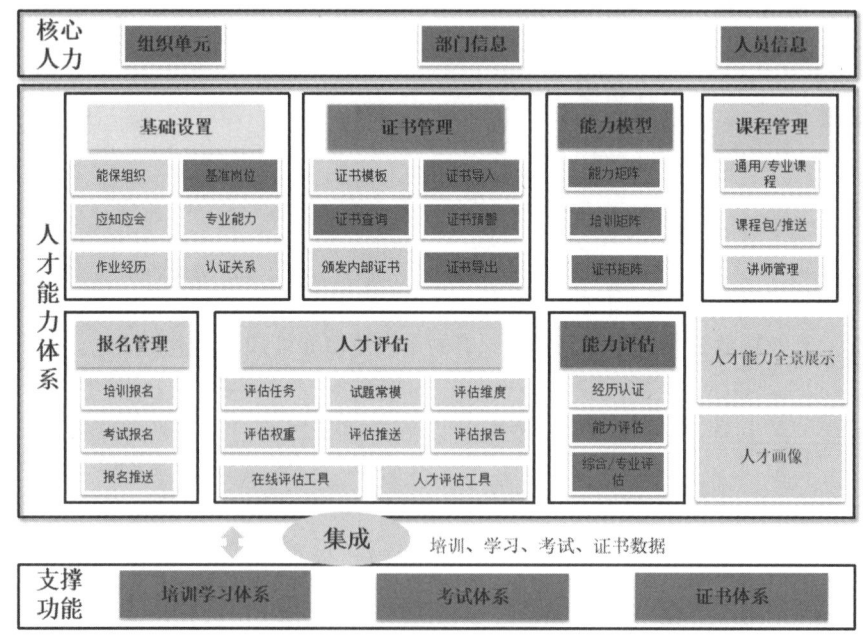

图3 人才能力管理全景平台模型

（1）建设人才评价体系

以能力素质、创新价值、成果贡献、客户需求为导向，建立人才评价体系。构建各类人才模型，量化需求指标，通过通用测评、专业测评和技能测评 3 个维度，深化人才梯队建设，精准识别关键人才。

（2）升级员工能力管理体系

根据员工 STEP 手册明确岗位与能力模型的对应关系，建立公司能力考核标准库；根据各单位实际需求建立多角色虚拟组织，并进行分级评价；支持建立师带徒制度和岗位晋升路线图，明确员工职业晋升发展方向。

（3）人才能力数据集成

打通海学网、证书管理系统，定期将作业经历、学习培训、能力证书、晋升考试、评估结果等方面的数据进行有效整合，确保数据传输的及时性和准确性。

员工能力保证管理信息化全景平台有效打通岗位 STEP 手册，员工能力模型、培训经历、证书管理等各个重要节点形成符合公司员工能力发展要求的信息化系统，实现员工职业生涯能力建设的闭环管理。

5. 安全保障升级

在信息安全方面，等级保护将严格参照国内三级标准进行设计，物理安全和网络安全执行集团公司和中海油服的信息化建设要求及标准，在数据安全上制定多套应急方案，以应对日趋严峻的网络安全形势。

（二）推广建议

通过分析中海油服人力资源数字化建设历程及现阶段取得的成果，总结出 4 点建议，可帮助其他企业更好地实现人力资源数字化转型。

1. 统筹规划，战略导向

企业数字化转型不是一蹴而就的阶段性工作，而是一项长期复杂的系统性工程。企业必须从战略层面高度关注和重视数字化转型工作，科学识别业务需求，精准谋划，找准自身定位，明确预期目标，既需要"大处着眼"做好顶层架构和路线图设计，也要"小步快跑""点状突破"分阶段、分步骤推进策略。

2. 优化管理模式，人力资源管理活动规范化、体系化

人力资源管理的数字化转型目的之一是通过科学技术赋能，优化组织结构，重塑工作流程，实现人力资源管理工作的流程化、智能化、自动化，以提高企业整体工作效率。人力资源数字化转型要以健全完善的人力资源管理制度和流程为基础，确保人力资源数字化转型有标准的行动指南，各项人力资源活动在数字化应用场景中必须被清晰、准确地定义，避免在实施过程中仅凭经验或工作习惯设计工作流程，最终导致推广落地困难。

3. 加强数据的深度分析，提高人力资源从业者的综合能力

企业应制定完善的数据管理制度，保证数据的互通和共享，确保数据能够存下来、流起来、用起来，用已积累的业务数据反哺优化业务流程。持续加强人力资源队伍的能力素质培训，使其充分认识到信息化、数字化技术对人力资源管理的促进作用并转变观念，引导其积极探索，通过新技术、新方法优化、重塑管理流程，提升人力资源管理效能。

4. 保证系统的易操作性和安全性，提高合规风控意识，谨防安全漏洞

在构建人力资源管理信息化系统架构时，要重视用户实际体验，功能设计在兼顾业务需求的基础上，尽量简化系统操作，能通过流程自动化实现的尽量避免通过人为判断推动流转，系统操作界面要化繁为简，为用户搭建简单、快捷的工作台，使人力资源从业人员切实感受到信息化技术带来的良好体验。持续强化、升级员工自助服务功能，拓宽服务范围，增强员工信息化系统使用黏性，不断提升员工对企业信息化管理水平的满意度。

人力资源数据集汇聚了企业运营的关键数据及员工隐私信息等敏感数据，这对数据的安全性提出了更高的要求，要时刻树立信息安全意识，防止人力资源信息数据被窃取、盗用，在数据传输过程中要做好信息保护，建立数据防火墙，避免数据库被入侵。同时，需要明确数据采集边界，强化关键信息数据防护措施，抵御关键信息数据的网络攻击，搭建测试验证环境，强化安全检测评估，并定期开展攻防演练。

案例负责人：马修恩
主要创作人：马年子
参与创作人：常　犇、侯志强

助力央国企构建"高合规、高满意"的员工关怀数字化平台

——中智关爱通数字化福利解决方案分享

中智关爱通（上海）科技股份有限公司

一、企业概况

中智关爱通（上海）科技股份有限公司（以下简称中智关爱通）是中国国际技术智力合作集团有限公司旗下企业员工专项预算数字化管理平台，是国务院国资委"科改示范企业""创建世界一流专精特新示范企业"和国有重点企业管理标杆创建行动"标杆企业"。

随着科技的飞速发展，社会环境、经济环境发生了巨大变革，数字化转型与创新成为企业顺应时代发展趋势、提升竞争力的必然选择。中智关爱通积极响应国家"数字化"战略，持续致力于专项预算数字化管理平台的建设，以领先的技术、海量的资源、专业的服务和对央国企客户需求的深刻理解，助力央国企人力资源数字化转型，帮助客户建立健全激励机制，扎实推进人才强企战略。

中智关爱通业务涵盖福利、津贴、健康等在内的员工多科目预算的分发管理、数据归集及财务分析；同时依托上下游资源整合能力，为组织内的成员提供衣食住行等高频、强黏度场景的个性化品质服务。截至目前，中智关爱通已服务超过24000家企业和机关事业单位，覆盖1100余万人。

二、方案背景

人力资源是第一资源，是企业核心竞争力中最具有活力的部分。企业的发展离不开人才，如何最大限度引才留才，并且调动员工积极性，发挥更大的效能，是企业面临的长期课题。尤其随着BANI时代的到来，"95后""00后"等新生代员工开始步入职场，他们对于工作有着截然不同的期待与要求。企业在人才管理与组织文化建设方面面临更多挑战，亟须转型升级。企业福利体系作为薪酬之外的有力补充，可以被赋予丰富的叠加意义，在激发组织活力、有效保留人才方面发挥着重要作用。而对于央国企来说，构建"高合规、高满意"的企业福利体系，则是人才管理的题中之义。

（一）数字化转型需求

"数字化"已升级为国家级战略，"十四五"规划纲要在第五篇以单独篇章形式提出"加快数字化发展，建设数字中国"。据不完全统计，目前国家出台的与数字化转型相关的政策已达45项之多。

而作为国民经济的主导力量，国有企业也势必承担起其重要的使命责任。为此，国务院在2020年印发了《关于加快推进国有企业数字化转型工作的通知》，就推动央国企数字化转型做出全面部署。越来越多的国有企业将数字化转型作为"十四五"的重点战略规划，数字化能力也成为衡量国企改革成效的重要指标。可以说，数字化转型已不是国有企业的"选修课"，而是关乎其生存和长远发展的"必修课"。

（二）高度合规要求

国有企业数字化转型需要通盘考虑党建、国家政策、法律法规等多方面，尤其要"高度合规"，这使得国有企业系统性推动数字化转型的综合考虑要素更多，受到的限制也更大。

财政部《关于企业加强职工福利费财务管理的通知》（财企〔2009〕242号）中提到，企业职工福利费财务管理应当遵守以下原则和要求。

一是制度健全。企业应当依法制订职工福利费的管理制度，并经股东会和董事会批准，明确职工福利费开支的项目、标准、审批程序、审计监督。

二是标准合理。国家对企业职工福利费支出有明确规定的，企业应当严格执行。国家没有明确规定的，企业应当参照当地物价水平、职工收入情况、企业财务状况等要求，按照职工福利项目制订合理标准。

三是管理科学。企业应当统筹规划职工福利费开支，实行预算控制和管理。职工福利费预算应当经过职工代表大会审议后，纳入企业财务预算，按规定批准执行，并在企业内部向职工公开相关信息。

四是核算规范。企业发生的职工福利费，应当按规定进行明细核算，准确反映开支项目和金额。

企业要想福利体系实现高合规，就要做到：福利项目设置合规；福利项目落地合规。

（三）集团统筹管理要求

1. 管理层面

国有企业组织管理模式多为层级式、金字塔结构，组织结构复杂且调整难度大；决策方式多为自上而下的模式，审批流程长，集团对二级公司的管控精细化程度和力度都不够。

2. 执行层面

国有企业执行"一事一议一办"的办事风格，导致每项福利落地都需要专人负责牵头讨论、专项跟进、专项招投标，人力占用巨大；央国企员工往往结构多元，年龄分布跨度大，各分支机构的员工福利需求又有不同的地域差别，仅靠HR手工统计员工数据，与供应商协调各种流程，既烦琐又易出错。

（四）企业管理及员工需求的平衡

企业福利需要对企业侧和员工侧的需求进行平衡，既最大限度满足员工对福利多样化和个性化的要求，也要满足企业在合规前提下实现统筹管理、降本增效的需求。在过往主流的弹性福利概念中，更多的是以员工侧需求为主，只要将福利兑换渠道和消费场景设置得足够广，员工的满意度自然会更高，然而这种做法对国有企业来说，合规性难以保障。

三、中智关爱通解决方案及案例实践

中智关爱通专注于链接 B2B 和 B2C 的平台经济，创新性地提出了 B2B2C 的"互联网＋员工服务"SaaS 平台模式——即企业端通过中智关爱通平台审批、发放各科目预算到员工账户；员工端通过中智关爱通平台完成福利兑换、津贴领用、购物、美食、生活、出行、教育等多场景下高效、无感的企业结算。

中智关爱通基于互联网技术为企业构建专属的员工服务 SaaS 平台，为企业提供合规、透明、安全的员工福利和文化运营等服务体系，并根据企业、员工的个性化需求整合线上线下多渠道供应链，打造基于"员工服务整合入口"的商业模式，包括多预算下的企业服务入口、多账户下的员工服务入口，通过引流、管理、供给来实现 B2B2C 的产业互联，协助企业降本增效，激发企业组织活力，如图 1 所示。

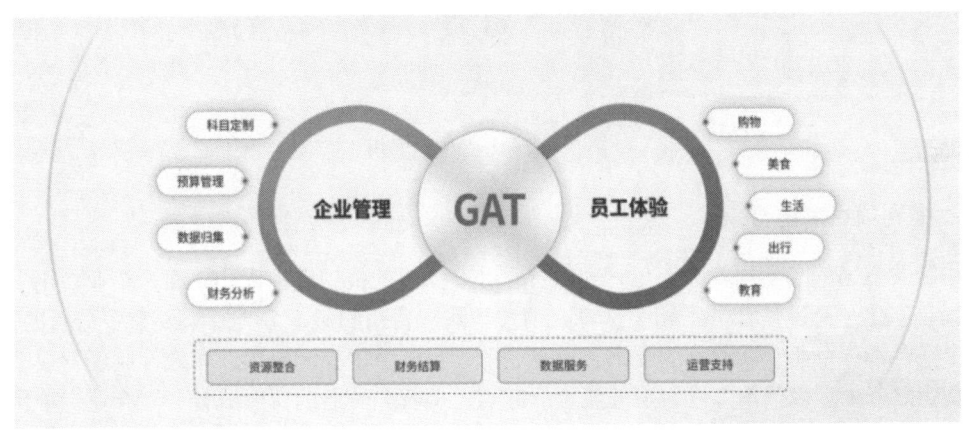

图 1　一站式全场景员工福利平台

（一）高合规——专项预算，专款专用

1. 福利项目设置合规

《人力资源社会保障部 财政部关于做好国有企业津贴补贴和福利管理工作的通知》（人社部发〔2023〕13 号）中明确规定，企业规定的福利项目主要包括以下几个方面：

一是丧葬补助费、抚恤金、职工异地安家费、探亲假路费、防暑降温费、离退休人员统筹外费用等对职工出现特定情形的补偿性福利。

二是救济困难职工的基金支出或者发放的困难职工补助等对出现特定生活困难职工的救助性福利。

三是工作服装（非劳动保护性质工服）、体检、职工疗养、自办食堂或无食堂统一供餐等集体福利。

四是国家规定的其他福利。

中智关爱通凭借多年服务央国企的经验以及对政策的专业解读，在企业端构建了多科目预算分发管理、数据归集及财务分析 SaaS 平台（图 2），对央国企合规设置福利项目预算规划提供专业解决方案和决策辅助，确保福利科目的预算设置规范化，如图 2 所示。

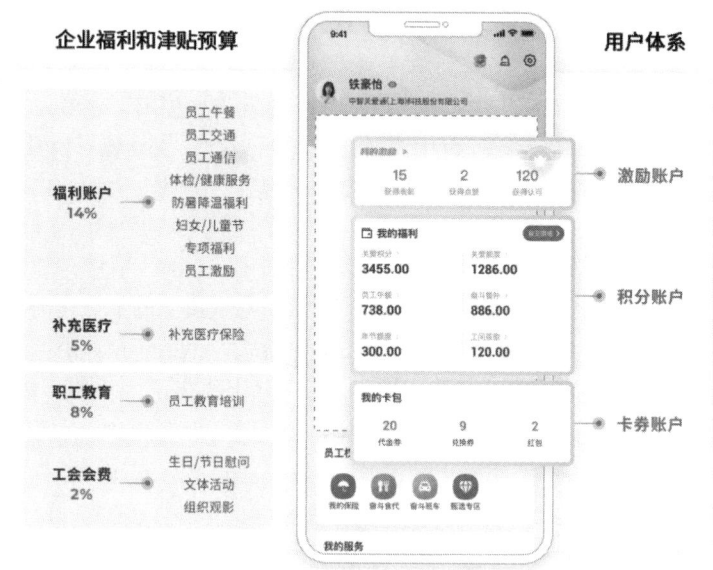

图 2　账户分立 专款专用

2. 福利项目落地合规

中智关爱通的专项预算数字化管理平台，并非简单的报销流程优化，而是企业费用支出的全流程数字化。通过整合员工相关预算、消费记账、费用归集、分类开票及财务分析的链条，用一个平台管理企业专项预算的支出，提高企业和员工费用控制效率，有效控制经营成本。相比于传统财务处理以报销事件为财务流程的起点，中智关爱通的"四流合一"企业专项预算数字化管理平台将财务流程起点前移到了预算分发环节。

"四流合一"指的是信息流、资金流、票据流、服务流统一相对应。金税四期上线后，在原先"三流合一"的基础上（即销售方、开票方和收款方为同一主体。购买方、受票方和付款方为同一主体，达到三流一致），多加了一个信息流，即双方签署的合同与实际发生的业务、金额、发票对应得上。"四流合一"通常是税务机构判定交易是否真实的依据，四流不一致可能会导致其相应的费用不可作为税前成本列支，会追补税款及滞纳金，甚至会缴纳相应的罚款，增加涉税风险。

其中服务流即为业务实质，在央国企审计巡视过程中，十分关注事件的真实性，需要企业确保业务实质与预算场景一一对应。中智关爱通平台通过设置相关消费场景的领用规则，确保业务交易场景符合规定，并且在审查时提供详细、完整的交易链条，包括领用员工的相关信息、领用时间、领用场景，对消费事件进行还原，作为后续专项费用实施的凭证和依据。

除了"四流合一"，落地实施的高合规还体现在统一供应、统一结算，满足"统一实施集体、非现金不可分割"的条件（2012年4月11日卢云在线答疑）。中智关爱通将企业的预算科目与员工想要的消费场景和渠道进行链接，在满足企业合规的前提下，对供应链资源网络进行整合，包括企业原有的供应资源及本地化定向拓展属地资源，通过平台进行一体化的实施、管理、结算，从而确保"统一供应、统一结算"的高合规落地，激发企业组织活力。

3. 案例解析

D 公司是华南地区国资委旗下能源电力公司，现有员工 5000 多名。在与中智关爱通合作期间，D 公司慢慢探索出多项既合规又受员工欢迎的特色福利项目，通过平台一体化实施，确保集体性福利项目、业务需求、消费场景——对应。

D 公司在严格遵循国家福利政策规定的前提下，秉持从员工实际工作生活需求出发的福利原则，先后上线了"专项误餐""员工理发""员工洗护""工装洗涤"等多项特色福利项目。以"员工理发"为例，通过在中智关爱通平台上设立专项的理发额度，定向拓展本地理发商家，同时与主流消费渠道的理发类型资源进行整合，在深度和广度上基本百分百覆盖员工常用的理发供应资源，在合规的前提下，达到员工满意、企业降本增效的平衡点。定向拓展属地化供应商如图 3 所示。

图 3　定向拓展属地化供应商

另外，针对员工午间休息添置的"工间茶歇"，也有其相对应的预算额度。由于"工间茶歇"福利预算要求只能用于开袋即用的食物、饮品和水果等，因此设立了专项茶歇商城，对不符合规定的商品进行自动过滤，员工在限定范围内兑换福利商品；同时整合了中智关爱通自营商城及主流消费渠道，在企业合规的前提下为员工提供多样化、个性化的福利选择，最大化实现企业侧与员工侧的需求平衡。

（二）高满意——员工自选，福利增值

中智关爱通充分关注组织内成员的使用体验，将以报销流程为中心的企业费用支出重塑为"以人为本"的数字化服务。在员工端"给到"App，灵活接入线上线下各类产品及服务提供商，从各个具体的服务场景切入，覆盖企业福利、津贴、健康、文化等费用支出场景，高效整合企业费用支出＋场景＋员工体验，帮助实现企业费用数字化转型。开放的 App 平台也给产品及服务提供商提供更多的员工画像信息，不断充实交易场景及交易内容，成为未来 B2B2C 的产业互联的接入口和渠道。消费全场景覆盖如图 4 所示。

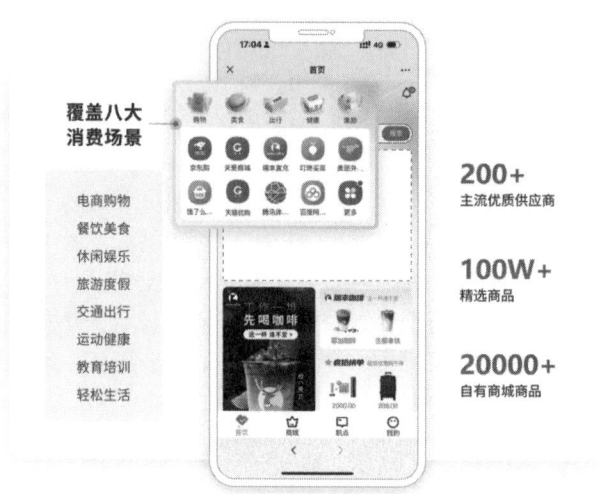

图 4　消费全场景覆盖

案例解析

X 集团作为一家特大型制造行业央企，在全国各地有上百家分支公司，各地员工数十万人。原先 X 集团在落地企业福利时，讲究"一事一议，一议一办"，即每一件事都有专人负责牵头讨论，之后专项跟进、专项招投标。400 多个分支机构，每个分支 3～4 个项目，至少有 1600 多个项目需要被讨论、跟进，存在巨大的人力损耗。

借助中智关爱通平台，X 集团在企业福利实施上节省了几十个人力。比如对于工会福利中的各年节礼品、生日福利等，集团在平台上给员工发放关爱积分和额度，员工可以在积分商城里自由选择商品消费，不需要集团额外进行专项选品、招投标等。

对于员工来说，福利的感知度和满意度也得到了提升。平台上线 3 年以来，员工对企业福利的满意度均保持在 80% 以上。以消费帮扶为例，原先是线下集采、统一发货的形式，员工满意度非常低，因为集采就是一个大礼包，没有可选范围；而如今中智关爱通整合了该企业对口 48 县市的供应资源，员工使用专项额度就可以自由选择商品。依托中智关爱通平台，如今的消费帮扶形式既达到了帮扶目的，又在同样的预算基础上提升了员工满意度，还节省了大量人力资源，一举三得。

四、数据安全及技术架构

在当今数字化时代，信息安全对于企业的发展至关重要。信息安全保护能力是客户最关心的内容，也是中智关爱通的生命线。近年来，中智关爱通始终致力于搭建更为完整的业务与数据安全体系，最大限度保障企业员工数据的使用符合数据监管规范。

中智关爱通的信息安全从数据安全、通信安全、身份安全 3 个维度进行管理。

（一）数据安全

私有云存储：使用自有的 IDC 机房存储企业客户数据，确保数据安全可靠。

数据加密：使用先进的加密算法和强大的密钥管理系统来保护敏感数据的机密性，对工号、姓名等带身份因子的信息进行脱敏加密处理，对登录密码、支付密码等其他信息进行多层不可逆加密算法处理，有效防止暴力破解。

访问控制：采用精细、严格的访问控制策略，为数据设置权限和角色，确保只有经过授权的人员才能访问敏感数据。

数据备份和恢复：定期对关键数据进行备份，并采用可靠的恢复机制，以应对意外数据丢失、损坏或系统故障，确保数据的完整性和可用性，提高业务连续性和应急响应能力。

（二）通信安全

网络防火墙：通过配置和管理强大的防火墙来保护企业网络的安全，监控和过滤进出企业网络的流量，阻止潜在的网络攻击和恶意行为。

虚拟专用网络（VPN）：利用VPN提供安全的远程访问解决方案，员工可以通过加密通道远程访问公司资源，保证数据在传输过程中的机密性和完整性。

威胁检测和入侵防御：部署先进的威胁检测系统和入侵防御机制，以监测和阻止恶意软件、网络攻击和其他安全威胁，及时识别和应对潜在安全风险，保护企业网络免受攻击。

（三）身份安全

零信任网络：采用零信任网络模型，将传统的基于边界的安全模式转变为基于身份的安全模式，无论是内部网络还是外部网络，每个用户和设备都需要经过身份验证和授权才能访问企业资源，降低潜在安全风险，防止未经授权的访问和数据泄露。

容器中的零信任：在容器环境中实现零信任模型，通过严格的访问控制、持续监控和身份验证措施，保证容器内部的应用只能被授权的实体访问。

多因素身份验证：利用密码、生物识别、硬件令牌等多因素身份验证增强安全性，大大提高身份验证的可靠性，减少密码泄露和身份伪造的风险。

目前中智关爱通已拥有完善的IT基础架构防护系统，获得"ISO/IEC 27001信息安全管理体系认证"证书，以及公安部颁发的"国家信息系统安全等级保护三级"认证。同时，中智关爱通在数据合规和数据威胁防护领域不断引入专业的法律和安防团队，为用户信息安全及运营系统的高稳定性筑起安全防护墙。

五、未来发展趋势

中智关爱通以科技创新为发展原动力，已发展成为集"互联网+"、云计算、大数据于一体的新技术企业，打造了依托数字身份和数字资产的数字化引擎。未来，中智关爱通将持续致力于全面实现基于员工数字身份认证和数字资产管理的"企业费用支出数字化"，同时将在"互联网+企业服务"领域十余年来积累沉淀的技术实力、供应整合能力、运营服务能力、头部客户服务经验融入一个开放的平台，通过PaaS+SaaS服务平台的建设，为万千做企业服务的行业伙伴赋能，帮助更多企业快速实现"互联网+企业服务"的数字化转型升级，形成独有的爱在其中(αi inside)生态系统。

案例负责人：刘　佳
主要创作人：黄嘉琦
参与创作人：钟佳奇、王学志、黄　斌

"锚定难点，抓住重点"，以数字化促人力资源管理精细化、高效化

北京新航城控股有限公司人力资源部

一、企业概况

北京新航城控股有限公司（以下简称新航城公司）成立于2012年10月，由北京大兴发展国有资本投资运营有限公司（以下简称大兴国投）、北京亦庄国际投资发展有限公司（以下简称亦庄国投）、北京大兴国际机场临空经济区（大兴）管理委员会（以下简称临空管委会）、北京亦庄投资有限公司（以下简称亦庄控股）共同出资组建的国有控股企业，截至2022年注册资本48亿元，资产规模214亿元。

作为北京大兴国际机场临空经济区（北京部分）的核心平台公司，新航城公司以"服务北京新机场、建设临空经济区"为使命，贯彻落实京津冀协同发展国家战略，以高水平服务保障北京新机场这个国家发展新动力源建设，高标准、高质量建设临空经济区。

新航城公司围绕"产业促进主体、开发建设主体、投融资主体、运营管理主体、资源整合主体"5大主体职能定位，坚持"管委会＋平台公司"双轮驱动发展模式，坚持"事业发展"与"实业发展"双重目标，重点发展资源开发、城市运营、金融与产业投资等3大主营业务，力争成为国际领先、国内一流的，立足临空经济区的投资、建设、运营领域的产业投资集团。

新航城公司塑造"创新、专业、共享"和"以人为本、精细管理、持续经营"的核心价值，坚持"对事业有情怀、对未来善学习、对自己严品行"的选人用人标准，持续加强学习型组织建设，努力打造一支具有国际视野、管理一流、专业精深、追求卓越的高素质专业化干部队伍。

二、管理实践

（一）在企业管理数字化转型浪潮下，全新人力资源管理系统应运而生

云计算、大数据、人工智能等新技术的迅猛发展推动着企业的信息化转型。更加扁平的组织、更加灵活的工作方式，推动了企业的社交化进程；人工智能的加入推动着企业智能化进程；随着企业对外部焦点越来越关注，职能式的管理模式到团队网络式的协作方式的转变推动着企业生态化进程。企业社交化、智能化、生态化的变化颠覆了传统人力资源管理模式，成为人力资源服务化转型多加速器。新航城公司原有的人力资源管理方式在过去很好地支撑了新航城公司的人力资源服务和管理，但随着时间流逝，企业规模不断壮大，管理要求不断提高，原有方式的功能性、灵活性、操作性及可扩展性在业务和技术上均已无法满足新航城公司现有的人力资源管理需求。

为积极响应和配合集团数字化转型要求，加快提升集团整体人力资源管理信息化水平，新航城全新数字化人力资源管理系统应运而生。新航城公司建立了先进的、可扩展的、符合主流

技术的、能灵活应对公司未来业务发展需要的人力资源系统。系统建设要充分融合现代人力资源发展趋势、公司管控体系与人力资源战略特色，实现支撑集团发展战略、支持企业运营管理、数据集成分析、决策支持、增强风险管控能力、提升资源配置效率的总体目标，实现集团人力资源管理由传统行政事务型向战略支持型转变。

通过系统建设，应用先进的互联网技术，搭建充分考虑企业个性、对标国企先进实践、深度植入公司特色的现代化人力资源创新服务平台、一体化管控平台，打造国企一流标杆！

（二）新航城全新数字化人力资源管理系统数字化转型策略重点

在确定人力资源全周期管理系统升级的目标后，新航城公司积极进行规划落实，但在此过程中遇到了诸多的管理难点，比如历史静态数据的承接与沿用、多业务系统间数据重复调用、多业务系统间协同效率低下、子公司数据未实现集中管控等，为此，新航城公司自上而下进行了广泛而深入的调研，剖析出管理难点的成因和潜在影响，并据此勾勒出"数字化+服务化"的新航城全新人力资源管理系统的转型需求，设计思想和方向紧密围绕"数字化、服务化"，运用现代化信息技术手段逐步解决了具体落地过程中的困境，并确定了新航城人力资源系统升级后的主要定位、先进框架和解决方案。

新航城全新数字化人力资源管理系统助力业务数字化、服务数字化，实现数字重塑，将现实业务体系完整地搬到数字空间，利用数字化对现实业务提供促进和约束。实现数字化的最基本要求达成路径包括信息数字化、流程数字化、规则数字化，通过数据驱动业务。

1. 以"人"为对象的全周期管理系统

通过新航城全新数字化人力资源管理系统建设，重点围绕着"人"的全生命周期建立信息标准和规范流程，依据标准输入人员初始状态的信息，并在后续的职业生涯中根据人事业务动态同步相关信息，确保人员信息的真实、准确、完整。

人力资源全周期信息标准需要满足历史静态数据和未来动态数据的要求，这就需要系统在初始化标准的基础上，能随组织变革和业务管理需求的变化而调整。需标准化的数据包括组织岗位体系、人员基本信息、任职信息、教育经历、干部信息、薪资福利等。需规范的流程包括：组织人事管理、薪酬福利管理、绩效管理、时间管理、合同管理、培训管理、员工招聘等。

2. 面向业务场景、业务流程和事件驱动的人力资源数字化转型

新航城全新数字化人力资源管理系统是面向人员入转调离退、合同、招聘、培训、时间、薪资福利核算发放、绩效考核、员工自助服务等人力全业务场景的集成系统，相关业务发生时基于规范的业务流程驱动系统内的预设表单进行处理并自动同步数据，确保业务—流程—数据联动、高效运转。

通过新航城全新数字化人力资源管理系统梳理新航城公司人力管理各种业务和应用场景下的流程、规范，并通过业务流程梳理与系统相结合，实现人力资源管理业务流程标准化、工作流自动化、管理工作规范化、业务和服务运作协同化，从而拓宽有效管理范围、建成自顶向下覆盖各层级的人力资源协同化管理体系，使业务高效运转、服务有效提供、数据准确及时。

3. 支持人力资源管理服务和全员自助服务相结合的数字化系统

新航城全新数字化人力资源管理系统既满足人力资源业务管理的需求，服务于人力资源从业人员，同时也服务于管理者、员工、外部应聘者等角色，搭建真正服务全员的现代化人力资

源服务平台。

该系统提供组织人事管理、薪酬福利管理、绩效管理、时间管理、合同管理、培训管理、员工招聘、统计分析等人力资源业务管理服务；同时为管理者提供组织和人员信息管理、人力洞察和数据分析、高级查询、流程审批等服务，为员工提供人员信息查看、薪资查询、假勤管理等自助服务。

通过新系统建设项目，逐步规范和统一人力资源管理服务，将各单位共性业务集中化、标准化管理。以"服务业务和员工"为宗旨，根据职责分工对各级管理人员、人力资源管理业务人员和员工进行系统内授权，员工按照权限分配在系统内发起服务和人事业务，系统通过消息、邮件、短信等通知方式和手机终端、自助终端、PC端等渠道入口，使人力资源管理业务和服务不受时间和地点的限制而随时随地开展，搭建服务全员、赋能业务的人力资源管理服务化系统。

4. 总部与子公司业务数据共享，实现数据集中治理

作为集团型企业，新航城公司规划对总部采取业务管控模式、对下属子公司采取数据管控模式，最终构建符合集团整体管控要求的人力资源数据中心数据集成业务标准和技术标准。

对总部管控业务包括：组织人事管理、薪酬福利管理、绩效管理、时间管理、合同管理、培训管理、员工招聘、统计分析、员工自助服务及外部系统集成等。对下属子公司的数据管控主要体现在需要遵循集团整体管控要求的组织人事、人员信息、薪酬等关键业务数据，并支持相关数据集成到集团人力资源数据中心。

新航城全新数字化人力资源管理系统通过梳理、规范并在系统中固化流程，实现集团人力资源管理的规范化、体系化和专业化；搭建集中管控平台，人力资源管理系统与主数据系统集成，实时同步数据，消除数据孤岛和资源壁垒，满足集团数据集中管控要求。

（三）新航城全新数字化人力资源管理系统的应用价值

1. 统一标准、规范流程

数据标准化和流程规范化是管控体系落地的重要保障，通过整合人力资源信息标准和基础数据，建立集团公司统一的人力资源数据库，实现人力资源信息的统一和共享，满足集团管控要求。

2. 协同高效、管理提升

规范固化集团总部人力资源的管理流程，力求满足集团总部各个层面的基础管理需要，实现流程驱动业务的目标。

3. 服务共享、良好体验

搭建自助管理平台，使各级管理者及普通员工参与到人事的管理活动中，更好地发挥人力资源的职能，服务全员；同时通过移动化、社交化、智能化、自动化应用等技术手段，为高管、中层管理者、一线员工带来良好的人力资源服务体验。

4. 数据驱动、科学分析

系统流程驱动业务、数据，实现人力资源数据的真实、准确、完整、权威。提供方便灵活的报表分析工具，满足各种统计汇总和展现分析。能够将各种关键指标以图表的方式展现，方便领导查看。能够按照相关上报管理要求生成相关格式的表格，为各级领导有效决策提供支持数据。

5. 联动全局、数字赋能

横向涵盖人力资源管理的选育用留全领域、纵向贯穿集团总部。基于流程驱动的业务数据，支持实时查询、分析相关人力资源数据，分析业务信息异动和变化趋势，结合行业和企业大数据，为人力资源管理业务提供智能高效的服务和指导，从而支撑发展战略、提高管理效率、规范管理。

案例负责人：费　诚

主要创作人：费　诚

参与创作人：白云慧、赵　安、雷　号、梁　佩

张嫣然、尚靖涛、尚烨昕

顺应数字化转型　打造全球人力共享模式

中国联通国际有限公司

党的二十大报告提出了"完善中国特色现代企业制度，弘扬企业家精神，加快建设世界一流企业"的发展规划，为我国企业高质量发展指明了方向和目标。企业高质量发展离不开高质量人力资源管理的支撑。随着中国联通国际有限公司（以下简称"国际公司"）推进全球化战略目标，加快海外业务的拓展，海外国家公司对人力工作的需求日益增长。国际公司为给一线减负，集中力量做业务，帮助海外国家公司流程化、自动化、远程处理人力工作，实现规模效益，打造了全新的人力资源服务运营模式，设立了全球人力资源共享服务中心（以下简称"HRSSC"），并于2021年11月正式接手了海外人力资源服务工作。

一、案例背景

HRSSC依托专业能力优势而建，为海外国家公司提供人事行政服务及人力资源专业咨询服务，并实现标准化、规范化、专业化的集约式管理。HRSSC力求减小海外国家公司人力工作量，规范化人力资源服务工作，为各海外国家公司提供更加优质的人力支撑服务。

为更好地提供共享服务，解决海外国家公司人力工作缺乏专业技能、工作规范度不高，以及受成本限制导致人员配备不足的难点、痛点，国际公司在设立HRSSC前进行了调研分析、规划设计、系统开发、试点实施4个步骤。

第一步：调研分析。国际公司人力资源部阶段性推进人力支撑计划，以东盟大区为试点第一站，通过以人力共享服务需求为基础的调研活动，收集当地人力工作量信息、支撑需求信息及迫切程度等，有针对性地对所有人力资源工作进行了分类，划分出5项服务范围（薪酬福利、招聘配置、绩效管理、系统建设、专业咨询），涉及15项服务基础内容。

第二步：规划设计。根据HRSSC所确定的服务范围进行调查总结，经过系统、科学的论证后，国际公司人力资源部设计出涵盖HRSSC组织架构、业务流程、成员确定、运营规则、服务标准管理，以及HRIS设计等专业性的内容。同时，根据海外国家公司人力支撑需求优先程度，国际公司设计了有效的承接工作计划。

第三步：系统开发。国际公司对已全面实施的人力系统进行有效集成，梳理海外国家公司人力系统运用程度，确定系统推广次序，以海外薪酬系统为第一推广应用梯队，系统化管理海外国家公司薪酬数据。

第四步：试点实施。为积累实战经验，便于全面推广，国际公司人力资源部在涉及海外业务板块、分公司分布较为集中且人力资源丰富的东盟大区试点实施HRSSC，初步将信息化管理、薪酬发放管理、社保福利管理、人事管理、员工自助服务、政策咨询服务纳入共享业务范围，其他企业分批纳入共享。

同时，国际公司人力资源部负责统筹协调、平台搭建、人员选聘、业务梳理、流程优化等工作，为组建共享服务平台和项目团队做准备。

国际公司人力资源部对试点实施情况不断总结，逐步完善运行模式和管理制度，落实分区域布局和建设，逐步拓展服务范围，预计从项目准备到全面覆盖需要 2 年时间。国际公司海外人力共享平台建设推进方案如图 1 所示。

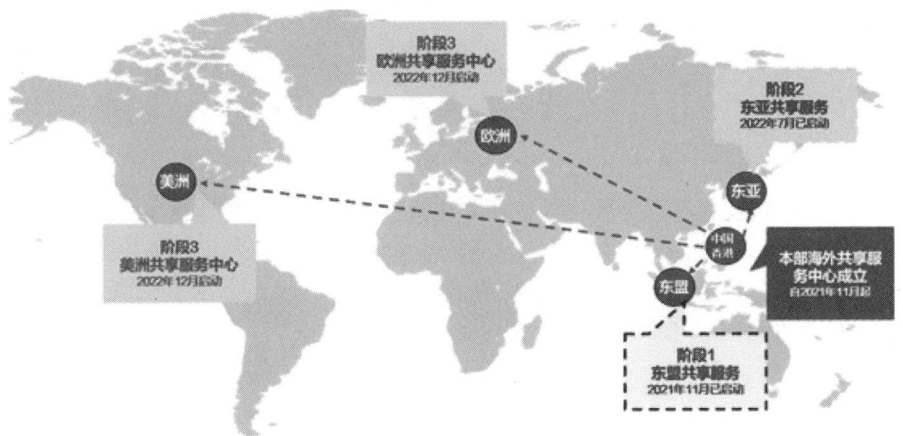

图 1　国际公司海外人力共享平台建设推进方案

二、主要做法

（一）制定海外人力资源共享服务中心工作目标

构建海外人力资源共享服务中心的目的是整合专业资源、降低运营成本、提高运作效率和提供优质服务。国际公司以可以更加专注于核心业务的开展，提高运营效率，从而更加专业化，更具有竞争力。

1. 集中服务、降低成本

集中服务有利于资源的集中利用，形成规模效应，达到实现规模效益同时降低成本的目标。

2. 服务专业化和标准化

共享服务中心通过集中服务，建立统一的服务标准和流程，通过专业分工，打造专业化的队伍来提供专业服务，减少和避免分散化管理中因人力资源工作标准不统一造成的偏差，从而提高人力资源政策执行的公平性，提高员工满意度。

3. 提高效率、聚焦战略

集中化、专业化、标准化的服务，提高了人力资源的运营效率，也使国际公司可以聚焦于员工能力提升、团队建设和战略绩效的落实。

（二）设置海外支撑与共享中心工作准则

1. 服务智能化

HRSSC 建立后，大多数人事服务问题可以借助信息服务平台，通过自助、线上互动、智能设备等方式解决。

2. 操作规范化

对人力共享各项工作内容、步骤进行标准定义、细化和量化，使所有员工全面、清晰地掌握各项服务的内容和要点。人力共享以规范流程为基础，致力于实现事务类工作标准化、标准类工作流程化、流程化工作信息化，最终实现信息化工作数字化和体验化。

（三）构建海外共享工作流程和机制

1. 海外共享工作流程建立

由于外国家公司所处客观环境不同，业务规范性不同，因此 HRSSC 建立了一系列标准业务流程，部分流程文件如下。

（1）2021 年 12 月发布《海外共享薪酬发放流程 》。
（2）2022 年 5 月发布《海外共享绩效考核流程（试行）》。
（3）2022 年 5 月发布《海外共享招聘管理流程（试行）。

2. 内部工作管理模式

内部工作流程图如图 2 所示。

工作开展：前期工作：工作下发 → 任务领取 → 分工 → 按国家沟通 → 资料汇总分析 → 反复沟通 → 输出结果
工作承接：能力培训 → 流程优化 → 系统设置 → 工作交接 → 1-2个月试行 → 独立处理

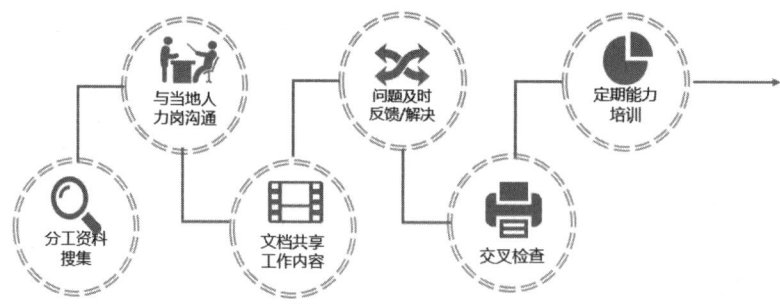

图 2　内部工作流程图

3. 外部沟通汇报机制

时间、空间的不同在一定程度上限制了国际公司对海外国家公司的管理力度和时效性，因此外部沟通汇报机制尤为重要。目前 HRSSC 有月度支撑数据汇报、季度支撑数据汇报、半年度工作汇报/满意度调研、年度支撑考核等。

国际公司针对回答或处理海外国家公司查询设置了准则，如表 1 所示。

表 1　回答或处理海外国家公司查询时的准则

准则类型	准则内容
首要准则	确保回答内容及提出的建议符合公司管理办法
次要准则	回答内容及提出的任何建议符合人力资源部的统一标准
特别准则	在应对公司管理办法以外的查询时先尝试参考过往做法，尽量使用统一方式解决问题，且底线为符合法规要求
	如果是首次遇到此问题，可以先与 HRSSC 成员沟通，并采用达成共识的处理方案(后续统一)

（四）形成"一个中心，三地部署，本部＋区域中心"共享模式

全球人力资源共享服务中心员工分布在中国香港、美国华盛顿及英国伦敦（图3），由本部人力资源部统筹管理，以解决海外国家公司人员类型多、属地化特性高、差异大、管理风险高等难点与特点。

图3　全球人力资源共享服务中心员工分布

三、主要创新点

（一）人力资源运营服务以员工为中心，顺应数字化转型特征

在数字化时代，以员工为中心的运营模式将进一步成为趋势。HRSSC的建立使分散的职能模块服务转变为面向员工和业务管理者的一站式人力资源服务，避免员工四处询问却不能解决问题的尴尬处境，保证高效和高质的人力服务，员工满意度持续提升。根据HRSSC于2022年7月面向东盟大区国家公司领导及人力岗对接人员进行的年中工作调研，东盟大区国家公司对HRSSC在上半年的支撑工作整体较满意（100%），其中满意占比82%，基本满意占比18%，如图4所示。

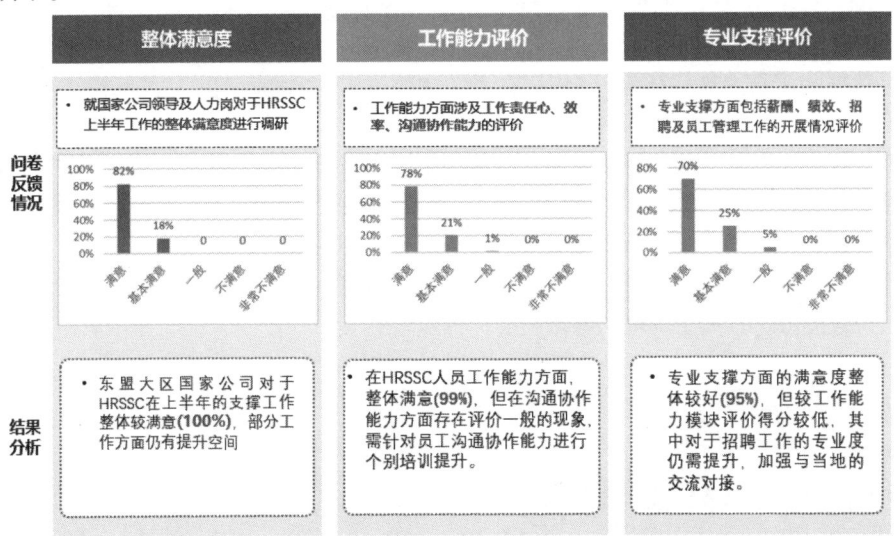

图4　HRSSC于2022年7月面向东盟大区国家公司及人力岗对接人员进行的年中工作调研结果及分析

（二）规范和优化流程，为人力资源信息化和数字化打下坚实基础

HRSSC 以规范流程为基础，致力于实现事务类工作标准化、标准类工作流程化、流程化工作信息化，最终实现信息化工作数字化和体验化。由此可见，规范的流程是实现人力工作从线下转移至线上的基础，也是远程办公、灵活办公的基础，否则会提高沟通成本。流程优化是 HRSSC 工作内容的重中之重。自本部人力资源部 HRSSC 设立以来，已设立多项工作流程，具体包括海外员工薪酬发放流程（无聘用第三方顾问公司）、海外员工薪酬发放流程（聘用第三方顾问公司）、海外共享招聘管理流程及海外共享绩效管理流程。国际公司分别于 2021 年 12 月、2022 年 5 月发布有关薪酬发放的流程、招聘管理和绩效管理的流程予东盟大区 8 个国家公司的员工，明确梳理了薪酬发放、海外人员引进、绩效管理的核心流程，用于指导和规范招聘活动，明确流程中各活动责任界面和分工，为海外运营公司/代表处员工的工作提供了规范标准和运作指导。自 HRSSC 承接东亚大区 2 个国家公司及澳洲公司人力资源服务工作后，工作流程亦已在 2022 年 8 月发布予相关海外国家公司的人力岗员工进行明确。

（三）统一和规范数据，助力于业务分析和洞察

HRSSC 的高效运行依赖于统一规范的数据源，所以对数据的规范化和标准化是 HRSSC 的核心要务。而标准的流程和 HRSSC 专业人员对进入系统的员工数据有准确性和及时性的管控保障。基于此，输出的数据值得信赖，为 HR 提供了精准分析和洞察员工的依据。

HRSSC 建立后，即开展对员工数据大量的梳理规范工作。2022 年 1 月，HRSSC 已梳理完成东盟大区 8 个国家公司薪酬系统项目及建立方案。截至 2022 年 9 月底，HRSSC 已导入完成东盟、东亚大区 11 个国家公司 2021 年 1 月—2022 年 9 月的薪酬数据，推进系统化薪酬数据管理。同时，HRSSC 同步梳理东盟、东亚大区国家公司员工劳动合同，对合约薪酬进行线上维护；推进全球员工自助信息更新维护，完善人力系统，并持续输出全球海外国家公司人员月度变动情况统计表，确保信息准确度。

（四）员工信息留痕，助力预测员工行为和业务决策

通过数据和流程的规范和统一，留存在系统中的员工信息越来越多，员工标签也越来越多。分析员工数字化信息，可以更深刻地了解员工行为，助力业务决策。

自 HRSSC 接手海外人力资源服务工作以来，已完成各系统上线，在海外薪酬系统中导入 2021 年起的薪酬数据，利用海外薪酬系统输出薪酬明细表、分解表等各项薪酬报表，解决了海外国家公司薪酬数据记录、分析等各项问题，使海外国家公司能够更快捷、更精准地提供数据。此外，HRSSC 积极通过系统保留各项人员入转调离信息，依据各项流程存储的信息，为后续的人力数据分析打下了良好的基础。

四、实施效果

（一）打造全球人力共享模式

HRSSC 通过在管理工作中明确职责分工，优化海外人力工作流程，让具有某项专长的人负责某项具体工作，除了能提供更专业、更高效的服务外，还能改善员工体验，无论是人力资

源部门还是组织层面都能够实现卓越的运营效果，切实解决国家公司人力资源专业从业人员不足的问题。此外，HRSSC 的逐步建立，使本部人力资源部深入了解各国家公司的优缺点，在东盟大区、东亚大区的承接落实工过程中，不断优化、总结，将优秀工作经验应用到美洲大区、欧洲大区的拓展承接工作中，建立全球人力共享模式。

（二）健全现有国家公司人力政策，定准合规主旋律，规范管理行为

从劳动关系建立到解除的员工全生命周期管理中，选、用、育、留的每一个环节都存在所在国的合规要求。HRSSC 为海外国家公司员工提供标准化的服务，对现有国家公司人力政策进行审视，查漏补缺，确保各项政策的一致性和完整性。HRSSC 亦积极研究海外当地法律法规政策，确保各项人力工作依法合规进行，降低风险，切实维护公司和员工的利益。

（三）规范人事流程，提升效率

在 HRSSC 的共享服务策略下，海外国家公司人力事务以标准一致的方式处理，有助于确保海外员工遵守公司的规章制度并减小公司内部风险。此外，标准化人力工作能为员工带来更便捷的体验。HRSSC 为海外国家公司员工提供统一的标准化、流程化的人力资源服务，减少和避免分散化管理中因标准不统一造成的不公平和执行偏差，提高员工的满意度，激励员工更努力地为企业工作，进一步集中精力做业务。

（四）优化系统，提高员工感知

HRSSC 所服务的客户是员工，其日常工作就是服务客户，做好事务性的工作，提高规模和效率，提供高质量的客户服务。人力资源共享服务中心所提供给海外员工的自助服务，如线上更新薪资单、转正单、个人信息等，使当地员工可以便捷地查找相关信息并解决问题，这对组织数字化以及整体员工体验都有积极影响。

（五）推进系统化管理，为大区、本部政策提供有效数据

HRSSC 接手海外人力资源服务工作后，积极推进系统的搭建，开发多个系统功能，并对前期已落地使用的功能进行优化更新，进行数据的集中管理，从而在未来实现数据的统一拿取，便于以国家公司、大区或本部为单位进行精准的数据分析和监测。

案例负责人：迟兴军
主要创作人：蔡海妮
参与创作人：王念煜、廖嘉杏、许咏森、黄芷薇、林协錤、陈诗琦
黄青蓝、李笑冰、辛　烨、黄　也、李　骞

贵州高速公路集团"人资云"平台

贵州高速公路集团有限公司

一、企业概况

贵州高速公路集团有限公司（以下称贵州高速集团）前身为 1986 年 3 月成立的贵州省公路重点工程建设指挥部办公室，1993 年更名为贵州高速公路开发总公司，2013 年 4 月改制为贵州高速公路集团有限公司。贵州高速集团是省管大一型商业二类企业，是贵州省首批 8 户省级国有投资公司之一，注册资本金 111 亿元，是贵州省第一家在直接融资市场上发行债券被外部评级机构评定为 AAA 级的企业和首家债务融资工具（DFI）注册企业。

近年来，贵州高速集团在省委省政府的正确领导下，坚持服从和服务于全省经济社会发展大局，围绕交通强国西部示范省战略实施，逐步形成交通基础设施建设管理与营运管理"双核驱动"，带动技术服务、服务区、交通物流、智慧交通、资产经营、工程建设与金融服务"七大引擎"的发展格局，累计建成和营运高速公路 4135 公里，占全省通车总里程的 49.6%，先后组织建成江界河大桥、法朗沟特大桥、坝陵河大桥、北盘江第一桥等一批世界级桥梁工程。截至 2022 年年底，公司总资产、净资产分别为 4384.42 亿元、1231.16 亿元。下辖收费站 292 个，服务区 126 对，所属全资、控股及参股子企业 103 家。

二、建设背景

数字化转型是我国现阶段发展重大战略，国家《国民经济和社会发展第十四个五年规划和 2035 年远景目标纲要》明确提出要加快数字化发展、建设数字中国。数字化转型也是国有企业的重要时代命题，国务院国资委就国有企业数字化转型进行一系列工作部署，印发《关于加快推进国有企业数字化转型工作的通知》等文件，明确国有企业数字化转型的基础、方向、重点和举措，开启了国有企业数字化转型的新篇章。与此同时，贵州省委十二届九次全会明确提出，要全力以赴在实施数字经济战略上抢新机。贵州高速集团于 2022 年 7 月印发了《贵州高速公路集团有限公司"十四五"数字化转型专项规划》，提出要紧抓"数字化转型"等国家战略机遇，围绕"产业数字化、数字产业化"两条主线，全力打造"对内推进平台化、对外推动生态化"的新型企业架构。贵州高速集团要深入实施"产业+数字"行动计划，将数字化技术融入"双核驱动+七大引擎"产业布局全过程，力争实现三年"夯实基础"、五年"达到一流"、十五年"完善生态"的 3 个阶段目标。数字化转型已经成为企业发展的必然趋势。

三、管理现状

贵州高速集团从 2001 年起，通过用友 NC 平台，搭建了 EHR 平台，它是贵州省大一型企业中第一家通过电子和互联网收集员工信息、薪酬发放、合同管理、机构设置和编制管理等人力资源数据的国企。但是，贵州高速集团人力资源管理同数字化时代背景下集团的转型需要仍有较大差距，主要表现为以下 4 个层面。

（一）管理决策层面

现有 NC 系统没有成为智能数据分析平台，不能及时进行公司发展所需信息化报表分析，导致在战略部署、任务分解及人才选用等方面无法为管理层提供决策依据。

（二）组织协同层面

数据标准不一致，组织内部数据没有贯通，没有做到横向到边、纵向到底，各级组织信息沦为数据孤岛，自成体系，形成内部壁垒，无法实现高效协同乃至无边界协同。

（三）HR 赋能层面

各级 HR 无法从大量日常事务中解放出来，工作效率低下，且业务协同效能不高，HR 水平参差不齐致使结果呈现千差万别，难以让各级 HR 转型升级，逐步成为数字化转型的布道者，成为人力资源业务伙伴、人力资源专家和人力资源共享服务中心（人力资源"三支柱"）。

（四）员工感知层面

整体满意度不高，员工了解相关政策流程渠道不畅通，部分手续办理耗时较长且烦琐，现有平台缺乏员工关怀和温度，造成员工对公司的获得感、幸福感不足。

四、必要性分析

十几年的人力资源信息化管理为贵州高速集团存储了大量人员基础数据，规范了工作流程，培养了团队信息化管理的能力，构建了较好的转型基础。因此，打造贵州高速集团自身的"人资云"品牌势在必行。

（一）战略发展的需要

根据"十四五"数字化转型总体蓝图，贵州高速集团要建设集"内控云、人资云、财金云、资管云"四云功能于一体的协同共享服务平台，将职能服务和监督保障类业务集成于"一网通办"平台化环境中，实现横向部门联动、纵向管理穿透，助力集团战略发展落地开花。

（二）业务协同的需要

贵州高速集团数字化转型的关键在于数据打通、流程连通、决策贯通，而人资数据作为各系统的基础人员信息数据来源，必须保证数据标准统一、准确有效。因此贵州高速集团要实现人力资源基础数据的数字化管理，形成业务共享平台，为各业务系统及高速集团数据资产管理夯实数据基座，建立跨部门、跨职能的横向沟通机制，提供便捷高效的数字化服务。

（三）提质增效的需要

现人力资源系统已运行了多年，积累了大量的数据成果，但底层原始数据长期以来形成数据孤岛，导致工作流程不衔接，未能有效发挥数据采集和分析功能。贵州高速集团需对海量数据汇聚融合、管理管控、分析挖掘，形成能够满足企业总体数据应用需求的服务支撑，反哺业务，释放数据资产价值。

（四）全员感知的需要

"人资云"作为全员使用平台，坚决不能"独立门户"，要让员工体验提升，就必须看得见、摸得着，为全员塑造数字文化，拥护公司数字化规划并积极配合落地。

五、具体举措

（一）建设目标

贵州高速集团"人资云"以"赋能管理决策、推动组织协同、提升HR效能、强化员工感知"为目标，以数据的可视化、协同化、提质化、精细化为标准，充分应用大数据、AI及云技术等手段，打造人力资源数字化办公平台，实现人力资源体系服务体验高质量、流程运作高效能、人业融合高标准，全面激活驱动组织，助推集团战略落地。

（二）架构设计

贵州高速集团人力资源数字化转型建设将在一个平台（"人资云"平台）、两大驱动（业务驱动、数据驱动）、3大思路（数字化人才决策、数字化人力运营、数字化员工平台）、4个维度（决策层、组织层、HR层、员工层）、5个价值体现（文化引领、机制创新、数据赋能、组织优化、员工体验）上持续发力，对人力资源业务有效整合，建立统一的人力资源规划管理，提高计划与分析的效能，使集团公司人力资源战略能够更好地支持、加强企业的发展战略。人资云平台架构如图1所示。

图1 人资云平台架构

1. 人资云平台（一个平台）

以数据的可视化、协同化、提质化、精细化为标准，充分应用大数据、AI及云技术等手段，打造人力资源数字化办公平台。按照组织权责与人力资源分工，授权给员工、HR、各级组织、决策层等用户角色相应的功能权限与数据权限。

2. 数字化人力资源发展驱动（两大驱动）

业务驱动。在人力资源数据及人才梯队积累的基础上，打通人业数据融合，以赋能经营为驱动，以市场竞争为导向，确保战略—组织—个人的经营目标，形成目标分解、过程执行、结果应用3大闭环，全员执行有力、上下协调、步调一致，实现数字化赋能人力资源，助推企业高质量发展。

数据驱动。基于企业人力管理的全业务链条，将整个企业员工生命周期的数据串联起来，形成分析结论，指导选用育留所有环节的科学决策，这既需要能在运营层面落地的人力资源一体化管理体系，又需要在操作层面可以支撑管理体系并且实现数据自动化流动的数字化工具体系，实现数据驱动倒逼迭代完善业务链条和人力资源管理体系。

3. 数字化人力资源整体设计思路（3大思路）

数字化人才决策：HR与战略业务相衔接；进行数据分析，为组织与人才画像；进行实时成本滚动分析，掌握人均产能与成本；进行多维结构分析，帮助领导决策。

数字化人力运营：构建人力运营与人才运营支撑体系，满足员工任职全生命周期管理与应用，制定统一的标准与规范，减少业务沟通成本；流程驱动、预警提醒，实现"事找人"。

数字化员工平台：提供自助协同、员工查询等功能，做好"温度"管理；提升员工工作效能，提升数字化应用水平。

4. 数字化人力资源各层级解决方案（4个维度）

领导层／人力资源驾驶舱：组织与人才分析、人才画像、业务审批、领导桌面、集团报表等。对应功能模块：报表中心、数据看板、人才看板、个性化等全业务流程的数据分析。

组织层／业务协同：绩效考核分析评估、电子工资单、人岗适配、岗位编制、部门职能、岗位说明书、人员入调转离等。对应功能模块：人力规划、员工劳动关系管理、绩效管理、薪酬福利管理、自助服务、数据分析、数据看板。

HR层／后台支撑：组织架构管理、招聘管理、员工信息维护、员工变动、合同管理、考勤管理、薪酬福利管理、目标绩效管理、培训管理、干部管理、证照管理、人才发展等。对应功能模块：全流程板块。

员工层／自助应用：信息查询与修改、证明开具服务、入转调离、假勤审批、员工问询、知识库、学习计划等。对应功能模块：培训管理、员工关系管理、绩效管理、个性化。

5. 数字化人力资源价值体现（5个价值体现）

文化引领。坚持文化引领，用感情留人，用关怀留人，把人才作为企业发展的关键生产力，不断优化人才服务模式，激励员工与企业共同成长，帮助企业降本增效，实现人才集聚与产业发展同频共振、同向发力。例如发放生日贺卡、节假日慰问推送、党工团活动在线举办等，体现人文关怀，营造企业文化氛围。

机制创新。数字化人力资源使企业在管理过程中的决策与信息更贯通、战略与执行更聚焦、人才与业务更匹配、经营与追踪更紧密、考核与薪酬更合理、责任与监督更清晰。例如岗位效益定薪，充分实现收入能增能减。

数据赋能。系统集成消除数据孤岛，加强数据间的横纵向流通，增强数据的准确性与及时性，同时通过各种数据校验提高数据质量，为大数据分析沉淀高质量的数据基础，实现以业务为导向的人力资源大数据分析决策依据。例如招聘计划需求分析、个人培训需求分析。

组织优化。重塑数字化组织，通过构建数字化人力资源管理平台，实现组织—人—事数字化管理，通过组织管理数字化进一步推动业务数字化，实现人与组织关系的重构，最终支撑企业数字化转型战略。例如组织绩效—员工绩效的流程化管控，看全局、看绩效、看组织、看投产的多维深度分析，关注企业发展和绩效亮灯，及时发现问题、定位问题、解决问题。

员工体验。通过一站式全场景自助、智能切换提供全方位的员工服务，提高员工对公司文化的感知度及满意度，激发员工内生动力，提高员工敬业度。例如针对证明办理，员工不用专门到组织人事部门盖章，可线上申请一键办理，节约了成本，提高了办事效率。

（三）实施路径

通过设备本地化私有云部署、系统数据及应用集中部署两种方式，结合贵州高速集团"人资云"建设需求和模块差异化情况，初步规划数字化人力资源平台按4年（上线期、深化期、优化期）目标实施。

1. 上线期：建标准、搭基础、聚数据、强协同

完成时限：2023年5月31日前。

（1）建设内容

上线期建设内容如图2所示。

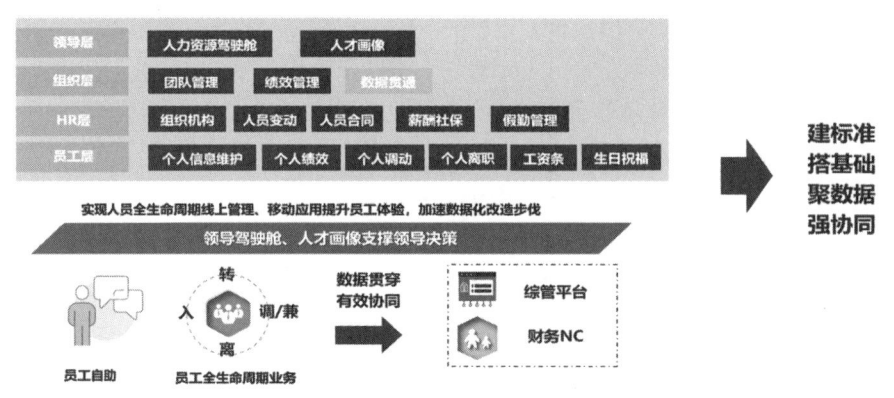

图2　上线期建设内容

集团层面：实现关键岗位人才画像、人力资源驾驶舱基础数据汇总分析，开发绩效管理及综管平台PC端和移动端应用。

全员覆盖：实现人员入转调离全生命周期线上办理，主要包含组织架构、人员信息、人员变动、人员合同、假勤管理、薪酬社保、员工自助服务基础功能，以及问题直通车反馈模块。

实现目标：构建人力资源数据标准，搭建人力资源数据库，提升员工体验。

（2）预期效果

领导层：以人力资源驾驶舱为例，通过基础期项目建设，能够初步实现各类人事指标的分析和展示，例如全集团薪酬数据、人员基础数据分析等，打造贵州高速集团的经营、财务、人资看板，让领导决策有据可依。人力看板如图3所示。

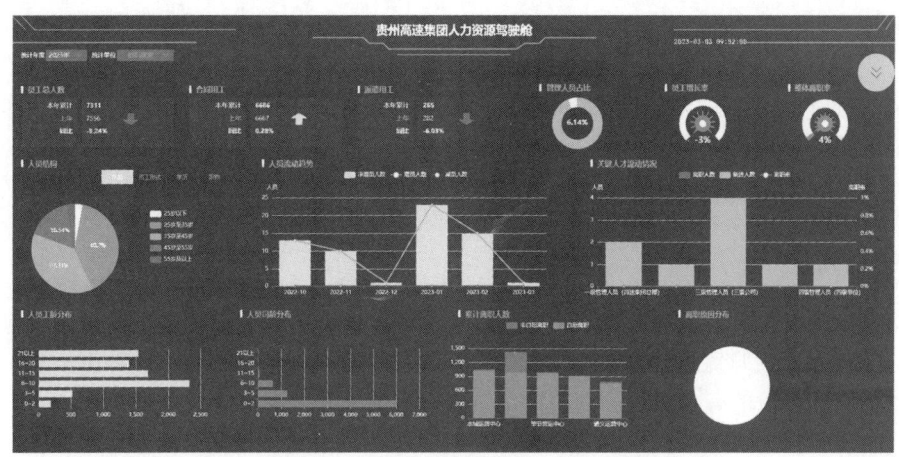

图 3 人力看板

以人才画像为例，通过全量的人力资源业务数据，实时记录人才经历、业绩等数据信息，以动态图表展示人才成长曲线，提供人才的检索定位和人才数据对比分析，真正实现"数据可视，人才可搜"。

组织层：以党群工作部视角应用为例，通过基础期项目建设，梳理人员信息标准，将组织架构等人员基础信息同步给其他云或系统，实现人力基础数据、组织架构数据共享，确保数据在系统间衔接后，以业务流程为抓手，打通各业务系统，实现数据贯穿，例如与智慧党建打通后，党员信息（如转正信息、党费测算等）发生变动，人资云数据也将同步变动。

HR 层：以 HR 工作台为例，对全集团人力资源数据进行集中管理，下级单位实时准确地维护更新，确保数据及时、准确更新，建立全集团集中、统一、规范、准确的人员信息库，通过个性化工作台，实现"事找人"，大大提升 HR 工作效率。

员工层：以综管人资云工作台为例，基于移动智能设备和互联网技术，员工可以不受物理环境和组织边界的限制，随时随地接入工作环境，以极佳体验和即时沟通达成高效的协作关系；员工可在移动端查看个人信息、个人薪资等，经理可在移动端查看团队情况、团队绩效目标等。

2. 深化期：强应用、稳推进、优流程、助决策

完成时限：2024 年 6 月 30 日前。

（1）建设内容

深化期建设内容如图 4 所示。

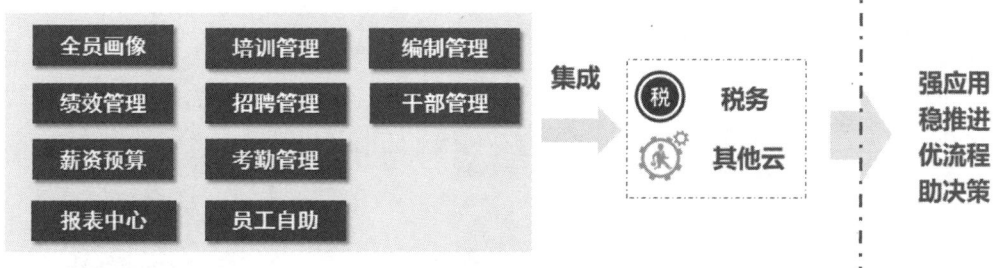

图 4 深化期建设内容

全集团层面：实现绩效管理（奖金包分配）、薪资预算（工资总额管控、积分定调资）、编制管理、考勤管理（移动打卡）、员工自助（职称申报、个人年度报告等）等业务功能深化；新增干部管理、培训管理、招聘管理、报表中心等基础业务的全面运用，以及全员画像等专业管理职能的信息化建设，赋能业务发展。

实现目标：实现人力资源数据有效协同，优化业务流程，强化数据分析，提升数据决策的有效性。

（2）呈现效果

领导层：以人力资源驾驶舱为例，对数据再次过滤筛选、分析提取，从数智驱动向管理驱动转变，实现人力资源驾驶舱对历史数据的分析以及对未来趋势的预测，让数据不再仅仅是数字，而成为管理决策的有力工具。人力资源驾驶舱如图5所示。

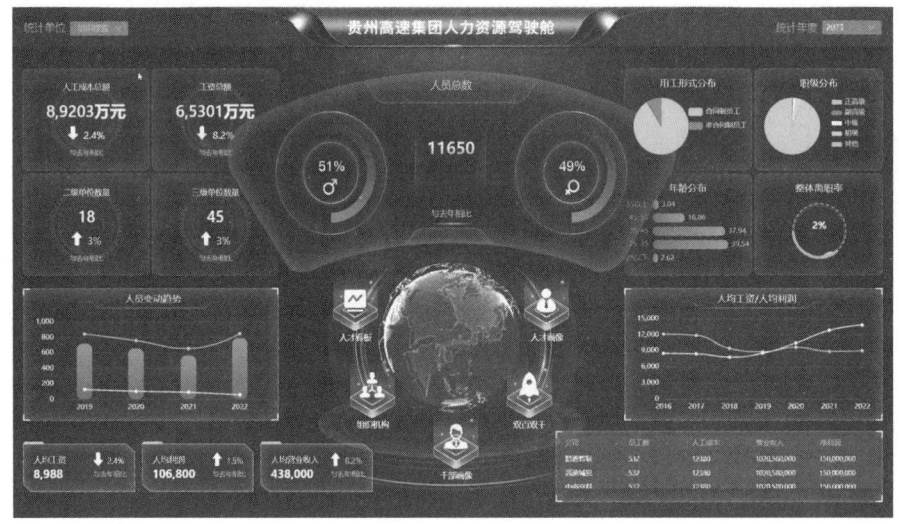

图5　人力资源驾驶舱

组织层：通过"数智贵高"的建设，实现统一门户、多云融合，横向到边地实现"业务通、数据通、流程通"，而人资云系统作为其中一部分，对内提供人员信息标准、组织架构信息标准，以流程为抓手，实现数据共享、云间协同，对外与税务系统对接，实现一键报税、业务高效处理。多云协同如图6所示。

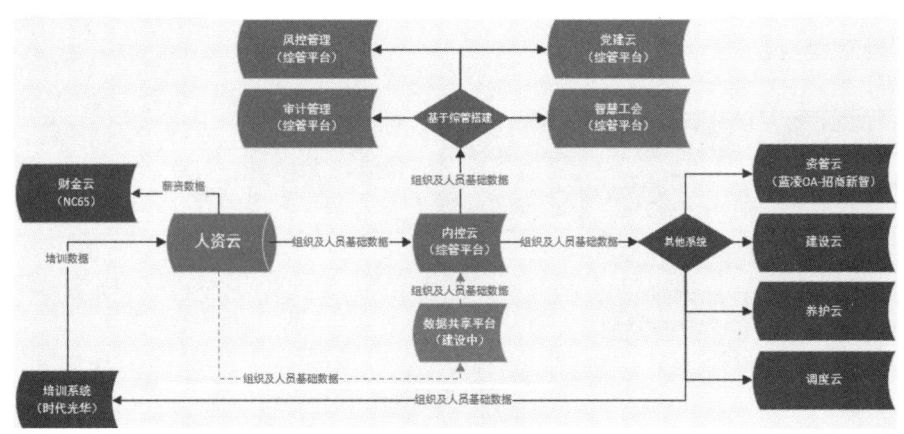

图6　多云协同

HR 层：通过建立全面的人力资源体系，让人事业务对象数字化、业务过程数字化、业务规则数字化，从事件推进到人力运营，使人事专员脱离日常烦琐事务，进而发挥更大价值。人力运营如图 7 所示。

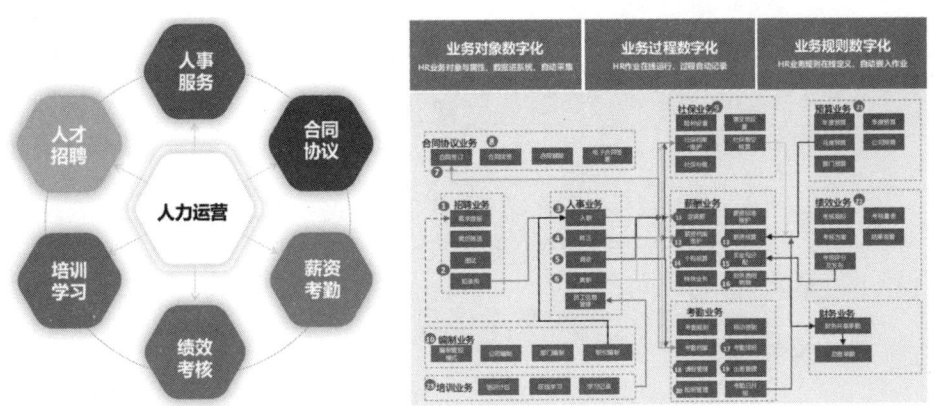

图 7　人力运营

员工层：通过人资云系统的逐步深化，从围绕人力业务开展的员工服务，到基于"员工体验"的各项服务，数字化员工需求触点增多，培育数字文化氛围，进一步加深员工体验感，提高员工工作幸福感，从而提升员工对企业的使命感。员工生日祝福如图 8 所示。

图 8　员工生日祝福

3. 优化期：智人力、提服务、强人才、优管理（图 9）

完成时限：2027 年 4 月 30 日前。

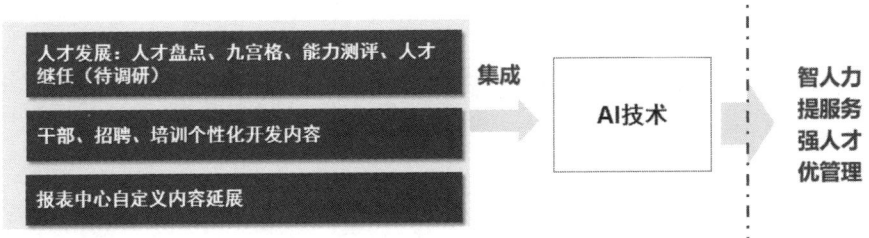

图 9　优化期建设内容

在全员强应用的同时，针对问题反馈及优化意见不断对平台功能迭代升级，同时契合实际，优化完善智能化建设，如电子签章、电子合同、OCR 采集技术以及智能机器人等，实现人力资源 3.0 转型。

六、实施效果

（一）降低管理成本

通过构建信息规范、体系科学、标准统一的信息化数据平台，集中管理贵州高速集团人力资源完整、全面、实时的信息数据，避免信息重复维护、信息割裂、信息不对称等带来的重复劳动，提升企业整体工作效率。

（二）提升服务质量

实现数字化运营，通过端到端的流程，实现人力资源管理的流程化、自动化；通过智能化的员工服务，提升员工整体体验；最终形成数字化人力资源生态系统，为组织和个人提供智能化、人性化的人力资源服务。

（三）强化人才队伍建设

通过人资云建设项目，让相关人员充分参与到项目规划和建设中，以此提升贵州高速集团整体数字化转型意识，培养懂业务的数字化人才，坚持教育培训与实践历练并重并举，切实加强人才培养和梯队建设，培育一支具备方案咨询、产品设计、软件开发、系统集成、系统运维、数据分析等能力的人力资源服务团队。

案例负责人：龙平江、张　胤、毛家荣
主要创作人：安洪强、陈　兰
参与创作人：刘建娜、杨超群、税　莲、黎　娜、付玉羚

数字化赋能国企人力资源管理
——以国家电投山东院人力资源管理系统为例

国家电投集团山东电力工程咨询院有限公司
人力资源部（党委组织部）

一、企业概况

国家电力投资集团有限公司（以下简称国家电投）是中央直接管理的特大型国有重要骨干企业，肩负保障国家能源安全的重要使命。国家电投由中国电力投资集团公司与国家核电技术有限公司于2015年7月重组而成。

山东电力工程咨询院有限公司（以下简称山东院）是国家电投下属二级单位，成立于1958年，截止2023年，已走过65年的光辉发展历程，先后荣获全国五一劳动奖状、中央企业先进集体等荣誉称号，具有国家最高资质等级"工程设计综合甲级"，在国内率先拥有国内外百万千瓦级火电、特高压输变电、三代核电设计和建设业绩。

山东院总部设在济南，业务范围遍布我国32个省(自治区、直辖市)，全球40多个国家和地区，国内外分支机构15个。业务主要包括火电、新能源、电网、核电、智慧能源、水利水电、生态环保等多个板块，覆盖规划咨询、勘察设计、EPC总承包、寿期服务、科技研发、投资运营等。

站在65年后再出发的起点上，山东院始终把人才作为第一资源，把创新作为第一驱动力，在重大项目中勇挑重担，在关键领域持续引领突破，始终以"创造绿色价值"为使命，践行"绿色、创新、融合，真信、真干、真成"核心价值观，不断为人类和自然提供高效、绿色、清洁能源解决方案，助力绿色"双碳"目标实现。

二、管理实践

（一）人力资源集中管控、服务全员的平台应势而生

随着互联网时代信息技术蓬勃发展、日新月异，企业所面对的人力资源环境将不同于过去的任何一个时期，更需要使用新的模式、工具以及创新的工作方法来提升人力资源管理的效率和价值。山东院原有的人力资源管理信息化系统在过去支持了山东院的人力资源服务和管理，但随着企业规模的不断壮大，管理要求的不断提高，原有系统的功能性、操作性在业务和技术上均已无法满足山东院现有的人力资源管理需求。

为了满足山东院对人力资源管理的需求，帮助企业将人力资源管理纳入系统化、规范化、数据化的发展通道，国家电投山东院人力资源管理系统应势而生。

山东院内部不断优化人力资源管理工作，通过建立和打造更加高效的组织和人力资源管理体系，实现管理的系统化、流程化和规范化。同时，为促进人力资源管理工作由事务性管理到

战略性管理的转变，亟须利用信息化手段完成企业人力资源管理业务的全过程管理和控制，减少 HR 管理人员手工处理的工作，提升人力资源管理工作效率，优化业务流程，实现人力资源管理各环节的有效衔接和各专业业务协同；通过数据的积累，为人力资源管理人员和领导提供决策分析，实现人力资源管理对企业战略管理的支持，为企业发展提供智力支持与人才保证，提高企业的竞争力，实现企业与员工的共同发展。

（二）山东院人力资源管理系统项目信息化转型亮点

在前期确定全新人力资源管理系统建设目标后，山东院积极进行规划落实，建设包含组织机构管理、员工信息管理、人员异动管理、劳动合同管理、薪酬福利管理、绩效考核管理、干部管理、证照管理、专家人才管理、考勤管理、招聘管理、培训管理、报表管理等的集成化人力资源管理系统，实现人事管理工作的系统化、流程化、规范化，提升人事管理工作效率；系统实现与电投壹（企业微信）、综合管理、经营管理、数据管理平台、项目管理、勘察设计管理、财务共享平台的集成交互，满足各业务系统之间数据共享的需求；通过系统的应用，实现人事数据的有效归集，为领导层实时查看各类人工成本分析、项目人员分布情况等提供支撑。

1. 搭建人力资源集中管控、服务全员的平台

实现人力资源全生命周期管理。借助此次系统建设，优化山东院岗位职级体系、薪酬体系，实现数据标准化；规范管理流程，实现人力资源管理闭环；涵盖"规划、选、用、育、留、考"全业务，提供"战略、业务、服务"全功能，实现人力资源全生命周期管理。

成为人力资源服务的一站式窗口。通过强大的自助功能、友好的操作界面、多样的用户端（PC\移动\门户等），构建"柔性"的系统，提高服务水平，降低服务成本，实现全员参与，增强员工体验感，从而提高员工满意度及敬业度。

构建"智能人力"。以先进的人力资源管理理念为基础，结合人力资源管理的数字化发展趋势，基于需求的前瞻性创新，利用先进的技术，逐步实现人力资源管理事务性业务处理自动化、分析智能化，构建"智能人力"工程。

2. 搭建山东院人力资源数据中心

通过人力资源管理系统项目，制定山东院人力资源业务和技术标准，整合人力资源核心数据，建立山东院统一、规范、标准的人力资源数据中心。

首先，实现数据统一规范，数据共享，实现信息集中、规范管理；其次，建设成为人力资源管控平台：通过对业务数据和行为数据的收集、处理、挖掘、分析，实现全局可视，确保院本部对人力资源运行情况可及时掌控，具备实时洞察、异常预警的能力；再者，构建山东院人力资源业务的统一决策支持平台：系统自动生成基于组织、人员属性的人力洞察、报表和分析报告，并可提供基于搜索引擎技术的高级查询、查所想知，实现数据整合与综合统计分析；通过人力资源基础数据采集汇总，实现人力资源总量、结构、效率、效能等综合分析应用，支持人力资源管理各项分析。为领导决策提供支撑，提升战略管控能力；最后，通过统一人力数据平台的搭建，减少手工事务性工作，例如报表统计、人员清点等重性工作的工作量，解放人力，赋能 HR 专业人员聚焦人力资源管理深化研究及创新工作。

3. "一级建设、多级管控、各级应用"的系统建设思路

按照"一级建设、多级管控、各级应用"的思路建设系统，实现支撑公司发展战略、支持企业运营管理、数据集成分析、增强风险管控能力、提升资源配置效率的总体目标，实现人力资源管理由传统行政事务型向战略支持型转变。

建设成为人力资源一体化管控平台，实现纵向一体化贯通、横向集成高效协同，构建多级管控体系，实现全局可视、层层可控，确保公司总部对人力资源运行情况可及时掌控，具备实时洞察、异常预警的能力。

基于上述内容，在全院范围内，有计划地实现山东院人力资源信息化建设，系统建设规划实现一个中心、两大核心管控、三大体系、四大亮点，规划实现如下。

（1）一个中心：建立以价值导向、业务为核心的应用平台

建立涉及组织管理、人事管理、劳动合同管理、考勤管理、薪酬福利管理、招聘管理、绩效管理、培训管理等的以价值导向、业务为核心的应用平台，建设成为企业人力资源管控平台。

（2）两大核心管控体系：关键人员管控和核心方法管控

人力资源管控体系是企业管控体系的重要环节，它由一系列管控分系统组成，为了实现企业发展战略和人力资源管理目标，人力资源体系由核心方法管控和关键人员管控两部分构成，前者关注影响人力资源运行的主要方面，构建相应的管控方法，主要包括组织架构管控、岗位体系管控、流程制度管控、人力成本管控、人员编制管控等内容；关键人员管控关注对人力资源效能祈祷只管作用的核心群体，主要包括领导干部、HR、HRBP。人力资源管控将信息化手段作为管控的基础支撑，由此提高管控的效率。

（3）三大体系：标准体系、标准业务流程体系、智能化报表报告体系

建立标准体系：通过系统实现山东院人力资源管理业务流程标准化、工作流自动化、管理工作系统化、运作协同化，提高工作效率。

建立标准业务流程体系：构建统一标准的业务和数据平台，消除数据孤岛和资源壁垒，拓宽有效管理范围，建成自顶向下穿透各层级的管理体系，减少管理扭曲。

建立智能化报表报告体系：由线下转移到线上，将日常工作汇总起来，在海量数据的基础上通过数据收集和挖掘，由平台自动生成智能化报表报告，帮助企业实现业务的"智能决策"，真正实现"让数据说话"。

（4）四大亮点：支持决策分析、服务全体员工、集成各业务系统、搭建云系统服务

支持决策分析：服务于企业决策层，围绕企业的战略方向，分析、部署和落实人力资源战略，通过对企业人力资源业务数据的分析和挖掘，融合山东院决策分析维度，帮助管理层实时掌握全局人力资本信息，使决策层做出及时、准确、科学的决策，实现信息深层次利用，获得对企业最大的信息价值，帮助企业发现潜在风险。

服务全体员工：实现多层级、多部门、多角色人员协同管理与在线动态管理，使工作流突破部门的限制，各级管理者及全体员工通过移动端自助式获取所需信息，并实现网上进行HR相关业务流程处理，实现"全面人力资源管理"。

集成各业务系统：过去信息化系统分散，数据无法在各个平台共享，导致工作效率较低。山东院新的人力资源管理系统通过集成多个业务系统，实现数据互联，例如，人力资源管理系统与综合管理系统、勘察设计系统、财务系统、电投壹（企业微信）实现数据互联，提高企业员工工作效率，减少不必要的人力成本支出。

搭建云服务系统：领导可以通过组织机构实时了解组织架构变更情况，通过人力动态报表的定时推送，实时掌握人力资源状况；员工可以获取修改个人档案、查询工资、在线填报绩效

目标、考勤申请、社交化等人性化的员工自助服务。

（三）国家电投山东院全新人力资源管理系统的应用价值

1. 规范业务流程管理，带动人力资源科学管理

人力资源管理信息化建设是对人力资源管理的流程和管理步骤的程序化。人力资源管理信息化的前提是建立人力资源管理的流程体系。人事信息系统建设的过程也是对现有人事管理工作重新审视和进一步优化的过程。山东院通过对现有的组织机构、人员信息和管理流程的全面梳理和核对，明确了管理过程中存在的问题和解决的方案，通过信息系统建设，有针对性地进一步规范和优化了人事管理业务流程，将管理职能介入提前，改事后结果备案管理为事前审批、事中监督、事后登记的全过程管理；规范和优化了人事管理业务流程，将员工入职、工作调动、退休离职和休假管理等人事主要业务均纳入信息系统事务管理流程，规范了合同管理流程，对各类合同进行签订、续签、变更、解除、终止及批处理，并设置限期提醒功能，使人事事务处理更加规范及时。通过建设人事信息系统，一批经过充分讨论论证、符合山东院管理要求的管理流程被固化到信息系统，以系统建设带动了科学管理，进一步推进了人事管理科学化进程。

2. 提升信息利用效率，有力支持相关管理决策

通过信息系统组织构架建设，山东院重新明确了公司—部门—科室3级管理框架，梳理明确了科室、班组等考勤单元，确定了山东院职位和职务体系，对山东院的管理幅度和管理层次进行了全面界定和规范；通过基础人事信息的导入，对员工各项信息进行全面核对整理，信息的准确性和可靠性进一步提高。通过组织新增和维护、人力资源规划、职位和组织报表等相关管理职能的应用，进行管理花名册开发和新字段调整等改进性工作，开发了员工和岗位多维度结构分析和动态分析等功能，实现了各类管理信息的有效查询、提取、分析和利用，为管理决策提供了有力支持。

3. 打破信息壁垒，实现信息资源互联互通

山东院充分利用计算机网络技术，初步建立了一个统一的信息平台。通过这一平台的建设，山东院实现了"两个共享"：一是人事管理部门内部信息共享，打破了因为专业分工导致的内部信息孤岛，通过用户分级授权，每位管理者根据业务分工维护相应工作信息，所有信息汇聚到统一的信息平台，管理者依据管理权限使用数据资源；二是人力资源部与二级部门人事专员（HRBP）间的人事信息共享，通过信息系统建设，各类系统通过接口连接，打破了人力资源部与各部门间的信息壁垒。各部门根据职能分工划分管理人群和管理权限，实现了人事信息整合和共通，在整合各类信息中发挥了极大的作用，实现信息资源互联互通。

案例负责人：闫　东
主要创作人：郭明杰
参与创作人：李　强、孙　虹、梁　策

筑牢人力资源管理数字底座
推进新焦煤五大治理体系建设走深走实

山西焦煤集团有限责任公司

山西焦煤集团有限责任公司（以下简称山西焦煤或新焦煤）围绕数智化目标，统筹规划蓝图方案，优化再造流程管理，大力推进数智化人力资源系统建设，赋能新焦煤五大治理体系走深走实。

一、推进数智化建设的背景和重要意义

近年来，数字化转型已经成为国家政府工作报告的重要内容，数字经济已然变成新发展阶段企业高质量发展的重要助推器。加快数字化发展、建设数字中国，已成为国家和各行业发展的主旋律。数智化建设能否跟上发展趋势，直接决定了企业在新一轮竞争中是否能够脱颖而出。加快数智化建设、加速数字化转型迫在眉睫。

（一）推动数智化建设是顺应时代发展的必由之路

党中央、国务院高度重视数字经济发展，先后出台了《数字经济发展战略纲要》《"十四五"数字经济发展规划》《数字中国建设整体布局规划》等一系列政策文件，指出建设数字中国是数字时代推进中国式现代化的重要引擎，是构筑国家竞争新优势的有力支撑，更是打通数字基础设施大动脉、畅通数据资源大循环的关键举措。

（二）推动数智化建设是建设世界一流企业的迫切需要

2020年7月29日，新焦煤组建后的第一个工作会上，就指出人力资源管理存在体制机制固化、管理散乱、管理方式陈旧等症结。山西焦煤紧紧围绕症结问题，引入市场化机制，全面建章立制，形成了一系列统一规范的政策制度。然而，随着改革变革的不断推进，数据平台支撑不足的现状已无法满足建设世界一流炼焦煤企业的目标。因此，加快建设数智化人力资源管理系统已成为当前迫切需要。

二、数智化建设的目标

山西焦煤以"人才是第一资源"为1个理念，以"与改革变革相同步、与集团战略相同步"为2个目标，以"制度规范化、业务流程化、组织协同化"为3个方向，以"机制＋平台"双轮驱动为1套方法，确保"人力资源五大治理体系和人力资源管理系统"2个深度落地，为战略发展提供强大的数智保障。

山西焦煤数智化人力资源系统作为全面改革的重要支柱之一，全力打造制度规范化、管理

流程化、组织平台化、平台数字化建设，实现了3个转变，即"从人力基础管理职能，到人力资源经营"的理念转变，"从专注人事部的工作，到战略引领、推动经营"的定位转变，"从聚焦基础事务工作，到业务推动者与引领者"的角色转变。

山西焦煤人力数智化转型目标如图1所示。

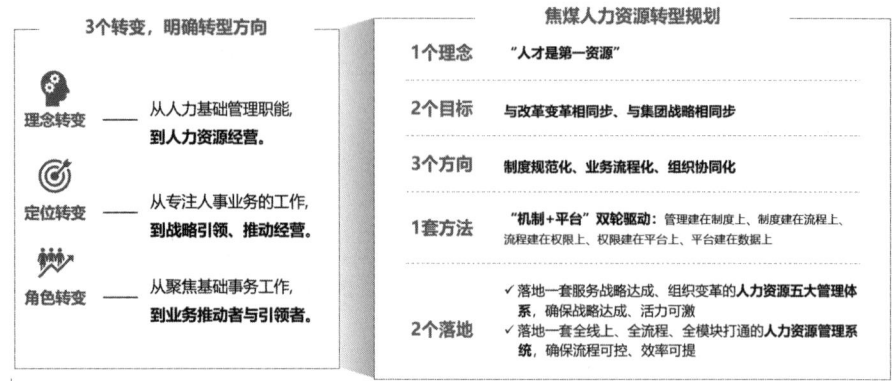

图1 山西焦煤人力数智化转型目标

三、项目设计与实施

山西焦煤遵循系统思维、整体观念，坚持问题导向、目标导向和结果导向相统一，以更强改革勇气、更大创新力度，科学谋划、统筹推进，系统规划蓝图、优化再造流程，助推数智化人力资源系统建设落地扎根，稳扎稳打建设五大治理体系，赋能国企三项制度改革走深走实。

（一）坚持以问题为导向，加强顶层设计，保障企业战略高效执行

1. 立足痛点，找准自身问题

自2020年以来，山西焦煤先后制定了一系列管理制度，在制度层面形成了一套体系。然而，随着改革变革的不断推进，因信息平台支撑不足而导致的机制难落地、执行难监控、效果难保障等风险挑战逐步显现。例如，现有系统平台和业务存在"两张皮"现象，数据支撑不足，无法进行深度分析等。

山西焦煤人力数智化建设核心挑战如图2所示。

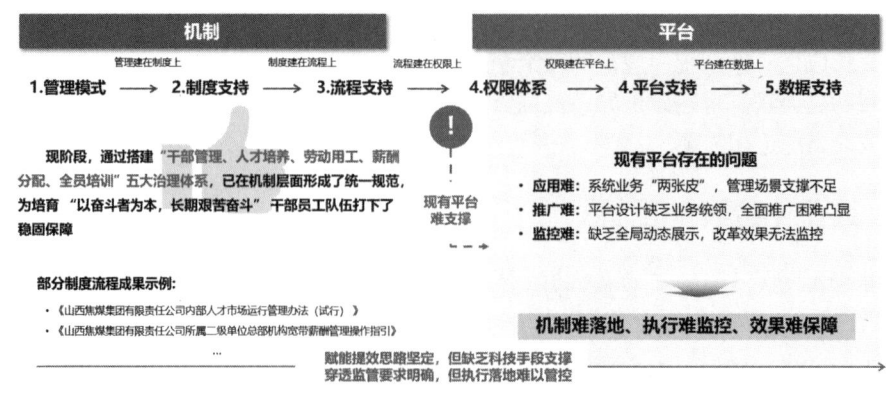

图2 山西焦煤人力数智化建设核心挑战

2. 着眼重点，规划蓝图方案

山西焦煤从"机制、平台、数据"3个层面入手，在机制上打造山西焦煤人力资源管理体系机制，实现管理体系输入，场景数据同步。在平台上打造一体化场景化应用平台，以穿透式监管激活实现全局穿透，报数高效，数治企业。以内部人才职业生涯赋能激活队伍，做到"选"人精准，"用"人公正，"育"人提效，"留"人高效。基于干部管理、劳动用工、薪酬分配、人才培养、员工培训的五大治理体系建设，第一期项目具体在系统建设上定位为以下几个模块目标。

内部人才市场：破除流动壁垒，盘活内部人才，实现"人尽其才，才尽其用"。
薪酬管理：落实集团薪酬标准，实现"以奋斗者为本""以业绩取酬"，并防控风险。
培训管理：学训结合，助力员工规范，高效提升技能。
核心人力：事务工作去手工，提升体验，释放价值。

在数据上：建设一体化数据平台，建立一个中心的山西焦煤人力平台，对于其他人事系统的自有数据和外部数据实现实时更新，对于财务等各业务系统实现接口对接。

山西焦煤人力数智化建设蓝图规划如图3所示。

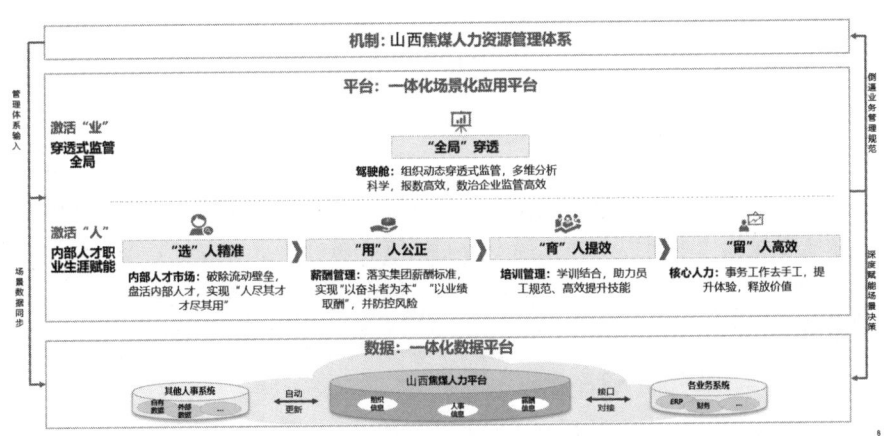

图3　山西焦煤人力数智化建设蓝图规划

（二）坚持以目标为导向，实地调查研究，提升标准化管理水平

1. 数据治理，明晰标准

数字化管理时代，数据为王，治理先行，对数据质量提出了更高的要求。为保证数据质量，先后组织开展了3次数据摸底梳理工作，历时2个多月，梳理出系统涉及的字段要求，同步设计关键审批节点以及对应数据表单，为系统框架搭建和功能开发，以及下一步业务规范化运行奠定了基础。

2. 流程再造，赋能管理

为了解决现有系统痛点，满足差异化需求，山西焦煤联合山西省国运公司、山西云时代公司、金蝶公司项目组，成立了由60余名业务技术人员组成的调研团队，对所属单位进行实地调研100余场，梳理、优化、设计业务规范700余项。

3. 完善信息，夯实基础

完成集团全级次组织架构数据1.4万余条，员工信息1520余万条的收集、核对、录入工作。系统部署上线后，采取试点单位试运行的模式，验证系统的合理性、稳定性以及数据传递的准确性，持续优化完善系统功能，逐步推广应用。

（三）坚持以结果为导向，统筹协调推进，确保系统建设高质量落地运行

1. 强化领导带头，实现"头雁效应"

数智化人力资源系统建设工作是一项系统工程，涉及面广、情况复杂、工作难度大。山西焦煤制定下发了《人力资源共享服务平台建设方案》，凝聚子分公司、区域公司、矿厂全级次单位力量，逐级成立了由分管领导担任组长的系统建设工作专班，身体力行、以上率下，亲自安排、亲自部署，建立了上下联动、左右协同的工作机制，形成了分管领导亲自抓、部门领导重点抓、业务人员具体抓的良好工作格局，合力推动系统建设落地运行，发挥好领头雁作用。

2. 强化培训学习，实现"能力提升"

山西焦煤采取集中式理论培训和项目化实操培训、通用操作类培训和专业技能类培训、全员考试和随机抽考相结合的多样化方式，分层分类对各级人员开展综合素质能力培养，充电赋能。系统建设推广前，针对系统字段规范、功能应用、业务流程、常规操作等，定制开发通用操作培训课程；针对权限配置、系统管理、系统运维等，定制开发专业技能培训课程；编制业务规范、系统模块操作手册以及录制相关操作视频等。系统建设推广中，组织各单位系统学习业务规范、系统模块操作手册以及相关操作录制视频。系统正常运行后，每年对子分公司组织开展通用操作培训和专业技能培训，不定期组织"理论＋实操"培训考试，考试成绩作为相关岗位上岗的必备条件。

3. 强化推广方式，实现"有序推进"

为确保人力资源系统快速推广实施、高质量落地运行目标实现，山西焦煤制定下发了《数智化人力资源系统建设推广实施方案》，组建了"三纵七横"数智化人力资源系统联合推广团队（"三纵"，即按照管理层级，纵向组建3个层级推广团队，具体为：集团公司级推广团队、子分公司级推广团队、基层矿厂级推广团队。"七横"，即根据系统7个功能模块建设需要，集团公司、子分公司和基层矿厂每个层级推广团队横向分别组建7个模块的推广团队，具体为：组织发展模块、核心人力模块、薪酬管理模块、内部人才市场模块、劳动合同模块、数据中心模块、员工培训模块等7个推广团队）。按照"试点试运行、扩大试点范围、一帮一带全面推广"的方式，分试点试运行单位、试点推广单位和全级次推广单位，"点对点"指导工作、"线对线"解决问题、"面对面"抓好落实，分类、分批稳步有序推进系统建设落地运行，确保项目有序推进、落地见效。

4. 强化工作措施，实现"长效机制"

在系统建设推进过程中，以精准化赋能、多维度服务为支撑，以常态化工作机制、日常化监督考核为抓手，构建了集团公司、子分公司、基层矿厂3级协调联动工作机制。建立了从集团总部延伸至队组车间的网格员工作机制；建立了问题反馈联络、日总结周复盘、定期沟通协

调、"理论+实操"培训等十余项工作机制;建立了推广团队培养赋能机制、"一帮一带"结对推广机制、"三位一体"考核监督工作机制,精准施策、靶向发力,形成全方位、多层次推动系统落地运行的工作格局,有效保障系统建设推广有序推进、落地见效。

5. 强化考核激励,实现"奖惩分明"

为保障数智化人力资源系统顺利推广上线,山西焦煤制定下发了《数智化人力资源系统考核管理办法》,统筹考虑模块建设、质量效率、创先争优3大维度,实行双周调度、月度通报、年度考核排名"三位一体"考核方式,考核结果与子分公司领导班子经营业绩和年度绩效挂钩。同时,每月通过工作简报进行通报晾晒,定期督促加快工作进度,形成创先争优的良好氛围。

四、数智化建设实施成效

(一)人才培养体系

通过搭建内部人才市场双选服务平台,内部人才市场化管理深度赋能。

1. 人才分布清晰化

分类建立优化、缓冲、待岗、共享4大人力资源池,对人员分布和流动动态实时监控,优化盘活人力资源。

2. 人员流动市场化

有意愿调动的员工可以关注内部招聘信息,对适岗招聘需求进行投递,打通员工横向流动和纵向晋升通道,变之前单向的"人找岗位"为双向的"人选岗位、岗位择人",双向选择、人岗适配,盘活沉淀人力资源,加快人才市场化流动。

3. 组织管理平台化

招聘岗位实时可查、自助报名,海量简历智能分析、一键筛选;通过平台化运作,实现组织透明、过程透明、结果透明,做到条件公开、程序公开、结果公开。

"内部人才市场"模块建设成效如图4所示。

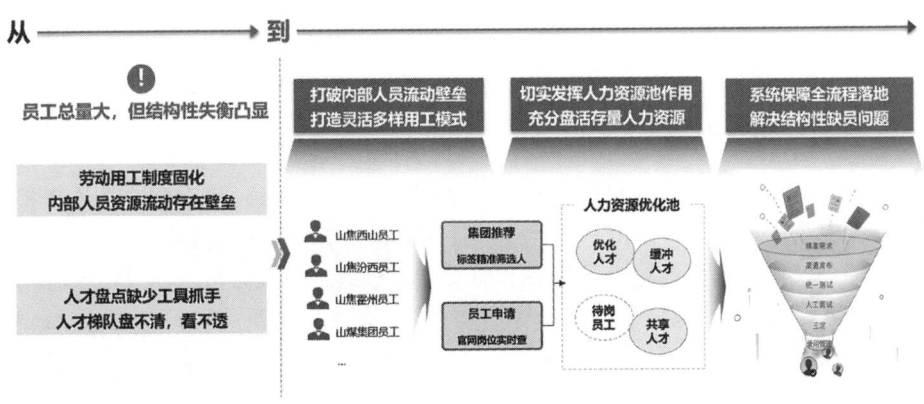

图4　内部人才市场模块建设成效

（二）薪酬分配体系

通过"薪酬福利"模块建设，从机制和平台两侧发力，统一薪酬模式，统建薪酬平台，实现管理能规范、效率能提升、风险能防控。

1. 业务管理规范化

深入基层单位沟通调研200余次，优化薪酬规范100余项，将薪酬结构调整规则嵌入系统，实现了全集团薪酬管理工资结构、工资条、算发薪规则"三个统一"。

2. 穿透监管一体化

通过该系统可以实时对没有及时算薪的单位和员工收入低于4000元以下的单位进行监控预警，不仅可以实现从集团总部到子分公司，从矿厂单位到车间队组的穿透式监管，更可随时追溯历史发放记录，为监控分配合理性提供信息化抓手。

同时，算薪周期从10多天压缩至3天，表格处理从20余项减少到3项，可以赋能核算员快速算发薪，减小核算员工作量；可以赋能领导通过系统实现穿透到矿厂队组最末级监管，随时追溯历史发放记录，为监控分配合理性提供信息化抓手；还可以为员工提供最便捷的工资条查询、打印功能，温馨便捷。

"薪酬福利"模块建设成效如图5所示。

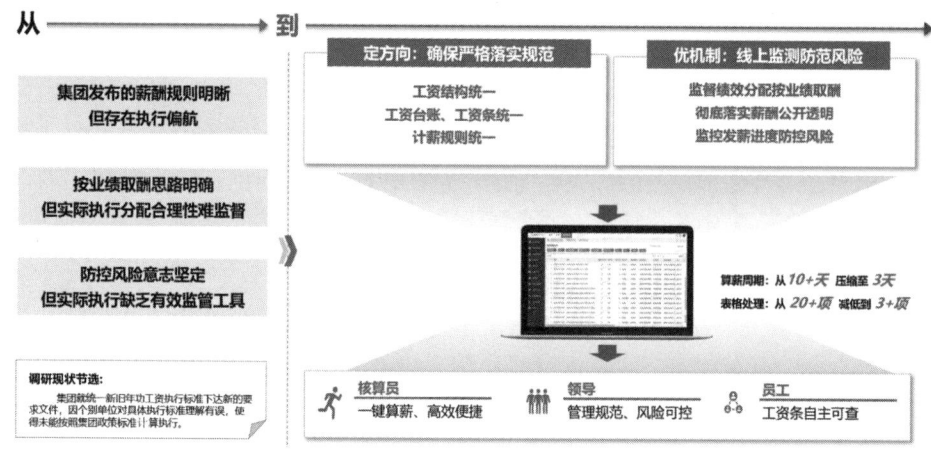

图5 "薪酬福利"模块建设成效

（三）全员培训体系

通过搭建"培训管理"系统模块，打造完整闭环的培训体系，可以实现从课程报名到培训签到，从考试管理到360°评价，从我述你评再到学分管理，既能帮助领导通过培训看板熟悉队伍素质，又能让员工通过学习档案查看技能短板进行自我分析。同时赋能各单位培训管理提升，自动生成监管机构所需要的所有培训文档，从原来全套手工整理完成需要10余天，到系统生成仅需10秒钟，大幅度提高效率，使各单位能将更多精力投放在员工培训体系建设上。

"培训管理"模块建设成效如图6所示。

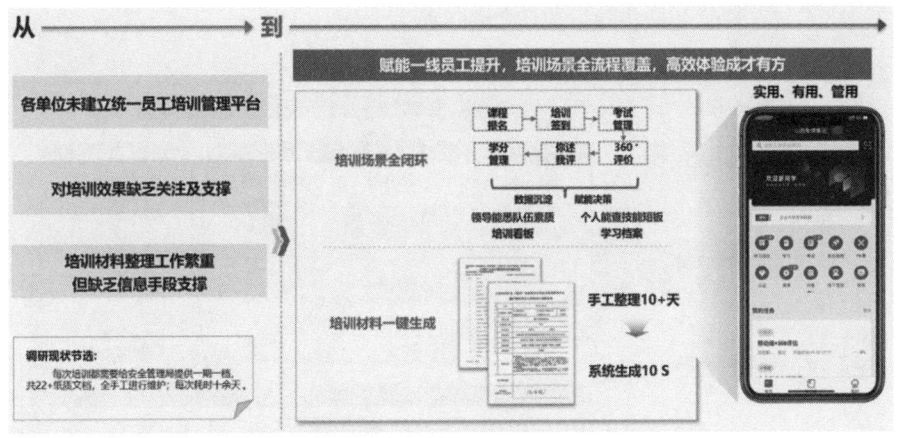

图 6　培训管理模块建设成效

（四）劳动用工体系

通过搭建"核心人力"功能模块，承接 20 万名员工的 200 余个员工信息字段，提供详尽的员工档案、员工标签，助力搭建人才梯队并实现员工职业生涯全生命周期线上化管理。通过系统数对人头轻而易举，将员工信息、合同编号、工资发放全部纳入系统进行管理，员工信息自动归档，流程办理无缝衔接，实现员工入转调离全生命周期实时监控；系统提供劳动合同续签、换签自动预警提醒等功能，能有效释放 HR 精力，使人力资源管理更加人性化、便捷化。

"核心人力"模块建设成效如图 7 所示。

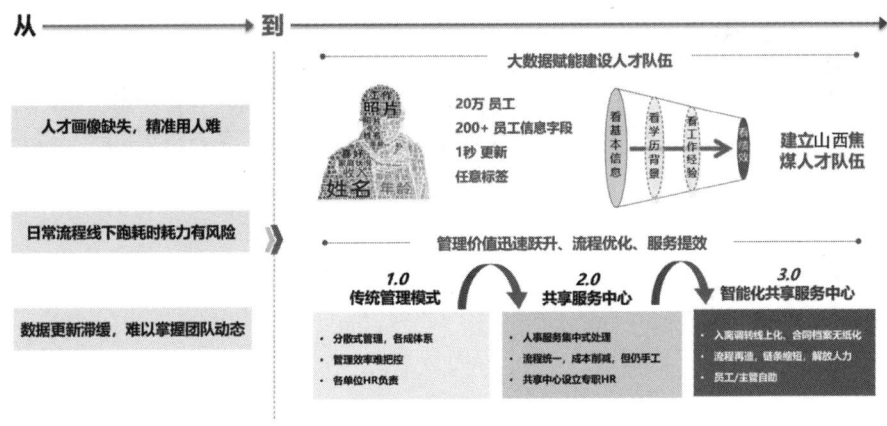

图 7　"核心人力"模块建设成效

（五）监测分析体系

通过搭建"数据中心""驾驶舱"功能模块，可以看现状，洞悉各级真实情况；看趋势，助力领导高效决策；看问题，精准归因责任到人，实现从组织、人员、薪酬、绩效等多维度采集分析人力资源数据，打通人力资源基础数据，打破数据孤岛，实现相关数据的全面集成和人力资源的高效管理。

"数据中心""驾驶舱"模块建设成效如图8所示。

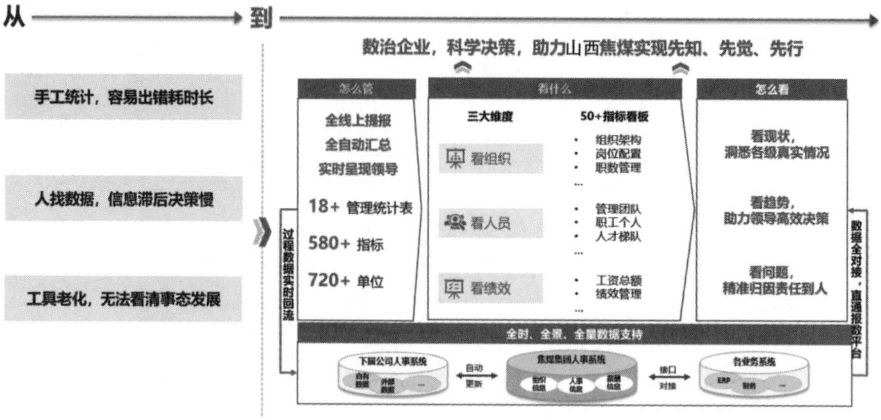

图8 "数据中心""驾驶舱"模块建设成效

基于金蝶云高标准建设的山西焦煤数智化人力资源管理平台，实现了"干部管理、人才培养、劳动用工、薪酬分配、全员培训"五大治理机制与信息平台的深度贯通，真正为组织人事系统业务管理深度赋能，为集团战略目标实现提供支撑。

1. 规范化管理

将相关政策制度、业务流程嵌入系统，延伸至基层各单位，确保人员入口统一、薪酬规范统一、合同管理统一、信息标准统一，实现了员工入、转、调、离全生命周期"端到端"数智化管理，解决了"最后一公里"问题，真正实现了人力资源一体化管控。

2. 穿透式监管

通过系统平台，可实时穿透监控全级次700多个单位算发薪进度，1.4万余个基层组织变化，20余万职工人员流动、合同签订和人员结构变化情况，以及实时掌握各单位工资总额预算使用、薪酬算发薪进度，精准定位低收入人群。

3. 精益化管理

业务流程优化、数智化系统的应用，将有效提升组织人事系统精益化管理水平，实现降本增效。例如，考试系统的应用，可每年节约外委成本500余万元。同时，通过与财务共享系统对接共享，为提升成本管控领域精益化管理水平提供了支撑。

案例负责人：孟　君

主要创作人：王慧玲、邓开俊、冯晓东、魏海潮

参与创作人：戴晓栋、武温博、韦亚男、霍逸昊、张思琪

打造新时代的数字化人才管理

国投人力资源服务有限公司

人才是第一资源,创新是第一动力。聚焦贯彻落实新时代人才强国战略和创新驱动发展战略,运用数字科技方式深化企业改革成果,提升管理效能,落实全方位培养、引进和用好人才,以组织队伍高质量发展支持企业高质量发展,是当前企业人力资源管理工作的重要内容。作为深耕人力资源行业多年、凝聚央企改革智慧的科技人才服务企业,国投人力资源服务有限公司(以下简称国投人力)在实践中探索出一套以数字化赋能企业人才管理的新范式,助力企业构建以画像为核心的数据化、动态化、数字化人才管理,实现全面看人、准确评人、合理用人、科学育人,将新时代人才强国、人才强企战略落到实处。

一、数字化人才管理的背景

(一)人才强国是国有企业的使命担当

党的二十大报告指出,必须坚持科技是第一生产力、人才是第一资源、创新是第一动力,深入实施科教兴国战略、人才强国战略、创新驱动发展战略。坚持以习近平总书记关于新时代人才工作的新理念、新战略、新举措为指导,国有企业需要深入实施新时代人才强国战略,紧紧围绕建设世界重要人才中心和创新高地、深化人才发展体制机制改革、加快建设国家战略人才力量、全方位培养引进用好人才等重大部署,站在全局和战略高度增强做好人才工作的责任感和紧迫感,顺应时代要求、紧扣发展需求、回应人才诉求,打造有利于人才发展的机制与平台,充分激发人才创新活力,全方位培养、引进、用好人才,以人才高质量发展驱动企业高质量发展。

(二)数字科技创新是新时代的必然要求

随着《数字中国建设整体布局规划》落地实施,数字经济将迎来蓬勃发展的机遇期,企业数字化转型升级成为大势所趋。国务院国资委明确提出,国有企业必须在发展数字经济、加快产业转型升级上下更大功夫,成为推动我国数字化、智能化升级的排头兵。对于企业而言,数字化转型早已不再仅仅局限于技术实施和运作,而是进入了和业务与管理深度结合,对内提高管理效率、对外挖掘新价值的阶段,日益成为企业价值增长的强大助推器。人力资源数字化转型作为企业管理数字化转型的重要组成部分,需要通过对组织人事数据的集成和应用,为企业业务升级夯实管理基础,承接战略、赋能经营、激活组织,为企业提供内生养分。

数字中国建设整体框架如图1所示。

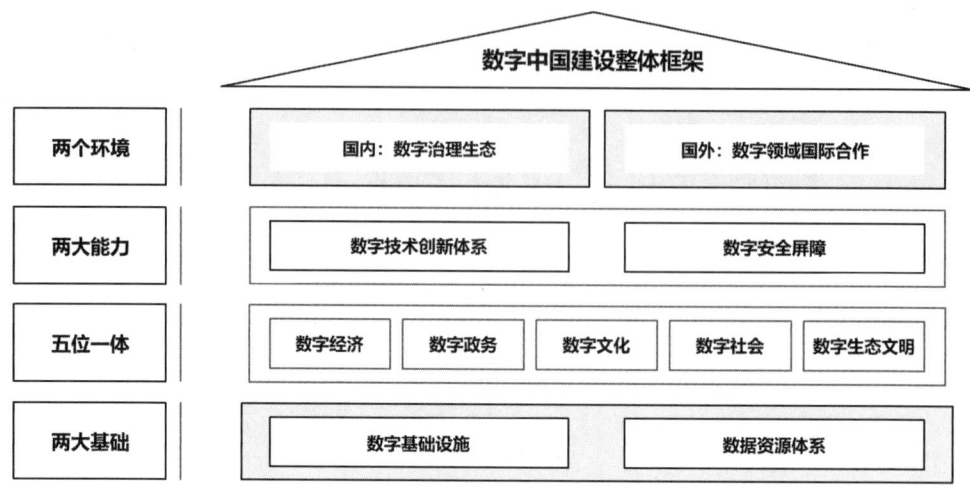

图 1　数字中国建设整体框架

（三）数字化是人才工作提质增效的重要抓手

在 VUCA 时代，企业决策机制、经营模式、组织形态和人员结构都在发生巨变，对人才工作提出了新的管理要求。新时代的人才队伍建设必须面向企业战略，快速响应业务和管理的诉求，站在企业经营发展的全局和高度管理人才，让队伍建设主动承接战略并推动战略目标的有效执行。数字化为人才工作的转型升级提供了重要抓手，通过综合运用数字科技手段收集、处理、分析和应用人才队伍数据，支持选育用留的科学决策，实现对人才高效识别、评价、配置、培养、激励，达到"战略、组织、业务、人员"的紧密高效匹配，切实落实好全方位培养、引进和用好人才的工作目标。

二、人才管理工作的痛点分析

经过与众多企业的座谈交流，大家普遍反映在开展人才管理工作中，围绕看人、评人、用人、育人存在人 4 大痛点。

（一）队伍全貌看清难

企业的各类人员信息分布零散，如基础原生信息、主管评价信息，以及能够反映人员能力素质和态度潜力的信息往往缺乏统一归口，分布于各线上和线下的系统中，彼此相互割裂。尤其是大型企业人才队伍人员总数多、结构更加复杂，难以从全集团的管理视角全局盘点现有人员数据资产，梳理能够还原人才全貌的数据信息，有时数据统计重复低效，数据分析深度应用比较有限。

无法清晰有条理地呈现个体人才的全量信息，自然也无法盘点整个队伍的全貌，且难以实现基于特定条件的人才搜索和定位。实践中，目前大量企业的人才统计和盘点，仍然依赖于线下的方式进行数据收集，不仅耗时耗力，而且准确性、实时性难以保障，也制约了后续一系列人才工作的有效开展。

(二) 科学客观研判难

大多数企业主要依靠考核谈话的方式了解人才情况，以此作为评价人才的最主要输入。大家认为在综合研判人才方面普遍存在凭印象、凭经验、凭喜好的问题，缺乏一套科学、标准、统一的人才评价"度量衡"，不同的评价人都依据自己的标尺衡量人才的表现，评价的结果很难做到横向可比、科学客观。

即便有人才评价标准的企业，其评价标准多为一套固化的工具，无法根据人才的变化、岗位的变化动态调整评价标准，难以客观反映出当下人才与岗位的适配情况。这些人才评价体系在体现新时代人才工作的新要求方面还不够到位，还不能全方位、多角度、立体化评价人才，导致评价结果的科学性和准确性不高。

(三) 合理高效选人难

人才队伍全貌看得不够清晰，研判人才科学客观性不强，会带来选人用人的视野局限，且缺乏有效参考。一方面，缺乏人才全量信息，对于常见的选人用人要求如"三龄两历"要求、业绩表现要求、能力素质要求等，无法实现按需筛选、快速定位人才，真正符合要求的候选人难以被识别，选人用人视野窄。另一方面，选任环节有大量需要调研、补充的信息，最终将作为决策的依据，但往往只能通过现选拔、现考察的方式，且最终留存的信息无法有效用于后续选任工作的开展，选人用人效率低。

(四) 因材施教培养难

当缺乏有效的途径来落实战略自上而下清晰传导用人标准和组织发展的要求时，就会带来战略、组织和人才之间脱节，队伍不匹配业务的问题，人才发展和组织建设自然难以谈得上支撑和驱动企业发展。

在人才的选、育、用、留工作彼此衔接不畅的情况下，人才培养就会出现"有使用无培养、有培训无考核"的"孤岛式"培训，缺乏针对性、千人一面、无的放矢、边做边试，导致育人成本高、投产低、效果差。

究其原因，在于企业缺少一套符合战略与经营需要的人才管理基础话语体系，在聚合组织与人才信息上缺乏有效抓手，难以展现人才全貌；在评价人才上缺乏体系化标准，人才能力与岗位要求难以匹配。最终造成人才管理与业务脱节、人才管理内部的"选、育、用、管"环节各自为政，难以形成闭环，制约了人才价值和组织活力的整体发挥。

因此，破题的关键，是要构建以画像为核心的数据化、动态化人才管理，基于人岗匹配清晰盘点人岗之间的差距、明确人才发展方向，赋能企业全面看人、准确评人、合理用人、科学育人。

三、数字化人才管理的实践做法

国投人力凝聚央企改革智慧，在帮助大量企业进行人才诊断规划、数字化转型的过程中，进行了大量大胆而富有创新的实践，归纳沉淀出能够有效解决以上痛点的"数字化人才管理四部曲"：人才画像看全貌、岗位画像定标准、人岗匹配盘差距、定向发展强队伍。

（一）一套人才画像，精准还原人才全貌

全面、清晰地识别人才特征，是合理科学育人用人的前提。因此，企业需要构建全息全景的人才画像（如图2所示），根据实际管理需求以及信息的数据特征，从人才的业绩表现、能力素质、奖惩情况、工作意愿、基础信息等维度规划、整合人才信息，通过动态、持续地收集与沉淀，逐步提升人才信息的饱和度。在人员全量信息基础上，再进一步提取关键特征标签，凸显人才特质，最终形成动静结合、全量精准的人才画像，以数据化形式助力企业有效洞察人才全方位信息、多角度立体还原人才全貌，做到知事识人。

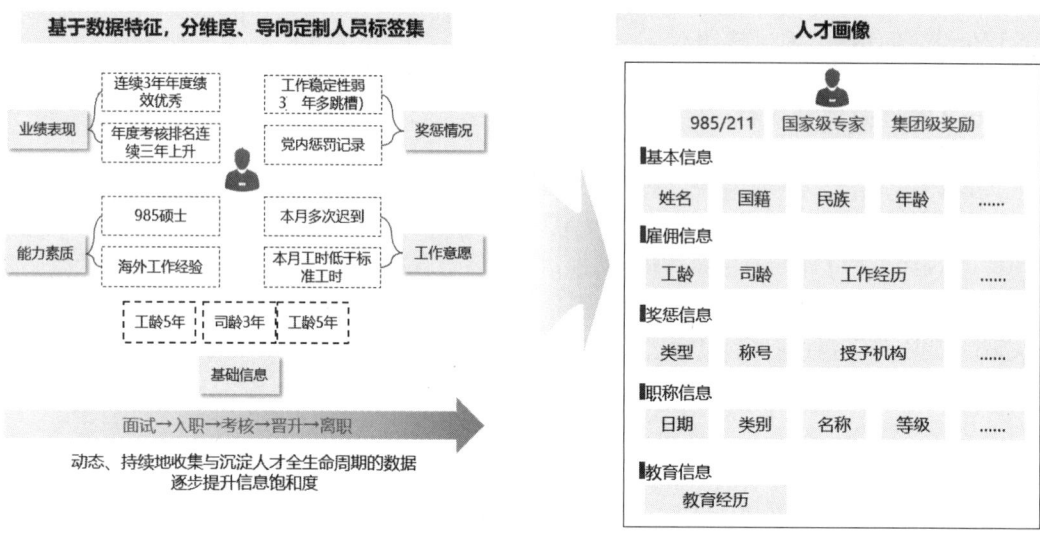

图2　人才画像

在人才信息收集上，比起全方位扩大收集范围，企业在实际人才管理工作中更应该从业务需求出发，首先明确数据维度，再拓展数据的广度和深度，优化数据质量，将数据分析与管理实践相衔接，最大化发挥数据价值。在实际开展人才管理工作时，国投人力将人才信息的高效收集分为了以下4步："为我所用、是我所要、需我所做、得我所愿"。

具体而言，以人才盘点为例，从"为我所用"出发，结合业务特征分析此次人才盘点的目标，通过分级分类拆解公司业务价值链，整合生产经营活动至岗位职能字段，再对应人才分类信息至人才所任职的岗位职能，进一步精确人才信息收集范围、提升信息收集的有效性，确保相关信息"是我所要"。以此信息为标准，检视原始数据与可分析、可量化、可衡量的数据之间的差距，明确"需我所做"，梳理信息码表、形成标准化存储格式，并对缺失、错误数据进行补全与修正，提升人才信息质量、拓展数据深度。最后，通过设置相关数据校验规则，以自动、实时的方式持续验证人才信息的准确性，为企业构建规范化人才数据流转体系，确保人才信息"得我所愿"，精准洞察人才全方位信息，进一步挖掘人才数据价值。

在确保人才信息全量、精准的基础上，将数据标签化，从"组织、岗位、人才"3大维度建立数据库，自上而下按照"大类→小类→因子"逐层拆解，自下而上按照"标签→维度→指标"逐层归类；基于业务场景，对底层全量人才数据及标签进行聚类归集，确保数据全面汇聚、标签全量精准。通过将人才数据标签化，进一步彰显人才的特点，以数字化、可视化的方式赋能管理者，为后续人才管理决策提供有效支撑。数据标签化示例如图3所示。

标签名称	业务定义	打标方式	规则及因子	标签权限
年轻高级	35岁及以下高级人员	规则打标	年龄≤35 且 岗位层级="高级"	公开
大龄中级	40岁以上中级人员	规则打标	年龄>40 且 岗位层级="中级"	公开
大龄初级	35岁以上初级人员	规则打标	年龄>35 且 岗位层级="初级"	公开
党员干部	能力层级中级及以上的党员，及部分机构特殊情况	规则打标	政治面貌="中共党员" 且 岗位层级IN['高级','中级','初级']	公开
内勤	内勤员工	规则打标	内外勤='内勤'	公开
外勤	外勤员工	规则打标	内外勤='外勤'	公开
技术达人	有企业认可的（国家）专业技能证书	规则打标	码表转换：企业认可的专业技能证书码表，如经济师	公开
职场新手	工龄≤3年	规则打标	在职状态=在职 且 工龄≤3年	公开
职场老司机	3年<工龄≤8年	规则打标	在职状态=在职 且 3年<工龄≤8年	公开
职场老人	工龄>8年	规则打标	在职状态=在职 且 工龄>8年	公开
985博士	在985院校获博士学位	规则打标	最高学历='博士'，且博士学校名称 IN '985名校码表'	公开
211博士	在211院校获博士学位	规则打标	最高学历='博士'，且博士学校名称 IN '211名校码表'	公开
海外名校博士	在海外名校获博士学位	规则打标	最高学历='博士'，且博士学校名称 IN '海外名校码表'	公开
港澳台名校博士	在港澳台名校获博士学位	规则打标	最高学历='博士'，且博士学校名称 IN '港澳台名校码表'	公开

图3　数据标签化示例

（二）一套岗位画像，统一人才衡量标准

岗位是企业战略目标落实到业务上的具体需求体现，是企业价值的载体；而岗位画像则是企业在岗位职能和岗位发展通道的基础上，承接企业发展战略、结合各业务条线自身管理需求，对岗位的精细化价值定位，具体表现为对岗位分组织、分序列、分层级地构建岗位任职资格和能力素质模型。

国投人力提炼央企共性业务场景和需求，已形成以"岗位基本信息+任职资格+能力素质+底线要求"4大维度为框架的标准岗位画像模型（如图4所示）。其中，岗位基本信息承接了企业的岗位体系，体现岗位的所属架构、序列、职能、职级、职务等信息；任职资格明确了岗位的知识技能要求，例如项目经验、教育背景、从业技能、行业经验等；能力素质更多侧重能力、素质、价值观的体现，从政治标准出发，结合企业的战略要求进行拆解与提炼，以干部的岗位画像为例，对"对党忠诚、勇于创新、治企有方、兴企有为、清正廉洁"国有企业领导人员要求进行细化，将这5大维度进一步拆解为"政治素质、敬业精神、担当作为""改革创新、解决问题""专业素养、组织沟通、执行力""工作实绩、攻坚克难""坚持原则、秉公用权、廉洁从业"等多项标准，明确每项标准的数据来源、取数规则以及赋分权重，将定性要求定量化，确保模型满足人才评价要求、数据来源全面可信；底线要求则是岗位画像的下限，明确纪律红线的刚性规则，确保合法合规。

在标准岗位画像模型的基础上，通过持续使用积累大量准确、有效的数据，就具备了驱动智能化应用的前提。引入机器学习算法，通过分析大量绩优、绩差员工特征，对人才标签数据自动分箱以及人工调整，确保岗位分组体现组间差异及组内相似性，最终生成岗位绩优、绩差特征标签，形成包含岗位任职资格和能力素质的岗位画像，并根据动态的人才数据，持续调整模型参数、优化岗位素质模型，提高识别优秀人才的精准度和前瞻性。绩优、绩差特征提取示意如图5所示。最后按照"按岗评人"业务逻辑，将岗位画像结论与人才全景画像相结合，形成主观评价打分模型，通过持续迭代，不断提升个人画像、岗位画像准确率，使模型输入逐步代替人工判断，为人才识别提供有力的支撑。

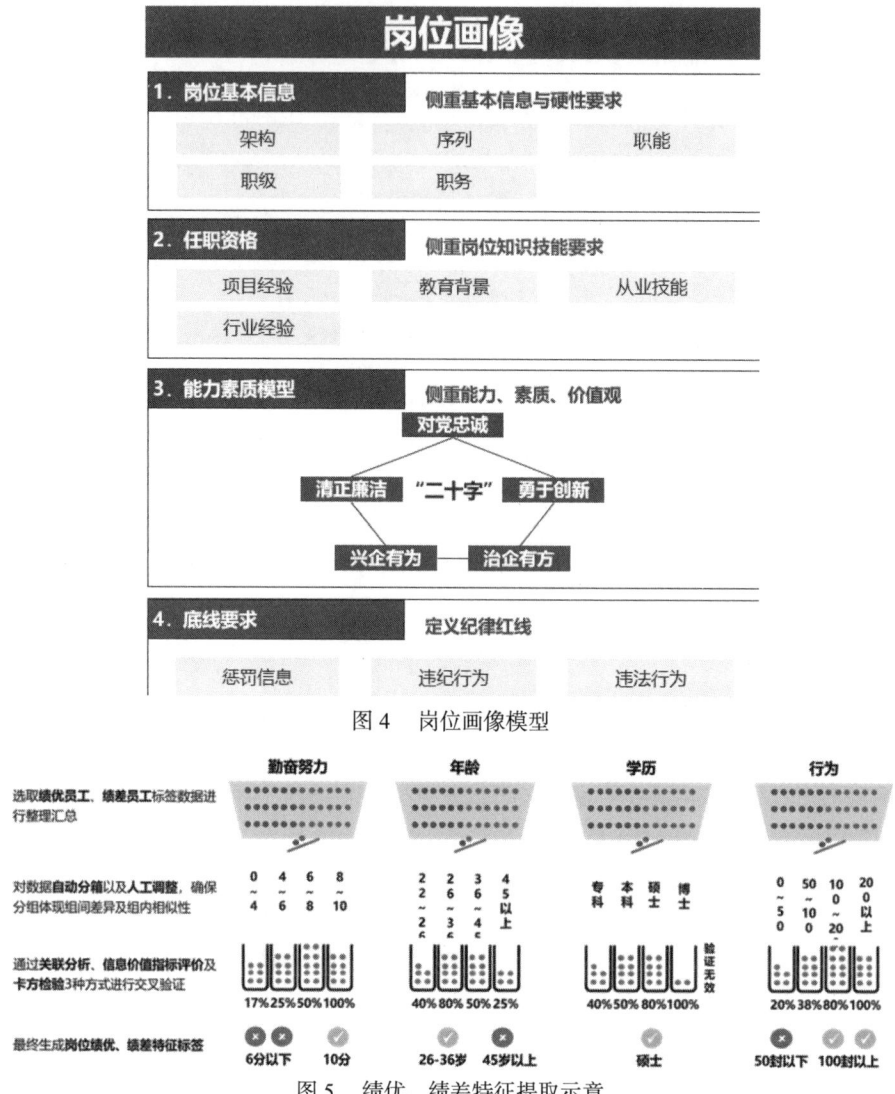

图 4 岗位画像模型

图 5 绩优、绩差特征提取示意

通过岗位画像的构建,企业不仅关注人才客观业绩和能力等"冰山上的部分",也关注主观动机、价值观和特质等"冰山下的部分",进一步细化人才衡量标准,形成上下一致的人才管理要求,为衡量人才提供统一标尺,为企业的选人、用人、育人等关键人才工作提供科学、高效的抓手。

(三)智能人岗匹配,优势劣势一目了然

人才画像和岗位画像实际上帮助企业有效解决了看人不全的问题,以此为基础前提,可以有效解决评人、用人、育人的痛点。企业以画像为核心,在人才信息精准全量、岗位要求统一标准的前提下,定义人岗匹配的规则,盘点人才与岗位之间的差距,识别人才优劣势、长短板,保障人才评价科学、客观、精准,同时也确保了企业后续的选人用人以及培养储备工作有据可依。

随着大量项目经验积累以及关键用户反馈,结合人才画像、岗位画像,国投人力已形成一套完整的智能规则引擎,实现智能化、精准化的人岗匹配,如图 6 所示。通过构建系统、科学的匹配规则库,以岗位画像为计算匹配分数的基础模板,为相应字段、码值、数值信息及多种

人才信息类别明确取值规则、匹配标准，实现对人才的学历、专业、工作经验等客观因素，以及价值观、能力等主观因素按照岗位要求进行匹配。结合大量实践经验，根据业务类型、岗位特性，为各个信息区块配置了合理权重设置方案，充分兼容业务的差异化。同时，对人才信息与岗位要求进行量化表达，以评分、星级等形式可视化展现细项匹配结果，以加权平均方式计算人岗匹配度，生成完整匹配报告，全方位体现人才与岗位之间的匹配维度、匹配要素、匹配结果，为管理决策提供可靠、科学的参考依据。

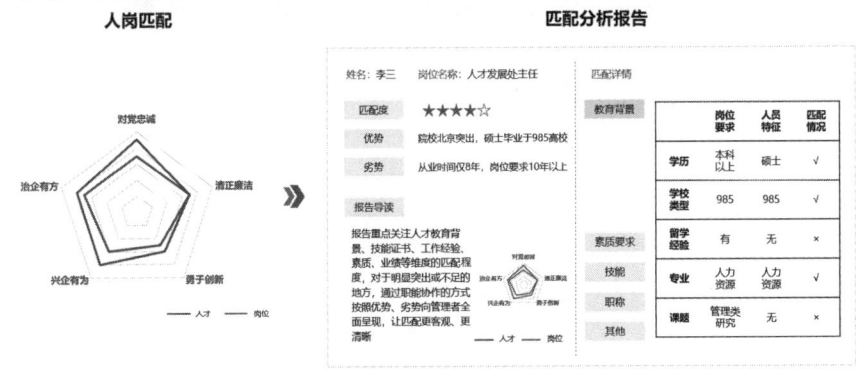

图 6　人岗匹配

（四）全职涯数据应用，队伍建设效果显著

国投人力通过构建贯穿人才全职涯的人才画像、岗位画像以及人岗匹配，为企业管理者提供了智能分析、决策支持的高效管理工具。具体而言，在人才招募环节，企业借助绩优岗位画像快速形成岗位需求，保证发布职位广告有章可循；在人才盘点环节，基于标签定义可量化的盘点标准，构建多维指标评估队伍现状，有效识别队伍缺口、发掘高潜人才；在人才评价环节，结合人才画像与岗位画像进行综合分析，评估人才个人长短板及岗位胜任度，通过横向数据比对，分析当前人才发展趋势，量化支撑绩效评估；在人才培养环节，基于人才个人短板标签，智能匹配相应能力类别的课程，帮助人才针对性提升。

全职涯应用如图 7 所示。

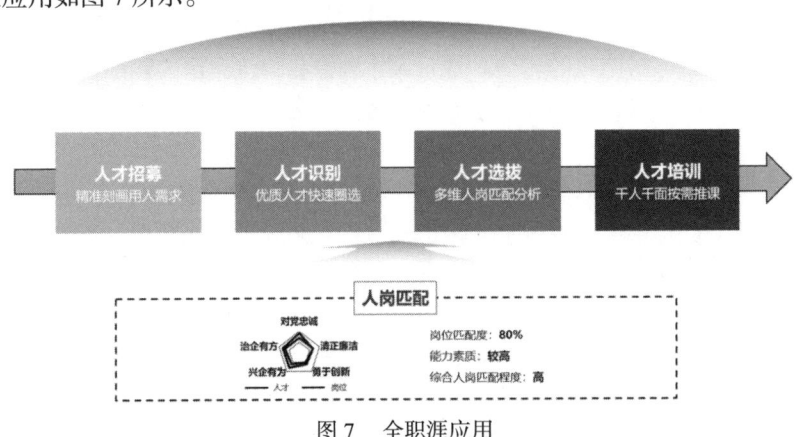

图 7　全职涯应用

1. 人才招募——精准刻画用人需求

在制定用人要求的环节，企业可以依托汇聚了岗位关键特征信息的绩优画像，通过部分参

考或直接引用的方式，快速形成结构化的、具象化的并且是绩优导向的用人需求。得益于画像对于岗位信息、绩优员工信息的全量全域覆盖，企业用人需求不仅包括冰山之上的教育经历、从业经历等客观信息要求，对于冰山之下的能力、行为风格以及性格特质也有较为清晰地刻画。

2. 人才识别——优质人才快速圈选

通过对人才信息的标签化管理，以标签形式记录人才的自然属性、社会属性和工作属性等信息，形成了一套能够支持数据统计分析、洞察人才队伍现状的标签库。在搭建人才库的过程中，企业可以通过标签组合的方式细化人才分类要求，结合对人才专业背景、工作履历的智能解析，能够快速圈选符合标准的人才并纳入相应的人才库。

3. 人才选拔——多维人岗匹配分析

人岗匹配是选人用人的关键环节，传统的做法依赖相关人员的主观判断和决策，容易产生偏差，难以精准识别人才与岗位的匹配度。借助人岗匹配规则引擎，基于岗位画像的要求与人员全景数据进行匹配分析，自动计算人员与目标岗位的匹配程度，按优劣势和关注点全面呈现分析结论，为人岗适配决策以及人才选拔培养等场景提供辅助和支持。

4. 人才培训——千人千面按需推课

为了向人才提供全方位的学习和辅导，进一步提升培训体验，越来越多的企业在推广"移动学习"的同时，也在探索如何实现差异化的按需培养。通过人岗画像标签与课程体系标签的双向匹配，可以快速识别出人才能力的长短板，从而分析人才当前的学习发展需求，生成相应的学习地图，并通过智能推荐引擎为其推荐学习课程资源。

目前，国投人力构建的数字化人才管理体系与平台已经应用于多家大型企业，显著提升人才管理效率和效果，助力企业面向战略要求、重塑组织能力。

一方面，在人才选任上，实现了从过去凭印象、凭经验、凭喜好判断人才对岗位的适配度，到清晰洞察人才全方位信息、精准刻画岗位各维度要求，以数据和事实为依据进行人岗匹配的转变，通过一人多岗、一岗多人的交叉匹配，形成科学、可靠的匹配结果，助力落实知人善任、人岗相适，确保"把合适的人放在合适的岗位上"。

另一方面，在人才发展上，实现了从过去千人一面的培养方式，到结合人才能力长短板、千人千面、按需培养、因材施教的转变。基于人才画像和岗位画像的匹配，精准锁定人才待提升领域，有针对性、有差异性地补齐人才短板，高效解决"有使用无培养"的难题，提升人才培养效能，支撑企业人才战略落地。

人才是第一资源。国投人力提炼、总结项目实践经验，把画像作为开展人才工作的核心基础，通过打造人才画像、岗位画像，帮助企业实现数据化、动态化人才管理。基于人岗匹配，清晰盘点人岗差距、优化人才储备，做到全面看人、准确评人、合理用人、科学育人，助力企业形成生生不息的人才造血机制和科学合理的梯队建设，做到"流水不腐，户枢不蠹"。通过动态、可持续的人才管理，提高企业人才队伍能力素质，激发人才价值创造，将新时代人才强国、人才强企战略落到实处。

案例负责人：王子佩
主要创作人：王子佩
参与创作人：邓诗雨

基于数字化平台的培训管理体系优化实践

大唐长春第二热电有限责任公司

能源对国家繁荣发展、人民生活改善和社会长治久安至关重要，能源高质量发展是高质量发展的重要内容。作为服务能源高质量发展的"主力军"，大唐长春第二热电有限责任公司（以下简称长春二热）深入践行国家能源安全新战略，锚定中国大唐集团公司"中国最好、世界一流"能源供应商发展愿景，聚焦煤电提质增效、促进绿色转型发展、加强数字智慧企业建设等老牌热电联产企业转型发展的攻坚课题，以教育培训为抓手，开发员工培训数字化管理平台，实施员工培训、学习积分、考核评价、转岗确认一站式管理，依托教育培训管理业务形态变革推动培训质效整体跃升，全面提高员工技术技能素养，加速培养造就与企业发展战略相匹配的高素质人才队伍，夯实企业转型发展的人力资源保障。

一、案例背景

长春二热是在"七五"期间建设投产的热电联产企业，现有在役 6 台 20 万千瓦级机组，总装机容量达 122 万千瓦，年供热量达 1902 万吉焦，是东北地区最大的城市热电联产企业。从 1984 年成立至今，在党中央的正确领导下，长春二热为建设与发展东北电网、繁荣长春市地区经济、集中供热、减轻污染、节约能源、提高供电供热质量做出了突出贡献。

（一）员工学历和年龄结构

截至 2023 年 5 月 1 日，长春二热在岗员工 1176 人，平均年龄 45.4 岁。其中，研究生及以上学历员工 30 人，占员工总人数的 2.6%，平均年龄 38 岁；本科学历员工 455 人，占员工总人数的 38.7%，平均年龄 40 岁；大专学历员工 248 人，占员工总人数的 21%，平均年龄 46.6 岁；大专以下学历员工 443 人，占员工总人数的 37.7%，平均年龄 45.43 岁。

从员工人数、学历及平均年龄等基础数据可以看出，长春二热员工平均年龄较高，员工学历层次差别较大。同时，年龄较大员工群体普遍学历层次偏低，这一群体接受新技术和新知识的能力明显不足。同时，生产系统员工近 3 年内将有近 100 名员工陆续退休，存在结构性缺员风险。

（二）公司教育培训工作开展情况

长春二热年度培训项目计划 37 项，截至目前 3 项完成，13 实施中，21 项待开展。生产系统日常培训包括每半年开展一次的消防及春、秋检安全培训，每季度开展的应急、重大危险源、25 项反措培训，每月开展的职业健康、考问讲解、现场实操、仿真机培训及技能测试，每周开展的安全活动、反事故演习，及根据实际人员调配情况开展的新上岗（转岗）人员岗前培训等。全员累计培训 45234 学时，人均受训学时 7.6 时/月。

（三）公司教育培训面临的问题

1. 体制机制改革过程中教育培训亟须跟进配套

2022年，长春二热完成体制机制改革，生产系统各专业班组进一步整合，以热控专业为例，原热控车间变更为维护部热控专业，原热控车间的自动班、程保班、仪表班3个班组合并拆分成热控一班、热控二班。专业的进一步融合，对从业员工的技能储备提出新的更高层次的要求，员工教育培训工作的量、质要求和难度进一步提升，配套培训体系亟须完善更新。

2. 培训内容需要进一步服务企业转型发展需求

作为坐落于城市中心区域的老电厂，近几年来，长春二热正在加速推进搬迁、异地建厂等工作。长春二热科学研判最佳装机方案，全力争取新能源建设指标，致力于在搬迁后以行业领先的热电联产机组、新能源机组和综合能源服务项目更好服务吉林省经济社会发展。如果5年内能够实现"退城进郊"转型发展，当前员工掌握的200MW热电联产机组生产技术将不能满足企业转型发展需求，企业亟须通过大量行业前沿培训快速、大规模地培养和储备适应未来发展规划的技术、技能人才。

3. 培训实施过程中存在工学矛盾

由于机组老旧，运维人工成本较高，同时，在2022年改革后多数员工身兼数职，工作任务繁重，长春二热培训管理工作中工学矛盾日益突出；加之培训场地、授课时间等制约因素，很多培训受众范围和培训效果难达预期。在年度培训需求调研中，员工提出希望公司提供菜单式拓展培训内容供其选择，同时灵活安排培训时间，满足培训项目自由选择、上课、补课机动调整等个性化需求。

4. 员工接收培训质量和效果参差不齐

近年来，大唐集团有限公司、吉林公司都非常重视企业人才自主培养，持续开展与行业接轨的技术技能培训和"培训+竞赛"等技能提升活动。长春二热选派参培和参赛的选手在过程中得到了极大的锻炼，综合能力得到了提升。目前，长春二热仅开展赛后经验交流、单项课程讲授等外出培训经验分享活动，竞赛获奖选手将先进经验转化为内训课程的工作流程尚不成体系，外出竞赛和培训没有实现以点带面、全员提升的目的。

二、优化思路

深入贯彻落实党中央、国务院决策部署，学习宏观形势和国家最新政策，综合长春二热改革发展实际需求，结合员工在生产经营工作中实际产生的技术技能本领缺口，分层、分类、分级制订公司级年度培训计划，充分提升教育培训工作的针对性、持续性和有效性。

一是按照培训性质及对象将年度培训项目划分为重点班次、业务班次、技术技能培训和技能竞赛4个类型，落实分层、分类、分级培训管理思路，保证培训计划的系统性、针对性、灵活性、实用性，实现统一规划部署、分散精准施教。

二是以学习贯彻习近平新时代中国特色社会主义思想和党的二十大精神为中心内容，围绕党的二十大、全国两会、上级公司工作会精神，组织开展党建基础、党务工作方法、宣传思想工作等思想理论培训。

三是明确综合能源服务、电量交易、财务管理、600WM汽轮发电机等服务公司改革发展专项培训科目、责任人和专业人才库，采取专业库内人才必修、公司全体员工选修的模式开展人才培养和储备工作。

四是每半年开展一次全员教育培训需求调研。依据工作实际和员工培训需求动态调整培训方案，切实提高培训需求侧响应和执行能力。

创新开展生产技能"一专多能"人才培养，全力优化企业人才梯队建设，有效防范生产系统结构性缺员风险。对全生产系统各专业人员进行全面摸排，确定维护部5个缺员专业、16个存在技术断档风险工种，选拔出33名可培养补充人员，利用6~12个月实施"一专多能"人才培养计划，过程中对"一专多能"人员培训进行指导和阶段性验收，对认定为"一专多能"人员给予相关待遇并进行周期性业绩考核。

开发线上教育培训管理系统，实施教育培训数字化管理。依托公司局域网络开发线上培训管理平台，设计培训计划、培训资料库、培训记录、岗前培训、积分统计、定岗确认单等培训管理模块，逐步实现当前教育培训集成管理、培训实施过程简洁迅速、培训课程最大限度资源共享的数字化教育培训管理格局。

三、数字化培训管理系统简介

数字化培训管理系统依托长春二热2023年设计开发的"班组标准化管理"平台搭建，包含培训计划、培训资料库、培训记录、岗前培训、积分统计、定岗确认单、已完成定岗确认单等功能模块。该系统将年度教育培训工作管理流程进行分类梳理、分层部署、分级管控，通过数字化管理平台实现跨部门工作衔接和资源共享，进一步激发教育培训需求侧响应能力，实现教育培训全过程数字、低碳、高效转型。

（一）数字化培训管理系统界面

数字化培训管理系统界面如图1所示。

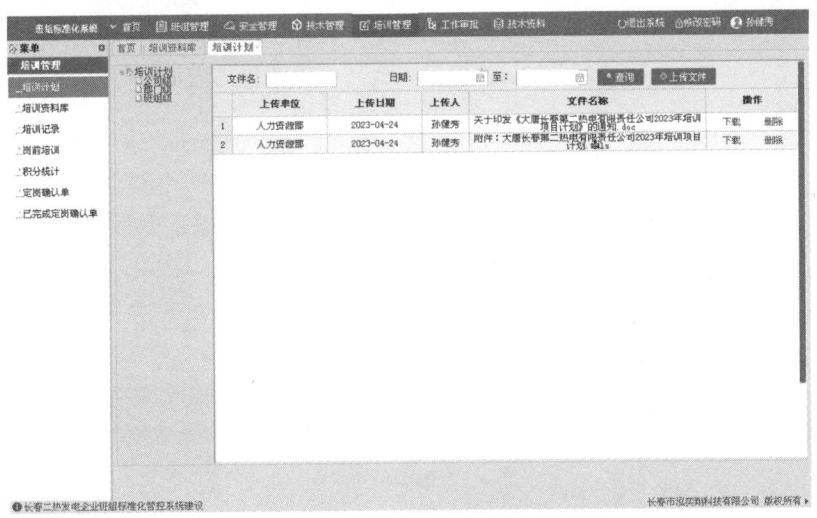

图1　数字化培训管理系统界面

（二）各模块功能简介

1. 培训计划

该模块分为公司级、部门级、班组级 3 个级别。按照年度教育培训工作安排，各级别专责分别上传管辖单元内教育培训年度工作计划和专项工作计划。该模块可实现公司级教育培训计划和实施工作总揽全局、统筹协调、进程共享；部门内部教育培训计划和实施分级管控，结合中心动作动态调整。

部门级培训计划如图 2 所示。

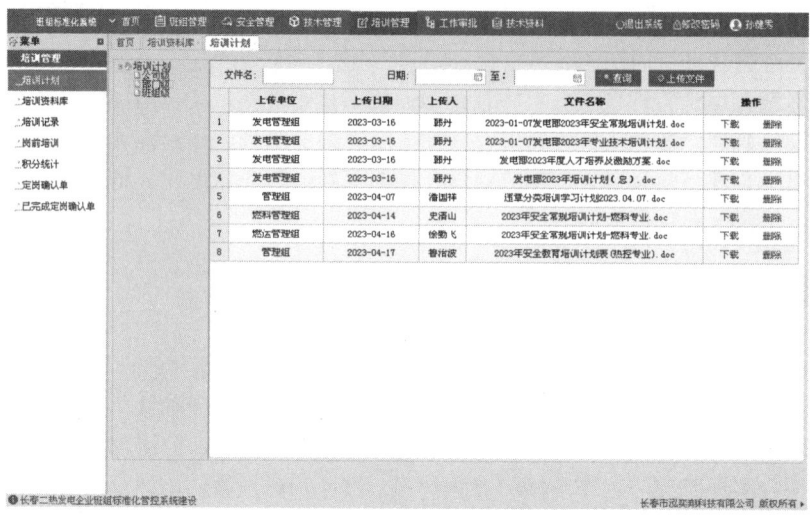

图 2　部门级培训计划

班组级培训计划如图 3 所示。

图 3　班组级培训计划

2. 培训资料库

建立培训资料优选和存储机制，结合公司战略发展远景规划和生产经营实际，优选具有最优价值的培训教材、课件等影音、文字资料，逐步建立符合公司实际需求的培训资料库，依托系统服务器实现资料库内容长期存储、随时调用、资源共享。

资料库划分为 3 个级别，分别为人力资源部培训材料、各部门培训材料和班组培训材料。

人力资源部培训材料涵盖企业文化课程、内部公共课程、行业前沿课程、年度精品内训师课程等。

各部门培训材料涵盖安全教育课程、各部门专业课程、部门级培训计划中的公开课程等。

班组培训材料涵盖各班组专业基础培训资料、安全培训资料、检修规程、生产经验总结教程、重要设备说明书、系统图等。

发电部培训资料库如图 4 所示。

图 4　发电部培训资料库

3. 培训记录

培训记录模块能够系统建立和储存全员培训信息，如实记录教育培训的时间、内容、参加人员、考核结果等情况。

在实施和记录培训过程的同时，依据参与人员在培训中的角色和作用派发培训积分，与积分统计模块共同实现员工培训档案的动态管理、一键调取，真正实现"一期一档""一人一档"。热控二班培训记录如图 5 所示。热控二班员工个人培训档案如图 6 所示。

图 5　热控二班培训记录

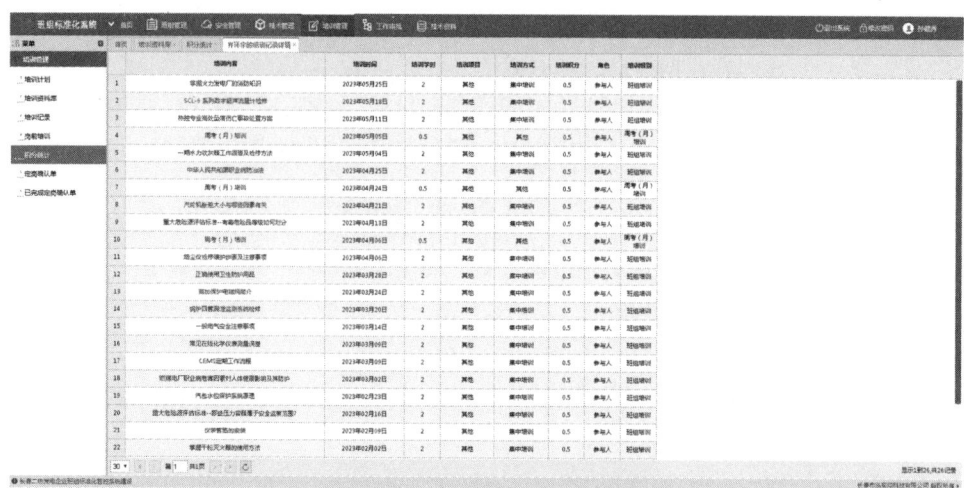

图 6　热控二班员工个人培训档案

4. 岗前培训

根据大唐集团有限公司《安全教育培训管理规定》和长春二热《生产技能人员定岗前培训管理暂行规定》中对岗前培训工作的明确要求，特设计添加岗前培训查询模块，动态管控各部门专业岗前培训完成情况，确保新上岗、转岗、调岗、晋岗和复岗人员依据相关管理条例规范接受培训，确保培训实效。发电部岗前培训如图 7 所示。

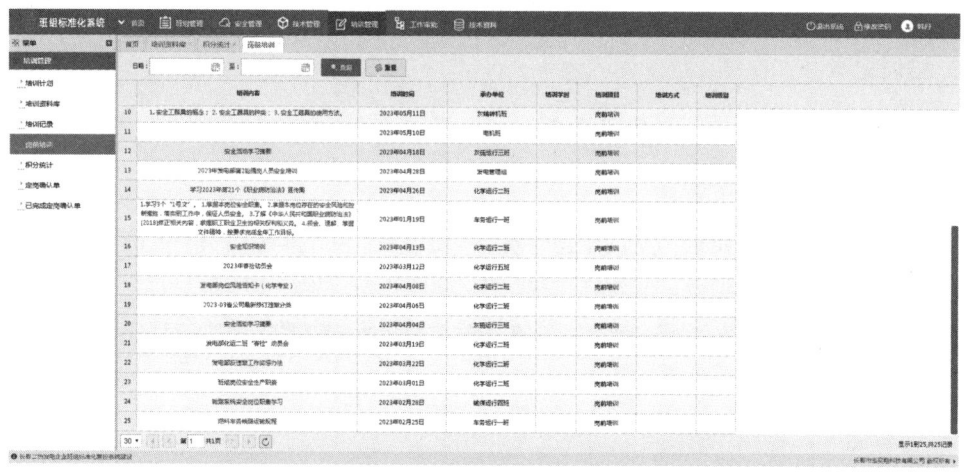

图 7　发电部岗前培训

5. 积分统计

该模块可以动态计算员工培训积分，还具有按部门、人员、时间等关键信息查看培训积分统计情况和报表导出功能，真正通过数字化管理实现教育培训实施全局和全过程的动态跟踪和实时优化。科学、客观的教育培训积分统计功能为长春二热实施教育培训考核激励、人才评价等工作提供了科学、公正、便利的管理条件。查看和导出单元内员工教育培训积分数据如图 8 所示。

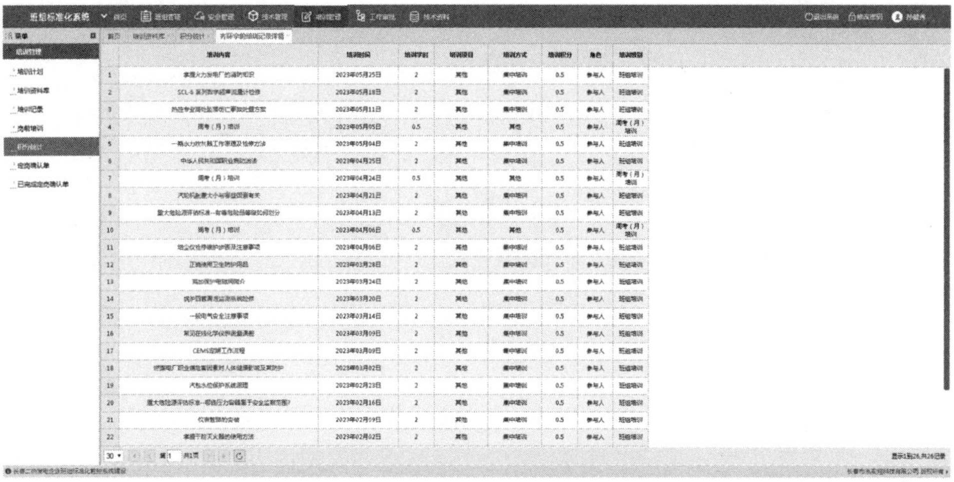

图 8　查看和导出单元内员工教育培训积分数据

6. 定岗确认单

为规范、高效做好新上岗、转岗、调岗、晋岗和复岗人员培训工作，设计开发了此模块，依据相关规定科学制定岗前培训发起、实施和审批流程，明确岗前培训层级、发起时间、责任部门、培训项目、培训责任人和培训效果确认过程，进行岗前培训、动态监督、效果确认一体化管理。岗前培训流程如图 9 所示。定岗确认单如图 10 所示。

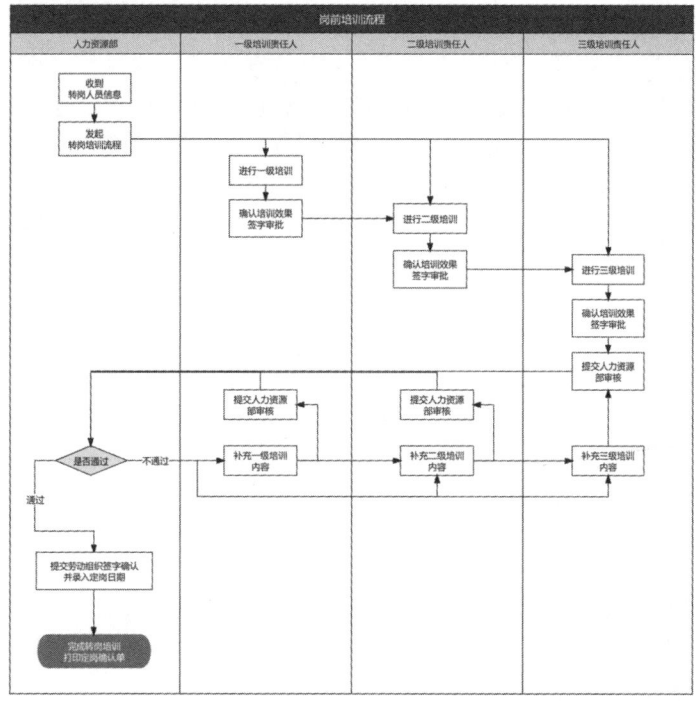

图 9　岗前培训流程

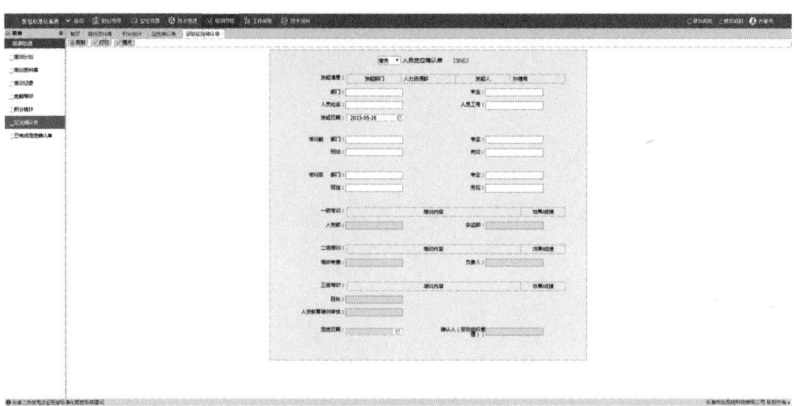

图 10　定岗确认单

7. 已完成定岗确认单

整理、记录已完成的定岗确认单，确保转岗人员"一人一档"，确保转岗培训过程清晰、效果明确，管理痕迹可持续追溯。

四、实施效果

长春二热基于数字化平台的培训管理体系优化实践以"传统管理转型＋数字平台搭建"的同步推进思路，将互联网与传统培训深度融合，充分发挥互联网优势，突破传统培训的局限性，使培训成果充分释放。

1. 管理流程简化

数字化线上培训管理系统依托长春二热内部局域网上线运行以来，通过发挥互联网的优化和集成作用，实现了员工培训管理模式由"点对点"向"点对面、面对面"的转变；突破了时间和空间的限制，实现培训资源共享、培训管理流程清晰可视；在改善工学矛盾、突破培训专业边界的同时，通过强大的后台数据库保障了生产现场技术技能经验的积累和传承；最大限度的"无纸化"培训管理流程使当前公司教育培训管理过程率先实现"绿色低碳、数字智慧"转型。

2. 教培成效跃升

依托数字化管理平台，各专业推出"专业核心课程"管理菜单，培训需求侧采取"必修＋选修"相结合的形式落实专业培训工作，进一步提高了培训内容"投放"的精准度，员工岗位培训成效整体跃升。通过系统培训，××名转岗员工通过转岗考核，××名员工依托教育培训平台参与"一专多能人才"培养计划，逐步实现技术技能"多会多精"；截至 2023 年 5 月 1 日，完成人才受训率争取值 99.2%，完成人均受训学时 45 学时，进度已经超过年初计划的 92 学时/（人·年）。

五、下一步工作思路

（一）开展企业内训师梯队建设

针对长春二热保民生任务艰巨且转型发展迫在眉睫的现实情况，着手建立一支 30~50 人的内训师团队。团队成员涵盖各部门（专业）培训专责、公司专业职级人才、省公司及以上竞赛获奖选手、一专多能人才培养导师、公司政策解读人员、对外业务拓展部门核心员工等各专业业务骨干。完善内训师管理制度，持续推进配套体系建设，形成课程开发流程、模板、标准等一系列内训师工作流程指导，确保内训师团队能讲课、能开发课程、能检验授课效果，同时能在实施内训的过程中积累经验业绩、得到薪酬激励。

（二）持续完善数字化培训管理平台

1. 开发在线考试功能

录入安全知识和专业技术基础题库，配合手写版、视频摄录系统、计算机等硬件设施，打造练兵、转岗、检修前、技能竞赛、竞岗等不同维度的理论考试"一键出题"、公平考试、成绩保留存档的多功能考试资源管理平台，全面实现考务工作的网络化、无纸化和自动化。

2. 开发移动端学习功能

受工作性质、办公室电脑配置数量等客观条件限制，部分员工无法在在岗期间完成本职工作的同时，安排时间参加自选培训项目。计划开发手机移动端学习App，打破培训管理平台服务时间、空间限制，真正实现简单学习、随时学习。

案例负责人：姜　彬
主要创作人：孙健秀、姜　彬、袁　麟
参与创作人：段　刚、殷海波、蒋伟佳

"科创工厂"科技人才培养平台构建

中海石油（中国）有限公司湛江分公司

中海石油（中国）有限公司湛江分公司（以下简称中海油湛江分公司）要求科研人员拥有深厚的专业技能和经验，以快速解决科研技术方面的难题，提高公司的生产效率和竞争力。"科创工厂"项目可以实现科研人才的培养发展，创造良好的科研生态环境，充分激发科研人才的工作激情，释放活力和创造力，成为支撑公司创新驱动战略，发挥"三个作用"、实现"四个跨越"的攻坚力，实现分公司总体规划目标的排头兵，高质量发展的压舱石。习近平总书记在党的二十大报告中强调，必须坚持科技是第一生产力、人才是第一资源、创新是第一动力，深入实施科教兴国战略、人才强国战略、创新驱动发展战略，加快实现高水平科技自立自强，集聚力量进行原创性、引领性科技攻关，坚决打赢关键核心技术攻坚战。通过"科创工厂"项目，以及建设世界重要人才中心和创新高地的战略目标，抓住历史机遇、乘势而上，积极抢占科技和人才竞争制高点，努力将中国海油打造成为核心技术攻关主阵地、高端人才汇集地，有效推进新时期产业工人队伍建设，为实现"重上一千万方"目标提供人才保障。

一、案例实施背景

（一）公司概况

中海油湛江分公司是中国海油的二级单位，主要负责中国南海海域石油天然气的勘探、开发和生产业务，是中国海洋石油工业的发祥地之一。截至目前，中海油湛江分公司共拥有10个海上油气田，43座海上生产平台，1座陆岸终端，1座在建陆岸终端，1艘FPSO（浮式生产储油装置）和1个万吨级支持码头。中海油湛江分公司目前已累计生产天然气1000亿方、石油液体10000万方，共实现利润总额约1100亿元、营业收入近3000亿元，上缴税收近800亿元。

（二）科研人才总体概况

中海油湛江分公司现有科研岗位员工261人，平均年龄36.9岁，本科以上学历的占100%，硕士及以上学历的占72.8%，取得职称的占98.8%，副高及以上职称的占29.9%。

（三）案例背景

1. 思想引领，对标一流

党的十八大以来，习近平总书记在多个重要场合深刻阐明科研工作者的重要作用，多次就科研人才成长、科技队伍建设作出重要指示。习近平总书记在海南考察时连线中海油"深海一号"作业平台，听取平台员工汇报一线工作情况时强调指出：建设海洋强国是实现中华民族伟大复兴的重大战略任务。要推动海洋科技实现高水平自立自强，加强原创性、引领性科技攻关，把装备制造牢牢抓在自己手里，努力用我们自己的装备开发油气资源，提高能源自给率，保障国家能源安全。这是加快构建新发展格局，实现第二个百年奋斗目标的重大战略决策。作为国内最大的海上油气生产商，中国海油有幸走在建设海洋强国重大战略决策的最前列，并从海洋能源角度深度切入，用独立自主的海洋石油高新技术，为子孙后代开采能源。同时，习近平总书记高屋建瓴地指出："必须支持和鼓励广大科研工作者紧跟世界科技发展大势，对标一流水平，根据国家发展急迫需要和长远需求，敢于提出新理论、开辟新领域、探索新路径，多出战略性、关键性重大科技成果，不断攻克'卡脖子'关键核心技术，不断向科学技术广度和深度进军，把论文写在祖国大地上，把科技成果应用在实现社会主义现代化的伟大事业中。"这给中国海油科研人员提出新的挑战。

2. 形势激烈，需求显著

当前，随着国际石油贸易形势的复杂化、两极化和不确定性的加剧，我国油气对外依存度将持续降低，其资源主体地位在中长期仍将保持不变，但行业旧的生产函数组合方式已难以持续，科学技术的重要性正全面上升。海洋油气勘探开发是人才、技术、资金密集型的海洋高科技产业，随着海上石油勘探与开发将成为热点，中海油湛江分公司要提供更安全、更可靠的能源供给，就必须立足新发展阶段、贯彻新发展理念，发挥好出题者、引领者、攻关者作用，加快打造原创技术策源地，而科研人才需求仍将处于扩张期而非减缩期，给人才发展提供了较为广阔的空间。为推动实现更多海洋油气先进核心技术体系性突破，超前布局前沿技术和颠覆性技术，确保风险来袭时切实发挥好中央企业中流砥柱作用，建设国家战略科技重要力量，中国海油提出"坚定不移落实习近平总书记关于加大国内油气勘探开发力度的重要批示精神，坚定不移实施国内油气增储上产'七年行动计划'"，让中国海油科研人才需求量、质量要求显著提升。

3. 科创工厂，应运而生

为了解决这些问题，中海油湛江分公司的人力资源管理团队进行了一系列的改革和创新，打造"科创工厂"项目，旨在通过高层次、高水平的科技论坛活动，激发科研人员的自主创新意识，达到活跃科技创新氛围、优化自由研讨环境、开创科技创新新局面的目的，使科研人员开阔视野、增长知识，激发广大科研人员的积极性、主动性和创造性，鼓励多出成果、快出成果、出好成果，推动科技成果加快向现实生产力转化。

二、挑战描述

（一）挑战的现实情况

1. 时代背景挑战严峻

由于全球能源转型和国际环境变化的影响，国际能源市场竞争激烈，国际石油巨头公司在全球范围内展开竞争，石油勘探技术也在不断更新，中海油湛江分公司作为南海海域能源开发的领头军，需要在技术和市场等方面不断提升自身实力，要求科研人员加快技术创新，攻克"卡脖子"技术，提高勘探效率并降低成本，以保持在市场中的竞争优势。

2. 创新效果差

创新成果数量和水平与研究院科技人员规模不匹配，与中国海油发展需求和目标要求存在差距，"作坊式"科研模式仍未发生实质性改变，创新研究类课题的进度一再拖延，即使完成也质量不高；部分科研人员缺乏创新兴趣和意识，愿做生产而不愿做科研；创新成果停留甚至垄断在一些科研人员手中，工艺迟迟不能定型和输出。

3. 共创共享性不足

现代科技的发展需要跨学科的交叉和融合，科研人员需要掌握多个学科的知识和技能，因此要求研究院内各科室部门间加强经营合作。人力资源管理部门以组织归属为基础，创新提出知识共享平台为科研人员提供沟通、交流、研讨的研发环境，以提高科研人员业务顶层价值创造力。由此"科创工厂"项目应运而生。

（二）挑战的影响

目前石油勘探技术不断更新迭代，如果科研人员技术技能水平不足，公司将难以跟上技术更新的步伐，创新能力将受到限制，无法研发出具有核心竞争力的科研产品，导致公司的技术水平逐渐落后于市场。同时，公司研发效率下降，研发周期延长，增加了公司的投入成本，在激烈的国际能源竞争中，公司将处于不利地位，也可能错过打造成世界一流能源公司的机会。

不利的科研环境会影响科研人员的创新能力和研究激情，科研人员的综合素质和跨学科能力可能会受到影响，其中缺乏跨学科的知识和技能，可能会影响科研成果的创新和实用价值。打造"科创工厂"项目，便是从源头解决问题，为科研人员提供环境氛围。

三、解决方案

（一）解决方案的整体策略

能源安全是"国之大者"，石油能源建设对我们国家意义重大，中国作为制造业大国，要发展实体经济，能源的饭碗必须端在自己手里。作为能源央企，要端牢能源的饭碗、保障国家能源安全，就必须加快实现科技自立自强，不断强化海洋油气勘探开发原始创新能力和持续技术积累，加快打破亦步亦趋的"路径依赖"，把握颠覆性创新的技术变轨和产业重构机遇，以"非对称"的策略加快在前沿领域"换道超车"，在危机中育先机、于变局中开新局，掌握建设科技强国、海洋强国、能源强国的竞争和发展主动权。中海油湛江分公司将继续着力优化科技创新生态，弘扬科学家精神、石油精神，让技术研究人员心无旁骛、潜心研究，耐得住寂寞、坐得住板凳，切实提升科技"原创力"和成果"转化力"，为公司打造原创技术策源地提供有力保障，助力实现公司"重上一千万方"的目标，人力资源管理部门建设"科创工厂"，搭建科技创新交流平台，充分激发科研人员的创新活力，强化科研人员的责任担当，不断提升科研人员的技术研发能力。

"科创工厂"平台（第一期）共由工5大模块组成，分别是"金点子"模块、"任务发布"模块、"知识问答"模块、"情报中心"模块、"知识库"模块。

（二）实施方案的具体内容

1."金点子"模块

创意是企业或团队的核心竞争力之一，通过收集科技创新创效、解决"卡脖子"难题、队伍建设等方面的"金点子"，集思广益、广聚群智，多角度、多形式推广创建"金点子"，进行年度评比，对被采纳"金点子"并取得实际效果的原创者给予一定奖励，激励将"金点子"转化为科技创新的"金钥匙"，为创建更高质量的科技创新成果贡献力量。该模块具有以下意义。

一是通过打造"金点子"模块，创意产生可以更加有针对性和规律性。在众多创意中，往往只有少数具有真正的潜力和价值，"金点子"模块可以帮助企业或团队快速筛选出最有创新性、最具价值的创意，提高创意产出效率。在与他人分享和讨论的过程中，激发团队成员的创造力，帮助其在集思广益的过程中获得更多灵感和创意，加强团队之间的交流和合作，从而增强团队凝聚力。

二是通过"金点子"模块收集和整理创意，可以提高创意的实现率和成功率，从而让创意变成实际服务于生产的产品。同时帮助科研团队和科研人员保持持续的创新能力和创造力，从而不断推出新的科研成果，满足生产和发展需求。

三是通过"金点子"模块的建立和使用，可以帮助研究院或科研团队更好地协调和管理创意，从而提高组织效率和效益。自"金点子"模块上线以来，广大员工积极建言献策，助推形成集思广益工作模式，加快科技成果转化，激发创新创造活力，营造良好的科技创新氛围。

2."任务发布"模块

在"任务发布"模块，由相关部门/单位定期收集公司科研方面的难点、难题，形成"小课题""小任务"形式的"标书"，由相关科研人员进行"投标"，科委会"评标"，完成后由科委会进行评审等程序，实现对任务进度的实时追踪查看。该模块具有以下意义。

一是促进任务规划和管理。"任务发布"模块可以帮助研究院更好地规划和管理任务。构建"任务发布"模块是促使科研走向规范化、完善化的重要举措。通过将任务进行招投标，挑选出最适合的团队和人选，提高研发效率，激发科研人员的积极性，增强个人成就感；通过积极引进并发布先进技术和任务，提高科研团队生产、服务的质量和效率，不断提升团队科研能力和竞争力。

二是提高任务透明度。"任务发布"模块可以使组织者或个人更好地跟踪任务进度和完成情况，从而提高任务的透明度和可视性，对控制项目成本、监督相关员工工作进度和质量有着重要意义。

三是降低人力与物力成本。采用招投标方式能够促进研究院转变管理机制，采用"集中力量办大事"模式，劳动消耗水平较低、科研水平高的"投标人"获胜率高，能够不断降低团队平均劳动消耗水平，从而实现资源优化配置，使项目研发成本得到有效控制。

3."知识问答"模块

科研会遇到多领域、多专业的难题，各项目科研人员随时可以针对工作中存在的疑难杂症，在在线知识问答平台上进行发布，相关人员（专业大拿、专家、首席、业务能手等）对问题进行解答，解答到位的由公司给予一定的奖励。该模块具有以下意义。

一是解决问题。科研人员可以通过"知识问答"模块了解所问问题的专业意见和解答。从效果来看，在线知识问答平台能有效帮助科研人员快速、准确地消除科研疑惑，从而拓展自己的知识面和思维方式，更快地解决问题。

二是推动学术创新。科研人员可以在"知识问答"模块上分享和探讨自己的研究思路和方法，与其他人共同探讨和创新，深耕专业知识，做到联手共创科研，有利于形成完整的技术研讨链，从而推动学术创新。

三是建立学术社交网络。通过"知识问答"模块，科研人员可以加强沟通交流，探讨石油科技创新中的难点和问题，加强交流和合作，结交同行和志同道合的学者，建立学术社交网络，从而获得更多的学术资源和机会，共同提高学术标准和水平。

4."情报中心"模块

"情报中心"模块可以为科研人员提供各种信息支持和服务，包括信息资源、培训和支持、技术转移、科研评估等，从而为科研工作提供更多的帮助和支持，推动科研领域的发展和进步。针对"情报中心"模块，企业安排专人负责搜集、筛选科技研发相关的前沿知识、前沿技术、国家法律法规、方针政策的动态信息，编制信息快报；负责发明专利和实用新型专利的管理；负责课题科技查新、科技文献数据库的管理等工作。该模块具有以下意义。

一是提供信息支持。"情报中心"模块可以通过搜集、整理和分析各种信息资源，为科研人员提供信息支持，帮助科研人员更好地了解研究领域的最新进展和动态，实现不同科研机构和团队之间科技信息、学术思想、科研活动和科技人员的信息共享，为科研工作提供有力支持。这既有利于科研平台整合社会各类科技、人才、资金、技术等资源，产生更多更优秀的成果，更好地服务技术研发，又有利于科研平台科技创新能力的进一步提高，从而促进学科的交叉、融合和发展。"情报中心"模块以一站式整合信息资源为优势，为科研人员提供便捷的信息检索和知识服务。

二是支持科研决策。"情报中心"模块可以为科研人员提供各种信息资讯，帮助各级管理人员在信息平台获得实时准确的数据信息，包括市场情报、技术情报、竞争情报等，有助于研究院根据实际情况制定相应的政策，推动科研人员做出科学、合理的判断，确定研究方向和战略规划，进行科学决策。

三是促进学术交流。"情报中心"模块可以为科研人员提供各种学术信息资源，包括学术期刊、会议论文、学术报告等，实现了"让信息多跑路，让科研人员少跑腿"的建设目标，促进科研人员之间的学术交流和合作，推动学术进步。

5."知识库"模块

"知识库"模块具有以下意义。

一是延续互助传承。通过建立知识库，可以积累和保存信息和知识资产，加快内部信息和知识的流通，实现组织内部知识的共享。老员工需要将知识进行沉淀与分享，帮助企业优化管理、提升能效；而新员工也需要能够快速查询到相关知识，以获得工作中的直接帮助。

二是精准信息检索。知识库中的信息可以进行关键词搜索和分类查找，科研人员可以快速地找到需要的信息，大大提高了信息检索的效率。同时，知识库中包含了大量的创新思想和研究成果，科研人员可以通过学习和借鉴知识库中的内容，获得新的灵感和创新思路，推动自己的研究工作。

（三）方案的效果和成果

1. 创新引领，发挥实效

通过建设"科创工厂"，搭建交流平台，激发科研人员干事创业的热情和激情，充分释放科研人员的活力和创造力、发挥科技创新在公司全面创新中的引领作用、提高公司科研成效，有效解决科研人员在实际科研工作中遇到的难点、痛点，提高科研人员之间的协作和沟通能力，为公司高质量发展提供智力支撑。

2. 数字转型，迎接挑战

公司面临内外部诸多挑战，如增储上产任务艰巨、降本难度增大、作业难度与日俱增等，数字化、智能化技术是实现"七年行动计划"目标的重要推动力。"科创工厂"是顺应能源行业发展新趋势，加快推动公司发展转型，实现从传统模式向现代化、数字化、智能化跨越的一项代表性举措。

四、总结

（一）案例的意义

1. 实践应用

"科创工厂"案例可以帮助人力资源从业者更好地了解科技互助交流平台的创建模式，掌握科研人员创新管理的实践经验，提高创新驱动实践应用能力。

2. 借鉴参考

在科研人员和科技创新管理方面，通过搭建科技创新交流平台，激发科研人员的创新活力，强化科研人员的责任担当，提升技术研发能力，助力企业高质量发展，为行业内其他企业提供了良好借鉴。

3. 提升专业素养

通过"科创工厂"管理案例，推动科研人员不断提升自己的专业素养和综合能力，促进科研领域的学术研究，推动科研创新管理体系的发展和完善。

4. 助推企业发展

在企业发展规划方面，中国海油要实现 2025 年完成"七年行动计划"，2035 年进入全球石油公司第一阵营，2050 年成为中国特色国际一流能源公司的目标，强大的科研技术团队是核心，是助推企业实现发展目标的动力源泉。

（二）进一步探索的方向

1. 针对"科创工厂"项目方面

（1）扩大范围

"科创工厂"平台前期针对科研人员进行试运行，后续根据运行情况逐渐将人员范围扩大至技能人员甚至分公司其他人员，争取做到全员参与，企业内人人都在平台上有成果、有产出、有收获。

（2）添加平台模块

目前"科创工厂"平台主要由 5 大模块组成，后续将逐步添加完善其他模块。例如，打造"技能创新工作室"模块，将现场一线技能人员吸纳进来，形成技术技能双向发展，促进科研生产深度融合。

（3）扩大平台规模

根据"科创工厂"发展情况，以中国海油"创新驱动"战略为引领，在中海油湛江公司内倾向资源，优先发展，不断积累科技创新管理理念和平台运营经验，逐步推广交流至其他二级单位，最终建设成中国海油系统内科研平台的特色品牌项目。

（4）开放合作

加强与其他油气企业交流合作，充分分享数字科技的先进技术与实践经验，补齐智能科创平台建设中的能力短板，构建互利共赢的合作生态，快速提升海洋石油科技水平与能力。

2. 针对人力资源管理方面

人力资源管理是一个动态的、不断变化的领域，随着社会环境的变化，人力资源管理也需要不断地改进。通过对科技相关数据进行总结和分析，找到进一步探索方向，如在科研人才管理、技术员工培养、企业文化建设、组织变革等方面不断创新和发展。

（1）数据驱动的人力资源管理

随着大数据和人工智能技术的不断发展，越来越多的企业开始探索数据驱动的人力资源管理策略。通过数据分析，了解员工的行为和需求，以及企业的人力资源状况，进而制定更加精准、科学的管理策略。

（2）多元化的人力资源管理

在全球化和多元化的时代，企业需要采取多元化的人力资源管理策略，以吸引和留住各种人才，特别是科研人才，提高企业的创新力和竞争力。

（3）智能化和自动化的人力资源管理

随着智能化和自动化技术的不断发展，人力资源管理也在向智能化和自动化方向发展。如何利用技术手段，实现更加高效和精准的人力资源管理，是一个值得探索的方向。

（4）创新和变革的人力资源管理

随着社会和经济的不断发展，企业需要不断进行创新和变革，人力资源管理也不例外。如何在创新和变革中，合理利用人力资源，提高企业的创新和竞争力，是一个需要探索的方向。

案例负责人：李　茂
主要创作人：袁　鑫
参与创作人：田　宇、张春霞、彭　晶

以客户为中心，打造"3+3"立体式无死角薪税服务体系

中智薪税技术服务有限公司

一、背景简介

中国国际技术智力合作集团有限公司（以下简称中智集团）成立于1987年，是国务院国有资产监督管理委员会直接管理的一家以人力资源服务为核心主业的中央一级企业。中智薪税技术服务有限公司（以下简称中智薪税）是中智集团的全资子公司，也是中智集团旗下聚焦薪酬财税业务板块的专业公司，成立于2006年，致力于推动薪税服务行业技术发展与探索。中智薪税先后发布了薪税云、智薪易、中智微财税等一系列的线上服务产品，依托多年的行业服务经验，旨在提升薪税服务行业的全方位服务能力，助力企业数字化转型的落地。

近年来，中智薪税始终贯彻新发展理念，深入推进信息化战略，落实"十四五"规划数字化发展战略，着力打造中智薪税的数字化生态，以加快数字化转型，提高经济质量和效益，同时，不断深入推进企业管理的改革和创新。

二、传统薪税服务行业的现状与痛点

当今世界正经历百年未有之大变局，传统的人力资源服务行业面临着很大的挑战和机遇，而薪税服务作为其重要板块之一，深受市场环境的影响，尤其在数字化与智能化方面，传统模式存在明显短板，信息孤岛和数据的分散，导致服务企业把握人力资源薪税管理的效率较低。传统薪税服务行业面临如下诸多痛点和挑战。

（一）服务效率低

传统薪税服务行业多依赖人工提供薪资计算、税收申报等服务，导致效率相对较低。在没有充分利用现代信息技术的情况下，处理大量员工的薪资和税务信息需要耗费大量的时间和人力成本，为企业的成本控制和效率提升带来了较大挑战。

（二）存在信息安全隐患

在数据传输、存储和管理方面存在许多安全隐患。由于人工操作的误差以及对网络安全和数据安全的认识不足，个人信息、薪酬数据等敏感信息可能存在泄露的风险，给企业和员工带来诸多麻烦和风险。

（三）政策更新跟进不及时

受限于各地政策差异和对政策的理解能力，传统薪税服务行业在应对政策更新方面往往反

应较慢。如果不能帮助企业及时掌握和适应新的税收政策，可能会使其面临税务风险、处罚甚至诉讼等问题。

（四）服务质量参差不齐

传统薪税服务行业在市场竞争中，由于缺乏统一的行业规范和标准，企业间服务质量参差不齐，严重影响企业对外部薪税服务机构的信任度。许多企业为了节约成本选择自主完成薪税服务，但这又加大了企业内部的压力，导致资源错位。

除此之外，薪税服务不同于社保代理、招聘等人力资源服务，对从业人员的素质要求有较大的差异，加之客户的多样化需求，标准化难度大，缺少头部知名品牌，仅依赖于数字化服务产品，服务质量难以得到保障。

三、数字化手段赋能行业数字化转型

（一）数字化转型的意义和目标

采用数字技术和数字化思维，对传统薪税服务模式进行全面升级和优化，助力行业实现转型升级和价值创新，是当下的重要任务。数字化手段是数字化转型的实践路径，是将各种信息数字化、网络化处理并应用于各个领域的技术手段。随着互联网、人工智能、大数据等技术的不断发展，数字化手段已经成为推动各行各业转型升级的重要工具。薪税服务行业数字化转型的意义在于借助现代数字技术，重塑薪税服务的过程和业务模式，提高服务效率，降低运营成本，提高客户满意度，同时减少风险，增强核心竞争力。数字化转型需要重点关注以下目标。

一是提高服务效率，实现薪税服务过程的自动化，减少人工干预，提高薪资计算、税收申报等服务的速度和准确性。通过数字化平台和工具，可以实现信息实时共享，加快沟通速度，降低因信息延误造成的风险。

二是降低运营成本，降低企业在人力、物力等方面的投入，缩短服务周期，帮助企业提高内部管理效益，使企业焦点放在主营业务上，实现业务发展和成本优化的平衡。

三是增强信息安全，提高薪税信息的安全性和保密性。通过分级数据存储、加密传输、权限控制及防火墙技术，能够有效防范信息泄露、篡改等风险，确保企业和员工的敏感信息受到充分保护。

四是实时跟踪政策的变化，确保薪税服务的合规性。自动适应新的税收政策，为企业提供智能化的决策支持和实时监测，降低税务风险，减少法律纠纷。

五是提升客户体验，助力企业提供更全面、个性化的服务。借助大数据、人工智能等技术，企业可以针对客户的需求提供定制化方案，提高客户满意度，形成良好的口碑和品牌效应。

（二）赋能行业数字化转型的实施路径

结合薪税服务行业政策性强、专业性高的特点，制定行业数字化转型的长期战略和短期目标，明确数字化转型的方向和重点。

评估薪税服务行业的现状及痛点，评估数字化能力及转型方向对企业服务模式和管理方式的影响，制定相应的应对措施。

推进薪税服务行业的数字化转型变革，包括业务流程重构、组织结构调整和管理方式创新，实现行业数字化转型的目标。

不能局限在算薪、发薪、报税等传统业务，要从甲方 HR 工作视角落实企业需求，纵向要向规划咨询层面扩展，如薪酬体系设计、薪酬业务标准化等，横向要向数字化服务和岗位外包层面扩展，如 SaaS 服务、私有云服务等。

四、全面打造"3+3"立体式薪税服务体系

不同类型以及处在不同发展阶段的企业对薪酬服务有不同的要求，因此我们提出"3+3"立体式薪税服务体系，以满足不同场景下的薪税管理需求。

"3+3"立体式薪税服务体系包括纵向 3 个层次（规划、系统、外包）和横向 3 个层次（O2O、SaaS、私有云）。各层次具体内容如下。

（一）规划

规划是指帮助企业梳理制定科学的薪酬结构、薪酬体系、薪酬管理流程、财税管理方案等，主要以咨询的方式交付，适用于中大型企业。

（二）系统

系统是指数字化解决方案及平台，提供面向企业管理者、企业 HR、企业员工的全方位数字化系统，赋能企业实现薪酬财税数字化管理，提升企业数据决策能力，提高企业 HR 内部管理效率，提升企业员工体验。

（三）外包

外包是指服务薪税财税专项事务外包，如薪酬核算服务、薪酬发放服务、个税服务、账务外包服务等。企业可通过将内部事务外包的方式来提升管理专业性和实现降本增效。

（四）O2O

O2O 模式是指线上线下服务模式。薪酬财税服务的当前主流服务都是 O2O 模式，即客户线上传递服务请求，服务提供者线下完成服务（相对企业而言），客户再通过线上完成服务结果的接收。

O2O 模式有效提高了服务商与企业之间的交付效率，提升了企业服务体验，适用于中大型企业。

（五）SaaS

SaaS 模式主要面向中小型企业客户，为客户提供完整的薪酬财税数字化服务。SaaS 的特点是快速实施、开箱即用、成本低廉。对于没有太多个性化需求的企业来说，采用 SaaS 模式是快速实现薪税数字化管理的有效手段。

（六）私有云

私有云服务是指面向中大型企业客户，具有较为复杂的管理要求和流程体系，个性化特点

突出，需要给出针对性的数字化解决方案，通过将软件系统进行私有化部署及定制化实施，实现薪酬财税数字化管理。

私有化部署通常周期较长、成本较高，但对企业的适用性更强。

采用特有的"3+3"立体式薪税服务体系，能够为不同规模、不同类型、不同发展阶段的企业提供全方位无死角的服务，赋能企业高效精细化管理，助力企业实现快速发展。

五、"3+3"立体式薪税服务体系的最佳实践

（一）构建薪税一体化平台，横向驱动业务纵深发展

在数字化时代，建设以驱动薪税服务行业发展的一体化服务平台，对于企业发展和经济社会的长远利益至关重要。以纵向3层"规划＋系统＋外包"为服务核心，横向3层为服务手段，不断向外进行延伸，以优化服务模式、提高管理效率和服务质量为服务宗旨，加快向数字化时代迈进。

中智薪税着眼于数字化转型的大趋势，致力于升级薪税顾问团队与"薪税云"组合数字化薪税解决方案，横向依托数字化服务、岗位外包和专业化的政策制定，以高效率和安全可靠的薪税管理系统为核心，优化企业薪税管理模式和流程，提升了企业的管理水平；纵向通过规划咨询层面延伸，实现薪税服务行业模式的深度拓展。该模式的确立，具有重要的战略意义，可以助力企业业务增长和管理效率提高。

（二）O2O服务场景

某汽车品牌自2016年与中智薪税达成合作以来，薪税相关服务涉及全国30多个城市60多个分支。基于制造业特点，雇员数量大且变动较为频繁，考勤规则复杂，计薪规则有上百种。

这对于传统线下服务的挑战是巨大的，而且单一的系统服务也无法满足复杂业务场景下的非标准服务。在反复探索与验证的情况下，线上依托"薪税云"服务打通业务线上及线下的交互，通过"薪税云"接口实现与其他系统的打通，满足线上同步的需求，实时同步雇员信息、考勤信息、休假信息等基础数据，"薪税云"整合请假记录、加班记录，形成考勤月报及考勤报表，作为薪资核算依据，快速完成薪资核算、个人所得税申报等诸多烦琐事项，减少了服务压力，并降低了出错概率；线下由薪税顾问团队在"薪税云"中设计计薪规则，针对非标场景，实时调整薪酬方案，提供顾问式400专线，提供专业的薪资解答、政策咨询等人工客户服务，极大地提升了服务的维度，以及客户的满意度。

（三）SaaS服务场景

近年来客户公司降低了人力资源预算，不足以支撑与中智薪税原有的线下合作方式，但是缺乏良好的薪税业务供应商也会使自身业务遇到较大挑战。双方就此困难进行了良好的沟通，中智薪税为其量身定做了一套低成本的SaaS平台。该平台是中智薪税基于多年经验和深厚技术实力开发的，为客户公司提供了一站式薪税服务解决方案，集成了工资计算、社保公积金管理、个人所得税报税等功能，并能够高效地满足不同行业、不同规模企业的需求。更重要的是，该平台采用云计算技术，具有在线操作、数据备份和安全传输等优势，真正做到了开箱即用。

通过此方案的应用，中智薪税既成功地为其解决了薪资管理难题，同时也为其节省了大量的时间和资源。中智薪税将一如既往地为客户提供最优质的服务，助力企业的发展和成长。

（四）私有化部署服务场景

某国企是一家拥有数千名员工的大型制造企业，正在推动数字化转型和人力资源管理优化。经过多方调研，该企业选择了"智薪工资条"产品，考虑到数据安全性方面的相关要求，最终以本地化部署的方式来实现"智薪工资条"的应用。同时，通过"智薪工资条"提供的标准接口，与其内部 EHR 系统完成了对接，既满足其保障数据安全的需求，又提高了工作效率。该企业还利用"智薪工资条"提供的多种报表和分析功能，深入了解员工的薪酬状况和变化趋势，为人力资源管理决策提供参考依据，充分体现了数字化转型和智能化工具在企业管理中的应用价值和意义。

案例负责人：张明德
主要创作人：屠 磊
参与创作人：杨晔云、李 琪

基于数字化时代赋能的学习型组织建设与实践

中交天津航道局有限公司

一、案例背景

(一)企业业务及人才管理现状分析

随着近几年的市场变化,中交天津航道局有限公司(以下简称中交天航局)大力推进业务转型升级,当前已成为业务涉及疏浚、环保、市政、水利、海洋产业的综合服务商。建设学习型组织已成为中交天航局转型发展的必由之路。

同时,和大多数施工企业一样,中交天航局有大量的一线员工(含船员),其工作地点分布广泛,很多人面临交通、网络覆盖严重不足的问题,更有学习资源匮乏(组织内外部都缺少专业的学习内容)、课程匹配难、企业组织系统庞大、课程体系繁多、课程与需求不匹配等重重障碍。这对中交天航局建设学习型组织、有效开展培训工作都带来了很大的挑战。

鉴于以上问题的存在,中交天航局要想培训工作有效开展,就不能拿管理型、资源型企业的经验生搬硬套,而需要根据施工企业的特点,探索出一条符合企业业务、人员特点的学习型组织建设之路。

(二)案例的意义

为什么要构建学习型组织?这是一个变化速度超过鼠标点击速度的时代,一个想象力跟不上现实的时代,一个越来越熟悉也越来越陌生的时代。问题未变,答案一直在变。1955年名列《财富》500强的企业如今仅剩下11%,标准普尔500指数企业的平均寿命从20世纪50年代的60年下降到了现在的不到20年,新创企业的平均寿命更是不足5年。构建学习型组织,提高适应变化的敏捷性,成为各类企业生存下去的基本要求和必然选择。没有老兵,没有传承;没有新军,没有未来。一个老兵跌倒过的记忆如果不能传承下去,那么将是一个组织最大的损失。学习型组织建设就是一个向组织和员工惰怠逆向做功的过程,更是一个避免"老兵"退化为"老鸟"并持续孕育"新军"的过程。

(三)工作面临的挑战

中交天航局作为一个建工企业,在构建学习型组织上遇到的主要挑战有哪些呢?其挑战概括起来主要有4个方面。

一是人员高度分散,工学矛盾严重。员工通常分布在境内外各项目部,集中培训难度大、成本高。

二是经验型特点突出,知识和人才复制效率低。建工行业涉及专业多元,对员工经验积累程度要求较高，导致人才培养速度普遍跟不上企业发展速度。

三是人才多样性增加，文化复制难度加大。随着员工代际更替和用工的多样化，建工企业员工来源日趋多元，这对企业文化价值观的统一和传承带来挑战。

四是人才发展体系和学习培训体系不匹配。这一挑战突出表现在员工职业发展通道是否与学习培训机制高度关联，员工是否能够在合适的时间合适的岗位掌握合适的企业知识。

以上挑战需要企业充分结合实际，探索出一条符合业务和人员特点的学习型组织建设之路。

二、主要做法

针对上述挑战，中交天航局探索形成"113314"总体思路，通过制度体系建设、数字化平台搭建及培训项目运营等举措，全面推进学习型组织建设与实践。

(一)方案设计

中交天航局在学习型组织建设中探索形成了"113314"构建方案，如图1所示。

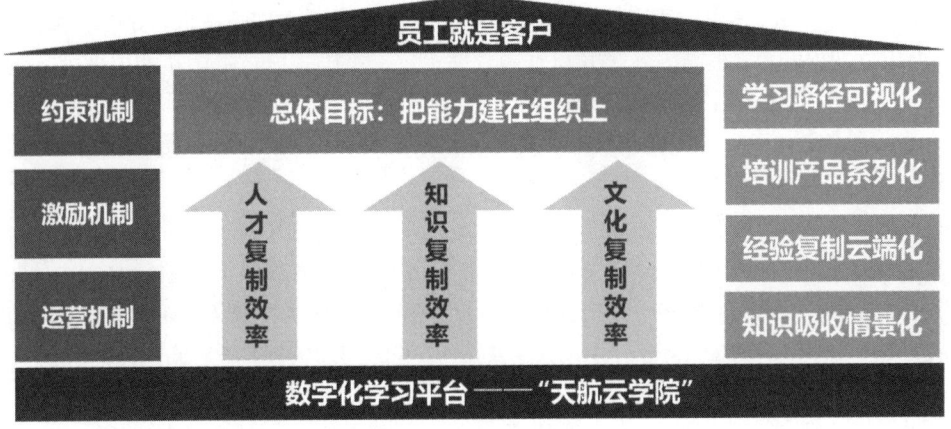

图1 "113314"构建方案

1个理念——员工就是客户。以经营者思维经营人才，坚持人是目的，成就员工就是成就客户。

1个目标——把能力建在组织上。让个人经验沉淀为企业知识，让企业知识高效复制到个人。

3个提升——提升人才复制效率、知识复制效率、文化复制效率。复制能力的提升是学习型组织建设的根本。

3个机制——约束机制、激励机制、运营机制。

1个平台——"天航云学院"数字化平台。

4个路径——学习路径可视化、培训产品系列化、经验复制云端化、知识吸收情景化。

基于上述构建方案，中交天航局主要从制度体系建设、数字化平台搭建、培训项目运营3个方面推进学习型组织建设。

（二）组织实施

1. 制度体系建设

学习型组织的制度体系可以分为 3 大类，即约束机制、激励机制和运营机制。

（1）约束机制

建设学习型组织首要解决的问题就是如何建立约束机制，使员工能够有动力、有压力和有约束力地自主学习。为此，中交天航局研究制定了《员工学分制管理办法》，对员工的培训学分管理内容和学习时长要求等做出了明确规定，确立了每年普通员工不少于 80 小时、新入司员工不少于 90 小时、基层干部不少于 100 小时、公司领导以及中层干部不少于 110 小时的学习目标。该办法作为学习体系建设的核心制度，将员工的学习行为量化成更直观的学分进行统计，同时将学分达标与个人岗级晋升刚性关联，未达标员工岗级晋升一律冻结，约束效果逐步显现。

（2）激励机制

一个企业最大的浪费，就是经验和知识的浪费。中交天航局着重加强内训师队伍建设，打破了论资排辈、以岗级定等级的传统模式，提出了"人人都有闪光点，人人都可当老师"的理念，以课程开发、知识整理、授课评价为主要着力点，完善了内训师选拔、培养、激励和考核机制，为拓宽知识来源，提高人才和知识复制效率奠定了基础。通过近两年的内训师队伍建设，组织培训过程中内部课程数量明显增加，课程针对性和实战性显著改善。同时，连续两年有员工入围建筑施工企业内训师大赛决赛并取得优异成绩。部分内训师还受邀前往其他企业登台授课，起到了较好的激励效果。

（3）运营机制

在数字化转型的大背景下，中交天航局于 2019 年便着手搭建"天航云学院"在线学习平台。客观地说，各学习平台功能越来越趋于同质化，差别并不明显。所以，平台建设工作成功的关键在于运营管理。为此，中交天航局印发了《"天航云学院"运营管理办法》。该办法把运营工作分解成了不同的贡献点，如录制上传课程、回答论坛提问、提出意见建议等，每年年末通过贡献点排名计发奖金，开启内部知识付费模式，鼓励全员参与平台运营。通过两年多的运营，员工参与度明显提高，高峰时在线学习人数超过 600，超过员工总数的 10%。近年来，根据员工对平台课程的满意度淘汰了 1850 门课程，更新了 4273 门课程，其中。员工自行开发和分享课程达 2463 门。全年员工获得学分约 75 万分，人均学分约 123.19 分。平台现已有课程 5034 门，累计课时 75.49 万分钟，其中员工自行开发和分享课程达 2315 门，累计课时 51.35 万分钟。

2. 数字化平台搭建

中交天航局曾在 2015 年尝试搭建在线学习平台，但运行情况未达预期。中交天航局汲取经验和教训，坚持"为我所有与为我所用并重"和"外部保障平台，内部保障运营"的原则，主动对接社会优质运营服务商，在规避知识版权风险的基础上快速扩充课程体系，有效解决了自建平台上线之初常见的课程资源匮乏的问题，形成了集知识库管理、人才管理、培训管理等功能于一体的数字化在线学习平台——"天航云学院"，如图 2 所示。这样的构建模式在节约人力成本的同时提高了运营效率，外部服务机构也会带入新的运营理念，通过内外合作，使这个平台不断迭代更新，成长为契合员工学习需求和时代步伐的综合性学习平台。

图 2 "天航云学院"界面

设计一个学习管理的数字化平台，往往容易遇到一些显而易见的困难，概括起来主要有 4 类，分别是内容"坑"、功能"坑"、运营"坑"和意识"坑"。

（1）内容"坑"

即学习资源问题，主要体现在学习资源结构单一、内部专业课程资源供给能力不足等问题。

（2）功能"坑"

可以理解为管理功能问题，很多平台在推出后只关注课程库的内容，缺乏对员工学习行为、学习成果、学习数据的管理，最后注定是乱象丛生。

（3）运营"坑"

主要是运营问题，失败的运营会让用户对平台没兴趣、没参与感，甚至不认同该平台，这就像超市里有丰富多样的商品，但没有几样是大家感兴趣和愿意购买的。运营是关键中的关键。

（4）意识"坑"

主要是思想意识问题，有些人会认为花了钱买了服务就应该起到预期效果，但是学习平台不能代替学习管理，它只是一个工具，效果提升的关键不是工具而是持具之人，学习型组织靠钱是买不来的。

3. 培训项目运营

随着新生代员工的加入，员工群体对知识获取和学习形式的要求逐渐多样化。为了使培训项目符合员工代际特点，公司在项目运营方面做了一些探索和尝试。培训项目运营整体框架如图 3 所示。

（1）培训产品系列化

为了缩短关键人才培养周期，中交天航局依据员工职业发展通道探索培训项目的延续性，建立健全分层分类人才培养体系，制定了"初航者、启航者、护航者、领航者"主 4 类人才培养计划，搭建了覆盖新入司员工优秀员工、青年业务骨干、中层干部、公司管干部的培训体系，保障系统培训的学习质效，如图 4 所示。

图3　培训项目运营整体框架

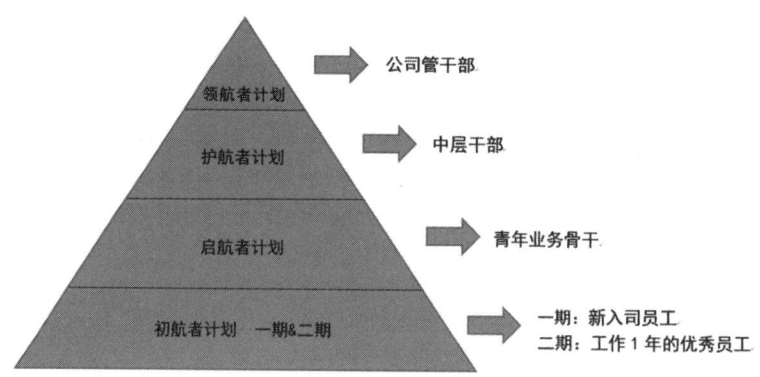

图4　系列化培训产品对应图

其中，初航者计划主要针对新入司员工和工作1年的优秀员工，培训分为两个阶段：第一阶段为当年新入司员工的线上+线下的O2O培训模式，提高职场新人融入工作环境的能力；第二阶段为对上一年入司员工中表现优异的员工进行调训，加速员工成长。

启航者计划的学员对象是中交天航局内工作3~5年表现突出的青年业务骨干。培训以提升知识储备，扩展眼界，丰富见闻，加强角色转换和管理能力，培养自主领导力为主要培训方向，为学员职业发展指明方向，为学员能力提升提供不竭动力。

护航者计划则面对中交天航局内有担当、能干事、靠得住的中层干部，聚焦个人发展，给予党性修养、业务提升、管理加强、素质优化等方面定向强化，推进视野、格局、领导力以及勇气担当等必备素质的全面提升。

领航者计划面向极具发展潜力的年轻中交天航局管干部，从系统思维、角色认知、跨组织沟通、团队管理几个方面着手，进一步解放思想、夯实管理内功、修炼领导魅力，通过培训提高领导干部解决实际问题、应对形势、完成任务的能力，引领企业高质量发展。

随着系列化培训产品的不断丰富，在企业内部形成良好的示范和带动效应，所属各子企业也根据自身业务特点和人员结构，相继推出了鲲鹏计划、匠才计划、长青计划、领先计划等人才培养项目，示范带动效应明显。如图 5 所示。

图 5　培训现场照片示例

（2）学习路径可视化

学习路径可以通俗地理解为岗位学习地图，它是未来知识管理体系发展的必然趋势。在此，中交天航局做了初步的尝试，已完成市场经营系统学习地图的构建，其他各专业系统学习地图也在逐步梳理和建立中。信息管理岗的学习地图如图 6 所示。从实践经验来看，要实现学习路径可视化，有以 3 点应引起关注：一是路径图梳理容易，但知识匹配难度大，特别是部分课程需紧贴企业发展战略，难以外部采购，需要大量的内部师资参与课程开发；二是约束机制的建立，学习地图建设完成了，员工如果不去用，这个项目就没有任何意义，所以学习地图的应用需要同员工职业发展生涯紧密挂钩；三是受限于建筑施工企业人员分布较广、集中培训组织难度大的特点，基于员工学习的便利性，学习地图必须依托数字化平台，根据岗位设置、人员履历等情况主动推送学习任务并进行必要的考核，这对平台功能和员工职业发展体系的完善提出了更高的要求。

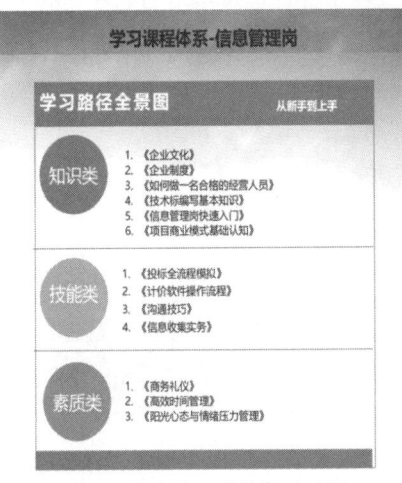

图 6　信息管理岗的学习地图

（3）知识吸收情景化

其实培训项目情景化就是对传统培训的二次开发优化，如项目管理情景化培训、新生代员工职场系列培训等。这种培训模式有别于传统培训中一个老师在讲台授课，学员们在台下填鸭式学习的授课模式。情景化培训就是高度还原实际业务场景，让学员在问题中探索，对给出的最佳操作进行思考，从而提升在工作场景中解决问题的能力。一个合格的情景化培训项目应该满足3个标准：一是一定要将业务场景嵌入学习本身；二是培训必须做到实战，要高度契合业务特点；三是要实现标准化，使学员在工作中遇到类似的场景时，能够第一时间做出标准化的行动。"职场魔方"系列课程情景化实践和项目管理场景模拟实训如图7所示。

图7 "职场魔方"系列课程情景化实践和项目管理场景模拟实训

（4）经验复制云端化

企业在管理、技术、基层岗位上都有大量的经验型人才，只要给他们信任、给他们平台、给他们方法，就能够让经验不断复制传播。简单地说，就是通过机制把个人智慧变成组织的知识资产。为此，中交天航局启动了企业管理、施工技术、海外业务、技能培训等多个知识库的建设工作，目的就是系统化地总结提炼知识经验，并利用"天航云学院"平台推广复制，最大化为员工随时随地学习提供便利。"天航云学院"系统知识库及学习数据如图8所示。近两年通过开展微课培训、微课大赛，产生近百个源于企业的优秀微课作品，并数次荣获集团微课大赛多个奖项。经验复制通过云端化传播，裂变效应指数级增长。

图8 "天航云学院"系统知识库及学习数据

（三）目标完成情况

近年来，中交天航局聚焦企业发展战略，准确把握数字化时代特征，大力推进学习型组织建设，持续不断为员工赋能，助力企业转型升级和高质量发展。通过学习型组织的建设与实践，中交天航局在人才结构、关键人才数量、干事创业活力、同行企业影响力等方面取得了明显成效。3年来，中交天航局新签合同额、营业收入、利润总额3大指标复合增长率分别为30%、28%、12%，企业的转型升级取得显著成效，可持续发展能力不断增强。

三、取得成效

（一）履行社会责任和企业责任等方面

近年来，中交天航局依托实施国家重大战略工程的功勋船舶"天鲸号"，国内自主设计建造的超大型自航耙吸船"通途"轮、"通程"轮，国内首艘拥有完全自主知识产权的重型自航绞吸船"天鲲号"等种类齐全的现代化挖泥船队，以及搭建的高技能人才平台，使施工足迹遍布中国沿海30余个港口、近30个省份，以及全球30余个"一带一路"国家和地区。中交天航局在国家重大战略工程建设中发挥重要作用，受到党和国家领导人的高度肯定。

为支持退役军人就业，中交天航局与交通运输部、退役军人事务部深度合作，于2022年9月承办天津首届甘肃省退役军人"浪花计划"船员培训及就业推介会。本次活动以校企合作、定向培养等方式面向退役军人招生，通过3个月的船员技能培训，为退役军人取得海员职业资格和就业安置创造条件，打造退役军人上船就业的"直通车"。2022年度共有来自甘肃各地区的67名退役军人顺利毕业，并与用人单位达成就业意向，真正实现"毕业即就业"。本次活动作为天津市对口帮扶甘肃地区的重要措施，为促进甘肃偏远地区退役军人就业提供了有力支持。

（二）案例对企业人才管理工作的作用

1. 人才结构持续优化

通过新业务知识培训、轮岗交流等，中交天航局持续不断为员工赋能，人才结构有效改善，员工的关键岗位人员、新业务人才占比、职称结构等得到明显优化，如转型人员占比由2018年的12%提升至33%，有力支撑了转型业务发展对人才的需求。近3年，各类优秀人才数量进一步增加，先后有18人入选中国水运建设协会技术专家，6人入选中国疏浚协会技术专家，1人入选天津市生态环境局土壤污染防治专家库入库专家，1人获评天津市"131"第一层次人选，3人获评全国交通技术能手，2人获评中央企业技术能手，6人获评中交集团技术能手，2人获评疏浚协会"青年才俊"等。

2. 员工素质能力显著提升

最近一年中交天航局培训班次、人次同比分别增长171%和26%，实现一建取证182本，同比增长38%，创历史最好成绩；注安取证40本，通过率达25.3%，远超行业整体水平。中交天航局现有技能人才1498人，其中高技能人才占技能人才总数的48.7%，同比增长169%，再创历年新高。中交航天局培养造就了一批批素质优良的知识型、技能型、创新型高技能人才。其中有2人获得2021年度"全国交通技术能手"荣誉称号，22人获评中交集团高级技师职称。

在 2022 年人力资源和社会保障部第十六届高技能人才评选表彰活动中，中交天航局作为全国 63 家企业之一、中交集团唯一一家上榜企业，获评人社部"国家技能人才培育突出贡献单位"荣誉称号。

3. 干事创业动力活力全面激发

学习型组织建设的深入推进，极大地激发了员工干事创业的动力活力，企业创效能力不断提升，最近一年公司全员劳动生产率同比增长 4.7%，人工成本利润率同比增长 20.8%，人事费用率同比下降 13.7%，3 项指标持续优化，创近年最高水平，企业适应战略发展的能力持续提升。2021 年公司顺利通过国家级企业技术中心年度考核和高新技术企业认证；二级单位获评当地研发中心企业。

4. 助力搭建高技能人才培养平台

通过学习型组织建设的不断完善，中交天航局张玉春技能大师工作室于 2021 年 2 月成功获评首批中交集团技能大师工作室。该工作室 2022 年度完成实用新型专利 4 项、技改技革 2 项。中交航天局以技能大师工作室为牵引，建立"人才共育、技术共享、协同创新"机制，先后孵化出李淼技能大师工作室和赵银星技能创新工作室，培养了高技能领军人才 27 人，其中全国技术能手 4 人。2022 年 8 月张玉春技能大师工作室受邀参加首届世界职业技术教育发展大会，作为疏浚行业代表进行现场主题发言，并获得"首届世界职业院校技能大赛特别合作奖"。张玉春团队代表中交集团参与展演类能工巧匠赛项如图 9 所示。

图 9　张玉春团队代表中交集团参与展演类能工巧匠赛项

5. 知识复制效率全面提升

随着学习型组织的赓续发展，越来越多的优秀员工通过内训师、微课系列培训将个人经验具象成知识课程，并固化为企业知识。中交天航局内训师队伍由 2019 年的不足百人，发展至目前的 423 人，通过培训产出课程 271 门，共计 8935 分钟；微课 1130 门，累计课程 45.68 万分钟。产生的优秀微课作品，数次荣获中交集团微课大赛多个奖项，连年入围建筑施工内训师大赛，并且在"建功立业"中国建设工程行业讲师大赛中有近 10 人荣获十佳讲师、优秀讲师等称号。中交集团微课大赛及建工行业讲师大赛获奖情况如图 10 所示。

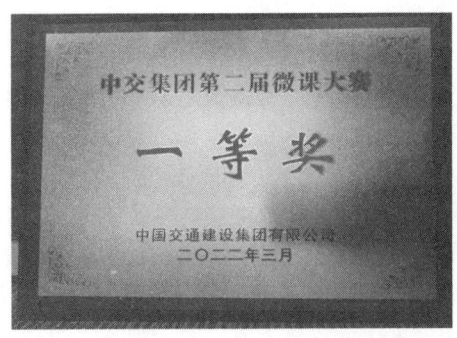 

图 10　中交集团微课大赛及建工行业讲师大赛获奖情况

6. 同行企业影响力不断扩大

近年，中核建五公司、中铁十四局、广航局等单位到中交天航局就学习型组织建设进行了对标交流。同时中交天航局还受邀参加中国施工企业管理协会课程录制，并多次在建筑施工企业论坛发表主题演讲，相关理论文章收录在期刊杂志《施工企业管理》第 401 期中，并多次受到媒体广泛关注。企业对标交流及在建筑施工企业论坛发表主题演讲如图 11 所示。

图 11　企业对标交流及在建筑施工企业论坛发表主题演讲

四、经验总结

（一）在规划和执行过程中总结的先进经验

面对全球数字化时代日新月异的技术迭代以及公司转型升级发展所需的多维度人才培养需求，中交天航局为解决员工分布广泛、学习资源匮乏、课程体系繁多、课程与需求不匹配等问题，在制度体系建设、数字化平台搭建和培训项目运营等方面积极努力创新实践，通过培训产品系列化、学习路径可视化、知识吸收情景化、经验复制云端化等，探索出一条符合企业业务、人员特点的学习型组织建设之路。中交天航局不仅进一步激发了企业员工的学习内驱力，健全了长效激励与约束机制，同时也为其他企业实施数字化学习型组织建设提供了可借鉴的样本。

（二）优化和改善建议

创新和优化是永远的主题。中交天航局对未来学习型组织建设工作的思考和计划可以归纳为3个持续和一个深入。一是持续加强制度建设，逐步完善学习约束机制、激励机制和运营机制，将学习型组织建设不断向纵深推进；同时从人才经营、知识投资的角度，将员工自主学习、各单位自主培训开展情况、培训成果转化等方面作为内部考核的主要依据，牵引各单位切实践行"对员工进行能力投资就是投资企业的未来，抓学习型组织建设就是抓核心竞争力提升"的理念。二是持续完善知识管理体系，通过内训师大赛、学习社区问答等方式让员工充分互动，评选优秀内训师并在企业内树立模范典型，带动企业员工成为内训师并为经验分享和知识共享做出贡献。三是持续优化更新"天航云学院"平台，再好的平台也会过时老旧，"天航云学院"平台必须紧跟学习型组织建设需求，在吸收市场化在线学习平台优秀经验的同时，重点推动岗位学习地图课程数据化推送工作，为员工主动学习提供更便捷和高效的平台。四是深入"开发"传统培训项目，从解决实际问题、情景化课堂带入、提高员工效能等方面进行优化，提升新时代员工对培训产品的接受度。

下一步，中交天航局将在数字化时代背景下，按照3个持续和一个深入的思路，深入推进学习型组织建设，持续为员工赋能，不断激发员工活力，让员工持续拥有创造力，更好地实现企业的高质量发展。

案例负责人：李汉江
主要创作人：包　诚
参与创作人：于　浩、丁　浩、刘　璐、姚坤元

人才管理"精准化、数字化"，
助力公司全面数字化转型

中国联通河南省分公司

中国联通河南省分公司（以下简称河南联通）严格贯彻落实中国联通集团公司"1+9+3"战略规划体系，持续践行人才强企战略，不断深化人才体制机制改革，重点聚焦人才能力画像和人力资源精细化管理，开展人力资源领域数据治理，建立了多维度、多视角、多类别的全量人才图谱，重塑并不断完善人力资源业务管理流程，开发人力资源数字化管理系统，不断提升人力资源领域管理水平，全面推进人力资源管理数字化，助力公司全面数字化转型发展。

一、实施背景

（一）中国联通集团公司数字化转型的需要

2022年，中国联通集团公司印发了《中国联通数字化转型行动计划（2022—2025年）》，文件中明确了以习近平新时代中国特色社会主义思想为指导，抢抓数字经济新机遇，顺应数字化转型趋势，以"数字信息基础设施运营服务国家队、网络强国数字中国智慧社会建设主力军、数字技术融合创新排头兵"定位为引领，全面落实"强基固本、守正创新、融合开放"战略，以业务运营数字化、网络运营智慧化、运营管理数字化、数据赋能场景化为主线，强化数据和技术赋能，全面提升核心竞争力和可持续发展能力，助力公司实现高质量发展。

同年，集团公司人力资源部（党组组织部）在2022年工作要点中明确了"以战略为引领，进一步加快人力数字化建设，以业务为导向，针对重点场景推动大数据应用，为职工队伍提供数字化赋能"。

（二）河南联通数字化转型的需要

2022年，河南联通印发了《河南联通数字化转型行动计划（2022—2025年）》，对人力资源领域全面数字化转型提出了要求，主要表现在：聚焦员工感知提升，通过"强干部、育人才、优分配、提效能"重点场景建设，实现重点人群、重要资源配置的数字化管理；明确了建立网格用工效率和人员产能评价的数字化模型，促进人力资源全要素高效配置，提升人力资源投入产出效率的目标。

二、主要做法

（一）开展数据治理，统一数据标准和规范，夯实人力数据基石

1. 统一人力资源领域数据标准和规范

数据规范化和标准化是管理数据的基础，河南联通聚焦人才数据精准化、数字化管理，从公司业务发展需要的角度出发，梳理组织（按专业线）、岗位族、人员之间的相互关系，建立组织、岗位族与人员三者对应体系（如图1所示），制定《岗位族打标规范文档》，规范全域数据管理，

构建统一的标签体系，同时分专业、分层级等多维度盘点人力资源领域相关数据字段的应用场景，从定义、使用场景、数据来源等维度字段进行规范化，形成数据字典，消除以往对个别数据存在多种解释的混乱现象，提高数据融合和共享质量，强化数据对各专业、生产一线的赋能，同时加强数据开放共享和数据安全防护能力，进一步激发数据生产要素活力，实现数据"可视、可信、可用"，充分发挥数据要素在数字化转型中的"倍增器"作用。截至目前，河南联通建立了核心主数据条目共计25项，其中组织方面4项，人员方面20项，岗位族方面1项。

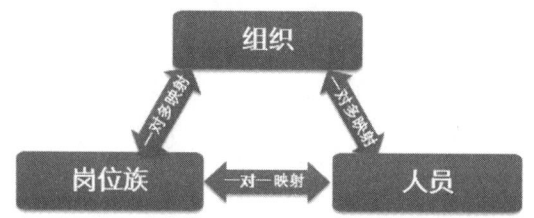

图1　组织、岗位族与人员三者对应体系

2. 建立统一的员工标签类目体系

一是落实中国联通集团公司多维人才标签体系的指导意见，以规范岗位族的管理为抓手，明确专业线岗位族标签管理规范标准，将组织、岗位族和人员动态对应起来，搭建"一对一、一对多"的对应关系，构建包括人才分类、技术领域、业务领域、专业岗位、能力培训、贡献经历等多类别、可交叉、可关联的多维人才标签体系，并将数字化工具嵌入到业务管理流程，对岗位族标识情况进行实时管理，自动预警不符合规范标准的岗位族人员情况，做到岗位族随人动而动，同时基于组织、人员和聘用信息之间的静态属性和动态行为，建立组织、岗位、人员与业务流程等标签条目154项、逻辑关系4项，为组织和员工量身打造不同尺寸的"工作台"。二是聚焦公司五大主责主业，结合内外部认证清单和初、中、高级认证等级，建立五大主责主业与人员能力水平相匹配的认证字典条目219项，其中内部认证92项，外部认证127项。截至目前，河南联通通过内外部能力认证且与五大主责主业相匹配人员达到7044人次。

（二）整合人力资源领域业务数据、业务流程，统一数据存储，搭建面向商务智能的"数据工厂"

1. 搭建人力资源专业领域的数据仓库

整合人力2.0、IHR、人才、薪酬4类系统的业务数据、业务流程，基于组织、员工和聘用信息3个维度分层级划分数据颗粒，构建多维度数据模型，建立覆盖人力资源领域的"数据工厂"，为人力资源管理系统提供多维度、多类别、多视角的模块化结果数据支撑，为公司决策及时提供全面准确的人力资源数据支持。

2. 实施数据与人力资源业务联动

聚焦智慧人力服务导向，从企业管理和服务员工的双视角出发，分场景、分类别梳理完善人力资源业务流程，运用数字化思维，以数据驱动为核心，将数据动态嵌入业务流程的各个节点，建立数据驱动的人力资源业务流程，实现数据贯穿于整个业务流程中，并随各业务环节流转而流动，最终进行标准化存储、多形式运用，形成"选、用、育、留"的数据和业务流程闭环。截至目前，河南联通已梳理完善人力资源业务流程8项，覆盖了招聘、入职、在职和退出等4个模块。

（三）建立数据逻辑校验机制，开展数据质量校验和管理，实现重点指标监控可视化、实时化

1. 实施数据质量校验与管理

围绕组织、岗位族和人员数据，基于人力资源业务逻辑规则，建立并不断更新完善人力资源数据质量校验库，定期根据人力资源业务逻辑进行补充和调整，保证数据质量，同时利用人力资源数据校验功能，从系统机制上对进入人力资源数据仓库的数据进行定期核查，探寻数据可能存在的逻辑漏洞与异常，并实时将异常数据和优化标准反馈给 HR，以便 HR 快速处理响应，不断提高数据管理水平。主要表现在：一是通过分层级建立组织标准化名称体系，结合组织有效性情况对全省组织名称的规范性和组织有效性进行诊断；二是依据岗位族与组织建立的对应关系，对岗位族是否打标及打标的准确性进行诊断；三是梳理人员信息的相关数据，对员工分配类别的基本信息、教育经历、工作经历进行完整性、准确性诊断，从源头建立数据录入的逻辑关系，对录入系统的数据首先进行逻辑诊断，筛选出逻辑关系不一致的数据。

2. 实施重点指标实时监控

严格落实中国联通集团公司人才强企指导意见的文件精神，聚焦重点领域、重点业务指标，搭建一点看全的重点指标监控平台，对重点指标波动较大的数据进行自动预警，实现重点指标实时化、可视化、全过程化。例如针对中国联通集团公司要求的用工效率提高、人才结构调整和自主能力培养等方面的指标实施量化管理，利用重点指标监控平台对全口径人均创收、全口径人员管控、科技创新人员占比、政企领域人员配置情况和数字化能力人员占比等重点指标进行实时监控预警。截至目前，重点指标监控平台已对重点指标变动情况自动预警 23 次，预警准确率达到 100%。

（四）建立全量人才图谱，开展数字化标签管理，实现人才队伍数据管理可视化、全景化、智能化

以多维人才标签体系指导意见为牵引，结合公司"十四五"规划，根据公司战略落地和业务发展提出的人员分类需要，构建包括人才分类、技术领域、业务领域、专业岗位、能力培训、贡献经历等多类别、可交叉、可关联的全量人才图谱，同时利用数字化管理手段，搭建了系统职能标识为主、人员手动标识为辅的员工数字化标签管理平台，分组织层级、分专业、分场景对人才进行数字化标签管理，并根据战略行动计划、重点业务、重点客户营服人员供需求提供人员数量、质量等人员配置数据，为重点业务、重点客户人员支持保障提供数据依据。截至目前，河南联通已按照多维人才标签体系分类别、分专业、分层级搭建了人才标签管理平台，实现了人才报表数据可视化、实时化，人才推荐智能化，人才结构监控、预警一体化，人才成长轨迹可跟踪。

（五）聚焦人力资源专业重点领域，分模块开发人力资源数字化管理平台，实现人力资源管理数字化

落实公司全面数字化转型要求，在人力资源领域的干部管理、人才管理、培训管理、劳动合同管理、薪酬管理等重点业务流程率先开展数字化转型工作。

1. 搭建数字化干部管理模块

聚焦干部管理场景，基于基本信息、教育经历、工作履历、奖惩信息等内容，建立了分类别、多维度的干部数据字典库，构建了分组织、分层级、分知识结构等多维度查询体系，通过开发小程序，实现了干部任免表在 word 于 Excel 之间的无缝转化、批量生成处理等智能化管理；通过建立干部管理模块，掌握省市两级管理人员的年轻干部队伍建设情况并对未完成目标的单位自动预警，同时也实现了管理人员的年龄结构、专业结构、履历结构等多标签、多维度、可视化展示，为公司干部队伍结构优化提供全面、准确、及时的数据支撑，助力干部管理科学决策，如图 2 所示。

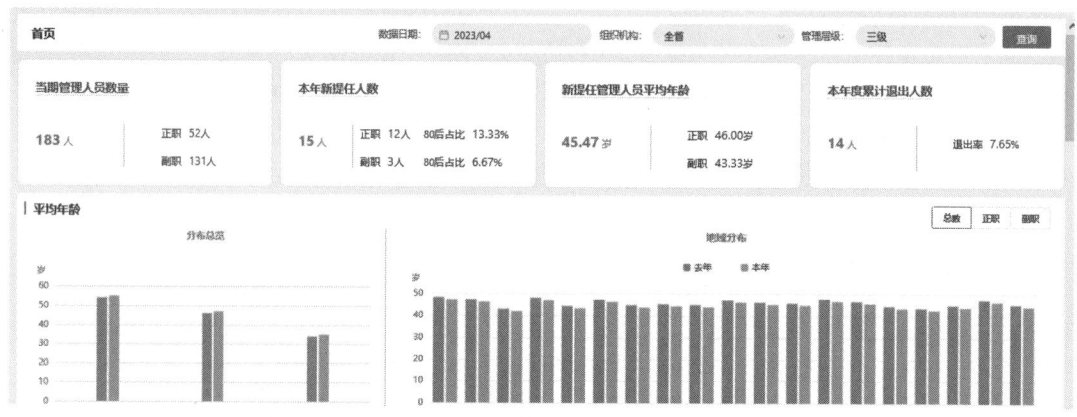

图 2　干部队伍结构情况

2. 搭建数字化人才管理模块

聚焦人才管理场景，一是实施各类人才数字化管理。通过人才管理大屏，从省市县 3 级组织看清各类人才的配置情况、变动情况和变动趋势，了解人才资源配置情况，加强人才数据应用，推动人才配置与业务发展需求相匹配。二是创新人才数字化运营新模式，纳入项目实施、经验分享、赋能培训等信息，实现四级专业人才使用的量化评价，通过人才遴选、培养、使用、评价、退出的全生命周期闭环管理，形成人才申报、遴选、年审、退出的全周期线上化管理体系，实现对人才数据随时盘点，实时掌握。四级专业人才遴选及年审工作效率提升 50% 以上，项目参与率提升 30%。四级专业人才结构情况如图 3 所示。

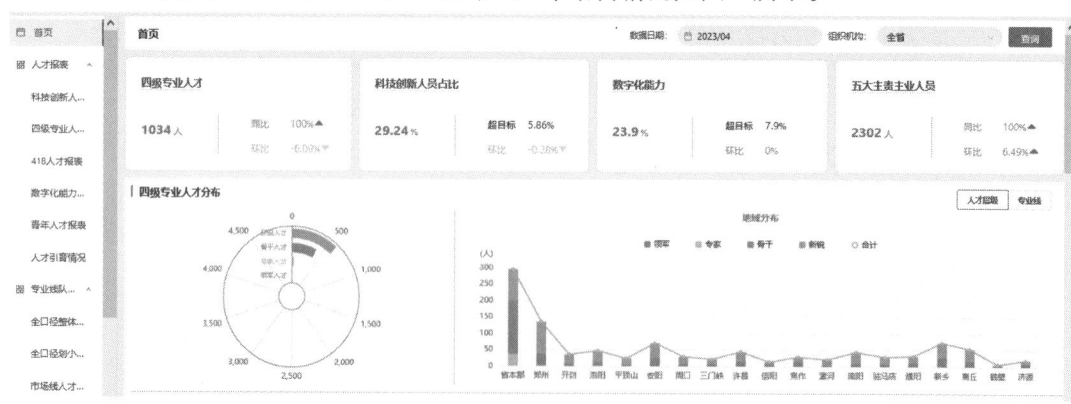

图 3　四级专业人才结构情况

3. 搭建数字化培训管理模块

聚焦培训管理场景，拉通联通党校和外部培训信息数据，以年度培训计划为依托，以培训班信息为载体，以参与培训信息为基础，利用数字化技术，通过搭建数字化培训管理模块，将三者关联在一起，实施培训计划、培训班、培训人员线上关联管理，实现培训计划、培训班和培训人员、个人培训经历等可视化展示，同时关联个人年度培训学时目标，实时掌握个人年度培训学时达成情况。

4. 搭建数字化劳动合同管理模块

聚焦劳动合同管理场景，运用数字化技术，将劳动合同的发起、签署、保存、应用4个阶段全程电子化，一是在线审批，实现管理效率提升。实施全流程、全在线合同管理，打破了传统线下繁琐的审批签订流程；二是电子签署，消除合规风险隐患。采用了实名手机号码短信验证技术、防篡改技术、支持多重验证签署方式，杜绝人员代签、冒签风险，确保合同签署过程可追溯，让合同签署更高效和更安全；三是在线管理，实现合同赋能提效。解决合同签署后"一公里"的管理困难，平台实现了全流程在线管理，有效提升员工的数字化体验感知。

5. 搭建数字化薪酬管理模块

聚焦薪酬管理场景，基于公众、政企网格人员薪酬分配办法，优化薪酬管理与实施的业务管理流程，基于数字化管理流程搭建"网格薪酬管理"模块，实施薪酬核算全流程线上化、自动化，实现考核结果与考核指标数据可追溯、可沉淀、可分析、可应用，薪酬结果展示透明化，强力推动人力资源薪酬管理的数字化转型。

三、未来展望

下一步，河南联通将持续深化落实人才强企战略，全面推进人才资源领域数字化转型，建立更加完善、场景更加丰富的人才全量图谱，为公司全面数字化转型提供坚实的人才保障。

企业负责人：童海波
案例负责人：王　志
主要创作人：崔东佳
参与创作人：熊保鸿、陈　涛

数智化加速人力资源向智效合一转型

用友网络科技股份有限公司

人工智能在企业管理中的应用实践越来越多，数字化和智能化正在推动人力资源管理从原来的职能管理向组织能力提升的价值定位快速转变。

一、传统人力资源管理的人效瓶颈

尽管人力资源管理自诞生以来不断创新和变革，但传统的人力资源管理仍然保留着工业经济时代科学管理和流程管理的特点，诸如凭感觉、经验、直觉的人员编制设置或人员选聘，填鸭式的人才培训与培养，片面结果评价式的绩效管理，千篇一律的人才发展计划等，在企业人力资源管理中屡见不鲜，其根本属性仍然集中在资源、成本和产出上，即通过增加单位资源投入来提高整体收益。因此，提高人效仍然是其关注的核心焦点，通过包括裁员和优化人员结构、强化培训学习、加强时间管理、优化作业流程、增加资源投入等各种措施提高人效仍然是人力资源管理的关键目标。

然而，传统人力资源管理的经验性、主观性、标准化、流程化、碎片化、模糊化、滞后性等特点，是制约企业人效提升的关键点。随着数字技术的迅速发展和新生代成为职场主力，社会化的组织模式和灵活多样的雇佣方式逐渐成为智能时代和数字经济的关键特征。如何通过数据化手段更有效地激发个体和组织的活力，并在此基础上锻造适应不确定商业环境的组织能力，已成为企业关注的核心焦点。

因此，智能化人力资源管理的特点及对人效的期待是通过数字化的手段，有效提升人力资源管理的精准性和有效性，突出体现在数据化、客观性、个性化、敏捷性、全面性、清晰化和前瞻性等几个方面。

（一）数据化

将人力资源管理相关的属性数据化，在此基础上针对不同分析主题开发大数据分析模型，借助于科学的应用分析方法，实现人力资源数据化和分析化，达成结果可检验的目标。

（二）客观性

在数据化和分析化的基础上，提供人才评估的客观衡量指标与人才配置的决策建议，智能分析的有效性不受个人主观评价的影响。

（三）个性化

利用数字化的手段，对于不同的人群关注焦点采用不同的管理策略，实现对人才管理的个性化服务，包括个人成长路径的个性化定制、个人发展的个性化配置、员工体验的多样化适配等。

（四）敏捷性

应对商业环境的不断变化需要敏捷的组织支撑，因此智能化人力资源管理需要更加敏捷、更加灵活，而不是复杂或者固化的流程，在此基础上面向企业增长和商业创新，调整对应的组织结构、人才结构和能力结构。

（五）全面性

智能化人力资源管理可以基于完整的数据实现综合分析并提供智能建议，呈现对人才的通用判断和个性化识别，是对企业人才结构的全面分析和洞察，为人才与岗位的精准匹配提供坚实的数据分析基础。

（六）清晰化

能够针对复杂问题给出明确的智能分析指标，并与领先企业实践进行对标分析，形成清晰可执行的措施和建议，例如针对员工满意度提升、员工敬业度提升、组织效能提升等提供清晰的建议。

（七）前瞻性

以组织目标和企业战略为导向，针对人才主题提供预测性分析，能够及时发现潜在的风险点，提醒人力资源管理者提前干预并预先采取管理动作以避免风险的发生或降低风险发生的概率与危险性，例如离职预测等。

新生代员工的渗透、数字技术的创新发展，以及越来越多的人期望从工作中获得意义和价值，企业的角色正从交易型雇主转变为变革性伙伴，企业中传统意义上的雇佣关系也在发生颠覆式的变化，企业不再是单纯的员工赚取报酬的雇主，而是个人价值实现的载体。因此，企业的使命与愿景，正逐渐成为吸引人才加入的关键，企业需要依托数字化的手段加速人力资源管理从人效提升向智效合一转型。

二、人工智能时代的智效管理模型

（一）从人效到智效：人工智能时代的精准人力资源管理

企业要想持续高质量发展，需要关注组织发展和人才发展。从组织发展和人才发展两个不同的维度深入分析，组织关注的是业务发展（现在、生存、规模增长）和组织发展（未来、发展、组织能力），人才关注的是对人才的态度，区分资产（生产资料、成本控制）和资本（生产要素价值创造），其关注焦点对应的是作为生产资料的配置使用属性还是作为生产要素的价值创造属性。因此，人工智能时代的人力资源管理需要聚焦于智效管理，即推动企业从关注人效、资效、知效到提升组织的智效，如图1所示。

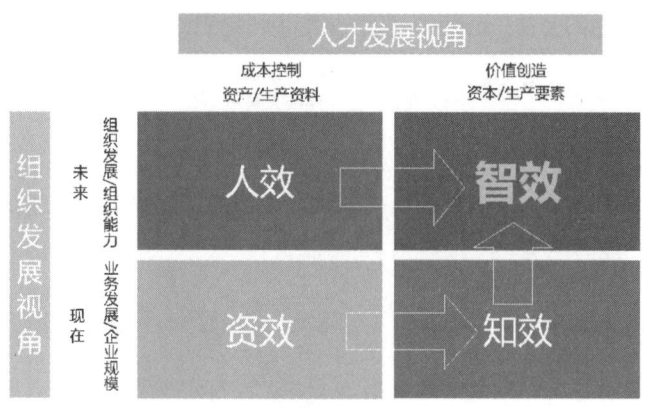

图1 从组织和人才视角看人工智能时代的智效管理

资效是视员工为资产和生产资料，基于企业当下的业务发展目标，利用管理工具和管理手段发挥资源价值，其本质是将人才视为生产资料。它强调有效地配置和利用各种资源，包括资金、设备、技术和管理等，以提高产出效率。资效的关注点在于资本和资源的有效利用程度，强调资本配置和使用对产出的影响。

人效是在将员工视为生产资料的基础上，面向企业的未来战略和当前的业务目标，关注个体或群体在工作中的效率和产出。它强调通过不断提升和优化个体或群体的能力，为企业的发展做出贡献。人效的核心在于提高员工的工作效能和生产力，强调个体或群体在工作中的效率和产出。

知效是在认识到员工的资本价值和生产要素价值的基础上，充分发挥资本效用创造生产价值，本质上强调知识的获取、应用和创新对工作效果的影响，注重将知识有效地运用和转化为组织的竞争力。

智效则是将人才作为生产要素，着眼于企业未来的发展和人才的持续价值创造。它强调通过智能技术的辅助，增强人类的决策、创造和执行能力，以实现企业的长远目标。智效关注的是智能技术和人类智慧的结合，强调通过智能技术的辅助，增强人类的决策、创造和执行能力。

（二）人工智能时代的智效管理模型

人工智能时代的智效管理模型不仅仅是数字技术的深度应用，更是人力资源管理范式的升迁，从原来的事务性、职能性的人力资源管理，选育用留评汰的闭环人力资源管理，向面向组织能力提升的、基于数据分析和智能嵌入的智能化人力资源管理转型，通过数字化的手段实现数据识人、智能选人、智慧用人，从而精准匹配人才属性与业务属性，实现人才与组织目标的统一，即智效合一，如图2所示。

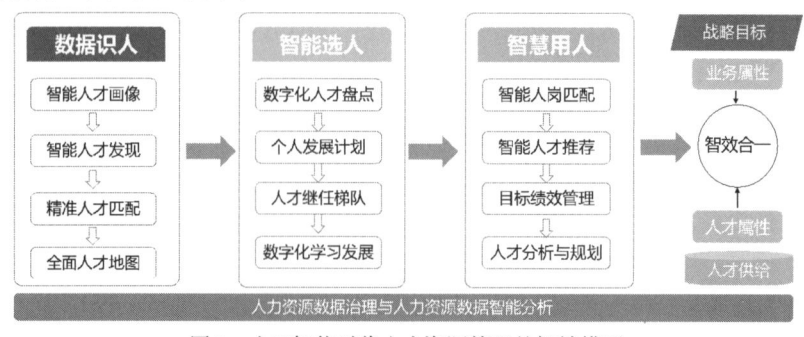

图2 人工智能时代人力资源管理的智效模型

1. 数据识人

数据识人是智效管理的基石。无论是外部的人才选聘还是内部的人才选拔，数据化和智能化的应用正在逐渐深入企业人力资源管理环节。传统的招聘流程通常涉及大量人工筛选简历、面试候选人、背景调查等烦琐而耗时的任务。然而，随着大数据和人工智能技术的崭露头角，企业可以更高效地进行招聘，提高招聘的质量和准确性。数据选人将多个维度的信息整合在一起，从而为雇主提供更全面的候选人画像，包括工作经历、教育背景、技能等各种信息。

数据识人即利用数字化和智能化技术，立足于企业发展战略和组织能力的智能人才画像，帮助企业确定明确的用人标准，在此基础上通过智能人才搜索实现按岗位筛选、按业务属性筛选、按能力结构筛选、按关联关系筛选等，并结合内外部人员选聘的标准实现精准人才匹配，形成涵盖内外部人才库和现有人才部署的全面人才地图。

数据识人不仅能帮助企业找到合适的人才，还有助于企业更好地管理现有的员工。通过数据分析，人力资源部门可以更好地了解员工的需求、技能和职业发展路径，从而更好地满足员工的期望，提高员工满意度和保留率。此外，数据还可以用来预测员工的流动情况，从而提前采取措施来留住关键人才。

2. 智能选人

智能选人是智效管理的核心，即通过数智化的手段提高育人的精准度，提升组织赋能的价值，进而提升组织效能。它强调通过系统化的方法来培养、发展和保留对企业发展至关重要的核心人才和关键人才，主要包括数字化人才盘点，在此基础上个性化的个人发展计划（IDP），基于组织发展的人才继任梯队，以及有针对性的数字化学习发展等关键环节。通过智能选人，企业可以更好地管理和发展人才资本，以适应不断变化的市场和竞争环境。这不仅有助于员工的个人成长，还有助于企业的长期成功和可持续发展。

数字化人才盘点是指通过数字化工具跟踪员工的技能、知识、经验和绩效数据。这些数据可以用来评估员工的潜力，了解他们在组织内的定位，以及为他们提供有针对性的发展机会。数字化人才盘点为制订个人发展计划提供了强大的数据支持。每个员工可以根据其个人数据和组织的需求，制订具体的发展计划。这些计划可以包括定期培训、学习路径、项目参与等。数字化工具还可以提供个性化的建议，帮助员工选择最适合他们的发展路径。确保关键职位上有合适的人选，需要建立和维护完善的人才继任梯队。数字化技术可以帮助企业确定有潜力的员工，为他们提供培训和发展机会，使他们能担任更高级别的职位。通过数据分析，企业可以快速识别和填补潜在的人才缺口，以确保业务的连续性和成功。数字化学习发展是智能选人的关键载体，可以利用创新的数智技术，为企业提供在线学习、课程和资源，跟踪员工的学习进度和成就，并根据他们的表现提供反馈和建议。

3. 智慧用人

智慧用人是精准人力资源管理的核心目标，也是智效管理的关键策略。它利用智能技术进行系统的人才选聘、人才发展、人岗适配、劳动力分析与规划等，既要确保支持组织目标达成的人才准确度和精准度，又要前瞻性洞察和规划未来组织变革所需的人才储备。

智慧用人通过智能算法和数据分析来帮助企业更好地匹配人才与岗位。这种智能系统可以分析职位要求、候选人的技能、经验和背景，以确定最佳匹配。这不仅提高了招聘效率，还减少了不合适的招聘决策，从而降低了人力资源的成本。同时，它还有助于员工更好地适应岗位，提升了人岗匹配的精准度，进而提高了员工满意度和绩效。

智慧用人还可以利用机器学习和自然语言处理技术来推荐潜在的候选人。这些系统可以根据职位需求和候选人的履历自动筛选出最有潜力的候选人，节省了招聘人员的时间和精力。这些推荐系统还可以根据以往的成功招聘经验不断优化，提高匹配的准确性。

通过数字化绩效管理工具，企业可以设定明确的目标、跟踪员工的绩效和提供实时反馈。这有助于员工更好地了解他们的职责和目标，增强了工作动力，提高了工作效率。此外，数据分析也可以帮助企业识别高绩效员工，以便奖励和晋升高绩效员工，同时提供改进机会给低绩效员工。

智慧用人通过数据分析来帮助企业更好地了解其人才资本，预测人才需求并制定战略规划。这包括了解员工的技能、经验、晋升潜力以及可能的流动情况。有了这些数据，企业可以更好地规划人才发展和继任计划，确保在关键岗位上有合适的人选。这也有助于企业提前应对潜在的人才短缺问题。

智慧用人通过智能技术的应用，提高了人力资源管理的效率和精准性，有助于更好地匹配人才与岗位，提供个性化的发展建议，优化绩效管理，以及制定战略性的人才规划。这不仅提高了员工的满意度和绩效，还有助于企业在竞争激烈的市场中保持竞争力并实现长期成功。

4. 智效合一

人力资源管理的数智化实践突出的价值是基于更精细化的单位人工成本控制、人才配置和人才结构变革，通过人工智能等数字技术的深度应用，获取更卓越的绩效产出，其关键策略体现为上述的数据识人、智能选人、智慧用人，因此其本质是资效、人效、知效到智效的转变，核心目标是实现人才发展属性的"智"与业务发展或组织发展属性的"效"的有机统一和深度融合。

智效合一的第一个特征即个人价值创造能力的充分释放，直白地说就是用更少的人干更多的事儿，且能够干出更好的效果，其本质是"人效"提升策略的结构化升级。以企业人力资源管理环节之一的技能培训为例，传统人效提升的策略是采用各种手段对员工的短板进行修补或提升，并未考虑每个个体的差异化、接受度等因素。而精准经济的人力资源管理则是"千人千面"的定制化培训，持续发挥个人价值创造的长板。同时，通过将日常任务自动化，专业服务的产品化开发，以及用工形式的社会化和共享化等手段，最大限度地提高个人对组织和社会发展的贡献。企业提升智效的手段并不是更大规模的人员雇佣，而是精准赋能员工以使其更好地承担任务，这在人力资源管理领域其实可以概括为"通过数字化手段利用数据的力量有效识人"，即通过"数据识人"落实企业智效提升。

智效合一的第二个特征是利用流程、数字化、社群等创新应用，构建企业内外部无缝的安全协作空间，通过更好的协作创造更大的价值，即通过流程的优化提升每个个体和团队的知效。通过观察可知，引入并充分应用数字化技术的科技公司，无论是从事精准医学、基因治疗、大数据营销、MOOC、营销策划内容，还是自动驾驶汽车等领域的组织都处于商业创新和可持续发展的领先地位。在人力资源领域最典型的案例就是利用人工智能技术挑选优秀的候选人，依靠数据精准识别每个人的学习与成长需求，并与企业的组织目标实时匹配，通过优化业务和管理流程、全面数字化人才盘点，精准匹配个人发展与组织发展，形成数字化的人才继任梯队，以及对应的数字化学习发展计划，从而通过"流程育人"有效提升企业智效。

智效合一的第三个特征是利用数智化实现精准、高效、科学、实时、敏捷的人才配置，即在充分兼顾人才能力结构和员工体验多样性的前提下，立足于组织目标实现，实现更精准的配置，实质上是人才与企业业务属性的高效、精准适配，即智慧用人。企业中最可怕的是人才错配，即把不合适的人放在了关键的岗位上,不但无法创造价值,相反会对组织的绩效带来伤害。因此,通过数字化的手段,洞察每个个体的多样性差异和优势,结合组织需要,精准识别和高效匹配,通过充分释放个体的价值创造作用,推动组织的整体绩效提升,即通过"智慧用人"结构化提升企业智效。

(三)智效合一的应用场景与实践

人工智能技术的深入应用,推动了人力资源管理向智效管理变革与升级。利用数字化和智能化技术推动企业智效合一主要有以下几个典型的场景实践。

1. 精益的工作协同、业务协同、企业协同

企业的经营效率和绩效很大程度上取决于信息流畅程度、决策效能和资源分配的合理性。因此,企业要深入了解真实的管理问题,并作出高效准确的决策,必须通过坦诚的交流来建立合作桥梁,任何掩饰或刻意误导都应该避免。因此,借助员工的智慧来提高决策效率对企业至关重要。坦诚是一个双向互动的过程。一方面,企业必须创造条件,确保员工能够在安全和信任的环境中坦诚地表达自己的真实想法;另一方面,企业也需要听取员工反馈并给予员工正向的回应,以建立良好的双向互动,从而增强开放和坦诚的氛围。

然而,多数企业还是以过去工业化时代的管理方式来管理新业务、新人群,在业务经营过程中加入大量的监督、控制和干涉,而不是信任、授权和分享。这与现实是矛盾的,因为"千禧一代"天生独立自主、习惯数字化生活,而且厌恶从上至下的控制和阶级制度。因此,利用数字技术实现企业各岗位之间的工作协同、组织之间的业务协同,以及供应链上下游的企业协同,形成精益协同,对于推动企业实现组织目标至关重要,如图 3 所示。

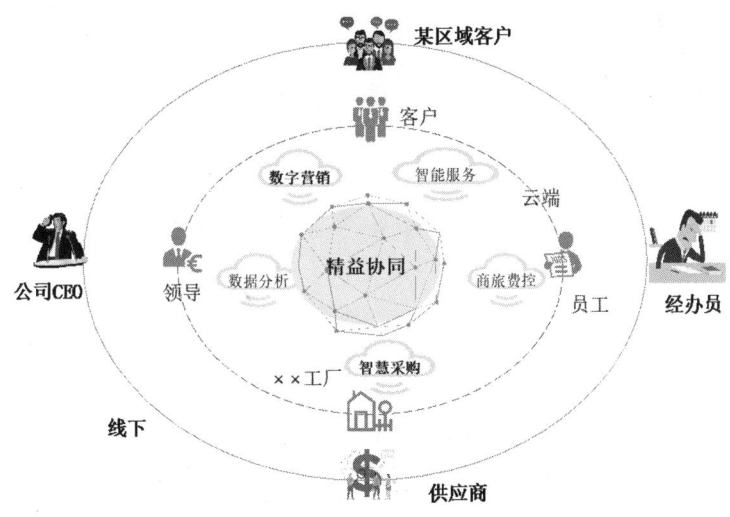

图 3 数字化协作平台实现人人协作、人企协同、企企共融

全球互联网领军企业谷歌公司选择目标和关键成果(OKR)系统来实现整个公司的目标透明化管理。每一个谷歌人都能查询其他同事和团队正在努力实现的目标和过去取得的成果。中国行业领先企业双良集团选择将社会化协同的概念引入企业的生产经营管理,实现内部工作协同、内外部企业客户协同,通过数字化协同实现精准高效的产业链协作。

2. 智能人才画像：企业用人预期与人才结构的精准适配

组织发展的价值通过管理机制的创新推动和支撑企业目标的实现，突出体现在组织的业务目标与人才的深度融合、有机结合中，借助数据智能，通过人员能力标签与企业业务需求属性自动匹配和精准识别，实现企业业务属性和人员属性的有机融合，即实现"人""事"融合，这也是精准经济在人力资源管理的最佳实践之一，即通过精准的人岗适配、资源的最佳匹配与有效利用，实现组织效能的最大化。

数字化岗位的本质是企业战略和组织能力视角的人才结构诉求预期，即组织画像；而数字化员工则是内外部人才视角的人才结构呈现，即企业现有人才的人才画像。二者通过数智化手段进行精准适配，支撑企业战略目标的实现和个人价值的充分释放，如图4所示。

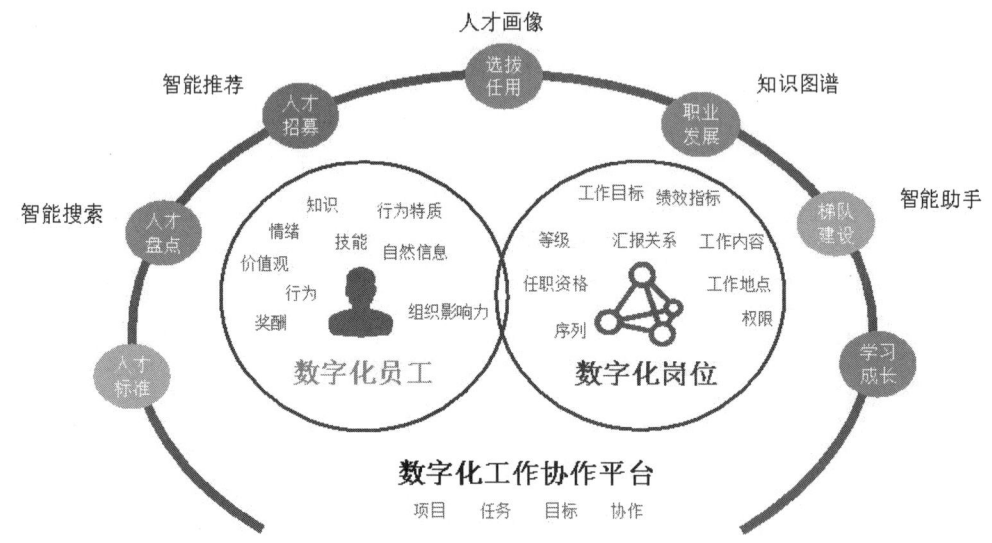

图4　数字化岗位与数字化员工的精准适配

某中央企业基于大数据分析与数据洞察，全面精准的人才画像和组织画像，实现管理价值和管理决策可视化，并重新定义人才数字化洞察，引领人才管理新思维。首先，基于现有人才的能力结构，围绕人才标签、人才盘点、绩效、人员信息和任职信息，将人才画像清晰量化，全面追踪人才发展轨迹、多维标签标记人才质量，全面了解人才。其次，基于企业战略绘制未来3~5年组织发展所需要的组织岗位画像，根据组织的不同业务场景，发现探索人才数据价值，帮助企业精准定位人才、识别人才，助力团队协作和战略达成。将二者之间的差距作为人才战略的重点工作方向，在实现人才盘点、需求精准预测、人才前瞻性规划、持续性人才储备等工作闭环管理的基础上，提高人才识别精准度58%，并有效提升组织目标的达成和持续变革。

3. 智能人才搜索：数智化精准人才选聘

在企业的招聘和人才选拔环节，对于招聘主管来说，耗时最多的，也是价值最低的，同时也是最容易出错的地方恰恰是简历的初筛和面试环节。在人工智能时代，在招聘环节引入机器人，将过去每个环节都需要人为干预的流程升级简化为指令下达、数字员工调用、信息反馈等环节，在实现效率提升的同时，结合大数据应用和企业岗位的精准识别与匹配，将候选人纳入整体流程，借助人工智能武装的数字员工，在流程高效执行和精准度提高的基础上，同时避免在招聘过程中由于人的自然属性和感性决策可能出现的偏见。

某全球化经营企业将机器人应用于招聘环节，通过智能化的手段高效完成招聘流程，提高招聘岗位的匹配精准度65%，将招聘周期从原来的平均35天压缩到7天；并且结合ChatGPT等大模型应用强化招聘职位的精准描述，对于精准识别人才奠定了坚实的智能化基础，并能够根据大模型的持续迭代创新招聘流程、提高人才识别精准度，避免人才错配带来的巨大风险与成本，如图5所示。

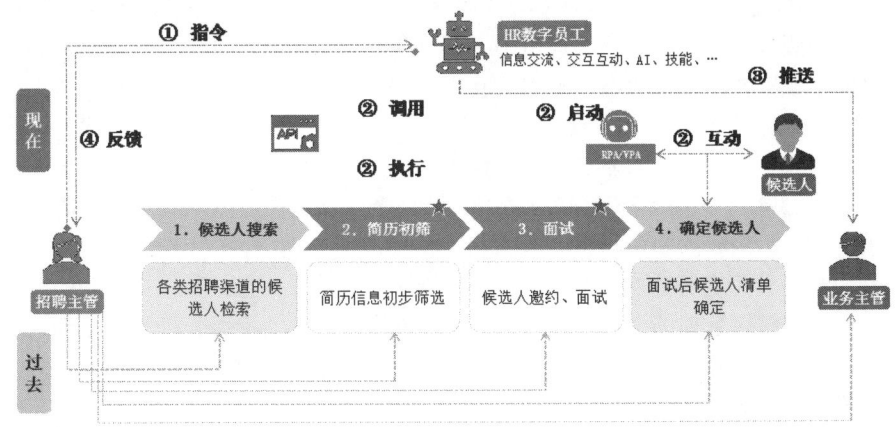

图5　某全球化经营企业采用数智化技术实现人才选聘的精准度提升

4. 数智化人才分析与规划：丰富的能力与模式选择

企业持续高质量发展，不仅需要战略选择和商业模式的不断创新，更需要健全的人才供给体系。一方面，企业需要立足于当下的人才结构优化、能力提升与精准匹配；另一方面，企业更需要面向未来前瞻性洞察人才供给预测、能力建设与组织模式选择。因此，企业需要从原有的商业分析升级为利用数字化手段的AI智能驱动的劳动力分析、预测与规划，如图6所示。

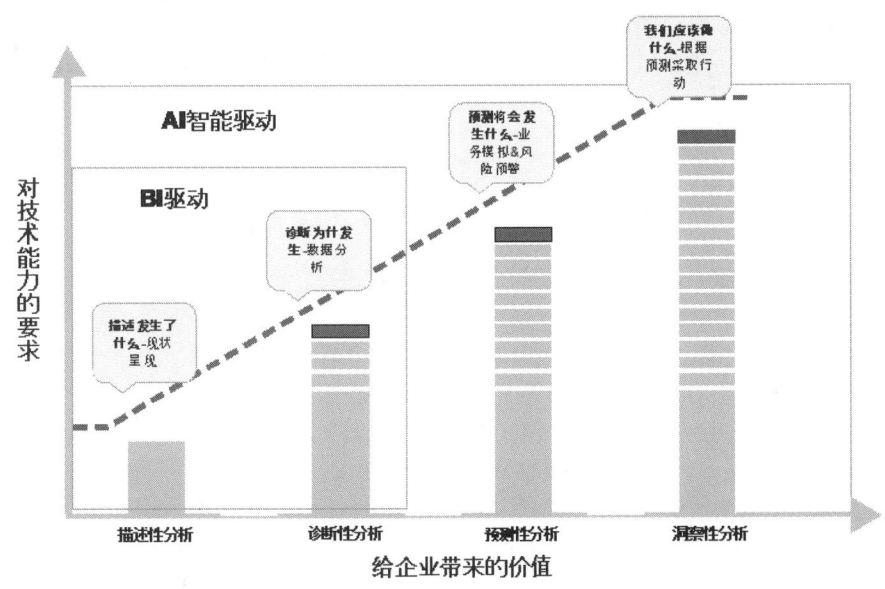

图6　从商业分析到AI智能驱动的劳动力分析、预测与规划

AI 智能驱动的劳动力分析、预测与规划，是精准人力资源管理实践的代表之一，是利用人工智能和大数据的创新，实现对人力资源管理数据的描述性分析、诊断性分析、预测性分析和洞察性分析，在此基础上帮助企业提高人力资源管理的精确性和管理策略建议的精准度。

描述性分析是对人力资源管理结果的展现分析，例如人事费率分析、组织效率分析、工作时长分析、关键人才分布分析、人才流失分析、薪酬结构分析、薪酬趋势分析等。

诊断性分析是通过可视化数据对人力资源管理的关键指标进行深度的变化趋势和因果分析，以帮助人力资源管理者识别问题产生的根源，在此基础上做出针对性的调整策略。诊断性分析主要是通过预置人力分析模型，自动生成数据分析报告。

预测性分析是基于智能人才发现，利用 AI 能力嵌入，精准识别人才的过程，包括基于人才画像全方位搜索集成 AI 能力的场景化搜索等，以及组织间、组织内的正式与非正式员工关系基础上的知识图谱或 ONA 组织网络分析等，帮助企业预测性盘点组织的关键岗位、关键人才以及人员变动等，例如离职预测等。

洞察性分析是基于趋势分析、数据挖掘和机器学习等技术，挖掘数据中隐藏的规律及其业务内涵，形成对组织级数据的深刻理解和认识，实现对企业人力资源管理关键业务内容进行洞察，尤其是组织影响力和员工影响力的洞察，面向未来前瞻性规划或设计未来。

利用数智化人力分析进行人效分析和智效提升逐步成为领先企业主动的选择。某中央企业利用数智化的工具，将人力资源数据转化为更精准的业务匹配的决策，即岗位配置计划。

三、小结

人工智能在企业人力资源管理的实践，推动了人力资源管理向组织能力提升的跃迁，更推动企业从资效、知效、人效到智效的转变，既是人力资源数字化转型的必然选择，又是人力资源管理利用数智化技术不断精准化的过程。

因此，人力资源管理者需要升维思考，从过往粗放的资源效率提升，转型到关注人才发展、提升人才技能和能力结构的知识效率与价值创造；再从相对细颗粒度的人力资源管理有效性和人员效能提升的人效，升级到更精细、更精准、更全面的，面向未来业务预测和组织设计的智效管理。

主要创作人：张月强

第三部分

管理机制与组织建设

以全员绩效考核为引领的人才管理体系改革

中铁建设集团有限公司

一、企业简介

中铁建设集团有限公司（以下简称中铁建设）成立于1979年，前身为中国人民解放军铁道兵89134部队，是"世界500强""中国500强""全球250家最大工程承包商"——中国铁建股份有限公司全资子公司。

中铁建设是建筑工程施工总承包特级、市政公用工程施工总承包特级企业，具备建筑行业11个专业最高等级资质。业务涵盖工程总承包、建筑工程设计、装饰装修、市政施工等领域。在建项目700多个，年施工能力超过7000万平方米，工程遍布全国百余个城市及海外数个国家。2022年新签合同额1900余亿元，营业收入900余亿元，人均营业收入500多万元。截至2022年，1200余项工程获省部级及以上优质工程奖，其中，获68项鲁班奖、65项国优奖、13项詹天佑奖，102次获中国钢结构金奖、全国建筑工程装饰奖和中国安装工程优质奖。中铁建设荣获全国百家"中华人民共和国成立70周年功勋企业"、"十三五"中国企业文化建设典范组织和"十三五"中国企业文化建设优秀单位等多项荣誉。

人力资源是第一资源。中铁建设现有员工近2万人，拥有注册建造师2000余人，各类注册人员3000余人。校园应届毕业生招聘人数增长率连续三年保持在35%以上。近三年员工平均离职率为3.62%，连续多年保持行业较低水平，员工对企业的忠诚度、满意度较高。

中铁建设先后荣获中国人力资源开发研究会2020年度"企业人力资源开发与管理优秀企业"奖；在实践中总结形成的《以全员绩效考核引领的人才管理体系》课题获得"2021中国企业改革发展优秀成果"一等奖，收录于《中国企业改革与发展2021蓝皮书》，并在全国范围内进行推广。

为有效支撑公司"十三五"战略的实现，中铁建设致力于人才管理体系改革优化，特别是以全员绩效考核改革为引领，建立全面的人才管理体系，为中铁建设高质量发展提供坚实的组织和人才保障。

二、改革背景

"十三五"初期，经诊断分析，由于中铁建设人力资源管理基础薄弱，整体人才活力不足，人才队伍战斗力不强，所以其组织效能难以有效发挥，业务缺乏市场竞争力。中铁建设的问题主要表现在以下几个方面。

（一）员工职业发展方式单一，发展通道不畅

长期以来，中铁建设员工职业发展方式单一，员工职业发展或晋升高度依赖于岗位晋升，

岗位不动,则发展无望。员工青睐管理岗位,即便是技术、技能型人才多数也选择以"管理岗位"为首要发展目标,这就导致一线员工向各级总部堆积,千军万马"走管理独木桥",极大地影响了人才队伍战斗力和终端创效、创誉能力。

(二)薪酬体系不合理,缺乏竞争力和激励性

伴随着企业的快速发展,中铁建设薪酬平均主义倾向有所显现,入职1年、5年乃至工作20年以上的员工岗位薪酬高度一致,薪酬差距不大,与"绩效优先"文化相背离。整体薪酬结构曲线平缓,甚至在局部存在"倒挂"现象。薪酬水平市场竞争力随职级上升而下降。薪酬分配与绩效考核的链接不紧密,难以实现业绩导向、能力导向。

(三)培训需求不明确,人才培养靶向性不强

由于缺乏战略任务分解、培训需求调研,信息化、大数据的量化分析工具应用不充分,传统的人才培养多为自上而下的灌输性培养,有的培养虽然自下而上进行了前期调研,但是员工往往将调研作为一项应付性工作进行填报,或者受"从众效应"影响,自身在知觉、判断、认识上缺乏分析和独立思考,造成人才培养靶向性不强,对人力资本投资的效果不佳,甚至成为沉没成本。

(四)绩效考核科学性和规范性不足,覆盖不全

1. 考核制度不健全,覆盖面不足

原有考核工作中,集团层面没有建立统一的考核制度,往往两级总部各行其是,且每个单位的考核覆盖程度及考核要求均不相同,没有做到战略层层分解、责任层层传递,直接影响组织绩效,进而阻碍企业创效能力提升。

2. 考核指标不合理,缺乏"定量"指标

考核指标多是以"德、能、勤、绩、廉"为主的定性指标,没有针对不同考核主体的责任目标、工作内容、工作业绩、工作完成情况设置可量化指标,使考核结果无法客观反映考核对象实际工作完成情况。一味采用定性指标,缺乏数据支撑,考核结果容易出现误差,导致"干好干坏一个样"。

3. 考核标准不统一,无法有效应用

同类岗位职责的员工考核指标不统一,使得绩效考核评价结果缺乏跨单位横向可参考性,考核成绩应用范畴受限。同类岗位职责员工的组织绩效目标很难形成科学、系统的考核指标,很难逐级分解落到个人,致使绩效管理无法有效落实企业战略。

4. 考核存在主观性,影响可信度

实施绩效考核过程中,考核主体单一,没有采用上级、平级、下级多维度联动的考核评价方式,考核结果容易因人为因素影响而产生偏差。个人或少数人凭主观感觉进行评价,将客观标准主观化,会存在以偏概全、平均主义等倾向,影响绩效考核结果的可信度。长此以往,必然导致企业绩效考核管理流于形式。

5. 考核工作效率低,管理支撑性不强

过去各项考核工作的原始数据汇总评价均停留在纸面上,需要手工记录、评价、汇总,耗费大量人力、物力和时间。绩效考核虽多为定性评价,但涉及大量加权平均等工作,计算方式烦琐,手工汇总难以保证结果的准确性和数据的保密性,在时效性要求很高、应用频繁的情况下,难以支撑管理需求。

三、改革实践

围绕"十三五"战略规划,中铁建设启动人力资源体系优化工作,致力于构建"人才发展、人才激励、人才培养、人才评价"四位一体的人才管理体系(图1),开发了"职业发展通道、职级薪酬、多维培训、全员绩效考核"等四个模块。"全员绩效考核"作为"人才评价"的主要载体,是促进"人才发展、人才激励、人才培养"的重要衡量工具和有效抓手,有效引领人才管理体系良性运行,以充分体现员工价值、激发员工活力、提高个人绩效和组织效能,有效支撑中铁建设整体战略规划落地,推动企业高质量发展。

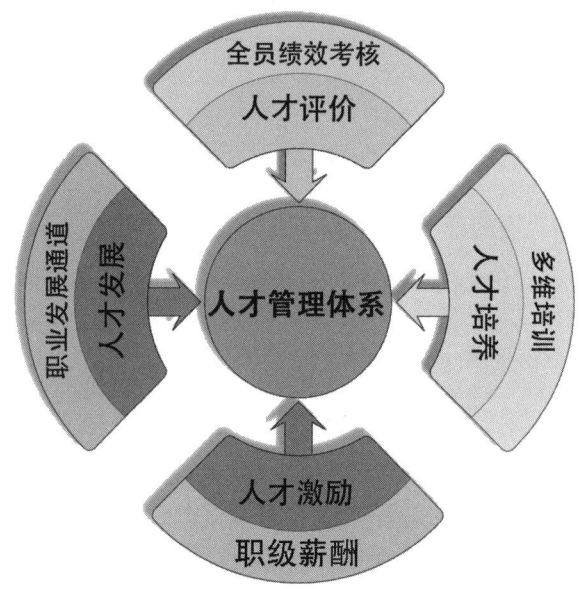

图1 "四位一体"人才管理体系示意图

(一)搭建职业发展双通道,建立人才发展机制

为了解决员工发展通道受限的问题,中铁建设从深挖员工潜能、关注员工价值贡献入手,根据价值创造方式,将所有员工划分为四大类、18条序列(图2),搭建"管理+专业"职业发展双通道,畅通员工职业发展路径(图3),形成"横向多序列、纵向多层级、上有专家库、下有人才池、晋升有通道、退出有机制"的职业发展管理体系,着力培养和打造职业化、专业化、市场化的人才队伍。

管理类		专业类（P）														技能类（S）	操作类（O）
		专业技术序列（7个）							职能管理序列（7个）								
高管序列（E）	管理干部序列（M）	项目经理序列	市场拓展序列	成本造价序列	工程设计序列	生产安全序列	技术质量序列	物资物流序列	行政办公序列	企划投资序列	人力资源序列	财务审计序列	法律事务序列	党纪工团序列	信息技术序列	技能序列	操作序列

图 2　中铁建设员工四大类、18 条序列

职级	高管序列	管理干部序列							专业类		技能类	操作类
		职级	集团总部	二级单位					各级总部	其他		
E3	集团公司正职											
E2	集团公司副职											
E1	集团公司部门以上领导								P6 专家	P6 专家		
		M5	部门正职	公司正职					P5 资深经理	P5 资深经理	S6 总监	
		M4	部门副职		公司副职						S5 资深主管	
		M3				部门以上领导			P4 高级经理	P4 高级经理	S4 高级主管	
		M2					部门正职					
		M1						部门副职	P3 经理	P3 业务经理	S3 业务主管	03 高级操作工
									P2 专员	P2 业务专员	S2 业务员	02 中级操作工
									P1 助理	P1 业务助理	S1 业务助理	01 初级操作工

图 3　中铁建设员工职业发展路径

（二）建立职级薪酬体系，完善人才激励机制

中铁建设充分对标外部市场薪酬结构及薪酬水平，将原有薪酬体系由“岗薪制”优化为“职级薪酬制”，在“向一线项目部倾斜、向毕业 4—5 年人员倾斜、向项目核心岗位人员倾斜、员工薪酬水平不降低”的薪酬体系优化原则下，分管理、专业、技能、操作等四大类建立 6 级 54 档职级薪酬表（图 4）。专业类序列衍生设计项目经理、项目班子成员职级薪酬表，除月度

职级/薪档	1	2	3	4	5	6	7	8	9
P6									
P5									
P4									
P3									
P2									
P1									

图 4　职级薪酬表示意图

薪酬外，增加年度绩效薪酬设计。

工资总额管控与提升薪酬竞争力成为央企薪酬改革中不得不面对的突出矛盾问题，直接关乎改革成败。全员试套职级薪酬，对比员工历史薪酬，掌握改革薪酬上涨额度；研判集团整体经营态势，预测工资总额浮动趋势，逐年测算工资总额预计增加值，找到改革实施空间；在职级薪酬表设计环节，精准对比、调试薪档标准，做到量入为出。实施后，集团公司所有员工全部套入相应薪档，实现57%的员工薪酬标准不同程度上涨，43%的员工薪酬标准保持不变。中铁建设薪酬改革真正做到了在总成本合理、可控的前提下，一线及核心员工薪酬市场竞争力提升10%—15%。

（三）健全员工培训体系，优化人才培养机制

中铁建设高度关注员工成长、成才，构建了"全方位、多序列、多层次"的多维培训体系（图5）。在"全方位"培训体系上，从战略和业务两个层面开展工作，由中铁建设总部和所属单位人力资源部代表两级党委开展政治能力、科学决策能力、改革攻坚能力、抓落实能力等战略性培训；由各职能部门开展专业条线的业务培训工作。在"多序列"培训体系上，培训工作涵盖技术质量、生产安全、工程设计等全部序列，各业务部门守土有责，负责本序列员工的成长、成才。在"多层次"培训体系上，培训包括新员工5年跟踪培养、青年骨干人才培养、五支人才队伍（行业专家、项目经理、政工人才、经营人才、技能人才）培养及领军人才培养，涵盖从入职到成才、从基层到高层、所有年龄段和所有岗位。

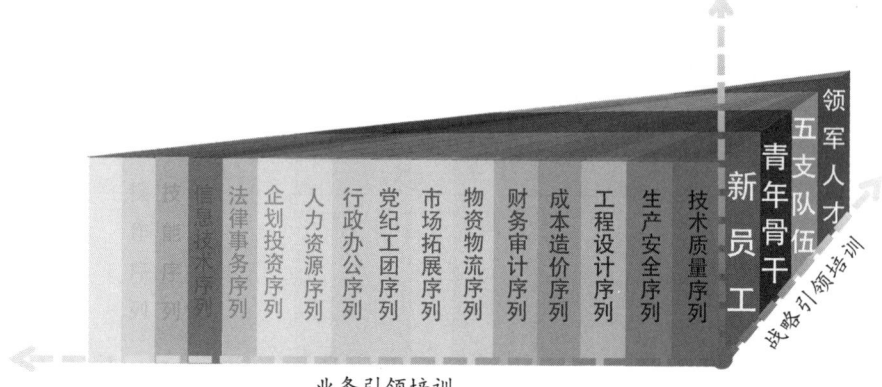

图5 多维培训体系示意图

（四）推行全员绩效考核体系，构建人才评价机制

有效搭建以全员绩效考核为主要载体的人才评价机制，是职业发展通道、职级薪酬体系及人才培养体系得以实现的重要保障。切实做实、做优全员绩效考核体系更是上述模块有效运行的理论和实践支撑。

2019年，中铁建设印发《中铁建设全员绩效考核管理标准》，搭建起了"纵向到底、横向到边"的4层级11类绩效考核体系，实现统一口径的全员绩效考核管理，同步实现绩效指标库搭建、线上考核系统正式上线运行。全员绩效考核作为中铁建设人才管理体系实践的"先行军"，最先推广、落地实施。

四、改革创新——创新搭建全员绩效考核管理体系

全员绩效考核对"四位一体"的人才管理体系有着强大的引领作用，中铁建设以全员绩效考核为主要突破点，创新建立考核体系、分解战略、量化指标，同时应用信息化手段，引入第三方复核，扎实推进改革工作落地实施。

（一）创新思路

1. 设置纵向到底横向到边考核体系，考核层级全覆盖

《中铁建设全员绩效考核管理标准》的整体框架结构是4层级11类绩效考核（表1），包括单位绩效考核、领导班子副职绩效考核、总部部门负责人及以上人员绩效考核、员工绩效考核。通过分层分类考核，切实将"考核层层落实，责任层层传递"的责任体系落实到位。

表1 中铁建设全员绩效考核分类表

层级	考核分类	考核分类细项	考核对象	考核周期	组织考核主题
一	单位绩效考核	领导班子正职考核	领导班子正职	年度、任期	股份公司财务部
		二级单位领导班子正职考核	二级单位领导班子正职	年度、任期	集团财务部
		工程项目部项目经理考核	所属工程项目部	年度、任期	二级单位人力资源管理部门
二	领导班子副职绩效考核	集团领导班子副职考核	领导班子副职	年度、任期	总部人力资源部
		二级单位领导班子副职考核	二级单位领导班子副职	年度、任期	二级单位人力资源管理部门
		区域经营指挥部领导班子成员考核	区域经营指挥部班子成员	年度、任期	集团人力资源部
三	总部部门负责人及以上人员考核	集团总部部门负责人及以上人员考核	集团总部部门以上领导、各部门负责人	年度、任期	总部人力资源部
			集团总部部门副职	年度、任期	集团人力资源部
		二级单位部门负责人及以上人员考核	二级单位部门以上领导、各部门负责人	年度、任期	二级单位人力资源管理部门
			级单位总部部门副职	年度、任期	二级单位人力资源管理部门
四	员工绩效考核	集团总部员工考核	总部员工	年度、任期	集团人力资源部
		二级单位总部员工考核	二级单位总部员工	年度、任期	二级单位人力资源管理部门
		项目部员工考核	项目经理绩效考核	年度、任期	二级单位人力资源管理部门
			项目部员工绩效考核	年度、任期	工程项目部

2. 分解战略设定指标，层层压实责任

指标设定坚持"保障战略目标实现"的总原则，将集团发展战略分解至中铁建设的每个管理层级，上至高层领导，下至普通员工，都要"绑定"企业发展战略，承担各自的考核指标，落实责任。例如，总会计师考核指标重点锁定资产负债率、清收清欠完成率、经营性净现金流等，强化资产质量、盈利效果的保障职能；项目经理考核指标设定为履约、计价、收款、责任成本、安全、环保、质量等，以实现"干出来、计回来、收回来、挣到钱、不出事"，强化项目部创誉创效的核心职能。

3. 考核指标定量化，强化绩效优先导向

固化"量化考核为主，定性考核为辅"的大原则，建立"KPI+GS+综合评价"考核模式，将考核指标细分为可直接量化反映岗位工作成果的"关键绩效指标"（KPI）、反映工作目标和任务的"工作任务指标"（GS）和"综合评价指标"。所设指标80%以上为定量指标（表2），利于量化衡量工作效果和充分体现重点工作完成情况。

表2　总部员工年度绩效考核评价权重表

考核对象	考核指标	考核主体	权重
总部员工	KPI 指标	部门负责人（60%） 部门副职（40%）	35%
	GS 指标		35%
	绩效效果评价指标		20%
	综合评价指标	部门负责人（60%） 部门副职（25%） 部门员工（15%）	10%

4. 开发线上考核评价系统，借信息化提高效率

设计并开发中铁建设全员绩效考核评价系统（图6）用于绩效考核实施。该评价系统通过应用"360""目标管理"等模块，实现了庞大绩效考核体系"线上"全流程管理，使绩效考核全过程更加符合精细化、实战化要求，解决了考核层级多、考核类型复杂、考核周期频繁、指

图6　中铁建设全员绩效考核评价系统

标和权重设置差别大、考核结果准确性不足、人力物力消耗大等问题。2020 年，中铁建设共计 3 万人次使用了信息化评价系统开展全员绩效考核工作。

目前,中铁建设申请并获得“中铁建设集团全员绩效考核评价系统”计算机软件著作权（图 7），将作为申请科技成果的重要依据及企业“无形资产”，依法享有发表权、署名权、发行权等相关专有权利。

中华人民共和国国家版权局
计算机软件著作权登记证书
证书号：软著登字第7991 号
软件名称：中铁建设集团全员绩效考核评价系统 V1.0
著作权人：王宏斌;文华;连驹;张子昂;于涵民;中铁建设集团有限公司
开发完成日期：2021年03月01日
首次发表日期：2021年04月01日
权利取得方式：原始取得
权利范围：全部权利
登记号：2021SR1268
根据《计算机软件保护条例》和《计算机软件著作权登记办法》的规定，经中国版权保护中心审核，对以上事项予以登记。
No. 08778
计算机软件著作权登记专用章
2021年06月26日

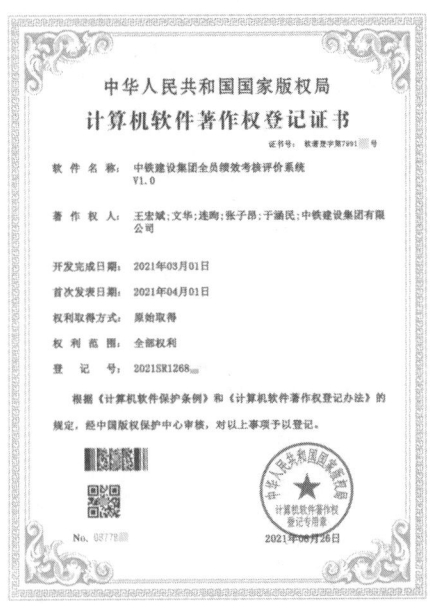

图 7　计算机软件著作权登记证书

5. 指标选取字典化，靶向引领工作重点

在中铁建设全员绩效考核评价系统中搭建绩效考核指标库（图 8），由各业务部门编制本业务条线不同层级员工的“指标字典”，将考核指标进行体系化汇总，规范指标设置的“维度”

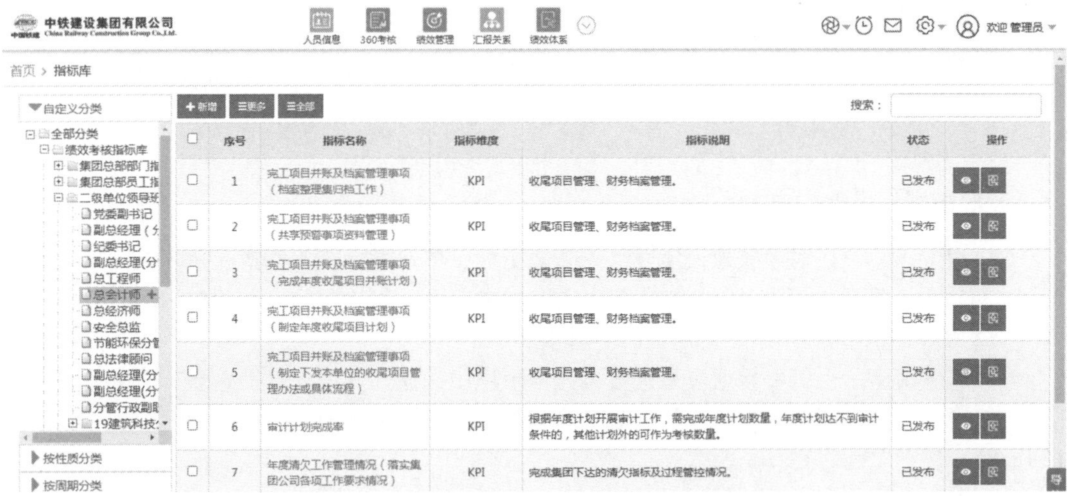

图 8　评价系统中的绩效考核指标库

与"量度"。启动考核时，可以根据员工不同年度管理重点，从绩效考核指标库中选取相应指标进行考核，实现了同类职责员工选取指标基本一致的效果，切实提高了绩效考核评价结果的横向可参考性和通用性。

6. 引入第三方复核，保证考核结果客观公正

中铁建设看重绩效考核结果的公正性、独立性、专业性和权威性，在年度绩效考核结束后，聘请第三方机构对考核结果进行复核，将考核、评定职能分离。复核组独立开展工作，在确保考核结果准确性的同时提出有效的管理建议，保证全员绩效考核工作行稳致远。

根据统计，2019年度两级总部年度绩效考核结果复核过程，涉及得分调整共计24人，人均调整3.08分，绩效考核结果准确性得到了有效保证；2020年度两级总部年度绩效考核结果复核过程，涉及得分调整共计9人，同比下降约63%，人均调整0.79分，同比下降约74%。上述结果体现了中铁建设全员绩效考核工作运行更为扎实，复核工作对考核评价起到了正向促进作用。

（二）实操示例——以总部部门负责人年度绩效考核为例的全流程介绍

1. 进入中铁建设全员绩效考核评价系统并登录

该系统的图标如图9所示，该系统的登录界面如图10所示。

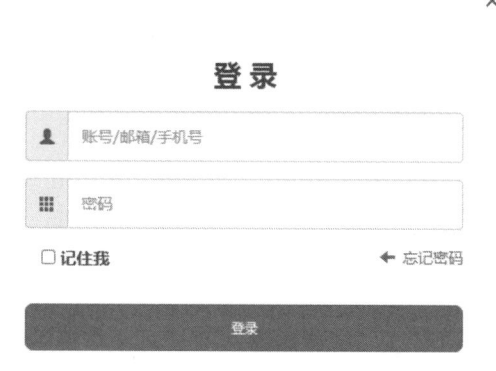

图9　系统图标　　　　　　　　图10　登录界面

2. 考核指标报批

（1）指标填报：在对中铁建设年度组织绩效指标、各业务系统年度指标和各单位重点工作计划进行逐层分解后，考核对象从指标库中选取相应指标，确定目标值及具体的衡量标准，"报批"上级领导确认。指标填报界面如图11所示。

（2）指标确认：上级领导通过系统首页待办事项中的通知，进入审批界面。确认无误可批准通过，否则可驳回并填写驳回原因，返回考核对象重新修改、再次报批。指标确认界面如图12所示。

图 11　指标填报界面

图 12　指标确认界面

3. 生成绩效责任书

年度指标审批完成后，系统可立即生成确认时间戳，自动生成绩效责任书，并在系统中保存，本人也可下载保存。绩效责任书如图 13 所示。

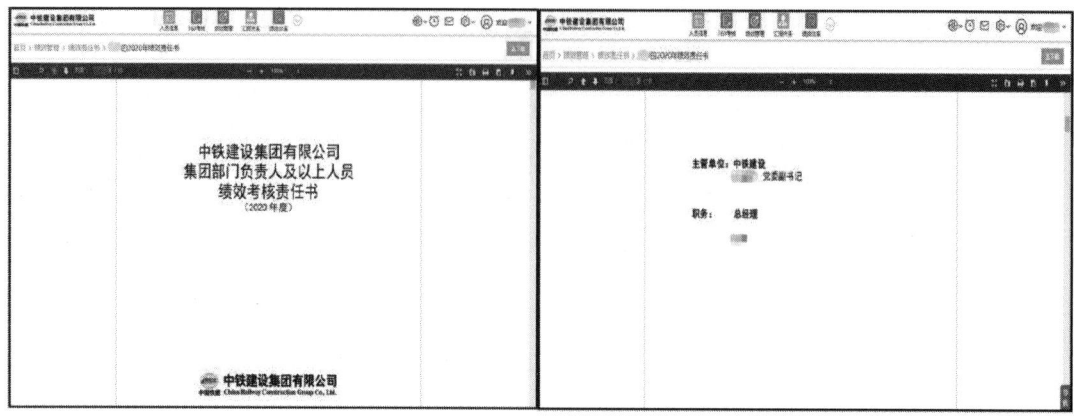

图 13　绩效责任书

4. 考核评价实施

（1）自评：通过评价系统待办中心界面（图 14）中的待办提醒，进入自评界面（图 15）。在"完成情况"列填写完成数据，在"佐证材料"列上传有关证明材料，在得分处完成自评。

图 14　待办中心界面

图 15　自评界面

（2）上级评价：通过评价系统中的待办提醒，查看考核对象上传的证明材料并进行评价。当评价结果与自评结果不符时可以在指标后方的"评分说明"中描述原因，此内容将与考核结果一并反馈给考核对象。上级评价界面如图 16 所示。

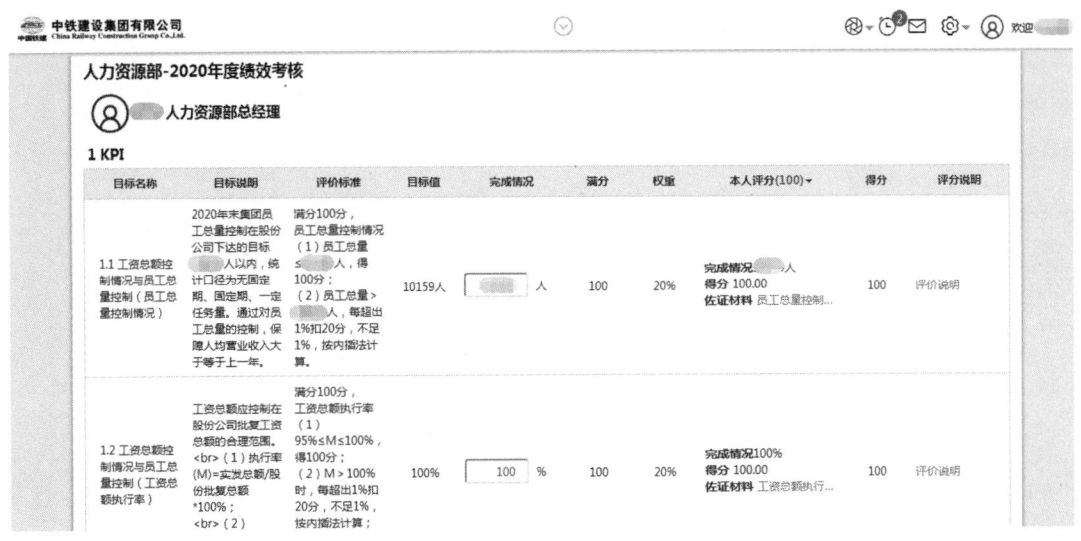

图 16　上级评价界面

5. 综合评价

手机扫描二维码（图 17）或通过短信链接进入评价页面（图 18）。

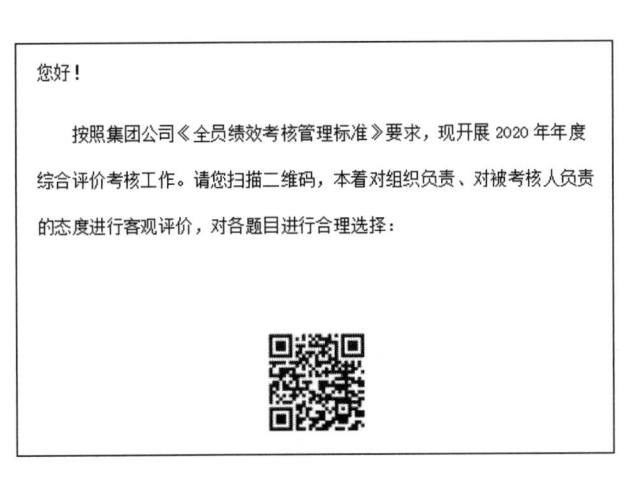

图 17　综合评价二维码

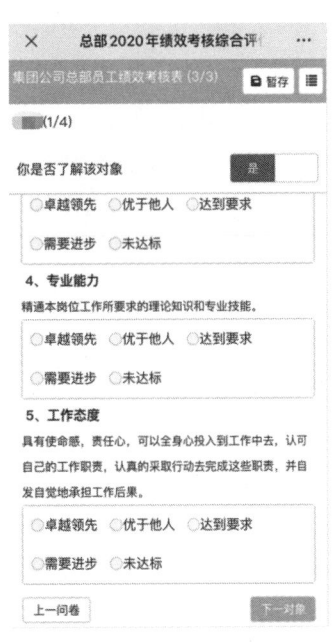

图 18　综合评价手机评价页面

以非管理岗位为例来看，综合评价指标包括"执行力""创新能力""协同合作""专业能力""工作态度"等维度，由"上级、同级、下级"进行360度全方位评价。

6. 考核结果复核

考核评价结束后，第三方复核机构进驻各单位现场检查相关证明材料，针对与评价结果不符的指标出具《评价底稿》并签认。依据双方确定的复核结果，在考核评价系统中确认，载入《复核报告》（图19）反馈被复核单位，报告内容还包括复核范围、存在问题、调整事项等，并针对存在的问题逐项提出管理意见，促进整改、提升。

图 19　绩效考核结果复核报告展示

7. 考核结果汇总

×××绩效考核结果示意如表3所示。

表3　×××绩效考核结果示意

维度	满分	指标名称	权重	指标完成情况	指标得分	总分
KPI	70.00	工资总额控制情况与员工总量控制（员工总量控制情况）	10%	100%	100.00	99.48
		工资总额控制情况与员工总量控制（工资总额执行率）	10%	100%	100.00	
		员工招聘、选人用人工作程序合规性	20%	100%	100.00	
		员工主动离职率	20%	100%	100.00	
		项目经理队伍建设工程推进情况	20%	100%	100.00	
绩效效果评价	20.00	绩效效果评价	20%	/	100.00	
综合评价	10.00	综合评价	10%	/	99.83	

8. 考核结果反馈

考核结束后，评价系统自动生成《KPI、GS指标考核反馈报告》（图20）及《综合测评反馈报告》（附件1）并一键反馈给考核对象，内容包含上级评价说明及指标得分情况。

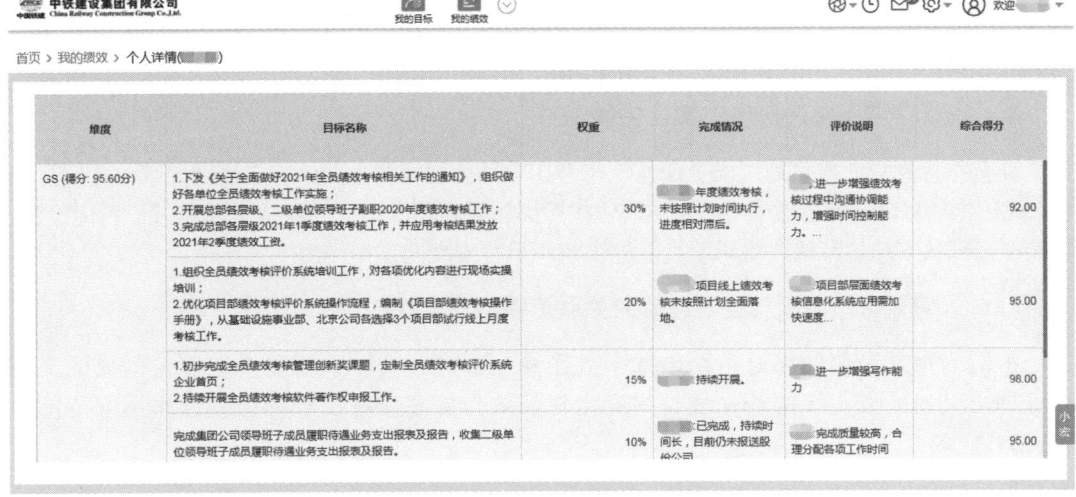

图20 KPI、GS指标考核反馈报告截图

五、全员绩效考核体系迭代升级

"十三五"时期，中铁建设持续深耕全员绩效考核管理，不断优化绩效考核体系。重运行、抓实效，切实发挥全员绩效考核"指挥棒"作用，在全集团牢固树立"以业绩论人才"理念，不断激发员工价值创造的内生动力。

"十四五"初期，正值国企改革三年行动全面推进阶段，经外部咨询机构诊断，中铁建设已提前实现了绩效考核的全员覆盖和考核结果的刚性应用。全员绩效考核对"四位一体"人才管理体系的运行起到了重要支撑作用，高度契合并提前实现了国企改革三年行动工作要求，于2021年年底完成80%改革任务并于2022年上半年100%完成改革任务。

上述成绩的取得，使中铁建设更加注重对体系运行实践和实施效果的关注，积极通过巡察、审计、人力资源考核基层单位尤其是一线项目部调研等多种手段，及时发现问题，解决问题，不断进行自我"升级"。

（一）体系运行过程中出现的问题

1. 经理层成员任期制契约化考核需与原有全员绩效考核体系有机结合

2021年，中铁建设落实党中央、国务院、股份公司关于建立健全市场化经营机制、激发企业活力的决策部署，全面实施经理层成员任期制和契约化管理，建立本级和所属子公司经理层成员年度和任期经营业绩考核体系。这种新的考核管理模式，有待与中铁建设原有全员绩效考核体系进行无缝衔接，确保经理层成员经营业绩考核落到实处。

2. 反映工作效果的考核指标需进一步突出

现有指标体系中，KPI、GS 指标反映的是年度工作和重点工作的完成情况，综合评价指标更多反映的是员工的工作态度、工作能力、工作业绩、团队合作、执行力等定性维度，缺少对工作完成质量、时效与效果的评价。具体考核实施过程中，往往某项重点工作事项已经完成，但在质量达标的情况下，是否需要协助、是否消耗额外资源、是否发生"抢工"现象等要素无法进行评价。

3. "指标字典"需进一步充实、完善

原有指标库只考虑管理层级全面性，未考虑集团公司经营主业的施工周期要素。实践过程中，无法将项目部层面各类专业、各类岗位按照岗位职责精准对应到各施工周期进行指标设置，影响项目部员工绩效考核评价对项目部施工组织目标实现的支撑作用。

4. 个人绩效考核结果与组织绩效的关联度需进一步提高

组织的绩效考核结果对组织内的个人影响不够大，员工只要完成职责范围内的交办任务即可，对调动员工的积极性、提升组织绩效目标高质量实现的引领性作用有待进一步提高。

（二）问题解决措施及"升级"方案

1. 完善全员绩效考核分类，将经理层成员经营业绩考核纳入 4 层级 11 类绩效考核体系

对"单位绩效考核""领导班子副职绩效考核"两个层级中总经理岗位、经理层副职岗位重新整合、分类，实现经理层成员经营业绩考核在全员绩效考核体系内的有效转化，明确集团公司本级及所属子公司经理层成员考核对象、考核周期、组织考核主体、考核指标及考核结果应用等（经理层成员经营业绩考核指标见附件 2），支撑经理层任期制和契约化管理。中铁建设全员绩效考核分类表（2022 年版）如表 4 所示。

表 4　中铁建设全员绩效考核分类表（2022 年版）

层级	考核分类	考核分类细项	考核对象	考核周期	组织考核主体
一	单位绩效考核	集团公司主要负责人绩效考核	集团公司党委书记、董事长	年度、任期	股份公司企业管理部
		区域公司、专业分子公司、指挥部、国别公司主要负责人绩效考核	区域公司、专业分子公司党委书记、执行董事或分公司党委书记兼任总经理，指挥部、国别公司总经理	年度、任期	集团公司财务部、市场营销部、海外部
		工程项目部项目经理绩效考核	项目经理	季度、年度	二级单位人力资源管理部门

续表

层级	考核分类	考核分类细项	考核对象	考核周期	组织考核主体
二	领导人员（含经理层成员）经营业绩考核	集团公司领导人员(含经理层成员)经营业绩考核	集团公司经理层成员、经理层领导人员(不含纪委书记)	年度、任期	集团公司人力资源部(党委干部部)
		区域公司、专业分子公司领导人员(含经理层成员)经营业绩考核	区域公司、专业分子公司经理层成员、非经理层领导人员(不含纪委书记)	年度、任期	区域公司、专业分子公司人力资源管理部门
		指挥部、国别公司领导人员副职绩效考核	指挥部、国别公司领导人员副职	年度、任期	集团公司市场营销部、海外部
三	总部部门以上领导及部门负责人绩效考核	集团公司总部部门以上领导及部门负责人绩效考核	集团公司总部部门以上领导、部门负责人	季度、年度	集团公司人力资源部(党委干部部)
			集团公司总部部门副职	季度、年度	集团公司人力资源部(党委干部部)
		二级单位总部部门以上领导及部门负责人绩效考核	二级单位总部部门以上领导、部门负责人	季度、年度	二级单位人力资源管理部门
			二级单位总部部门副职	季度、年度	二级单位人力资源管理部门
四	员工绩效考核	集团公司总部员工绩效考核	集团公司总部员工	季度、年度	集团公司人力资源部(党委干部部)
		二级单位总部员工绩效考核	二级单位总部员工	季度、年度	二级单位人力资源管理部门
		项目部员工绩效考核	项目经理绩效考核	季度、年度	二级单位人力资源管理部门
			项目部员工	月度、年度	工程项目部

2. 增加"绩效效果评价"指标，持续践行绩效优先理念

在年度绩效考核中，增加"绩效效果评价"指标，权重占比20%，作为对KPI指标和GS指标的有效补充，由直属上级及上上级作为考核主体，对考核对象整体工作完成质量及效果是否达到预期水平进行评价，评价标准包括但不限于"独立完成工作""工作完成时间""工作完成质量""是否额外消耗组织资源""工作效果满意度"等维度。

3. 更新各业务条线绩效考核指标库，增强指标下达的科学性

2022年，中铁建设更新了全员绩效考核指标库，更新后的指标库细化了职责定位，分为集团公司总部、二级单位总部、项目部三个层面（图21）。项目部层面绩效考核指标库增设施工周期的不同阶段，具体划分为施工准备阶段、施工阶段、竣工阶段（图22）。在项目部开展考核工作时，可根据不同施工阶段的员工重点工作任务，从指标库中选取相应指标进行考核。

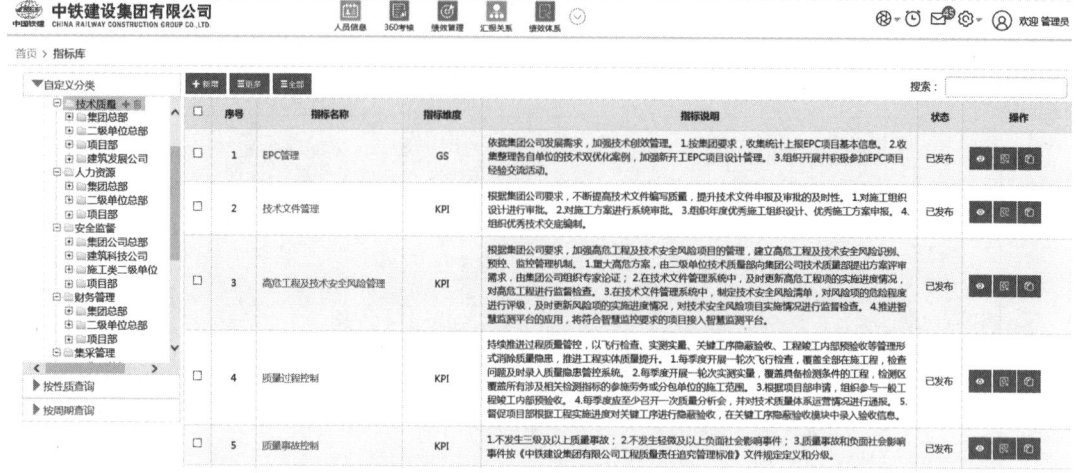

图 21　各业务条线绩效考核指标库

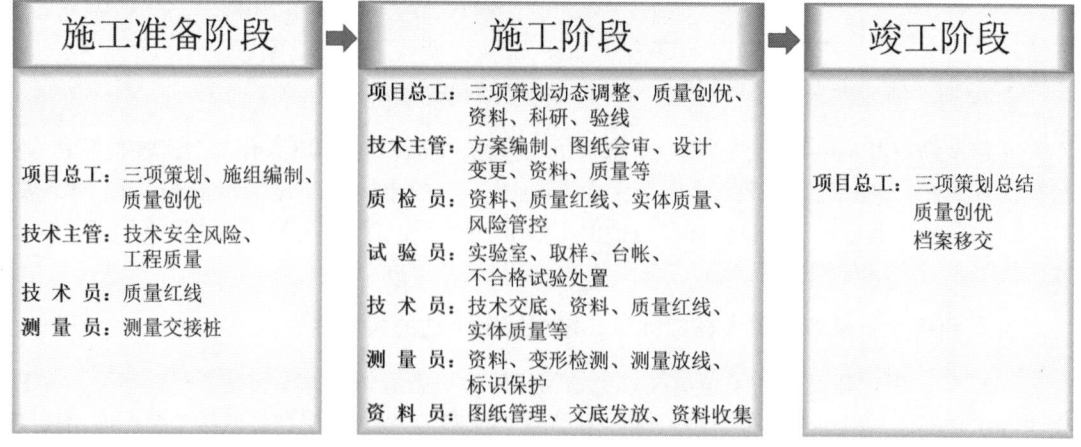

图 22　项目部层面绩效考核指标库示意图（技术质量管理）

4. 设计绩效等级划分矩阵，使部门绩效等级与员工绩效等级有效挂钩

按照"先定性、后定量"的绩效考核原则，首先确定员工所在部门的绩效等级，再根据部门的等级优劣，确定部门内部员工绩效等级划分，即绩效优的部门中，绩效优的员工名额多，绩效差的部门中，绩效优的员工名额少。绩效等级划分矩阵如表5所示。

表 5 绩效等级划分矩阵

部门绩效等级	参评人数	A 优秀	B 良好	C 合格	D 需改善	E 不合格
A	1	1			/	
	2	1		1		
	3	1	1		1	
	4	1	1		2	
	5	1	1		3	
	6	1	1		4	
	7	1	1		5	
	8	1	2	4	1	
	9	1	2	5	1	
	10人及以上	参评人数*10%	参评人数*20%	参评人数*60%	参评人数*10%	
B	1	1			/	
	2	1		1		
	3	1	1		1	
	4	1	1		2	
	5	1	1		3	
	6	1	1		4	
	7	1	1		5	
	8	1	2	4	1	
	9	1	2	5	1	
	10人及以上	参评人数*10%	参评人数*20%	参评人数*60%	参评人数*10%	
C	1	1			/	
	2	1		1		
	3	1	1		1	
	4	1	1		2	
	5	1	1		3	
	6	1	1		4	
	7	1	1		5	
	8	1	2	4	1	
	9	1	2	5	1	
	10人及以上	参评人数*10%	参评人数*20%	参评人数*60%	参评人数*10%	

续表

部门绩效等级	参评人数	A 优秀	B 良好	C 合格	D 需改善	E 不合格
D	1	/	1		/	
	2	/	1		1	
	3	/	1		2	
	4	/	1		3	
	5	1	1		3	
	6	1	1	3	1	
	7	1	1	4	1	
	8	1	2	4	1	
	9	1	2	5	1	
	10人及以上	参评人数*10%	参评人数*20%	参评人数*60%	参评人数*10%	
E	1	/		1		
	2	/	1		1	
	3	/	1		2	
	4	/	1		3	
	5	/	1		4	
	6	/	2	3		1
	7	/	2	4		1
	8	/	2	5		1
	9	/	3	5		1
	10人及以上	/	参评人数*30%	参评人数*60%		参评人数*10%

六、全员绩效考核对人才管理体系的支撑作用

"人才发展、人才激励、人才培养、人才评价"相互联动,构成"四位一体"的人才管理体系,全员绩效考核激发人才潜力、催生人才动力、增强人才实力效果显著。人才评价对其他管理模块支撑示意如图23所示。

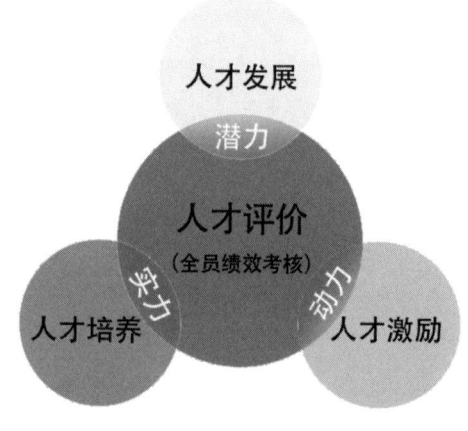

图 23 人才评价对其他管理模块支撑示意

（一）绩效考核结果是岗位聘任、职务职级调整及岗位轮换的重要条件，实现人才评价机制与人才发展机制有效联动

1. 绩效考核结果与经理层成员岗位聘任挂钩

年度经营业绩考核结果未达到完成底线（100 分制低于 70 分）或主要指标未达到完成底线的，连续 2 年年度经营业绩考核结果为不合格的，任期综合考核评价不称职或在年度综合考核评价中排名末位经分析研判确属不胜任或不适宜担任现职的，终止任期或免去现职。

2. 绩效考核结果与总部部门管理干部职务调整挂钩

在考核年度排名本层级人员末位的，由直属上级对其进行谈话，指出问题和不足，并要求限期改进；连续 2 年考核结果排名本层级人员末位的，经分析研判确属不胜任或者不适宜担任现职的，进行岗位调整。

3. 绩效考核结果与总部员工岗位调整挂钩

总部员工考核结果排名本部门末位，且综合评价低于 80 分的，进行岗位调整，调离现岗位；总部助勤人员连续 2 个季度或年度绩效考核结果在所在部门排名末位的，返回原单位工作。

4. 绩效考核结果与员工职级调整挂钩

将"历年绩效"纳入序列职级任职资格标准，在职级升降中予以运用。一是职级晋升管理方面，取近 3 年年度绩效考核成绩作为衡量员工晋升资格的重要条件之一，职级越高，对员工绩效完成情况的要求也越高。以专业类序列为例：职级由 P3（业务经理）晋升至 P4（高级经理）的，近 3 年年度绩效考核等级至少有 1 个 B，且不低于 C；晋升至 P5（资深经理）的，近 3 年年度绩效考核等级至少有 1 个 A，且不低于 C；晋升至 P6（专家）的，近 3 年年度绩效考核等级至少有 2 个 A，且不低于 C。二是职级降低管理方面，连续 2 年年度绩效考核等级为 D 或年度绩效考核等级为 E，直接降低一个职级，原则上 2 年内不得再次晋升职级。员工绩效考核结果与职级升降对应表如表 6 所示。

表 6　员工绩效考核结果与职级升降对应表

职级调整		对应年度绩效考核结果
晋级	晋升至 P4	近 3 年年度绩效考核等级至少有 1 个 B，且不低于 C
	晋升至 P5	近 3 年年度绩效考核等级至少有 1 个 A，且不低于 C
	晋升至 P6	近 3 年年度绩效考核等级至少有 2 个 A，且不低于 C
降级		连续 2 年年度绩效考核等级为 D 或年度绩效考核等级为 E，直接降低一个职级，原则上 2 年内不得再次晋升职级

（二）绩效考核结果是员工薪酬调整、评优评先、"身份"转换的重要要素，实现人才评价机制与人才激励机制有效联动

1. 薪酬分配方面

中铁建设基本薪酬体系主要由月度职级薪酬、年度绩效薪酬构成。以季度绩效考核结果作为核定各层级次季度每月员工职级薪酬中浮动部分（40%）的依据，以年度绩效考核结果作为核定年度绩效薪酬的依据，真正实现了"以考核来审视业绩，用薪酬来体现价值"。

2. 薪档标准动态管理方面

职级薪酬实行动态管理，依据全员绩效考核结果，按年度有序开展绩效调薪（年度绩效调薪标准见表7）。绩效优、薪档升；绩效差、薪档降。使努力的员工在职级不变的情况下也能每年实现薪酬水平提升，切实提升员工获得感和幸福感。

表7　年度绩效调薪标准

绩效等级结果	工资档位/职级调整	备注说明
●年度绩效考核为A ●连续两年绩效考核为B ●连续三年绩效考核为C或以上者（如2C1B、BCB、3C）	工资档位+1	●绩效调薪按"逐档调整"原则执行 ●满足调整条件者，次年予以工资调整 ●工资档位调整以本人所处级别区间为限 ●各序列最低职级人员，如果连续两年年度绩效考核结果为D或年度绩效考核结果为E，调整工作岗位，仍不胜任新工作岗位的解除劳动合同
●年度绩效考核为B ●年度绩效考核为C	不调整	
●年度绩效考核为D	工资档位-1	
●连续两年绩效考核为D ●年度绩效考核为E	职级-1	

3. 荣誉激励方面

荣誉激励紧密关联绩效考核结果。绩效优，优先推荐评先评优；绩效差，实施荣誉禁入；年度绩效考核结果为D或E的不得参加各类评先评优。

4. 用工形式转换方面

将全员绩效考核结果作为用工形式转换的必要条件，直接写进《中铁建设集团有限公司劳动合同管理办法》，与员工基本任职条件共同作为用工形式转换的依据。全员绩效考核结果优的（上年度全员绩效考核结果为A或B的），可以优先转换为正式在编职工；全员绩效考核结果劣的（上年度全员绩效考核结果为E或连续两年为D的），经培训或调整岗位，仍不能胜任工作的，解除劳动合同或转为劳务派遣用工。

（三）绩效考核结果是员工培养的关键参考因素，实现人才评价机制与人才培养机制有效联动

将员工在绩效考核中暴露出的"弱项"作为教育培训、人才培养需求开发的重要依据，实

现"人才评价"与"人才培养"的紧密结合。

1. 向"反馈沟通"要培训需求

固化绩效结果反馈机制，强化绩效沟通，促进考核主体负责人与员工的交流、指导，建立互通共融的信任关系。针对在反馈沟通中发现的"弱项"，准确"定位"培训需求，从而有效地开展培训工作，进行人力资源开发，助力"找不足、补短板"。

2. 向"绩效考核结果"要培养方向

将绩效考核与员工成长、成才及职业生涯发展挂钩，有利于实现企业发展与员工发展的双赢。绩效考核结果提供的量化数据，为员工培养工作提供了信息化和大数据分析基础。根据绩效考核结果进行要素分析，可以精准分析考核对象的短板和弱项，作为挖掘培训需求的重要参考，有利于靶向锁定培养方向，制定培训方案，使培养工作更加精准，达到降低培训成本、增强培训效果的双重作用。

七、改革实效

中铁建设人才管理体系历时3年的运行实践证明，全员绩效考核对"四位一体"的人才管理体系支撑、战略落地起到强大引领作用，成为"三项制度改革"和人才队伍建设的量化标准和有力抓手。

（一）成为经理层成员任期制和契约化管理的有效抓手

绩效考核结果的运用，激发了经理层成员干事创业的活力。

集团公司和所属子公司经理层成员全覆盖签订契约，结合企业内在发展需求，以"踮起脚，够得着"原则下达指标，充分支撑企业战略发展要求。依据契约开展年度经营业绩考核，刚性应用考核结果确定绩效薪酬、决定聘任或解聘，切实将董事会对经理层成员的选聘权、业绩考核权、薪酬管理权落到实处。

2021年度经营业绩考核中，同一单位经理层副职考核结果平均分差为9.5%，最高分差达到18.8%；2021年度绩效薪最高差距达到11.4%。

（二）促进了"管理人员能上能下"

绩效考核结果的运用，打破了管理人员"只能上不能下"的隐性规则，实现了管理人员"既能上又能下"。

一是体现在管理序列上，中铁建设坚持绩效考核结果的实际运用，秉承"凭本事吃饭、拿业绩说话"的指导思想，2019年实行全员绩效考核后，集团公司党委管理的干部中，9名同志由于年度绩效考核不理想，由正职调整为副职或被免去相应职务。更可贵的是，"下"去的干部还能够通过实干，凭业绩再"上"来，2020年干部选拔、调整过程中，4名曾被降为副职的同志由于出色的业绩考核结果被重新调整为正职。

二是体现在专业序列上，中铁建设综合运用2019、2020、2021年全员绩效考核结果，在2021、2022年职级调整中，分别有1249人、1519因人绩效考核结果为优而职级晋升，分别有23人、24人因绩效考核结果为劣而职级降级。

（三）做到了“收入能增能减”

绩效考核结果的运用，打破了“大锅饭”的平均主义倾向，拉开收入差距，实现了“收入能增能减”。

集团层面，经理层成员及副职负责人年度绩效薪酬差距达到 11.4%；同层级员工季度绩效考核结果最高分与最低分差距达到了 30.9%（表 8）。工程公司层面，同一单位经理层成员及副职负责人年度绩效薪酬最高值与最低值之间的差距达到了 31.3%（图 24）。

表 8　集团总部 221 年一季度绩效考核结果

部门	姓名	岗位	综合评价	GS 指标	考核结果	部门系数	个人系数
人力资源部	**	**	94.15	98.00	96.85	1.10	1.10
人力资源部	**	**	94.50	97.80	96.81	1.10	1.10
人力资源部	**	**	85.73	96.75	93.44	1.10	1.06
人力资源部	**	**	85.05	95.40w	92.29	1.10	1.04
人力资源部	**	**	82.93	94.50	91.03	1.10	1.03
人力资源部	**	**	78.72	95.00	90.11	1.10	1.02
人力资源部	**	**	77.55.	93.40	88.65,	1.10	1.00
人力资源部	**	**	75.48+	92.30	87.26	1.10	0.99
人力资源部	**	**	71.18	93.45	86.77	1.10	0.98
人力资源部	**	**	62.33	94.40	84.78	1.10	0.96
人力资源部	**	**	65.11.	91.50	83.58	1.10	0.95
人力资源部	**	**	58.35	93.74	83.12	1.10	0.94
人力资源部	**	**	54.44	82.40	74.01	1.10	0.84

二级单位领导班子成员2019年度基本年薪、绩效年薪兑现方案

姓名	职务	职务类别	实际任职月数	考核分数或级别	基本年薪（万元）					绩效年薪（万元）				
					基本年薪标准	京外补贴标准	基本年薪标准合计	为领导班子正职基本年薪比例	实际核定基本年薪	绩效年薪标准	为领导班子正职绩效年薪比例	实际核定绩效年薪	当期兑现绩效年薪	延期兑现绩效年薪
**	总经理、党委副书记	AA	12	296.95	**	**	**	100.00%	**	**	100.00%	**	**	**
**	党委书记、工会主席	AA	12	296.95	**	**	**	100.00%	**	**	100.00%	**	**	**
**	副总经理、总工程师	AB	12	98.39	**	**	**	87.00%	**	**	79.99%	**	**	**
**	副总经理	AB	12	98.31	**	**	**	87.00%	**	**	79.92%	**	**	**
**	党委副书记	AB	12	98.27	**	**	**	87.00%	**	**	79.89%	**	**	**
**	总经济师	AB	12	98.16	**	**	**	87.00%	**	**	79.80%	**	**	**
**	总会计师	AB	10	96.81	**	**	**	87.00%	**	**	78.71%	**	**	**
**	纪委书记	AB	10	96.41	**	**	**	87.00%	**	**	81.30%	**	**	**
**	纪委书记	AB	2	96.41	**	**	**	87.00%	**	**	81.30%	**	**	**
**	副总会计师（主持财务工作）	AC	2	96.10	**	**	**	87.00%	**	**	78.13%	**	**	**
**	副总经理	AB	2	95.69	**	**	**	87.00%	**	**	77.79%	**	**	**
**	安全总监	AB	12	95.21	**	**	**	87.00%	**	**	77.40%	**	**	**
**	副总经理	AB	12	94.76	**	**	**	87.00%	**	**	77.04%	**	**	**
**	副总经理	AB	2	90.75	**	**	**	87.00%	**	**	73.78%	**	**	**
**	副总经理、总工程师	AB	12	76.30	**	**	**	87.00%	**	**	62.03%	**	**	**

图 24　中铁建设某二级单位领导班子成员薪酬手册

在 2021、2022 年度绩效调薪工作中，分别有 585 人、1166 人因绩效考核结果为优而薪档调升，人均月收入上涨 278 元；分别有 45 人、267 人因绩效考核结果为劣而薪档调降，人均月收入下降 300 元。经测算，薪档升降对工资总额的影响值分别占中铁建设相应年度工资总额的

0.11%、0.66%，满足"总成本可控原则"。

（四）实现了"人员能进能出"

绩效考核结果的运用，打破了国有企业"铁饭碗"的思想痼疾，实现了"人员能进能出"。

一是体现在总部员工末位淘汰上。2020、2021、2022 年，集团总部部门分别有 5 人、2 人、2 人由于考核结果排名本部门末位，且绩效考核等级为 D、E，被调出总部，安排到基层单位工作。

二是体现在用工形式转换上。2020、2021、2022 年，中铁建设分别有 0 人、218 人、75 人因绩效考核结果为优而由劳务派遣用工转换为正式在编职工；分别有 56 人、39 人、74 人因绩效考核结果为劣而通过合法程序由正式在编职工转换为劳务派遣用工或解除劳动合同。通过优胜劣汰机制，实现了员工结构优化，提高了员工队伍整体素质和活力。

（五）增强了"人才培养"效果

绩效考核结果的运用，有效推动了员工职业生涯发展和企业对员工的精准培养。

一是从员工自身角度出发，通过绩效结果反馈，可以使员工更加真实和全面地自我评定和自我判断，从而通过自身的努力补短板、强弱项，实现自我调整、自我修正，为自己的职业生涯发展纠正航向。

二是从组织角度出发，可以对所掌握的员工绩效考核结果信息进行科学分析，找到普遍性、重点性问题，通过组织的力量解决系统性问题，从而帮助员工成长。中铁建设通过分析绩效考核评价中的"创新能力"和"执行能力"指标，反映出中铁建设青年人才"研究能力"和"落实能力"存在不足。中铁建设将结合习近平总书记要求年轻干部的"七种能力"和上述绩效考核分析结果，策划、组织多期青年骨干人才培训班，聚焦"青年干部怎样提高'七种能力'""创新思维与创造性解决问题"等课程，使参培人员立足实干，提升创新思维及管理能力，助力参培人员成为独当一面的人才，肩负起企业发展重任。

中铁建设通过以全员绩效考核为引领的"四位一体"人才管理体系改革举措，实现了"人才发展、人才激励、人才培养和人才评价"四大机制的有效协同。中铁建设非常注重人力资源规划和员工关系管理，这一改革举措的落地实施，在校园招聘、社会招聘环节增强了对人才的吸引力、在稳定员工队伍方面发挥了保障作用，形成了具有企业特色的人力资源管理"选、用、育、留"之道，提高了人力资源管理水平，为中铁建设"十三五"战略实现提供了有力支撑，并为中铁建设"十四五"高质量发展奠定了坚实基础。

案例负责人：梅洪亮

主要创作人：文　华

参与创作人：孙洪军、王宏斌、申彦涛、连　昀

张子昂、卢显朋、于涵民、王　超

中国石油人力资源共享服务体系建设与实践

中国石油天然气集团有限公司人力资源部
中国石油集团共享运营有限公司

一、实施背景

中国石油天然气集团有限公司（以下简称中国石油）是国有重要骨干企业和全球主要的油气生产商和供应商之一，是集国内外油气勘探开发和新能源、炼化销售和新材料、支持和服务、资本和金融等业务于一体的综合性国际能源公司，在全球 32 个国家和地区开展油气投资业务。2023 年，在世界 50 家大石油公司综合排名中位居第三，在《财富》杂志全球 500 家大公司排名中位居第五。

中国石油成员企业一百余家，员工近百万，人力资源管理体系成龙配套。推行共享服务模式之前，人力资源管理部门按照直线职能制模式设置，集团总部、各企业本部、各企业二级单位分别设置人力资源管理部门，各级人力资源管理部门职能基本相同，人员按职责和岗位配备。据不完全统计，中国石油人力资源管理队伍总规模超万人。这种管理模式和人员配备方式，不利于人力资源管理整体效能和价值创造能力提升，主要存在以下问题：一是集团总部人力资源部门将大量时间和精力投入到事务性工作处理中，履行政策制度研究、工作调研分析和政策执行监控职能的时间和精力相对偏少，对公司发展战略支持能力无法完全释放；二是大量事务执行性业务分散在各企业处理，规模化、专业化、标准化程度不够，人员配置较多，工作效率难以提高，工作质量和业务执行规范化程度受到制约；三是各企业人力资源部门无法将工作重心投入到人才队伍建设、激励约束机制建立并为企业完成生产经营目标提供高效支持上。

解决上述问题的一个重要措施是在集团范围内建立人力资源共享服务体系，将原来分散在各单位处理的事务性、执行性、重复性业务集中起来，交付人力资源共享服务中心处理，使集团总部和各企业人力资源部门专注于政策制度制定、调研和政策执行情况监控及为企业经营业绩提升提供强有力支持上。这也是国际化大公司的普遍做法，世界 500 强企业中大部分企业已建立了比较完善的共享服务体系。近十年来，国内很多央企和规模较大的民企也在积极推进共享服务体系建设并取得了较好成效。

二、实践路径

按照中国石油深化改革的总体部署，中国石油 2017 年正式启动人力资源共享服务体系建设方案研究，当年 9 月集团党组审定建设方案，11 月底正式启动共享服务试点。

（一）总体思路

根据中国石油发展战略，按照"做实共享"的总体要求，完善人力资源管控方式，推进业务流程再造，实行"定事"与"办事"分离，强化管理决策与监督协调职能，提升战略决策支持能力；创新"互联网+人力资源管理"模式，集中处理重复性、事务性、标准化的业务，提升服务水平，实现人力资源管理的集约化、扁平化和专业化。

（二）工作目标

稳步推进集团人力资源管理组织变革，构建具有中国石油特色、覆盖国内外、具备专业化服务水平的人力资源共享服务体系，降低成本、提高效率、规范管理，为各企业和全体员工提供更好的人力资源服务，为中国石油发展战略提供支持。

（三）总体方案

结合中国石油自身管理和业务特点及高质量发展要求，借鉴国内外企业人力资源共享服务成熟经验，从服务范围、实施策略、系统建设、运营管理等方面进行顶层设计、统筹谋划。

1. 合理确定共享服务业务范围

经过逐项梳理，确定将可以集中处理、同质性较高、易于标准化的 7 类 45 项业务纳入人力资源共享服务实施范围，按业务性质和实施策略将其划分为基本业务、总部授权业务、专项业务和增值业务 4 类。

基本业务是指全年不间断运营的日常高频类业务，主要包括员工变动支持、劳动合同支持、薪酬系统规则固化、薪酬标准调整、薪酬核算与发放、退休手续办理、社会保险服务、企业年金服务、技能等级认定服务、报表定制服务、企业定期分析服务、系统权限服务、系统信息维护服务等 13 项服务。

总部授权业务是指按照业务一体化运作要求、集团人力资源部授权人力资源共享服务中心开展的管控支持类业务，主要包括集团招聘专项支持、企业补充保险管理、重病保障服务、技能评价技术开发工作、技能创新基金服务、职称考试服务、总部数据分析与支持、总部数据管理支持、集团人力资源统计工作、系统建设管理和系统应用与运维管理等 11 项服务。

专项业务是指阶段性定期、不定期开展或以专项任务模式开展的业务，主要包括企业校园招聘服务、个税专项筹划服务、绩效薪酬服务、职称评审服务、技能评价机构备案与支持、企业专题分析服务、企业数据治理服务、其他数据服务、考勤系统产品服务、考核系统产品服务、自助产品服务、知识库建设、员工人力资源政策咨询服务等 13 项服务。

增值业务是指按照集团内外部企业个性化、差异化需求开展的业务，主要包括劳动合同文本整理服务、认证服务、个性化测评服务、机器人流程自动化（Robotic Process Automation，RPA）产品服务、管理咨询服务、微视频制作服务、关联企业人力资源服务、档案整理服务等 8 项服务。

2. 积极稳妥推进共享服务实施

在人力资源共享服务实施过程中，遵循"先易后难实施、由点及面推广"的实施策略，分步实施、压茬推进。在服务企业范围上逐步覆盖，首先在中国石油驻陕 7 家企业进行试点，验证实施方案的可行性并取得推进实施经验。随后扩大到陕甘宁青 17 家企业，进一步验证方案、总结经验，在此基础上全面推广实施。在业务范围上逐步扩展、分批实施，综合考虑业务标准化程度、系统配套及共享服务成效，选择"员工入离调转系统信息服务"和"薪酬核算与发放"

两项业务作为切入点，率先在企业试点实施，在取得经验后逐步启动社保服务、年金服务和数据服务等业务实施。在服务网络和人员队伍方面采取逐步建设、逐步配备的办法，综合考虑各成员企业和员工分布、人员迁移成本及人力资源属地化等因素，优选区域机构建设地址，根据服务范围、内容，分批配备业务人员。

3. 分期推进人力资源管理系统建设

结合国际石油石化企业人力资源共享服务、人力资源数字化最佳实践和发展趋势，依托集团现有人力资源管理系统启动共享服务试点，同时确定了分两期推进共享服务模式下人力资源管理系统建设的工作计划，目标是打造适合中国石油并且能够支持未来数字化转型要求的共享服务模式人力资源管理系统。

第一期：基本建成共享模式人力资源管理系统。主要工作内容：搭建全新的共享服务平台，增加共享业务运营和服务管理功能；重构自助服务平台，拓展服务功能，建设PC端、移动端、智能终端访问渠道，强化"零"层交付能力，实现"让数据多跑路、让员工少跑腿"；改造业务处理平台，实现信息维护集成化，流程、表单、数据一体化，工资核算一体化，优化访问界面、功能布局，改进用户体验。

第二期：建成完善的共享模式人力资源管理系统。主要工作内容：建设数据服务平台，深入挖掘系统数据价值，建设智能查询、智能分析、智能报告、人才画像等功能，实现共享模式人力资源管理系统在中国石油范围内的推广应用；提升系统性能，利用人工智能等新技术开展数字化转型探索；以云技术平台为支撑，构建人力资源系统平台化服务能力，赋能人力资源业务快速发展。

4. 推进共享服务标准体系和运营管理制度不断完善

中国石油人力资源共享服务始终将质量、效率、成本和满意度放在首位，结合自身实践持续探索，逐步形成了具有自身特色的共享服务实施和运营管理制度体系。

以服务标准化为抓手，推进工作实施标准建设。总结人力资源共享服务实践经验，结合服务企业管理现状和需求，探索人力资源共享服务标准化管理，逐步形成具有中国石油特色、可推广可复制的工作模板和业务交付运营模板，明确人力资源共享服务业务范围、实施步骤、操作流程、宣传推介等，构建人力资源共享服务标准体系。

以服务制度化为核心，完善运营管理制度体系。始终以客户为中心，以创造价值为目的，从质量、效率、成本和满意度入手，逐步深入开展绩效管理、客户体验管理，构建人力资源共享服务运营管理办法，推进质量管理、问题管理、满意度管理、客户关系管理等规章制度与实施细则制定，抓好服务水平协议的签订，加速完善服务运营管理制度体系建设。

三、建设成果

（一）共享服务业务实施实现突破

中国石油人力资源共享服务始终按照"应共享尽共享、能共享尽共享"的原则，推进业务实施。经过5年多的不懈努力，取得重要进展，首批业务已经实现集团范围全交付，大部分基本业务将于2023年年底实现全覆盖，总部授权业务规范开展，专项业务和增值业务服务范围逐步扩大。

基本业务方面，薪酬及员工服务 2021 年年底实现集团范围全交付，服务员工总数近百万，员工岗位变动、薪酬及津贴补贴标准套算调整、考勤数据采集、月度薪酬及各项奖金核算发放全部实现系统单轨运行；数据分析服务 2022 年年底实现全覆盖；社保服务、年金服务、员工退休手续办理等业务，将于 2023 年年底基本实现全交付。

总部授权业务方面，承担了企业年金、社会保险、补充医疗保险管理及驻京企业社保代办等业务；全力推进人力资源管理系统建设、系统应用及运维管理，承担中国石油人力资源综合统计工作，负责国家部委人力资源统计报表上报，开展定期数据报告和专题统计分析报告支持，助力总部决策；有序开展职称考试服务、技能认定技术开发、技能创新基金服务、校园招聘专项支持，为中国石油高质量人才队伍建设提供了专业支持。

专项业务方面，紧抓企业关注"焦点"，找准企业管理"痛点"，不断拓展绩效薪酬、职称评审、校园招聘、个税专项筹划服务等业务实施；不断扩展考勤系统产品、考核系统产品实施范围，较好地满足了企业多层次、多样化的共享服务需求。

增值业务方面，坚持为企业创造价值，紧盯需求积极推进，通过提供劳动合同文本整理、培训认证、管理咨询等定向服务，满足客户特色化需求，服务对象已涵盖中国石油内外部企业，共享服务价值逐步显现。

（二）服务网络和骨干队伍建设基本完成

按照人力资源共享服务实施方案整体部署，基本完成共享服务机构和队伍建设，形成了比较完善的共享区域服务格局，组建了一支素质较高的人力资源共享服务专业团队。

一是服务网络基本建成。按照区域服务方式，统筹推进服务网络建设，与财务共享中心一同建设西安、大庆、成都 3 个区域中心，在北京、吉林、天津、乌鲁木齐设置 4 个人力资源共享服务业务部，随着集团海外业务体制调整过程中海外人力资源共享服务中心的划入，逐步形成了"中心本部＋区域运营机构""1+8"的共享服务网络，实现了境内外中国石油成员企业全覆盖。中心本部负责共享服务推进实施、共享服务运营管理和总部授权业务开展，各区域运营机构按照服务范围为各企业及广大员工提供人力资源共享服务。

二是骨干队伍初具规模。设定人员选聘条件及标准，共享服务人员全部从中国石油成员企业人力资源管理队伍中择优录用。同时，研究制定业务人员培训办法、搭建岗位培训课程体系，在推进业务实施过程中加强人员培养，共享服务队伍整体素质得到显著提升。目前，人力资源共享服务团队员工总量达到 800 余人，均为大学本科毕业，主体专业为薪酬服务、员工服务、社保服务、人才服务等，中级以上职称人员占 72%，中共党员占 69%，一支总体素质较高、专业配备合理、创新能力较强、服务意识较好的共享服务队伍基本形成。

（三）共享服务模式人力资源管理系统基本建成

经过近几年持续建设，共享模式人力资源管理系统已成为各级人力资源人员日常工作平台，各项人力资源管理业务线上运行，涵盖管理人员、专业技术人员、操作技能人员 3 支队伍管理，包括劳动组织、招聘管理、薪酬福利管理等 8 类业务。系统已成为人力资源管理决策的信息支持平台，各级领导和人力资源部门能够更加全面地掌握企业机构、人员聘用及薪酬发等方面的情况，实时查询、分析人力资源信息，为人力资源规划编制、干部配备和队伍建设等提供决策依据。共享模式人力资源管理系统已成为集团重要的信息化基础平台，定期向中国石油 10 余个系统传送机构、员工等基础数据，人力资源基础数据在集团范围内得到更加广泛的应用。

（四）服务标准及运营服务管理制度逐步健全

配套制定人力资源共享服务标准化管理办法，构建以业务分类标准、实施工作标准、业务操作标准、服务产品标准为主要内容的人力资源共享服务标准体系，明确了标准制定、标准应用和监督考核等要求。在服务运营方面制定了涵盖服务运营、应急管理、客户管理、协议管理、客户评价等内容的服务运营管理制度，初步形成了科学规范、特色鲜明、覆盖全面、适应需求的人力资源共享服务运营服务管理制度体系，为持续提升共享服务运作效率，提高服务质量和服务水平，提供更加优质的共享服务提供了支撑。

总体而言，经过5年多的探索与实践，具有中国石油特色的人力资源共享服务体系建设路径基本成型，初步搭建起了中国石油人力资源共享服务体系。

四、工作成效

中国石油人力资源共享服务体系建设，在整合资源、提高效率、降低成本、促进合规、夯实基础、创造价值等方面取得了预期成效，具体表现在以下几个方面。

（一）规模化效应逐步显现

实施共享服务后，大部分事务性、重复性、操作性业务交由人力资源共享中心集中处理，企业人力资源部门承担的业务环节和工作量大幅减少，工作效能得到有效释放。以某大型油田企业薪酬及员工服务业务为例，共享服务实施前，工资核算发放分散在各基层单位，配备专兼职人员400多人，实施共享服务后，区域运营机构只配备了17人，即可高质量完成从员工变动到薪酬核算发放的所有工作，工作效率、质量大幅度提升。

（二）专业化水平不断提升

实施共享服务前，中国石油很多成员企业人力资源管理人员变动频繁，存在专业性不强、业务处理不规范的问题。实施共享服务以后，人力资源共享服务拥有一支素质较高的专业化团队，能够做到"专业的人做专业的事"，业务专业化、规范化程度大幅提高；同时，通过向企业提出合理化建议，助力企业不断优化人力资源管理制度，政策制定更加规范合理。例如，在为某石化企业提供共享服务的过程中，针对管理现状提出多项工作建议，并提供薪酬结构优化调整方案，帮助该企业完善薪酬管理制度。在服务某销售公司过程中，协助该企业完成薪酬政策优化设计，对薪酬结构、工资动态运行、绩效考核等内容进行优化调整，薪酬激励导向作用更加凸显。

（三）业务信息化应用水平极大提升

随着共享服务的实施，薪酬及员工服务、职称评审服务、年金服务等大量日常业务实现了系统单轨运行，这从根本上消除了线上线下数据不一致的问题，提升了人力资源管理系统应用水平。同步开展人力资源系统数据治理，核实整改系统信息问题，按照业务要求固化系统规则，减少人为干预，为全面提高工作效率、客观分析业务现状奠定了坚实基础。积极探索RPA、

VBA 技术在工资变动套算、个税专项附加扣除核对等多个业务场景的推广应用，不断应用新技术，推进人力资源数字化转型。

（四）业务管理更加合规

人力资源共享服务发挥第三方独立优势，通过提供专业高效、标准合规的优质服务，协助企业规范政策制度执行，逐步消除基层单位在人力资源政策制度理解上存在偏差、执行弹性大的现象，助推企业合规管理，有效规避管理风险。以薪酬管理为例，随着薪酬支付自动化的实施，人力资源共享完成薪酬核算后，直接发送支付指令，系统自动过账，工资实时到账，实现了数据不落地，无人工干预，确保员工薪酬直接到卡，减少了形成小金库的风险，堵塞了漏洞，也封堵了员工管理上的"空头"问题。

（五）业务流程更加优化

在共享服务实施过程中，人力资源共享服务中心会同企业人力资源管理部门，持续开展业务流程再造，精简工作环节和审批程序，畅通信息流转渠道，推动业务流程简化优化及机构设置的扁平化，提升了人力资源管理工作运行效率。以劳动合同管理为例，积极开展劳动合同电子化试点，通过远程异地签约，实现员工"零跑腿"和"非接触式办理"，劳动合同人均签署时长大幅压缩，工作效率得到极大提升。

（六）新型人力资源管理体制雏形基本确立

集团总部"战略人事"、企业"业务人事"、共享服务中心"服务人事"职能定位逐步明晰，价值型总部建设迈出坚实步伐，企业人力资源管理职能转型取得一定突破，共享服务体系基本成型，集团总部、企业人力资源部门和人力资源共享服务中心"三位一体、专业分工、高效协同"的运行机制越来越顺畅平稳，中国石油人力资源管理整体效能和价值创造能力得到提升。

主要创作人：寇登科、郭　浩

参与创作人：潘煜斌、张万莉、陈　昱、王一菲、邹呐群

建筑施工企业"党建+HRBP"体系建设实践

中铁十四局集团有限公司

一、企业简介

中铁十四局集团有限公司组建于1948年，前身是铁道兵第四师，隶属于中国铁建股份有限公司，为国内领先的工程承包商、城市运营商和产业投资商。经营业务遍布国内及海外29个国家和地区，业务覆盖规划设计咨询、投资运营、工程承包、工业制造、城市综合开发、智慧物流、装备制造、运营维管等产业，具有投、建、营全产业链服务能力。

中铁十四局集团持有铁路、建筑、市政、公路工程6项施工总承包特级资质和6项甲级设计资质，拥有中诚信国际和远东资信两项AAA级主体信用评级。年新签合同2000亿元以上，营业收入1000亿元以上，培育了大盾构核心竞争力，国内市场占有率43%，位居全国第一；连续7次获山东省建筑企业综合实力30强第一名。

集团下辖18家子分公司，成立了16个区域经营机构，创建了国家级企业技术中心，建成了钱七虎院士专家工作站、博士后科研工作站、中国铁建水下隧道工程实验室，成立了管理研究院、大盾构与地下空间科技发展研究院、坝道工程医院中铁十四局分院、中国岩石力学与工程学会水下隧道工程技术分会，构建了"两院、两站、一会、一室"的科技创新体系架构，拥有13个国家级高新技术企业、12个省级创新平台。

截至目前，集团累计获国家科技进步奖4项（其中特等奖1项，二等奖3项）、国家技术发明奖1项、国家优质工程金质奖10项、鲁班奖31项、詹天佑奖18项、国家优质工程奖54项，获得国家专利1383件、国家级工法13项、省部级工法193项。

二、实施背景

近年来，随着中铁十四局集团有限公司多元化经营和规模化发展，人力资源单一的部门垂直管理已经不能满足企业管理的要求，人才培养储备和人员精准管理将决定公司未来能否保持持续、健康、快速发展的良好态势。

部分基层党组织缺乏党建工作与中心工作融合意识，在围绕生产经营、改革发展和队伍建设中重点难点方面，存在推进党建工作思路不开阔、载体不恰当，对上级精神理解不透，对员工思想动态把握不准及工作方法简单等问题，导致党的建设与生产经营"两张皮"现象突出。

当前国有企业改革进入深水区，必须借鉴内外部优秀人力资源管理经验，进一步落实国企改革三年行动，推进三项制度改革。完善现行管理模式，精简机构，裁减冗员，减轻包袱，让公司在市场竞争中轻装上阵。在公司内部形成压力和竞争态势，提高公司劳动生产率和经济效益，从而增强公司活力，为公司转型升级和健康发展提供不竭动力。

在此背景下，中铁十四局集团有限公司以解决制约企业发展矛盾、提升党建和人力资源管理水平为目标，提出建设"党建+HRBP"体系为核心的人力资源管理体系，通过公司党委向业务系统和基层党组织赋权，不断优化人力资源管理流程，探求实现党建与中心工作融合互促的治企良方。经过两年多的实践，该体系取得了较好的成效。

三、成果内涵

（一）概念释义

HRBP 即人力资源业务合作伙伴，是公司委任到各业务单元的人力资源管理者，主要协助做好本单位、本部门和本业务系统内员工发展、人才发掘、能力培养等方面的工作。

"党建+HRBP"体系建设就是通过赋予各级党组织书记或职能部门 HRBP 职责，构建以党建为引领、统筹推进人力资源管理工作的新机制，实现党的建设和人力资源管理的深度融合、相互促进，使企业人力资源管理更加贴近业务、贴近现场，更加系统化解决问题、提升人力资源价值，从而支撑企业发展战略目标的快速实现。

（二）角色定位

"党建+HRBP"是建立在公司总部、基层单位和各业务系统的人力资源管理岗位。其是战略伙伴，基于战略目标设计有力的支撑措施，并辅助实施；是行政专家，打破模块的界限，针对业务问题提供完整的解决方案，设计高效流程并保持高效运转；是变革推动者，面向未来，辅助管理层推动必要的组织变革；是员工代言人，与内外部利益相关者保持紧密的沟通，建立良好的关系，如图 1 所示。

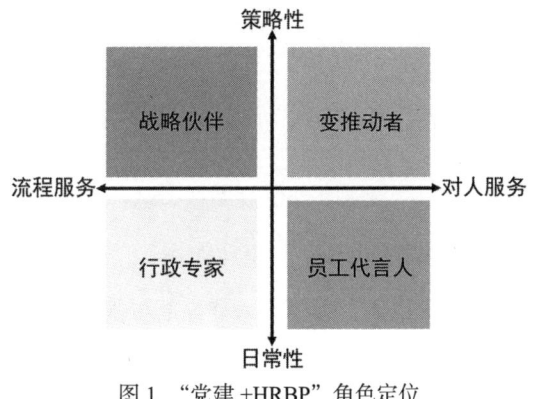

图 1 "党建+HRBP"角色定位

（三）管理内涵

建设"党建+HRBP"体系，主要立足以下 3 个方面

一是在公司各层面、各业务系统嵌入式建立起专兼职人力资源管理队伍，让人力资源管理更加贴近现场，更加贴近业务。

二是通过赋予各级党政负责人人力资源管理职责，做到党建业务和人力资源管理深度融合，保证党管干部、党管人才原则得到较好实现。

三是通过赋予基层各单位和总部部门负责人人力资源管理的职责、方法和工具，从而提升整体组织的人力资源管理能力，进而提升整个组织、团队的整体绩效和组织能力。

四、主要做法

（一）搭建体系流程，全面夯实"党建+HRBP"运行基础

1. 明确角色定位，配强"党建+HRBP"团队人才

根据需要，中铁十四局设置了3层HRBP，共同组成公司的"党建+HRBP"体系，即公司人力资源部主要成员作为体系的第一层HRBP，主要发挥牵引业务作用；各单位、总部职能部门、业务系统的HRBP作为体系的第二层HRBP，主要发挥主动协同作用；专兼职劳资员作为体系的第3层HRBP，主要发挥基础服务的作用，如图2所示。

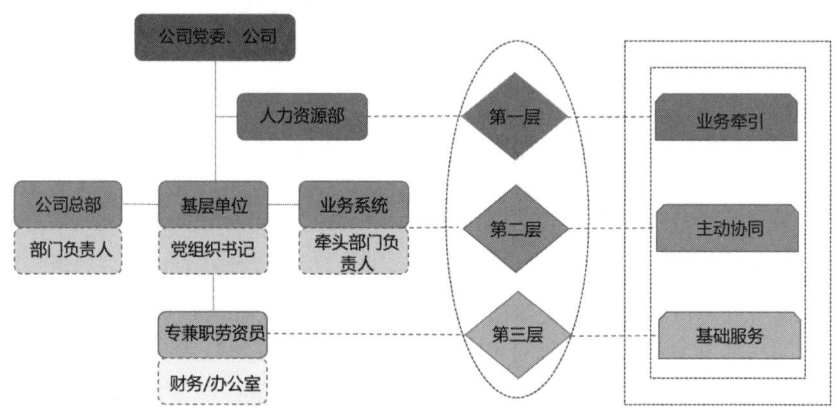

图2 "党建+HRBP"体系3层结构

2. 明确工作流程，优化"党建+HRBP"搭建步骤

梳理HRBP与本单位行政一把手、上级部门的业务对接关系，明确HRBP既与各单位行政一把手相互配合补充，又分别隶属于各单位和各业务系统，在履职尽责过程中分别向上级党委、同级行政一把手和人力资源部报告工作，形成上下权责对应、运行通畅有序的工作流程。

3. 明确岗位职责，发挥"党建+HRBP"职能作用

HRBP作为人力资源业务合作伙伴，做好人力资源部与基层单位和各业务单元之间的沟通桥梁，从传承企业文化、做好行政管理、监督业务开展、培育留用人才等4个方面，归纳为"四大家"角色作用。"大当家"作用：承战略、带班子、传文化。"大专家"作用：管干部、管队伍、管自己。"大行家"作用：精业务、优流程、强组织。"大管家"作用：关爱人、激励人、留住人，如图3所示。

图3 "党建+HRBP"职能作用

4. 明确目标要求，分解"党建+HRBP"阶段任务

将"党建+HRBP"体系建设合理划分为三个阶段，开展为期一年半的体系建设行动，逐步实现由 HRBP 初级业务到高级业务的快速推进，从而建立起覆盖全系统的"党建+HRBP"体系，如图 4、图 5 所示。第一阶段：在总部各职能部门和各基层单位能够顺利开展初级 HRBP 岗位业务。第二阶段：全体系能够出色地开展中级 HRBP 岗位业务。第三阶段：全体系能够创造性地开展高级 HRBP 岗位业务。

第一阶段	第二阶段	第三阶段
时间：2021年7月1日-12月31日 范围：总部各职能部门和各基层单位 任务：启动10项关键任务 目标：达到初级HRBP业务水平	时间：2022年1月1日-6月30日 范围：总部各职能部门、各基层单位和业务系统 任务：在第一阶段的基础上再启动6项关键任务 目标：达到中级HRBP业务水平	时间：2022年7月1日-12月31日 范围：总部各职能部门、各基层单位和业务系统 任务：在第二阶段的基础上再启动5项关键任务 目标：达到高级HRBP业务水平

图 4 "党建+HRBP"体系建设三阶段

层级划分	任务要求	任务描述
初级HRBP	10项任务 全部达标	宣贯公司规章制度 做好干部选拔任用 夯实日常绩效管理 抓好干部人才培训 定期开展团建活动 加强自身学习建设 参与业务专题会议 定期进行员工访谈 关注员工身心健康 善用多种激励手段
中级HRBP	10+6项任务 全部达标	在初级HRBP的基础上再启动6项关键任务 牵头工作目标分解 组织政策形势教育 提升团队管理能力 优化关键业务流程 做好员工应急处理 做好职业生涯规划
高级HRBP	10+6+5项任务 全部达标	在中级HRBP的基础上再启动5项关键任务 做好干部人才盘点 做好人才梯队建设 定期开展复盘行动 定期进行组织诊断 解决员工后顾之忧

图 5 "党建+HRBP"体系各层任务

（二）健全工作机制，全力保障"党建+HRBP"强化落实

"党建+HRBP"体系要真正落地，需要强化机制保障，主要包括以下几个方面，如图 6 所示。

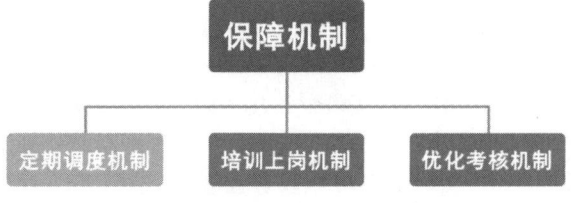

图 6 "党建+HRBP"体系保障机制

1. 建立定期调度机制，确保体系建设推进有序

公司党委定期对"党建+HRBP"体系建设情况进行调度，人力资源部定期牵头组织召开"党建+HRBP"体系建设工作会。定期对工作开展情况进行总结，分析存在的问题，研究部署下一步工作计划。

2. 坚持培训上岗机制，提升HRBP人员业务知识储备

HRBP培训包括岗前培训和过程进阶培训，首批HRBP上岗前，公司组织统一岗前培训，确保其具备基本履职能力；通过线上线下结合的形式，不定期组织业务进阶培训，重点对党建及人力资源管理基本业务知识、规章制度、战略规划等内容进行培训，不断提升HRBP业务知识储备。

3. 推进优化考核机制，提高HRBP人员履职积极性

根据各级岗位职责设定科学合理的考核指标，融入年度全员绩效考核体系，并根据公司绩效管理办法，结合推进周期进行奖优罚劣。

五、实施路径

以发挥"四大家"角色为主线，分解"党建+HRBP"体系建设的关键任务，梳理12项重要举措，开展好21项关键工作，使体系建设有的放矢、有序推进。

（一）发挥好"大当家"作用，为业务开展统一思想基础

体系建设需要统一思想。新时代加强党的理论武装是永葆党的先进性和纯洁性的必然要求和迫切需要，强化理论武装、筑牢思想根基是提高国有企业员工履职能力，推进国有企业高质量发展的必备动作。中铁十四局集团在推进"党建+HRBP"体系建设工作中，坚持从思想建设出发，加强理论武装和思想引领，强化战略目标管理和企业文化传承，统一思想、明确目标，充分发挥了"头雁效应"，推动了各项任务的落实，如图7所示。

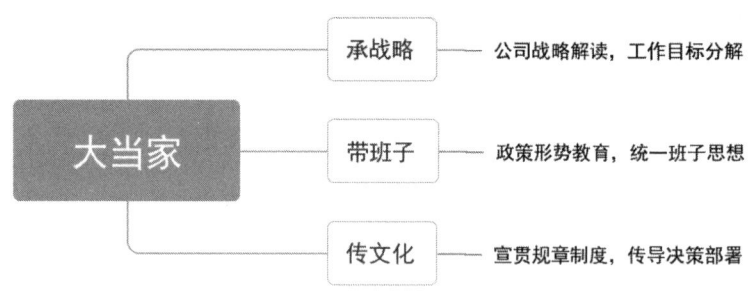

图7 "大当家"角色作用

1. 承战略

公司战略逐级宣贯承接，工作目标实现清单化分解。各级HRBP负责细化年度工作计划，明确年度工作目标。同时，负责对公司战略的解读，牵头做好本级目标责任分解，将目标责任细化到具体责任人，形成本级重点工作计划书及责任清单，使工作目标更加明确、责任界定更为清晰，实现了战略部署与公司发展相适应。

2. 带班子

形势政策教育扎实开展，班子思想得到进一步统一。按照每年不少于 6 次的频率组织班子对党内最新政策、系统内经验材料和企业管理文件进行学习研讨，每年撰写学习心得体会不少于 2 篇，促进班子成员政治素养和管理能力提升；扎实开展领导班子务虚会，进一步统一领导班子思想，强化团队凝聚力，为各项工作的开展提供了强大的思想保证和组织保证。

3. 传文化

规章制度宣贯深入到位，决策部署实现高效率传导。各级 HRBP 带头抓好上级和公司决策、命令、文件等在本级的学习与执行，要求各单位、各业务系统利用工作例会等形式传达学习公司文件通知精神；同时，总部部门、基层单位每月组织工作例会不少于 1 次，业务系统工作例会每年不少于 1 次，为公司相关举措落地落实提供了重要保障。

（二）发挥好"大专家"作用，为体系建设做好组织保证

业务能力提升离不开专家引路。为充分发挥组织效能，公司聚焦业务专家的引领示范作用，明确以抓好干部选任、绩效管理、人才盘点、人才培养与梯队建设等工作为主要控制点，有针对性地加强管理，如图 8 所示。

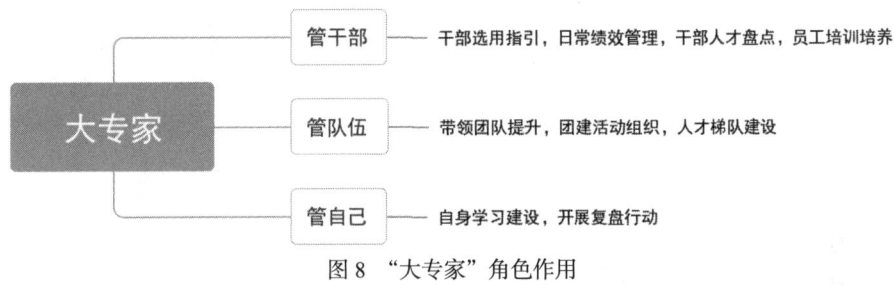

图 8 "大专家"角色作用

1. 管干部

聚焦干部选用育引。各级 HRBP 全面参与本级干部人才选用工作，积极识别、发现并向组织推荐优秀人才，严格按照程序选拔使用干部人才，干部选用更加精准。

夯实日常绩效管理。全面落实全员绩效管理，强化绩效辅导，重视考核结果应用，做好相关工作在本单位、本业务系统的落实。

做实干部人才盘点。各级 HRBP 积极参与人才盘点工作，做好人才队伍规划，每年召开人才盘点会议不少于 1 次，认真分析各级人才供需情况，找出人才缺口，实现了明星员工、高离职倾向员工、不胜任员工分策管理。

优化员工日常培训。结合实际，依托"总部大学堂""职工大讲堂""导师带徒""管培生""技能大比武"等平台，在充分落实公司年度员工培训计划的基础上，制定本级年度培训计划，做实人才培养工程，督促员工教育培训计划落实。各基层单位按照每年度不少于 6 次的频率开展职工大讲堂活动；扎实推进新学员导师带徒工作，确保导师带徒全覆盖；聚焦 HRBP 优秀培训资源产出，各单位每年优秀课件产出不少于 2 个，实现了人才培训工作有机循环。

2. 管队伍

提升团队领导水平。积极组织各级 HRBP 参加领导力课程培训或中层干部培训，引导团

队领导人员主动学习领导力培训课程，全面为领导集体赋能。

丰富团建活动形式。每年围绕施工组织等关键环节开展团建活动或项目管理活动不少于1次，团队队伍活力、凝聚力不断增强。

优化人才梯队建设。每年度开展人才盘点不少于1次，结合年度人才盘点情况和绩效考核结果，全面分析岗位人才储备情况，做好关键岗位继任者计划和晋升计划，主动干预人才梯队建设，人才梯队建设水平明显提升。

3. 管自己

加强自身学习建设。一方面，认真开展"三会一课"，重点加强自身政治理论学习，保证个人素质和能力跟上岗位需要；另一方面，结合日常培训计划，围绕项目管理和业务管理，组织员工深入学习业务，确保每年提交论文、成果、课题等实践类文章不少于1篇。此外，按计划系统学习新人力资源管理课程，重点加强人力资源管理知识学习，促进公司人力资源管理水平整体提升。

定期开展复盘行动。根据上级部署，按计划组织和参加民主生活会、组织生活会，认真开展批评和自我批评；日常开好工作复盘会，查找问题促整改，促进成员不断改进提升。

（三）发挥好"大行家"作用，为目标实现打好业务基础

管理升级需要领导带头。"党建+HRBP"体系建设的目的在于通过加强基层党建，促进业务管理和人力资源管理的全面融合，实现组织管理创新升级。各级 HRBP 作为本级业务开展的掌舵人，通过业务和人力资源的深度融合，对生产、经营、业务全面把关，从而引导员工从业务角度理解管理，从管理角度思考业务，实现管理升级，如图9所示。

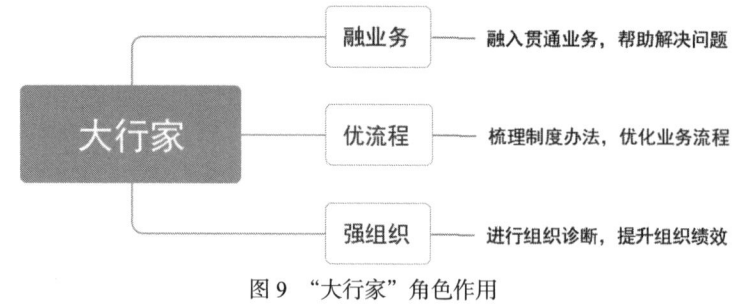

图 9 "大行家"角色作用

1. 融业务

全面融会贯通业务。以学懂弄通业务常识为基础，全面融入和贯通业务，从现场不断发现问题，帮助业务单元解决组织深层次问题。一方面，要求 HRBP 积极参与工程例会、经济活动分析等业务专题会议，提升综合管理素质，确保每年参与业务专题会议不少于1次；另一方面，学会从业务角度找出制约管理和发展的关键问题，认真收集规章制度在本级的落实实施情况，及时向总部相关部门反馈，每年不少于1次。

2. 优流程

优化关键业务流程。围绕组织目标，梳理制度办法和业务流程，减少部门间扯皮现象，提升组织运行效率。按照"去行政"化要求，梳理制度办法和业务流程，有序优化关键业务流程；常态化开展制度"立废改"活动，趋时制定、更新、废止管理制度。

3. 强组织

定期进行组织诊断。围绕组织目标和任务，召开组织诊断会，通过管理制度的梳理和业务流程的再造，提升组织能力和组织绩效，为组织赋能充电。每年各级召开组织诊断会不少于 1 次。

（四）发挥好"大管家"作用，为人才选留营造良好氛围

人才留用需要强化关怀。"党建 +HRBP"体系建设在强化业务管理的基础上，也要探索以降低员工流失率为核心的人文关怀政策，如图 10 所示。

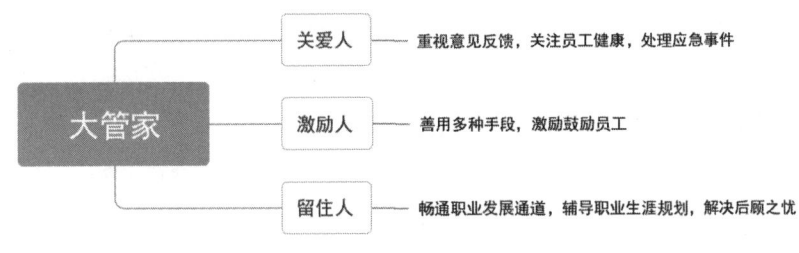

图 10 "大管家"角色作用

1. 关爱人

重视员工意见反馈。一是定期开展员工访谈，坚持谈心谈话制度，掌握和了解员工思想动态，化解员工顾虑，做到关心、关爱员工。二是注重员工主动反馈，深入开展离职分析和员工满意度调查活动，避免因组织原因造成员工主动离职。

关注员工身心健康。一是优化休假制度，执行综合假期与灵活轮休相结合的休假制度，尊重员工个性发展，为员工提供自由空间；二是落实年度健康体检制度，每年开展员工健康检查不少于 1 次；三是丰富员工业余文化生活，每年组织集体文娱活动不少于 2 次；利用寒暑假邀请员工学龄子女到项目，组织"候鸟冬令营""候鸟夏令营"。

做好应急事件处理。及时处理员工投诉和绩效申诉等个人诉求，杜绝出现因单位原因造成涉及工资、社保和工伤等相关问题的农民工、临时工和职工劳动纠纷事件，杜绝舆情事件。

2. 激励人

用好多种激励手段。利用一切手段，激励员工、鼓励员工。一是善用正向激励手段，将正向激励及时、广泛、公开地运用于日常工作中；二是适当运用负向教育，在适当的场合，以恰当的方式开展以警示教育为目的负向教育，使职工心存敬畏，及时改进；三是用好自主激励手段，对创新、创效和创誉行为与结果进行及时激励，提高职工工作积极性。

3. 留住人

做好员工职业规划。畅通员工职业发展通道，各级 HRBP 主动帮助员工进行职业生涯规划，促进员工快速成长，积极推荐员工多通道发展。

解决员工后顾之忧。建立互帮互助制度，创造良好工作氛围，主动获取资源和渠道，帮助或协助员工解决教育、医疗和住房难题；通过访谈或问卷调查等形式，掌握员工关注焦点，解决员工后顾之忧，保证员工安心工作。

六、实践成果

经过两年来的有效实践，HRBP 角色得到员工的广泛认可，HRBP 岗位作用充分发挥，"党建 +HRBP"体系在全公司范围内逐步确立，组织管理创新和人力资源管理升级效果初步显现，实现了强化基层党建、促进业务管理和人力资源管理全面融合的预期目标。

（一）企业发展后劲增强

通过两年多的"党建 +HRBP"体系建设，企业成功实现人力资源管理的战略转型，由"垂直型"向"嵌入型"转变。这一转变使公司建立起更适应企业发展、顺应时代潮流的人力资源管理体系。依靠各业务层级人力资源合作伙伴的合理分工，公司战略被进一步落地分解实施，为实现企业战略目标提供了强有力的支撑，企业发展后劲十足。

1. 目标触角得以延伸

各级 HRBP 牵头工作目标分解，常态化开展形势政策教育，及时宣贯公司规章制度，为公司战略目标与项目管理目标的有机结合提供了良好的基础条件。

2. 业务末级传导增强

通过下放部分管理权限，各级 HRBP 广泛参与到干部选任推荐、绩效考核、人才盘点、组织业务培训、业务流程优化、员工关爱等日常工作中，人力资源管理的质量得到很大提升。

3. 干部选用视野拓宽

通过抓好干部"选、用、育、留、引"，下放部分干部选拔推荐权限，将干部选任推荐与绩效考核相结合，拓宽了总部机构的管理视野。

4. 梯队建设成果显著

结合人才盘点，梳理各业务系统、各岗位人员配备情况及关键岗位后备人才成长情况，建立关键岗位人才继任者计划，为公司人才培养及岗位梯队建设明确了方向。2023 年，选拔任用年轻干部 100 余人次，梳理选拔优秀青年骨干岗位继任者 300 余人。

5. 培训质效明显提升

各级 HRBP 主动收集反馈本级员工的培训诉求，参与筹划员工培训，为业务集训、日常培训、岗前培训常态化开展提供了指导。各级 HRBP 共产出优秀课件资源 200 余件，开展线上、线下培训 400 余场次，参培人员达 30000 余人次，充分保障了人员晋升与业务素质提升高度匹配，为公司后续发展储备了一支素质过硬、结构合理的后备人才队伍。

（二）党建工作更加走实、走深

"党建 +HRBP"体系强调党建与业务融合发展，通过体系建设的不断深入，取得了基层党建工作与人力资源管理工作的双提升。

1. 组织工作更加贴近一线

通过了解基层单位对有关决策措施的贯彻执行情况，征求基层员工对党组织工作的意见建议，帮助解决基层干部员工关切的问题，基层声音和诉求有了更加充分的表达渠道，为切实做好思想政治工作提供了有力抓手，实现了党建学习理论与实践有效结合。

2. 人员角色发生转变

通过"党建+HRBP"体系建设，各级党务工作者被赋予人力资源管理的新职能，业务素养不断增强，人员干事创业后劲十足，推动党建工作更加走实、走深。逐步由上级通知的"转发者"转变为政策、办法细则的"解读者"及政策、办法落地实施的"监督者"，基层员工对管理活动的执行更加彻底，公司管理动作的末级传导更加有效。

3. 组织生活更加丰富

将党建工作与人力资源业务相结合，将政策办法宣贯学习融入三会一课和中心组学习议程中，使党建活动内容更加充实，更加贴近公司运行实际；将主题党日与群众集体活动结合，进一步密切了党群关系；将发展党员工作与员工日常考核、全员绩效考核相结合，既保障了党员考察、辨识的准确性，又探索丰富了考核结果正向运用的新路径。

4. 全员绩效考核更加合理

HRBP牵头开展本级全员绩效考核，从做好绩效考核办法宣贯入手，逐步打造形成了优秀绩效管理文化，"铁交椅""大锅饭"等固有观念逐渐被打破，业绩先行的绩效管理理念不断深入人心，形成各级管理人员高度重视、全体员工理解认同、全方位协同推进绩效管理工作的合力，工作积极性明显提高。

（三）人才队伍建设再上新台阶

公司各管理层级不断充实，各级HRBP全面分析员工配备情况，结合后备梯队建设，主动帮助员工成长成才。

1. 优化年轻干部源头储备机制

HRBP参与内部岗位竞聘和遴选中，拓展引才渠道，选拔优秀人才。结合全员绩效考核结果，精准识别和掌握优秀年轻干部初步人选，对表现优秀、能力突出、普遍认可的年轻干部纳入优秀年轻干部储备库。相关岗位确保动态调整，全程跟踪，通过全员绩效考核、日常考核、急难险重工作表现察看的方式，对后备干部分析研判，及时调整补充，让想干事、能干事、干成事的优秀年轻干部真正脱颖而出，形成良性循环。两年来，共有700余名骨干岗位优秀年轻干部通过竞聘、遴选进入集团两级后备人才库。

2. 优化年轻干部实践锻炼机制

各级HRBP牵头制定本级员工培养锻炼计划，对纳入储备库的年轻干部开展轮训和挂职锻炼，针对年轻干部亟待提升的"七种能力"，紧密结合年轻干部自身特点和成长规律，着重培养其信念宗旨、思想道德、优良作风，年轻干部政治素养切实提升。

3. 优化年轻干部多向发展机制

各级HRBP通过日常谈心谈话了解和掌握员工心理动态和职业选择，结合员工实际情况，积极推荐员工多通道发展、多岗位历练，促进员工快速成长。

4. 员工主动流失率明显降低

各级 HRBP 通过不定期员工访谈，能够快速了解本系统内员工的思想动态，及时将不良苗头解决在萌芽中，提高员工企业归属感、组织自豪感和事业安全感。各层级 HRBP 严格监督综合假期制度及待遇在本系统执行情况，实现了"以情留人"，职工凝聚力逐渐增强。集团现有员工近 16000 人，其中，2022 年度新入职员工 1300 人，离职 100 余人；其他员工减员 500 余人，较往年员工主动流失率明显降低。

经过两年多的有效实践，中铁十四局集团有限公司"党建+HRBP"体系建设已初见成效，HRBP 角色得到员工的广泛认可，岗位作用充分发挥，HRBP 体系在全公司范围内逐步确立，组织管理创新和人力资源管理升级效果初步显现，实现了强化基层党建、促进业务管理和人力资源管理全面融合的预期目标。随着企业不断发展壮大，公司"党建+HRBP"体系也将不断升级，助力企业持续健康高质量发展。

案例负责人：赵海涛
主要创作人：李　伟、刘树周
参与创作人：李洋洋

以提升管档用档质量效率为目标的大型央企干部人事档案区域共享管理

中国能源建设集团有限公司

中国能源建设集团有限公司（以下简称中国能建）是由国务院国资委管理的中央企业，成立于 2011 年 9 月 29 日，是一家为中国乃至全球能源电力、基础设施等行业提供系统性、一体化、全周期、一揽子发展方案和服务的综合性特大型集团公司，主营业务涵盖传统能源、新能源及综合智慧能源、水利、生态环保、综合交通、市政、房建、房地产（新型城镇化）、建材（水泥、沙石骨料等）、民爆、装备制造、资本（金融）等领域，具有集规划咨询、评估评审、勘察设计、工程建设及管理、运行维护和投资运营、技术服务、装备制造、建筑材料为一体的完整产业链。公司连续 9 年进入世界 500 强，在 ENR 全球工程设计公司 150 强、国际工程设计公司 225 强、全球承包商 250 强和国际承包商 250 强排名中位居前列，在 90 多个国家和地区设立了 200 多个境外分支机构，业务遍布世界 140 多个国家和地区。

一、以提升管档用档质量效率为目标的大型央企干部人事档案区域共享管理背景

（一）贯彻中央决策部署，加强改进干部人事档案管理工作的需要

档案工作是一项非常重要的工作，经验得以总结、规律得以认识、历史得以延续、各项事业得以发展，都离不开档案。干部人事档案记载了干部的基本信息，是教育培养、选拔任用、管理监督干部和评鉴人才的重要基础，反映了组织对干部的基本评价，是考察了解干部的重要依据。党中央始终高度重视干部人事档案工作，围绕深入贯彻新时代党的组织路线，充分发挥干部人事档案在建设高素质专业化干部队伍中的重要作用，推动干部人事档案工作科学化、制度化、规范化，2018 年 11 月中共中央办公厅印发了《干部人事档案工作条例》，该条例为做好新时代干部人事档案工作提供了基本遵循、明确了行动指南。中央组织部深入落实从严管理干部要求，把加强和改进干部人事档案管理工作摆在突出重要位置，在全国集中开展干部人事档案专项审核工作，确保干部人事档案真实、准确、完整、规范，维护干部人事档案工作的严肃性和公信力，充分发挥干部人事档案在干部工作中的重要基础作用。国务院国资委围绕构建精准高效的干部人事档案专项审核工作机制，要求委管中央企业持续推动干部人事档案集中化管理，提出探索建立干部人事档案区域共享管理中心，依托当地一个干部人事档案较多的集团所属单位，统一管理集团在当地的其他所属单位的档案，做到集约规范、权责分明。深入贯彻党中央、国务院部署要求，实施干部人事档案区域共享管理，具有十分重要的意义。

（二）发挥档案资政作用，建设高素质专业化干部人才队伍的需要

干部人事档案作为组织人事工作的重要组成部分，是干部选拔任用工作的重要基础。干部

人事档案是干部个人信息的"记录仪",是组织上历史地、全面地考察和了解干部,公道正派地选拔和任用干部的"信息源",在干部任免调配、考核考察、巡视监督、人才队伍培养等方面发挥着越来越重要的作用。一方面,从严管理干部人事档案是贯彻落实全面从严治党要求,匡正选人用人风气、防止干部"带病提拔"、增强干部工作严肃性和公信力的必然要求和重要举措。另一方面,只有加强干部人事档案工作,强化对拟任用干部、人才档案的审核,才能够准确全面掌握人员信息及经历,确保干部选得准、用得好。着眼进一步加强干部人事档案管理和专项审核工作的制度化、规范化、专业化水平,2021年经国务院国资委推选,中国能建作为中央组织部唯一一家央企试点单位,创新性地建立干部人事档案区域共享管理中心,把干部人事档案管理工作作为抓基层、打基础、练好基本功"三基工作"的重要内容,用严格制度和严明纪律规范档案"建、管、用"各个环节,将真抓真管、严抓严管、常抓常管、全程监督落到实处,为全面历史辩证地评价干部、客观公正地选拔干部提供准确翔实的档案服务,对于更好地发挥档案资政作用、服务高素质专业化干部人才队伍建设具有十分重要的意义。

（三）适应新形势新要求,提升干部人事档案管理质量水平的需要

党的十八大以来,国务院国资委管理的47户中央企业2866家管档单位,管理干部人事档案881万卷,各层级组织人事部门和干部人事档案工作者以高标准和扎实作风认真开展干部人事档案工作,持续推动档案工作的科学化、制度化、规范化,全面清理干部人事档案,取得了正本清源、教育干部、深入人心的效果,以档案的清清爽爽保证选人用人的清清爽爽,为培养选拔党和人民需要的好干部提供了有力支撑。但与新时代新要求相比,企业干部人事档案工作依然存在一些短板与薄弱环节,主要体现在:一些企业档案审核态度不鲜明,政策把握不准,把关不够严格;一些在专项审核工作中发现的问题还没有整改到位;档案人员专职少兼职多,岗位编制较少,培养周期较长,政治素养、专业素养、作风素养有待提高。中国能建作为一家综合性特大型集团公司,在全国30个城市分布着112家全级次企业,管理着近12万卷干部人事档案,上述这些情况在中国能建也不同程度存在。面对新形势新要求,着眼推动解决干部人事档案管理中遇到的共性问题、难点问题,持续完善干部人事档案管理机制,点面结合推行干部人事档案集中管理,不断提升档案管理工作的质量和效率,具有很强的紧迫性。

二、以提升管档用档质量效率为目标的大型央企干部人事档案区域共享管理主要做法

（一）强化顶层设计,明确干部人事档案区域共享管理指导思想

中国能建党委经过深入调研论证,系统科学谋划,坚持整体考量、统一部署、一体推进,抓紧抓实干部人事档案创新试点工作,以高度的责任感和光荣的使命感,直面问题与挑战,通盘研究、系统谋划干部人事档案区域共享管理中心建设方案,档案天津区域共享中心提出以建设"中央企业人事档案工作标杆、集团公司组工干部培养基地、区域共享模式宣传推广样版"为目标,坚持"三共享、三提升、两拓宽"的指导思想,统筹推进中国能建干部人事档案天津区域共享管理。

1. 深入推进"三共享"

"三共享"即能力共享、资源共享、经验共享。能力共享,通过专职档案管理人员的集中

使用，有效解决部分单位档案专业人才缺乏、配置不足和档案管理水平参差不齐的问题；资源共享，通过档案管理场地、硬件的集约使用，减少重复建设，降低单卷保管成本，提升资源使用效率；经验共享，通过共享中心的试点运行，探索出一套共享管理制度流程和经验，为共享管理模式的推广应用提供可借鉴的方案。

2. 持续发力"三提升"

"三提升"即聚焦提升管档质量、利用效率、监督水平，持续发力，久久为功。提升管档质量，推动基础管理专业化、流程化、标准化，增强管档能力比较优势；提升利用效率，使用管理表单化、数字化、信息化，实现档案线上利用高效便捷；提升监督水平，通过监督管理常态化、具体化、责任化，以选人用人工作纪实材料"入档五张表"为抓手，监督各企业党委"凡提必审"落实情况。

3. 致力实现"两拓宽"

"两拓宽"即在履行好档案管理职责的同时，一方面，拓宽组工干部培养模式。把共享中心作为组工干部培训基地、档案管理人员业务培养基地，提高整理、鉴别、审核、归档、数字化的实操能力。另一方面，拓宽档案管理人员职业通道。畅通专业技术职务通道，研究区域共享中心考核晋升标准，强化激励引导，更好地激发档案管理人员积极性、主动性、创造性。

（二）系统科学论证，确定档案共享管理试点区域

中国能建党委高度重视，通过对所属企业进行穿透式摸排，与各企业组织人事部门负责人进行深度沟通，在摸清摸透企业干部人事档案情况和软硬件设施家底的基础上，落实区域选择、目标制定、组织规划、建设方案等，通过深入研讨、充分论证，选择天津地区作为档案共享管理区域，深入开展区域共享管理的实践和研究。2021年7月20—30日，中国能建总部和在津7家企业戮力同心、通力协作，充分发挥各企业优势和特点，仅用10天时间完成了档案天津区域共享中心的机构组建、制度建设、三室建设、档案集中和专业支撑，档案天津区域共享中心具备启动运行条件。在津7家企业入驻，实行双组长管理，4名专职档案工作者，管理档案数量4271卷，目前已运行满一年，实现了集约规范、权责分明。

在实践中，依托所属天津电力建设公司（以下简称天津电建）建立档案天津区域共享中心，主要考虑是天津区域所属单位具备5个先决条件。一是企业分布点多面广。在津规模小、新组建的企业较多，有利于资源优势共享。二是地理位置相对集中。天津电建和天津电力设计院有限公司两家较大规模企业距离近，其他企业也都分布在天津市区。三是档案调配数量适中。7家在津企业共有干部人事档案4271卷，其中天津电建3189卷，约占75%，其他企业档案转递工作量较小。四是硬件基础较好。天津电建自有独立办公大楼，具备办公室、借阅室、整理室"三室分开"和干部人事档案数字化存储管理条件。五是北京与天津距离较近，在试点建设期间，便于中国能建总部督导检查、督促落实，能够为进一步推进全国共享平台建设奠定坚实基础。

1. 加强组织领导，组建筹备机构

第一时间成立领导小组和工作组，统筹协调筹备工作，统一思想，提高认识，加强协同，做好组织保障。进一步明确筹备工作方案，设置任务书、路线图、时间表，细化里程碑工作目标，强调工作纪律，明确工作标准，确保工作有力有序推进。

一是统一思想，明确任务。2021年7月20日印发《关于成立中国能建干部人事档案区域共享管理中心的通知》《关于召开中国能建干部人事档案天津区域共享管理中心启动运行会议的通知》等文件，设立档案天津区域共享中心。明确机构定位，由中国能建党委组织部直接进行业务指导，集中管理在津7家所属企业干部人事档案，确定专兼职人员编制。干部人事档案日常管理和监督审核由档案天津区域共享中心完成，干部人事档案原件由天津电建档案库房集中保管，干部人事档案数字信息由各在津企业按相关规定自行保管。明确机构设置，根据《干部人事档案管理工作条例》要求，每管理1000卷人事档案应配备1名专职档案管理员。档案天津共享管理中心拟设置兼职经理1名、副经理2名、专职档案管理人员4名，以上干部人事关系仍由原单位管理，职务岗位变更需向集团公司人力资源部报备。明确机构职能，档案天津区域共享中心负责天津区域7家所属企业干部人事档案日常管理、制度建设、专项审核、数字化管理、转递利用和纪律监督等相关工作；负责天津区域7家企业在职干部人事档案原件的集中保管，实现档案管理人力、物力、空间、管理等资源共享；负责所在企业组工干部基本业务培训实习基地功能，凡从事干部人事管理岗位必须在档案管理岗位实习满3个月；负责中央组织部试点宣传工作，建立标准化、规范化、科学化的管理流程和操作流程，具备迎接参观指导和现场检查的相关条件。

二是落实责任，加快建设。2021年7月21日印发《关于成立中国能建人事档案区域共享管理中心的工作方案》，明确10天时间分6个阶段完成专项筹建工作，7月21—22日，集中完成档案移交，确保安全保密；7月22—23日，召开推进会议，明确责任分工；7月21—31日，抽调档案业务骨干，协助迎检建设；7月22—7月31日，完成区域中心挂牌，实现校准化建设；7月21—30日，做好专题宣传，全面展示企业品牌；7月28—31日，做好两次迎检准备，确保共享中心落地。成立了9个工作组，分别是组织机构建设组、制度流程建设组、档案转递移交组、库房改造建设组、档案借调人员协调组、物资采购组、档案审核组、宣传展示组和汇报材料组。下设7个专项筹备工作小组，即制度流程组、档案转递组、库房改造组、物资采购组、档案审核组、新闻宣传组、专家支援组。分别由7家在津企业组织人事部门主要负责人担任各组组长，由7家在津企业档案工作者担任联络员，明确建设周期和责任分工。2021年7月21日印发《关于借调干部人事档案管理业务骨干协助在津企业筹备迎检工作的通知》，从全国企业抽调人事档案管理业务骨干20人参与筹建，实行专人专项负责制，扎实开展筹备建设工作。

三是启动运行，稳步推进。2021年8月1日印发《关于做好中国能建干部人事档案天津区域共享管理中心试运行相关工作的通知》，为多维探索运行经验，扎实搞好试点示范，稳步推进试点建设，正式开展试运行期间工作。结合机构设置现状，成立了运行工作小组，配合专项工作领导组，确保各项工作正常运转。运行工作小组设置双组长制，主要负责档案天津区域共享中心的运行管理、日常管理、财务管理、业务管理、宣传推广和迎检筹备等工作，实行每月例会制度，实行人财物集约化管理，组长双签字制度，双组长为兼职管理，办公地点在各所在企业。运行工作小组设置常务副组长1名，主要负责档案天津区域共享中心属地化管理协调和安全维稳工作，兼职管理，办公地点在所在企业。设置副组长2名，主要负责协助组长做好具体工作落实，兼职管理，办公地点在所在企业。设置常驻工作人员4名，主要负责档案业务管理、专项审核、转递利用和日常监督等工作，专职档案，驻地办公，日常考勤考核由档案天津区域共享中心负责。设置档案管理联络员4名，主要负责所在企业档案专项审核、认定上会、材料归档和档案转递入库等工作，兼职管理，办公室地点在所在企业。

2. 完善硬件设施，做到"三室分开"

始终坚持高标准化建设，夯实档案管理硬件基础。在承办单位天津电建干部人事档案管理既有条件基础上，设计设置区域标识标牌，宣贯展示档案天津区域共享中心的建设指导思想，按照集中管理需要重新划分存放资源，优化三室布局，确保符合阅档室、整理室和管档人员办公室"三室分开"的要求。其中，阅档室支持多家单位同时查档且隔离保密，任前查档制度上墙展示便于指导监督；整理室兼具数字化制作存储功能；办公室提供来访预约服务和机要转递服务，能够做到提前准备、避免冲突，具备天津区域档案集中管理的特色条件。

3. 着力建章立制，织密制度防线

根据《干部人事管理工作条例》的要求，坚持把制度建设贯穿于档案天津区域共享中心筹备工作全过程，围绕干部人事档案"建、管、审、用"环节，结合"一中心对多企业"的干部人事档案集中管理工作需要，广泛征求在津企业意见和管理需求，制定出台《干部人事档案管理暂行细则》《档案天津区域共享中心管理操作手册》《干部人事档案材料收集转递管理办法》《干部人事档案管理八项制度规定》《干部人事档案"任前查档"工作流程标准》等，建立健全制度规范体系，规范档案工作管理标准，明确日常业务操作流程，确保干部人事档案材料的查缺、收集、鉴定、分类、编页、归档、整理、装订等流程真实准确、及时完整，确保干部人事档案的立卷、专审、查（借）阅、复印、转递、保管、保密、数字化加工利用等环节有章可循、有规可依，如图1所示。

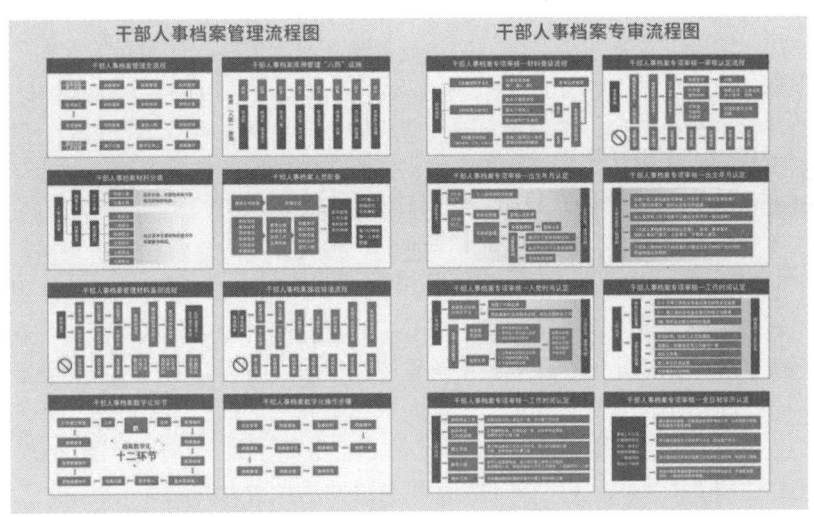

图1　档案天津区域共享中心干部人事档案专审及管理流程图

4. 集中统一管档，确保严格规范

根据"凡提必审""凡进必审""凡转必审"的要求，对转递至档案天津区域共享中心的7家企业4271卷档案逐一开展材料查缺鉴定和专项审核复核工作，确保转递档案"三龄两历一身份"等相关材料的真实性、准确性、完整性；同时，结合7家在津企业的管档实际，形成适合档案天津区域共享中心集中管理的转递流程，实行档案出库、提取、运送、转递、接收等环节双组长签字制。设定每周周五为区域内档案转递日，由专人专车点对点到企业开展接收转递，节省企业机要转递成本和运送时间成本，确保档案转递及时高效、保密安全。

（三）开展共享基础建设，推动共享能力提升

中国能建以建设档案天津区域共享中心为契机，以"共享"为核心内涵，坚持精研细谋、实干导向，创新思路举措、明确工作目标，坚持"三共享"，带动"三提升"，聚焦"两拓宽"，以试点为引领全面推行干部人事档案区域共享管理。

1. 发挥专业优势，促进能力共享

一是建设"三支专家队伍"，即整理业务专家、专审业务专家、数字化业务专家。在全国所属企业范围内选派政策熟、业务精、作风好的60名优秀档案工作者，充分发挥专业优势，作为"先锋队"投入天津区域共享中心建设，高起点、高效率、高标准推进各项工作展开。二是分布建立"档案联络员队伍"，每企业1人，主要负责本企业档案专项审核、认定上会、材料收集、档案转递等相关工作，作为区域共享管理中心与各个企业的沟通联系桥梁，与专职工作人员紧密协同，共同落实运行工作任务。三是输出共享管理成效，政策上宣贯宣传，管理上服务企业，团队上协作互助，业务上培训引导，专业上做优做精，监督上从严把关，实践上敢闯敢试，成果上总结提炼。在创新中实践，推动档案天津区域共享中心共建共享、稳步提升。

2. 整合各方力量，促进资源共享

一是集聚各方优势，整合资源，打造共享实体，形成发展合力。根据《档案法》要求，档案库房应做好"八防"措施，配备专用的硬件设施设备，实现库房防虫、防潮、防盗、防尘、防光、防霉、防火、防光的要求。通过档案集中管理，在天津区域管档企业硬件配备中优中选优，场地硬件集约使用，节省了重复建设资金，避免设备设施成本浪费。同时极大减轻了干部人事档案数量较少企业的管理负担，特别是市场型企业多为租赁的办公用房，占据城市核心地理位置，办公用房紧缺且租赁费用昂贵，避免重复建设造成的资源浪费，降低了档案单卷保管成本，提升了资源使用价值。二是通过严管理、强机制、抓服务等措施，档案天津区域共享中心加强与在津企业组织人事部门的联动效应，建立档案联络员机制，规范了档案材料收集的时间、类别、内容、标准、鉴定和台账要求，确保双重源头把关，多人多岗收集审核，防止档案材料造假和张冠李戴，不断提高档案管理的质量和水平，有效提升干部档案管理的科学化、规范化、标准化水平。三是通过集中管理干部人事档案，提升了档案管理的专业化水平。各企业单独管理的弊端在专业上表现较明显，比如企业党委不够重视、组织人事部门弱化档案管理工作者的职能职责、干部人事档案动态化管理不到位、干部人事档案利用审批程序不严谨、干部人事档案专审能力水平参差不齐、任前查档管理不规范等。通过业务能力共享，不断强化干部"不敢造假、不能造假、不想造假"的共识，以档案的清清爽爽推动选人用人的风清气正。

3. 加强总结提炼，促进经验共享

探索研究共享管理制度流程和推广经验。一是企业内部共享，中国能建电商平台为档案区域共享管理中心建设提供一站式、定制化、标准化的解决方案，统购统签办公设备、办公家具、档案整理及数字化等大宗类，超市化定购宣传标识、档案耗材、办公用品等小宗类，通过集中采购、支撑规模、降本增效，打造从寻源系统到商品采购管理、平台对外业务输出、履约验收、财务对账付款及售后服务于一体的档案一站式超市化采购平台，充分发挥中国能建电商平台集采的政策优势、规模优势、价格优势。二是系统外部共享，档案区域共享管理中心联合电商平台形成的一站式、定制化、标准化解决方案，整体打包干部人事档案整理业务、专审业务和数字化加工业务，由档案区域共享中心向央企兄弟单位输出专家队伍业务服务，提供低于市场价

格的档案整理装订、专项审核和数字化加工服务，为推广干部人事档案区域共享管理模式提供可借鉴的方案。

4. 坚持共建共享，推动管理提升

一是立足当下、着眼长远，将共建共享理念贯穿干部人事档案工作的建、管、审、查、用、转等全过程，稳步提升各项管理水平，不断加强管理能力，提高干部监督管理水平。二是聚焦关键、团队作业，提供档案管理全程服务，提升档案天津区域共享中心专业化程度和档案管理质量。三是标准规范、便捷高效，理顺档案天津区域共享中心管理流程，确保只跑一次、一次查全、一次查准，通过实施档案材料数字化、档案管理信息化，使档案利用不受物理距离影响，档案利用高效便捷。四是档案天津区域共享中心以选人用人工作纪实材料"入档五张表"为抓手，常态化监督各企业党委选人用人纪实工作开展情况，将干部选拔任用工作纪实责任制落到实处，有效开展监督，各企业对档案重视程度显著改善，为推动高质量发展奠定坚实基础。

5. 注重选优配强，拓宽培养渠道

实施干部管理和干部人事档案管理资格准入机制，赋予档案区域共享管理中心组工干部业务能力培训和岗前见习职能，从事干部人事管理岗位须在档案管理岗位实习满3个月，通过以干代训、测试上岗。坚持高标准，严把入口关，选配政治可靠、作风正派、责任心强、业务素质好的中共党员从事组工管理和干部人事档案管理工作，使组工干部深度介入档案管理全过程，从源头上保障组工干部队伍素质水平和专业能力，不断选送和输出优秀档案管理工作者从事组工工作，拓宽人才培养渠道。

（四）利用数字赋能，搭建"三个一"管理平台

中国能建积极顺应"大云物移智"等现代信息技术发展趋势，利用数字技术构建干部人事档案"三个一"管理平台，推动干部人事档案数字化平台、干部人事档案信息化管理平台、档案服务一站式超市化采购平台深度融合，构建覆盖面广、功能完善、便捷高效的一体化运行新格局，有效解决企业档案工作发展不平衡、建设管理分散、便利性不够等问题，持续激发管理活力、提升管理效能。

1. 建立干部人事档案数字化平台

遵循"严格管理、安全保密、方便利用"的原则，开展中国能建总部及档案天津区域共享中心人事档案数字化加工整理，采用高清扫描仪等设备对6000余卷干部人事档案进行加工，转化为可存储的数据和图像，实现数字档案的采集整理、日常管理、查询统计，全面盘活档案资源，提高档案管理的工作效率，如图2所示。

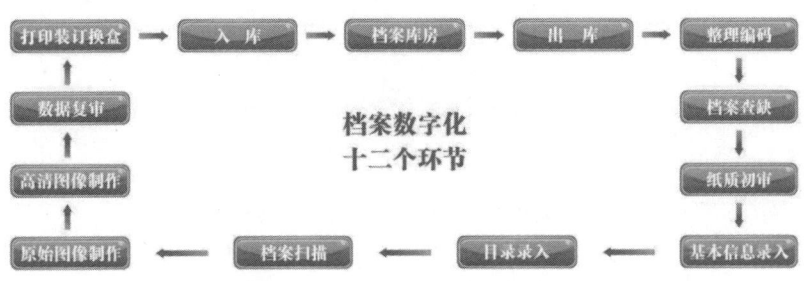

图2 在职职工干部人事档案数字化整理流程图

2. 建立干部人事档案信息化管理平台

在不断完善纸质档案的基础上，加大现代信息技术在干部人事档案管理工作中的运用，对退休人员人事档案进行规范分类、整理，选择数字化加工标准，将退休人员档案全面数字化，并运用新的检索工具，提高档案管理利用工作效率，历史档案原件得到有效保护，降低纸质材料人为损害概率，减少利用者查阅档案等候时长，提升服务水平，实现干部档案信息管理利用从"手动挡"到"自动挡"的升级，构建安全、便捷、共享、高效的干部人事档案信息化管理平台，如图3所示。

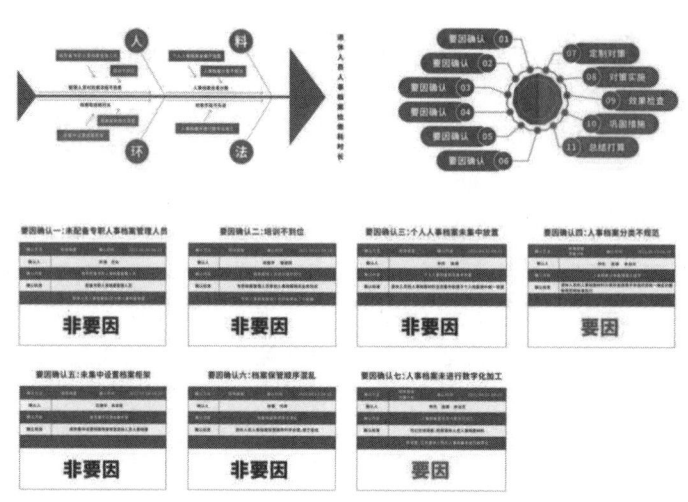

图3　退修人员干部人事档案数字化管理流程图

3. 建立档案服务一站式超市化采购平台

通过建立档案服务一站式采购平台，提供一站式、场景化采购服务，在中国能建商城设立专区集成干部人事档案管理所需商品以供比较、选择，面向各企业实际需要提供办公家具、设备定制式设计、安装服务、档案用具等；推动铭牌及标识的样式与内容模板化、规范化、定制化，充分发挥平台共享优势，助力干部人事档案区域共享管理模式推广应用，如图4所示。

图4　中国能建商城一站式超市化采购平台

（五）探索运行经验，推进区域共享中心试点建设

着眼全面推进档案天津区域共享中心试运行工作，中国能建坚持在推进中创新、在创新中实践，围绕队伍建设、制度规范、管档用档、经验分享、实用创新等方面开展工作，积极探索运行经验，注重实效总结提炼，切实压实试点实践主体作用，推动档案管理区域内共建共享、稳步提升。

1. 成立试运行工作组，压紧压实责任

由中国能建总部党委组织部直接管理，配置专兼职人员，明确职责分工和工作要求，全面启动试运行，试运行期间专项工作领导组和专项工作小组各司其职继续做好相关配合工作。明确工作组负责人，统筹负责档案天津区域共享中心的日常管理、财务管理、业务管理、宣传推广等工作，实行组长双签字。配置专职工作人员，从在津企业选派 4 名中共党员，政治素质好、专业能力强、作风正派，专职从事档案工作，具体负责干部人事档案日常业务、专项审核、转递利用和监督管理。工作人员在档案天津区域共享中心集中办公管理，人事关系由所在企业管理。

2. 健全完善流程规范，保障运行效果

加强在津企业选人用人任前考察档案审核工作，严格落实"凡提四必"要求，把审核档案作为选人用人环节必经程序，深度嵌入干部管理链条，档案天津区域共享中心编制并上墙宣贯，明确干部"三龄两历一身份"审核认定方法、标准和要求，做到"凡考察对象的干部人事档案必审""凡干部公示信息必核""凡发现档案造假的必查"。结合试运行工作需要，档案天津区域共享中心编制《办事指南》，汇集干部人事档案移交、接收、转出、查（借）阅、材料收集整理等工作流程、须知及表单，规范中心与在津企业间的办事标准。

3. 组织先进经验交流，促进共同发展

结合试运行工作需要，召集在津企业召开试运行中期研讨会，实地检查试运行工作情况，总结试运行探索中发现的问题和经验，明确下一步工作目标和要求，高标准、高质量推进试运行工作。常态化开展干部人事档案理论及业务培训，重点面向中国能建总部及所属企业组织人事部门、党群工作部门和纪委内设机构参与选人用人干部考察工作人员、干部人事档案管理人员，培训内容涵盖档案政策规范、业务知识、工作实务、经验分享、案例分析等，累计 5000 多人次分批参与培训交流。

4. 做好档案利用服务，提升管理水平

档案天津区域共享中心坚持"凡提必审""凡进必审""凡转必审"，严格执行"谁管理、谁把关、谁考察、谁审核、谁签字、谁负责"的要求，严把"质量关""准确关""认定关"，让档案存得踏实、用得放心。先后接洽中国能建总部、所属企业及外部单位档案业务人员 700 余人次，档案材料转递 336 人次，档案材料复印 73 人次，开展任前查档 213 人次，并对干部人事档案审核中发现的问题及时进行整改和处理。集中开展专项审核工作复审 3725 卷，督促相关企业整改落实，收集归档材料 73200 份，推动相关企业持续提升干部人事管理工作水平。

5. 坚持多维创新举措，提高利用效果

通过与天津市机要通信局沟通，明确档案中心功能定位和管理层级，申请开通"中国能建干部人事档案天津区域共享中心机要通道"，具备干部人事档案机要转递和接收功能。实行定期上门收发机制，明确审批、转递、入库等职责，定期、统一转递在津企业干部人事档案，确保档案转递过程安全保密，提高转递效率，降低转递成本。注册档案天津区域共享中心微信公众号，定期宣贯宣传中央精神及上级要求，发布试运行工作情况，分享试运行经验成果，推广干部档案业务知识，宣传优秀档案工作者，推广区域共享管理模式等内容。

三、以提升管档用档质量效率为目标的大型央企干部人事档案区域共享管理效果

档案天津区域共享中心运行工作获得中央组织部和国务院国资委的认可与好评，于2021年9月刊发在中央组织部《组工通讯》总〔3232〕号，拟在全国进行试点推广。

（一）促进了资源重构集约化，取得了显著的管理效益

"三共享"降本增效成果显著。一是人工成本降低。仅设4名专职档案管理工作者，有效满足了档案整理、审核、转递、利用等实际需要，大幅压缩了在津企业档案从业人员数量，节约人工成本。二是培训成本降低。通过建强"三支专家队伍"，邀请企业内业务骨干授课，实现业务资源共享和专家团队能力共享，档案人员培训成本和成长周期缩短，培训基地作用突显。三是采购成本降低。实行档案一站式超市化采购解决方案，对内降本增效，提升管理效率；对外拓展业务板块，建立长效机制，增强企业影响力。四是管理成本降低。区域共享管理显著压减各类成本，累计节约415.73万元，其中档案整理及数字化费用325.02万、档案管理人员成本90.5万、档案室场地费用19.29万、设备耗材费用29.17万。

（二）实现了流程标准规范化，管档用档水平持续提升

一是管档质量提升。由各企业单一管理方式和错综复杂的管理形式变为区域统一集中管理，制度规范和动态管理得到统一，档案立卷及时性和材料收集时效性得到统一，调档用档速度比同期提升了27.5%。二是管档责任提升。建立档案联络员"一岗双责"制，将档案材料收集工作纳入党建目标责任制考核，使其由软指标变成了硬任务，建立健全责任制和长效机制，档案收集归档每月完成率提升了45.7%。三是审档标准提升。严格采用逐一初审、交叉复审、疑难会审、随机抽审的专审方式，严格落实初审、复审人员双签字制度，确保"三龄两历一身份"审准审好，档案专审速度提升了39.5%，专审准确率提升了23.3%。四是用档水平提升。制定"任前查档"审核标准和操作流程，定制查档专用平台，以信息化手段分析干部的履历、学历背景、培训经历等情况，增强了"常查档、勤查档、提拔使用必查档"的意识，切实提高了科学有效用档的本领，档案利用率提升了37.5%，如图5所示。

(一)查档速度对比数据

企业名称	北方建投	科技公司	天津电建	天津院	电商公司	路桥公司	华北试研院	共享中心	对比数据
对比内容	各企业专兼职管理人员业务水平层次不齐,查档时间较长(分钟)							数字化加工后精准查阅档案(分钟)	
数据对比	7	7	8.8	7	6.5	5.5	6.5	5	27.54%
情况分析	兼职管理	兼职管理	专职管理	兼职管理	兼职管理	兼职管理	兼职管理	人事档案数字化和信息化系统利用	

(二)归档材料催报时间

企业名称	北方建投	科技公司	天津电建	天津院	电商公司	路桥公司	华北试研院	共享中心	对比数据
对比内容	各企业档案材料催收管理机制不健全,导致材料催收不及时(天)							档案联络员"一岗双责"定期报送(天)	
数据对比	2	2	3.4	1.5	1	1.5	1	1	45.74%
情况分析	企业班子成员较多	津外企业较多	海外项目较多	中层干部较多	年轻人较多	社会招聘人员较多	自行管理档案数量较少	每月25日定期催收,报送共享中心集中归档	

(三)档案专项审核速度

企业名称	北方建投	科技公司	天津电建	天津院	电商公司	路桥公司	华北试研院	共享中心	对比数据
对比内容	各企业档案情况不同、专业能力不同,组建专班的审核时间不同(小时)							交叉复审、疑难会审(小时)	
数据对比	3.5	2.5	2.8	2.5	2	2.5	1.5	1.5	39.31%
情况分析	班子成员档案复杂	项目人员经历复杂	海外人员经历复杂	设计人员岗位复杂	年轻人多履历简单	社招人员经历复杂	年轻人少履历简单	业务培训和实操培训相结合,专审标准统一、专业扎实,成效突出	

(四)任前查档利用率

企业名称	北方建投	科技公司	天津电建	天津院	电商公司	路桥公司	华北试研院	共享中心	对比数据
对比内容	依靠人事档案管理制度和查档人员个人经验开展查档工作(%)							"任前查档"审核标准和操作流程上墙(%)	
数据对比	85	82	79	70	66	70	50	100	39.44%
情况分析	管理7家班子成员	管理2家班子成员	管理1家班子成员	中层干部数量较多	年轻人数量较多	收购企业	管理数量较少	规范了任前查档的标准流程和工作要求,及时进行指导和督办	

图 5 档案天津共享中心与在津 7 家干部人事档案管理的数据对比情况

(三)打造了可复制典型样板,示范带动作用有效发挥

一是共享建设模式。档案天津区域共享中心建立了"六统一"管理模式,即统一品牌标识、统一企业文化、统一制度规范、统一操作标准、统一人才培训模式,可实现专业输出、人力输出和资源输出服务。二是共享服务资源。建设了区域档案共享中心一站式超市化采购解决方案。整体打包开展档案服务输出,各央企兄弟单位和中国能建系统内企业,可根据企业管档需求定制个性化服务,签订超市化采购框架协议,一站全包,无需招标,价格最低,方便快捷。三是共享培训平台。通过发掘一批、培养一批、转型一批、分享一批"四个一批"举措,构建大格局、大平台、大资源、全体系、全覆盖"三大两全"的组工业务培训体系,培养造就中国能建组工业务专家队伍,不断增强组工人才发展优势。四是共享数字化资源。中国能建积累形成了"1+1+1"数字化档案建设经验,即干部人事档案管理信息系统、档案数字化加工系统、退休人

员档案数字化管理系统，具备了干部人事档案数字化整体推广能力。

中国能建档案天津区域共享中心以推动干部人事档案管理科学化、制度化、规范化为主线，以提升干部人事档案管理质量水平、服务高素质专业化干部人才队伍建设为着力点，围绕建章立制、队伍建设、管档用档、经验分享、实用创新等方面开展工作，做到织密制度防线、集中统一管档、夯实共享基础、促进共享运行、推动管理提升、拓宽人才培养渠道、利用数字赋能、探索建设经验。通过实施这一系列创新举措，促进了资源重构集约化，实现了流程标准规范化，管档用档水平持续提升，取得了显著的管理效益。总的来看，中国能建干部人事档案区域共享管理模式普适性、可复制性强，在操作层面能够落地实施，为全国其他大型企业提升档案管理质效、支撑干部人才队伍建设探索出一条崭新路径，具有良好的示范推广应用价值，如图6所示。

事项 企业	转入						
	专审/卷	补充材料收集·归档	材料催缴次数	编目编号	整理加工（分类、排序、编页、装订）	台账制作是否齐全	平均每月转入卷数	派出人次、车次接收
在津企业数据	56分钟	30天	3次	54分钟	68分钟	不齐全	7卷	16人次/16次
共享管理中心	40分钟	20天	1次	35分钟	30分钟	是	40卷	4人次/4次

事项 企业	查阅		借阅		日常管理用时		
	用时	次数/月	用时	次数/月	目录更新	材料收集归档	任前审核	台账更新
在津企业数据	40分钟	7次	48分钟	1次	28分钟	60分钟	60分钟	30分钟
共享管理中心	30分钟	24次	30分钟	1次	20分钟	50分钟	50分钟	15分钟

事项 企业	转出					
	开具转递材料通知单	检查、密封	专人专车移送机要局			平均每周转出次数/卷数	平均用车转出费用
			用时	用人	用车（次数）		
在津企业数据	30分钟	30分钟	82分钟	1人	2次	4次/3卷	76元
共享管理中心	10分钟	15分钟	40分钟	1人	2次	2次/3卷	100元

以上数据均按收集数据平均数统计

图6　干部人事档案共享管理模式与自行管理模式管理效率对比

案例负责人：李琳琳

主要创作人：马明伟、李琳琳

参与创作人：谢忠良、于家鹏、梁芥棚、王少伟

黄存友、史可欣、周小成、郑兰州

基于价值链闭环管理的人力资源深度优化探索与实践

中石化胜利石油工程有限公司

一、企业基本情况

中石化胜利石油工程有限公司（以下简称公司）由中石化胜利油田原钻井、测井、录井、定向井、井下特种作业等成建制二级单位整合重组而成，2012年12月20日注册登记，2013年1月4日挂牌成立，是中石化石油工程技术服务股份有限公司的全资子公司。公司可承担定向井、水平井、分支井、欠平衡井等各类井型施工，可提供从工程设计、钻井施工、井控、固井、完井到压裂、测试的综合一体化服务。多年来，在全力保障中国石化集团上游勘探开发的同时，以技术服务开拓外部新市场、新阵地，构建形成了"以胜利油田市场为主，国内外部市场、海外市场相辅相成、相互促进"的市场格局。

二、案例背景

2015年，国际油价"断崖式"下跌，国际油服行业步入"低油价寒冬期"，量价齐跌、效益下滑成为当时新常态，对于公司来说，工作量锐减、用工总量大、机构管理层级多、人员结构不尽合理、人工成本居高不下、员工思想观念落后等矛盾加剧显现，公司面临着前所未有的生存发展压力，员工切身利益受到了极大影响。在中国石化集团公司党组的领导下，公司党委提出了"打造世界领先技术先导型油服公司"愿景目标，聚焦"高质量、精队伍、降成本、走高端"主线，围绕人力资源优化盘活和辅业后勤扭亏脱困，狠抓形势任务教育、劳务输出、外委转自营等系列工作，引领全员转变思想观念、打破"大锅饭"平均主义、"走出去"拓市场创效益、"自己的活自己干"。

但对标高质量发展"再立新功、再创佳绩"目标，公司仍存在人力资源结构尚未充分优化、员工思想观念尚未紧跟形势发展、辅业后勤效能尚未充分发挥的问题，这就要求公司必须坚持改革不动摇，以高度的政治自觉和强烈的使命担当，全力破老题、解难题，奋力推动人力资源深度优化。

三、基本内涵和主要做法

深入贯彻落实国企改革三年行动计划，聚焦人力资源价值增值和人力资本效能提升，坚持"一切工作向价值聚焦，一切资源向价值创造流动"理念，创新以"岗位""人才"为管理目标，以"价值评估—价值匹配—价值增值"递进式、循环式管理为思维模型，统筹做好人力资源价值模型、用工调配、市场开拓、政策激励 4 项工作，构建人力资源"双评估—双循环—双拓展—双倾斜"价值链闭环管理体系，稳步推动人力资源价值增值，激发全员创收创效活力，提高全员劳动生产率，助力公司高质量发展，如图 1 所示。

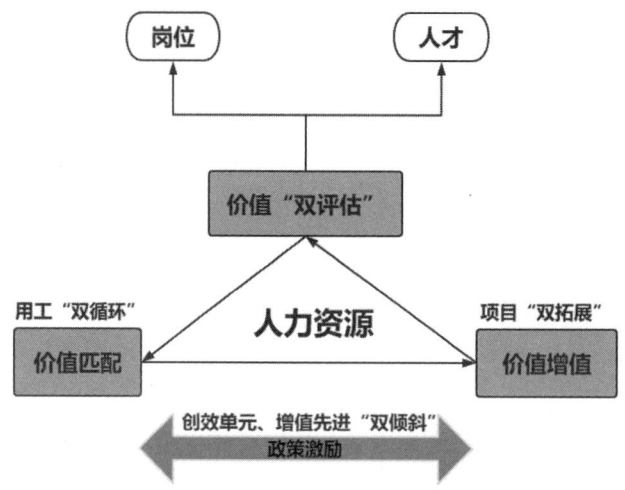

图 1　人力资源深度优化闭环价值链管理模型

（一）构建人力资源价值"双评估"体系

1. 创新"两均一定"岗位价值评估体系

建立以人均收入、人均支出为 2 个变动要素和岗位员工人工成本 1 个固定要素为核算内涵的"两均一定"岗位价值评估体系，如表 1 所示。按照岗位创收来源，收入划分为单位内部收入、单位间收入、公司外部收入 3 类，并对单位外收入赋予一定的价值增值系数，综合考虑 2 个变动要素和 1 个固定要素影响，量化评估岗位人员价值，如表 2 所示。结合评估结果，按业务类型将岗位分为高效、低效、无效和负效 4 类，通过统筹配置优化，推动岗位人员价值进阶提升；坚持公平、公正、公开原则，让员工全过程参与评估，并及时公开评估结果，让员工了解自己的"创收价值""占用价值"和岗位价值在企业中的价值层级。

表 1　岗位价值评估计算模型

类别	计算公式
人均收入（变动）	人均收入 = $\dfrac{单位内部收入 + 单位间收入 * 系数 + 公司外部收入 * 系数}{机构人数}$
人均支出（变动）	人均收入 = $\dfrac{机构运行费用 + 生产运行费用}{机构人数}$
人工成本（固定）	人工成本（固定）= 个人人工成本
岗位价值	岗位价值 = 同类岗位人均收入 − 人均支出 − 固定人工成本

表2　岗位价值量化评估表

劳务类型	岗位	用工人数	收入/产值（万元）			支出/成本（万元）				价值增值系数	岗位价值
			合计	公司外部收入	单位间收入	单位内部收入	合计	人工成本	机构运行费用	生产运行费用		
管理岗位												
单位内部劳务	基础工											
	监督											
	厨师											
	……											
	合计											
单位之间劳务	检测工											
	解释员											
	厨师											
	……											
	合计											
公司外部劳务	监督											
	业务员											
	……											
	合计											
总计												

2. 创新"五维三评"人才价值评估体系

建立以员工基本能力、通用能力、专业能力、创新能力、应变能力"五个维度"和个人自评、员工互评、支部考评"三个评价"为评估内涵的"五维三评"人才价值评估体系。实行百分制评价制度，细化企业人才价值衡量标准，将评估要素划分为5个一级维度，并赋予不同的权重，如图2—图5所示。同时，设置品德、廉洁约束性要求。建立以基层党支部为主体，确立个人自评、员工互评、支部考评3个层级的评价程序，非党员也纳入支部统一考评，将考评结果由高到低排序划档。考虑人才相对价值，弱化员工所在单位类型、岗位变化、单位调整、员工互评个人情感、支部打分尺度把握等因素，按照员工在支部排名，折算人才相对价值。

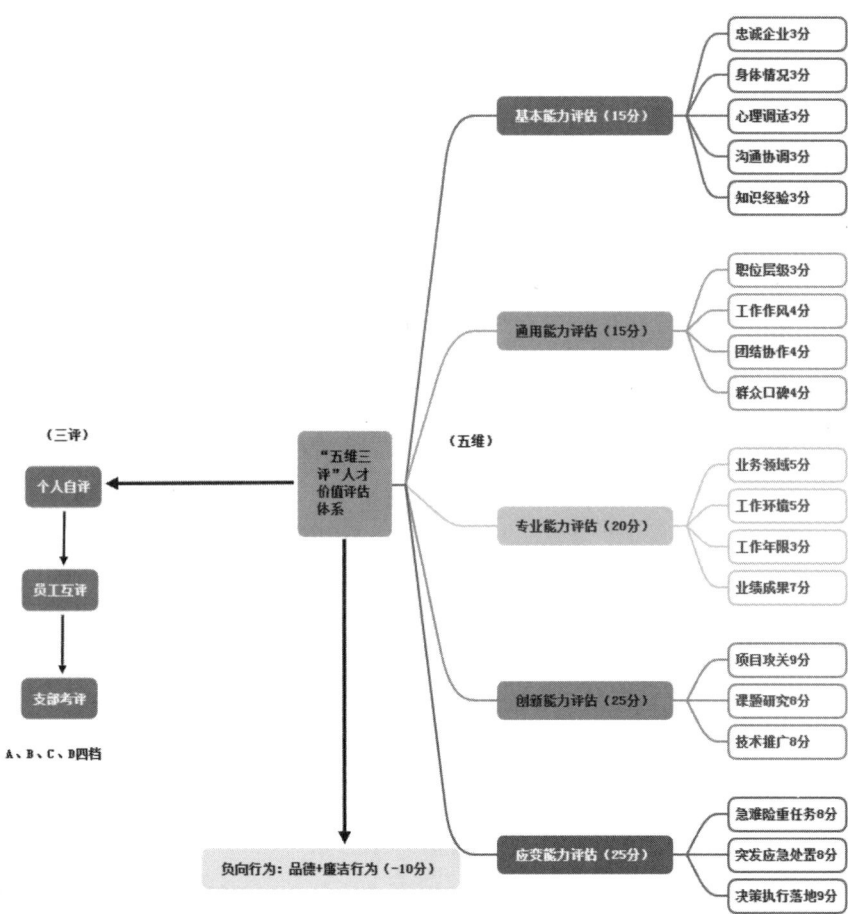

图 2 "五维三评"人才价值评估体系

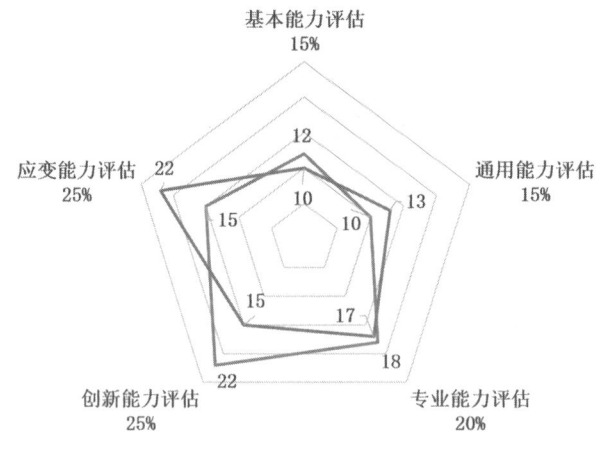

图 3 人才价值"五维"积分模型

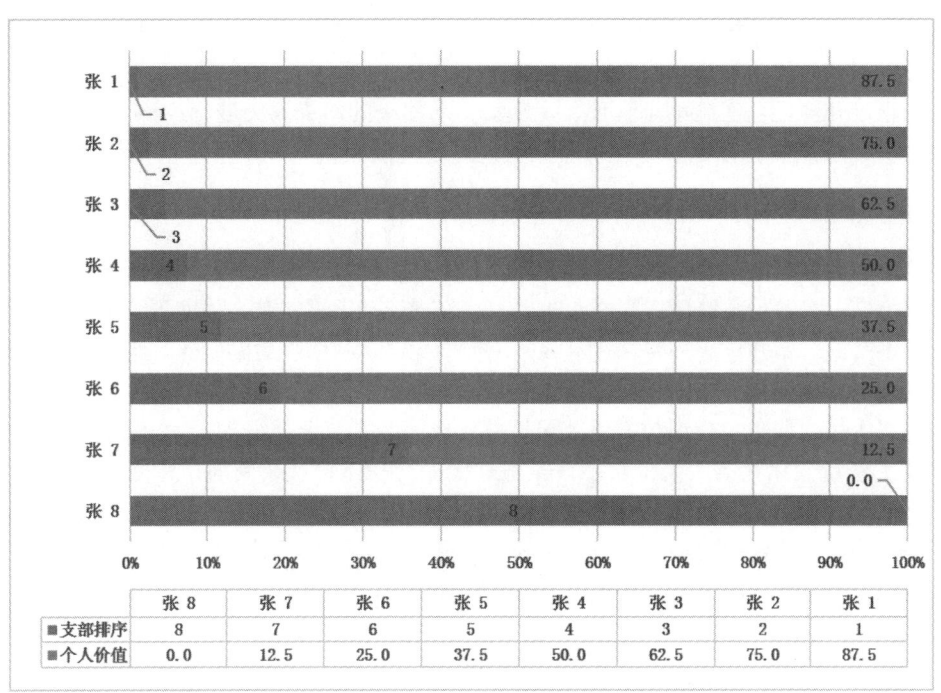

图 4　人才动态价值管理模型

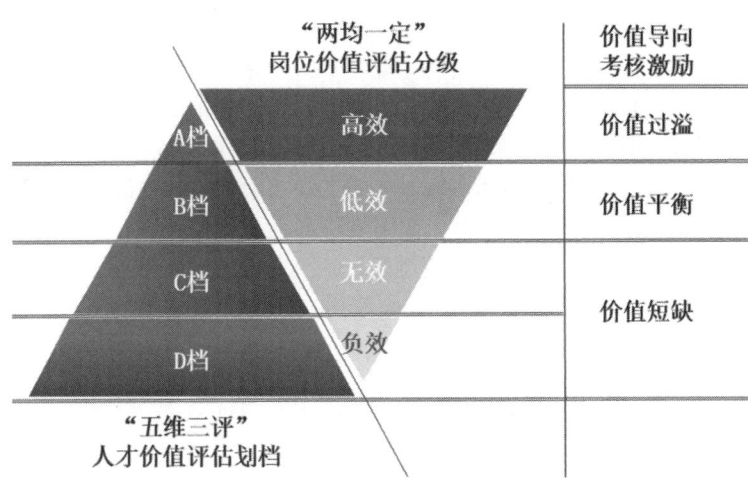

图 5　人力资源价值"双评估"体系

（二）构建人力资源优化"双循环"体系

1. 畅通国外与国内用工循环

在海外项目部设立倒休总监，在国内成立统筹配置专班，协同建立与项目生产运行状态、市场形势变化相联动的"倒休、调剂、保供"3大协同用工机制。打破区域、单位、队种、陆地海上界限，根据市场工作量变化，按照"海外项目之间、国内钻井作业一线、国内辅助生产"

的先后顺序进行统筹优化、调剂配置，提高用工配置使用效益。健全海外项目人才储备保供和交流培养机制，遴选合格的海外项目人才纳入"人才池"管理，统筹两级培训资源，实行订单式培养、精准化赋能。实施动态管理，定期对"入池"的储备人员进行考核，做到优胜劣汰，确保海外项目储备人才质量。

2. 深化国内单位间用工循环

建立基于井筒业务链的用工接续链，配套制定一线梯次退出、横向余缺调剂、腾岗进阶盘活等优化措施，打破行政壁垒，穿透专业界限，畅通流动渠道，最大程度延续员工岗位价值创造力。制定实施"钻井作业一线、技术服务（辅助生产）一线、后勤服务"跨单位、跨专业梯次退出流程，将因身体原因退出钻井作业一线的员工，优先配置到劳动强度相对较低的管具、固井、泥浆等技术服务单位岗位。将公司钻井作业一线人员全部纳入人力资源统筹配置平台，根据市场工作量变化和员工岗位状态，实施"线上"一体化余缺调剂，并持续加大"项目部＋机组（技术组）＋班组""工厂化"运行模式下用工统筹调剂力度。健全挖潜腾岗指标体系，以盈亏平衡倒逼显化辅业后勤低效人员，打破单位、岗位界限，拓展主营外委项目转自营，优化盘活对外业务承揽等渠道。建立岗位动态调整管理机制，根据价值"双评估"结果，将人员配置到更适合的项目和岗位。

3. 搭建人力资源"智享平台"

围绕人力资源管理信息化、智能化转型发展，坚持用数据支撑、用数据决策、用数据管理、用数据创新的思路，设计开发了以"用工分布、机构编制、员工调配、价值增值、薪酬管理、人才管理、素质能力、人才评价、机制建设、信息查询"10大模块为支撑的人力资源"智享平台"，融合财务、生产、经营等数据，实现队伍智能组建、缺口智能排班、岗位创效能力分析、在线员工调配、人工成本动态监控等功能，搭建起了人力资源"蓄水池"。通过对人力资源进行大数据管理，动态掌握人力资源关键指标变化，实时了解各单位、各地区、各项目人员冗余缺口情况，为人力资源动态匹配提供科学依据，如图6所示。

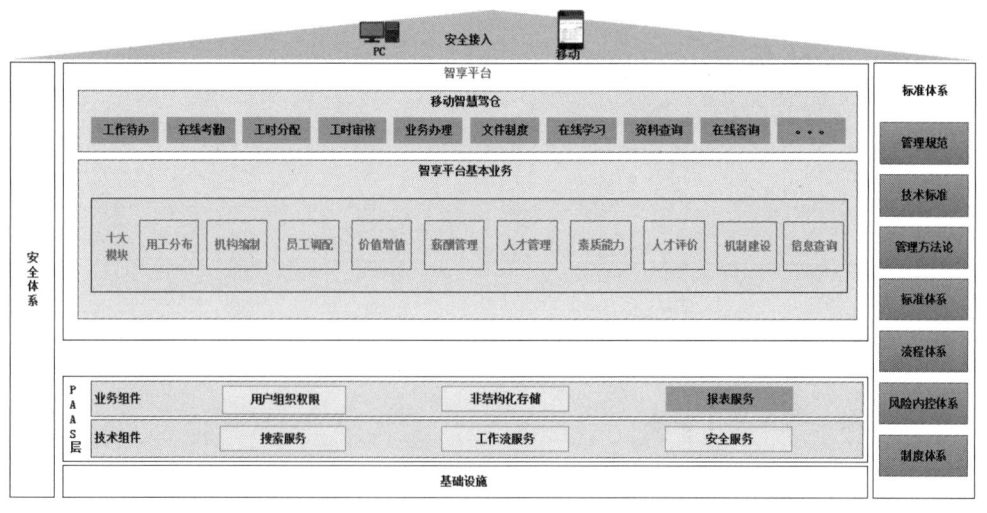

图6 人力资源"智享平台"设计整体框架

（三）构建人力资源项目"双拓展"体系

1. 建设应用"人力资源池"

建立内部"人力资源池"，统筹"入池、培训、评估、出池"闭环式管理，持续优化队伍结构、项目结构、人员结构，提高用工配置效率，激发岗位价值创造活力。确定"入池"人员范围，将长期停待队伍人员、辅业后勤富余人员、海外项目阶段性停工富余人员全部"入池"管理，统筹优化盘活。强化"入池"人员培训，根据项目用工需求，超前组织人员培训，提升岗位胜任能力。强化"入池"人员评估，综合运用人力资源价值"双评估"体系，根据评估结果决定人员是否"出池"。同时，建立托底保障机制，对于能力确实不达标、培训确实学不会的，纳入托底"养人"范围，用最低成本养起来；对拒不服从公司安排、工作态度恶劣的，纳入"四严禁三规范"专项治理范畴，依法合规进行处置。

2. 对内拓展外委转自营项目

坚持以劳务型外委项目为突破口，推进外委转自营，盘活安置自有用工，堵住内部效益流失点。严把项目审批关，推行外委业务"负面清单"管理，将内部具备承揽能力、有发展潜力的项目纳入"负面清单"，一律不外委。严把项目公示关，搭建公司外委转自营项目公示平台，广泛接受群众监督，构建"劳务型外委项目应转尽转，其他外委项目能转则转"良好局面。严把项目质量关，加大重点扶持力度，强化产品质量监管和服务质量跟踪，参与市场化竞争，打造辅业后勤优势业务和产品，做大胜利工程服务品牌。

3. 对外升级业务承揽项目

坚持"走出去"不动摇，激励干部员工离开舒适区，进行"二次创业"增收创效。打通集团内部"互补线"，建设业务承揽示范区建设，创新"管理＋技术＋劳务"业务承揽模式，深度开发规模化、高附加值项目。打通"三商"领域"联动线"，瞄准与主营业务密切关联的战略承包商、供应商、服务商，与"三商"结成战略合作体、效益协同体、发展联动体，输出盘活自有用工。打通技术服务"增值线"，围绕主业"四条产品线"，创新个性化定制、"产品＋服务"等模式，深化制研结合、制售结合，推动加工制造由提供"实体产品"向提供"综合产品服务系统"跨越，并以此带动辅业员工走出去，实现更大领域人力资源盘活。

（四）构建人力资源激励"双倾斜"体系

1. 坚持向创效单元倾斜

建立健全"薪效联动、工效挂钩"薪酬分配体系，坚持薪酬分配向一线、科研和关键岗位倾斜导向，在利润、收入、资金管理"三挂钩"考核绩效工资的基础上，建立薪酬分配与业务类型、市场区域、基层定员、工作量、人力资源统筹配置"五联动"管理机制，提高"活"工资占比，将工资总额基准值按照基础工资占40%、绩效工资占60%的比例分配，引导各单位提高变动部分考核分配比重，进一步拉大不同单位之间、不同业务之间人员的收入差距。

2. 坚持向增值领域倾斜

坚持把各项激励政策向价值高的人员倾斜，通过政治上、经济上、荣誉上的多元激励，深化全员对"能创效的就是好岗位"的思想认同。强化政治激励，对涌现出来的素质高、贡献大的项目"带头人",在干部选拔和专业技术职位选聘上加大激励力度;对于表现好、业绩实的项目员工,在发展党员、职称评聘、技能鉴定等方面给予倾斜。强化经济激励,建立辅业后勤盈亏平衡基准值,对年人均创收超过基准值的,按照新增创收总额的20%进行奖励;建立人力资源优化专项资金,拿出5000万元作为业务承揽和扭亏脱困奖励。强化荣誉激励,加大典型选树和宣传力度,对肯学习提升快、勤钻研业绩好、作风硬能吃苦的干部员工,大力表彰奖励,提升员工成就感、认同感、获得感。

四、实施效果

通过创新构建人力资源价值"双评估"、用工"双循环"、项目"双拓展"、激励"双倾斜"体系,深入实施人力资源闭环价值链管理,构建起以国内大循环为主体、国内海外"双循环"相互促进的用工统筹配置新格局,统筹推进"六个一批""七个加大""八不停步"人力资源优化盘活举措,有效凝聚全员创收创效动力,2022年全员劳动生产率达到37.52万元/人,公司全员劳动生产率持续稳步提升,较2020年提高了29%。

(一)进一步提升了用工整体效能

用工总量控制有力,常态化开展"四严禁三规范"专项治理,规范用工337人,通过提前退休、解除/终止劳动合同等措施减员133人,进一步压减用工总量,优化人力资源结构。通过"两减两优两拓展"(精减组织编制、用工规模,优化人员配置、用工成本,拓展创效能力、创效阵地)措施,结合提速提效、钻机自动化改造升级等,用工效能持续提升。2022年,在钻井进尺同比增加了11万米的情况下,一线用工压减了579人;辅业后勤板块进阶盘活500余人,人均创收提高了11%,全面推进了员工向高价值岗位流动。

(二)进一步提升了辅业造血能力

坚持自己的活自己干,牢牢把握"劳务型外委项目应转尽转,其他外委项目能转全转"外委转自营工作主基调,搭建外委转自营项目公示平台,立足主业、围绕"井筒",培育有潜力、有基础的辅业后勤产业性项目,逐步形成了复杂井打捞、高效套磨铣等系列优势业务和产品,打造形成了一批支撑辅业后勤发展的支柱产业和品牌项目,除公司内部自用外,还销售到全国多个市场,辅业后勤自我"造血"能力不断增强。2022年,实施外委转自营项目154个,盘活用工1804人,外委费用减少6.1亿元。

(三)进一步提升了市场规模质量

有力推动了中国石化集团公司上中下游人力资源合作共享,拓展了北京石油及青岛石化加油、管道巡护、汽车装卸等规模化项目,年均增收1400万元。有力推动了业务承揽市场向"三商"领域延伸,新增"三商"项目12个,年增收949万元。2022年,共实施业务承揽项目104个,输出917人,创收1.07亿元,其中人均创收10万元以上的高效项目26个,输出262人,占业务承揽创收总额的62%以上,实现了业务承揽由人员安置向增值创效、由低端项目向高端项目、由零星分散向规模集成的3个转变。

（四）进一步提升了全员创效活力

干部员工思想观念得到有效转变，通过深入推进人力资源优化和辅业后勤扭亏脱困工作，全体干部员工深切感受到，应对改革，必须转变陈旧观念、突破思想禁锢，必须突破"舒适区"、丢掉"等靠要"，坚持"自己的活自己干""人人争当攻坚创效主力军""支持改革、参与改革"，这些已成为全员思想共识和行动自觉。干部队伍得到了有效锤炼，坚持把改革发展作为干部锤炼作风的"大熔炉"、提升本领的"练兵场"，在对外业务承揽过程中，广大干部员工不惧困难、迎难而上、创收创效，涌现出一批先进集体和个人，既赢得了业主甲方的口碑，也创造了辅业后勤人员"二次创业"新业绩，展现了"招之即来、来之能战、战之必胜"的胜利工程"铁军"形象。

案例负责人：张晓刚

主要创作人：姚　旭

参与创作人：易善志、王轶斌、郝铁俭

基于核心能力的专助责评价发展体系构建与应用

深圳供电局有限公司培训与评价中心（公司党校）

一、前言

立足新发展阶段、贯彻新发展理念、构建新发展格局、推动高质量发展，深圳供电局有限公司（以下简称深圳供电局）秉持"人民电业为人民"的企业宗旨，锚定国有企业战略定位，融入和服务深圳"双区"建设，定位电网高质量发展高地、优质供电服务标杆、能源转型发展先锋、现代企业治理示范和国企先进文化典范，建立了一套与企业战略规划、经营发展相匹配的人才发展体系，这是助力公司加快建成具有全球竞争力的世界一流企业的必然途径。

二、成果实施背景

党中央历来高度重视人才队伍建设，习近平总书记在党的二十大报告中强调："要加快建设人才强国，坚持为党育人、为国育才，全面提高人才自主培养质量。"加强人才培养是国有企业现阶段的重要任务。

立足粤港澳大湾区、身处中国特色社会主义先行示范区，深圳供电局具有较好的政策条件、区域优势。公司近年来制定了一系列人才工作政策文件，对人才培养发展工作提出了明确的要求和具体指导。

深圳供电局于 2012 年建立和发布了通用和领导力素质模型，定义了人才标准和人才路径，开始建立和运作人才测评发展中心，培养了一支能力突出、素质全面的内部测评师队伍，运用科学、有效的测评工具，使素质模型落地，以此为基础，逐步构建了学习发展体系。实现客观地选拔人才，系统有针对性地培养人才，有效地激励和发展员工。

专助责是公司战略承接、转化和落地的主力军，是推动公司高质量发展的骨干力量。但由于专助责岗位存在着岗位种类繁多、业务涉及面广、单一岗位从业人员少等特点（共 19 个序列、106 个岗位），评价工作的实现存在较大难度。过往，针对专助责的评价仅限于知识维度和技能维度的评价，对于素质能力部分并没有形成统一规范的评价标准，难以对专助责开展有效评价。规范的评价标准有机链接专助责的选拔、培训、发展、绩效考核等人力资源各环节，是人力资源管理循环体系的逻辑起源点，评价标准的不明确使专助责的"选、育、管、用"无法形成有效的循环。

针对上述问题，深圳供电局根据专助责的岗位特点，分层分类建立评价标准，构建专助责"4A"素质模型，配套开发测评工具和情景案例测评题本，开展专助责岗位胜任能力盘点，结合胜任力模型及测评结果，开展针对性的培训，编制相关课程，构建了常态化的专助责岗位胜任能力评价提升机制，使专助责能力由一个不易测评的"劣构"问题，转变为可测评、可管理的"良构"问题，有效提升专助责能力素质培养效果。同时，专助责"4A"模型还可以辅助公司识别有能力、有意愿、有敬业度的高潜人才，为专助责岗位储备后备梯队人选。

三、成果的内涵和做法

定位新的发展要求,以麦克利兰的经典冰山模型理论为基础,深圳供电局构建了专助责岗位胜任能力评价模型。在原有门槛要求之外,补充完善了能够明显区分优秀和一般专助责的鉴别性素质能力,从知识、技能、素质能力和潜能多视角为专助责群体构建了立体画像,打造一系列的评价和培养体系,为专助责队伍能力提升打造坚强的发展基础。

(一)全方位多角度深层次打造核心能力模型

专助责岗位胜任能力评价从知识、专业技能、能力和潜能4个维度入手进行设计。为保证专助责岗位胜任能力评价的有效性和可信度,以公司的发展战略为导向,结合专助责岗位的设置和工作实际要求,以"立足岗位、聚焦任务、激发潜能、多向发展"为原则,开展评价设计工作。一是"立足岗位",即按岗位进行评价标准的设计,并考虑同一岗位不同层级(专责、助理专责)的区别。二是"聚焦任务",即评价的重点聚焦于岗位的实际工作任务,专业知识和技能等评价内容需根据工作任务要求进行编制。三是"激发潜能",即注重对深层次胜任特征的测评,建立有效的潜能维度评价模式,激发专助责内在动力。四是"多向发展",即基于岗位实际业务的基础上,多维度评价专助责的素质能力,体现人才评价的战略性和全面性。

1. "立足岗位",分层分类明依据

2014年,深圳供电局开始构建专助责评价发展体系,按照各专助责岗位职责,组织各专业编制形成了19个业务序列106个岗位的专助责岗位胜任能力评价标准、知识和专业技能题库,明确专助责在岗位上必须掌握的知识、技能和评价要求,有效解决了专助责岗位种类繁多、业务涉及面广、单一岗位从业人员少的问题。

2. "聚焦任务",实战演练强技能

聚焦专助责的日常工作任务,从真实工作场景中取材,在典型工作情境中分析与必备知识、核心能力的关联点,编制情景案例题本,使评价更具有针对性、真实性和多样性。同时,能够调动专助责在评价的过程中的主动性和积极性,在似曾相识的情境中反思自身和观察他人的行为,从而加深对知识和技能的理解、领会、吸纳和应用。

3. "激发潜能",提升整体效能

2019年,深圳供电局将性格测评引入了专助责评价体系,用以评估专助责的底层特质。性格是一个人内在的、较为稳定的对客观世界持有的态度和与之相适应的行为方式。性格和职业的选择、处事能力有着密切的关系。性格所起到的独特作用就是影响一个人的行为方式。专助责的每一个序列岗位都有它所必备的岗位要求,而专助责的行为方式与岗位要求相匹配,这个因素将间接影响专助责是否能更好地胜任这项工作,发挥出最大的潜力。

4. "多向发展",创新打造专助责"4A"素质模型

随着向高质量发展转型,公司对人才的要求也变得更加多维和综合,从"能做到"基本要求转变为能为公司"创造价值"。聚焦公司战略发展目标、目标任务、岗位职责,进行定性、定量多个维度的交叉研究分析,辅以科学、严谨的建模方法,深圳供电局于2022年打造了专助责"4A"素质模型,明晰了专助责的能力素质标准,保证人才评价的准确有效。

深圳供电局采用了战略分析、文化演绎、岗位分析、数据分析、人员访谈等方式为专助责"4A"模型输入信息。一是人员访谈实现全覆盖。开展管理人员访谈，对四级干部（覆盖所有业务序列）和部分三级干部进行了访谈，从直接上级和间接上级的视角，了解专助责的工作重点和挑战，挖掘满足当下、适用未来的素质能力要求。与优秀专助责进行深入访谈，收集成功与失败故事案例，从中编码、提取分析优秀专助责的典型特质，具象化优秀专助责的行为表现。二是评价数据奠定坚实基础。截至2021年年底，深圳供电局已积累1103条专助责通用技能评价数据和321条潜能评价数据。运用SPSS对这些数据进行统计分析，选取排名前10%测评人员的优秀素质，通过一对一访谈、专家研讨等方式，对比、提取出了其中能够明显区分出优秀表现和一般表现的能力和潜力指标。三是工作全流程梳理确保指标不遗漏。通过素质能力与多家标杆企业和知名咨询公司的人才模型结构进行对标，深圳供电局按照专助责懂业务、会策划、强执行、乐协调和善总结5个工作流程对能力素质进行梳理，提炼了11项关键素质能力，确保覆盖全面，如图1所示。

专助责工作环节与流程			
懂业务	专业能力		
会策划	系统思维	经营智慧	
强执行	忠诚执行	不断求进	风险防范
乐协调	团队协作	沟通影响	客户导向
善总结	总结呈现	学习创新	

图1 以工作流程梳理素质能力

最终，根据专助责的角色要求和各素质能力的性质，对基于工作流程梳理得出的11项素质能力重新进行分析归类，从"能担当"（Ability to undertake）、"能策划"（Ability to think）、"能协调"（Ability to cooperate）和"能落地"（Ability to execute）4个方面诠释了专助责的胜任素质要求，输出了"专助责4A素质模型"，如图2、表1所示。

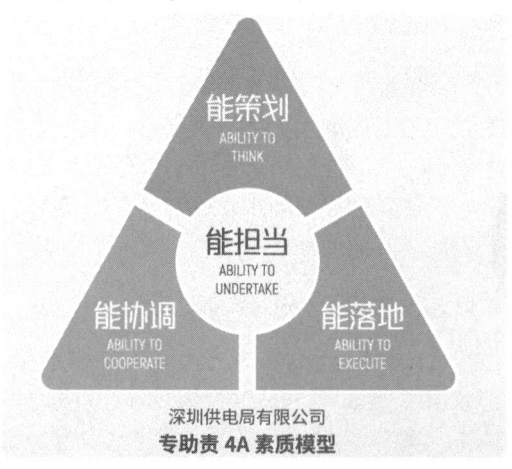

图2 专助责"4A"素质模型架构

表 1　专助责"4A"素质模型内涵

素质分类	素质项名称	素质项定义
能担当	忠诚执行	矢志爱国奉献，勇于奋斗担当，为身为公司一员而自豪，以饱满的信心与激情投身于电力事业，积极践行企业愿景和使命，全力克服各种障碍，坚持不懈实现目标
	不断求进	拥有对工作永不自满的精神和持续改进的热情，敢于应对挑战，不断付诸努力实现更好的工作标准和成果，不断进取、不懈奋斗
能策划	系统思维	理解工作目标和要求，综合分析各类信息，广泛、深入思考，把握任务的轻重缓急，形成对问题或业务的准确认识和判断，制定系统性和前瞻性的工作方案
	经营智慧	关注市场环境变化和改革发展对公司的影响，以价值创造为目标，贯彻落实人、财、物等的全生命周期管理，致力于实现成本、效能综合最优
	学习创新	面对企业改革发展持有强烈的创新意识，敢为人先、锐意进取，能够主动学习，积极探索和推进在工具、流程、方法等方面的优化和创新
能协调	客户导向	坚持以客户为中心，贯彻"为客户创造价值"的服务理念，主动思考内外部客户的需求，为内外部客户提供服务和价值，不断提升服务质量和效率，赢得客户信任和支持，实现价值提升
	沟通影响	关注人际，敏锐捕捉对方诉求，把握关键利益点和平衡点，通过有效沟通交流，积极地引导和影响他人，促成相互理解和共识，为工作推进营造良好环境，推动目标达成
	团队协作	乐于与大家一起工作，在内外协作任务中，能立足大局和整体利益，与团队成员紧密配合，通过相互沟通和积极行动，达成目标，实现共赢
能落地	专业能力	能运用专业知识和技能解决业务问题，在公司专业人才培养与专业发展中贡献价值，有力支撑公司在本专业领域当标杆、做示范
	风险防范	树立"一切事故都可以预防"的理念，贯彻"安全第一，预防为主，综合治理"方针，坚守安全底线，在工作中时刻秉持忧患意识、风险意识和规矩意识，时刻谨记维护人身、生产、信息和资产等的安全
	总结呈现	运用归纳思维，从复杂的问题或现象中，发现和掌握关键所在，进行总结提炼和经验萃取，并通过书面或口头等方式清晰、有效地传递信息、呈现成果

（二）全面推进专助责评价资源建设

专助责岗位胜任力评价和发展是一项系统工程，努力构建优化整合、运行高效的评价资源体系是项目实施的重点。

1. 设计开发信效度高的测评工具

创新评价方式，采用专业考核＋评价中心（情景案例答题、无领导小组讨论、CBI 行为化面试）＋潜力（OPQ 职业性格测试）的工具组合，各测评维度的结果相互验证，提高了人才评价的信效度。在无领导小组讨论环节，测评师通过观察专助责行为表现，对照各维度一一评价，并与 CBI 行为面试相互印证。同时，测评师可以就各位专助责的表现进行横向对比，最后得出一个全面、客观的评价结果，有效减少工作量，节约时间，兼顾测评信效度的同时提高了效率。

2. 持续完善更新情景案例和知识题库

一是持续开发与修编情景案例题库。从真实工作场景中取材，在典型工作情境中分析与必备知识、核心能力的关联点，模拟专助责日常工作业务场景中普遍、高频的典型工作情境，以简洁的语言和完整的情节编制了 28 套情景案例题本，并设置具体量化的打分标准。二是滚动修编知识题库。每年组织专助责和管理专家根据公司发展战略、政策、法律法规等的变动，对评价标准和知识题库开展滚动修编，以保证题库的时效性。

3. 积极推进评价师资队伍建设

深圳供电局组建了公司内部测评师队伍，该队伍主要由各岗位序列专助责的直线经理组成。在测评实施前，对内部测评师进行了测评技术和报告反馈的赋能培训，统一打分尺度和澄清打分误区，同时辅导内部测评师如何读懂和应用专助责的个人发展报告。测评实施期间，安排了内部测评师和外部顾问专家一起参与实施。以顾问专家提问为主，内部测评师根据自身对候选人工作中的经历和行为的了解，进行追问和补充提问，有效地为顾问专家提供更丰富的信息和对候选人的回答进行把关，使评价更为准确，同时亦不断锻炼和强化对内部测评师的评价技术。

4. 打造全方位多角度深层次评价体系

按照专助责业绩、行为、潜力的全面评价理论，从知识、技能、素质和潜能 4 个维度进行全面评价。在利用胜任力模型优化评价标准的基础上，对相关标准进一步细化、量化、规范化，并分别设定评价等级，把考核内容实化为一项项看得见、摸得着、可考核的具体指标，实现考核评价由"定性"向"定量"的转变，如图 3 所示。

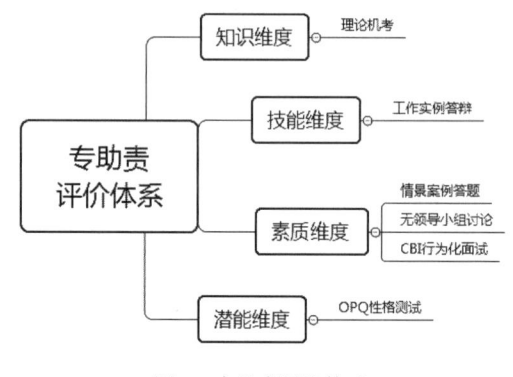

图 3　专助责评价体系

（三）创建协同高效的培养运作机制

专助责能力评价工作是为了提升专助责的个人综合能力，全面助力深圳供电局建设一流人才队伍。专助责的岗位胜任能力评价模型更关注专助责个人发展的历程，加强评价和专助责发展的紧密结合，充分发挥评价指挥棒的作用，使专助责不断认识自我、发展自我、完善自我，不断实现预定发展目标的过程。

1. 反馈机制推动双向奔赴共同发展

个人综合发展报告是将专助责的多种数据源、多维度、多指标的信息进行整合分析。深圳供电局基于专助责的个人经历、业务经验、业绩评价、线上线下测评结果等综合信息，出具了专助责个人综合发展报告，提供较为全面和详细的能力测评结果，加深专助责及其上级、HR等各方的认知和理解。同时，由直线经理分别对本部门的专助责进行测评报告解读，直线经理将专助责的日常工作状态与个人综合发展报告进行关联分析，可以从深层次获得影响专助责工作质量和绩效的关键因素。个人综合报告体系不仅可以帮助专助责对个人工作经历、能力信息进行收集整理、归纳总结，而且还为专助责的发展提供全面的、系统的、明确的、便于理解的能力提升建议，帮助专助责更加深入清晰地了解自我。

通过专助责个人报告反馈机制，直线经理与专助责共同讨论和制订个人发展计划和方案，并监督其实施。这有助于直线经理了解专助责目前工作状态和情况，辅导其改进工作方法，基于反馈交流所得到的信息和机会，专助责能够获得必要的反馈，同时直线经理也能够作出合理的管理决策和恰当的培养规划。

2. 靶向发力补短板，精准施策练精兵

基于核心能力的人才培训可以有效识别提高组织绩效的核心知识、技能和个人特质，从而进行针对性培训，降低培训的成本，提高培训的针对性和实效性。专助责"4A"素质模型可以有效解决现有培训"错位""缺位"的问题。一方面，素质模型是优秀专助责的特征集合，为全体专助责树立了"榜样"。专助责可以对照模型，寻找差距，通过自学等形式不断完善自我，尤其是不易通过培训等方式改善的鉴别性胜任力；另一方面，专助责"4A"素质模型为培训提供了"参照物"。以其为标准检验现有专助责的胜任力现状，寻找差距和不足，可以科学分析培训需求，确定培训对象和培训内容。

3. 丰富培训方式，持续提升培训针对性、有效性

一是数据分析与深入调研，精准定位培训需求。根据专助责"4A"素质模型与专助责团体测评结果报告进行学员能力短板分析。结合公司战略方向与自身重点工作开展问卷调查，对培训学员及其上级，用问卷调查和电话访谈两种调研形式，深挖学员培训需求，多形式全方位了解学员情况，从而进行课程定制化、个性化实施，助力提升新任专助责的培训针对性。二是创新培伴成长模式，实现知行合一。培训强调知识学习，围绕"执行有力、思维强化、效能提升、问题解决"4个模块进行培养的同时，强调任务实践，即知识学习与任务实践相互陪"伴"。培训打破常规的全程理论授课的模式，融合体验式教学、沙盘教学、微行动学习模式，将实践的比重大幅增加，提升培训效果。

四、成果实施后所产生的效果

（一）体系建设与应用推广方面

深圳供电局打造了专助责评价发展机制，根据专助责的岗位特点分层分类建立评价标准，建立专助责"4A"素质模型，有效解决了专助责岗位种类繁多、业务涉及面广、单一岗位从业人员少、素质能力评价标准不统一等问题，建立起了较为完善的基于核心能力的人才评价和发展体系，使专助责群体的人力资源管理体系形成一个有效的循环。

专助责评价发展机制的构建，形成一个普适性强的人才评价发展体系构建流程指引和解决方案，为电力行业兄弟单位甚至其他行业单位中人才评价发展问题的解决提供启示和思路。企

业中出现人才培养的重点、难点问题，如招聘问题、选拔问题、盘点问题、培训问题等，本质上都是人才标准体系建设的问题，开展人才评价模型的构建工作研究可以为这些问题的解决提供新的视角和框架。

（二）管理效益方面

1. 人才质量管理

构建基于核心能力的培训与评价体系，推动专业技术类岗位培训、评价、持证，大力实施员工能力提升工程，2021年，深圳供电局高级职称人才比例为19.09%；2022年，高级职称人才比例为20.20%，比2020年度增长了1.11个百分点。在2014—2017年，参与测评的767名专助责中排名前10%的77名测评人员有35人晋升至三、四级干部，占比45.45%。为适应公司管理创新、体制机制创新、科技创新的新要求，深圳供电局大力开展新任专助责上岗培训，完成新任专助责培训1306人次，促进了专助责队伍总体素质的提升。

2. 业务推动管理

联系专助责日常业务工作场景将业务方向和工作重点融入情景案例题本和无领导小组讨论题本中，专助责可提前思考、提前谋划、相互讨论、借鉴经验，以评促学，在实际工作中推动任务更快更好落地，助力部门（单位）任务指标的达成。

（三）经济效益方面

深圳供电局打造了一支高质量的内部测评师队伍，这支测评师队伍不仅对企业文化、制度要求、工作任务、学员素质状况有较为深入的了解，而且由于其自身处于专业或骨干岗位，对企业的专业岗位的专业知识有更加充沛的经验储备，这些都是使其更容易挑选合适的人才、挖掘出学员的短板和培训需求的关键部分。内部测评师队伍陆续在人员招聘、干部员工选拔、配置任用、教育培训、职业发展等场景广泛使用，助力深圳供电局打造导向明确、精准科学、规范有序、竞争择优的科学化人才评价机制，充分发挥人才评价对人才发展的牵引作用，激活个人成长，释放组织活力，助力人才与企业共同发展。仅2022年，测评师队伍就为公司节省了约55万元的人力资源外委咨询费用，有效降低人力资源间接成本的同时，提升了选人用人的有效性和精准性。

案例负责人：刘文涛

主要创作人：张　兰

参与创作人：田玉春、黄敏泇、许敬涵、王华山、王　琪

能源互联网产业集团推动组织模式创新的探索与实践

南瑞集团有限公司

一、企业简介

当前,绿色低碳成为全球能源转型的重要方向,国家正在深入实施"四个革命、一个合作"能源安全新战略,明确"碳达峰、碳中和"目标,优先发展可再生能源,构建以新能源为主体的新型电力系统,推动能源转型和绿色发展。行业变革和市场化改革不断深化,电力行业将加快向结构调整、布局优化方向发展。

南瑞集团有限公司(以下简称南瑞集团)是国家电网有限公司(以下简称国网公司)直属科研产业单位,是我国能源电力及工业控制领域优秀的IT企业,是国际知名的智能成套装备及整体解决方案提供商,在南京、北京、上海、天津、武汉、深圳等20多个地区建有研发和产业基地,产品和服务覆盖全国各地及100多个国家和地区。目前,南瑞集团在册员工1.4万余人,拥有自主培养的中国工程院院士2人,省部级及以上专家380人,连续二十届入选中国软件企业百强,连续十二届入选软件和信息服务十大领军企业,在建党百年之际荣获"全国先进基层党组织"称号,2021年入选"国家创新人才培养示范基地",2022年获评"全国和谐劳动关系创建示范企业"。

作为国网公司支撑产业、战略性新兴产业的领军企业,南瑞集团主动把握方位定位、扛起使命责任,以"整合内部优势资源,提升需求响应能力,实现高质量发展"为目标导向,通过创新组织模式、打造平台型组织,推动科技创新能力、支撑保障能力、经营发展能力全面提升,促进国网公司管理与运营、电网建设与运行实现高质量发展。

二、主要做法

以入选国务院国资委"双百行动""科改示范行动"等改革试点为契机,南瑞集团纵深推进管控模式变革和组织机构创新,聚焦研发、营销、生产等核心业务环节,着力构建"定位清晰、管理统一、集约高效、协同有序、支撑有力"的平台型组织。主要做法如下。

(一)调机构、定职责,推动核心业务职能"平台化"

一是研究开发平台化。设立南瑞研究院,统筹优质研发资源,提升对电网发展、新型电力系统构建的技术支撑能力。下设技术战略研究中心,统一开展技术战略布局和基础前瞻技术研究,形成集团技术管理体系;下设新技术应用研发中心,承担战略新兴产业领域新技术、新产品的研发任务;下设平台研发中心,为各产品线提供软/硬件平台服务;下设西安、深圳研发中心,负责集聚当地优秀人才,打造区域研发资源平台。

二是营销服务平台化。设立营销服务中心，集约营销资源，减少内部消耗，实现营销、服务一体化统一运作，提升客户响应速度和能力。下设区域营销中心，坚持以客户为中心，统一面向所属区域内各条产品线、各类客户群体提供市场营销和客户服务；下设战略客户中心，聚焦能源、石油石化、铁路等行业客户，进行市场营销和市场培育；下设技术支持中心，统一负责各产品线的市场推广和技术支撑；下设客户服务中心，统一受理客户咨询、需求和投诉，实现客户服务的闭环管理。

三是生产制造平台化。调整生产中心功能定位，促进内部协作，发挥规模效应，降低生产成本，提升项目交付质效。强化产品生产制造职能，围绕各产品线，提升自主生产能力和智能制造水平；明确外委加工统筹职能，降低产品外委加工风险；明确新产品试制职能，促进新产品快速定型和转产效率提升；明确工艺支撑职能，构建工艺技术管理平台，支撑产品研发设计，提高生产效率和产品品质。

南瑞集团平台型组织架构如图1所示。

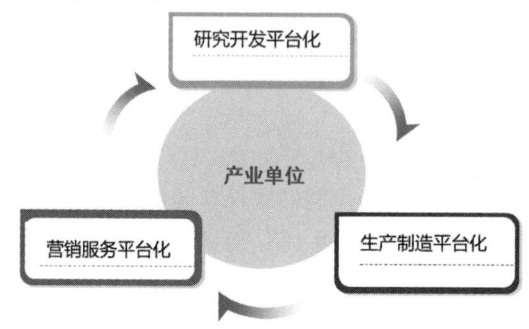

图1　南瑞集团平台型组织架构

在上述职能平台化基础上，南瑞集团围绕研、产、销协同，进一步理顺业务流程，优化工作规范，实施流程再造，构建信息化平台，有力支撑平台化业务体系的高效运转和作用发挥。

（二）配资源、抓队伍，放大平台功能"乘数效益"

一是配足用工资源。针对平台型组织，按照"主责主业、精简高效"的原则，以人均效率持续提升为导向，差异化核定用工编制资源。对于南瑞研究院，统筹考虑年度研发经费投入、研发项目和技术服务任务量、科研成果产出目标等进行核定；对于营销服务中心，以新签合同额（60%）和回款（40%）作为产出指标，设定人均效率提升目标进行核定；对于生产中心，结合其产出目标、人均产值、履约服务量等进行核定。这样做有利于为上述平台型组织高效运行和作用发挥提供人力资源保障。

二是紧抓梯队培养。全面实施青年员工入职"前三年"培养，结合平台型组织的功能定位、业务模式，以及对复合型、专业型人才的需求，推行"矩阵式"培养模式。横向拓宽跨专业、跨岗位的培养空间，通过交叉课题攻关、轮岗见习、委托培养等方式，有计划地安排青年员工到其他相关岗位历练，突破业务界线，畅通人员交流渠道，发现和培养不同类型的青年人才；纵向构建"知识－技能－素质"业务精进路径，自主开发547门配套课程，分岗位制订49套培养计划，形成涵盖不同专业、不同发展阶段的学习提升地图，实行"导师带教"，让青年人才进入大团队、参与大项目、登上大平台、获得大发展。

三是提升引才质效。从功能定位出发，重点围绕研发等平台型组织的结构性人才需求，精准实施招聘引才，促进平台型组织作用发挥。拓展引才渠道，聚力实施毕业生招聘"卓越计划"，灵活运用公开招聘、内部举荐、定向猎聘等方式，拓宽选才范围，聚焦新型电力系统构建，引进"卡脖子"技术攻关、基础前瞻技术研究等方面高端人才；优化人才待遇，通过协议工资等方式提升薪酬竞争力，完善人才补贴、住房安居等保障政策，增强人才吸引力；塑造品牌形象，举办校园技术竞赛、高校院长论坛、企业开放日等活动，全方位开展校企合作，加大引才宣传。

（三）抓考核、重评估，牵引平台效能持续提升

一是推行差异化穿透性考核。针对不同功能的平台型组织及其内设机构、岗位，差异化设定考核指标，确保任务逐级分解、压力逐级传导，并结合平台型组织业务模式，识别利益相关方，全方位开展考核评价。针对南瑞研究院，重点考核前瞻引领能力、科研创新成果、新兴技术培育、产品研发支撑、研发体系建设等指标；针对营销服务中心，重点考核回款、市场开拓、销售毛利、投入产出效率等指标；针对生产中心，重点考核人均产值、产品质量、成本控制、履约服务、精益生产等指标。

二是建立机构效能评估机制。常态化对平台型组织的运行管理和作用发挥情况进行"体检"，形成"设立/调整–运行–评估–优化"的闭环管理机制（见图2），牵引其始终"做正确的事""正确地做事"。构建差异化评估体系，建立"3E"（Effectivity，投入效能；Efficiency，运营效率；Economy，经济效益）评估框架，结合各平台型组织功能定位、业务特点、发展阶段等，差异化设定评估指标和权重，提升针对性和评估价值；常态化评估方法，针对量化指标，以外部标杆、业界标准、组织期望等作为对标对象进行多维评估（见表1），针对定性指标，通过人员访谈、问卷调查、资料收集等方式进行客观评价，确保评估结果的信度和效度；推动评估结果应用，目前已从机构设置、资源配置、队伍建设等方面，对平台型组织提出管理建议，并从组织绩效考核、管控模式优化、数字化转型等方面，为集团相关决策提供参考和支撑。

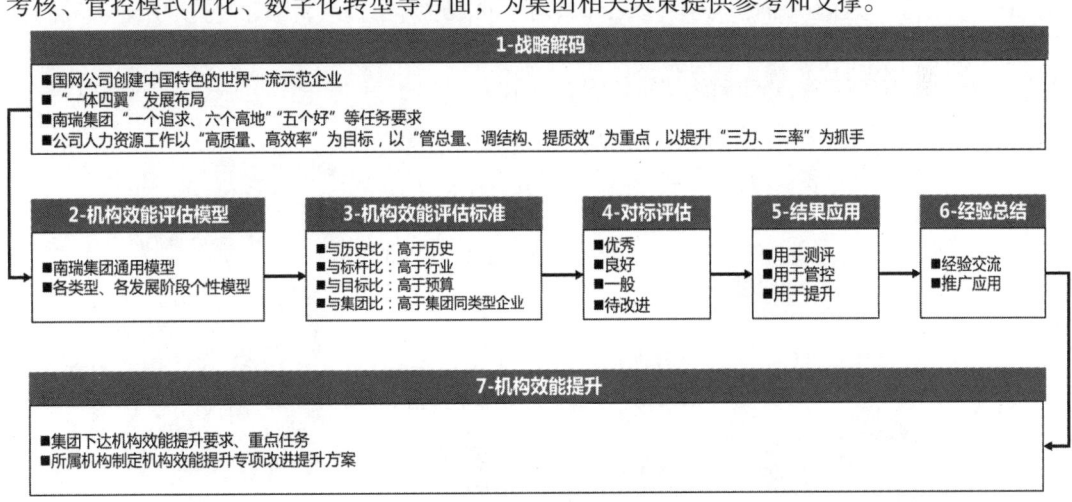

图 2 机构效能提升闭环管理机制

表 1 机构效能评估维度

细分维度	总结维度	维度归类
组织、结构、信息化	组织	投入效能
人才、人力资源	人才	
机制	机制	
思想、氛围/价值观	文化	
战略/目标	战略	

续表

细分维度	总结维度	维度归类
系统内外市场、客户	客户	运营效率
产品	产品	
产业	生态	
技术（成果）、创新	技术	
经营业绩	规模	经济效益
市场拓展	成长	
运营、财务	经营质量	
风险防控	风险防控	
技术（支撑）	专业支撑	

（四）强激励、助成长，激活组织发展"第一资源"

一是深化薪酬分配改革。健全基于岗位、绩效等价值要素的薪酬分配体系。岗位工资方面，统筹考虑平台型组织及其内设机构、岗位设置情况，合理设置岗位价值系数，确定岗位工资标准，充分体现平台型组织和员工的作用价值，如对于相关研发岗位，设定 1.1~1.5 倍的价值系数；绩效工资方面，与考核结果紧密挂钩，合理设定兑现系数，打破"大锅饭"，如上浮考核结果 A 级员工的当年度绩效工资 10% 以上，取消考核结果 D 级员工当年度一次性绩效奖金，确保薪酬分配向高价值岗位、高绩效员工倾斜。

二是健全长效激励机制。不断完善多元化、中长期激励体系，实现员工和企业的长期捆绑，形成风险共担、利益共享的"命运共同体"，切实激发员工的活力动能。面向研发、营销、生产等业务单元，实施上市公司限制性股票激励计划，以业绩达成作为股票解锁前提，目前已覆盖上述平台型组织近 20% 的核心骨干员工；针对不同激励对象特点，因地制宜运用超额利润分享、员工持股、项目收益分红等多种中长期激励工具，调动员工干事创业热情，推动组织目标达成。南瑞集团员工收入分配激励体系如图 3 所示。

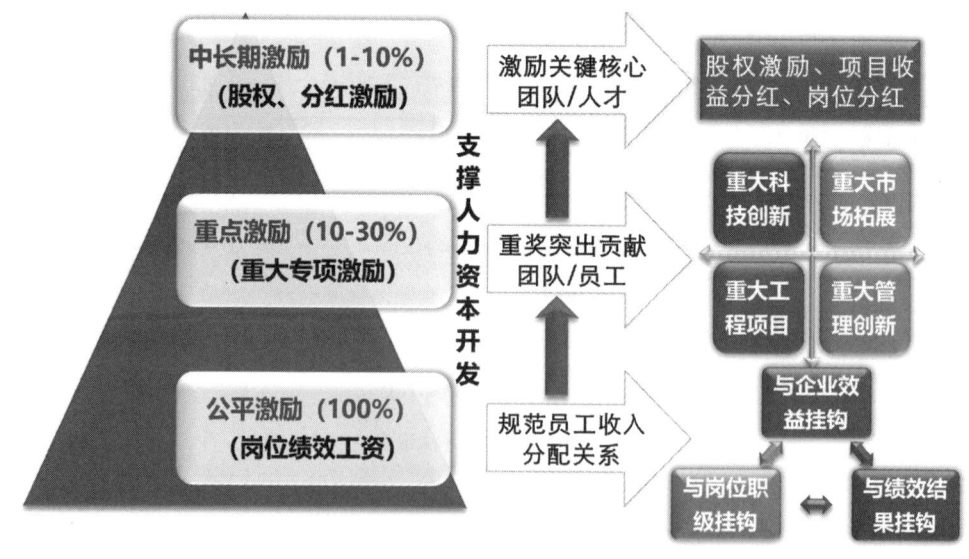

图 3　南瑞集团员工收入分配激励体系

三是助力员工成长发展。以"破四唯"为抓手，坚持能力和绩效导向，不断拓展研发、营销、生产等领域人才的发展空间。改革人才评价体系，面向各类平台型组织及业务岗位，分类构建任职资格标准，建立常态化人才评价和职级晋升机制，更加注重项目经历、专业贡献、创新能力等，打破"论资排辈"，真正让优秀人才脱颖而出；拓宽职业发展通道，在传统的干部序列外，横向增设专家、职员发展通道，覆盖研发、营销、生产等业务岗位，牵引各类人才各安其心、各专其长、各有发展。南瑞集团员工职业发展通道如图4所示。

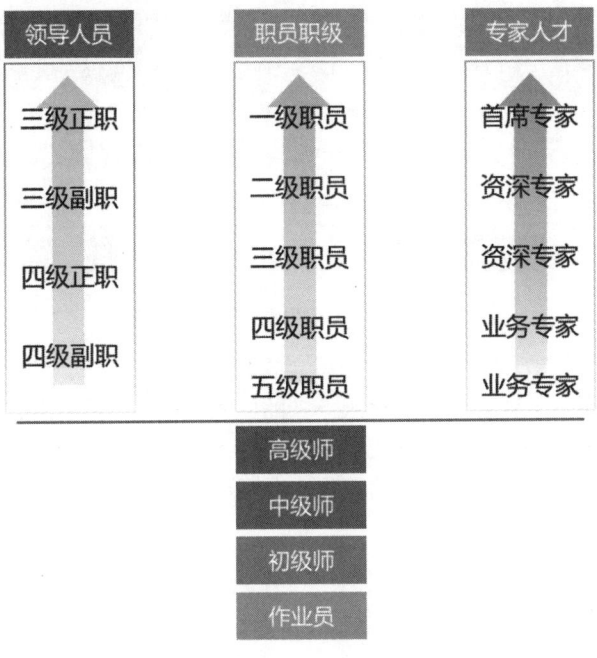

图 4　南瑞集团员工职业发展通道

（五）推改革、促转型，创新平台型组织管理模式

一是加快数字化转型。推动业务系统平台化改造，灵活构建各业务应用，推动研发、营销、生产等领域的业务协同和数据贯通，有效支撑组织机构变革和运行模式创新。研究开发方面，依托研发管理数字化平台，实现需求、研发、测试、发布、评估全过程线上管控，完善闭环、高效的研发质量管理体系；营销服务方面，建立从商机到回款的端到端流程，瞄准客户价值，实现跨领域业务协同，强化项目执行管控和资源匹配能力；生产制造方面，依托统一生产数字化平台，强化与产品研发、合同订单、工程设计、履约交付等协同，提高生产标准化水平。

二是变革人资管理模式。适应组织机构变革需要，创新人力资源管理模式，依托人力资源"三支柱"体系，从业务支撑和集约服务等方面，为平台型组织运行提供有力保障。顶层设计方面，通过战略性、系统性、专业性的人力资源决策分析，引导其提升用工配置、绩效考核、薪酬分配等管理成效；业务支撑方面，组建HRBP团队，深入业务了解需求，支撑其提升招聘引才、人才培养等工作成效；集约服务方面，成立人力资源服务中心，为平台型组织提供劳动关系、人事档案、社保福利等方面的共享服务。南瑞集团人力资源"三支柱"模型如图5所示。

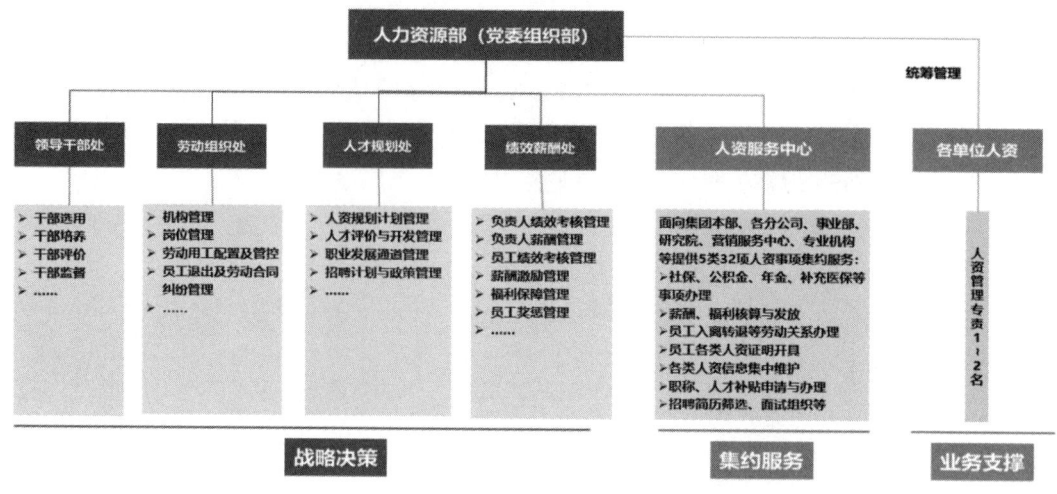

图 5　南瑞集团人力资源"三支柱"模型

三是推动"放管服"改革。贯彻国网公司"放管服"改革部署，结合集团化运营管理实际需要，按照"合理放权、强化监督、优化服务"的原则，落地"放管服"事项 116 项，修订制度 88 项，优化流程 53 项，调整信息系统 37 个。推行授权清单机制，从计划管理、人员招聘、财务物资、事项审批等方面，进一步精简流程、合理放权、做优服务，有力支撑平台型组织高效运行和作用发挥。

三、工作成效

打造平台型组织以来，南瑞集团上下积极响应、闻令而动，持续优化制度流程，创新运行机制，形成各层级管理文件 400 余份，解决制约体系建设和运行的深层次问题 150 余项，实现了研、产、销的紧密衔接和协调联动，集团化运营效率、管控能力和客户响应能力有效增强，带动效应逐步显现，推动高质量发展取得显著成效。

一是经营效益不断提升。圆满完成年度各项目标任务，2022 年主流产品生产效率提升超 20%，元器件战略储备计划完成率达 96.6%，国网公司集招中标金额同比提升 15%，海外合同同比增长 46%，合同开票时长缩短 67%，全员劳动生产率同比提升 20%，利润总额同比增长 25%，全年累计挖潜增效超 25 亿元。旗下上市公司国电南瑞市值最高突破 2600 亿，入选"央企 ESG·先锋 50 指数"，被国家工业和信息化部认定为国家级绿色工厂。

二是科技创新捷报频传。牵头的"复杂电网差动保护关键技术及应用"获国家技术发明奖二等奖，2022 年获国网公司及省部级科技奖励 146 项，25 项成果通过鉴定达国际领先水平，牵头发布国际标准 5 项、国家和行业标准 14 项，获发明专利授权 309 项，申请 PCT 专利 21 项。碳管理系统在行业内首个通过国际权威机构认证，自主研制的 4500V IGBT 压接式器件完成实验验证。所主管的《电力系统自动化》期刊影响因子蝉联行业第一。

三是重大项目支撑有力。高质量开展重大活动和迎峰度夏（冬）等电力保供支撑工作，获评"国网公司党的二十大保电工作先进单位"。有力支撑白鹤滩-江苏、白鹤滩-浙江、闽粤联网等 6 个特高压项目顺利投运，助力山东沂蒙、安徽金寨等 5 个抽蓄电站 10 台机组按期投运；以整体解决方案支撑太湖智慧园区、正定"双碳"示范县、曹妃甸新型电力系统国际示范区等重大项目建设，成功策划并落地国网雄安创新中心智慧零碳园区示范项目。

四是产业发展提档加速。新一代调度、新一代集控系统、电力现货市场、自主可控继电保护设备等拳头产品市场占有率保持领先，新一代应急指挥系统全网落地应用；12MW 海上风电变流器实现应用，落地 13 个海上风电二次集成项目；储能变流器形成系列化产品并示范应用，储能业务合同额大幅增长；电力保护控制设备被评为"国家制造业单项冠军产品"。

下一步，南瑞集团将始终瞄准世界能源科技前沿，围绕"双碳"目标，着眼能源互联网建设需要，秉持求实创新的价值理念和文化基因，对集团化运营管控模式、平台型组织运行质效进行全方位评估和持续优化，为中国企业人力资源管理创新贡献更多的探索实践。

案例负责人：杨青书

主要创作人：于 昆、张 岩、杨青书

参与创作人：周心亮、徐威娜、王 波、杨乐勇、张 燕、丁希辰

江御龙、王 飞、李慧敏、俞 力、孙得胜

以提升全员劳动生产率为目标的"两层五定"定岗定编体系的构建与实施

中车南京浦镇车辆有限公司

一、实施背景

（一）驱动公司高质量发展的内在要求

党的二十大强调，高质量发展是全面建设社会主义现代化国家的首要任务。国务院国资委2021年将全员劳动生产率纳入中央企业"两利四率"指标考核体系，2023年优化完善指标考核体系提出"一利五率"，并对全员劳动生产率提出"提升"要求。全员劳动生产率是衡量劳动力要素投入产出效率的重要指标，反映企业在市场经济活动中的社会贡献。建立定岗定编体系是整合配置人力资源，提高配置效率，实现人员优化、结构调整，提高全员劳动生产率的重要手段。因此，新时代新形势下，驱动企业高质量发展要求科学定岗定编。

（二）破解公司转型升级难题的要求

中国经济进入新常态以来，企业经营形势由"电梯模式"向"攀岩模式"转变，因此找准落脚点和抓手尤为关键。现阶段，中车南京浦镇车辆有限公司（以下简称浦镇公司）转型升级面临诸如市场环境复杂多变、新技术运用遇到阻力、人员结构亟须优化、战新业务急缺人才、人才活力激发等难题。千秋基业，人才为本，破解公司这些难题的关键落脚点和抓手就是人才。定岗定编是人才"选、育、用、留"的关键前提和基础，因此，为助力公司成功转型升级，势必要打牢基础，做好定岗定编体系构建和实施工作。

二、整体思路

浦镇公司参考黄金圈思维模式，从WHY出发，为什么要这样做，弄清楚目标，进而再思考HOW，采用什么方法和措施，围绕WHY和HOW两个维度构建定岗定编体系。

（一）定岗定编的目标是提升全员劳动生产率

定岗定编是公司人力资源的投入，因此开展定岗定编工作首先要回到公司的原点：满足公司目的，以最经济的投入带来最大的产出，实现全员劳动生产率提升，实现公司的高质量发展，因此，浦镇公司借鉴杜邦分析法提出了人力资源视角提升全员劳动生产率的思路，如图1所示。

剖析全员劳动生产率公式，可得出要实现全员劳动生产率的提升，就要实现工业增加值最大化、从业人员数量最优化。为实现此目标，就要在选、育、用、留的核心HR管理活动中采取措施，而有效实施HR管理活动的关键和基础在于定岗定编。因此，提升全员劳动生产率的关键是定岗定编，定岗定编的目标是提升全员劳动生产率、助力公司高质量发展。

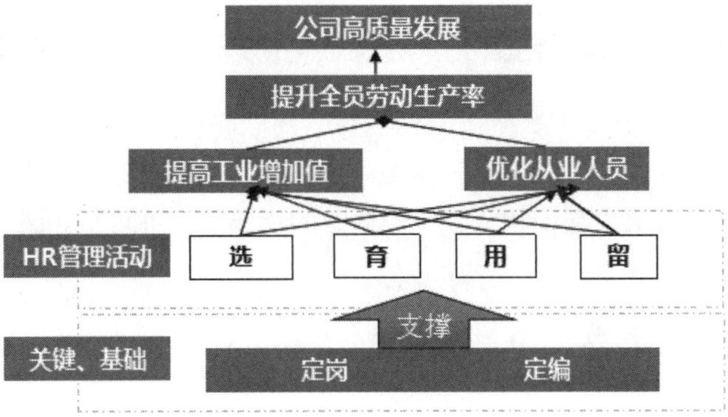

图1 人力资源视角提升全员劳动生产率的思路

（二）构建"两层五定"定岗定编体系模型

根据彼得·德鲁克提出的目标管理理念而演变产生的 OSM 管理模型（Objective-Strategy-Measure）为实现目标，需要制定策略，制定措施。目标 O—策略 S—措施 M，形成一个自上而下分解的自洽体系，同时可以自下而上做反向校验，确保下层的策略、措施能支持上一层级的目标达成。浦镇公司拓展延伸 OSM 管理模型应用场景，基于近年定岗定编实践经验，创新构建了"两层五定"定岗定编体系模型，如图 2 所示。

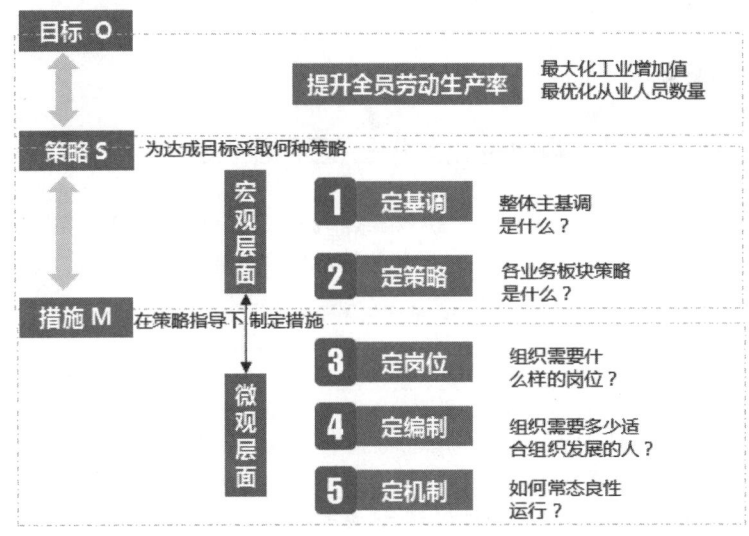

图2 "两层五定"定岗定编体系模型

定岗定编体系分为宏观和微观两个层面，宏观层面是为达成提升全员劳动生产率目标而采取的策略，主要输出定岗定编工作的价值导向主基调、提升资源配置与业务发展定位匹配度的策略。微观层面是在策略指导下制定的实施措施，输出科学合理的岗位设置、兼顾提升效率和满足业务需求的定员编制、保持体系常态化良性运转的配套管理机制规范。宏观层面和微观层面既是自上而下分解的关系，也是自下而上反向验证的关系。

三、创新点

（一）转变视角：从公司战略出发，宏观层与微观层相结合实施定岗定编

体系构建以终为始，顶层思考公司内外部环境和发展战略，将定岗定编局部问题放到企业整体发展中思考，明确匹配战略发展的体系构建目标，宏观层面制定符合战略要求的主基调和策略，微观层面在宏观层主基调和分类业务策略的指导下，协同业务部门共同实施分类定岗定编。

（二）构建方法论：创新构建定岗定编"三位一体"制度、"一图两表"工具包和分类定编标准

通过"调研思考—试点—实践优化—总结"研究方法，形成定岗定编管理方法论，即岗位管理、定编管理、岗位评价"三位一体"制度体系；构建用于科学合理定岗定编"一图两表"工具包——部门岗位结构图、三级职责分解矩阵表、部门岗位及定编矩阵表；提炼形成支撑定编持续优化的技术、市场、管理等具体职位的定编标准。

（三）动态化管理：定岗定编结果从相对静态到动态管理

从方法论和管理机制建设方面保障体系输出定岗定编结果不仅包括时点定编数量，也包括不同岗位的人员配置标准，即与相关业务因素关联的函数关系，当业务规模和数据变化时，相关的测算人数也随之变化，实现编制动态管理和监控。

四、具体做法

（一）定基调：坚持价值导向的"普遍减、重点增"主基调

浦镇公司基于战略导向，结合国家经济发展模式、人口发展、国资委考核指标新变化和新要求（表1），融合公司实际需求，提出以价值为导向的"普遍减、重点增"定岗定编主基调。

表1 新变化和新要求

维度	新变化	新要求
经济发展模式	由高速增长转变为高质量增长，发展的重点从"有没有"向"好不好"转变，强调经济发展的质量、效益和竞争力	经济发展动力从主要依靠资源和低成本劳动力等要素投入转向主要依靠创新驱动
人口发展	总量增长势头减弱、老龄化程度加剧、劳动力数量减少等一些结构性特征，人口红利正在逐渐减弱	提高劳动年龄人口的素质和劳动技能，将人口红利转化为人才红利
考核指标变化	全员劳动生产率纳入中央企业"一利五率"指标考核体系	关注劳动力要素的投入产出效率，最大限度发挥员工的价值创造能力
公司发展战略	数字化转型阶段、高质量发展阶段，打造以客运轨道交通装备为核心，面向全球市场的行业一流高端装备制造商和系统解决方案提供商	优化业务布局、提质增效、优员优效、提升劳动生产率

现代管理理念认为，战略方向在哪里，需要什么样的组织能力，人才就应该配置在哪里。

将理念应用到浦镇公司,"重点增"就是围绕公司确定的战略性新兴领域和数字化转型,增加岗位和编制,增加战略性人才力量。"普遍减"就是围绕传统业务,坚持提质增效原则,减少管理层级、减少岗位和编制;通过普遍减为重点增腾出空间,实现人力资源效率与效益最大,最终实现提升全员劳动生产率目标。

(二)定策略:匹配战略发展定位的差异化策略

在以价值为导向的"普遍减、重点增"主基调的指导下,公司立足业务板块实际和发展策略,结合行业特点,引用业务板块产业周期结果,针对不同的业务板块制定差异化定岗定编策略:传统业务紧缩策略,拓展业务稳健策略,未来业务机会宽松策略,如表2所示。

表2 差异化策略

业务板块	产业周期	定位	类型	关键动作	基调	策略
智能制造 数字化转型 战新产业	成长期	未来业务机会	新兴	开创	重点增	宽松
城轨车辆 动车组 轨道交通价值链延伸业务	成熟期	拓展业务	增量	拓展	普遍减 + 重点增	稳健
新造铁路客车 修理铁路客车	衰退期	传统业务	存量	守护	普遍减	紧缩

(三)定岗位:运用"三级职责两角色"的岗位设计

设计岗位要回归到组织设计的逻辑,运用组织解码的视角层层分解、剖析,让公司的战略任务切实落到组织的最小载体——岗位上。浦镇公司遵循岗位设计原则,经管理实践提炼形成了用于岗位设计和分析的三级职责分解矩阵表(表3),通过自上而下的方式,三级分解职责,明确每个岗位的职能定位和具体职责,即岗位的工作目标要求和岗位具体要做什么工作,实现从战略到组织、部门和岗位的层层分解,确保部门职责、岗位职责的来源有据可依,有源可循。

表3 三级职责分解矩阵表

| 一级职责 | 二级职责 | 三级职责 |||| ....组 ||
		计划/规划	组织/实施	协调/配合	指导/监控	岗位1	岗位2
体现部门定位及存在价值	为实现部门职责需从事的活动	履行该职能需要做哪些计划?制定哪些规则?	需要组织哪些工作,需要承担哪些工作?	需要开展哪些协调工作,如何开展工作?	需要哪些指导,需要实施怎样的监控?	■ 主责 ▲ 参与	■ 主责 ▲ 参与
部门职责1	职能模块1						
	职能模块2						
部门职责2	职能模块3						
部门职责……	职能模块……						

1. 分解战略目标和部门定位形成一级职责

通常战略从两个方面决定组织结构，一方面是业务目标需要谁去承载，承载这些目标需要什么职能；另一方面是根据发展战略需要公司未来3—5年必须具备什么能力。综合这两个方面，遵循价值链分解方法，区分战略层、业务层和职能层，分析部门在企业当前阶段的定位和存在价值，形成描述部门存在的价值、目的、定位的一级职责。

2. 分解一级职责形成二级职责

岗位设置的逻辑是"因事设岗"，这里的"事"就是一级职责进一步分解为工作任务。按照流程法或模块法，根据部门定位，分析为实现部门职责需从事的活动，形成履行完成任务的关键点所在，包括专业化、程序化、可独立运作的工作的二级职责。

3. 分解二级职责形成三级职责

参考数量、范围、时间和层次维度，横向上将每一块二级职责按照管理功能进行细化分解为应该从事的关键业务活动的三级职责。管理功能分为：计划/规划，履行该职能需要做哪些计划？制定哪些规则？组织/实施，需要组织哪些工作，需要承担哪些工作？协调/配合，需要开展哪些协调工作，如何开展工作？指导/监控，需要哪些指导，需要实施怎样的监控？

4. 三级职责两个角色确定岗位

基于三级职责、"主责、参与"两个角色，遵循管理幅度和管理层次基本原则，"宽幅岗位"策略，基于专业化分工，规范化设置岗位，形成部门岗位结构图，如图3所示。

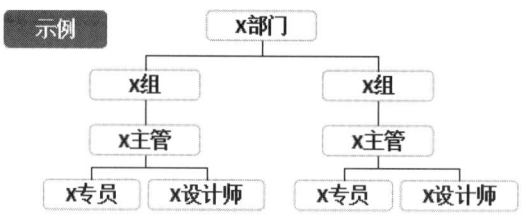

图3 部门岗位结构图

（四）定编制：分步实施上下结合的定编

在主基调和策略的指导下，岗位的定编从两个维度开展：一是作为支撑战略的、着眼于整体的，自上而下的宏观定编及结构化分解；二是作为做精做深专业的、着眼于局部的，自下而上的微观定编及分类定员标准建设。

1. 自上而下框定宏观定编

在浦镇公司"打造以客运轨道交通装备为核心，面向全球市场的行业一流高端装备制造商和系统解决方案提供商"战略发展定位的背景下，公司定岗定编从战略落地、以提升劳动生产率指标为代表的人力资源效能指标出发，剖析投入产出，结合同业对标，框定总体编制数，即宏观定编，明确定员的总体方向，如图4所示。

宏观定编还要兼顾数量、质量和结构，具体到各业务板块或部门，需要分层分类管理。公司通过横向对标同业单位、纵向历史分析人员结构，实施分层分类编制管理，按照管理幅度原则，确定管理层与非管理层人员比例，确定业务系统间、业务系统内各类人员、直接生产操作人员与非直接生产操作人员之间的比例规则。

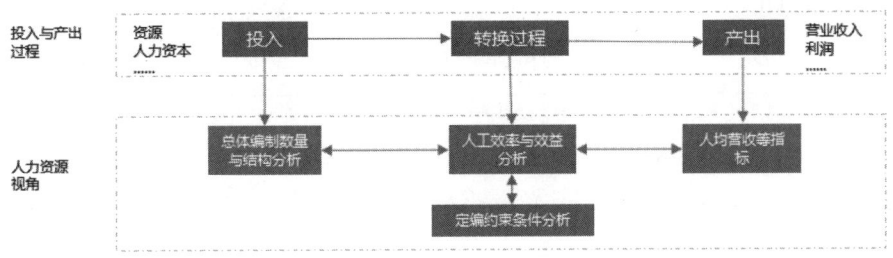

图 4 确定宏观定编

2. 自下而上分类微观定编

自下而上定编的核心是工作分析，即分析岗位工作内涵，包括工作内容、工作对象和可量化程度。浦镇公司提炼形成部门岗位及定编矩阵表，如表 4 所示，实施分类微观定编。具体内容：一是剖析岗位工作职责、工作量情况；二是分析岗位业务性质和特点，找出影响岗位定编的因素，构建具体岗位的定编标准；三是实施差异化的定编，确定部门岗位编制总量，形成部门岗位定编方案。

表 4 部门岗位及定编矩阵表

组	岗位	现员	现员分工	定编影响因素	定编标准	定编数量
			①	②	③	
梳理、分析				找出影响因素	定编制	
技术质量组	设备管理员	2	负责 X 车间设备工装管理……	设备数量、机械复杂系数 (Fj)、电气复杂系数 (Fd)、加权合计复杂系数 (F)	加权合计复杂系数 F： F ≤ 500，兼职； 2000 ≥ F > 500，设置 1 人； F > 2000，设置 2 人	1
	安全环保员	1	负责 X 车间职业健康、安全管理、环保管理……	员工数量、工位数量、接害人数、重要环境因素数	配置系数 F： F ≥ 150，设置 2 人； F < 150，设置 1 人	2
……	……	……	……	……	……	……

（五）定机制：建立保持体系活力的管理机制

为确保定岗定编结果刚性落地和体系持续优化，经管理实践，浦镇公司从组织保障、人员配置、优员激励等多方面建立了配套管理机制。

1. 组建定岗定编管理机构

为确保定岗定编适应环境、战略、经营、组织等情况动态变动，组建公司定编管理委员会，下设分类专业委员会。管理委员会主任由分管公司人力资源工作的副总经理担任，负责审批公司专业委员会组建、定编管理制度、宏观定编目标和各单位定编方案；分类专业委员会主任由公司副总工程师担任，负责选拔委员会专家，审定本专业领域定编方案，定期组织优化定编标准。具体职责和分工如表5所示。

表 5　定岗定编管理机构职责和分工

职责	具体事项	分工			
		定员管理委员会	专业委员会	人力资源部	各单位
委员会组建及管理	专业委员会组建（委员推荐、选举）	审批		主责/发起	参与
	专业委员会的撤销、新设	审批		主责/发起	
	委员变更	审批	主责	发起	
宏观定编及管理制度管理	宏观定编目标的确定、修订	审批	审定	主责/发起	参与
	定岗定编制度的制定、修订	审批		主责/发起	
定编标准建设	定编模型系数的新增、删减或变更		审批	主责/发起	
	技管类定编标准的确定、修订		审批	主责/发起	
	技能类定编模型系数取值范围、定义、目标值设定		审批	主责/发起	
方案确定	各单位定编方案的编制与确定	审批	审定	发起	主责

2. 建立柔性配置机制

为落实定岗定编工作成果，充分考虑企业应用场景，公司创造性地建立基于标准定编的柔性配置机制——"标准定编-1"+"关键储备"+"临时调剂"的配置机制，即常态运营模式下遵循"标准定编-1"精干配置人员（"-1"是泛指，指的是优于标准定编配置现员），技术研发、战新业务等关键岗位可不受标准定编限制提前储备，短期任务不均衡可突破标准定编跨单位调剂人员满足阶段性生产经营需要，旨在最大化提升存量人力资源的使用效率。

3. 建立优员激励机制

为巩固定岗定编工作成果，激发各单位主动挖潜积极性，公司配套实施了以突出"人员配优配强、结构优化"为目标的优员优效专项激励政策，优员不减绩效、优效即给奖励，引领管理价值创造；突出"劳效价值"，实施生产劳动效率提升激励，优员不减定额，提升效率给予奖励，引领提升生产效率创造价值。

五、实施效果

（一）有效提升全员劳动生产率，助力公司高质量发展

浦镇公司深耕定岗定编工作几年来，公司整体人力资源效能明显提高。2022年，公司全员增加劳动生产率较"十三五"末（2020年）累计增长18.6%，年末用工总量累计净减454人。

（二）着力优化人才队伍结构，助力公司战略转型升级

浦镇公司着力实施定岗定编体系建设，在实践运用中不断丰富完善，已成为公司加快转型升级、实现战略发展的强力支撑体系之一，其工作成果在指导人员配置、促进人才结构优化方面成效显现。2020—2022 年，公司累计发布 25 个部门的定岗定编优化方案，为实现公司传统客运轨道交通装备业务累计减员 778 人，产品+、数字化、基础前瞻技术研发等业务领域累计增员 324 人提供坚实基础。

（三）充分彰显人力资源价值，助力业务协同与发展

定岗定编体系的建设和实践，向公司业务部门传递了人力资源价值理念，并达成以人员能力提升和合理配置应对复杂需求为重要途径的共识；与业务部门协同管理，兼顾编制与资源平衡，输出定编标准，跟随业务变动适时动态调整优化编制；实施柔性配置机制、定编优化激励机制等配套机制，实现了业务政策的组合，有效彰显了专业管理价值。

随着中国中车深入推进创建世界一流企业价值创造行动的开展，中国中车劳效提升三年专项行动方案（2023—2025 年）等系列政策的陆续出台，浦镇公司定岗定编体系建设将进入迭代升级阶段。"全面提升劳动生产率"的牵引作用更加突出，定岗定编工作将进一步强化人力资本投入产出分析评价，创新长效激励、考核、评价等机制，从职能支持模式走向战略价值创造模式，拉动组织机构优化、业务变革、数字化智能化建设，为公司高质量发展构筑战略支点。

案例负责人：刘慢慢

主要创作人：张成光、刘慢慢、沈文静

参与创作人：吕　超、曾　露

建筑工程企业中业务导向型 HRBP 管理模式创新实践

中国电子系统工程第四建设有限公司

人力资源三支柱模型进入中国后，最早在互联网企业被广泛应用。互联网以其创新、变化、共享的行业精神为人力资源管理模式变革提供了适宜的土壤，三支柱模型的有效性在互联网企业的实践中得到了充分验证，有关人力资源三支柱模型应用的诸多理念和案例令人耳目一新。在众多企业纷纷"向职能要效益"的背景下，人力资源三支柱模型的推广和应用使传统的人力资源管理突破常规，焕发出了生机和活力。

与此同时，由于城市化进程的不断深入和固定资产投资的持续增加，建筑工程企业迎来了爆发式的增长。近年来，随着基础设施建设需求缩减、经营模式转换、行业过度竞争和产业格局分化，建筑工程企业的生产经营遇到了巨大的挑战。作为企业组织战略和竞争战略的重要支撑，人力资源管理战略对于企业变革的重要性日益凸显。在此背景下，诸多传统产业中，建筑工程企业对于推行富有变革和创新精神的人力资源三支柱模型表现出了高度的热情。

本文是中国电子系统工程第四建设有限公司在人力资源管理变革中的人力资源业务伙伴（HRBP）管理模式创新案例，该公司从 2015 年实行人力资源三支柱模型变革，多年来不断探索业务型 HRBP 的组织及管理模式，积累了大量经验，从业务需要解构人力资源、以人力资源支撑战略目标，变革取得了明显效果。

中国电子系统工程第四建设有限公司始建于 1953 年，是世界 500 强中国电子旗下中国系统高科技产业工程板块核心企业，业务涵盖工程咨询、工程设计、工程承包、设施管理、产品制造等领域，是一支专注服务于半导体、平板显示、生物医药、化工环保、云计算、新能源等高科技领域的"特种部队"，也是国内领先的高科技产业工程综合服务商。

一、建筑工程企业的人力资源三支柱模型变革困境

与在互联网企业中得到全面深入的应用不同，人力资源三支柱模型在建筑工程企业的应用遭遇了各种问题和困境：有的企业浅尝辄止，迅速回归原有模式；有的企业机械化地套用模板，导致职责缺失或重合，运行效率不升反降；更多的企业，虽然将人力资源部门按照三支柱模型进行了大刀阔斧的调整，但业务部门并没有感受到明显的变化，对于 HRBP 深入业务的动作也表现出了不同程度的不理解甚至抗拒，HRBP 并未得到业务部门的认可和接纳。

建筑工程企业在适用人力资源三支柱模型过程中出现的各种问题，原因归结如下。

（一）部分企业不适用人力资源三支柱模型

人力资源三支柱模型并非适用所有企业。推行三支柱模型的企业需要达到一定的业务规模和人员规模、多采用事业部制或分子公司管控的组织形式，不同业务单元（事业部或子公司）的组织架构和管理模式相近。需要说明的是，小规模企业虽然不适用三支柱模型，但可借鉴其

管理理念，尤其是人力资源以业务为导向的理念及做法，在企业内进行适应性应用。

（二）传统企业中职能定位固化，推行管理变革阻力较大

从专业职能模块模式到三支柱模型的人力资源变革，会对企业内所有机构和员工造成影响，尤其会重塑人力部门与业务部门的交互关系。建筑工程企业多是成立较久的传统企业，管理理念趋于保守，在长期的生产经营中人力资源部门被定性为通用型职能部门，提供招聘培训等常规模块化服务，在企业运行模式和其他管理体系均保持不变的情况下，单独对人力资源管理体系进行颠覆性的变革就显得非常困难。

（三）套用其他行业经验，不适应企业实际情况

人力资源三支柱模型在互联网企业得到广泛而充分的应用，建筑工程企业受此启发在本企业内推行三支柱模型时，不可避免地会借鉴甚至照搬互联网企业的成功经验，但建筑工程行业与互联网行业在行业属性、竞争模式、发展环境、人员结构等方面存在巨大差异，人力资源三支柱模型作为强调高度贴合企业实际的管理模式，必须根据企业的实际情况进行定制化设计，套用其他行业的经验势必水土不服。

（四）缺乏高层支持，变革推动力度不足

人力资源战略是职能战略的重要组成部分，人力资源向三支柱模型的变革必须有公司高层管理者的高度重视和充分支持，并极度依赖于人力资源团队的专业度——根据业务需求设计出贴合的管理模型并强势推进变革。如果缺乏高层管理者的坚定支持，或者人力部门不具备对三支柱模型的专业认知和较强的变革推动能力，都有可能使变革半途而废。

二、建筑工程企业中 HRBP 的岗位设计和管理存在的问题

人力资源三支柱模型中，专家中心（COE）的价值体现于对公司组织战略的承接和解构；共享服务中心（SSC）的价值体现于人力资源常规基础业务的准确性、标准化和服务效率。通过对比我们可以得出结论：COE 和 SSC 的岗位设置与传统的人力资源专业职能模块的岗位设置有极强的相似性，在与外部客户对接时与传统模式区别不大。从这个角度判断，三支柱模型的变革主要体现于 HRBP 的功能定位和价值发挥。HRBP 站在人力资源管理条线同业务生产经营条线的交叉点上，其是否能够发挥价值，直接关系到人力资源三支柱模型的变革成效，即人力资源能否以业务为导向，从通用型职能向业务型职能转变。鉴于以上原因，人力资源三支柱模型的重点在于通过对 HRBP 的岗位设计和管理，发挥 HRBP 的独特价值。

由于 COE 和 SSC 的职位与常规职能模块化功能的相似性，建筑工程企业内推行人力资源三支柱模型一段时间后，COE 和 SSC 一般能够比较顺利地完成转型，而 HRBP 的转型过程常会出现如下问题。

（一）HRBP 致力于成为业务部门负责人的"政委"，却悬浮于业务部门而无法发挥效能

在理想化的三支柱模型中，HRBP 多来源于业务部门，职位级别稍逊于业务部门负责人，

其兼具丰富的业务管理经验和专业的人力资源管理经验并得到充分授权，作为业务部门负责人的"政委"发挥价值。互联网企业高度灵活且极尽扁平的组织模式能够使 HRBP 的岗位设置趋近于理想模型，但在建筑工程企业的实操中，HRBP 多是由人力资源专业职能模块的主管或经理转型，大多没有业务管理经验，职位级别一般与业务部门下设二级职能部门平行，且由于人力资源的通用职能属性，其地位往往略低于业务型职能部门。

在此背景下，HRBP 试图依靠自身积累的人力资源专业理论和工具，作为"政委"支持业务部门负责人开展经营管理是不现实的。由于 HRBP 多隶属于人力资源管理部门而非业务部门，往往还会面对来自于业务部门的不信任而难以进入核心决策圈。在企业实践中，建筑工程企业的业务部门负责人往往是技术出身，拥有长期的项目管理经验以及成规模团队的管理经验，对于组织运营、团队建设和人力资源管理都有深度理解，在这种情况下，HRBP 希望成为业务部门负责人的"政委"就显得尤为困难。

（二）HRBP 是人力资源部门设在业务部门的远程办事处，机械化地推行 COE 部署的专项工作

在人力资源三支柱模型中，常规事务性工作交由 SSC 团队完成，甚至有些企业的人才招募工作也交由 SSC 执行，HRBP 按部就班地推行诸如人才甄选、岗级晋升、职称评审等常规工作，被动听从 COE 和业务部门的指令，为业务部门提供的仍然是标准化而非个性化的人力资源服务。

与传统的人力资源专业职能模式相比，人力资源三支柱模型的职能和任务并没有颠覆性的变化，而是基于业务实际需求提供复合型人力资源服务，重点在于战略支撑和业务敏感性。在建筑工程企业中，HRBP 用于处理常规人力资源管理工作的精力不宜超过 40%，用于满足业务单元的个性化需求以及对常规工作的个性化处理的精力不宜少于 60%，但由于以下原因——企业在推行人力资源三支柱模型过程中对 HRBP 的定位模糊、HRBP 受限于自身对岗位的认知和不利的客观环境、业务部门不理解 HRBP 的岗位设置或不明晰其可发挥的价值——HRBP 在业务部门只是按部就班地完成常规人力资源工作，岗位的灵活性得不到发挥，岗位价值的弹性空间被大幅压缩。一方面公司及人力资源部门对 HRBP 岗位赋予极高的期望，另一方面 HRBP 在业务部门按部就班却又无法破局，长此以往必将导致公司和业务部门对 HRBP 的岗位价值产生质疑。

（三）HRBP 受人力资源和业务部门的双线管理，常成为双方角色冲突的角力场，难以同时平衡与两个管理主体之间的关系

HRBP 岗位的设置是人力资源突破常规、主动向业务伸出的触角。HR 表征其人力资源属性，BP 表征其业务导向，HRBP 位于人力资源职能管理与业务部门的交互点位上，人力资源的管理供给与业务部门的服务需求之间的不平衡也在此交互点上被充分呈现，HRBP 成为人力与业务的角色冲突的角力场：COE 将任务摊派给 HRBP 到业务部门执行，业务部门将诉求和不满直接传达给 HRBP，双方均弱化了直面对方时的诸多顾虑，矛盾被完整转移至 HRBP，由于 HRBP 在面对 COE 和业务部门负责人时的行政弱势地位，很难做到令双方都满意。

HRBP 由于长期与业务团队接触，有时会被业务部门的组织氛围、薪酬激励所吸引，对业务部门表现出归属倾向，使 COE 质疑 HRBP 的立场；HRBP 隶属于人力资源体系，常被业务部门认为其是公司人力资源部门的情报机构，而难以获得业务部门的充分信任。如果组织不能

为 HRBP 准确定位并给予充分授权，或者 HRBP 无法妥善处理与两个汇报主体的关系，则难以得到双方的认可，自身的工作也必将受到来自其中一方甚至两方的压力而难以充分发挥岗位价值。

（四）在 HRBP 小组中，HRBP 实为专业职能模块主管

HRBP 的配置往往根据所对接业务部门的员工规模和人力资源管理深度而定，建筑工程企业适宜的 HRBP 配置约为 1:200，当对接规模较大的业务部门时，人力资源部门需要组建 HRBP 小组，小组组长即为 HRBP 经理。在实操中，HRBP 小组内部仍然按照人力资源的专业职能模块进行分工，HRBP 经理等同于传统的人力资源经理。在这种情况下，HRBP 小组作为整体共同发挥 HRBP 的职能，但其中任何一个成员都不是实际意义的 HRBP。

人力资源三支柱模型，尤其是 HRBP 岗位对于人力资源从业者有着天然的吸引力，其人力资源与业务的跨专业属性，能帮助担任此岗位的人员提升其技术全面性、业务导向性，尤其能够加深对人力资源管理的理解和认知，进而提升自身的竞争力。如果担任 HRBP 职位的员工从事的仍然是常规的人力专业职能模块工作，由岗位实践带来的经验优势将无法实现。

三、业务导向型 HRBP 价值发挥创新实践

按照前述分析，建筑工程公司推行人力资源三支柱模型变革，在建设 COE 和 SSC 团队同时，应将重点放在打造 HRBP 团队，以及对 HRBP 的职能设计和管理上。

HRBP 具有突出的业务导向型特征，其岗位设计必须充分考虑所处的客观环境，即建筑工程企业的特点。建筑工程企业的诸多特点中，影响到人力资源政策的主要有以下几点：一是建筑工程企业（区别于施工单位）是具有轻资产特征的资金密集型行业，员工以各专业工程师为主，具有突出的技术密集属性；二是建筑工程企业内同时存在一个稳定的事业部型或矩阵型组织架构和若干个动态的项目部组织架构，约 80% 的员工分散在动态的项目部中，每个项目部均带有典型的任务型团队特征，从组建、运行到解散有固定的生命周期，生命周期等同于项目工期；三是建筑工程企业的产品是由项目部团队提供的建造安装服务，工程企业全部在执行项目的运营和盈利情况基本决定了企业的整体经营情况；四是企业中每一个项目都有其特殊性：项目类型、经营形式多变，工程过程中不确定因素多，存在显著的异地经营特点，工作地点多偏僻，工作条件多艰苦，工作流动性突出。

结合上述建筑工程企业的特点，为了突破建筑工程企业在 HRBP 管理过程中的各种困境，打造业务导向的 HRBP 队伍时，应从如下几个方面进行安排。

（一）调整 HRBP 的精力分配，聚焦项目经理能力建设，设置项目部层面 HRBP

业务部门内，HRBP 应将焦点从业务部门高层（业务部门正副职）转移到中层（业务部门二级经理和项目经理），将优质精力投放到对工程项目部的管理监督和支持，助力项目部提升运营效率和运营质量。

1.HRBP 将精力投放到项目部的原因

（1）职能定位：建筑工程企业中，项目部是生产经营和创造利润的基本单元，企业后台各职能部门的核心使命是为前台完成任务提供支持。

（2）焦点一致：建筑工程企业生产经营中，业务部门负责人最关注的往往是工程项目的执行状态，HRBP作为业务合作伙伴，应与业务部门负责人保持焦点统一。

（3）以人为本：人力资源以人为核心开展工作，建筑工程企业80%的员工都分散在项目团队里，大部分员工产出业绩、实现成长、对企业满意或者不满都是在项目内部发生的。

（4）价值贡献：HRBP所具备的人力资源管理工具及资源，虽然对业务部门负责人的价值有限，但却高度匹配项目经理的需求，能够帮助项目经理纾解团队管理的压力，提升管理效能。

（5）工作落地：HRBP需要工作中的配置管理、骨干员工培养、绩效管理、项目经理能力建设等核心工作，均需要在项目部层面落地。

2. 项目部层面HRBP工作清单（表1）

表1 项目部层面HRBP工作清单

项数	类别	说明	序号	动作
1	"组织发展"	将项目部视同"子公司"开展全生命周期的人力资源管理，以其所处的生命阶段调整人力资源管理策略。	1	"子公司"的战略目标分析和分解
			2	制定项目人力资源战略规划和工作计划
2	配置管理	根据企业的人效要求和项目实际，对项目全过程进行动态的配置管理，包括项目组织架构、项目人员分工、项目人员配置等。	1	建立项目的标准配置模型（项目架构图），并按照筹备阶段、抢工阶段、收尾阶段进行调整。
			2	调入和招聘
			3	调出和优化
3	绩效管理	项目全生命周期的绩效管理，包括绩效目标制定、绩效辅导跟踪、绩效考核评价、绩效反馈、绩效评价全覆盖。（以工期8—12个月项目为例）	1	签订绩效责任书
			2	组织初期绩效沟通
			3	组织中期绩效沟通
			4	组织末期绩效沟通
			5	项目绩效考核
4	组织诊断	通过对项目组织氛围、项目班子成员履职、员工工作态度（满意度、敬业度、忠诚度）的评估，发掘问题，促成改善。（以工期8—12个月项目为例）	1	项目初期调研
			2	项目初期组织诊断
			3	项目末期调研
			4	项目末期组织诊断
			5	项目管理记录和总结
5	两极员工管理	骨干人才：通过有组织的项目培训、有组织的工作扩大化和工作丰富化锻炼骨干员工，将项目部打造为人才培养基地。	1	项目内部培训
			2	骨干员工培养行为管理和记录
		问题员工：发掘工作态度差、工作绩效差的员工，重点关注并据实处理。	1	问题员工发掘
			2	谈话、培训、调岗、辞退等

3. 项目部层面 HRBP 的工作职责

与项目 HRBP 工作清单项对应，在项目部层面 HRBP 应履行的职责如下：一是协助项目经理分析项目的组织目标，制定该项目人力资源工作计划；二是确定项目组织架构及人员编制并根据项目进度进行动态调控，以此开展招聘、调动、优化；三是以项目为单位组织全过程绩效管理，开展绩效宣贯，组织签订绩效责任书、绩效沟通、绩效考核等；四是开展不少于两次（项目前期、项目后期）项目管理诊断，形成调研报告，发掘问题，促成改善；五是掌握所有员工在该项目中的工作内容和工作表现，并对两极员工重点管理：骨干员工培养、问题员工跟踪。

（二）明确 HRBP 岗位职责，激发 HRBP 的工作灵活性

HRBP 岗位的特殊定位使其具有极大的灵活性和弹性空间，由于过于详尽的工作描述和工作规范会限制 HRBP 与业务需求的贴合，HRBP 的岗位说明书往往较为笼统，但如果过于宽泛，将会缺乏对此岗位的管理依据和评价标准。鉴于工程公司的业务和组织特点，HRBP 岗位的工作职责可从以下几个方面进行界定：一是业务部门组织绩效和人均效能的跟踪、分析和改善；二是协助业务部门负责人开展本部门的配置管理，以此开展人才盘点、人才结构调整、招聘和冗余员工优化；三是通过项目走访，对业务部门内的全部员工，尤其是管理和技术骨干形成动态的全面评价；四是通过项目调研，评估并随时汇报业务部门内所有在执行项目的管理状态，跟踪管理改善情况；五是统筹业务部门的绩效管理工作、内部培训工作，组织或参与工程部员工的评优、调薪、晋升等专项工作。

（三）人力资源部门为 HRBP 的工作创造条件

HRBP 作为人力资源部门对业务支持的最前线，SSC 提供专业且规范的基础性业务固然重要，COE 作为专家中心对 HRBP 的支持则更为关键：COE 一方面要为 HRBP 提供专业技术支持，另一方面必须代表人力资源部门为 HRBP 在业务单元开展工作创造有利条件。

COE 在部署人力资源专项工作时，如涉及到需要 HRBP 在业务单元层面执行和落地，不应只是将任务安排给 HRBP，而是需要由 COE 主导、在 HRBP 的参与下同业务部门沟通和制定方案，并共同交由 HRBP 执行，HRBP 可在执行中制定具体的实施方案。实践中，COE 的负责人往往是人力资源部门的负责人，能够与业务部门负责人进行平等沟通，在提高决策效率的同时，也避免了 HRBP 处理超出其职位级别的信息造成的压力。

HRBP 既能接收到业务部门对人力资源部门的意见，也能接收到 COE 对业务部门的不满，在落实各项具体工作时，需要 HRBP 妥善协调处理好各方关切，岗位的特殊性对 HRBP 任职者的沟通和协调能力提出了较高要求，HRBP 需要发挥自身的专业性和岗位的灵活性，向业务部门宣贯人力工作的目的和价值，并向 COE 及时恰当地反馈业务部门的声音。

（四）同一部门多个 HRBP 之间分工应兼顾同质化和差异化

规模较大的业务部门往往由多名 HRBP 组成的小组共同支持，在小组成员的分工上可进行如下安排：一是 HRBP 经理可将各职能工作分别安排给不同的 HRBP 负责，每项职能均有一人主责、全体参与，并可适时调整，推进职能轮换；二是将业务部门按照架构（比如大的业务部门会下设项目群或者二级部门）或项目部进行切分后分配给 HRBP，分配时根据 HRBP 的工作能力及其承担的专项职能工作量进行平衡；三是每个小组成员都有主责的专项职能内容，也

都有负责的项目部或者二级部门，每个项目和二级部门都有指定的 HRBP 负责对接。

小组内部各 HRBP 之间的同质化体现在每个 HRBP 都负责对接项目部，按照项目层面 HRBP 的统一规范开展工作；差异化体现在根据 HRBP 的个人情况，其负责对接的人数规模不同，且主责的职能模块不同。这样的安排使小组内所有 HRBP 都能得到均衡的成长，并使团队拥有较强的抗风险能力。

（五）HRBP 可重点开展的其他专项工作

除了常规的专业职能模块工作之外，HRBP 还可以通过做好以下几项工作发挥岗位价值：一是对业务充分熟悉：掌握部门经营目标、任务进展、重点项目招投标进度、行业和业主动态、部门人员结构等；二是对人员充分熟悉：掌握员工的个人信息、工作经验、项目履历等，并对其技术水平、能力层次、工作态度等有客观评价；三是定期主动与业务领导沟通：HRBP 应定期主动同业务部门负责人沟通，向其汇报重要工作进展，聆听其核心关切和工作指示，确定下一阶段的工作方向；四是编制管理和结构优化：根据业务部门的经营目标和人均效能目标控制总编制和二级部门配置，通过编制管理和人员结构分析实施调入、调出、招聘和优化，帮助业务部门实现其人效指标。考虑到建筑工程企业中工程项目的诸多不确定性，业务部门根据实际业务量、未来 3 个月业务变化预期，动态调整编制规模，降低用工成本；五是项目沟通和组织诊断：通过项目沟通走访并借助适合的调研工具及方法，收集有关于员工状态、管理状态等方面的信息和评价，对项目的执行情况进行诊断，发掘项目管理中的问题，跟踪其改善情况，提升项目经理的管理意识和管理水平；六是人员盘点：以半年度为周期进行员工盘点，盘点应覆盖全员、分条线开展、重点突出，盘点结果用于指导调薪、晋升、人员调配以及培训等工作；七是用工风险控制：根据工程企业的特点，HRBP 主要跟踪项目劳务用工、加班加点、休息休假等方面的情况，动态跟踪、评估和控制风险。

四、结语

建筑工程企业特殊的行业属性及典型的组织形式，决定了在工程企业中成功推行人力资源三支柱模型变革极具挑战，而变革一旦成功，也必将较大程度提升企业的管理水平。在 HRBP 的职位设计上要充分突出业务导向，根据企业实际量身定制，多方联动为 HRBP 充分发挥价值创造有利条件，努力构建一支训练有素、高度授权、自我激励以及具有灵活适应性的 HRBP 队伍，推动企业适用人力资源三支柱模型的成功变革。

案例负责人：郭　俊、刘　亮

主要创作人：刘　亮

追求卓越运营、探索创新实践
——万达集团人力共享服务中心发展之路

大连万达集团股份有限公司

一、前言

当前我们处在一个大变革、大颠覆的时代。如何适应企业的战略要求、发展诉求、人才需求，为企业提高效能做出贡献，是人力资源从业者必须要回答的问题。

对于万达人力资源管理而言，面对全国超过 2000 家职场，员工超过 10 万人，每年在各地新设企业超过 300 家的现状，面对日益复杂的业务类型及日益庞大的员工队伍，他们必须在组织设计、人员配备、人事管理等方面发挥更大的价值。

一方面，为适应业务发展的速度，万达人力资源管理要实现敏捷调整、快速响应，势必要改变依托于"人"的经验开展基础人事工作的模式，转为依托"组织"的能力去驱动运转。另一方面，各地公司配备负责基础人事的人员，往往疲于应对简单、重复性工作，无法真正体现"HR 价值"。枯燥乏味的工作也使"个人价值"难以实现，导致人员流动性大、工作连续性差、问题频发，基层综合人事岗人均服务效能偏低。因此，人力共享服务中心（以下简称人力共享中心）应运而生。

万达创建人力共享中心的宗旨是适应集团多元发展战略需求，支持人力资源数字化转型，推动建立"万达化"的人力资源管理三支柱模型，促进管理的标准化、智能化、数字化，实现降本增效、加强风险管控、提升组织能力。

二、谋定后动，夯实人力共享基础

万达人力共享中心于 2019 年正式启动筹备工作，第一步便是组织各业态人力资源专家组建筹备组，前往阿里、平安、顺丰等知名企业人力共享中心进行调研考察，学习成熟的组建及经营经验。

通过调研并基于万达现状，不同于众多企业"线下柜台办事大厅""多地分散设立共享中心""以材料收集和行政工作为主"等特点，万达量体裁衣、取长补短，提出了自己的"产品方案"：依托数据中台及数智化技术，将重复性高、复杂性低的人力基础工作从系统总部和地方公司剥离，打造线上人力共享中心，推动构建总部管控、地方支撑、共享操作的 HR 管理新模式——万达人力三支柱模型，如图 1 所示。

为了实现业务构想，万达人力共享中心在前期围绕平台建设、团队建设、标准化建设 3 个方面做了较充足的准备。

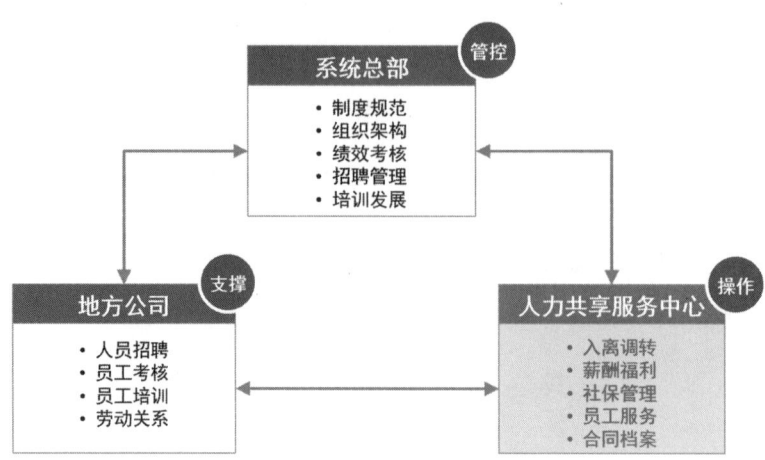

图 1　万达人力三支柱模型

（一）平台建设

人力共享中心的数据中台是万达数字化转型的重要部分。真正做到了打破数据孤岛，与万达内部 40 多个系统中的数据进行交换对接，利用各系统间的数据沉淀赋能业务，让数据产生价值，让人力共享中心真正变成支撑性平台，如图 2 所示。

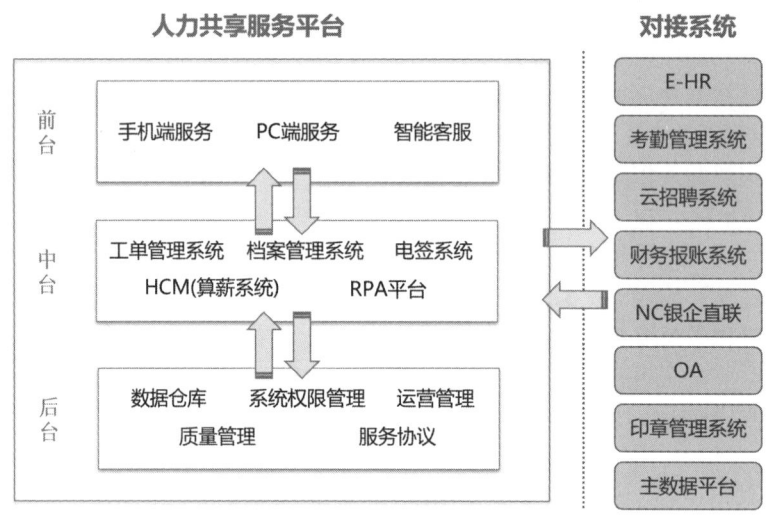

图 2　人力共享中心数字化平台

（二）团队建设

成立初期，人力共享中心从总部直属单位、各地公司选调在人力各模块业务精通、能力突出的员工组成内部核心团队。随着业务板块的丰富、服务规模的扩大，目前人力共享中心在职员工 60 余人，平均年龄 26 岁且全部为大学本科及以上学历。组织架构分为薪酬服务部、社保服务部、人事服务部、运营支持部、市场部，如图 3 所示。

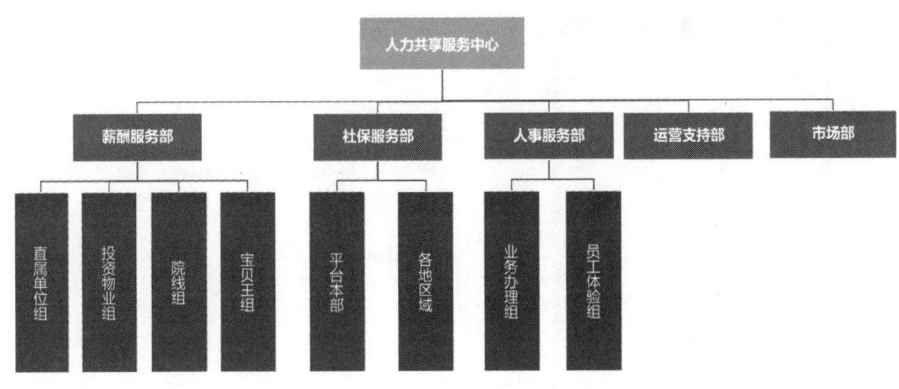

图 3　人力共享中心组织架构

（三）标准化建设

为实现线上化、标准化运营的目标，人力共享中心详细梳理所有拟承接业务的处理规则及操作服务标准，形成 SOP 操作手册。SOP 采用标准撰写模式，包含简介、操作流程图、详细操作步骤等模块，订立 SOP 既有利于配套培训课程及内训考试，也有利于规范业务操作流程，在业务处理过程中有效控制风险。

三、先有后优，持续提升服务质量

人力共享中心自 2020 年正式上线后，使各项基础业务"由繁入简"，彻底实现零跑腿、零手签、零延误。在后期的运营过程中，从深度、广度、温度方面持续迭代，深入思考、优化创新。

（一）"深"挖科技，人机协同

"科技是服务质量提升的核心动力"，人力共享中心自上线后，落地了多项核心科技，助力服务质量提升。

1. 电子签名

人力共享中心积极响应国家对电子签名的改革推广，也为人事手续的远程办理创造可能。凡涉及签名、签章的文件均在线上通过可靠的电子签名技术保障业务安全开展，签章过程全记录，监管规范化，保证整体流程标准化。全流程无纸化流转，按每年签署 40 万份文件计算，节约合同印刷、邮寄、通信等各项费用约 400 万元 / 年，仅合同印刷一项便可节省费用约 50 万元 / 年。

以收入证明开具为例，在采用电签前，员工需要线上发 2 个流程审批，线下跑 2 趟。上线电签后，员工只需要在手机端自助提交申请，系统内预设模板、员工信息自动从数据中台提取，而后集成电子印章平台自动盖章，10 分钟内员工即可收到盖好章的证明材料，如图 4 所示。全流程线上流转，极速签署，且便于调阅，解决了纸质文件管理难、易丢失的问题。人力电签平台上线至今已累计完成 142 万份人力文件电签，涵盖全部人事手续办理流程，助力业务降本增效，提升经济效益。

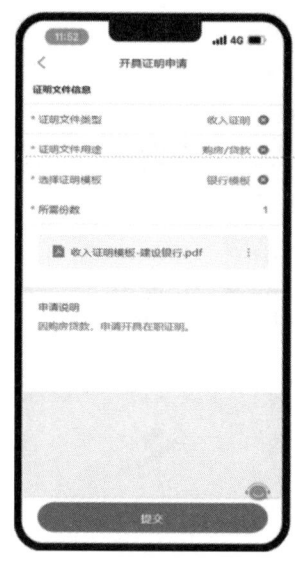

图 4 电子签名技术在证明开具方面的应用

2. RPA 机器人

基础人事工作中超 60% 是有规则、高重复、长耗时的，如考勤数据与工资引用数据的核对、银行卡账号数据审核等。单纯由人力去做，不仅占据大量工时、工作枯燥乏味，还易出现错误。同时，多个系统数据需要进行交互，但系统间无法互通，功能再开发又成本高昂。

综合上述条件，RPA 与 OCR 技术便是最好的选择。万达人力共享中心目前已在人事手续、薪酬核发、社保等场景配置 15 类 32 项 RPA，如图 5 所示，使用机器人执行与应用和数据相关的自动化流程，通过技术实现比人工更加快速、更加精确，且可以全天候运行，使员工与机器人在同一团队中实现无缝流程协作，直接节约人工约 25 人 / 年。

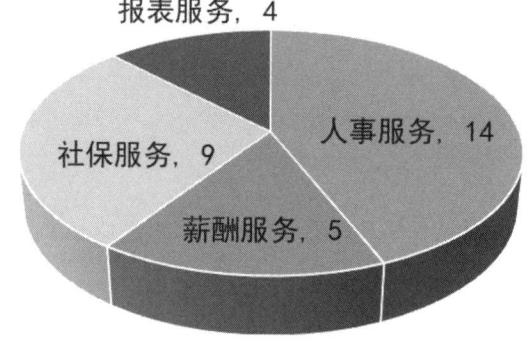

图 5 RPA 配置场景

以社保增减员为例，在操作 5000 人社保增减员时，需要 9 个人，持续工作 5—7 天，反复登录 100 多个社保网站操作当月增减员。而启用 RPA 之后，只需要 3 台服务器，6 个 RPA 机器人，自动登录社保网站、自动调用 100 多个 U-key，连续运行 48 小时就可以完成上述全部操作。RPA 的应用将业务人员从以前大量、重复操作的工作中解放出来，把精力投入到更重要、更核心的工作中。极大提升整体工作效率和工作质量的同时，还有助于团队成员的成长和发展。

（二）"广"推数智，线上改造

数智化技术的使用，使业务流程线上化改造成为现实，而"线上化是集约化、标准化、高效化运营的前提"。

通过对人事管理工作的持续性线上化改造，人力共享中心已经实现了员工服务、入转调离服务、社保与福利服务、薪酬服务、运营服务5大类27项标准化线上服务，小到员工工资卡提报，大到入离调转全流程手续办理，实现线上化服务全覆盖，如图6所示。

① 员工服务	② 入转调离服务	③ 社保与福利服务	④ 薪酬服务	⑤ 运营服务
员工问询服务	入职手续	社保公积金业务	薪资数据维护	数据修改
收入/在职证明	调动手续	商业保险业务	工资核发	数据交付
信息查询/变更	离职手续	采暖补贴申请	提成奖金核发	服务报告
学历资格证书服务	转正手续	助残项目服务	个税服务	流程变更/终止
考勤/请休假服务	合同续签/换签		薪酬预算	
工资卡提报	人事档案管理		工资查询	
投诉与建议				

图6 人力共享中心线上服务

同时，持续化的线上改造，对服务效率的提升显而易见：以入职手续为例，流程共8个节点，原来仅有2个节点是线上办理，如图7所示，平均办理时长达4.3小时。经线上化改造后，候选人通过手机端自主填报入职信息、上传入职背景资料，人力共享中心后台审核所填报资料；完成流程审批后一键发送录用确认书电签，人力共享中心后台准备员工入职签署文件，开通系统权限；员工入职当天在线电签文件，最终入职环节所有人事资料经后台审核后自动归档至档案管理系统，形成电子化材料，业务办理时间缩短到38分钟。

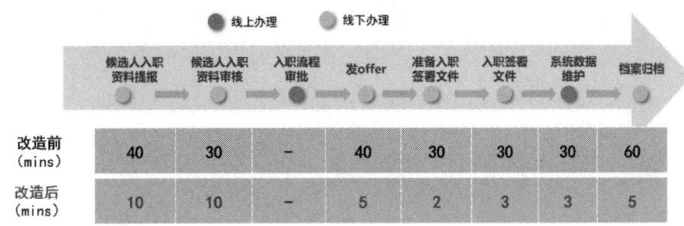

图7 入职办理流程线上化改造

（三）"温"情服务，体验先行

用户体验是人力共享中心体现价值的重要维度，"服务是立足的根本"。由于万达人力共享中心是线上平台，与用户之间存在客观的距离感，因此在业务线上化的同时，始终坚持给用户提供高品质的"温"情服务，持续围绕体验痛点进行改善。

1. 多渠道连接，让用户找得到

用户使用服务平台时最烦的就是在需要帮助时找不到人，为此人力共享中心搭建起了电话、网页、微信、企业微信等多种咨询渠道，采用人工客服与24小时在线答疑的智能客服相结合的模式，如图8所示，确保时时有答复、事事有回应，并在此基础上，定期收集总结高频问题，迭代固化。

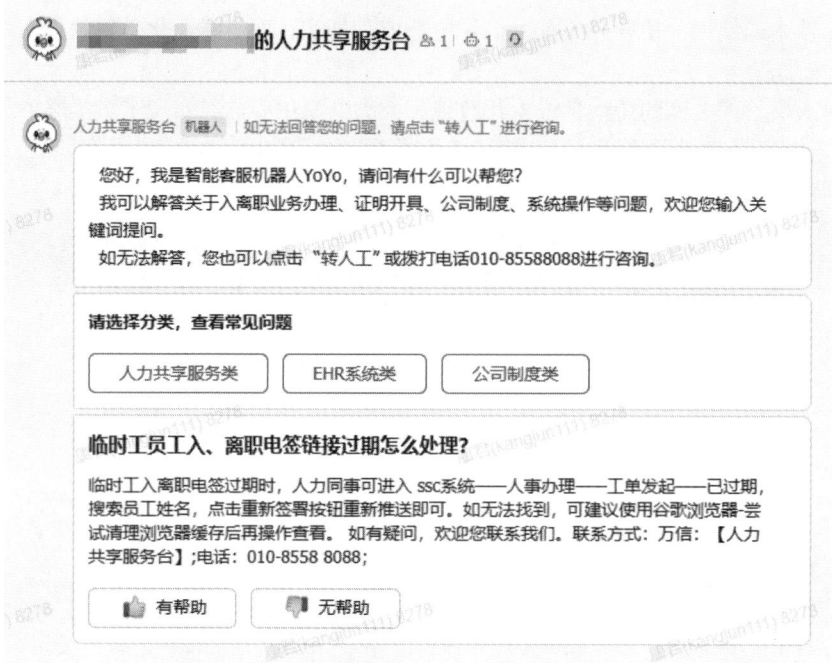

图 8　人力共享智能服务台

2. 持续跟进，了解用户所想

一方面通过面向服务单位人力的调研，提前洞悉公司员工诉求；另一方面在积极优化系统功能及界面的同时，扎实做好服务满意度评价。人事服务流程办结后，可从"便捷程度""服务态度""时效性"3方面进行评价，也可在输入框中描述具体评价内容或建议；人力共享中心还会不定期组织服务满意度吐槽大会，及时发现问题、积极解决问题。

四、成效显著，持续有效助力经营

人力共享中心上线后，万达的基础人事工作取得了显著的进步。一是全覆盖：全远程线上化服务，助力实现万达人力共享中心的服务横跨各个业态，确保全国职场全覆盖。二是低成本：通过集中整合多模块基础人事业务到统一平台，建立标准化操作流程节点处理，实现了最低成本下的高品质运营。三是高效率：用"人工智能"替代传统"人工"操作，使用智能化技术确保运营的高效率、高产出。四是好服务：通过手机、电话、网页等多渠道及持续的满意度跟进整改，竭尽所能提供"一站式、全方位"的"温情"服务。

在确保基础服务的同时，万达人力共享中心也在持续挖掘用户需求、提升服务价值，将自己定义为一家小微创业企业，以各产业集团用户为中心，提出"2+X"模式，即在为各单位提供基础人事服务、薪酬服务的基础上，主动了解用户痛点及需求，为用户提供"考勤管理""流程代发""背景调查"等个性化解决方案，与各产业集团用户是市场关系，通过用户评价和用户付费实现收入，从而实现"自挣自花"，以及更高的增值。

2022年，人力共享中心服务人数5.5万人，服务单位超过1100家，人事服务受理27万人次，薪酬社保办理 50 万人次，人力共享服务人力资源效能较 2021 年提升 35%。

（一）成本节约

各系统集中共享后节约人工成本约 2300 万元 / 年，其中仅使用合同电签就可产生 400 万元 / 年的收益。以各地万达影城为例，区域人力从上线共享前平均 12 人 / 区域优化为 8 人 / 区域，35 个区域共节约 140 人，扣除共享服务费后每年节约人工成本近 900 万元。

（二）质量改善

人事各项手续办理效率及薪酬核算效率都有大幅提升。上线共享中心前入职的人事手续各项流程办理所需时间约 260 分钟 / 人，上线后仅需 38 分钟 / 人，工作效率综合提升 78%。每月薪酬从核算到发放在上线前所需时长达 168 小时，上线后大幅缩减至 68 小时，薪酬核算发放效率较上线前平均提升 65%，如图 9 所示。

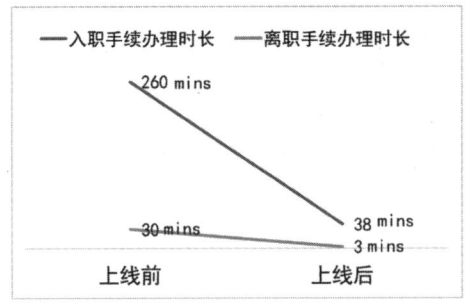
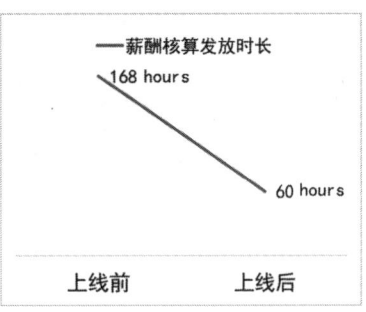

图 9　效率提升

在集团人事检查中，基础人事工作问题较上线前减少 89%，尤其是薪酬核算问题，从上线前的 45 项，下降为 2022 年度的 0 项，工作质量有了质的提升，如图 10 所示。

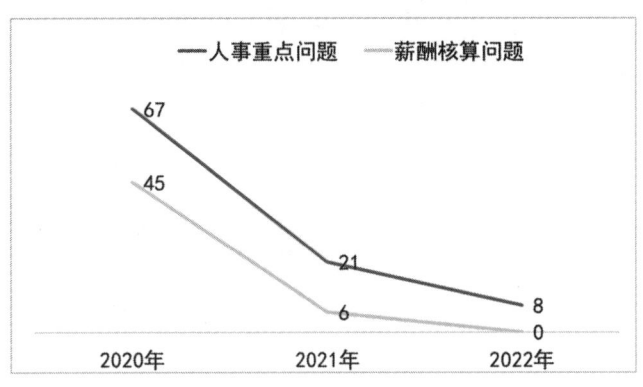

图 10　质量提升

（三）满意度提升

员工服务的满意度也呈现逐年改善趋势，根据人力共享服务满意度评价系统，2022 年度满意率高达 96.5%，如图 11 所示。此外，每年各服务单位会对人力共享中心进行年度考核评价，

2022 年综合满意度考核得分为 98 分。

服务便捷程度
服务态度
服务时效
97.0%
96.5%
96.0%
95.5%
95.0%
94.5%
95.7%
95.2%
94.8%
95.8%
95.7%
95.5%
96.9%
96.5%
96.2%
2020年
2021年
2022年

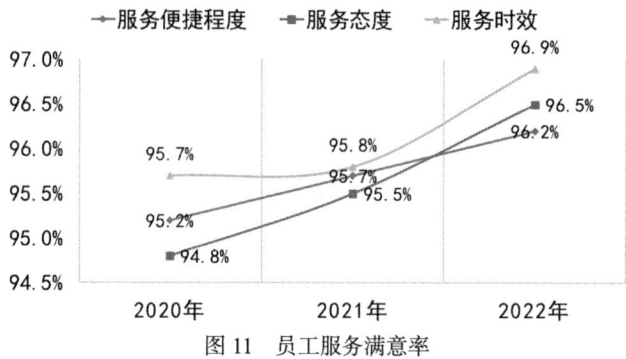

图 11　员工服务满意率

员工也在评价时对人力共享中心高效、便捷的服务，给予了积极反馈，如图 12 所示。

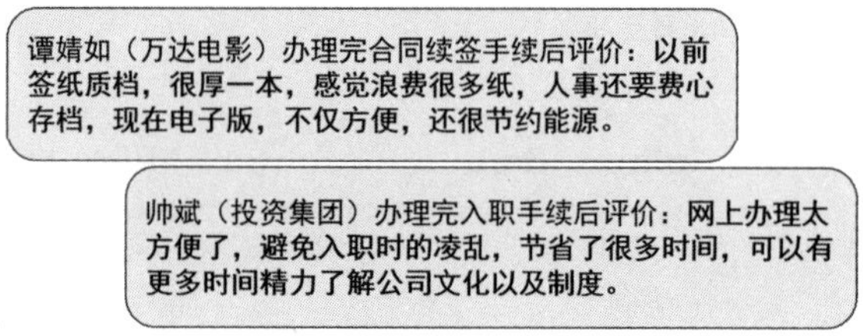

谭婧如（万达电影）办理完合同续签手续后评价：以前签纸质档，很厚一本，感觉浪费很多纸，人事还要费心存档，现在电子版，不仅方便，还很节约能源。
帅斌（投资集团）办理完入职手续后评价：网上办理太方便了，避免入职时的凌乱，节省了很多时间，可以有更多时间精力了解公司文化以及制度。

图 12　员工满意评价

（四）赋能转型

人力共享中心的出现推动了人力的工作职责全面调整。据调研，人力共享中心上线前基础人事工作占日常工作的 40%，招聘工作约占 30%，培训、考核工作各占 10%，与其他占比相当；而上线后，基础人事工作占比大幅下降至 10%，培训、考核工作相应增加到各占 25%，如图 13 所示。人力共享中心真正做到为人事减负，释放更多工时，帮助其把精力专注于业务支持，深化职能价值。

其他工作
考核工作
培训工作
基础人事工作
招聘工作
10%
10%
10%
40%
30%
10%
25%
25%
10%
30%
其他工作
考核工作
培训工作
基础人事工作
招聘工作
上线前
上线后

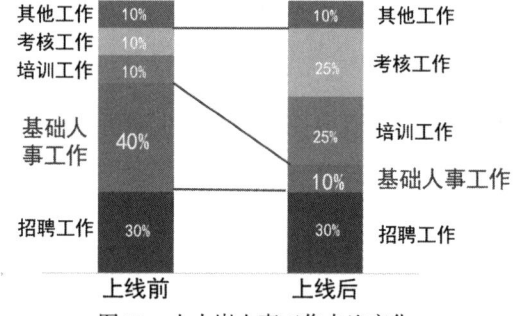

图 13　人力岗人事工作占比变化

（五）管理落地

人力共享中心还切实助力了人事管理政策的落地。如配合内部公司劳动合同批量换签，3 天内完成共计 3500 人次；配合绩效考核方案细化调整，实现业绩表现在工资中的即时兑现，若此项工作在共享前开展，仅对各地核算人员的方案调整培训就需要很长时间。共享模式确保了各系统总部的管理动作能够以最快速度响应并落地，大幅降低管理传递成本。

人力共享服务中心团队人员也通过数字化转型，参与到数智化建设工作中，从单一能力的 HR 和 IT 人才转型为以技术驱动的复合型人才，创造更大价值，更有成就感。

五、开拓边界，向多元化转型迈进

作为中台组织的人力共享中心，在实现流程规模化卓越运营后，也在不断地重塑价值定位，逐步实现从价值提升到价值创造的转变。

（一）转型人力科技中心，持续加码前沿技术

人力共享中心目前已经使用包括电签、RPA、OCR、smart BI、AI、API 接口等在内的多项数智化技术，业务应用场景超过 50 项，数智化技术搭建起人力共享服务中心的基础平台，发挥了巨大价值。人力共享中心也将持续拓展现有数智化技术的应用范围，改进服务流程，进一步探索新技术的业务应用场景，如数据建模工具在分析报表中的使用、ChatGPT 在客服体系中的使用。

（二）转型人力数智中心，搭建数智决策平台

人力共享中心运营的最大财富，不仅是业务效能的提升，还有整个服务过程中对数据的电子化转化、汇集与沉淀。人力共享中心目前每月会对各业态人事服务业务办理数据进行整理，形成完整的服务报告及图表。经过数年的运营，人力共享中心已经具备了数据深度挖掘分析的基础。通过数据可视化工具，全面升级平台，将员工基础数据、人工成本数据转化为人才结构、劳动效率、人工元效等各类分析报表，为日常人力管理提供可视化报表展示，提供丰富的线上服务和多维度的数据服务，使对人力数据的洞察变得更轻松。

（三）转型人力利润中心，拓展尝试对外市场

国内的人力共享中心运营成本多由上级单位或被服务的业务单位承担，按照服务内容和服务体量计收。万达人力共享中心将突破现有服务边界，拓展市场化项目，重点为万达内部的酒店、影城等轻资产项目提供支持服务，同时，积极拓展外部公司合作机会，实现创收。

六、结语

万达人力共享中心已进入快速发展阶段，持续保持高效运营和优质服务，致力于满足用户和业务伙伴的服务需求和期待。为了为万达选择员工，为了更好的人力共享中心，我们还有无限可能。

案例负责人：金　钢
主要创作人：张广聪
参与创作人：孙文桓

"无边界虚拟矩阵式"人才队伍管理结构的研究应用与推广

鲁能集团有限公司上海分公司

党的十八大以来，习近平总书记就人才工作发表一系列重要讲话，进一步明确办好中国的事情，关键在党、关键在人、关键在人才。鲁能集团有限公司上海分公司（以下简称上海分公司）认真落实新时代党的建设总要求和新时代党的组织路线，始终将人才作为第一资源，秉持以人为本、人才强企的理念持续加强人才队伍建设。本案例结合上海分公司实际，创新探索了无边界虚拟矩阵式管理模式，并加以深化和发展，形成了具有上海特色的党建+"无边界工作小组"，在组织、人才、工作3个方面形成了一套机制——通过平台型组织打造超级效能、通过赋能超级岗位锻造超级人才、通过集中攻坚成就超级价值。作为中国绿发长三角区域重要战略布局，公司以国企改革三年行动实施方案为抓手，以"推进绿色发展 建设美丽中国"为使命，服务公司"两化"建设，顺应集团发展趋势，在"责任状""赛马"等攻坚任务中做表率、当先锋，着力推动党的政治优势、组织优势、群众工作优势转化为公司的创新优势和发展优势，助力世界一流绿色产业投资集团建设。

一、"无边界虚拟矩阵式"人才队伍管理结构的研究背景

（一）深化改革创新，加强党对国有企业全面领导的必然要求

"坚持党对国有企业的领导是重大政治原则，必须一以贯之。""无边界虚拟矩阵式"人才队伍管理模式作为上海分公司组织体系的基层末梢，承担着公司改革发展的各项重大任务，占据重要节点。该模式作为上海分公司"加快转型升级、持续瘦身健体"的一项重要举措，是"抓基层、强基础、固本"的真实写照，是把重大任务转化为基层工作、将党建力量"嵌入"重大项目的生动实践，有利于公司打造一支"关键时刻听指挥、拉得出，危急关头冲得上、打得赢"的队伍。

（二）优化管理结构，推进治理能力现代化的必然要求

探索应用"无边界虚拟矩阵式"管理结构是上海分公司推进"两化"改革的实践要求，是推进企业治理体系现代化的现实要求。当前社会进入到VACU时代（Volatility 易变性，Uncertainty 不确定性，Complexity 复杂性，Ambiguity 模糊性），商业模式、企业组织、企业文化都在重新定义，数字经济蓬勃发展，资源整合、资源共享已成为企业开放发展、高质量发展的必然趋势。现行职能型管理结构能够支撑日常业务运行，但在推进多部门联动的重大攻坚任务时，存在部门各自为政，资源整合力度不够，工作灵活性不强、效率不高的问题。部门间因工作界面推诿拉锯、多头领导的情况也时有发生，影响任务推进。通过党支部、党小组成员共同参与、联合作战，成立"无边界虚拟矩阵式"管理机构，破除部门壁垒，打破职级界限，解决"推诿""扯皮"问题，实现公司更加良性发展，进而能在不断发展过程中，提升公司的整体效益。

（三）解决人才工作问题，激活"一池春水"的必然要求

面对中央对新时代人才工作提出的新精神、新要求，上海分公司通过青年员工座谈、选人用人工作专项自查、员工思想动态调研等工作，总结明确公司在人才工作上还存在以下问题：从队伍结构看战略性新兴业务领域人才短缺，优秀年轻人才储备不足；从体制机制看，论资排辈现象尚未彻底破除，形成人才"堰塞湖"；从人才培养看，实践锻炼不够，系统性递进式培养不够。成立"无边界虚拟矩阵式"机构，对发展潜力大、综合素质强的青年员工给予信任、给予宽容、给予支持，安排他们到重点任务、重点项目上历练，才能使其真正成长为敢担当、善作为的新时代好青年。

（四）塑造文化软实力，助推企业增活力的必然要求

企业文化和队伍建设的重要任务就是要发现并培养标杆，通过标杆影响其他人员共同进步，从而形成一种良好的、积极向上的文化氛围。当前公司职能型管理结构活力不够，对员工责任压力传导不足，存在"干好干坏一个样""干多干少没区别"的情况，使部分员工工作积极性不高，导致企业动力不足。成立"无边界虚拟矩阵式"机构盘活公司人才资源，强化员工责任意识，发挥主人翁作用，形成健康向上的企业文化氛围，引导广大员工向正确的方向前进。

二、"无边界虚拟矩阵式"人才队伍管理结构的实践探索

（一）打通"两"个边界，创新管理思路

"无边界虚拟矩阵式"强调在传统的职能型管理结构基础上，借鉴矩阵式管理结构精髓，引入无边界管理理念，构建"虚拟矩阵式"管理结构，打通垂直边界和水平边界，让组织高效运转，满足员工"无边界"职业发展需求，如图1所示。

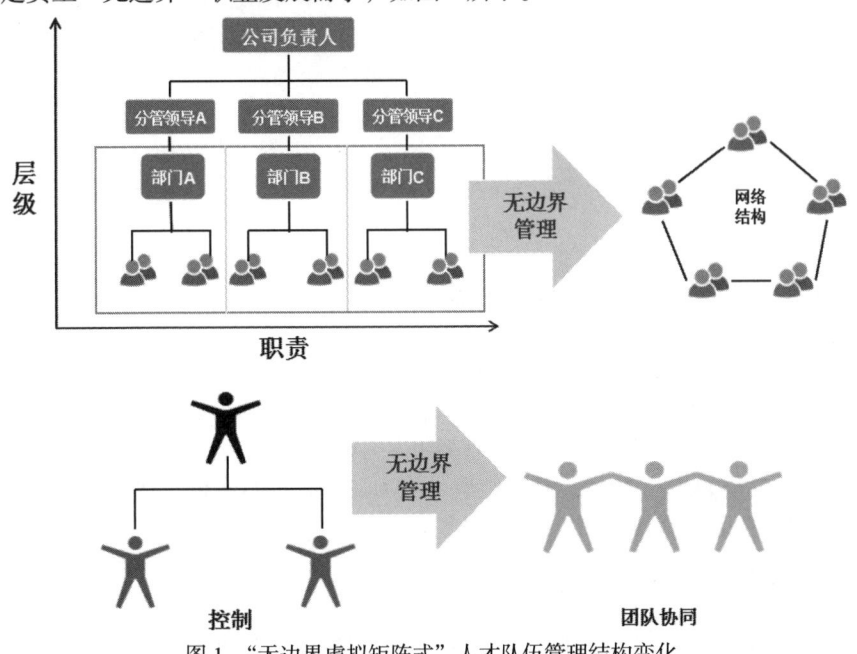

图1 "无边界虚拟矩阵式"人才队伍管理结构变化

1. 穿透垂直边界（公司内部纵向管理层级的边界）

由于管理权限的设定和管理幅度的限制，决策须层层审批，信息须逐层汇报，流程复杂，时效性差。信息在传递过程中受到个人表述与理解、立场和倾向的影响，容易出现失真，准确性无法保证。针对垂直边界的问题，无边界管理强调权力下放、群策群力，基层的声音可以直接传到上层去，上层的决策可以彻底被基层所理解。对于具体任务，组织成员可以最大限度地进行自由决策；对于战略性问题，组织成员可以参与到决策中去，了解决策的产生过程，便于决策执行。

2. 穿透水平边界（公司内部横向管理部门的边界）

由于各部门均有权责界面，开展工作时容易出现本位主义倾向、缺乏全局观的情况，所以组织的灵活性不够，组织内部的联动效率有所降低。针对水平边界问题，无边界组织强调跨团队、跨部门协作，简化工作流程，使创意、资源、信息和能力有效推动任务，让组织高效运转，满足员工"无边界"职业发展需求。

（二）明确"三"个目标，切实解决问题

紧密围绕"高效率、有活力、低成本"的管理目标，成立绿色营销、金融创新、碳中和等无边界工作小组，旨在切实解决问题，突破攻坚任务。

1. 高效率

公司领导班子成员担任组长，根据攻坚任务从有关部门抽调骨干力量构成小组成员，要在形式上压缩管理层级，确保一线反馈的问题能得到公司高层的快速反应。

2. 有活力

无边界工作小组的工作行为要完全服务于公司战略，团队要"短小精悍"，能更快速地对市场和客户做出响应，能及时调整工作思路，迅速传播工作举措，合理调动资源促成良好结果；要给予小组成员更大的平台，弱化原有的职责描述，根据任务的转变不断优化团队配置以取得成功，充分激发企业管理的积极性和人员活力。

3. 低成本

无边界工作小组管理模式要避免增加实体组织，甚至要进一步压缩实体组织和管理人员，节约管理成本。

（三）划定"四"个角色，厘清工作职责

践行"无边界"管理理念首先要确定管理模型，对照攻坚任务，从岗位责任、业绩责任出发，明确"以身作则、团结人、办成事"的工作要求，方可有力推动"无边界"管理模式的运行。上海分公司"无边界虚拟矩阵式"管理结构以"无边界工作小组"的形式呈现，配置组长、副组长（组内政委）、联络员和组员，小组成员采用兼岗，具有多位一体的"特殊身份"。"无边界虚拟矩阵式"管理的组织模型，如图2所示。

1. 组长——下沉业务一线的高层管理者

"无边界工作小组"最关键的角色是组长，组长由公司领导班子成员兼任，直接领导小组

工作,既是"外交官"也是"指挥官"。"外交官"——负责项目谈判、政府公关、对外接洽。"指挥官"——负责准确传达、督导落实公司党总支的各项管理要求,统筹资源、促进分享、解决冲突、拍板决策。

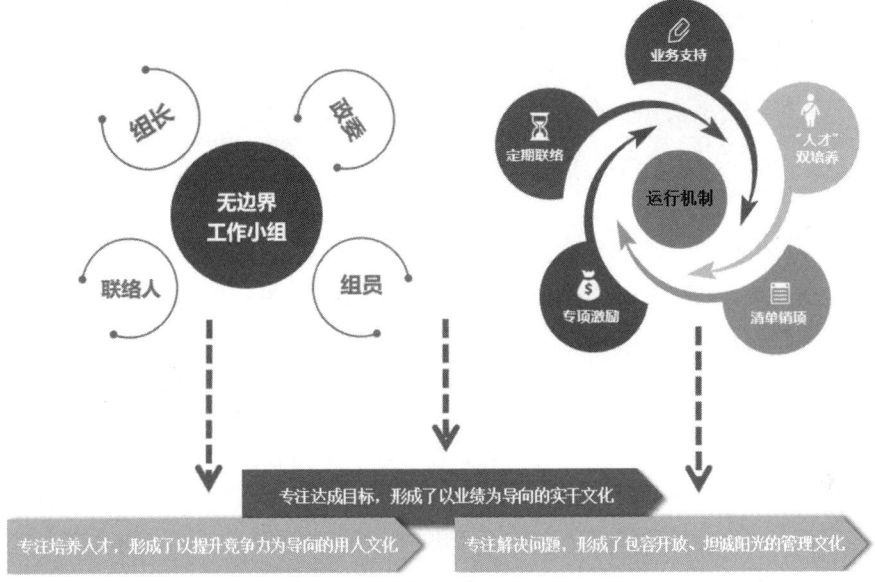

图2 "无边界虚拟矩阵式"管理的组织模型

2. 副组长——党建、业务两不误的"组内政委"

"无边界工作小组"副组长由公司党总支委员或党支部书记兼任,协助组长开展工作的同时,承担内政委角色。要当好思想困惑的"调解员",用好思想政治工作这个"传家宝",主动关注组员思想动态,组织凝聚小组成员共同完成党业融合项目,全力攻克焦点、难点问题;针对自身不能协调解决的支撑诉求,应及时"传上去"推动解决;通过各种形式将党建引领充分融合到"无边界工作小组"中,以"党建+攻坚任务"模式激发小组活力。

3. 联络员——在战斗单元提升领导力的中层管理者

"无边界工作小组"联络员由中层管理人员兼任,拥有较强的业务能力,对攻坚任务十分了解,亲身参与任务进程中的重要决策,帮助组内成员解决实际问题,做好信息传递、经验分享,促进横向交流。

4. 组员——练就复合型专业能力的骨干员工

"无边界工作小组"组员来自与攻坚任务有直接关联的部门,不限年龄、不限职务、不限资历,但必须善学习、肯吃苦、有能力、敢担当,主要任务是弱化水平边界(固有身份、固有职责)限制,全力以赴推动任务达成。

(四)运行"五"个机制,保障攻坚突破

"欲筑室者,先治其基。"健全的工作机制是确保"无边界虚拟矩阵式"管理结构稳定运行的基础,上海分公司在实践过程中不断总结完善,形成了"五"大机制环环相扣又统筹推进的全链条工作模式。

1. 人才"党建＋业务双培养"机制

坚持党业融合，助推队伍建设。贯彻落实新时代党的组织路线关于"源头培养"的要求，结合青年素养提升工程工作部署，把"无边界"骨干培养成党员，坚持"控制总量、优化结构、提高质量、发挥作用"，将"综合素养优、奉献精神强、群众认可高、业务能力强、工作作风硬"的"无边界"骨干识别出来，纳入推优入党名单重点培养。贯彻落实新时代党的组织路线关于"跟踪培养"要求，结合集团公司"双百"后备工程、"十百千"人才工程规划，把"无边界"党员骨干培养到干部队伍，提任中层管理人员时特别关注"无边界"工作经历，鼓励和吸引有发展潜力或需递进培养的年轻党员骨干到"无边界工作小组"磨炼意志、增长才干。

2. 定期联络机制

组织一旦稳定，会形成固定的模式和结构，组织成员习惯基于该模式来沟通和工作。长久之后，很容易固化思维，阻碍创新和发展。无边界工作小组原则上定期召开小组会议安排部署阶段性工作任务，组长在掌控当前方向的同时，要打破本位主义，高效交换组织信息，让资源和思想无障碍流动，减少沟通成本，总结工作成果，讨论工作障碍及解决对策。不定时召开对标会，交流业内标杆企业工作方法及工作成果，短暂形成临时"社团"，成员一方面能够跟上业态领域内的变化及时更新技能，一方面借鉴优秀做法，想方设法转变思维、破旧立新，有效推动工作突破。目前，各无边界工作小组已建立顺畅的长效沟通机制，每月至少召开一次工作会议，实现需求和支持的精准对接。

3. 清单销项机制

无边界工作小组要及时总结工作进展，分析存在的问题，缩短决策周期并降低决策成本。联络人提前收集汇总成员上报的问题，交流过程中组长把关重大方案，疏通关键环节，组员流转、跟踪、办理，形成"清单交办＋销号管理"机制，确保解决问题不拖沓、不积压、不敷衍。对报送的问题，完成一件销号一件，做到简单问题马上解决，一般问题组内解决，复杂问题协调解决。

4. 业务支持机制

无边界工作小组成员来自于各个部门，要在完成本部门日常工作的同时，开展专项工作。因此，公司上下要形成"一盘棋"工作思维，小组成员所在部门要全力做好支持，分清主要矛盾和次要矛盾，优化任务分配，确保小组成员能重点推进专项工作。部门负责人、分管领导要特别关注小组成员工作动态和思想动态，及时给予帮助、解决困难。有关部门工作范围有交叉的，要第一时间互通信息、互相配合、资源共享，形成"心往一处想，劲往一处使"的氛围，避免多头出击、分散力量。公司职能部门的服务主动向无边界工作小组倾斜。在日常活动的设置中主动邀请各小组全员参与，以轻松的文化互动打破部门墙，强化小组内部的生动链接，凝聚团队力量。

5. 专项激励机制

业绩发展是无边界管理的出发点和落脚点，也是无边界文化的"风向标"和"验金石"。建立"无边界虚拟矩阵式"的管理模式要将传统考核与专项考核相结合。小组成员的日常考核在原部门进行，表现为月度绩效考核和年度绩效考核，考核结果运用在绩效工资上。在实际操作中，公司会赋予无边界工作小组一定的考核权重，为30%左右。组长充分评估小组成员在推进重点任务时的现实表现并予以打分，占50%的权重，小组成员间互评打分，考虑沟通流畅度、工作完成情况等，占50%的权重，二者结合折算为组员在无边界小组的贡献度。针对无边界小组的工作，设立"赛马""揭榜挂帅""责任状"专项考核，以正向激励为主，考核结果运用在公司专项奖金上，同时在选拔任用、表彰奖励等方面优先考虑小组表现突出成员。

三、"无边界虚拟矩阵式"管理实践案例与成效

上海分公司探索开展"无边界虚拟矩阵式"管理模式，印发了《关于成立"揭榜挂帅无边界工作小组"的通知》《攻坚任务"揭榜挂帅""责任状"实施方案》等文件通知，对无边界工作小组成员、工作目标、职责要求、奖励标准等进行了明确。先后在多项重点攻坚任务中践行该管理模式，取得了阶段性工作成效。

（一）专注达成目标，形成了以业绩为导向的实干文化

成立绿色营销无边界工作小组（由营销、工程、设计、财务构成）实现营销新跨越，合同销售额 28 亿元，较上年增长 207.02%，网签销售额 22 亿元，较上年增长 164.11%，回款 17 亿元，较上年增长 131.61%。成立金融创新无边界工作小组（由财务、发策、综合、人资构成）取得金融创新新突破，JW 万豪侯爵成功实现全国首单酒店资产"碳中和"类 REITs，募集资金 45 亿元，利率 4.5%，实现中国绿发在资本市场精彩亮相，当年为集团公司实现投资收益 7.53 亿元，后续每年可减亏 1.39 亿元，为盘活资产、降低杠杆、提升效益做出典范贡献。2022 年"碳中和"无边界工作小组（由设计、工程、成本、物资构成）克服上海新型冠状病毒感染疫情影响，线上线下并进落实碳盘查、碳中和路径、碳排放核算、CCER 碳交易与碳中和认证等工作，提前 13 天取得上海艾迪逊酒店碳中和认证证书，完成集团"揭榜挂帅"任务，后续收到政府节能减排和疫情贴息补贴合计 60 万元，为公司创效增收。2022 年"嘉定项目"无边界工作小组（由项目、工程、客服、财务构成）克服封控导致的停工物匮困境，全力追赶工期，提前一年实现项目回款 8.8 亿元。主动协调调整选房批次，全流程开展防渗漏、景观等品质提升行动提高产品交付质量，在新型冠状病毒感染高峰期，高效有序统筹有限资源，党员干部、在岗职工轮番上阵，圆满完成交付任务，结转利润 1 亿元，为 1533 户低收入家庭圆梦安居。

"无边界虚拟矩阵式"管理模式实施以来，公司上下统一思想，形成了"起步就是冲刺，开局就是决战"的干事氛围。秉持管用实用原则，大胆创新，在重点攻坚任务上不断实现突破。秉持"严、真、细、实、快"的工作作风，全面推广交办事项"马上就办"工作机制，营造了风清气正、务实高效的工作环境。通过"无边界工作小组"压缩管理层级，强化责任意识、执行意识和服务意识，党员干部带头树立起"肩膀要硬"的担当精神、"撸起袖子"的实干精神，在促发展、增效益上持续发力。

（二）专注培养人才，形成了以提升竞争力为导向的用人文化

"无边界虚拟矩阵式"管理模式自构建以来，青年骨干员工获得了丰富的锻炼成长机会，公司人才队伍活力得到有效激发：提任中层管理人员 22 人次，其中 2 人已走上领导岗位；选拔 4 名业务骨干参加 U30U35、"青马工程"培训班；培养了 2 名高级工程师（经济师），31 名中级工程师（经济师、会计师、政工师），12 名初级工程师（经济师、会计师、政工师），年轻干部"储备库"不断充实。在"无边界"体系历练中，青年骨干挑战自我、挖掘潜力，成功攻克了多项业务难题，7 项攻关成果荣获集团公司科学技术奖、职工技术创新优秀成果奖等荣誉，其中《提升建设工程成本管控水平的成本专业建设机制》荣获"首届中国电力班组创新创效一等奖"。在

"无边界"体系培养中，广大员工解放思想、改革创新，为公司发展做出了突出贡献，涌现出一批先进集体和先进个人，10余人荣获中国绿发劳动模范、中国绿发先进工作者等集团级以上荣誉，其中1人荣获"全国优秀共青团干部"称号；10余个集体荣获上海市五一劳动奖章、集团公司"五四红旗团支部"、上海市经济和信息化工作委员会"先进基层党组织"等荣誉称号。

"鱼无定止，渊深则归；鸟无定栖，林茂则伐。"能不能吸引人才、集聚人才，载体平台至关重要。"无边界虚拟矩阵式"管理模式尊重员工价值，使员工最大限度地发挥聪明才智。通过模糊岗位和岗位多元化锻炼，使更多人主动或被动地走出"圈子"，让员工在处理重大专项任务时更进一步了解公司发展规划，对标行业优秀做法，提高专业能力，积累宝贵经验，有利于公司盘活人力资源，加速人才成长，促成多面手的培养。不断深入的交流，使员工加深了对工作的理解，做到了充分配合，靠自身意识和责任感推动工作，大大提高了公司凝聚力。"日常工作＋专项任务"的人才培养机制，有利于公司充分挖掘员工潜能，看到员工未来发展的可能性，真正做到在完成重大任务、参与重要工作、面临重大考验中发现人才、识别人才。

（三）专注解决问题，形成了包容开放、坦诚阳光的管理文化

"无边界虚拟矩阵式"管理模式改变了管理者的角色，将领导职责由控制和指挥转变为辅导和资源配置，进一步赋能、建议、支持员工自由发挥才能，为公司创造更大的价值。在具体工作中，管理者随时同组内成员分享愿景，并在需要的时候给予指导，不断鼓励组员多出"金点子"、提供"金钥匙"，扩大组员职责，充分调动积极性。"无边界工作小组"内没有森严的等级观念，同事间坦诚相待、充满信任，通过"头脑风暴""集体讨论"等形式探索多元优质解决方案。工作中，高标准、严要求、不讲私交、不讲情面，以实事求是的态度对待业绩，为了公司利益相互协作、彼此支持。

"无边界虚拟矩阵式"管理模式改变了各部门的工作方式。在之前的工作经验中，课题组发现各专业因已有的规章制度、上级单位的考核检查等原因，个别员工在工作中存在"不够作为"、思路保守、效率低下、不解决问题的情况。试行"无边界工作小组"管理模式后，所有人以推动工作为己任，部门负责人不再"固守一方"，而是通过加强与关联部门的配合、优化工作流程、积极对接上级主管部门和外部单位等措施，在合法合规的前提下强化担当、主动作为，寻求解决之道，实现了资源共享、协同共赢。在持续地直面问题、自我剖析中，形成包容开放、坦诚阳光的管理文化。

四、结语

创新驱动本质上是人才驱动，立足新发展阶段、贯彻新发展理念、构建新发展格局、推动高质量发展，必须把人才资源开发放在最优先位置。本案例经过持续的探索与实践，持续对人才队伍现状进行科学化、量化的深入研究，通过不断完善"无边界虚拟矩阵式"管理模式，对员工的创新行为、意识、能力进行系统化培养，对培养具有竞争力的人才队伍做出了一定贡献，突显了一定成效，具有一定的启示借鉴意义。

案例负责人：嵇永坤

主要创作人：嵇永坤

参与创作人：王　瑞、马聪聪、骆瑶筝、蔡佳圻

集团化煤炭企业"2体系2工程"人力资源管控体系的探索与研究

华电煤业集团有限公司

一、实施背景

2020年,国务院国资委正式印发了《国企改革三年行动方案》,这是落实国有企业改革"1+N"政策体系和顶层设计的具体施工图,方案明确了创新在现代化建设全局中的核心地位,以科技创新和体制机制改革驱动经济双循环,要求国有企业改革要形成更加成熟的中国特色现代企业制度,确保在推动国有经济布局优化和结构调整上取得明显成效。煤炭企业在长期发展过程中,形成了重利润、轻管理,重组织、轻团队的管理困局,基于国有企业改革大形势,煤炭企业智能化建设、现代化管理新模式成为了新的改革发展方向,面对新局面,煤炭企业只有顺应改革趋势、及时调整企业管理模式、创新人才培养才能在改革浪潮中稳步前行。

二、内涵和主要做法

华电煤业集团有限公司（以下简称华电煤业）立足新发展阶段、贯彻新发展理念、构建新发展格局,坚持稳中求进的工作总基调,以中国华电集团公司"五三六战略""5318"发展目标为遵循,着力构建"2体系2工程"人力资源管控体系。该体系以"2+3"组织管控体系为统领,以"铸强炼正"干部培养工程、"引蓄活护"人才工程、多元煤炭产业链分配体系为抓手,系统推进三项制度改革,最终实现企业活力、人工效能同向提升,形成体系完善、可复制,具有华电煤业特色的人力资源管控模式。

（一）精简组织架构,构建"2+3"组织管控体系

企业组织管控体系是改革创新的前提,是企业高效运转的"四梁八柱",华电煤业在充分评估企业内外部市场的基础上,按照"市场化、专业化、职业化"方向对现有组织机构进行变革,以"煤"为主线,协同"煤、电、路、港、航"各板块发展,形成业务目标聚焦化、职能集约化、协同高效化的集团化煤炭企业管控体系。

1. "优"组织机构设置

在管理体系中,适度扩大管理幅度,精简管理层次,从公司本部到基层区队不超过5个层级;在组织关系中,坚持权利下放、简政放权、降低决策层级,给予基层企业更多的决策权,将决策点置于基层企业内部流程,促使基层企业组织扁平化。在组织架构设计上,坚持以经营效益和员工为中心,系统优化业务流程,最终形成"2+3"组织管控体系,即公司本部到基层企业

实行2级管控、基层企业按照"公司、部门、区队"实行3级管控，由此聚变出安全稳定、敏捷高效的管理体系。2020年以来，华电煤业系统各单位累计精简组织机构30余个，撤销所属企业内部两级机构管理，实现扁平化管理全覆盖。

2. "明"内部职责分工

结合煤炭产业大背景，统筹优化机构设置，按照"整合重叠业务、强化计划管理、理顺财务职能，提升人资管理，统筹生产经营"的思路，优化调整公司系统部门工作职责，按照权责对等的原则顺畅管理体制，切实解决多头管理、无人管理的情况，实现管理规范和效率相统一。针对所属煤炭企业多为混合所有制的实际情况，有效化解国有股东与民营股东之间的思想冲突，通过章程约束、职责优化、交叉任职等多项措施，促使股权双方有效制衡、企业运转协调高效，形成责权明确、高效运行的管理体系。

（二）强化干部管理，实施"铸强炼正"年轻干部培养工程

1. 筑强"铸魂忠诚"工程，强化年轻干部理想信念

始终坚持引导年轻干部用党的理论、方针、政策，特别是习近平新时代中国特色社会主义思想武装头脑，通过开展岗位培训、理想信念教育专题培训班、赴红色教育基地等方式培养青年干部，促使青年干部人员政治思想、理想信念、理论水平、实践本领跟上时代发展步伐。2020年以来，华电煤业组织开展3期优秀年轻干部培训班，累计培训干部450人次，年轻干部政治素养、理论水平不断提升。

2. 锻造"强筋壮骨"工程，提升年轻干部专业水平

倡导年轻干部主动适应新环境、新要求，与时俱进、推陈出新，把"改善知识结构、提升专业水平"贯穿于年轻干部培养的全过程。在年轻干部选拔任用过程中，充分发挥煤炭产业链引领作用，沿"产业链"布局"人才链"，围绕"人才链"构建"服务链"，紧盯选拔岗位职责要求，有针对性地选拔知识水平高、专业能力强的年轻干部，做到人岗相适、人事相宜。

3. 夯实"炼金实践"工程，提升年轻干部实践能力

在年轻干部培养过程中，组织各专业部门结合实际情况认真分析其在工作中面临不会斗争、不善斗争、不敢斗争和实干担当意识不强的问题，把"提升斗争本领、锤炼实干担当"贯穿于年轻干部培养的全过程，有针对性地安排年轻干部在不同类别、不同性质的工作岗位进行任职交流，把部分年轻干部安排到内蒙古、新疆等地区进行锻炼，锤炼其不怕困难、甘于奉献、勇于担当、乐于服务的精神品格。

4. 做实"正本清源"工程，让年轻干部守住拒腐防变防线

始终坚持把"为企情怀涵养、清正廉洁立身"贯穿于年轻干部培养的全过程，抓好年轻干部全方位监督。督促、引导年轻干部扣好廉洁从业立身的"第一颗扣子"，帮助年轻干部提升事物辨别能力，对干部提拔任用必须落实"凡提四必"的要求，执行全程纪实监督制度。适时开展选人用人专项检查和"一报告两评议"等工作，督促基层企业及时纠正问题，提升选人用人工作质量。2020年以来，共组织领导人员提醒谈话27人次、诫勉谈话10人次，有效开展了日常监督。

（三）优化人才培养，构建"引蓄活护"人才工程

1. 引水开源，畅通3条"引水源"

（1）"转身份、市场化"，加快成熟人才引进。严格落实国家关于煤矿井下工程外委和取消井下劳务派遣用工的有关政策，按照公司市场化招聘有关规定，组织所属煤矿企业井下劳务派遣工按照"能转尽转、市场化引进"的原则，公开选拔优秀劳务派遣工到公司系统内工作，2021年以来，华电煤业所属企业累计完成市场化人才引进2000余人，实现所属煤炭企业劳动用工依法合规。

（2）实施毕业生"2444"计划，加快引进高校人才。连续多年赴全国煤炭专业院校组织校园宣讲会、双选会遴选优秀高校毕业生，创新实施毕业生"2444"计划，即985、211重点院校毕业生招收比例控制在20%，培养他们成为企业管理和高精尖技术人才；煤炭专业院校毕业生招收比例控制在40%左右，培养他们成为专业技术人员的中坚力量；职业技术学院学生招收控制在40%左右，培养他们成为专业技能操作人才，培养结束后按成绩给职级、提待遇，使他们成为企业的生力军。所有高校毕业生中，本地院校招收比例控制在40%左右，从而降低后续高校毕业生流失率。

（3）发挥集团公司内部优势，加快引进系统内人才。目前集团公司各类高精尖人才、技术领军人才、高技能人才群贤毕集，这部分人长期在华电系统工作，熟悉华电管理运营模式并高度认可华电企业文化，能快速融入公司，是公司长期发展中必不可少的人才源。近年来，华电煤业通过公开招聘、组织选聘等方式累计从华电系统内遴选30余名优秀管理人员。

2. 修堤筑坝，涵养人才"蓄水池"

华电煤业党委高度重视人才工作，坚持注重品行，突出"德"字；注重能力，突出"才"字；注重担当，突出"绩"字；注重口碑，突出"贤"字。

（1）完善平台建设。创新提炼"智链·创合"人才品牌，依托产业、面向社会打造"轻资产、平台化"的不连沟煤矿技能培训基地、华电煤业产业链人才培训中心、全国煤炭行业工人技能提升培训基地，搭建"智链云学堂"线上学习平台，总体建成"三基地一中心一网校"全新教育培训平台，开启线上线下培训新模式。

（2）注重机制创新。秉承"优势互补、合作共赢"的理念，通过"招工即招生、入企即入校""企校双师带徒、工学交替培养"的新型培养模式，与中国矿业大学、上海交通大学等国内知名高校，中国煤炭工业协会等行业机构开展继续教育和"产学研"深度合作，不断丰富教育培训内涵，广泛开展业务考试、技能比武、知识竞赛等岗位练兵活动，有效提升员工专业技能水平。2020年以来，通过在职教育实现学历提升人数900余人。

3. 激励保障，守护人才"清水泉"

（1）用"职"留住青年俊才。华电煤业根据公司自身发展需要，制定《青年俊才培养实施方案》，着眼于高端人才培养，集中招聘优选国内"双一流"院校硕士研究生以上的应届毕业生，与公司本部签订劳动合同，公司为其量身定制职业生涯规划和培养方案。近年来累计招聘青年才俊11人，其中博士研究生4人，硕士研究生7人。

（2）用"薪"激励保障职工。围绕质量效益、战略发展、改革创新等重点工作，对做出重大贡献的基层企业领导班子和在关键时刻主动担当作为的个人进行专项奖励，充分发挥薪酬激励作用。2020以来累计为企业领导班子和个人奖励千余万元。在全面落实国家政策要求的"五险一金"保障性福利的同时，超过半数的基层企业建立企业年金，部分有条件的基层

企业建立补充医疗保险、雇主责任险，积极改善员工生产生活条件，让企业发展惠及广大干部职工。

4. 沉淀凝结，激活"人才池"

华电煤业党委立足市场化改革前沿，提出"企业人"要向"职业人"转变，大力推进劳动用工"三契+人才池管理"，三契管理即劳动关系契约化、上岗契约化和岗位退出契约化。在劳动合同契约化管理的同时，对上岗协议进行契约化管理，每名员工上岗必须对照岗位职责、岗位条件、上岗期限和考核指标签订协议，每年度接受组织考核，通过强制公布考核结果，综合识别员工个人价值与贡献，合格则留岗发展，不合格则退出岗位进入人才池。"人才池"可以及时为有能力、在现任岗位工作不适应的员工调整方向，也可以让工作业绩差、能力水平较低的员工离开现有岗位，进入"人才池"再培训、再提升、再匹配岗位，最终实现人才有序流动、能力提升。

5. 分渠灌溉，畅通4类职位通道

华电煤业坚持人才发展"分渠灌溉、分类发展"，立足员工本职岗位，创新构建基于岗位胜任素质模型的职位序列，结合煤炭企业特点，将员工职位体系划分为管理Ⅰ类（中层以上）、管理Ⅱ类（一般管理人员）、专业技术人员、技能操作4个序列，分别建立职业发展通道，各通道既可以单独使用，也可以跨序列使用，通过与现有薪点工资制有效结合实现薪酬升降，从而打破过去单一行政晋升通道，突破国有企业"千军万马过独木桥"固有的晋升瓶颈，形成具有华电煤业特色的职位序列体系，如图1所示。

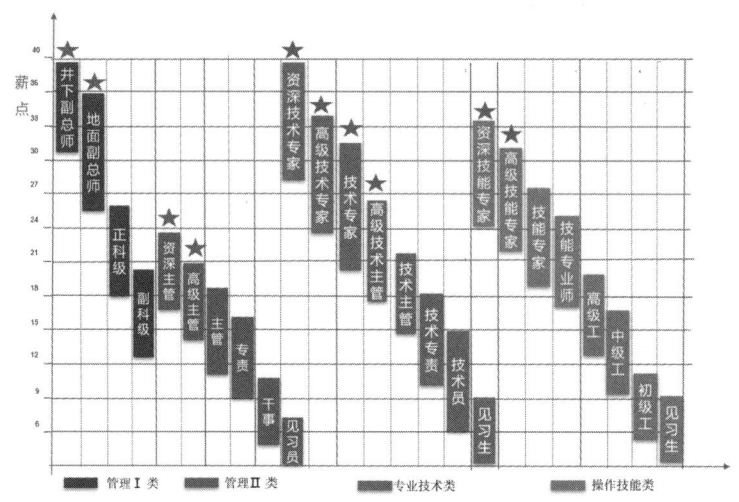

图1 华电煤业特色的职位序列体系图

注：★为高层职位。

（四）激活内部市场，探索多元煤炭产业链分配体系

华电煤业立足煤炭企业，兼容"煤、电、路、港、航"产业链，推动煤炭产业链薪酬绩效体系改革，聚焦市场化改革方向，建立多元化绩效考核制度、实施差异化分配策略，构建"双挂钩双应用"全员绩效考核体系，实现员工薪酬能升能降，全面提升广大员工工作积极性。

1. 构建"双挂钩双应用"绩效考核体系，实现全员考核

（1）考核指标"差异化、双挂钩"。针对部门业务不同、指标分散、难以量化等绩效考核难点，在考核指标上设置"双挂钩"。公司效益与部门重点工作挂钩，设置机关部门指标；岗位职责与个人工作挂钩，设置管理人员考核指标。根据煤炭企业特性，将机关部门划为生产部门、职能部门和综合保障部门3类，差异化设置部门考核指标。

（2）考核方式"分层级、双挂钩"。为确保绩效考核与公司发展战略紧密衔接，引导管理人员关注公司以及基层企业目标任务完成情况，机关部门负责人考核实行"公司考核、部门考核双挂钩"，即考核结果与公司考核结果、本部门考核结果"双挂钩"。一般管理人员考核实行"部门考核、个人考核双挂钩"，即考核结果与部门考核结果、个人工作考核结果"双挂钩"。

（3）考核结果"双应用、双挂钩"。绩效考核结果应用"双挂钩"，即考核结果与员工工资分配、职位晋升"双挂钩"。一是应用于薪酬分配，将绩效考核结果直接关联员工工资及奖金分配，为企业长期、高质量发展提供强有力的保障。二是将员工绩效考核的月度、季度特别是年度考核结果作为人事调整和竞聘提拔的重要依据，应用于职位晋升。

2. 构建"234"吨煤工资分配体系，激活内部薪酬市场

根据煤炭行业特点，建立"234"吨煤工资分配体系（图2），将薪酬资源精准配置到价值创造的岗位，对长期存在的关键岗位收入差距小、苦脏险累岗位分配不均衡等突出问题进行全面优化，彻底解决"该高不高、该低不低"的难点问题。

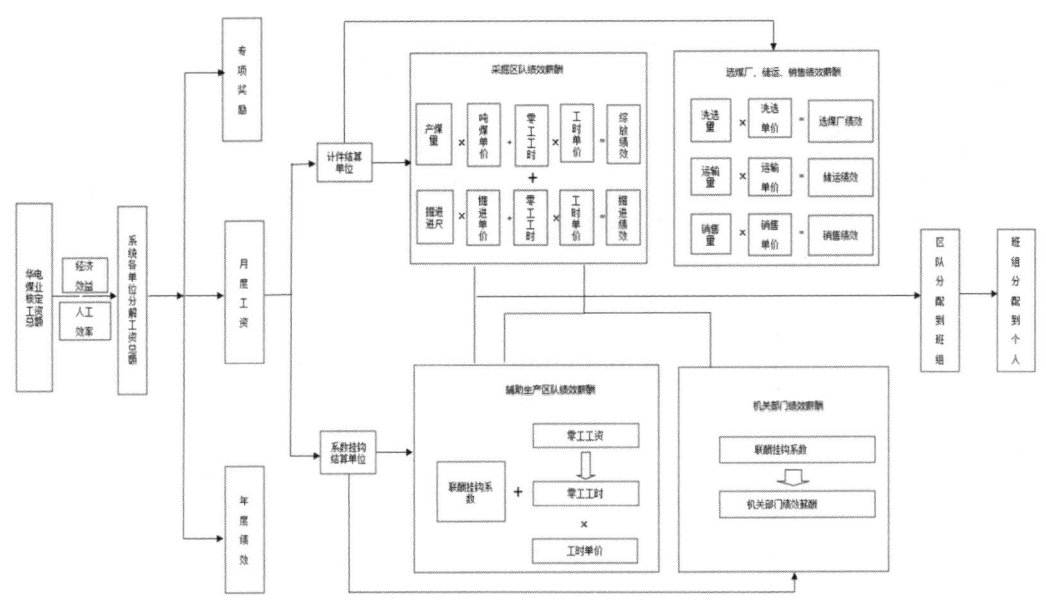

图2 "234"吨煤工资分配体系

（1）"2效挂钩"总额决定机制。立足完善工资综合核定与经济效益、人工效率双挂钩，实现总额与"两效"同向联动机制。依据各企业功能定位和业务特点，逐年完善差异化工资总额决定机制和对标调节机制，围绕党建、安全生产、提质增效、能源保供、科技创新等指标，紧紧抓住工资总额决定性因素。

（2）"3级联动"工资结算体系。根据年度生产任务制定生产区队吨煤、延米工资单价，结合每个采煤工作面、掘进工作面地质条件，实行"一面一核定、一事一核定、一面一单价"，

形成以劳动定额为基准的生产区队结算机制。在此基础上，辅助单位、机关部门依次以生产区队为基准进行挂钩，形成煤炭企业独有的"3级联动"工资结算机制，通过调节修正系数适度向苦脏累险及技术岗位倾斜。

（3）"4级管控"工资分配机制。公司薪酬体系实行4级管控，公司本部管总，根据各企业年产量、利润、成本情况核定工资总额；各企业按计划分配，根据本单位生产经营计划及目标，制定科学合理的吨煤及延米单价及挂钩系数，进行月度工资结算。区队二次分配，根据每月完成情况结算到区队，区队把工资分配到班组。班组到个人，每个班组根据每人每日计件情况按劳分配工资，工资总额分级管理实现层层分配、层层透明。

三、实施效果

通过构建"2体系2工程"人力资源管控模式，华电煤业系统混合所有制企业理顺股东关系，明晰股东委派高管职责权限，建立健全规章制度，形成了健康协调的运行机制，企业活力明显增强。

（一）企业经营效益明显增强

构建"2体系2工程"管控模式以来，公司所属企业活力显著增强，各企业经营效益取得显著成效，华电煤业以不足华电集团公司十分之一的员工创造华电集团公司超30%的利润。公司与两家中央企业及所属13家大型企业进行对标，营业收入利润率、EVA、吨煤利润、资产负债率、全员劳动生产率、资产总额增长率、产能利用率等11项指标遥遥领先。

（二）劳动关系更加和谐稳定

华电煤业所属企业劳动用工的合法性得到彻底解决，各单位实现依法合规。2020年以来，华电煤业所属企业劳动纠纷率显著下降，2022年降至"零"纠纷，所属3家企业获得当地政府颁发的"和谐劳动关系"先进单位。

（三）人才引进速度明显加快

2021年公司引进高校毕业生55人，同比增长7.8%。2022年引进高校毕业生154人，招聘人数超过近3年招聘总和，人才引进速度明显加快。其中，本科以上学历占招聘人数的70%，创公司历史新高，高素质、高学历人才引进速度显著加快。

（四）劳动生产率显著提升

通过构建"2体系2工程"管控模式，公司全员劳动生产率实现稳定增长，2020年全员劳动生产率同比增加6.3%，2021年全员劳动生产率同比增加192%，2022年同比增加1.4%，达到国内领先水平。

案例负责人：刘书德

主要创作人：高　遥

参与创作人：任伟伟、王　昕、刘　玉

"双效双赢"人力资源管理新模式的探索与实践

大港油田公司人力资源部 / 党委组织部

中国石油天然气股份有限公司大港油田分公司（以下简称大港油田）作为勘探开发近60年、经历多次重组整合的老油田，为了解决制约油田高质量发展的资源禀赋差、历史包袱重、组织机构多、员工总量大、全员劳效低等问题，探索实践出了一种"双效双赢"人力资源管理新模式，实现了运营效益和管理效率双效增长、企业发展和员工成长双赢提升的新局面，为打赢老油田提质增效攻坚战和效益实现保卫战，实现改革转型升级高质量发展提供了强有力支撑。

一、"双效双赢"人力资源管理模式实施背景

近年来，国家和中国石油天然气股份有限公司对深化国企改革提出系列部署要求，大港油田改革发展面临新的形势挑战，迫切需要人力资源管理配套变革升级。

一是国家和集团公司对深化改革作出系列部署。党的十八大以来，习近平总书记对国企改革发表了一系列重要讲话，特别在2016年全国国有企业党的建设工作会议上提出，建立现代企业管理制度是国企改革的方向，要一以贯之。集团公司2023年工作会议指出，要推进公司治理体系和治理能力现代化，在坚持"两个一以贯之"上走在前、做示范。集团公司对加强人力资源管理工作也明确要求突出实施组织体系优化提升、"三强"干部队伍锻造、人才价值提升、分配制度优化等专项工程，为推动公司高质量发展和建设世界一流综合性国际能源公司提供坚强组织和人才保障。

二是大港油田对推动公司转型发展有要求。大港油田正积极构建"一体两翼"高质量发展新格局，对创新人力资源管理新模式提出了要求：全面启动以"油公司"模式改革、三项制度改革为重点的新一轮改革深化提升行动，切实把公司发展的潜能潜力充分释放出来；以"油公司"模式改革为契机，以新型采油管理区作业区建设为抓手，打造与高质量发展新格局相适应的劳动组织模式。

三是大港油田改革发展面临的困境亟需创新的人力资源管理模式。当前，大港油田业务结构、机构数量、人员规模等与改革发展目标还有差距，主要体现在3个方面。首先，关键指标排名不佳。"人均油气当量""全员劳动生产率""人工成本""人事费用率"等指标在集团公司勘探与生产分公司中排名比较靠后。其次，队伍结构性矛盾突出。队伍平均年龄45.2岁，管理人员占比达到30%，主营业务用工占比仅为48%，一线用工紧缺、二三线用工冗余的结构性矛盾突出。最后，优化人力资源配置需求迫切。随着工效挂钩力度不断加大，必须通过优化业务与组织结构、推进用工方式转型、优化人力资源配置、推动薪酬分配制度改革、建设高素质专业化干部队伍、激发人才创新创效活力等措施，促进人力资源结构向优质化、价值最大化转变，实现员工和企业共同成长。

二、"双效双赢"人力资源管理模式本质内涵

"双效双赢"人力资源管理模式就是围绕建设国内一流数智油田战略目标,牢固树立"用经营理念指导人力资源管理工作,用数据指标衡量人力资源管理水平"工作理念,以增强企业活力和竞争力为目标,通过构建业务新格局、组织新架构、用工新模式、培养新常态、保障新机制、党建新堡垒,持续优化管理体制机制,实现人力资源按需科学动态配置,用工规模大幅减少,队伍结构日趋合理,全员劳动生产率、人工成本利润率显著提高,实现企业效益增长、员工价值提升、油区繁荣发展的多赢局面,如图1所示。

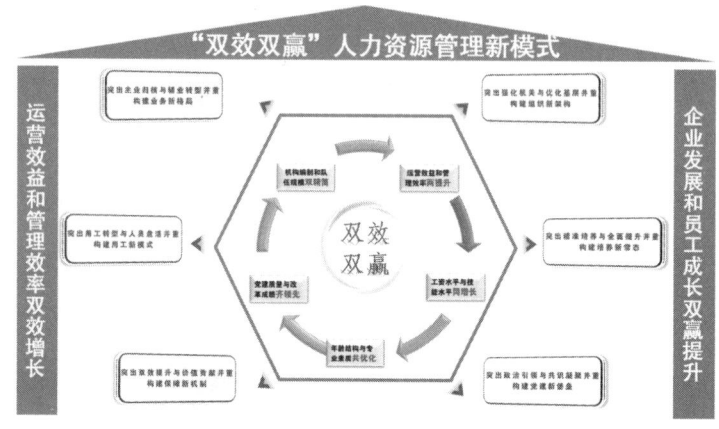

图1 "双效双赢"人力资源管理模式本质内涵

三、构建"双效双赢"人力资源管理模式的做法

(一)突出主业归核与辅业转型并重,构建业务新格局

1. 立足于"优",做优做强核心业务

加大对主营业务在投资、科研、机制等方面的政策扶持,增强主营业务发展动力。一是强化业务发展组织保障。在海上油气开发、新能源业务发展、健康安全监管和储气库业务增建扩容等方面,配齐配强定员职数,为推动主营业务归核发展提供保障,成立新项目事业部开发页岩油,成立新能源事业部开发绿电和地热资源,两个事业部一体化运行,撤销效益水平相对较低的采油厂,将优质资源整合到滩海油气开发、储气库等高效业务单位。二是创新生产组织模式。采油生产单位全部实现规范的"采油厂—采油作业区"两级管理,建设新型采油管理区作业,聚焦油气勘探开发业务,归核发展。三是深化数智化建设。建成并上线应用油水井智能分析系统、作业区生产管理平台等一系列地面物联网系统,形成"流程可视、实时采集、集中监控、自动预警、优化生产"的数字化生产管理流程,实现主营业务新突破、新发展。

2. 立足于"专",做精做专生产保障业务

借助新型采油管理区作业区建设的有利契机,做精做专生产保障业务。一是推动采油厂专业化整合。在新型采油管理区作业区建设过程中采取业务外包、委托管理等方式,剥离电力运维、车辆保障等生产保障业务,在公司和采油厂层面组建专业化生产保障服务队伍,实现"两级"专业化。二是推动保障队伍专业化。构建完善修井作业、电力保障、信息技术等业务"一

对多"服务体制，推进生产保障业务专业化、运行机制市场化，促进油田专业化队伍从保障型向经营型转变，在提高服务能力和水平同时，提高创效能力。

3. 立足于"退"，移交退出后勤及社会服务业务

瞄准公司转型升级高质量发展，稳步移交退出低效无效业务，为主业归核发展让出空间，实现编制资源效益最大化使用。一是推动后勤业务板块转型发展。职业教育、后勤服务等单位快速转型发展，创效能力持续提升，扭亏解困稳步推进。二是实施矿区业务板块移交划转。供热、供水、供电、物业、市政、医疗卫生等业务实质性移交，1300余人划转，在集团公司内部率先实现"人随业务走"，离退休管理与学前教育业务完成整合，基本完成矿区业务移交。三是多种经营板块引资混改。统筹部署、协调推进完成厂办大集体改革，厘清管理界面，理顺管理机制。

（二）突出强化机关与优化基层并重，构建组织新架构

1. 聚焦统筹协调，优化调整公司机关组织体系

根据公司战略规划及业务发展的需要，理顺和明晰各层级职责和管理界面。一是理顺机关部门业务职责。组织编制《公司机关部门、直属单位主要职责》，清晰公司新能源业务、资本运营等40余项职责管理归口。二是提升机关部门协作水平。突出公司机关在生产、经营、决策、管控、协调等方面的职能作用，整合调整条块分割、运行不畅的部分职能，发挥各职能部门的协作能力。三是优化机关部门职能定位。结合公司领导体制调整，突出机关战略引领和一体化统筹中心地位，建设定位清晰、权责统一、分工合理、运转高效、服务有力、监督到位的"价值型 + 大部制"公司机关。

2. 聚焦发展瓶颈，积极建设新型生产组织模式

围绕集团公司新型采油管理区作业区建设要求，大力推进新型生产组织模式创新，建设新型采油管理区作业区。一是科学编制建设方案。结合公司生产实际，编制出具有大港油田特色的《新型采油管理区作业区建设方案》，创新提出"4部+N中心"组织架构模式。二是建设"4部+N中心"组织架构模式。指导试点单位建设"4部+N中心"组织架构模式，初步实现内部辅助业务专业化和机构设置扁平化。截至2022年年底，公司新型采油管理区建成1个、新型采油作业区建成20个，完成上级下达的年度建设任务。三是系统推进二级单位机构改革，持续推动机构编制压减。按照"相同业务合并、相近业务融合、相关业务整合"的原则，持续精简非主营和主营非核心业务机构，撤并低效无效亏损机构。

3. 聚焦效率效益，建立健全核心技能岗位体系

瞄准提高劳动生产率目标，依托"三分一定"模型，探索建立核心技能岗位体系。一是建立"三分一定"模型。按照主营业务与非主营业务、核心岗位与非核心岗位、核心技能与非核心技能进行划分，构建"三分一定"模型，如图2所示。

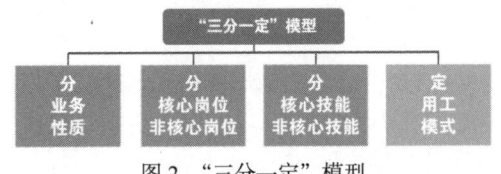

图2 "三分一定"模型

二是建立"三位一体"工作组织。建立完善公司统一领导、人事部门统筹协调、其他各部门和各油气生产单位上下联动、密切配合的工作格局；在采油厂建立工作组，拟定核心技能岗位；在作业区建立审核组，审核工作写实信息。"三位一体"统筹推进保障核心技能岗位体系建设工作落实落地，如图3所示。

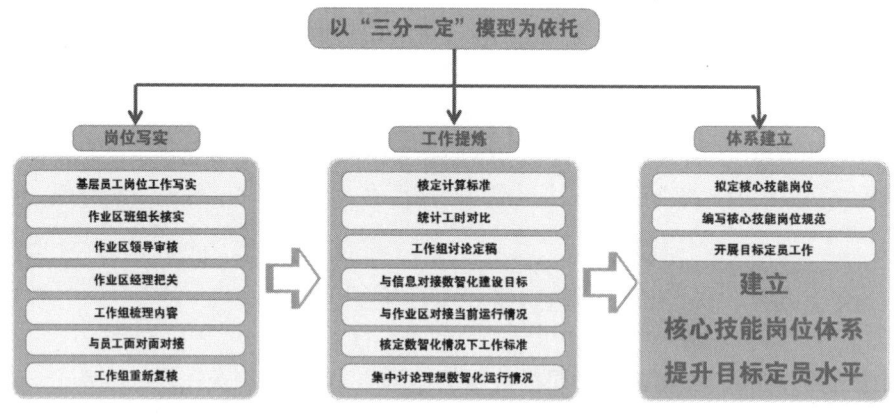

图3 "三位一体"工作组织

三是试点单位建立核心技能岗位体系。对试点作业区操作技能岗位工作进行梳理整合，撤并低效岗位，精简操作技能岗位56%，剥离核心岗位非核心技能工作313项，岗位的工作内容更趋合理。

（三）突出用工转型与人员盘活并重，构建用工新模式

1. 着力拓宽减员渠道，严格控制用工总量规模

严格落实集团公司关于员工总量的控制要求与提质增效的需要，多维度开展减员增效工作，为实现"双效双赢"奠定坚实基础。一是实施总量管控。科学合理下达各单位年度用工计划，重点推进生产辅助和后勤保障单位目标定员，对于员工总量大、富余人员多、队伍结构调整任务重、员工人数大于目标定员的单位，实施员工总量与增量双控制。二是积极畅通出口。积极推动员工市场化退出，对于违法违纪、不胜任工作岗位人员，坚决依法依规解除劳动合同，强化长期离岗人员管理和长期在册不在岗人员清理清退工作。三是严把队伍进口。新增用工指标重点用于石油主体和新能源等专业高校毕业生，定向引进高层次管理、技术研发等领域成熟人才，补充到采油采气、科研设计等油气主营业务队伍关键核心岗位。

2. 着力完善激励机制，扎实推进用工优化盘活

为了进一步激发队伍创新创效活力，持续强化盘活机制建设、扎实推动内部转岗、积极开拓外部市场，多措并举稳步推动人力资源优化盘活工作。一是强化机制建设积极引导盘活。研究制定"双引擎"优化盘活激励政策，对盘活工作突出的单位给予培训费或一定额度的工资总额奖励，充分调动各单位优化盘活积极性。二是推动内部转岗满足内部需求。鼓励二级单位间利用大港油田公司人力资源统筹配置平台系统积极寻求公司内部合作项目，引导富余人员向油气生产核心业务、新能源业务技能操作岗位流动，有效缓解生产一线缺员问题。三是开拓外部市场输出富余人员。加强与集团兄弟单位和周边企业的合作，通过建立项目经理负责制、创新劳动组织模式，持续向油田公司外部企业间输出劳务。

3. 着力转变用人理念，稳步开展用工方式转型

围绕集团公司用工方式转型工作部署，在高质量做好顶层设计基础上，扎实推进试点建设。一是坚持目标导向推动用工转型。牢固树立"不求为我所有、但求为我所用"的效益用人理念，对油气主营业务全面推行"管理＋技术＋核心技能岗位"直接用工，生产保障业务推行"管理＋核心技能岗位"用工模式，后勤服务业务推行管理型用工模式，逐步形成"内部专业化队伍＋外部市场化服务"新格局。二是扎实推动试点建设。选择第一采油厂第二采油作业区及井下作业公司 3 个基层队开展用工方式转型试点，通过优化整合内部业务和岗位，单位经营效益和劳动效率均有不同程度提升，其中第一采油厂第二采油作业区人均管井数由 8.3 口提升到 18.5 口、劳动效率提升了 123%。

（四）突出精准培养与全面提升并重，构建培养新常态

1. 坚持业务主导，构建精准培养新常态

紧密结合公司发展战略实际，及时调整培训规划重心，打造公司发展所需的人才队伍。一是实施领军型管理人才培训工程。以公司战略、创新思维、宏观经济等为培训重点内容，每两年对在职中层领导干部、青年后备干部轮训一遍，并通过内部挂职交流锻炼等手段，打造高层次领导干部队伍。二是深入实施技术专家培训工程。实施技术专家前沿理论和先进技术、管理知识两年轮训计划，并依托重大科研和工程项目，打造复合型技术人才。三是实施专业型后备人才培养储备工程。加强专业处室横向沟通，开展通用专业毕业生针对性培训和实践，实现专业岗位有效接续。

2. 坚持高端引领，构建精品培养新常态

为落实人才强企工程战略部署，先后成立了天津工程师学院、大港油田公司党校，并借助国家和地方党校、集团公司和石油院校等资源，精心打造高端精品课程项目。一是打造公司两级领导班子领导力提升培训项目。外聘中共中央政策研究室、中央党校等知名高校学者，开展党的十九大精神和国际形势、宏观经济、政策研究等方面学习培训。二是举办科技大讲堂等特色专题技术讲座。聘请中国科学院院士和中国工程院院士以及浙江大学等院校的知名教授，为公司领导、两级专家、部门负责人讲授国际前沿理论、先进技术。三是打造技术专家研修项目。与中国石油大学（北京）深度合作，组织技术专家学习掌握国内外前沿理论和技术发展动态。

3. 坚持因材施教，构建全面培养新常态

积极探索创新培训形式，逐步建立一套"双结合，三依托，四突出"的差异化培训模式，有力助推核心人才队伍建设。一是需求导向、多层细分，优化培训菜单管理。坚持以业务需求为导向，建立培训需求"两级管理、三级计划、四级培训"分级管理模式，形成科学全面并具有针对性的培训计划。二是内外结合、多面依托，创新人才培养形式。将内培与外培、请进来与送出去相结合，利用国内外优秀教师资源开展岗位差别化专项培训，开展核心骨干人才和急缺人才前瞻性培训。三是因"才"施教、突出重点，培训效果体现差异。针对管理人才，突出"实学"，开发"四位一体"的干部教育培训体系，有效提升干部助推企业发展等能力；针对技术人才，突出"实技"，深化实施技术专家 3 年培训规划，大幅强化专业技术人才真才实学；针对技能人才，突出"实践"，大力实施复合型人才和高技能领军人才培养工程，满足生产现实需求；针对国际化后备人才，突出"实用"，采取"外送内培"的方式开展专项培训，有效缩短其适岗周期。

（五）突出双效提升与价值贡献并重，构建保障新机制

1. 瞄准双效提升，构建薪酬分配新机制

创新实行"一挂两定"工资总额分配机制，持续加大工资总额与单位效益效率挂钩力度。一是"一挂"激活力。增设薪酬兑现浮动系数，合理拉开不同单位的绩效奖金差距；建立超额贡献薪酬激励政策，对不同类型单位按增利减亏额的一定比例进行工资总额激励。二是"两定"强动力。按发薪人数核定基本工资，按岗位定员核定部分绩效奖金，促进单位冗员显性化、不在岗员工清退、全员劳动生产率更快提升。三是"定向"提效率。建立油气超产薪酬激励政策、单位产量与员工收入紧密联动的"月考核、月兑现"考核分配机制，切实发挥奖励的时效性，激励各油气生产单位全力以赴冲刺全年原油生产任务目标。

2. 瞄准价值贡献，构建考核激励新机制

深入推进全员业绩考核工作，科学拉开同岗位不同业绩表现员工间的收入差距。一是深化干部业绩考核。坚持用精准考核激励干部担当作为，统筹考虑业务发展趋势、单位管理幅度、工作难易程度和工作实际成效，实施"三类九档五级"专项嘉奖；加大考核评价结果应用力度，对上年度综合考核评价为优秀的班子和中层领导人员给予业绩薪酬奖励。二是深化技术人员业绩考核。建立健全技术人才业绩考核指标体系，将实干担当作为素质能力考核评价首要依据，重点考核工作实绩、科技贡献、成果应用情况，同时设置获奖科研项目、授权知识产权直接加分项目。三是深化技能人员业绩考核。突出体现核心技能岗位员工的岗位价值，提高公司技能专家津贴发放标准，发挥高技能人才骨干作用。

3. 瞄准活力激发，构建干部选配新机制

大力加强政治坚强、本领高强、意志顽强的干部队伍建设。一是建立完善配套制度。制定下发《激励干部担当作为的二十条措施》，修订完善《中层领导人员选拔任用工作规范》，指导推动各单位干部管理制度健全率达到100%。二是选优配强领导班子。紧扣事业发展、班子优化、结构调整"三个需要"，坚持好干部标准，注重在新型冠状病毒感染防控和提质增效大战大考中考察识别干部，树立崇尚实干、注重实绩、担当作为的鲜明导向。三是培养培育优秀干部。创新采取线上＋线下、党校＋高校、理论＋实践等方式，分层分类精准推进干部素质提升工程，举办领导能力提升培训班、参加集团公司党校班和各专业研修培训；围绕加快优秀年轻干部培养，参加集团公司中青年干部培训班、第一批挂职锻炼，高标准举办第三期青年干部党校培训班，高质量开展第四批年轻干部挂职交流，在实践中培养和锻炼干部。

（六）突出政治引领与共识凝聚并重，构建党建新堡垒

1. 强化改革氛围营造，汇聚改革"正能量"

大力营造全员支持改革共谋发展的浓厚氛围，凝聚共识、汇聚力量，持续稳健推动各项改革工作部署。一是深入学习习近平总书记关于改革方面的重要论述。扎实深入开展好主题教育，将人力资源管理新模式建设工作与党史学习教育及主题教育一体谋划、一体部署、一体推进。二是大力继承发扬党的光荣传统和石油工业优良作风。深入推进石油精神和大庆精神、铁人精神再学习再教育再实践，并与弘扬科学家精神、劳模精神结合起来，持续鼓舞人心、引领队伍。三是做好宣讲和形势任务教育。强化两级机关和各层级领导干部政策宣贯，切实让广大员工认

识到改革是油田公司高质量发展的必然，营造良好的改革氛围。

2. 强化党建互联共建，注入改革"强心剂"

坚持把加强党的建设贯穿改革发展全过程，着力推进党建与生产经营深度融合，探索建立基层党建新模式、新机制，打造互联共建协作区。一是推进经验联享。通过座谈、研讨、论坛等形式，交流经验、共同探讨改革工作新思路新举措，形成协作区内广泛对标氛围，激发各成员单位党组织和党员干部内在动力。二是推进队伍联建。紧扣队伍建设、人才培养，通过举办联合培训班、互送人员培训等方式，强化队伍建设，打造"石油工人心向党、永远听党话跟党走"的石油铁军、改革先锋。三是推进发展联促。积极探索产业链供应链创新链党建工作模式，开展党建互联共建活动，以业务协作促进改革融合，形成良好的发展态势。

3. 强化改革示范引领，吹响改革"冲锋号"

紧紧围绕油田公司改革部署与高质量发展建设需要，广泛开展党员岗位讲述、主题党日等活动，以先进典型为榜样，引领广大员工投身改革。一是注重发挥党支部战斗堡垒作用。借助"三会一课"，党员领导干部带头学习公司相关政策文件，谈感受、谋思路，以"亮明创"等活动为载体，坚持融入中心、服务大局。二是注重发挥党员先锋模范作用。组建党员责任区、党员突击队等1400余个，带动广大员工支持改革、参与改革。三是深入宣传试点经验。以共产党员示范岗、基层党建示范点等评选表彰为契机，深入宣传改革试点单位样板经验做法，鼓励其他单位积极探索更多可复制可推广的经验模式。

四、"双效双赢"人力资源管理模式成效

通过实施"双效双赢"人力资源管理模式，大港油田公司在提高组织管理效能、激活队伍创效活力、发挥薪酬激励作用方面取得了明显成效。

一是有效提升了组织管理效能。大港油田公司立足老油田实际，聚焦效率效益，以"油公司"模式改革为契机，通过实施业务归核化、组织机构扁平化等措施，累计减少二级机构24个、减幅达到29%，减少三级机构364个、减幅达到31%，已基本建成适应生产经营需要、职能系统完备、机构设置合理、运行协调高效的组织机构体系。

二是充分释放了队伍创效活力。大港油田公司牢牢把握改革出发点和着力点，持续发力优化员工队伍结构，累计盘活员工约4800人，公司员工创效能力、员工个人价值体现均得到较大提升，为公司高质量发展提供了坚实的人力资源保障，促进全员劳动生产率提升贡献6.32%。

三是显著增强了薪酬激励作用。大港油田公司以突出薪酬管理的效益效率导向和发挥薪酬分配的激励约束作用为主要目标，着重在工资总额分配、工资使用管控、专项奖励管理、人工成本压减上发力，初步达到了"三提升、两向好"的突出效果：单位兑现力度、差异化激励水平、精准激励时效显著提升，人工成本利润率、人事费用率稳步向好，为公司夺油上产、提质增效、数智化建设提供了动力保障。

案例负责人：陈卫兵、陈建新、薛　飞
主要创作人：陈丛生
参与创作人：朱　猛、雷　鸣、翟泽宇

以人力资源管理一体化创新机制推进国有科技型企业改革做深做实

中交（天津）生态环保设计研究院有限公司

一、背景

（一）生态环保院基本情况和所面临的管理问题

中交（天津）生态环保设计研究院有限公司（以下简称生态环保院）成立于1980年，隶属于中国交通建设集团有限公司，是具有120余年企业历程的中交天津航道局有限公司的全资子公司，是中国交建首家以生态环保为核心业务的生态环境综合治理技术服务商，是国务院国资委探索建立创新型企业工资总额动态调整机制的试点单位。生态环保院以改革试点为契机，深入贯彻中交集团"江河湖海"优先战略，根据中交天津航道局有限公司战略部署，力求在"十四五"期间，建设成为国内最具实力的"生态环境综合治理技术服务商"，不断增强员工幸福感，促进员工全面发展。

人才是第一资源，对人才的管理是企业的核心竞争力。要实现以上发展目标，就必须打造一支数量充足、结构优良、能力过硬、支撑发展的高素质人才队伍。目前，公司专业技术（科研）人员占比85.12%，研究生及以上学历占比40.47%，已经拥有了一支以技术研发为本底，以科技创新带动企业发展的人才队伍，较好地适应和满足了过去历史条件下的公司发展要求，也为新时期公司高质量发展奠定了扎实的基础。但也看到，面对新时代、新要求还存在一定的差距，具体表现在以下几个方面。

1. 老问题出现了新表现

国有企业在人力资源管理方面积留下来的一些顽疾，包括"大锅饭""熬年头""三不能"等，在生态环保院中或多或少也有所体现，制约了人才潜力的充分发挥，这些也正是国企三项制度改革的核心。

2. 新形势产生了新挑战

随着国有企业市场化水平不断提高，尤其是全国统一大市场建设的不断推进，劳动力、人才跨地区流动更加顺畅，人才竞争也将进一步加剧，对吸引、培养和保留优秀人才提出了新的挑战。

3. 大目标提出了新要求

对标国内最具实力的"生态环境综合治理技术服务商"的发展目标，公司人才队伍在能力、工作和学习积极性、创新思想、创新能力等方面还有不小的差距。特别是，党中央、国务院关于国企改革三年行动的决策部署明确将三项制度改革作为重要的改革目标，生态环保院作为国有企业,为贯彻执行上级的部署要求,解决制约自身发展的瓶颈,迫切需要进一步深化三项制度改革,通过调动全体干部职工高效工作和提高自身素质的积极性,提升工作效率和公司效益,迎接市场的竞争和挑战,切实践行国有企业的使命担当,履行好经济责任、政治责任和社会责任。

(二)生态环保院和员工工作特点

1. 生态环保院特点

生态环保院作为国有创新型企业:一方面,具有一般科技型企业以提升公司自主创新能力、取得创新成果和实现科技成果转化,为国家和人民创造财富的管理属性;另一方面,又具有中国特色社会主义条件下服务于国有企业生产经营任务的特殊属性,即必须贯彻全心全意依靠广大员工的方针,充分调动员工积极性,不断提高员工幸福感,促进员工全面发展。

2. 生态环保院工作特点

首先,科技创新工作对人的创造力、投入度和主动性要求极高,迫切需要激发员工内生动力,把"要我干"变成"我要干"。其次,科技创新工作具有科研渐进性、成果阶段性、多元价值、质量标准不一等特点,因此对其考核时必须避免出现评价指标单一化、标准定量化、结果功利化的问题。最后,无论是科技研发还是科技成果转化,都需要团队间、个人间共同协作、互相服务才能实现,因此,如何有效评价个人在价值创造过程中的贡献和表现,成为人力资源管理的关键和难点。

3. 员工特点

作为智力密集型的科技创新工作,员工的公平敏感性更高、个人对组织的需要更加多元、对参与管理和自主选择的愿望更强。员工更加注重在将自己的付出及得到的回报与他人进行比较时感受到公平合理。其中,所得到的回报不仅是薪酬待遇,还包括事业平台、名分、尊重和良好的组织氛围。而在管理机制、制度的设计中也更加需要发挥员工的主人翁责任感,启发员工自觉参与管理。

综上所述,生态环保院坚持以问题为导向,立足实际,创新一体化人力资源管理体系建设。

二、主要做法

(一)创新管理思想和理念,提出"四个决定""三大重点"理论体系

管理思想和理念是一体化人力资源管理体系建设的重要指引。目前,社会上关于人力资源管理的概念层出不穷,但大多数做法都是应用西方技术或将西方工具进行汉化,尽管有可学习借鉴之处,但其理论是建立在私有制基础之上,形而上学地看待管理对象,以服务资本、管控下属为主要目的,这与中国特色社会主义公有制和市场经济结合之下的国有企业有本质不同。在改革顶层设计中,生态环保院立足中国的国情、企情、人情,以马克思主义和习近平新时代中国特色社会主义理论为指导,总结了新时代中国特色社会主义条件下国有创新型企业人力资源管理的科学理念,并通过沟通与宣导,在生态环保院内部逐步达成共识,使之成为达成改革目标的思想保证,发挥了引领方向、统一思想、凝心聚力的重要作用。这些工作概括起来就是"四个决定""三大重点"。

1. "四个决定"

一是社会主义生产目的决定了国有创新型企业人力资源管理,一方面具有一般企业以提升公司自主创新能力、取得创新成果和实现科技成果转化为目的的管理属性,另一方面必须贯彻全心全意依靠广大员工的方针,充分调动其积极性,不断提高员工幸福感,促进员工全面发展。

二是社会主义分配原则决定了国有创新型企业必须为价值创造过程中个人的贡献与表现付酬,以价值创造者为本。

三是创新型企业工作和人员的特点决定了改革必须以信任和尊重为基础,以公平("劳""得"匹配)为核心,以机制建设为重点,以长期共赢为目标,激发主动性、创造性。

四是国有企业作为社会主义制度与市场经济结合的重要组织形式,决定了国有创新型企业人力资源管理必须有利于增强员工责任意识、创新意识、团队意识和适度的竞争意识、危机意识。

根据"四个决定"确定了"三大重点"方向。

2. "三大重点"

一是以对全员贡献和表现的考核评价为关键。
二是以人力资源各模块的互相耦合并形成一体化的管理机制为驱动力。
三是以宣导、机制、管控三管齐下为主要手段。

(二)创新贡献表现评价机制,抓住改革"牛鼻子",破解"三能"难题

对员工贡献和表现的准确评价是三项制度改革的基石,是人力资源管理的关键和难点。当前,在企业中普遍存在考不准、考不服、结果难以应用的问题,解决之道既不是简单设置几个计量指标,也不是请几个人来评价,而是要做到"信任为先、公平为基、发展为重、广泛民主、科学集中"。具体举措如下。

1. 明确两类组织和个人

即需要互相协同完成任务并产生绩效的组织或个人,以及能够独立完成目标任务的组织或个人。管理部门是公司的"首脑部门",是公司领导决策前的参谋部、决策后率领执行的司令部、横向沟通相互协作的协调部和基层单位的管理服务部。由于管理部门是通过协作配合共同完成目标任务的组织和个人,通过部门间的合作以及对一线直接创造效益的业务单位的管理指导和服务,来发挥自身在企业价值链中的作用,这就决定了其考核方式要区别于独立完成生产经营任务的组织和个人。管理部门工作还具有工作任务的多变性、工作成果的模糊性、工作标准和要求的不确定性、工作成效难以客观量化等特点,加大了考核的难度。如果采用通过设置几个指标来计量组织和个人的贡献和表现,会造成协作精神、挑战精神、主观能动性下降,对企业和员工个人的发展都是不利的。如果采用所有人相互打分的方式,容易出现相互不了解的人员随意打分、各考评人的评价尺度不同、直接领导普遍给部属打高分、不匿名时因不敢得罪人而出现普遍高分、匿名时出现恶意评价等问题,使考核结果难以横向比较和应用。

生态环保院业务单位是在一线直接创造价值、能够相对独立完成科研项目和生产经营任务的组织,包括中心、事业部、分院和项目部。对业务单位的组织考核,要发挥指挥管控、引导发展、兑现反馈的作用。但以往考核往往存在对考核目标值讨价还价、业绩受外部市场等客观因素影响导致考核结果难以反映各单位真实表现、科技成效评价未能充分体现多元价值导向、未能准确把握共性与个性和重点与全面的辩证关系等问题,导致考核导向不够鲜明、考核结果难以横向比较。

2. 全员绩效管理必须要做到"四个统一"和"四个结合"

包括坚持素质表现与实际贡献、组织利益与个人利益、对上负责与对下负责、引导性目的与评价性目的相统一，做到领导与群众、客观量化与主观量化、日常管理和阶段评价、各种评价方法相结合。

（1）对管理部门的考核。在部门考核内容上，根据管理部门的职能定位，抽取各部门共同可比较的指标，既考核工作的完成情况，又考核在过程中部门间的协作与配合，以及对业务单位的服务质量。在部门考核方式上，公司领导、管理部门所有人员、各业务单位共同参与，其中，生态环保院领导对部门工作进行全面考核，各部门之间主要对相互协作情况进行评价，各业务单位对管理部门进行服务满意度评价。

（2）对业务单位的考核。在组织绩效考核方面，以结果性指标、计量考核为主，以保证考核指标的刚性落实。同时，为规避因客观因素影响导致结果性指标考核难以完全反映各单位主观努力和表现，由公司领导、相关管理部门、各业务单位之间对各单位整体贡献和表现，以及包括管理提升、人才队伍建设、营造文化氛围在内的动因性指标的综合评价，并创新评价方法，使考核结果更加客观。综合评价的目的是让公司领导和相关管理部门对各业务单位在完成全部工作中的贡献和主观努力进行整体判断，是对剔除了客观因素之后的各单位贡献的估量，是引导各单位全面、协调、可持续发展的重要抓手，是增强各业务单位相互间协同力的重要手段，也是对最终考核结果的修正。此外，除考核当期目标完成情况外，还考核指标同期增长率和人均增长率，引导各单位不断提高科技创新和生产经营能力，不断增强人均效能，并通过中长期考核，进一步引导各单位注重长期健康发展。

（3）对业务单位负责人的考核。业务单位负责人是生态环保院的"关键少数"，对其个人进行考评，能够较准确地衡量个人贡献，比较不同单位之间、同一单位不同个人之间的贡献差异，实现"差异化薪酬""末等调整不胜任退出"。与此同时，还能通过考核引导单位负责人之间齐心协力，步调一致，打拼最佳业绩，增强团队意识、执行意识、大局意识、责任意识。以往的考核存在普遍高分、得分区分度过小、因各单位评价尺度不同造成大排名时不合理等问题，使考核结果难以刚性应用。为此，各业务单位负责人个人考核评价内容充分贯彻落实"对党忠诚、勇于创新、治企有方、兴企有为、清正廉洁"的好干部标准，以及集团党委提出的"靠得住、能干事、在状态、善合作"的要求，结合生态环保院实际，设置9项指标，具体包括工作业绩、政治素质、廉洁自律、业务与管理水平、执行力、改革创新、履职尽责、团队协作、经营意识，将好干部标准和绩效考核进行了融合。同时，生态环保院领导、相关管理部门、各业务单位负责人、本单位员工共同对各业务单位负责人个人贡献和表现进行评价。生态环保院领导和相关管理部门考评，引导各单位增强执行力；各业务单位负责人之间进行互评，增强协作意识；本单位员工评价本业务单位负责人，引导加强内部管理和氛围营造。为使考核结果能够客观真实、拉开差距、避免恶意评价，引入了多元化评价方法，使各单位副职的考核成绩能够进行跨单位大排名，实现了考核过程公道、结果合理。

（4）对其他人员的考核。在个人考核内容方面，既考核工作成效，又考核达成结果的主观要素，包括态度、知识能力、品行等，不同层级人员具体要求有所不同。在个人考核方式上，做到坚持直线经理负主要责任、对上负责与对下负责相统一的原则，直接上级对部属进行全面考评，部属也要评价上级的带队伍能力，引导管理者注重发挥员工作用和提高员工素质。在考核方法上，不是简单地让所有人打个分数，而是站在不同评价者的角度，设计更科学合理的评价方法，以及在汇总大量主观量化数据过程中优化核算方式，将大家的意见进行科学集中，最终使结果更接近实际情况。生态环保院全员绩效考核，根据不同考评人的不同情况，引入了多种考评方式，并通过等值换算解决不同考评人尺度不一等问题，最终使结果更接近实际情况，实现了考核结果的跨部门大排名。根据排名和得分情况，将员工划分为优秀、良好、合格、待改进和不合格5个等级，其中待改进和不合格比例不低于10%，以此决定当年度的薪酬兑现、次年薪酬调节及职务职级调整。

3. 创新科技成效评价，强化成果高质量供给与转化应用

依据《国务院关于完善科技成果评价机制的指导意见》等相关要求，生态环保院坚持以科技创新质量、绩效、贡献为核心的评价导向，创新各单位科技成效评价机制。具体而言，对科技成效的考核包括科技成果考核和科技成效综合评价两大方面。其中，科技成果考核包括科技成果转化目标完成情况、科技成果转化同期增长情况、科技成果和知识产权完成情况等指标。科技成效综合评价从技术价值、经济价值、社会价值、文化价值4个维度，由生态环保院技术专家委员会专家，对各单位各项科技成果的技术创新性、先进适用性和实用化水平、综合效益和影响、推广应用和产业化前景，以及后续的改进等方面进行分析研究并作出综合性评价，并以此形成对科技成效的中长期评价、后评价和成果回溯机制。

4. 定制开发全员绩效管理系统

绩效管理是一个整体性的有机体系，要做到系统完备、科学规范、有效管用，就必须解决一系列复杂问题，进行科学设计。但对于参与者而言，又必须做到简便易行，否则就无法坚持。生态环保院借助信息化系统进行全员绩效考核的统一组织、统一管理，实现匿名考评、简化评价操作、系统自动算分，使考评人敞开心扉、牵头部门规避道德风险、考核数据有效积累、管理成本大幅下降、管理效率逐步提升。

（三）创新多元激励体系，强化价值导向，发挥把"蛋糕"分好的激励作用

贯彻社会主义分配理念，构建多元薪酬分配体系，发挥把"蛋糕"分好的激励作用。

1. 树立为价值创造过程中的贡献和表现付薪的理念，为员工建立动态宽带薪酬体系

（1）优化薪酬档级设置，为差异化分配和收入能增能减建立基础。宽带薪酬体系的主体部分包括固定薪酬和浮动薪酬。其中，固定薪酬是员工的固定收入，与员工职业发展通道的职级相关联，每个职级内包含若干薪档，主要体现个人能力、历史贡献等要素。浮动薪酬是根据员工所在薪酬档级、岗位类别、生态环保院和个人绩效表现等因素确定，主要体现个人承担的责任大小、实际贡献和表现，以及生态环保院绩效表现。通过宽带薪酬，给了员工广阔的薪酬增长空间，也使同岗位人员能够依靠自己的贡献和表现拉开收入差距。只要干得好，不换岗位、不当"官"也能涨工资，引导员工在本职岗位上精耕细作。

（2）突出"劳动创造价值"的导向，重点关注科研和项目一线人员。浮动薪酬中，岗位类别越高的岗位，承担的责任越大，绩效薪酬比例越大，预期数额越高。在岗位类别划分上，向项目管理岗位和科研技术岗位倾斜，而实际绩效薪酬兑现，关键是要和考核结果挂钩。归根结底，企业应该为价值创造付酬，而不是为岗位付薪。对个人来说，最有利的是在最适合自己、最能发挥自己特长的岗位上努力奋斗，同时帮助部门和生态环保院取得良好业绩，只有这样考核成绩才会优秀，才能获得相应的待遇，引导人岗匹配和价值创造为本。

（3）构建职级晋升、薪酬调整、考核结果一体化联动机制。在动态宽带薪酬体系下，一名

应届毕业生进入生态环保院后，从最低档起步，每年根据绩效考核结果兑现浮动薪酬，并以此决定第二年薪酬档级的调整。根据考核成绩大排名，优秀员工可调整两档薪酬，良好的可晋一档，合格的不调整，连续两年待改进的职级降一等，不合格的次年职级降一等，连续两年不合格的职级再降一等并调离本岗位，通过进步快慢逐年拉开薪酬差距。当员工的薪酬档级获得了晋升上一职级最低薪档的资格，其他条件又满足职业发展通道的任职条件，即可申请评聘上一职级，通过后可调整职级，薪酬档级也随之变动。对于同一薪酬档级，不同岗位类别的员工，固定薪酬相同，浮动薪酬的预期不同，但实际兑现需要与考核成绩挂钩，既体现了内部公平性，又兼顾了人岗匹配。

2. 优化业务单位负责人年薪制分配方式，落实契约化薪酬管理

各业务单位是一线直接增收创利的组织，其单位负责人薪酬体系的设计坚持业绩导向和责任导向。业绩导向是指负责人的薪酬兑现与组织绩效考核指标完成情况紧密挂钩，充分体现价值创造为本的理念。责任导向则是指负责人的薪酬体现其承担责任的大小和工作难度的差异，具有内部公平性。

（1）区分各业务单位责任大小，合理制定负责人薪酬标准。各业务单位负责人薪酬的主体部分包括基本薪酬和绩效薪酬。其中，基本薪酬是与负责人职务相适应的薪酬单元，不同单位、相同职务的负责人，基本薪酬相同。绩效薪酬是与负责人所在单位承担的责任大小、组织绩效考核成绩、个人绩效考核成绩相挂钩的薪酬单元。其中，各单位承担的责任大小由责任系数来衡量和区分。责任系数由价值贡献维度和管理责任维度两个方面确定。其中，价值贡献维度反映的主要是价值创造的结果，是依据近3年各单位关键财务指标和关键科技指标的实际完成值占生态环保院整体完成值的比重核定的。管理责任维度反映的主要是各单位对生态环保院的整体价值贡献，以及在价值创造过程中所承担的管理责任和难度，由生态环保院领导、管理部门主要负责人进行评价得到。管理责任维度体现了两个方面的内容，一方面是对价值贡献维度的补充，避免少数关键指标无法全面衡量各单位贡献的问题；另一方面是对各单位达成结果过程中所要付出的努力大小进行评价，有利于增强薪酬分配的内部公平性。

（2）强化考核结果应用，突出价值创造导向。为发挥绩效管理的指挥棒作用，业务单位负责人的薪酬体系在3个方面强化了绩效考核结果的应用。第一，负责人绩效薪酬预期占年度总薪酬的比例，从过往的50%提高到了65%左右，有更多的薪酬与绩效考核结果挂钩。第二，本单位的组织绩效考核成绩和负责人个人考核成绩均与绩效薪酬挂钩，引导负责人既要把自己分管的工作做好，还要协助主要负责人一起把本单位整体的任务完成好，增强班子内部合力。第三，各单位当年度的价值贡献不仅影响当年度绩效薪酬兑现，还影响到次年责任系数的核定，进而引导各单位既要完成自身任务目标又要努力比其他单位贡献更大，既要完成当年度目标又要注重长期可持续发展。

（3）设置超额绩效奖励，加大核心指标激励力度。为进一步加大对核心指标的激励力度，对业务单位超出核心指标目标值一定比例以上部分进行超额绩效奖励。核心指标是根据各单位战略定位和任务目标，选取的少数最关键的业绩指标。根据核心指标较目标值超额完成情况，按照超率累进方式，核定超额奖励基数，并与个人绩效考核成绩挂钩后确定实际兑现额度，最高可达年度绩效薪酬的80%。超额绩效奖励是对绩效薪酬的补充，两者具有重点和全面的辩证关系。绩效薪酬与组织绩效考核和个人考核结果挂钩，对组织和个人的要求更加全面，而超额绩效奖励则只针对少数关键考核指标，以起到进一步强化激励的作用。

3. 构建"事业共建、价值共创、利益共享、风险共担"的多元化激励约束机制

生态环保院的多元化激励机制包括中长期激励、项目结项绩效奖、专项奖励办法等。其中，中长期激励主要包括管理部门和业务单位负责人的3年期激励，以及骨干科研技术人员中长期科研奖励。项目结项绩效奖是根据生态环保院项目实际上缴利润高于目标值的部分，综合项目结算考核结果，对项目负责人和项目员工实行的奖励。中长期激励和项目结项绩效奖都严格依据生态环保院、所在单位及个人的绩效考核成绩进行兑现。除此之外，生态环保院建立了"经营+效益+绩效+收款+科技"五位一体的专项奖励办法，对在重大工程、重大项目、重要事项上作出突出贡献的集体和个人加强激励。

（四）创新职业发展双通道，消除"官本位"思想

突出"价值创造者为本"理念，建立与薪酬体系、绩效管理联动的员工职业发展双通道。主要做法包括以下几个方面。

1. 突出创新能力、质量、贡献导向

员工职业发展通道的任职资格标准克服"唯论文、唯职称、唯学历、唯奖项"的问题，任职资格标准具体包括通用条件、基本条件和专业要求。通用条件为各级人员均需具备的一般素质，包括爱岗敬业、团结协作、开拓创新、拼搏进取、科学精神、价值创造等；基本条件为胜任职级要求的门槛性条件，包括薪酬档级、学历、职称、工作经验、职业资格等；专业要求为在专业领域上的成果和产生的价值影响，包括专业影响力、科技成果转化、论文专利情况、获奖情况、项目业绩情况等。在任职资格标准的基本条件中，将薪酬档级满足"根据绩效调薪规则，达到上一职级最低薪档"作为重要的门槛性条件，并且适当弱化了学历、职称、工作经验的要求。历年考核的优秀者在同一职级内薪酬档级晋升较快，因此达到上一职级最低薪档所需的工作年限较短；考核排名靠后薪酬档级晋升较慢，则所需工作年限更长。由此，避免了"论资排辈""熬年头"的现象，强化了为贡献和表现付酬的导向作用。

2. 以考核成绩区分晋升速度，弱化评聘

高职级人员由生态环保院统一组织现场答辩，经聘任评审委员会评审和生态环保院领导班子会研究后聘任。评聘过程中，由生态环保院内外多来源的高水平专家，共同组建专家评委组，采用定量评价与定性评价相结合的方式，针对不同专业方向的科研技术人才，通过科学手段，评价科技成果的多元价值，合理评价个人能力和实际贡献。其他职级由各部门结合员工日常工作中的贡献和能力表现，在部门内部组织评聘，分管领导审批后确定。在传统管理中，员工要涨薪，往往要先当"官"、先评上职级。但此次生态环保院的改革以价值创造者为本，只要在本职岗位上干得好，考核优秀的员工就能涨工资。只要薪酬档级达到一定的要求，同时也具备岗位胜任能力，就能够评上职级，获得相应的名分，避免了"官本位"思想的滋生。

3. 强化考核结果应用，落实能上能下的动态调整机制

按照生态环保院职务职级体系办法规定，所有人员年度绩效考核结果为"不合格"的或连续两年"待改进"的，项目效益低于所约定的最低效益标准的，职级降一级；连续两年绩效考核结果为"不合格"的或连续三年"待改进"的，职级再降一级并调离本岗位。依据薪酬档级调整办法，当薪酬档级达到所在职级最低档，同时符合降档条件的，也应予以降级。对于高职级人员实行聘期制，增设聘期考核，考核不合格的不予续聘。

三、改革成效

自生态环保院改革以来，高质量发展的内生动力、活力得到有效激发，效益、科技创新能力，以及员工积极性、获得感得到较大程度提升。近3年，集团外部新签合同额占比均超过75%，营业收入、利润总额年均增长率分别达到20%、9%。其中，科研转化形成营业收入、利润总额年均增长率分别达到35%、24%。2021年，科技成果转化收入、成果数量、投入强度分别同比增长115.8%、150%和51.4%，科技指标与经济指标复合增长率分别达到106.7%和16.9%。同年，生态环保院获得授权专利22项，主编参编国家标准、团体标准5项，获得省部级科技奖项13项，形成关键核心技术成果5项，其中4项成果被评为国际先进水平，并获得集团内首项生态环保领域国际发明专利授权、国际实用新型专利授权各1项，企业创新发展能力得到明显提升。

生态环保院通过一体化人力资源改革后，"为价值创造过程中的贡献和表现付薪"的理念更加深入人心，激发出了生态环保院上下广大干部员工干事创业的积极性、主动性和创造性，从而使生态环保院效益、科技创新能力得到显著提升。通过全员绩效管理，比较准确地衡量了各类组织及人员的贡献和表现，为人员薪酬激励、职业发展、选人用人、人才培养等一体化管理提供了有效依据，破解了"三能"机制的难题，增强了紧密围绕生态环保院发展大局的大局意识、使生态环保院上下步调一致及高效运转的执行意识、各类组织及岗位之间加强协作与服务的团队意识和服务意识，以及适度的竞争与危机意识。在生态环保院内部形成了谁强谁弱看表现、谁优谁劣看贡献的良好氛围，引导各级人员自觉自愿设置挑战性目标并努力工作。这次改革尤其给予了中层干部更多的信任、责任和压力，增强了中层干部重视员工培养的意识和提高员工素质的能力，通过机制建设使其敢于和愿意客观评价部属的贡献和表现，做到敢于担当、奖惩分明。对企业来说，当前的成果是对人力资源改革价值的证明，但改革只有进行时没有完成时。下一步，生态环保院将围绕战略目标，继续保持改革定力，不断巩固改革成效，持续推动人力资源管理改革创新，为企业转型升级，实现高质量发展提供有力保障。

四、总结和探讨

总结生态环保院人力资源管理改革成功经验，关键是牢牢把握住了国有企业是中国特色社会主义公有制和市场经济结合的重要组织形式这一本质特点。所推行的管理改革既不是简单套用其他企业管理制度的模板，不是西方资本主义管理方式的"翻版"，也不是"新瓶装旧酒"，延续传统劳资管理的再版。而是立足中国的国情、企情、人情，以马克思主义和习近平新时代中国特色社会主义思想为指导，吸收中国优秀传统文化，借鉴国内外先进管理经验，结合公司实际，走出了一条人力资源管理改革的创新之路。而对人力资源管理理念和规律的再认识发挥了关键作用，具体如下。

（一）国有企业人力资源管理的目标是企业和员工共同发展

国有企业是社会主义公有制和市场经济相结合的重要组织形式，具有两大任务：首先要通过企业经营创造价值并通过纳税和上缴利润，以及完成国家政策性任务等方式，为党和国家不断满足人民对美好生活的向往提供经济基础。其次，企业内部员工直接为企业创造财富，同时也是人民的一部分，在政策和规定范围内，不断提高员工幸福指数，促进员工的全面发展，不仅是企业发展的动力，也是企业经营管理要达到的目的之一。对于人力资源管理而言，既有服务于企业以创造财富为目的的属性，又具有促进员工的全面发展、满足员工生活需求的属性。

（二）人力资源管理的根本任务是调动员工的工作和学习积极性

唯物史观告诉我们，生产力决定生产关系，生产关系反作用于生产力。国有企业的员工作为劳动者，是生产力三要素中"最革命最活跃"的部分，而作为生产关系中人们在生产过程中的地位及相互关系，以及分配方式，则是人力资源工作的重要内容。人力资源管理的改革，其本质就是要通过不断改革和调整生产关系中不适合生产力发展的规章制度，最大限度地调动员工努力工作创造佳绩和刻苦学习不断提升自身素质的积极性，不断解决组织活力不强、员工动力不足、队伍能力不够、公司合力不强等问题，从而不断提升公司的劳动效率、经济效益和市场竞争力。这是企业在人力资源管理改革过程中，必须牢牢把握的根本指导原则。

（三）国有企业人力资源管理必须相信和依靠员工

社会主义国有企业中组织利益和个人利益从根本上是一致的，国有企业员工既是劳动者又是所有者的一部分，既是管理的对象又是管理的主体。第一，必须贯彻全心全意依靠工人阶级的指导方针，必须建立信任文化，各项制度政策必须建立在相信员工和尊重员工主人翁地位基础之上，而不是像资本主义私有企业那样，劳资之间的矛盾是对抗性的，而在此基础之上的管理，自然就更多地流行所谓的精细化、记账式、扣罚式的管理。第二，组织利益与个人利益的一致性，仅靠其天然性是不够的，人力资源管理的重要任务是通过设计实施规章、机制、规则，把组织利益与个人利益高度统一起来，把员工的诉求与企业的需求有机衔接，把员工个人利益与组织利益紧密捆绑，使员工按照公司的要求，争取组织利益的同时，个人也会得到应得的一份。引导员工想进步、想加薪，只有通过提升个人在企业价值创造过程中的贡献和表现。第三，这种管理必须发挥员工的主人翁责任感，启发自觉，让员工自觉参与管理。

（四）国有企业人力资源管理的核心是公平

公平理论告诉我们，员工的工作积极性不仅与个人实际报酬多少有关，而是与他们对报酬的分配是否感到公平更为密切。公平是一种比较出来的主观感受，当人们把自己的付出和所得与他人比较时感觉相对合理，才有了公平感。员工对公平的感觉，会直接影响到部分人员或整个群体的工作态度、工作和学习的积极性，因此公平感的缺失是造成员工积极性不足的根本原因。要提升员工公平感，必须以过程公平为关键、沟通公平为补充，逐步接近结果公平。

（五）国有企业人力资源管理必须坚持为价值创造过程中的贡献和表现付薪

"各尽所能、按劳分配"的社会主义分配原则，决定了以下几点。一是"各尽所能"要求既要坚持因事择人，又要考虑发挥员工各方面的能力，在岗位设计、职责划分、契约签订等工作中，既要划清权责，又不是越细越好，而要考虑员工长处的发挥，适度承认能者多劳。二是"按劳分配"中"劳"指的是"一贯表现和全部工作"，其中，全部工作就是指组织和个人在企业创造价值过程中所做出的贡献，是价值创造的结果；一贯表现是指在工作中的德才表现，是达成结果的动因性因素。三是贡献和表现就是国有企业考核组织和个人的标准，员工的薪酬分配和职业进步都应以贡献和表现为依据，企业应该为贡献和表现付酬。

（六）人力资源管理改革的关键是对全员贡献和表现的考核评价

科学反映客观实际的考核评价体系，不仅是个技术问题或方法问题，而是一个一体化的有机体系，要以公司战略、企业文化、领导管理思想、企业人力资源策略为指引，以信任为基础，以公平合理为核心，坚持素质表现与实际贡献、组织利益与个人利益、对上负责与对下负责、引导性目的与评价性目的相统一，做到领导与群众、客观量化与主观量化、日常管理和阶段评价、各种评价方法相结合，实现绩效考核、干部考核及其他各种考核评价于一体，既各有侧重、各有要求，又互相交织、互相融合、互相引用。在这个整体框架之下，特别要明确独立完成目标任务的组织或个人和需要互相协同完成任务并产生绩效的组织与个人，再确定考核评价方法、指标与权重及不同对象的考核评价周期等一系列问题。在此基础上，还要解决各种方法可能产生的不公平问题，包括要规避直接领导普遍给部属打高分、各评价主体的评价尺度不同、不匿名时因不敢得罪人而出现普遍高分、老好人、轮流坐庄、匿名时出现恶意评价等问题。这样一个较复杂的体系，无法靠传统的手工填表打分、算分，必须通过数字化、信息化技术实现。最终，采用这样一套考核评价体系，努力做到过程公平、沟通公平并逐步接近结果公平，使考核结果考得准、考得服、横向可比较、结果可应用。

（七）人力资源各模块互相耦合，形成一体化的管理机制，使之能够更加便于强化考核结果的应用，是达成目的的驱动力

人力资源管理机制建设必须以一体化为特征，对人力资源管理的各个模块进行整体设计，形成以组织设计为平台，以考核评价为关键，以薪酬体系为杠杆，以职业发展为牵引，以选人用人为依托，以培养发展为助力的，相互依存、相互补充、相互促进的综合制度体系，充分发挥各模块之间的耦合作用。

（八）宣导、机制、管控三管齐下是达成改革目的的主要手段

一是通过沟通与宣导，统一新时代中国特色社会主义条件下国有企业人力资源管理的科学理念是达成目的的思想保证。二是建立一体化各模块相耦合的利益驱动机制，把组织利益和个人利益一致起来，并通过一定的自愿精神，以及团队协作和适度竞争，把"要我干"变成"我要干"，激发主人翁责任感，机制是提升人力资源管理水平的内部动力。三是健全规章制度，发挥领导者、管理者作用，搞好内部管控，是达成管理目的的硬条件。宣导、机制、管控三者互相依存、互相渗透、有机配合。

案例负责人：胡保安

主要创作人：杨佳霖

参与创作人：关　燕、孙　萌、马　越

新形势下大项目制操盘模式的探索
——基于沈阳大东项目建设的思考

大连鲁能置业有限公司

随着全球经济下行，市场环境不断变化，过往常规的房地产管理模式已很难适应行业变局，"老方法已无法解决新问题"，房地产企业在经营管理逻辑和模式上要不断推陈出新才能跟上时代的脚步。

2021年，大连鲁能置业有限公司（以下简称大连公司）积极响应集团公司央企土地资源盘活战略部署，会同中国诚通控股集团有限公司共同获取沈阳大东区地块，完成新模式项目拓展"揭榜挂帅"任务。基于公司与新项目在不同城市、距离较远等客观因素，大连公司尝试探索在沈阳大东项目采取大项目制的操盘模式。

一、采用大项目制操盘模式的原因

项目型组织是指那些一切工作都围绕项目进行、通过项目创造价值并达成自身战略目标的组织，包括企业、企业内部的部门及政府或其他机构。

项目制结构下，每个项目就如同一个公司，完成某一个项目的所有必需资源，包括人、财、物都被完全分配给这个项目，专门为这个项目服务，项目经理对他所负责的项目拥有完全的权力。由于领导统一、任务专一、目标明确，所以它可以迅速、有效地对市场和客户需求做出反应，针对推进中的问题进行及时纠偏，保证项目节点任务平稳完成。

项目制的以上特质正符合大连公司沈阳项目在异地开展工程施工、设计管理、营销推广等工作的要求，便于围绕项目进行全盘计划、及时沟通、动态跟踪、精确分析，使各种资源高效率协同有序行进，高质量完成工程建设，专注于产品力升级，以优质产品打开沈阳地区市场，树立中国绿发品牌形象。

二、沈阳大东项目运作情况

2021年12月24日，正式获得沈阳大东明堂街西地块。

2022年1月4日，大连公司向集团请示成立沈阳大东项目，负责项目报批报建、规划设计、开发建设及销售管理等全流程工作。项目部按照"精简高效"原则，定员18人。

1月18日，沈阳中绿园公司正式注册成立。

1月20日，沈阳中绿园公司董事会成立。

1月21日，举行项目管理岗位竞聘大会，最终选聘4人担任项目副总监等职务。

2月14日，选拔优秀青年员工10人组成项目团队；市场化引进营销人员2人，将熟悉属地市场、专业能力突出作为选拔标准，夯实大项目队伍。

2月17日，公司董事会审议通过《沈阳大东项目2022年度考核激励方案》，引入市场化激励机制。

2月28日，成立沈阳大东项目突击队，明确攻坚任务，细化节点目标，凝聚合力、提振士气。

4月19日，因沈阳新型冠状病毒感染突发，无法按时取得施工证，为确保展示区节点，项目部积极沟通，寻求分阶段施工证办理条件，顺利取得分阶段开工意见书，确保展示区施工进度。

6月17日，完成40米以下全部证件的取得，月底完成售楼处封顶，保障了展示区开放节点。

8月13日，首批次"出零米"节点完成，较计划提前10天。

8月26日，举行鲁能公馆产品发布会，联动房天下、安居客等20余家重磅主流媒体多点位直播，当日媒体曝光量100余万，创沈阳地产直播纪录。

9月14日，成功取得沈阳大东鲁能公馆项目健康建筑及健康社区"双金级"认证，成为沈阳市首例。

9月16日，区教育局正式拟函，标志着鲁能公馆项目成功纳入尚品东林学校学区，夯实产品力基础。

9月17日，展示区高品质对外开放亮相。开放当日，累计接待客流312组，周末累计接待客流450余组，媒体累计曝光量突破100万，当日实现认筹30余组。

9月19日，顺利取得40米以上工程规划许可证，彻底解决困扰项目手续办理的顽疾。

9月30日，完成洋房的预售许可。

10月13日，取得首开高层预售许可证并完成网签备案。

12月15日，历时150天，鲁能公馆洋房顺利封顶。

12月26日，取得供热联网热源备案书，为大东区供热改革后首个取得备案的建设项目。

2023年一季度实现销售额2.06亿元。

4月22日，经工程、设计、营销三方精诚协作，顺利完成开放日活动。

三、大项目制操盘模式的特点

大项目制对比传统项目部管理模式，体现出"组织扁平化""专业集约化""管理精益化"的3大特点。

（一）组织扁平化

作为组织结构管理形式的一种，组织扁平化改变了原有的公司上下级组织和领导之间的纵向联系方式，其管理层次减少，而管理幅度增加，项目人员管理指挥链条更短。其优势是一线员工能够与外部单位、客户直接接触，公司充分授权项目管理权限，避免反馈信息向上级传达过程中的失真与滞后，大大提升工作效率，快速响应市场变化。

目前，沈阳大东项目立足市场，结合股东合资公司特点，其组织结构充分扁平化，大连公司总经理助理贾超担任该项目带班领导，项目总监杜昊龙整体把控各模块，工程、成本、营销等各模块工作由各专业专责人负责。

项目总监统一对各专业进行管理考核，以突破专业局限，为设计、工程、成本、开发、行政、财务、营销多渠道的并行推进创造条件，实现各项工作高效运行；充分打破传统公司部门管理方式，使项目各模块有效分工串联，核心职能闭环管理，集中统筹，最终实现项目经营整体目标。

例如，自2022年2月9日沈阳大东项目正式成立并进驻沈阳开展前期工作以来，各专业人员现场办公，在第一时间实现沟通交流，带班领导现场督办决策，在方案设计、成本采购、开发报建、图审交底等各方面工作都实现效率提升，由于前期各项目工作的协同快速开展，4月19日便取得土方及基坑施工许可证并开工，对比运营方案提前41天实现开工目标。

（二）专业集约化

结合项目特点，改变原有固化思维模式，探索和培养"一人多岗、一人多技、一岗多能"的人才管理模式，在广度和深度上拓宽员工本领，项目中相关专业高度集约化，不仅仅培养锻炼核心的年轻优秀人才，更能够有效降低人力资源成本。

目前，沈阳大东项目设计专业将建筑、结构、安装、精装及机电项目集中于设计管理张立娟一人，带来压力的同时，也带来了不竭的动力，经过前期磨砺，充分激发岗位员工的创新创效意识，减少了专业之间的沟通协调时间，增强了员工的紧迫感和责任感，工作效率和推进速度大大提升，同时成本、财务等专业同样实行了集约化管理。

例如，设计品控过程中，沈阳大东项目对集团下发的建筑、精装、景观方案及施工图品控要点文件进行详细认真地梳理和解读，并集中要求各个设计单位将品控要点作为设计任务书的附件，在方案阶段就必须逐条确认落实，以品控要点为抓手，加强对方案及施工图的技术质量把控，能够从整体上提升品质把控的统一性和标准化，更是对专责人多专业技术能力的锻炼和提升，为公司发展提供了人才储备和梯队建设。

（三）管理精益化

大项目制的管理理念承接精益化管理核心要义，以最小资源投入，创造出尽可能多的价值，为客户提供更高质的产品和服务。通过提高客户满意度、降低成本、提高产品质量、加快流程速度和改善资本投入，使项目价值实现最大化。

沈阳大东项目目标导向更加明确统一，更有利于抓好产品力打造。深入聚焦项目工程技术革新和营销模式，充分利用大项目制的优势，调动各专业资源，形成优势互补，提高工作效率。全专业全方位对标，广泛学习工程防水、装修交付、商务管控、设计标准化、大营销拓客模式等先进管理经验，形成4个方面30条经验，推动精益化管理走深走实。

例如，公司在精准营销方面进行了长远的谋划，为了实现项目精准定位，更好打造项目产品力，将营销负责市场研究的王敬伟纳入前期土地拓展工作组，并在项目取得后，经过竞聘任职沈阳大东项目销售经理。于是，项目在前期策划定位、产品设计阶段就以营销导向、客户思维为出发点开展方案设计等各项工作，同时通过深度调研市场和沈阳客户端需求，充分了解当地客户喜好和需求，做好项目客群定位，充分挖掘项目亮点，及时反馈设计提升，不断夯实产品力，提取销售价值点。

四、大项目制的组织保障

城市公司作为大项目部的坚强后盾，必须更好地发挥领导责任，为大项目部提供有力保障支持。

（一）专业小组，弹性支持

大连公司统筹沈阳项目节点任务与人员需求，灵活组建工作小组补强专业力量，确保大项目部在开工、开盘、交付等关键节点高质高效完成目标任务。2022年，为顺利完成沈阳大东项目开盘节点和销售目标，增强项目产品力，大连公司在8月初组织公司精装、景观、机电等各专业共计5人进行支援，在短期内迅速加强现场管理力量，确保项目9月示范区展示及开盘顺利进行。后续，大连公司会继续以专项小组的形式对大东项目进行定向支援，使公司内部人力资源效能进一步提升，促进自身"造血"，提升项目及公司的精益化水平。

（二）市场机制，充分激励

围绕项目整体经营目标，专项制定考核激励制度，将关键节点和重点任务责任落实到人，实行即时奖励原则，完成一项奖励一项，关键节点奖励金额根据完成项目和完成时间确定，越早完成奖励额度越大，激发员工节点意识和时间意识；同时明确效益指标和销售指标完成情况，提升项目全员的降本增效意识；快速直接反馈项目人员绩效考核情况，不断提升改进项目人员工作能力，切实营造比学赶超的浓厚氛围。

（三）法治建设，运作高效

大项目部扁平化的组织机构设置和极简化的人员配备，在提高运营效率的同时确保高标准管理水平。城市公司结合大项目部组织架构及工作分工，坚持"规范性、适用性、高效性"原则，制定公司章程、董事会议事规则、经营流程管理办法等制度，构建经营合规、风险在控的大项目制管理流程体系，保证项目建设的平稳合规推进。

（四）协同监督，防范风险

开展沈阳大东项目全周期廉洁从业监督的课题研究，并获得绿发集团纪检课题研究成果三等奖。在项目建设初期便通过召开廉洁从业监督座谈会、畅通信访举报反映渠道、适时开展专项监督检查等方式来精准督导，严格管理，破解大项目部联合监督、异地监督难题，实现源头预防，标本兼治，规避项目建设中的短板、漏洞，切实防范新项目合作过程中廉洁风险，打造阳光工程。

（五）文化建设，凝聚力量

加强企业文化建设，充分发挥企业文化凝心聚力的作用，推进集团公司核心价值观进项目、进一线，将企业文化融入管理和建设过程，以绿发企业愿景来明确项目建设方向，树立严格标准，以绿发企业精神来鼓舞一线员工士气，实现合力攻坚。沈阳大东项目部荣获中国绿发第一届企业文化示范点，有效发挥了文化建设的引导、激励作用。

五、大项目制操盘模式的应用场景

（一）适用于距离城市公司较远的新拿地项目

首次进驻新城市的新项目，由于与城市公司处于异地、距离较远，传统公司-项目部制的管理模式审批流程等时间较长，在城市公司考虑战略性扩大区域布局的情况下，新入城市的首个项目适合施行大项目制。需要注意的是，大项目制的具体实施方式要充分考虑地域、开发阶段、业务成熟度等多个因素。针对新进入外地市场的开发项目，大项目制能够将项目立项、可行性研究、全程策划等环节纳入项目开发全周期中，可以充分发挥项目的连续管理能力，从而使项目得到更有效的管理。此外，如果城市公司在初次进入一级市场时采取大项目制管理模式，有助于项目部后期成立子公司或分公司，可以说是从项目部过渡为成熟子公司或分公司的高效路径。

（二）适用于体量较小的"短平快"项目

基于大项目部机构扁平化、专业集约化的特点，人员配置相对精简，对于新项目体量不大、整体开发周期3—4年的销售型项目适合施行大项目制。究其本质，大项目制管理模式的核心是城市公司与项目部之间的权责划分。在企业实施转型升级的过程中，势必会涌现出许多"短平快"的新兴项目，大项目制管理模式其实是将企业的转型升级任务进行分解，在授予项目部极大自主权的同时，统筹把控项目进度。从项目部自身出发，大项目制所具有的灵活性使其能够形成独立单元，突破专业屏障，避免管理链条冗余；从城市公司出发，虽然项目部管理界面相对独立，但仍旧在监督下运行，且上下转型升级的改革目标保持一致，有助于城市公司提质增效。

（三）适用于具有较强专业基础的城市公司

大项目部在独立运行的同时，也需要强大的城市公司资源支撑，在关键节点和特殊情况下，城市公司需要随时提供专业管理人员及各种资源的支撑，才能保障大项目部高质高效运行。资源基础理论认为，企业的本质是资源集合体，正是由于资源方面的差异性，决定了企业之间竞争力的差异。大项目制的深入实施对城市公司的专业基础和资源整合能力提出了更高的要求，如果城市公司在资源流通与整合方面能力不足，无法给予项目部及时、充分的支持，可能会出现成本失控、工期延误、人员缺乏等问题。为使大项目制模式顺利运行，城市公司应考虑构建工程、人力、财务、成本、设计、营销等资源共享平台，为项目履约提供强大的资源支持。不管是管理观念上，还是实际行动上，都要坚持"扶持、服务、培养"的原则，形成良性管理循环。

六、沈阳大东项目后续探索

沈阳大东项目作为大连公司第一个大项目制项目，成立运作一年来，已取得较为理想的成绩，但是还处于不断摸索的阶段，在整个项目全周期开发建设的过程中仍要通过不断的经验积累，完善其管理标准，在发现和解决问题的过程中匹配好团队负责人及专业专责，提高专业人员的工作能力和责任意识，确保项目人员产生最大合力，形成循环改善工作机制，使大项目制操盘模式充分发挥作用。

下一步，大连公司将继续发挥大项目部自身特点及优势，充分围绕品牌落地和业绩达成两项核心目标，聚焦项目开盘和年度销售任务，做好"提质、降本、增效"，全力打造"央企土地资源盘活"和"标准化管理标杆"双标杆项目。

七、大项目制操盘模式的推广建议

（一）管理方法系统整合

大项目制要充分发挥其作用，建议建立起"项目管理＋流程管理＋知识管理"的系统化运作视角，对项目管理、知识管理及流程管理进行有机整合，产生高于单独应用某种管理模式的叠加效果，也就是实现1+1+1>3。

为此，可以从项目管理的通用管理过程和重复性的项目实施过程入手，导入流程管理方法，进行规范化管理，合理设计工作流程衔接，将具体、明确的量化指标渗透到项目管理的各个环节，实现过程标准化。同时融入知识管理的理念，使项目过程中的宝贵知识经验得以积累、总结、提炼，实现内容知识化，从而使项目制的管理模式建立起稳定的可持续积累的框架并加以推广。

（二）管理人员精心选择

大项目制对管理人员的综合素质提出了更高的标准，不仅仅是职业技能上的复合性，还有工作视角的整合性。在项目制酝酿之初，要对其管理人员进行细致选拔或招聘。除了过硬的工程管理经验外，必须摒弃传统项目部模式可能产生的本位主义，要将自己从单纯的施工管理工作中解放出来，建立全局视角，围绕项目进行全盘计划，高效协调各种资源，在统筹各模块工作的同时能有效拆解业务，使项目组成员能够明确理解并集中精力于单一目标，最终实现对领导、市场、客户需求的快速准确响应。

同时项目管理人员必须与公司其他职能部门建立顺畅良好的沟通，保持职能部门对项目工作的参与度和认同感，避免项目部孤军奋战造成的人员、资源力量不足。此外，管理人员要对公司有着良好的企业忠诚度，避免权力集中、监督不力造成的问题。

（三）后续安置提前谋划

项目制通常为某一特定项目、任务建立，项目周期一般为3—4年，项目完成后随即解散，特别是异地组建的大项目部，通常会新招聘部分当地工作人员，或者因该项目的需求招聘了部分专项人员，这部分工作人员在项目完成后，可能存在与公司其他项目的人员诉求、专业结构不相匹配的问题，由城市公司调配至该项目的工作人员，也存在项目结束后无法回归原工作部门、原岗位等问题，从而引发不良反应。

对于大项目制的工作人员要结合项目周期、任务特点、专业需求、城市公司人员编制情况等进行合理规划，要首先通过城市公司内部人员调动、专业支援等手段缓解用工压力，避免盲目招聘导致项目结束后的人员冗余问题。在项目推进的后期，有计划地抽调部分人员回城市公司任职，逐步过渡、消化项目部人员。对于异地项目招聘的当地工作人员，要在入职初期给其讲明项目周期、持续性及后续安置的可能性，在项目周期结束前，开展相关人员的谈话、疏导等工作，顺利完成项目全周期工作，避免劳动纠纷，提升人力资源使用效率。

八、结语

综上，大项目制运作可以作为组织机构灵活设置、人力资源高效配置的有益尝试，特别是针对异地施工并销售的项目。利用大项目制可以集中专业力量、精简业务流程、快速响应市场需求、反馈市场变化，从而对项目工作进行全盘计划、精确分析，使各种资源高效率协同有序行进，同时可以有效培养和锻炼骨干员工，进一步激活项目部管理人员及专业负责人员的干事活力，提升人效产出，为公司业务的拓展提供有效通道，助力公司业务的高水平发展。

案例负责人：伊茂泽、付　强
主要创作人：崔　文
参与创作人：刘佳琦、张庭郡、张珮雯

基于井筒业务链的人力资源统筹配置"双循环"机制创新与实践

中石化胜利石油工程有限公司

一、实施背景

2021年10月，习近平总书记亲临胜利油田视察，提出了"石油战线始终是共和国改革发展的一面旗帜，要继续举好这面旗帜，在确保国家能源安全、保障经济社会发展上再立新功、再创佳绩"的殷切期望，廓清了新时代企业提质增效、员工干事创业的新方向。中石化胜利石油工程有限公司（以下简称胜利工程）作为中国石化油服板块的排头兵，聚焦集团公司党组"打造具有强大战略支撑力、强大民生保障力、强大精神感召力的中国石化"新使命，高起点规划"打造世界领先技术先导型油服公司"愿景目标，科学谋划"十四五"发展"六新目标、五大战略、六条路径"工作思路，明确了当前和今后一个时期"端好能源饭碗、推进技术先导、再立发展新功"的工作目标，全力推动公司高质量发展。而为顺利实现这一工作目标，高水平的人力资源统筹优化、充分释放人力资源整体效能是必不可少的关键一环。

近年来，胜利工程党委聚焦历史包袱重、用工总量大、人均创效水平低等制约企业高质量发展的不利因素，以人力资源统筹优化为主线，以实现员工价值增值、单位增收减亏为目标，强化顶层设计，细化盘点分析，完善配套措施，坚持多元驱动，连续3年召开公司级人力资源优化推进专题会，部署实施辅业后勤扭亏脱困"三年三步走"整体规划，压茬推进"六个一批""七个加大""八不停步"成套举措，举全公司之力打好人力资源优化攻坚战，为"决胜全面可持续发展、巩固扭亏脱困成果、保持连续经营性盈利"奠定了人力资源基础。然而，对标高质量发展新要求，胜利工程在人力资源统筹优化方面仍存在许多难点问题和现实矛盾，需要以新思路破解新难题，以新举措化解新矛盾，在更深层次上加以研究解决。这些问题和矛盾主要表现在以下3个方面。

（一）国内国外用工统筹配置渠道不畅

人力资源统筹优化配置是提升国内外市场队伍综合竞争力、提高企业整体经营效益的有效途径。长期以来，国内各保供单位在支撑海外市场项目运行方面虽然给了了大量的人力、物力等软硬件支持，但囿于单位个体利益的考量，总还是打着自己的"小算盘"，在海外人才保供方面较难做到全力以赴。经验丰富、素质突出的优秀岗位人才，始终是国内保供单位和海外项目重点关注的对象，但现实中优秀人才未必配置在合适岗位、高能人才未必能发挥高效作用。同时，国内外市场工作量不均衡，队伍停待启动，造成队伍用工阶段性余缺，甚至余缺同时并存，提高用工效能的统筹调剂机制不够健全，不利于公司总体利益的最大化，也无法体现人力资源对公司高质量发展的强大战略支撑力。如何保障用工资源的合理使用，以及如何在突发异常情况下，保障海外员工切身利益，也是统筹国内国外用工资源需要重点解决的问题。

（二）主业辅业用工循环链条亟须重构

2012年年底，石油工程板块实现了整体上市，专业化水平大幅提高，队伍战斗力和市场竞争力显著提升，但同时也产生了内部用工循环不畅的矛盾。未上市时，石油工程一线退出人员主要流向油田开发单位和公共业务板块，从事劳动强度相对较低的岗位工作；上市后，公司与油田单位间的人员分流安置渠道遇阻，一线退出人员只能由公司内部解决、自行消化。2017年后，公司陆续推进固井、管具、钻井液等业务的专业化整合，新组建单位力求做到精干高效，但在市场工作量增大后，又出现用工短缺的问题，而钻井作业一线退出人员逐年增加，内部安置岗位有限，致使辅业后勤岗位冗员严重、人浮于事。同时，在钻井作业一线队伍之间，各类用工的统筹优化配置还存在一定壁垒和藩篱，一定程度上影响了人力资源跨单位、跨区域、跨专业流动，人力资源配置的效率和效益未能充分显现。为提高用工使用效益，亟须建立相应的配套机制，打通人员流动的壁垒屏障，重构人力资源接续循环系统。

（三）人力资源统筹优化支撑手段匮乏

人力资源统筹优化是一个点多面广、庞杂繁复的管理系统，需要各类支撑手段的辅佐，方能达到发挥人力资源管理最大效能的目的。多年来，胜利工程勇于趟险滩、破坚城，大胆创新、边行边试，解决了许多困扰人力资源优化配置、制约用工效能提升的难点问题。但在人力资源管理数字化转型、工效分析工具改进和绩效激励价值导向等方面，还存在着明显的不足，人力资源流动创效作用未能充分发挥，用工配置效能难以有效支撑人力资源高质量发展的本质要求，各类人力资源管理支撑手段急须丰富完善。以机制改进、管理创新高效推进人力资源统筹配置，支撑公司高质量发展，成为人力资源统筹优化的必然要求。

二、基本内涵与创新点

（一）基本内涵

以习近平新时代中国特色社会主义思想为指导，深入贯彻落实习近平总书记视察胜利油田重要指示精神，以推动公司高质量发展为中心，以提升全链条、全岗位价值创造力为主线，强化顶层设计，深化机制革新，完善配套措施，围绕井筒业务链布局人才"流动链"，创新构建国内与国外、主营与辅业用工"双循环"统筹配置机制，破解人力资源统筹配置"难点"，疏通人员流动配置"堵点"，充分发挥"海外人员倒休、人才储备保供、用工余缺调剂、员工梯次退出、富余用工盘活" 5大核心功能，深入挖掘人力资源价值潜力，持续提高全链条用工配置效能，全力助推公司高质量发展。

（二）主要创新点

1. 开辟主辅业务用工接续循环新路径

针对人力资源增量补充有限、存量配置不优的问题，着力打破行政壁垒、穿透专业界限、推动进阶盘活，建立基于钻井工程井筒业务链的用工接续链，创建单位间人力资源"调节阀"，由以往的单向调节，变双向调节，打通不同业务板块流动配置渠道，着力推动一线用工余缺调剂、岗位用工梯次退出、辅业用工增值创效，最大程度激发员工岗位价值创造力。

2. 创建国内国外用工交互循环新方案

针对海外项目日益突显的轮换倒休难、统筹调剂难、人才保供难等现实矛盾，组建工作专班，强化统筹协调，建立完善人员"倒休、调剂、保供"配套措施，强力推动国内与国外两个市场用工动态循环、高效配置。通过畅通用工配置渠道，以内外市场"双向交流"促岗位员工"复合发展"，全面提升内外两个市场创效队伍综合竞争实力。

3. 打造人力资源统筹配置管理新工具

为了全面释放"双循环"配置效力，公司配套建设"一个平台""两个模型""三大激励"统筹用工运行机制：打造智享平台信息系统，以技术"支点"提高统筹配置效率；构建评价模型，以体系"支点"找准优化增效目标；完善激励办法，以政策"支点"撬动单位和员工"两个积极性"，推动统筹配置工作高效运行（图1）。

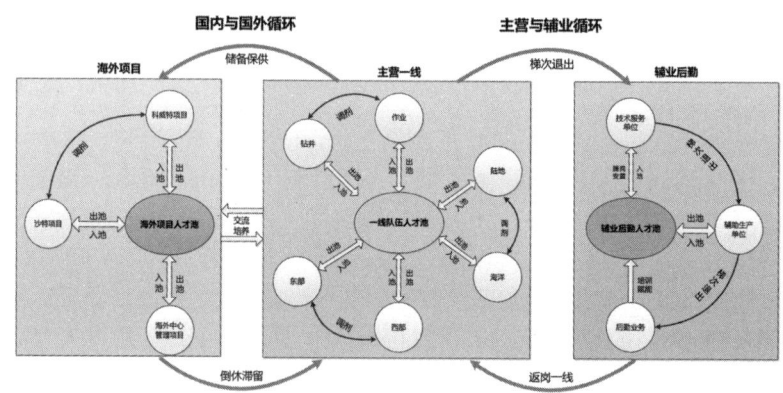

图1 人力资源统筹配置"双循化"机制示意图

三、主要措施

聚焦提升井筒业务全链条、全岗位价值创造力，加快建设适应公司"打造世界领先技术先导型油服企业"愿景目标的市场化用工机制，全力破解用工流动不畅、配置效率不高、动力活力不足等突出问题，制定出台《人力资源"双循环"统筹配置实施办法》，通过健全国内与国外、主业与辅业用工余缺调控机制，落实各项统筹配置措施，构建形成市场导向、效益驱动的"大用工"格局。

（一）聚焦"难点"，构建国内国外用工交互循环机制

1. 内外联动，高效推进海外项目人员倒休轮换

成立国内与国外用工统筹配置管理工作组，统筹海外项目员工倒休管理及国内与国外用工的优化配置、协调运行等工作。坚持以人为本、健康至上、超前计划、精准调度原则，科学合理安排海外项目员工倒休，确保应休尽休。为破解新型冠状病毒感染疫情期间国际航班经常性"熔断"、一票难求、隔离时间长给海外员工倒休带来的困扰，在海外项目部设立"倒休总监"，在国内成立统筹配置专班，协同建立与生产运行状态、疫情防控政策"双联动"的倒休运行机制，实行"国外工作6—8个月，国内休班3—4个月"的综合倒休新模式。海外"倒休总监"负责倒休班计划实施和"抢机票"工作，通过强化内外市场信息互通、措施联动，确保海外员

工应休尽休；国内专班负责海外员工心理疏导、走访慰问家属和出国手续办理，做好综合支持保障工作，如图2所示。

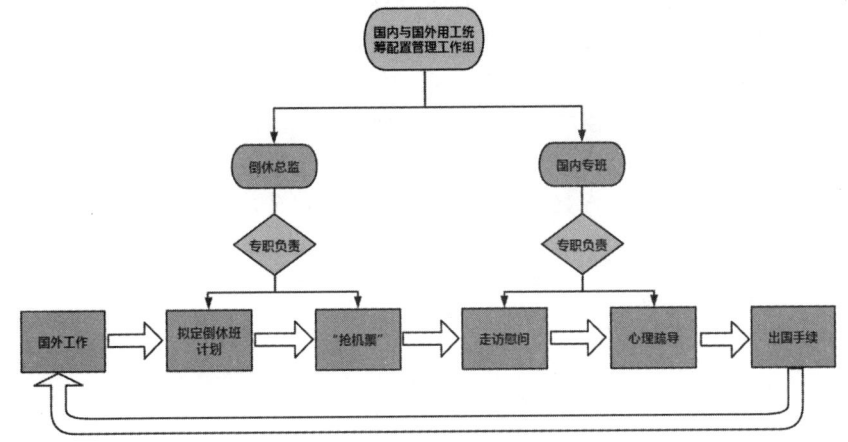

图2 海外倒休联动保障机制

2. 横向贯通，有力推进海外项目人员调剂优化

针对疫情形势下海外员工倒休周期加长、队伍工作量不连续等实际情况，将海外项目员工细分为运行钻机人员、停待人员、隔离人员、休假人员、滞留人员、超定额配置人员等11种状态进行分类管理。通过公司"智享平台"动态掌握海外项目停待3个月及以上的待工人员、滞留国内人员和超定员配置人员，将其统一纳入海外项目人才池，统筹各海外项目生产需要及用工需求，优先在海外项目之间进行人员调剂；海外项目间调剂后仍有富余的，对接国内专业经营单位，结合岗位需求和员工特长，调配到国内钻井、作业一线岗位；无法胜任钻井、作业一线岗位的，调剂到辅助生产（技术服务）岗位。强化海外项目返回国内人员日常管理，及时了解掌握回国人员动态，加快短期滞留人员办理出国手续，尽量缩减滞留时间，如图3所示。

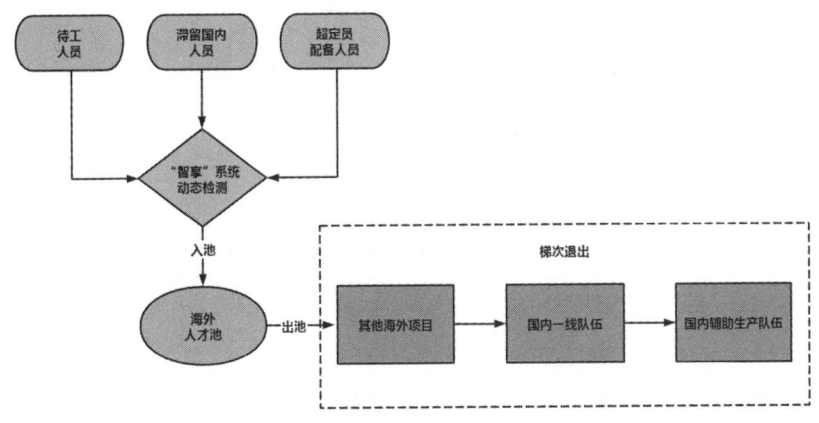

图3 海外项目人员调剂优化工作示意图

3. 上下衔接，精准推进海外项目人才储备保供

建立海外项目人才常态化储备机制。推动胜利本土人才国际化、海外项目人才复合化，根

据海外项目关键岗位配置，制定海外项目人才培养规划，按照1:1比例，分解下达定向储备指标，将各单位推荐考核合格人员纳入海外项目人才池储备。统筹两级培训资源，实行订单式培养、精准化赋能，每年坚持举办海外项目经理、平台经理、安全官、司钻等关键岗位能力提升、语言强化培训班。同时，组建海外项目储备人才考核组，每季度对纳入培养计划的人员集中进行考核，对不合格的人员进行淘汰，实施动态管理。建立国内与国外人才保供交流机制。当海外项目出现用工缺口时，优先从人才池中选派人员，当无合适人选时，优先从国外其他项目优化调剂，然后从国内单位择优选调。针对患病不适宜海外工作环境、家庭遭遇重大变故、连续在海外工作满10年的3类人员，坚持"接替人员先独立顶岗再进行轮换"的思路，按照拟轮换人员本人申请、项目部研究、情况公示、公司审批等流程实施一对一有序轮换，如图4所示。

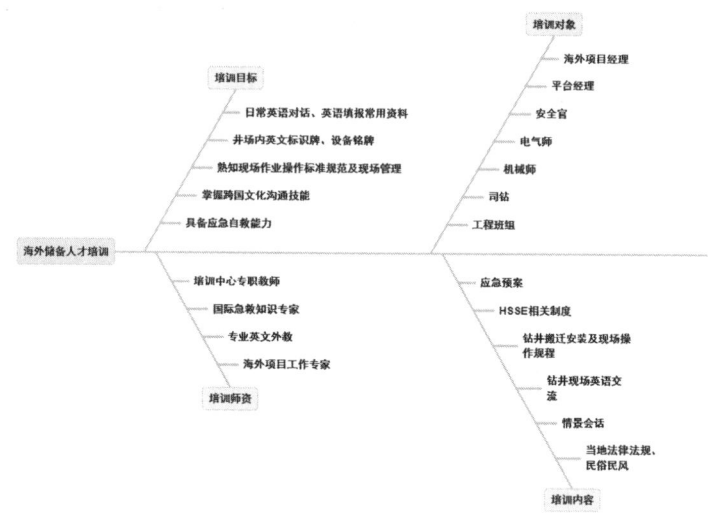

图4 海外储备人才培训

（二）疏通"堵点"，接续主辅业务用工有序循环链条

1. 打通专业"圈闭"，推动一线员工梯次退出

针对部分年龄大、体弱有基础病的一线员工仍从事野外露天重体力劳动，工作力不从心，安全生产风险较大等问题，制定实施"钻井作业一线、技术服务（辅助生产）一线、后勤服务"梯次退出、统筹调配机制。规范因年龄、身体等原因退出钻井作业一线要求，定期组织劳动能力鉴定，化解认定难题，净化一线用工环境，持续精干主营队伍。钻井作业一线员工因年龄、身体原因申请退出一线后，统一组织能力评估和转岗培训，有针对性地配置到劳动强度适当、井筒业务素质匹配的管具、固井、泥浆等技术服务单位岗位，延长员工岗位价值"生命周期"。同时，充分发挥用工增补指标调节阀功能，重点保障钻井作业一线劳动力投入，严控技术服务单位新增用工指标，挖潜岗位接收一线退出人员。

2. 打破单位"壁垒"，推动全口径用工余缺调剂

推动主营业务用工余缺调剂。将包含项目化用工在内的钻井作业一线人员全部纳入人力资

源统筹配置平台，根据市场工作量变化和员工岗位状态，实施"线上"一体化余缺调剂，组织实施钻井和作业、陆地和海洋、东部和西部之间用工统筹调剂，有效降低待工成本支出。结合钻井装备自动化、标准化升级，大力实施"一队双机""一队多机"和"井工厂"等新型劳动组织形式，在牛页一区试验井组，按照"项目部＋机组（技术组）＋班组"的运行模式，创新岗位设置和劳动组织架构，统筹共享4支钻井队人员，优化用工27%，有效提升了一线用工配置效率效益。推动外委转自营业务用工余缺调剂。本着"自己的活自己干""应转尽转、能转全转"的原则，全面推行外委项目转自营，鼓励单位外委项目"抢单"，深挖单位间腾岗盘活用工潜力，发挥不同单位特色化业务优势，形成内部发展合力。实行外委业务"负面清单"管理，严禁绿化、保洁、门岗等劳务型外委费用支出，全部转为内部单位间承揽，攻坚外委加工费、修理费、运输费等大项外委费用，发挥"四条产品线"带动作用，扩大钻完井工具、油田化学剂、自动化装备、修井工具等自营规模，助力辅业后勤增收创效、盘活用工。进一步完善外委转自营公示平台功能，适当扩大公开范围，发挥群众监督作用。对于外委转自营应公示未公示、纳入清单应转未转的责任单位和责任人，除了按规定标准扣减单位效益指标之外，还要在全公司进行通报，并在年底领导班子考核兑现中予以体现。

3. 畅通进阶"台阶"，推动辅业用工增值增效

进一步规范辅业后勤劳务价格标准及结算流程，划小核算单元，实施全成本归集，完善评估指标，扩大评估范围，健全定期评估机制，动态算清岗位"身价"细账，为"双循环"提供数据支撑。坚持"多盘活少养人、多分流少安置"原则，按照"清零低效、扩大中效、瞄准高效"目标，全力做好辅业后勤用工"存量优化盘活、价值整体进阶"大文章。逐步推动一线用工向核心业务、关键岗位集中，把搬迁过程井场看护、外围搬安等非重点作业环节业务，以及井控坐岗、生产现场餐饮服务等劳动强度相对较低的岗位腾出来，用以盘活辅业后勤人员，助推辅业后勤员工重返一线。低效岗位人员纳入人才池，在专业经营单位、公司两个层面进行统筹优化盘活，将合适的人员逐步优化到外委转自营项目、高效业务承揽岗位；对能力素质有欠缺或转岗跨度较大的，统一组织业务培训，提升履职能力；对能力确实不达标、培训确实学不会的，纳入托底"养人"范围。精准开展定向储备培训，举办熔化焊接、大车司机等重点领域紧缺岗位储备人才培训班，"赋能"辅业后勤员工实现"二次创业"。

（三）建强"支点"，发挥人力资源管控多元催化效力

1. 搭建"一个平台"，以信息手段提高机制运行效率

搭建人力资源统筹配置平台，集成"两大"机制、"七大"举措、"二十八项"任务，保障"双循环"畅通运行。建立"海外项目人才池、一线队伍人才池、辅业后勤人才池"3大人才池，抓实双向选择"入池"和对接需求"出池"，提升人力资源统筹配置"蓄水"能力。建立与队伍启动、运行、停待工况同步，与员工在岗、倒休、待岗状态同步，与岗位人员富余、短缺、配置状况同步"三同步"统计功能，实现队伍运行动态、员工岗位动态、人才余缺动态"三大动态监控"。健全用工统计分析7张"项目表"、两张"循环表"，实时分析盘点基层队用工配置、员工倒休班进展、一线用工梯次退出、辅业后勤人力资源优化等重点工作进展情况。通过"大数据"思维和手段提升管理水平，利用信息化手段为"双循环"提供技术支撑，如图5所示。

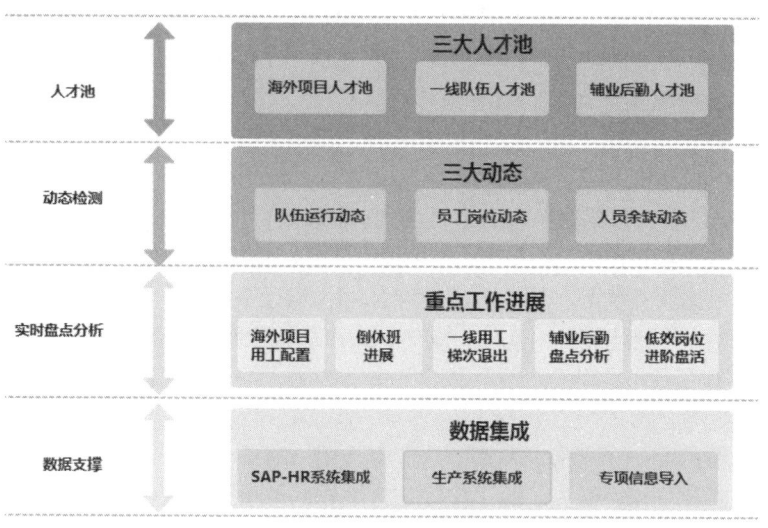

图 5 人力资源统筹配置平台功能模块

2. 构建"两个模型",以体系工具提升机制运行精度

健全以人工成本利润率、人均利润、人均营业收入、人工成本含量、人事费用率"五项"指标为主要内容的人工成本投入产出考核评价模型,采取赋值法和线性差值法计算单项得分,对"五项"指标赋予不同的权重,分别为 50%、20%、10%、10%、10%,根据单项得分和单项权重计算综合得分,横向对标先进、纵向对比进步,引导各单位找准差距,主动调剂用工余缺、压减停待用工、精干岗位配置,不断拓展创效能力,提升人力资源效能。完善以创收价值、创效价值、占用价值、价值增值"四项"指标为主要内容的岗位价值量化评估模型,根据创收价值的来源,赋予一定的价值增值系数,计算得出创效价值,并与占用价值对比,显化各岗位价值增值情况。对辅业后勤进行全覆盖价值量化评估,精准显现低价值岗位人员,配置到技术服务缺员岗位和外委转自营、对外业务承揽高效项目岗位,如图 6 所示。

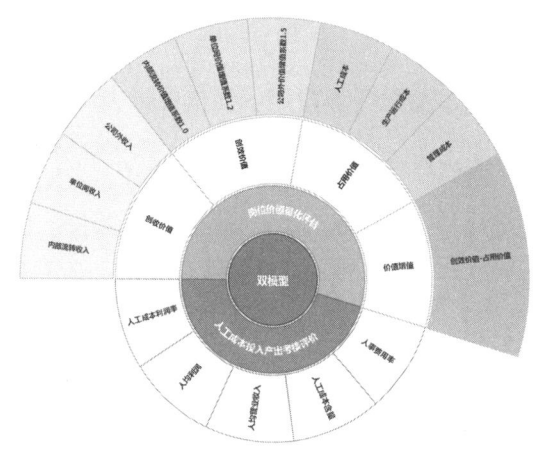

图 6 "双模型"示意图

3. 实施"三大激励",以价值导向增强机制运行动力

建立海外人才保供专项激励。对正式纳入海外项目人才池的储备人才,储备期内给予

1000元/月专项激励；储备期内因考核不合格，被调整出海外项目人才池的，扣回相应激励；储备人才不履行承诺、不服从外派，或派出后一年内因素质能力不达标被海外项目退回的，按照专项激励额的两倍进行扣罚。对保供单位按照钻修井总监、平台经理等岗位每人30万元/年，司钻、带班队长及电气、钻井、泥浆工程师等岗位每人22万元/年，钻工等其他岗位每人15万元/年的标准奖励效益指标。建立国内用工统筹配置专项激励，实行阶段性调动的，按照每人2.5万元/年、4万元/年的标准分别奖励供需双方单位工资总额；实行业务承揽的，按照每人7万元/年、2.5万元/年的标准奖励供需单位工资总额。建立辅业后勤扭亏脱困专项激励。根据专业经营单位辅业后勤规模核定激励标准，对于完成全面扭亏脱困利润目标的单位，按照标准奖励；对于超额完成任务指标的单位，按照超额部分的50%，追加奖励；对于未完成任务指标的单位，按照欠额部分的50%，扣减工资总额。对外业务承揽或劳务输出项目，年创收10万元/人及以上的项目，按照每人3万元/年，核增相应单位工资总额。3大专项激励实施以来，年度兑现奖励资金均在5000万元以上，推动了员工收入与公司效益同步增长，让发展成果更多惠及员工群众，单位和员工两方面积极性被显著调动，岗位成才、争先创优蔚然成风，形成了"蓬勃奋进、千帆竞秀"的良好局面，如图7所示。

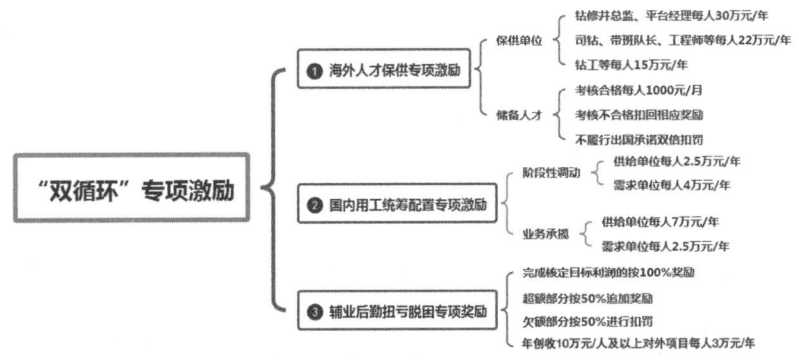

图7 "双循环"专项奖励示意图

四、取得成效

人力资源"双循环"统筹配置机制的创建与实施，横向拆除了用工配置"藩篱"，纵向接续了用工循环"链条"，构建起市场导向、机制护航、效益驱动、灵活配置的"大用工"格局，累计跨单位、跨板块、跨区域统筹调剂用工1500余人次，优化盘活辅业后勤用工2520余人，公司整体用工效能持续提升，全员劳动生产率保持5年连续向上，如图8所示。

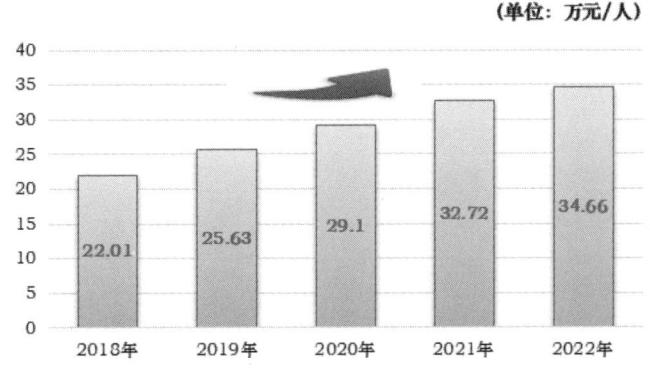

图8 2018—2022年历年全员劳动生产率情况

（一）国内国外用工动态循环顺畅有序

实施人力资源统筹配置"双循环"机制，建立完善人员"倒休、调剂、保供"配套措施，有效推动了国内与国外两个市场用工动态循环、高效配置。海外倒休工作专班和"倒休总监"的设立，确保了公司海外项目800余名员工一年至少实现两轮倒休，有力保障了员工休息休假权益和身心健康。国内国外人员余缺调剂机制建立后，累计优化调剂海外用工500余人次，节约人工费用5000余万元。2022年5月，沙特项目部接到甲方4部钻机复工函后，10天内停待队伍人员就恢复至原编制人员的80%。通过系统实施海外项目人才盘点，摸清公司海外项目人才"底数"，结合海外项目现场实际需求，统筹两级培训资源，实行海外项目储备人才订单式培养、精准化赋能，近两年实施海外项目储备人才"入池"培养109人，累计调剂海外用工500余人次，有效保障了海外项目停待队伍快速启动复产。

（二）主辅业务用工配置效能有效提升

通过实施人力资源统筹配置"双循环"机制，打破了队伍人员行政隶属关系，有效推动了用工跨单位、跨专业、跨区域流动。2022年中期西南市场工作量不足、个别钻井队伍出现停待，公司适时将西南分公司36名钻井队人员统筹调剂至井下作业试油队工作，有效缓解井下一线用工压力，全年共推动"钻井—作业""陆地—海洋""东部—西部"之间用工余缺调剂1300余人次。通过推广应用新型劳动组织形式，在牛页一区试验井组，实行"井工厂"施工模式下同井组用工"一体化配置"，4支钻井队精简优化岗位用工34人，减少人工成本费用600余万元。通过引导技术服务单位内挖潜力、外强合作，腾岗接收其他单位一线退出员工和辅业后勤员工，延长岗位价值"生命周期"，2022年实施外委转自营项目154个，盘活用工1804人，创收金额6.1亿元。

（三）辅业后勤人力资源创效价值充分显现

通过实施人力资源统筹配置"双循环"机制，辅业后勤低效、无效岗位充分显化，通过"入池赋能""考核出池"等措施，推动辅业后勤低效岗位项目和岗位人员进阶盘活，辅业用工配置效率大幅提升。2022年度，对辅业后勤4493人开展岗位价值量化评估，显现亏损10万元以上的低效岗位人员369人，进阶盘活205人。充分发挥"人力资源池"蓄水充电功能，先后举办熔化焊接、大车司机等13个储备人才培训班，"赋能"200余名辅业后勤员工实现"二次创业""进阶盘活"，累计"出池"盘活用工1115人次，节约人工成本费用600余万元。2022年对外业务承揽项目104个，盘活用工917人，创收金额1.07亿元，辅业后勤人力资源创效价值充分显现。

案例负责人：张晓刚

主要创作人：易善志

参与创作人：王轶斌、李　康、郝铁俭

第四部分

价值评价与价值分配

指标任务化、任务目标化、目标责任化的业绩考核新模式的创新与实践

国网辽宁省电力有限公司

一、实施背景

（一）三项制度改革攻坚的必然要求

2015年，中共中央、国务院印发了《关于深化国有企业改革的指导意见》，明确提出国有企业管理人员能上能下、员工能进能出、收入能增能减的改革工作要求。2020年，国企改革三年行动开始实施，以"强功能、优机制、激活力"为主线，使国企再次吹响改革号角。近期，国家电网有限公司（以下简称国网公司）加快推进市场化选人用人、绩效分配等改革部署，全面优化绩效考核体系，激发广大职工的积极性和创造性。为有效落实国家和国网公司工作要求，国网辽宁省电力有限公司（以下简称国网辽宁电力）需要从管理理念、工作思路、指标设计、目标确定、考核机制等方面优化绩效考核体系，发挥绩效"指挥棒"作用，保障三项制度改革落地实施，为实现公司战略目标提供支撑。

（二）推动管理效能提升的有效手段

在服务地方经济发展方面，国网辽宁电力存在与地方政府部门协同不力，政府支持不够，工作中存在等、靠、要等管理不到位现象。在企业内部管理方面，特别是随着公司规模扩大，国网辽宁电力存在职能划分过细、本位主义突出、产生"机关化"管理等问题，导致落实国网总部的战略执行力不足、工作完成质效不高。为有效解决内外部环境变化带来的管理问题，国网辽宁电力必须寻求突破和转变，需要以绩效考核为支点，强化过程管控，通过绩效促进管理提升，增强各级单位战略执行力，强化对地方政府的支撑和协同，实现公司内部管理提升和外部服务升级。

（三）实现业绩考核提升的必然选择

国网辽宁电力原有绩效考核方式是按年度进行考核，考核周期长，缺乏有效的过程管控和阶段性纠偏环节，考核指标无法根据业务变化进行灵活调整，公司本部职能部门缺乏有效的考核手段，考核以定性评价为主，缺乏横向对比机制，企业负责人业绩考核没有实现可控、在控、能控。为有效提升公司业绩，国网辽宁电力需转变考核方式，缩短绩效考核周期，建立月度管控机制，通过考核推动公司业绩提升，实现从松散、粗放、低效向集中、精益、高效转变，确保企业负责人业绩考核进入国网第一方阵。

二、内涵与主要做法

国网辽宁电力构建"四全"考核管理体系,搭建KPI(关键纯净指标)与OKR(目标与关键成果)"双向"驱动考核模式,按照"指标任务化、任务目标化、目标责任化"开展月度考核监控,形成了考核、问责、督办联合管控机制,将公司战略目标落实至各级组织和员工,通过考核促进专业流程优化和管理质效提升,实现公司执行能力、管理水平、综合业绩的全面升级。

(一)构建"四全"考核管理体系

为实现战略目标,国网辽宁电力对绩效考核工作进行全方位梳理,提出了"全面、全员、全过程、全层级"即"四全"考核要求。"全面"是将考核事项覆盖到每一项重点工作任务,"全员"是将考核对象延伸到每一名员工,"全过程"是将考核细节拓展到每一个工作环节,"全层级"是将考核体系落实到每一级组织。按照新的考核要求,国网辽宁电力制定了以"强化月度、简化季度、优化年度"为导向的"四全"考核工作方案,国网辽宁电力设立了绩效管理委员会,由公司主要领导牵头负责"四全"业绩考核工作,地市公司、运营保障、市场化产业等34家单位党政负责人及各级绩效管理办公室全面承接公司考核任务,逐级制定内部考核方案,逐月开展任务考核,全面构建公司"四全"考核管理体系。

一是全面覆盖工作任务。国网辽宁电力建立"指标任务化、任务目标化、目标责任化"考核机制,将国网公司企业负责人业绩考核指标转化为提升指标的具体任务举措,实现业绩指标由"数据"向"任务"转化;并将国网公司职代会、专业工作会议要求、公司内外部重点攻坚工作纳入月度考核任务,实现考核覆盖全部指标、全业务工作,推动工作落实。

二是全员开展绩效考核。在单位负责人考核方面,国网辽宁电力与各单位负责人签订经营业绩责任书,实现绩效考核、薪酬收入与业绩指标全面挂钩。在各级本部管理人员考核方面,国网辽宁电力制定卓越本部考核方案,将考核指标和任务落实到处室和各管理岗位,实现本部管理人员考核全覆盖。在基层单位考核方面,国网辽宁电力将关键业绩指标和重点工作任务下达到各级单位,各级单位对考核指标、考核任务进行分解,并对不同层级、不同专业一线员工开展考核,形成了从本部到基层、从经理层成员到本部管理人员和一线员工的全员绩效考核局面。

三是全过程管控任务环节。为实现考核全过程管控、全流程跟踪,每月由公司专业部门对各单位任务完成情况进行评价,并对发生重点工作任务未完成或产生负面影响事项的单位进行问责。通过常态化月度重点工作任务考核,监督所属单位及县区公司任务分解落实情况,并建立省市县各级业绩看板和月度通报制度,实现考核全过程管控。

四是全层级贯通各级组织。国网辽宁电力为实现考核体系垂直贯通,构建了"省对市、市对县、县对班所、班所对岗位"四级网络贯通机制。一级贯通是公司以企业负责人考核和月度重点工作任务为抓手,考核覆盖地市供电公司、运营保障单位、市场化产业单位三类主体,促进经营业绩不断向好。二级贯通是所属各单位将公司下达考核指标和任务细化分解,形成针对县区公司、内设机构的考核体系,确保基层单位指标更直观,任务更明确。三级贯通是各县区公司对内部供电所、班组开展考核,保障任务传递落实到基层一线班组,促进各专业工作落地实施。四级贯通是供电所、班组对内部员工进行绩效考核,与个人绩效结果联动,激发员工活力,提升工作效能。

（二）建立"双向"驱动考核模式

1. 强化战略牵引力的 KPI 考核模式

国网辽宁电力建立以企业负责人考核为核心的 KPI 考核模式，充分发挥业绩考核导向作用，综合考量各单位工作业绩，考核维度包括关键业绩评价、党建工作评价、专业工作评价、安全工作评价、公司领导评价五大维度。根据不同单位类型，差异化设置考核指标、考核目标、考核权重，强化业绩考核的战略牵引力。

关键业绩评价是对公司发展战略、年度重点工作和国网公司考核指标的细化和分解，重点反映公司年度综合经营业绩成果，突出全局性、结果性导向，地市公司设置 31 项考核指标，运营保障单位设置 11—19 项考核指标，市场化产业单位设置 7—14 项考核指标。党建工作评价是对各单位基层党建工作、领导人员队伍建设、党风廉政建设方面工作情况的考核评价，引领各单位增强"中国特色"政治本色。专业工作评价是公司专业部门依据所负责的专业工作任务开展的专项评价，共设置 106 项评价指标，确保专项工作执行到位。安全工作评价重点对生产安全、廉政安全、经营安全、社会责任风险等方面的重大违规违纪事件进行考核评价，设置 30 项安全工作考核指标，以扣分方式考核，增强各单位安全意识和底线思维。公司领导评价是综合考虑各单位在安全生产、优质服务、经营管理及履行社会责任等方面的突出贡献，予以正负向评价，引导各单位树立全局意识、找准战略定位。

2. 强化自主提升的 OKR 考核模式

KPI 考核模式可以促进各单位完成公司业绩指标，但仅应用 KPI 考核模式仍然存在一定不足，如工作仅仅围绕既定目标，主动意识不强，缺乏创造力和突出业绩等。因此国网辽宁电力充分融合 KPI 的刚性要求及 OKR 创新激励的精髓，构建 KPI+OKR 双驱动的绩效管理模式（图1），激发各单位内驱动力。

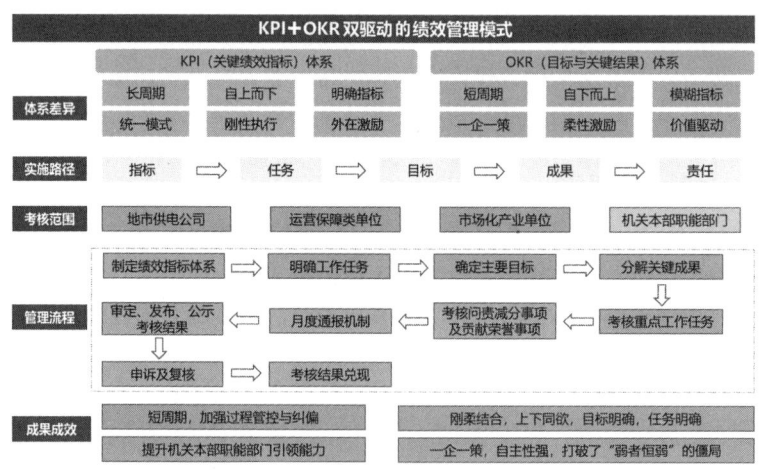

图 1　KPI + OKR 双驱动的绩效管理模式

OKR 是各部门、各单位在完成关键业绩和重点工作任务的同时，按照自我突破的原则，自行制定的，可量化的，有创新性、突破性、引领性的关键目标成果。OKR 依据重要程度分为"创新示范""专业提升""业绩突破"等级别。国网辽宁电力将 OKR 考核结果纳入年度绩效考核。各单位结合业绩目标以及管理实际，由班组、供电所、县公司、职能部门自下而上提出突破性目标，由各单位按照专业进行融合，形成单位级 OKR。根据 O（目标）分解各级组织 KR（关键结果），并与任务计划、考核责任有机结合，将 KR 按月、季、年分步推进，确保年末取得自我突破性成果。针对 OKR 达成目标并取得成果的单位，在年度考核中予以奖励加分，形成了 KPI 与 OKR 双向联动、相互补充、相互促进的考核机制。

（三）实施月度重点任务考核监控

为确保 KPI、OKR 取得预期成效，解决原有考核体系考核周期长、缺乏过程管控等问题，国网辽宁电力建立指标任务联动机制，将数字化的关键业绩指标转化为月度任务，通过"以月保季，以季保年"的方式，确定阶段性任务目标，缩短考核周期，在各级本部、各单位全面开展月度任务考核。月度任务考核框架如图 2 所示。

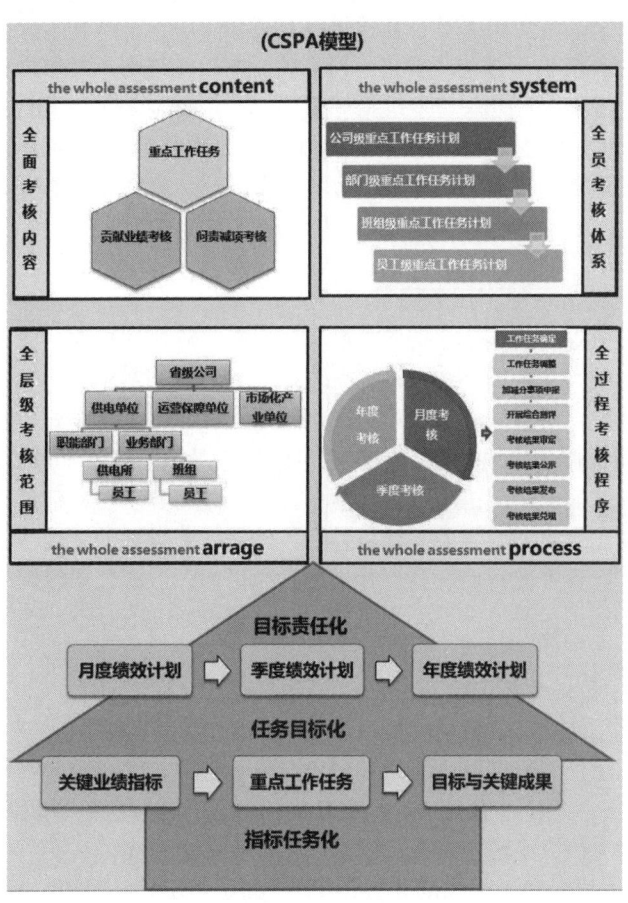

图 2　月度任务考核框架

1. 业绩指标任务化

以"指标任务化"为举措，国网辽宁电力建立起了指标任务分解机制，将业绩指标（Indicator）转换为月度工作任务（Task），并设置阶段性任务目标（Objective），通过编制量化衡量标准（Measure），形成了公司 ITOM 指标任务分解法，解决了关键业绩指标向下传导缺乏具体任务举措的问题。

每年年初，国网辽宁电力依据国网公司年度关键业绩指标和年度重点工作安排，围绕省委省政府、公司职代会工作部署要求，遵循业绩目标与工作任务相结合的原则，梳理各项任务和业绩指标关系，对任务进行分类，将与业绩指标直接相关的任务纳入业绩任务考核，将与日常管理相关的任务纳入常规任务考核，并根据重要性将任务划分为公司级重点工作任务和部门级重点工作任务。其中，公司级重点工作任务以支撑公司发展战略为目标，需多个专业、多个单位协同开展，为公司创造显著价值贡献，具有全局性、战略性、创新性等特点，是实现关键业绩指标提升的重点任务；部门级重点工作任务是落实上级部门重点工作要求，需要各单位落实开展，可为专业发展提供支撑，具有专业性、特殊性、挑战性等特点，是提升专业管理指标的重点任务。

任务确定之后，将由公司本部承担的任务纳入本部月度考核体系，各部门将任务分解到处室，处室根据岗位职责分工，将任务落实到岗位，确保责任清晰，任务明确，并根据月度任务完成情况和取得的成果，由组织部对各部门开展考核。

公司按月下发任务清单，各单位承接公司考核任务后，结合本单位承担指标，分解和梳理重点工作任务，分解过程以提升关键业绩指标为中心，以落实公司级重点工作任务为方向，以取得阶段性成果为目标，将承担指标与工作任务对接，并经过层层分解传导直至班组，将抽象的、数字化的关键业绩指标全部转化为具体可执行的工作，确保各项指标可操作、可执行、可落实。

2. 年度目标阶段化

以"任务目标化"为导向，任务确定后，根据年度关键业绩目标、OKR目标，将公司级重点工作任务和部门级重点工作任务按照季度、月度确定阶段性短期目标，将公司宏观整体目标拆分为各级组织分别承担的子目标，形成了横向可整合、纵向可联动的"目标框架网络"，并与各级组织绩效挂钩，通过月度考核和督办机制保障目标达成和任务完成。

每季度，各部门根据公司级、部门级重点工作任务清单，制定重点工作阶段性目标成果、时间安排及考核要求，形成导向清晰的目标清单，并按月对各单位目标达成情况开展考核。根据公司内外部环境变化，滚动修订各项任务计划，确保任务目标的准确性，及时纠偏。通过将重点工作任务目标化，各单位将宏观目标转化为阶段目标，形成公司级网格化目标图，确保各级组织按照年、季、月目标逐级推进，为实现"以月保季，以季保年"奠定基础。

3. 过程管控月度化

以"目标责任化"为重点，各单位根据月度、季度、年度目标，按照机构、岗位职责分工，明确责任事项、工作节点、奖惩原则等责任清单，将责任细化落实到各级机构、班组、岗位和具体人员，建立了目标清晰、责任明确、考核精准的月度考核管控机制和管理流程，在省、市、县各级单位开展月度考核，实现全业务月度管控、全员精准考核。

月度考核从量、质、期三个维度开展评价。"量"主要对公司级、部门级任务的业务量、工作量及关键结果（KR）数量等情况进行评价；"质"主要对完成任务的质量、效果、阶段性成果等工作质效进行评价；"期"主要对完成任务的效率、进度、时限等任务推进情况进行评价。每月，公司组织部对各部门月度完成情况进行考核，形成部门任务评价结果，并对任务完成存在问题的部门、处室和责任人进行考核。在基层单位考核方面，公司各部门结合信息管控系统、各类统计报表、各项任务申报材料等评价支撑材料，结合各单位完成任务的时间节点、工作质量、取得成效开展评价。同时各级组织全部自上而下开展月度考核，直至班组和员工，形成以任务为抓手的月度管控机制。为体现业绩贡献，公司设置贡献荣誉事项加分，对显著提升公司业绩、形象、影响力的成果贡献给予奖励，根据贡献度大小，成果贡献分为突出贡献、重大贡献、较大贡献、表扬四个级别，全面激发各级组织和员工争先动力。

4. 考核流程制度化

为提升考核的公开性、透明性，国网辽宁电力将考核方案制度化、将考核流程规范化、将考核结果公开化。在"制度化"方面，国网辽宁电力印发了《卓越本部绩效管理实施方案》《所属单位月度重点工作任务考核评价方案》，各单位按照公司方案，分别制定本单位内部考核实施方案和细则，确保制度统一，模式一致。在"规范化"方面，国网辽宁电力建立统一的月度考核流程，包括任务启动、任务编制、任务调整、任务发布、OKR 申报、荣誉审核、结果审定等一系列考核流程，确保各个环节规范运作。在"公开化"方面，国网辽宁电力建立了结果公示制度和月度通报制度，对各单位考核评价分数、加扣分原因、贡献荣誉等月度评价结果进行公示。为确保考核结果具有客观性，国网辽宁电力建立了绩效申诉及复核机制，对考核结果有异议的部门、单位可提出申诉并申请复查，公司将对复核评价结果给予绩效反馈，并对低绩效的组织和员工开展绩效沟通和帮扶，在公司上下形成"优胜劣汰"的绩效管理氛围。

（四）形成考核、问责、督办管控机制

为确保月度考核发挥作用，国网辽宁电力重点抓绩效改进，通过对"考核"与"督办"的联合管控，实现了责任落实、过程监督、改进提升的闭环管理（图3）。通过考核发现问题，通过问责压实责任，通过督办彻查根源，找准病因、深挖病根、对症施策，确保杜绝同类问题再发生，并以此为基础，推进专业管理流程优化再造，促进公司管理水平和经营质效的再提升。

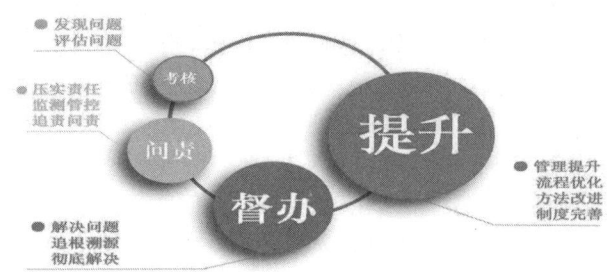

图3　考核、问责、督办管控机制

1. 重要事项问责

建立考核问责机制，对导致公司级重点工作任务未完成或推进不力的各类事项，以及发生安全生产问题、合规管理问题、负面舆情、巡察审计问题、廉洁问题等给公司带来负面影响的事项实施问责考核，让责任"归位"，让监督"到位"，促使各部门、各单位树立一种高度的责任意识和危机意识，确保工作取得实效。

在本部职能部门问责方面，依据公司领导、助理副总师提出的问责事项，以及国网公司和省委省政府相关通报建立问责事项清单；在各单位问责方面，各部门依据国网公司和公司专业管理要求，制定问责事项清单，并对问责事项进行分级。问责事项清单是各专业督办、检查、问责的重要依据，公司发布问责事项清单后，各单位将责任逐级分解，形成各级组织和个人的问责事项管控清单。发生问责事项后，被问责单位要对问责事项进行追责，深挖问责事项的具体原因，依据责任权重落实问责处罚，实现考核压力自上而下逐级传导，追责到人、处罚到人。

为确保规范开展问责，确保该问责的事项决不姑息，建立本部与基层考核问责联动机制。对于公司本部各部门，重点工作任务牵头部门原则上每季度至少提出1项对其他配合部门的问责事项；对于各单位出现工作推进不力、给公司带来负面影响的事项，主管部门每季度至少提出3项问责事项；对于未提出问责考核意见的部门，公司启动"熔断机制"，取消该部门1个月考核资格，并对该部门进行追责，通过问责规范、约束各部门、各单位考核行为，保障重点工作任务顺利推进。

2. 重点问题督办

针对在重点工作任务执行过程中，各部门、各单位暴露出来的薄弱环节和被问责问题，由公司办公室进行专项督办，全程跟踪工作进展，精准施策。公司办公室按照"清单式管理、节点化管控、精准化施策"的工作模式，强化重点问题督查督办管理，下达督办问题清单，督促被问责部门和单位深入查找问题根源，制定针对性解决措施并组织实施。对关键节点实施全面管控，对时效性强的工作采取"点对点"方式，对接责任部门，明确落实要求，开展直督直办；对跨专业难题采取"蹲点跟班"方式，抽调督查专家开展调研督查；对工作落实中的难点、堵点问题，依托"互联网+督察"平台，广泛收集基层意见建议，提出对策建议并协调解决，为公司党委决策提供依据。公司办公室指导地市公司、县公司落实督办措施，形成"一本台账三级督办"机制，各部门、单位实施整改后，由公司办公室协同各考核责任部门对被问责事项的整改工作进展进行再督查，并对整改效果实施评估，对拒不整改和整改无成效的，再次发起问责程序，并视情况实施约谈，确保各项措施落实到位、各类问题解决彻底。

3. 重点领域提升

每个考核周期结束后，对重点督办问题和整改措施进行梳理，分级界定措施范围，并分别向公司分管领导和专业部门反馈。对于偶然性问题，由各部门、单位自行制定整改措施实施整改；对于多个单位、部门出现的多发性问题，需要公司层面统一制定整改措施的问题，由公司专业部门牵头制定整改措施，统一实施整改；对于普遍存在的问题，涉及企业管理制度、流程等方面的问题，由公司专业部门牵头，深入开展诊断分析，查找问题根源，优化工作流程，改进工作方法，并修订相关管理制度，建立常态化管理机制，从而杜绝同类问题再次发生。通过对考核、问责、督办、改进、提升的全过程管理，真正将绩效管理的落脚点从组织、个人绩效改进，升级到专业流程优化和管理质效提升，实现公司执行力和管理水平的全面升级。

（五）深化绩效结果正向激励应用

国网辽宁电力树立业绩导向和能力导向绩效管理理念，强化结果应用，分级分类差异化兑现，激发各级组织和员工潜能，提升工作积极性和主动性，实现组织绩效与员工绩效双提升。

1. 强化组织绩效结果应用

在公司本部层面，聚焦业绩指标成绩，对优异部门的优秀指标实施重点奖励，将部门绩效与主要业绩指标挂钩，对于年度公司企业负责人考核进入国网公司A段的，全员年度绩效奖金上浮5%，切实提升公司本部"提指标、增绩效"的工作热情。在所属单位层面，将各单位月度考核得分与绩效奖金分配直接挂钩，并根据各单位用工规模，差异化设置兑现标准，按五档标准每分奖励0.1至3万元不等，根据每月考核结果进行兑现。根据各单位年度企业负责人考核结果，将 A 级单位的 A 级员工绩效比例设置为不高于 25%，将 C、D 级员工绩效比例降低至 3%；将 C、D 级单位的 A 级员工绩效比例设置为不高于 20%，将 C、D 级员工绩效比例降低至 7%。这充分体现了考核结果联动效应。

2. 发挥员工绩效激励作用

对于各层级经理层成员，采取基本年薪、绩效年薪、任期激励三层激励模式。其中，基本年薪根据其任职岗位、任职年限、承担责任及风险等因素核定；绩效年薪与经理层成员年度考核结果直接挂钩，根据本人的业绩考核等级及考核得分确定；任期激励与经理层成员任期考核结果直接挂钩。明确经理层成员的绩效年薪和任期激励收入与考核兑现比例直接挂钩，根据考核结果等级，按照正职兑现标准的 0.4—0.95 之间核定。对于考核结果不合格的，或依据退出规定应退出岗位的，直接明确其绩效年薪或任期激励收入为零，建立"收入能增能减"考核机制。各考核结果等级对应的兑现标准如图 4 所示。

图 4　各考核结果等级对应的兑现标准

对于公司本部副总师和管理人员，根据公司卓越本部考核结果，明确助理副总师、部门负责人和员工的绩效奖金兑现规则：对于月度绩效等级评为 A 级的员工，绩效奖金上浮 10%；对于月度绩效等级评为 C 级的员工，绩效奖金相应下浮 10%。

对于各单位中层领导人员，建立中层领导人员个人绩效与所属部门组织绩效结果联动激励机制，中层领导人员月度、年度绩效奖金根据所在组织的考核得分计算，并将业绩考核结果应用于中层领导人员年度考核评价等方面，作为选人用人的重要依据之一，确保中层领导人员始终聚焦于公司发展的核心工作，全面提升中层领导人员的执行力。

对于一线员工，以业绩贡献为主导，实施多元化薪酬激励模式：员工基础绩效奖金直接与履职工作完成情况挂钩，增量绩效与组织业绩指标实施联动；专项激励奖金单独落实到相关责任人，将员工完成工作的质与量转化为可量化、可加减的积分，依据员工月度积分结果，差异化兑现薪酬激励，合理拉开员工收入水平。

3. 建立常态化竞争机制

国网辽宁电力树立业绩导向，建立常态化业绩排名竞争机制，对不同层级的组织采取正向激励的方式，加大对业绩靠前单位的奖励力度，营造比学赶超绩效氛围。

公司层面，根据各单位季度重点工作任务考核积分排名，分别选树供电单位、运营保障单位、市场化产业单位中的前 3 名为"星级单位"，提高星级单位月度兑现金额，树立"向好看齐、向前进位"风向标。

所属单位层面,根据各县公司和直属单位的月度企业负责人重点工作考核结果排名,采取"分组分位法",对各组排名不同段位,设置不同奖励标准,直接发放月度排名奖,并依据用工规模设置阶梯式人均上限,在确保公平的基础上切实提升激励效果。

县公司层面,推进供电所对标排名考核,根据地市公司所辖各供电所同业对标情况进行内部排名,将各供电所分为"A、B、C、D、E"五段,各段差异化设置不同的奖励标准,合理拉开奖励差距。

省、市、县、所各级组织均设置绩效看板,让争先进位意识自上而下贯穿始终。

三、实施成效

(一)管理质效显著,打造卓越绩效

国网辽宁电力通过实施月度考核管控,持续改进工作作风,强化组织执行力,引导各级员工树立大局意识、服务意识,提高办事效率,全面落实国家电网公司决策部署,优质高效完成全年目标任务,全力推进"一体四翼"高质量发展,为奋力开创辽宁振兴发展新局面做出积极贡献。

持续深化党建考核,推动"两个责任"落实,强化"一把手"和领导班子监督考核,落实新时代好干部标准和国有企业领导人员"20字"要求,深入开展"两整治"工作,打造"敢作敢为、善作善为"的领导班子和领导人员队伍。开展省市县三级本部绩效考核,将公司发展目标与各级本部员工成长进步和薪酬分配紧密挂钩,客观公正地评价工作业绩,突出考核的系统性、有效性和公平性,强化服务意识,加快各项工作落实,转变本部工作作风。推动三项制度改革落地,合理拉开同层级员工绩效工资收入差距,各级本部月度绩效工资收入差距达28%以上、生产一线达33%以上,A级倍比为1.28,C级倍比为0.75。

(二)经济实效增长,创造卓越效益

在新的考核模式驱动下,公司各部门、各单位强化专业管理,注重月度管控,推动投资增益,综合效益大幅提升。通过强化基本利润和管理利润考核,不断提升公司效益,实现价值引领,公司各项指标均优于国网公司考核指标。通过考核售电量增长率和准确度,提高线损管理水平,精准完成年度目标,促进降损增效。

注重专业考核,提升服务质效,出台22项具体举措,积极主动稳增长、促转型,聚焦民生所需、政府所想、企业所盼,加快老旧小区改造,推进农村电网巩固提升工程,配网频繁停电投诉同比下降95%。公司各专业形成"考核、问责、督办、提升"闭环管控机制,促进省市县各级本部、各级机构、各级班组之间协同运作,有效解决基层一线问题,将绩效改进升级到管理标准优化和工作流程再造,促进专业管理水平不断提高。

(三)社会后效扩大,塑造卓越形象

国网辽宁电力树立服务地方经济发展考核导向,加大贡献事项月度考核奖励,促进政企联动不断深入推进,积极对接辽宁省"一圈一带两区"区域发展格局,主动与各地市政府深化合作、共享共建,全力服务辽宁省结构调整"三篇大文章"和"数字辽宁、制造强省"建设,与

省政府签署了"十四五"战略合作框架协议,使合作交流全面深化,共同开启了以电网高质量发展服务辽宁振兴发展的新篇章。激励科技创新贡献,鼓励重大科研任务、技术标准制定、专利申请授权等科学创造,引导各单位加大科技投入、增强创新发展能力,承办第十三届中国智能电网学术研讨会,与大连理工大学共建新型电力系统联合研究院,获批6个国家重点研发计划项目,首次承担国家新材料高端制造专项。不断深化与地市政府、有关厅局、高校名企签约共建,全面构建"政企、企企、校企"合作新格局,勇于承担"大国重器"顶梁柱顶得住的电力保供职责使命,责任央企形象深入人心。

国网辽宁电力树立品牌社会责任,坚持正确舆论导向,加强新闻宣传传播,以更高站位、更大作为打造"辽·亮"服务。在中央电视台、人民日报、新华社等中央媒体发稿136篇,同比增加97%。3次登录"央视新闻联播"、"焦点访谈"正面报道1篇,新华社内参1篇,"国家电网"品牌形象不断攀升。在国网公司系统内率先发布社会责任报告,向省内全国"两会"代表、公司重要用户传播赠阅,通过政府汇报、新闻发布会、媒体见面会等方式,展示公司追求经济、社会、环境综合价值最大化的履责行为和积极意愿,彰显责任央企内涵。

案例负责人:张　楠

主要创作人:张　楠

参与创作人:孙　刚、郭长彪、白　韬

国有企业基层干部综合考核评价指标体系研究与实践

中石化胜利石油工程有限公司渤海钻井总公司

对国有企业而言，贯彻新时代党的组织路线，践行"20字"新时期好干部标准，完善"五大体系"建设，打造忠诚干净担当的高素质干部队伍是推动企业高质量发展的关键。近年来，中石化胜利石油工程有限公司渤海钻井总公司（以下简称渤海钻井总公司）党委坚持党管干部原则，通过研究完善基层干部考核机制，探索建立可量化、可操作、可遵循的基层干部综合考核评价指标体系，全面、客观、公正、科学地考核评价基层干部，激发基层干部干事创业内在活力，为企业改革发展提供了强有力的干部支撑和组织保证。

一、实施背景

（一）贯彻落实新时代党的组织路线和习近平总书记关于干部工作重要指示的政治要求

新时代党的组织路线要求，要着力培养忠诚干净担当的高素质干部，着力集聚爱国奉献的各方面优秀人才，坚持德才兼备、以德为先、任人唯贤，为坚持和加强党的全面领导、坚持和发展中国特色社会主义提供坚强组织保证。习近平总书记也多次对干部考核工作作出重要指示，强调要"建立日常考核、分类考核、近距离考核的知事识人体系""既把功夫下在平时，全方位、多渠道了解干部，又注重了解干部在完成急难险重任务、处理复杂问题、应对重大考验中的表现"，这些重要论述为我们精准科学考评干部指明了方向、提供了遵循。

（二）完善干部管理和选人用人机制，建设高素质干部队伍的重要抓手

干部考核评价是一项综合性的、动态的、系统性的管理活动，是干部选拔任用、培养教育、管理监督、激励约束的重要依据，需要不断完善体制机制，实现经常化、制度化、全覆盖，充分发挥指挥棒、风向标、助推器作用。目前，部分国有企业基层干部考核工作仍存在考核内容评价不够全面、方式比较单一、结果可比性不强、运用不充分等问题，影响干部作用发挥。建立科学化、常态化、规范化的综合考核评价体系，全方位、多维度、近距离观察分析干部，全面客观地考准考实干部，为科学选人用人提供重要的参考依据，是落实新时代干部工作要求的重要体现和加强干部队伍建设的有效途径。

（三）激发干部干事创业内在活力，以组织优势促进高质量发展的必要举措

建立完善基层干部综合考核评价指标体系，改进基层干部考评模式，充分体现干部的德、能、

勤、绩、廉等方面指标情况，全面展现基层干部在抓班子、带队伍、强管理、促发展、保稳定等方面工作的业绩能力。同时，科学精准地考核评价干部，能够切实厘清基层干部队伍及个人现状、存在问题及改进方向，便于督导基层干部增强责任意识、提升业务能力、规范履职行为，对于持续提升干部队伍整体素质、提高企业核心竞争力、促进企业高质量发展具有重要的现实意义。

二、创新突破点

目前，基层干部考核工作还存在不少问题，主要表现在考核指标量化不充分、针对性不强，不能准确地反映出基层干部的业绩水平和能力特点；考核过程和方式单一，往往是年终一次性考核，参加测评人员范围较窄，不能反映基层干部工作业绩动态的变化；考核结果可比性不强、应用不充分，横向不能反映出基层干部在整个公司同级别干部中的等级，纵向不能连贯反映干部业绩、能力的发展趋势，对基层干部的考核不够科学合理，不符合公司高质量发展的需要。针对以上问题，通过对基层干部考核工作进行创新研究，实现了以下四点突破。

（一）实现考评指标可量化

考评指标由综合素质指标、工作业绩指标、加分指标、否决指标等部分组成，综合反映干部德、能、勤、绩、廉主要表现。各专业部门按照《HSE绩效考核办法》《技术管理考核实施细则》等13个专业评价标准进行考核，涵盖各项工作重点和流程节点。所有考核评价指标均量化为评价分值，不同岗位赋分加权总和为综合考核评价分值。

（二）实现考核运行动态化

根据指标的重要性和时效性，分别按月度、季度、年度不同周期频次进行评价，如经营效益、安全环保、生产运行、技术管控、装备管理、组织建设等方面工作由业务主管部门按月度进行考核评价，群团宣传、纪检监督等方面工作按季度进行考评，定期汇总信息，完善数据库建设，推进动态运行。设置KPI考核，对不同岗位差异化参数设置不同权重，并根据岗位调整、阶段性工作重点动态调整量化指标，常态化开展考核。

（三）实现分析评价系统化

建立绩效考核运行平台，将有关考核人员、队伍和部门等数据纳入数据信息平台，节约人力和时间成本，提高工作效率，做到考评数据自动化、规范化，减少人工统计计算过程，保证考评结果的准确性。通过上级领导、组织部门、业务主管部门、同级干部、员工群众、干部本人等多层级全方位、多层次采集评价信息，运用绩效评定、组织考核、述职评议、民主测评、工作写实等方式，确保考核的符合性、真实性。

（四）实现综合运用集成化

整合公司现有运行的、分散在各部门的工作考核到统一平台，实现数据资源集成共享，提高对考评指标、考评结果的科学分析水平，最大限度地保证考评结论的全面、准确，实现对各业务线条、队伍状态、干部业绩能力的综合掌握。同时，将考核数据及结果广泛运用于工作指导、岗位调整、职务晋升、评先树优等方面，提高了考核体系综合运用实效。

三、主要路径与实践情况

（一）突出"严实标"，精准优化考评体系指标

基层干部考核必须突出重实干、重实绩、重担当，以正确用人导向引领干事创业导向。

一是坚持"政治"第一标准，考严干部理想信念"牢不牢"。深入考核干部是否树牢"四个意识"、做到"两个维护"，坚决贯彻落实党中央方针政策和上级党组织决策部署；是否坚定"四个自信"，在大是大非面前态度鲜明、立场坚定，自觉抵制错误言行；是否认真履行政治责任，具有斗争精神、斗争本领，在急难险重任务面前站得出来、顶得上去，在矛盾危机面前能够挺身而出、敢于迎难而上；是否自觉尊崇党章，严格遵守党的政治纪律和政治规矩，言行一致、表里如一。政治标准为KPI项点，实行"一票否决"制度，查实如有违反情况，在考核中直接定为不合格。

二是坚持"实干"关键指标，考实干部履职尽责"好不好"。根据岗位职责、工作内容和重点等设置综合性量化考核指标，设置一级指标7项：德、能、勤、绩、廉、加分指标、否决指标。"德、能、勤、廉"为综合素质指标，包括11项二级指标，反映干部需要考核的综合素质；"绩"为工作业绩指标，包括9项二级指标，分别列出考核"项点清单"，涵盖各项工作重点和流程节点；加分指标包括获得各类荣誉、竞赛获奖、创新成果等，按照国家级、省部级、局级分别加分，关键时刻完成急难险重任务，做出较大贡献的，分情况加分；否决指标包括政治标准不合格，发生重大安全、质量、环保责任事故，违纪违法案件，重大群体性事件，重大负面舆情等情况，年度考核不合格。

基层钻井队党支部书记考核值 = 德 ×10%+ 能 ×10%+ 勤 ×10%+ 绩 ×60%+ 廉 ×10%+ 加分值。

基层干部综合考核评价指标体系及指标权重分别如表1、表2所示。

表 1　基层干部综合考核评价指标体系

指标分类	一级指标	二级指标	KPI	考核频次	考核方式	评价主体	专项考察
工作业绩	绩	安全环保	KPI	月度	部门考核	安全环保部	"三问""双听"述职
		经营效益	KPI	月度		经营管理部	
		生产运行		月度		生产运行部	
		技术管控		月度		技术发展部	
		装备管理		月度		装备管理部	
		组织建设	KPI	月度		党委组织部	
		群团宣传		季度		党群工作部	
		纪检监督		季度		纪检监督部	
		综治生活		季度		综合中心	
综合素质	德	思想政治	KPI	年度	民主测评写实评语	上级领导、各业务主管部门、同级干部及群众	组织考察
		道德品质					
		工作作风					

续表

指标分类	一级指标	二级指标	KPI	考核频次	考核方式	评价主体	专项考察
综合素质	能	业务履职	KPI	年度	主管部门考核	主管部门	组织考察
		决策执行		年度	民主测评写实评语	上级领导、各业务主管部门、同级干部及群众	
		组织协作					
		学习创新					
	勤	工作态度		年度	民主测评写实评语	上级领导、各业务主管部门、同级干部及群众	组织考察
		工作效率					
	廉	廉洁自律	KPI	年度	民主测评写实评语	上级领导、各业务主管部门、同级干部及群众	组织考察
		廉洁责任					

表2 基层干部综合考核评价指标权重

指标分类	一级指标		二级指标	考核对象岗位权重			
				党支部书记	队长	副队长	工程师
工作业绩	绩	60%	安全环保	20%	20%	25%	20%
			经营效益	20%	30%	10%	5%
			生产运行	10%	10%	25%	5%
			技术管控	5%	10%	10%	35%
			装备管理	5%	10%	10%	35%
			组织建设	10%	5%	支委分管工作 20%	
			群团宣传	10%	5%		
			纪检监督	10%	5%		
			综治生活	10%	5%		
综合素质	德	10%	思想政治	50%	50%	50%	50%
			道德品质	25%	25%	25%	25%
			工作作风	25%	25%	25%	25%
	能	10%	业务履职	25%	25%	30%	30%
			决策执行	30%	30%	25%	25%
			组织协作	30%	30%	30%	20%
			学习创新	15%	15%	15%	25%
	勤	10%	工作态度	40%	40%	40%	40%
			工作效率	60%	60%	60%	60%
	廉	10%	廉洁自律	50%	50%	50%	50%
			廉洁责任	50%	50%	50%	50%

基层干部根据考核值在公司同岗位进行大排名，排名分级形成等级划分：A级（前10%），B级（20%），C级（40%），D级（20%），E级（后10%）。

三是坚持"目标"评价原则，考准干部担当作为"能不能"。根据考核目标，构建评价原则，坚持准确性与可操作性相结合，严格依据可靠的数据资料和符合客观事实的材料，做到考核评价实事求是、公正合理；紧扣干部履职责任开展考核，最大限度地避免主观随意性；注意抓住影响和体现干部业绩和能力的关键要素，指标突出量化可考、坚持实效导向，便于实施应用，确保可操作性；坚持分类与分层相结合，将党委目标、部门工作目标、基层队伍工作目标与个人岗位目标结合起来，考核评价指标设置和权重区分不同钻机类型，区分不同岗位类别，处理好集体政绩与个人业绩的关系。

（二）突出"重实绩"，科学完善多维考评方式

完善多元化考评方式，建立"五位一体"考核矩阵，确保全面、客观、公正、科学地考核评价基层干部。

一是部门联评打好"专业分"。整合各部门考核工作，由各部门根据业务范畴，分别对各基层队的经营效益、安全环保、生产运行等方面工作量化考核排名，得出指标"绩"。

二是民主测评打好"公认分"。分别由基层干部的上级主管部门、同级和下级等参与测评，赋予相应权重得出德、能、勤、廉四项测评结果，综合多角度对基层干部做出评价，着重反映基层干部各方面实际情况。

三是干部自评打好"自查分"。基层干部进行自查，全面梳理年度各项工作完成情况，形成业绩写实、述职报告，完善自我总结评价。

四是专项考评打好"定向分"。开展述职评议、干部考察等工作，并通过查阅资料、个别谈话、实地查验等形式，对干部政治表现、岗位职责履行、发挥作用等情况进行专项考察，近距离考察干部。

五是组织评定打好"综合分"。组织部门汇总各部门考核数据、民主测评意见、专项考察结果和干部自评等情况进行综合信息分析，形成考核意见，报公司党委研究确定。

（三）突出"务实效"，充分发挥考评综合作用

强化考核评价结果运用，用好用活考核系统和综合考核结果，充分挖掘考核数据潜在价值，深化应用于干部管理工作。

一是围绕干部选用，发挥激励导向作用。坚持把干部考核结果作为选拔使用人才的重要依据，基层干部选拔、评先树优主要从考核中被评定为 A、B 级干部中产生，业绩奖金与考核结果挂钩，形成鲜明导向。

二是围绕班子配备，发挥优化调整作用。对基层干部考核结果进行分析，发现存在的优势和不足，结合干部的个人素质能力，合理对队伍班子进行调整、配备，最大限度发挥班子合力，激发基层内生活力。

三是围绕干部培养，发挥动态管理作用。结合阶段性评价分析，发现干部共性及个性问题，及时调整干部培养教育内容，实现基层干部全过程跟踪管理、常态化追踪服务、长周期培养发展。

四是围绕改进工作，发挥指导帮扶作用。通过分析队伍在安全环保、生产运行、经营效益、组织建设等工作的实际数据，明确基层队伍指导帮扶方向，有的放矢地制定整改措施，做到补短板、强弱项、提效能。

四、实施效果

（一）基层干部管理愈加精准

坚持政治第一标准，紧扣忠诚实干担当重要原则和价值导向，完善 7 项一级指标、20 项

二级核心指标，加强专业考核整合，较为全面地了解基层干部的实际情况，客观真实地反映其现实业绩、管理能力及综合素质，着力把想干事、能成事、干成事、不出事的干部选出来、用起来。从表现优秀的钻井队正职干部中提拔副总工程师 2 人、基层管理正职 3 人、基层管理副职 11 人，让敢担当、善作为的干部有舞台、受褒奖。同时对于在考察考核、日常表现、群众评价中发现的不守规、不作为、不胜任的干部，加大组织处理力度，免去基层队正职干部 3 人。

（二）干部队伍结构持续优化

精准考核评价基层干部，统筹优化调配，让宝贵的干部资源在各基层队有序流动、合理配备，形成良性发展格局，将选人用人导向落到了实处。以钻井队正职为例，自综合考核体系运行以来，优化调整基层队正职干部 59 人次，从基层队副职和钻井工程师岗位提拔到正职岗位 6 人，调整 53 人次，年优化淘汰率不低于 5%。基层队正职干部平均年龄 39 岁，年龄结构更趋合理，具备大学及以上学历的 47 人，占比 63%，能力结构、专业结构、知识结构得到进一步优化。

（三）公司高质量发展水平全面提升

通过聚焦价值增值、完善增加干部考核中安全、效益、技术等指标考核权重，建立以生产经营为中心、向基础管理倾斜的引导机制和分配导向，充分激发了基层干部员工干事创业、攻坚创效的工作热情，夯实了基层管理水平，提升了生产经营成效，高质量发展态势持续巩固。

案例负责人：张修林

主要创作人：张修林

参与创作人：张峰峰、周　刚、左丰芹

以战略为导向、以价值创造为核心，打造多元激励体系

南方电网深圳供电局有限公司

一、企业简介

南方电网深圳供电局有限公司（以下简称深圳供电局）是中国南方电网有限责任公司（以下简称南方电网公司）的全资子公司，承担着深圳市及深汕特别合作区的供电任务。截至2022年年底，深圳供电局有员工4999人，供电面积2421平方米，供电客户370万户。

二、成果实施背景

（一）实施背景

1. 是贯彻落实党中央关于完善分配制度促进共同富裕的必然要求

习近平总书记在党的二十大报告中指出，扎实推进共同富裕，完善分配制度，构建初次分配、再分配、第三次分配协调配套的制度体系。这为我们指明了在全面建设社会主义现代化国家新征程中迈向共同富裕的目标任务、改革举措和政策取向。深圳供电局加紧完善收入分配管理体系，既有自身改革发展的内驱力，更是贯彻国家收入分配制度改革要求的切实需要。

2. 是落实对标世界一流企业价值创造行动的关键举措

2023年3月，国务院国资委启动国有企业对标世界一流企业价值创造行动。深圳供电局提出要朝着实现"四个走在全网前列""中国第一、世界最好"的目标迈进。因此，革新收入分配理念、重构价值分配流程、优化收入分配管理成为推动深圳供电局落实对标世界一流企业价值创造行动、实现高质量发展的关键举措。

3. 是实现人力资源管理转型升级的迫切需要

南方电网公司党组高度重视人力资源管理工作，提出构建现代人力资源管理体系，是对新发展阶段人力资源管理的科学定位，是"十四五"乃至更长时期人力资源管理创新的主题。以此为契机，深圳供电局将人才作为企业核心竞争力的核心，坚持人是价值创造的主体，按照人力资源管理"三支柱"理论，从"三性三化"的战略视野，将通过分配制度改革提升人力资源管理效能作为深供特色、先行先试的战略人力资源管理体系升级转型的重点和难点，亟须在实践中得到创新突破。

4. 是不断满足员工对美好生活向往的必然选择

随着输配电价机制改革的不断深入及电网建设的快速发展，员工工作压力和工作量快速增

长,同时受工资总额管控模式的影响,深圳供电局人均工资增幅仅与深圳市 CPI 累计增幅基本持平,人才吸引力持续走弱,内部员工的满意度和获得感有降低趋势。在新形势下,深圳供电局亟须在现有的工资总额管控模式下创新多元激励举措,不断满足员工对美好生活的向往。

(二)目标和思路

1. 工作目标

本次管理创新的目标是以强动力、提效率、增活力为根本出发点,以价值创造为关键抓手,革新收入分配理念,创新构建符合战略发展、以价值创造为核心、具有供电企业特色、可复制可推广的多元激励体系,增强市场化改革意识,大幅提升员工获得感、幸福感、安全感,为公司创建具有全球竞争力的世界一流供电企业提供坚实的人力资源支撑。

2. 工作思路

贯彻落实党的二十大精神,深圳供电局坚持以新时代党的创新理论指导新的实践,坚持"以人民为中心"的思想,坚持效率效益优先、兼顾公平原则,坚持短期激励与中长期激励相结合、物质激励与精神激励相结合,系统深入开展调查研究,做好对标世界一流企业价值创造,聚焦关键人才,以战略为导向强化顶层设计和系统谋划,以价值创造为关键抓手,健全以"客户为中心"的价值创造、以"结果为导向"的价值评价及以"人才为本"的价值分配全流程,丰富正向激励工具包,迭代优化多元激励体系,不断提升员工的获得感、幸福感、安全感,增强队伍凝聚力、战斗力、创造力,有效支撑公司高质量发展。

三、成果的内涵和做法

(一)坚持以新时代党的创新理论指导新的实践,从完善分配制度上促进共同富裕

一是坚持学习新时代党的创新理论,充分认识初次分配、再分配、第三次分配在促进共同富裕中具有不同的功能和作用,相互协调配套。习近平总书记在党的二十大报告中指出:"坚持按劳分配为主体、多种分配方式并存,构建初次分配、再分配、第三次分配协调配套的制度体系。"这一重要部署,对于正确处理效率和公平的关系,在发展的基础上不断增进人民福祉,逐步缩小收入差距,扎扎实实朝共同富裕的目标迈进具有非常重要的意义。

二是坚持理论指导实践,充分发挥初次分配基础性作用,健全生产要素由市场评价贡献、按贡献决定报酬的机制,推动拓展和创新收入分配方式,优化内部收入分配格局。优化生产要素的配置,提高生产效率,更好地做大"蛋糕",为分好"蛋糕"提供基础,这是实现共同富裕的前提。努力提高劳动报酬在初次分配中的比重,坚持多劳多得,完善工资制度和奖励奖金制度,健全工资合理增长机制,增加一线劳动者劳动报酬。完善按要素分配政策制度,健全劳动、知识、技术管理等要素由市场评价贡献、按贡献决定报酬的机制。

(二)坚持以战略为导向,设计多层次激励体系驱动人力资源战略

一是构建 CSG-POCA 战略管理体系。坚持战略引领,深圳供电局全面贯彻落实南方电网公司发展战略,积极融入和服务深圳"双区"建设,构建涵盖制定、分解、实施、回顾四个环节构成的 CSG-POCA 战略管理体系(图1),推动企业中长期战略走深走实,以卓越绩效的理念、

思想、方法指导具体工作实践,加快推进全面建成具有全球竞争力的世界一流企业。

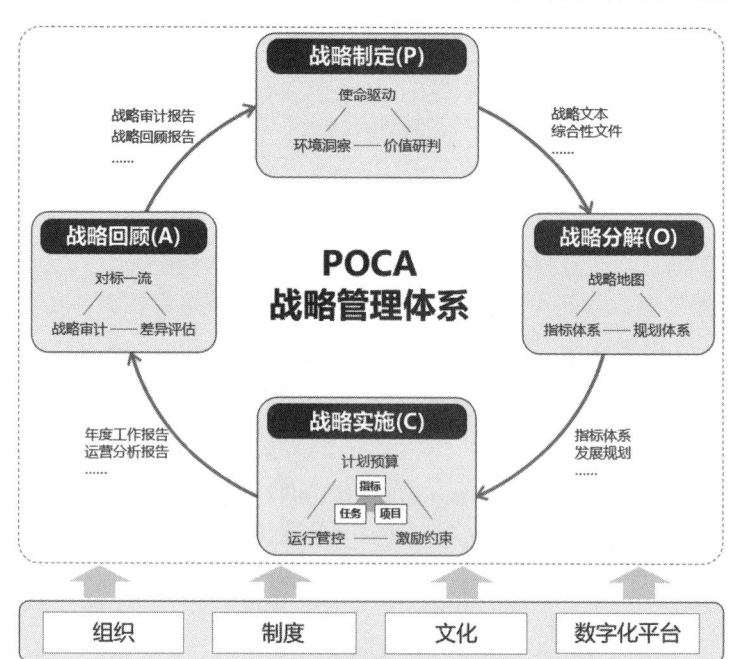

图 1　CSG-POCA 战略管理体系

二是制定"十四五"战略性现代人力资源管理体系发展目标。通过 SWOT 分析得出,深圳供电局已初步具备世界一流企业的显著特征,具有全面建成世界一流企业的条件。围绕按平衡计分卡理论通用架构的世界一流企业要素框架,制定"十四五"发展的战略和战略目标。基于发展战略,围绕"企业第一资源,发展竞争之本"的人才理念,制定"十四五"战略性现代人力资源管理体系发展目标,建设忠诚干净担当又充满活力的干部人才队伍,以打造能源电力领域战略人才力量。战略性现代人力资源管理体系如图 2 所示。

图 2　战略性现代人力资源管理体系

三是构建"崇尚实干、带动担当、加油鼓劲"的深供特色正向激励体系。树立"让实干者实惠、为担当者担当、让优秀者优先、让有为者有位"的理念，强化顶层设计，聚焦关键群体，完善分层分类激励举措3类16项，建立健全"重奖、保障、津贴"的正向激励体系。通过职业化员工发展、市场化薪酬分配和多元化情深关爱三大承接子体系有效协同贯通、系统集成，实现各激励举措协同贯通，进而驱动人才发展战略，推动战略目标实现，实现企业与员工价值双赢。正向激励体系如图3所示。

图3　正向激励体系

（三）坚持以问题为导向，深入调查研究，建立价值分配全流程管理机制

一是加强过程管控，深入开展内部调研，推进收入分配改革工作走深走实。通过"督导帮帮团"调研18家直属单位不同岗位员工，通过问券调查、现场交流、重点访谈收集意见发现，有必要持续完善考核评价体系和薪酬激励体系，以价值贡献分配薪酬，建立价值创造与收入水平联动机制和薪酬激励长效机制。

二是带着问题找答案，广泛开展外部调研，革新收入分配理念。调研学习华为、腾讯等优秀企业的优秀实践做法，明确"以价值创造为核心"的收入分配理念。健全以"客户为中心"的价值创造，以"结果为导向"的价值评价，"以人才为本"的价值分配全流程循环管控机制。以战略引导价值创造，以考核评价值贡献，激励员工自我价值实现，实现从"发工资"到"创价值"、从"要我干"到"我要干"的转变。价值创造管理循环如图4所示。

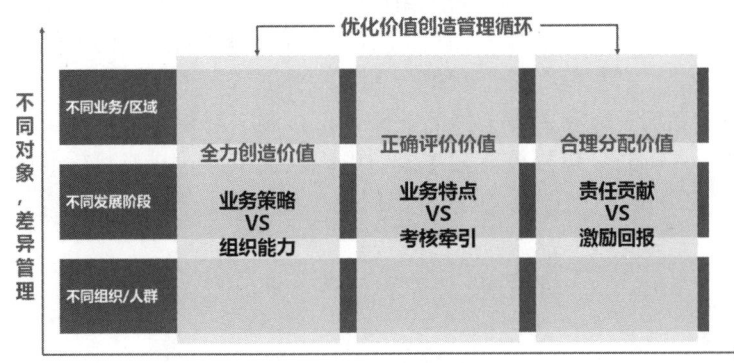

图4　价值创造管理循环

（四）创新价值创造主体差异化激励政策，聚焦"原动力"，夯实以客户为中心的价值创造基础

对于公司价值创造不同关键群体，实施"一岗一薪、易岗易薪"的差异化薪酬激励体系，分类施策，充分挖掘企业内部价值创造潜力。对于中高级管理人员，实行任期制和契约化管理，按照年度及任期经营业绩完成情况直接兑现价值分配。对于专业技术和技能人员，在薪点制的基础上，构建以"工资总额承包制"为主体、多层次奖金共同激励的薪酬差异化分配机制。对于高精尖专业技术人才，实行协议工资制，通过与高精尖专业技术人才签订个性化的高层次人才协议，实现一岗一薪。对于技术技能专家人才，采取岗位和专家独立考核、独立兑现薪酬的方式，解决岗位和专家考核分配界面模糊的问题。对于一线易量化考核管理岗位人员，通过"工分计酬"量化积分考核实现一线班组按业绩贡献获取报酬，营造"多劳多得"的氛围。对于下属能源技术公司职业经理人，实施"市场化选聘、契约化管理、差异化薪酬、市场化退出"，推动收入能增能减，促新兴业务公司全面走向市场化管理。

（五）创新完善多维度综合评价机制，聚焦"控制力"，确保以结果为导向的价值评价科学

一是创新建立全员新型经营责任制和契约化。按照"五个不低于、一个赶超"科学设置契约目标。评估岗位价值并设置岗位系数，经理层岗位价值系数为 1 达到 1.15，真正实现岗位与岗位不一样。提升浮动工资占比达到 70% 以上（其中经理层达 80%），业绩考核结果强制分布，刚性兑现薪酬，不打折扣、不搞变通。

二是探索实施新型生产经营责任制。划"小"生产责任单元，以内部模拟承包落实经营主体责任、充分授权放权，以调动积极性、主动性、创造性为切入点，以鼓励基层开展组织模式、制度机制、业务流程、作业标准、技术装备、人才培养创新为着力点，建立超额贡献核算方法，以超额贡献分享为激励手段，在基层构建坚强权责利体系，大力实施市场化管理，促进员工把"公家事"当"自家事"，提高全要素生产率，推动高质量发展。新型生产经营责任制模型如图 5 所示。所属龙岗供电局一次性打包解决中低压、营销服务等全部现场问题，效率提升超 35%；为客户提供一条龙服务，同时开展业扩报装全业务流程工作，中压业扩时长比以前（12.3 天）缩短约 3 天。

三是建立一线班组员工量化绩效考核管理模型。基于工分计酬实时取数分析，为直线经理进行绩效评估提供依据，数字赋能进行"组织画像"和"员工画像"，提高工作效率的同时，帮助员工了解自己的"位置"，促进业务管理工作的规范化和评价结果的"可见、可感、可算、可比"。

四是建立基于专项工作和关键事件的业务评价机制。基于公司年度重点工作任务设置专项考核指标，深入研究分析考核指标与公司组织绩效或公司战略目标的联动关系，按照"两个不低于"细化分解指标任务，纳入各部门（单位）的业绩评价体系并进行差异化分解考核。

图 5 新型生产经营责任制模型

（六）坚持效率效益优先、兼顾公平原则，聚焦"公信力"，确保以人才为中心的价值分配精准

一是创新探索与价值创造直接关联的获取分享制。获取分享制坚持效率效益优先原则，建立超额贡献核算方法，超额价值贡献部分按照一定的比例与业务团队分享，额度按照相应的规则线性计算，与人数不关联，鼓励减员增效，鼓励业务部门主动降本增效，为公司创造价值，如管制性业务的基于年度利润目标的超额贡献专项奖励、基于降本增效的高质量发展激励、新兴业务拓展专项奖，以及在科技型子企业的超额利润分享、"非股东利润占比"指标考核、科技成果转化等中长期激励，通过"利益分享、风险共担"促进各业务部门共赢。与价值创造直接关联的获取分享制如图 6 所示。

二是创新探索兼顾自上而下评价和隐性价值分配的评价分配制。作为获取分享制的互补激励机制，评价分配制坚持兼顾公平原则，应用于没有直接经济效益或者暂时无法直接评价经济效益的攻坚克难业务场景，有效平衡在员工创造价值过程中展现出来的工作态度、能力、责任，以及阶段性的贡献。事先约定在完成关键事件和关键指标后，根据事后评价的结果来进行激励分配，如岗位工资、定额奖金、专项奖、津补贴、晋升发展、荣誉评选等。

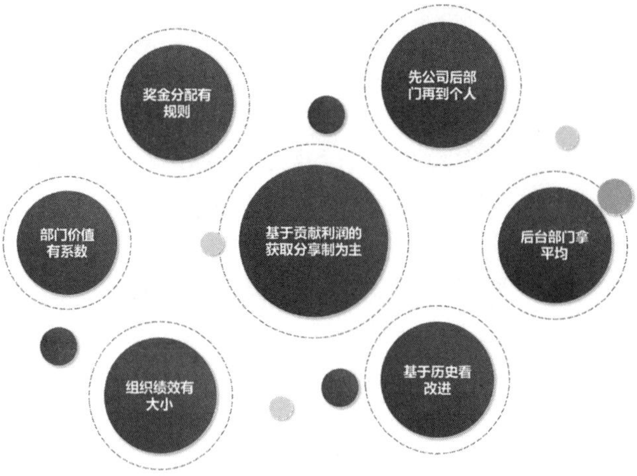

图 6　与价值创造直接关联的获取分享制

（七）创新短中长期一体化多层次激励体系，聚焦"推动力"，完善正向激励组合拳

一是拓宽激励维度，突出创新，持续发力。持续优化奖励管理机制，奖励在公司创先发展中做出创新和贡献的组织及个人，形成全员干事、万众创新的良好导向。聚焦科技创新，营造创新氛围，完善成果评选奖励机制，激发全员创新活力，形成知识创造价值、价值创造者得到合理回报的良性循环。以荣誉激励奋进，让典型引领前行，完善荣誉表彰奖励机制，激励广大员工不断进取，追求卓越，增强突出贡献的团队和个人的责任感和使命感。鼓励基层首创，激励全员创新，完善大众创新奖励机制，鼓励员工在日常生产经营管理活动中提出并经实践检验对提高企业价值创造能力、管理效能或社会效益有成效的有关工作方式、方法、措施的创新提升。

二是延伸激励层次，突出重点，靶向施策。聚焦公司重点战略任务创新探索董事长奖励金专项奖励机制，鼓励价值创造，以重奖激励攻坚克难、突出贡献。按照"重点专项＋特别贡献"设置奖项类别，奖励范围兼顾安全生产、电网建设、客户服务、提质增效、创新驱动等各个业务领域的攻坚克难任务，以及推动党建工作与改革发展生产经营深度融合等核心业务领域。考核目标"蹦一蹦，够得着"，不低于公司组织绩效指标要求、不低于公司战略目标要求。向基层一线倾斜，以价值贡献论英雄，打破"平均主义"。及时考核并根据贡献兑现，合理拉开收入差距，体现"突出贡献不一样"。以 2022 年为例，12 项重点工作任务兑现中约 70% 奖励基层单位，获奖员工中个人获奖最高相差 77 倍。

三是拓展激励周期，突出长效，多措并举。发挥出资企业政策优势，因企制宜，灵活开展中长期激励，实现"3 类激励 100%"，有机统一企业中长期发展目标与激励对象利益。围绕科技成果转化，推动科技型子企业分红激励，实现科技型企业科技成果转化中长期激励户数"0"的突破。推进中长期激励扩面延伸，系统内率先实现管制业务中长期激励"0"的突破。结合战略目标，研究制定高质量发展奖励、提高劳动生产率、供电质量管理、卓越绩效管理、创新项目投入等 11 项中长期激励方案分享企业价值增值。完善福利保障型中长期激励机制，有效保障企业人才队伍稳定。例如从人才积分住房、团体意外险、弹性福利等方面保障员工及家庭中长期健康和谐。

（八）创新关爱员工"情深工程"品牌，聚焦"牵引力"，健全多元激励机制

深入贯彻落实以人民为中心的发展思想，把满足员工对美好生活的向往作为企业奋斗目标之一，深圳供电局坚持物质激励与非物质激励相融合，党政工团齐抓共管，深入开展调查研究，以员工为中心聚焦员工急难愁盼问题，基于数字化思维创新打造"情深工程"品牌（图7），采取"医食住行帮，德智志体美"等10个方面共173项举措关心关爱员工，在国央企中树立了关爱员工管理标杆。一是突出用户思维。建立"十件实事"运作机制，年初员工出题并投票评选十件最关注事项，公司党委牵头解题，年底员工闭环满意度评价，近年满意度超90%。二是突出产品思维。创新开展电励计划，以"电励徽章"虚拟量化价值贡献，强业绩挣徽章兑奖品，丰富运营活动，"电励周年庆"等活动当日同时在线人数最高达79%。三是突出互联网思维。设置"许愿树"，通畅沟通渠道。引用"给到"App，整合美团、京东等资源，满足员工多元福利需求，免垫款便捷自主选购极大增强了员工情感黏性。四是突出运营思维。首次"线下+线上"开展"情深工程"12周年启动仪式（图8），立足新发展阶段创新品牌运营，提升服务质量。据统计，员工满意度从2020年的87.7%提升到2022年的96.6%，达到历史最高水平，员工普遍反映"情深工程"对日常工作生活帮助多、提升快、服务好。

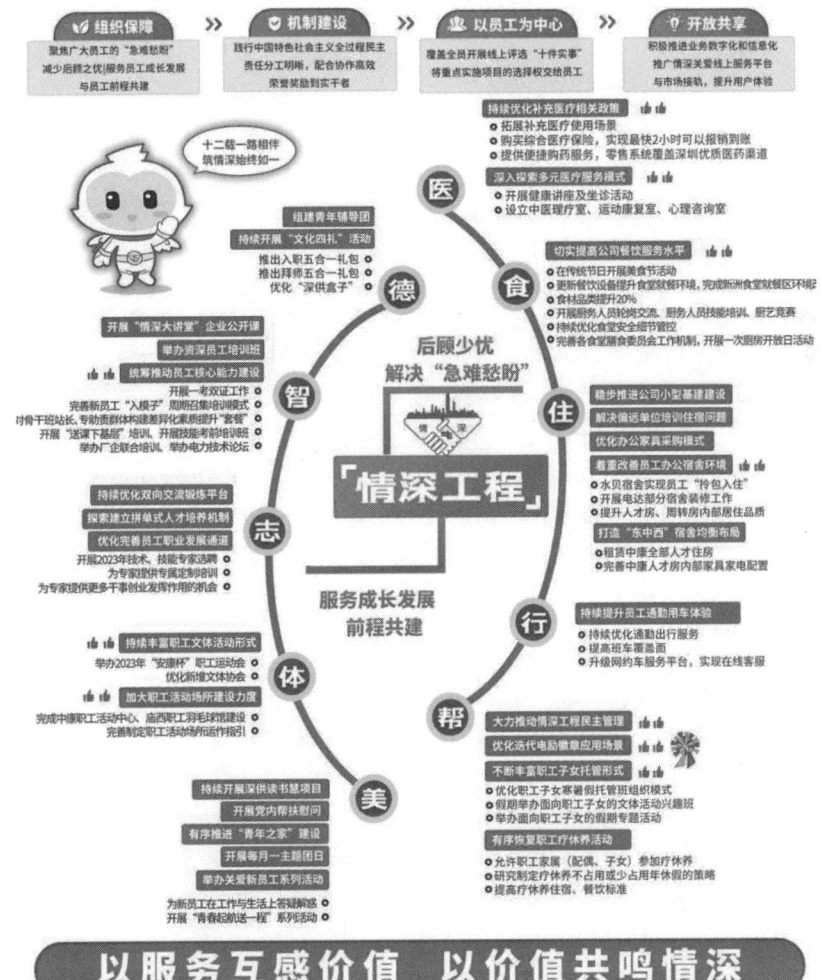

图7 "情深工程"关爱地图

图 8 "情深工程"12 周年启动仪式

四、成果实施成效

深圳供电局历时 11 年打造的以战略为导向、以价值创造为核心的多元激励体系不断促进企业文化塑造，提高人力资源效能，推动企业高质量发展。

（一）经济效益

经营效益全国领先，经营指标均达到南方电网公司挑战值考核目标，经营业绩在省级电网排名第一。截至 2022 年年底，深圳供电局连续 4 年党建经营考核双"A"。全员劳动生产率达226.9 万元/（人·年），处于行业领先水平。人均售电量 2019 万千瓦·时，平均每千瓦·时电支撑 29.8 元 GDP，处于全国领先水平。

（二）社会效益

市场化经营机制取得积极成效。用电营商环境全国最优，供电服务连续 12 年位居深圳市 40 项政府公共服务满意度第一位，深圳"获得电力"指标自 2019 年开展营商环境评价以来始终保持全国第一。用户平均停电时间全国最短，2022 年停电时间仅 16 分/户，继续领跑全国，保持世界领先水平。数字化"情深工程"案例获得全国性企业人力资源管理数字化转型优秀案例荣誉，并被《管理的支点》一书收录，为人力资源行业贡献了国企经验。

（三）管理效益

科研创新能力明显提升。2022 年，深圳供电局联合 9 家单位成功牵头申报国家重点研发计划 1 项，实现历史上"0"的突破。累计获得创新奖励 79 项，同比增长 13%。连续 6 年获得网公司科技进步奖一等奖，首次获得中国电力科学技术奖二等奖，连续 5 年获得深圳市科技进步奖，连续 3 年获得中国专利优秀奖。目前有效专利拥有数达 2427 项，近年来年均增长311%。职创成果在行业级、省部级、深圳市等各级成果获奖 40 余项，均创历年新高。

案例负责人：刘文涛

主要创作人：魏前虎、邱方驰

参与创作人：白雪峰、吴　迪、陈　涛、林思远

薪酬与绩效考核管理创新与实践

贵州现代物流产业（集团）有限责任公司

一、企业概况

贵州现代物流产业（集团）有限责任公司（以下简称物流集团）系以原贵州省物资集团有限责任公司（是由原省物资局于1996年改制而来）和原贵州省商贸投资集团有限责任公司（是由原省商业厅和省外贸厅及省外协办等所管理的37家企业于2016年组建设立）约30亿元净资产为基础，按照省委省政府打造"四梁八柱"工业体系的要求组建设立，是贵州省政府批准成立的首批六家战略性重组的大一型企业集团之一。物流集团于2018年9月28日正式挂牌，注册资本30亿元；现有二级子企业17家，其中全资企业12家、控股企业5家，职工3582人。2022年实现营业收入260.24亿元，实现利润总额2.29亿元，与2021年基本持平。2022年上海疫情期间，调动自有冷链车60余辆，为上海市供应蔬菜包832.87吨；在贵阳抗疫保供工作中，调配各类运输车辆107辆，为贵阳市供应4900吨物资，应急保供彰显国企担当。物流集团荣获中国物流与采购联合会颁发的"2022中国物流保畅稳链贡献奖"。

物流集团自2019年至2022年重组4年来，始终坚持以党的建设为统领，紧紧围绕"四新"主攻"四化"主战略，聚焦"现代物流""农产品流通""大宗商品供应链集成服务"三大主业板块，基本构建了"以销定产、以产促销、以产带产"的上接生产端、下连市场端的流通供应链体系。现代物流板块收入从1.61亿元增长到21.03亿元，年均增长301.6%，利润从0.31亿元增长到1.07亿元，年均增长61.29%；集团营业收入从140.95亿元增长到260.24亿元，年均增长21.16%，利润总额从0.89亿元增长到2.29亿元，年均增长39.33%，累计带动约15.6万名农民增收。物流集团获得国家网络货运平台运营资质，被评为"全国AAAAA级物流企业"，成为首家获得此荣誉的贵州本土企业，进入全国物流行业第一方阵；被国家商务部、工信部等8部委评选为"2022年全国供应链创新与应用示范企业"，是贵州唯一入选的国有企业；位列"中国服务业企业500强"第255位、"2022贵州企业100强"第8位。

到2025年，物流集团持续带动10万名农民增收，建成贵阳国家陆港型物流枢纽牛郎关智慧物流园二期并投入营运，AAAAA级物流企业的核心竞争力得到进一步加强，打造3个农产品特色品牌，营业收入突破400亿元，牵头并带动投资累计达到50亿元。基本建成"1+11+N+X"的现代流通体系，基本建成具有国内竞争力的现代物流企业，为助推降低贵州物流成本、助力提高贵州商品的市场竞争力而不懈奋斗。

二、主要做法

物流集团始终坚持习近平总书记关于国企改革"三个有利于"的根本标准，按照《国企改革三年行动方案》"健全市场化经营机制"的各项要求，围绕"打造现代物流体系，发展现代商贸服务；从事生产生活物资配送，大力推动'黔货出山'；降低区域物流成本，提高物流运行效率，努力实现'交通流通、两通财通'"的战略定位，根据"一核四驱"战略规划，结合建设"1+11+N+X"现代流通体系战略布局，牢牢抓住薪酬管理、绩效考核、价值体现三大核心要素，因地制宜、与时俱进，不断夯实薪酬管理体系的底层逻辑，不断优化绩效考核制度的顶层设计，不断完善价值体现方法的闭环路径，从点到面、从内到外、从横向到纵向，持续推进体系创新、制度创新、方法创新，形成了薪酬管理和绩效考核新格局，为物流集团高质量发展提供了有力的物质保证和组织激励，为物流集团成为贵州第一家本土的全国AAAAA级综合物流企业、贵州唯一获得全国供应链创新与应用示范企业的国有企业作出了积极贡献。

物流集团通过长期的探索和实践，紧紧围绕企业战略规划、主责主业和组织架构，在原有薪酬管理和绩效考核体系的基础上，逐步形成并建立了具有自身特色、符合自身特点、按照发展需要、匹配市场行情、高效、新型、创新的管理体系。

（一）充分体现人岗相适，构建集团本部"五个一"薪酬考核体系

首次提出"一人一岗一责一薪一考核"的管理思路。一是把传统的"级别薪酬"体系调整为"岗位薪酬"体系，将既定组织架构下的各项工作按量、按难度、按所需学历和专业知识背景进行细致梳理"装入"各个岗位，围绕岗位定责、定权、定薪酬、定考核，既丰富岗位的内容，又明确岗位的权责。将工作价值与岗位价值紧密挂钩，充分突出工作量大、难度高、专业程度高对应岗位价值高、薪酬高这个核心理念，以薪酬高低作为岗位价值体现的主要方式，拉开薪酬差距，真正落实《国企改革三年行动方案》中薪酬向关键核心岗位倾斜的要求，改变传统"级别薪酬"体系下，与工作能力和实绩关联度低的薪酬考核这个底层逻辑，突破"大锅饭"的分配方式。二是把传统的"两个一致"考核体系（即考核主体部门一致、考核指标一致）调整为"两个不同"考核体系（即考核主体部门不同、考核指标不同），将集中到人事部门的考核权分配到各职能部门，由各部门主要负责人自行行使；部门负责人考核指标与部门的业务管理指标正向关联；考核指标由所有人员统一采用德、能、勤、绩、廉，调整为根据各个岗位的职责分工，设置可量化、可考核的考核指标。这样做一方面可以细化考核单元和考核指标的颗粒度，提升考核的感知度；另一方面可以强化考核体系和考核流程的敏锐性，提升考核的精准性，使考核结果更加客观、更加以人为本、更能反映工作实绩。将考核结果与工作效果紧密挂钩，以考核结果的好坏作为评价工作效果好坏的主要方式，打破考核"走过场""一刀切"。三是深度应用考核结果，将工作效果和岗位价值作为"支点"支撑起位于"杠杆"两头考核结果与薪酬、岗位之间的平衡，使考核结果的好坏与薪酬的高低、岗位的升降通过这一"支点"高度关联，树立肯作为、能作为、善作为才能"撬动"高薪酬、高职位的理念，将考核结果作为判断是否胜任岗位、是否能匹配岗位薪酬、是否能获得职位晋升的重要依据，去人为化、去主观化，避免人岗不相适、人事不相宜，切实推动能者上、平者让、庸者下、劣者汰，充分突出"干多干少不一样、干好干坏不一样""业绩是干出来的，薪酬是挣出来的"。

（二）充分体现共性个性，构建集团子公司1+3综合考核体系

以《贵州现代物流产业集团各子公司年度综合考核实施暂行办法》为基础，从政治素质、党的建设、高质量发展三个方面出发建立物流集团综合考核体系，立体化、全方位地考核各二级子公司班子工作实效。充分突出政治素质是引领企业前进的根本和基础，良好的党建效果是引领企业前进的保障和动力，高质量发展是引领企业前进的要求和路径。一是在高质量发展绩

效考核中建立"三维"体系。针对基本年薪+绩效年薪的薪酬结构,在原本绩效年薪进行"纵向"分级、"横向"分档"二维"考核的基础上,针对基本年薪加入新维度考核。对考核的相关效益指标划分上下限范围并对应建立相应系数的上下限范围,采用插值法将效益指标在上下限范围中所处的"位置"映射到相应系数的上下限范围中,并将取值与基本年薪挂钩,鼓励各二级子公司"跳起来摘桃子",充分发挥考核"指挥棒"作用。二是针对二级子公司所在行业不同、所处阶段不同、功能性质不同,聚焦主责主业,结合经营管理水平及可持续发展中面临的短板或者需要解决的关键问题,设置不同的个性指标,实现"一企一策"。

(三)充分体现授权管理,构建差异化绩效考核体系

物流集团在着力推动薪酬管理和绩效考核改革创新的同时,结合实际充分对用人单位松绑授权,鼓励基层创新。各二级子公司也不断结合自身实际情况"小步快走",在《贵州现代物流产业(集团)各子企业工资总额暂行办法》允许的条件下,积极探索符合战略业态、符合市场规律、符合职工需求的薪酬管理和绩效考核体系,取得了良好的成效。

1. 生资·贵天下公司开展内部项目"揭榜挂帅"

生资·贵天下公司以生产经营项目为主要业务单元开展竞争上岗"揭榜挂帅"。明确薪酬额度、考核目标、兑现方式,签订责任书,在次年年初对各项目负责人进行考核,考核结果得分从34.79分到111.63分不等,绩效兑现系数从0到1.11不等,切实体现了考核指标更具体、考核方式更严格、考核兑现更刚性,真正做到了让想为之人有舞台、敢为之人有目标、善为之人有褒奖,大大提升了职工干事创业的积极性和企业活力。

2. 开投公司开辟薪酬管理和绩效考核"双通道"

业务部门按年度开展考核,将年度毛利、营业收入、清欠等完成率换算成得分。业务人员采取岗位工资(含考核基金)+提成(含奖励基金)的体系,其中奖励基金包含可提奖金、风险金、挂钩目标考核基金三部分,与考核层层挂钩,在业务未完结的情况下只能发放可提奖金,需待业务完结且部门无清欠业务时才可申请全额风险金,挂钩目标考核基金根据年度经营目标考核得分,按照对应的等级考核后兑现,业务人员之间最高薪酬差距可达30万元。职能部门按季度开展考核,重点考核当前季度工作行为与态度、工作能力与效果情况。职能部门人员采取岗位工资+工龄工资+绩效工资的体系,岗位工资+工龄工资按月发放,绩效工资按照季度经营目标完成情况考核后兑现,职能部门人员之间最高薪酬差距可达12万元。此外考核得分高于80分的作为年度评优评先、外出培训、晋升的优先考虑对象,对低于80分的实施谈话、调岗、再培训,仍不胜任工作的按规定解除劳动合同。

3. 物资物流公司建立"3+X+N"三级薪酬分配激励体系

在"3+X+N"的体系中,"3"是指公司顶层设计的分配制度框架,即"薪酬基本包、薪酬绩效包、薪酬奖励包"的三级薪酬分配激励体系。"薪酬基本包"为职工的基本工资部分,占据整个工资总额的60%—70%,当年目标任务完成60%即可获得,确保每位职工都能够得到最基本的工资收入,同时也给予了他们一定的工作压力。"薪酬绩效包"是工资中的一个重要组成部分,当年目标任务完成60%—100%时即可按比例获得。"薪酬奖励包"是当年完成目标任务超过100%的部分按比例进行分配。这种方式充分调动了职工干事的积极性和创造性,鼓励他们通过超额完成任务来获得更高的收益。"X"是指各部门、子公司结合实际自主建立

个性化的二次分配机制,在部门的薪酬包里确定分配的标准、内容和方法,解决微观层面"怎么分配好"的问题。"N"是指建立针对表现突出或为公司做出突出贡献的团体和个人进行奖励的资金池制度,扫除以上两级分配中无法涵盖到的死角、盲区,从第三个维度解决"怎么分配得更好"的问题。

(四)充分体现数字赋能,构建薪酬绩效的集团化管控体系

物流集团从 2012 年开始建设"人力资源信息化管理"体系(图1),解决了职工信息在线和人力流程的问题,使数字化升级目标从原来的"效率提升"升级为"数据分析助力管理决策、增强内部协作与沟通、增强集团化管理"。按照"整体规划、分步建设"的数字化建设路径逐步推进,实现横向协同融合,纵向集团化管控,成为人力资源管理的有效抓手。

图 1 人力资源信息化管理体系

三、典型的应用场景

(一)数据分析助力管理决策

根据不同领导视角,多维度进行实时数据分析,助力决策,有效解决人力资源报表统计仍依赖传统渠道,未实现信息集中共享,存在大量重复、手工工作,管理效率低,出错率较高的问题。

(二)统一标准的集团化管控:统一标准、为集团薪酬和绩效管理做支撑

核心人事管理是企业人力资源管理的重要一环,是集团薪酬和绩效考核的基础保障。物流集团首先统一了人力资源体系规划,如岗位体系、职务职级体系等,实现人力资源数据标准化;其次统一了流程管控规则;最后统一了统计规则。上述举措为集团创新的薪酬和绩效考核打下坚实的基础,提高了管理效率。

(三)灵活多样的绩效管理助力"五个一"人力战略的快速推广

在绩效管理场景中存在几方面的难点:首先是个人指标与组织指标脱节,线下管控模式无法有效掌控;其次是绩效执行过程追踪困难,绩效结果无法及时反馈,应用单一,难以激发

职工潜能等；最后是"五个一"战略精确到了以"个人"为一套考核模式，数据量繁多，管理颗粒度极细。物流集团应用数字化管理手段，按照 PDCA 的方法论，将目标管理、执行跟进、绩效评估、绩效改进全流程跟踪管控，沉淀数据赋能管理决策，如图 2 所示。

图 2　纯净管理框架

四、存在的问题及下一步工作打算

存在的问题是调查参考市场价格相对困难（薪酬数据相对涉密不容易获取，部分获得的数据非官方来源，真实性存疑），导致企业薪酬绩效制度与企业所处阶段、发展状况关联度有不强；市场调节作用不明显，严重时可能导致员工的收入水平与同行业、同岗位的市场价格存在背离。

为解决问题，物流集团大力推进薪酬慢条改革。薪酬改革牵涉范围广、复杂问题多、潜在风险难以有效掌控，直接薪酬差异化可能带来挑战和内部矛盾。薪酬市场化改革前后的数据测算和对比，以及对全新薪酬体系运行实施后可能产生的激励和负面效果的模拟是关键；对薪酬分布进行综合衡量，努力让关键核心岗位薪酬紧密跟踪市场行情的发展变化是核心。这样做既尊重历史，又结合市场。刚性分割部分薪酬作为与企业效益挂钩的可变薪酬，可对与价值创造紧密关联的岗位与人员的薪资调整和激励提供有力支持。

案例负责人：高　晟
主要创作人：高　晟
参与创作人：余志飞、赵　曦、刘宇涵

KB 平衡模式下的薪酬体系建设研究
——基于绵阳公交集团驾驶员的薪酬案例

绵阳市公共交通集团有限责任公司

一、研究背景

在我国行政事业的管理发展过程中，公用企业的薪酬制度形成了较为特殊的时代性。但随着社会经济发展的市场化转型，许多公用企业的传统薪酬制度已非常不适应当下时代发展形成的市场发展态势和市场竞争模式。我国国有企业深入开展的产权体制改革和公司化改造为企业提供了越来越强劲的内生动力。因此，薪酬制度的变革与完善成了现阶段公用企业聚焦的改革关键点。

当下的社会经济发展形势严峻，深化国有企业劳动、人事、分配制度的改革（以下称三项制度改革）成了推进国有企业改革更进一步的重要举措，对于完善国有企业市场化经营机制，推动国有企业高质量发展，增强国有经济竞争力、创新力、控制力、影响力、抗风险能力，具有重要的意义。国有企业三项制度改革不是彼此孤立的，而是相互联系、相互影响的整体，涉及企业各级管理岗位的设定、定岗定编、人员选择、组织重构、岗位考核和淘汰、薪酬和工资福利等各个方面。

根据国务院、省、市国资委国企改革三年行动相关要求，绵阳市公共交通集团有限责任公司（以下简称绵阳公交集团）持续深化三项制度改革，重点关注以下三个方面：完善工资决定机制、完善差异化薪酬分配制度、健全中长期激励机制。公交企业的核心资源之一是公交驾驶员，他们需要技术过硬，同时还需要具备极强的社会责任感。有效地管理公交驾驶员对于公交企业的发展起着至关重要的作用。在聚焦于三项制度改革的大背景下，如何达到具有吸引力的薪资水平，建立公平合理的薪酬体系，成了留住公交驾驶员并激发他们工作积极性的关键。

本文根据绵阳公交集团的运营现状，对公交驾驶员的薪酬制度进行了深入探讨，通过研究公交驾驶员容易流失、招聘困难、劳动强度大、抱怨较多等问题，寻找到了问题产生的根源，提出了公交驾驶员薪酬体系的优化改革建议。绵阳公交集团通过建立科学的公交驾驶员薪酬体系，在合理拉开收入差距的同时，发挥薪酬的激励性与约束力，让公交驾驶员更具主动性，具有更强的社会责任感，并使公交运营活动更科学，努力实现建成西部领先的现代化城市公共交通综合型产业集团的目标。

二、绵阳公交集团概况

绵阳公交集团是市属国有独资的大型交通运输企业，成立于 1979 年 5 月。2019 年，绵阳公交集团提出了"追求至善品质，打造一流公交"的目标，"让政府更放心、让社会更满意、让员工更自豪且得到全面发展"的宗旨，坚持民生导向，做优营运服务，深化改革，创新驱动，以志不求易、事不避难的使命担当和发展勇气，不断强化服务意识、树牢市场理念、增强发展能力，在创新突破中寻求发展，为加快建设中国科技城、全力打造成渝副中心做出应有的贡献。

绵阳公交集团本部及下属子公司员工总数2600余人。集团本部内设10个职能部门、4个总站、1个收银中心。日运行里程20万公里，日均客运量约60万人次，总资产6.1亿元，2020年营业收入3.3亿元。

绵阳公交集团下设全资子公司5个、控股子公司4个，业务范围涵盖城市客运、旅游专线、出租汽车、驾驶培训、汽修、CNG/LNG汽车改装、洗车机成套设备研发制造、汽车性能检测、加油加气、新能源充电服务、城市通卡、物业及房地产开发、建筑施工等。

（一）绵阳公交集团的战略发展规划

《国家综合立体交通网规划纲要》明确指出，"深入实施公交优先发展战略，构建以城市轨道交通为骨干、常规公交为主体的城市公共交通系统，推进以公共交通为导向的城市土地开发模式，提高城市绿色交通分担率"的大背景下，绵阳市规划实施了对接成都市辐射带动、推进城际轨道交通建设、加快市际快速通道畅通、深化区域交通联动、创立全省经济副中心的战略。

绵阳公交集团的"十四五"发展规划明确了要建成西部领先的现代化城市公共交通综合型产业集团，实现由"公共交通运营商"向"城市客运出行综合服务商"转变的未来发展目标，形成公交运营＋汽车配套服务＋土地综合利用＋能源产业＋广告传媒＋大数据开发的整体战略布局。到2025年，绵阳公交集团将通过政府引导、行业推动，基本建成BRT快速公交系统，城市主要干道全面建成公交专用道走廊，新能源车辆占比超70%，响应式等个性化定制公交业务全面发展，建成涵盖支付、用户交互、运营GIS、视频监控、车联物联网的智能信息平台，形成以BRT为主导、常规公交为补充的城市公交网络。展望2035年，绵阳公交集团将全面建成现代化公交出行体系，公共交通与城市良性互动、协同发展，MaaS（出行即服务）模式深度融合，无人驾驶广泛运用，建成以轨道交通为骨架、常规交通为网络、响应式出行为主导的智慧化公共交通服务系统。

在"十四五"期间，绵阳公交集团在完善分配机制方面，持续改进薪酬体系，深化企业内部分配制度改革，构建以岗位价值为基础、以绩效贡献为依据的薪酬管理制度。同时，加大绩效工资的考核比重，推行岗位价值差异化，破除"平均主义"，推动薪酬分配向核心管理骨干等做出突出贡献的人才倾斜。打破薪酬分配的"大锅饭"，建立弹性工资分配体系，实行职务与职级分离，建立与岗位价值、职务级别、服务年限和绩效考核挂钩的薪酬体系，探索推进管理人员工资系数与公交驾驶员平均工资脱钩，分别构建管理人员和驾公交驶员两种分配模式，激发全体员工的积极性和创造性。

（二）绵阳公交集团公交驾驶员的薪酬现状

1. 公交驾驶员人力资源构成

2021年，绵阳公交集团公交驾驶员共计1704人，开行公交线路121条，公交车保有量1272辆，运营线网里程1148公里，线路里程3405公里。本文对绵阳公交集团公交驾驶员现状进行分析，主要从年龄和学历两方面入手。

由图 1 可以看出，绵阳公交集团的公交驾驶员年龄总体偏大，集中分布在 41—55 岁，合计 1221 人，占比高达 71.7%，而年轻驾驶员的人数从 35 岁及以下的统计数据来看，共计 189 人，占比仅为 11.1%，说明年轻人员积极投入公交驾驶职业的倾向较低，因此绵阳公交集团的公交驾驶员整体年龄分布呈现中心偏高的纺锤状。

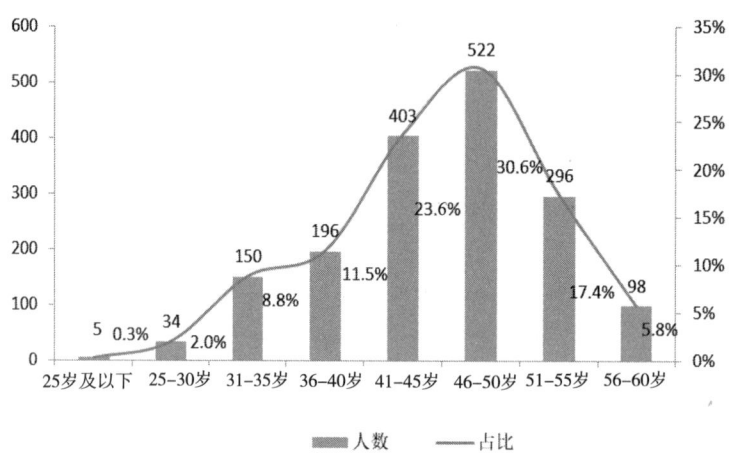

图 1　绵阳公交集团公交驾驶员年龄分布图

由图 2 可以看出，绵阳公交集团的公交驾驶员学历整体较低，初中及以下学历的公交驾驶员共计 976 人，占比为 57.3%，大专及以上学历的公交驾驶员为 108 人，占比仅为 6.3%，驾驶员整体学历情况呈现中心偏低的纺锤状。

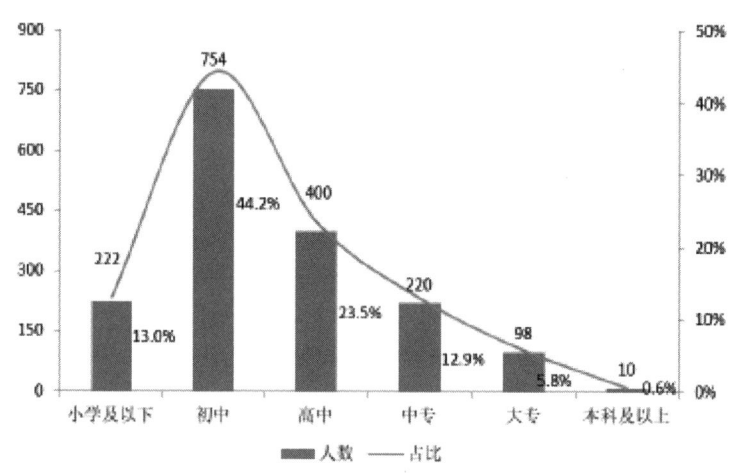

图 2　绵阳公交集团公交驾驶员学历分布图

总体分析，绵阳公交集团的公交驾驶员整体素质偏低，年龄偏大，虽然驾驶经验丰富，但工作上拼搏精神欠缺，还有少数人利用管理漏洞表现出"出工不出力"的现象。

2. 公交驾驶员薪酬组成

绵阳公交集团的公交驾驶员薪酬主要由趟工资、效益奖、安全奖、服务奖、津补贴及其他收入组成。

趟工资是公交驾驶员薪酬的主要组成部分,主要以出车趟次与测算后的每趟耗时为标准,采用小时工资制。由于城市的市政建设变化迅速,绵阳公交集团对公交线路的每趟耗时测算跟不上形势的变化,造成虽然趟工资能体现劳动量的大小,但是因为每趟耗时调整跟不上实际变化,使小时工资标准不能准确体现出公交驾驶员的劳动成果。

效益奖是公交驾驶员薪酬的重要组成部分,其计算方式是以线路总效益与该线路公交驾驶员出勤趟数占总趟数的比值相乘获得的,由于趟工资不准确,造成公交驾驶员工作积极性降低,自然就影响到效益奖的获得。

安全奖是公交驾驶员薪酬的重要补充,公交驾驶员提供公共交通服务的基础就在于安全。绵阳公交集团公交驾驶员的安全奖根据公交驾驶员的出勤天数与该线路当月安全奖标准进行计算,这样存在着公交驾驶员利用合理的借口,出勤不出力的情况。

服务奖是公交驾驶员提供公共交通服务质量的重要表现,也是公交驾驶员薪酬的基础补充。绵阳公交集团公交驾驶员的服务奖是根据星级线路来发放的,如果该线路评定了星级,根据星级该线路的公交驾驶员就对应相关的服务奖金额。但是这样还是存在着只要在该线路上,哪怕不出车,也可以拿全服务奖的问题。

上述4部分是绵阳公交集团公交驾驶员薪酬的重要组成部分,津补贴及其他收入因非主要、非固定,本文不过多研究。从上述分析来看,绵阳公交集团在驾驶员薪酬方面确实存在着一些问题需要解决。

3. 公交驾驶员薪酬现状分析

以2021年为例,本文统计了绵阳公交集团公交驾驶员的薪酬分布情况及占比,如图3所示。

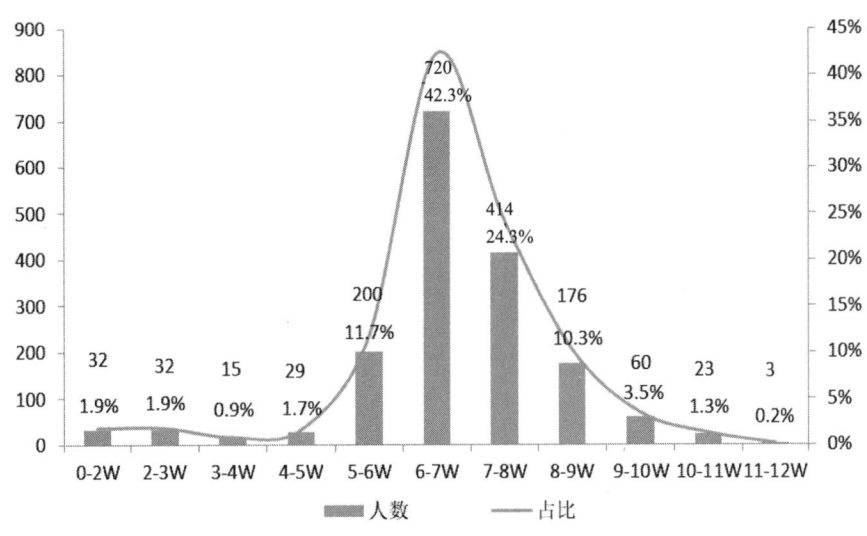

图3 绵阳公交集团公交驾驶员薪酬分布情况及占地

由图3可以看出,绵阳公交集团公交驾驶员年度薪酬绝大多数为5万—9万之间,共计1510人,占比为88.6%,此区间的人数状况基本代表了绵阳公交集团公交驾驶员的年度薪酬收入。2021年绵阳市城镇全部单位就业人员平均工资为76488元,绵阳公交集团公交驾驶员年度薪酬总体略低于该平均工资,因此存在着一定的向上空间。

另外,本文以2019—2022年绵阳公交集团公交驾驶员薪酬的最大值、最小值、平均值、中值进行统计分析，统计结果如图 4 所示。

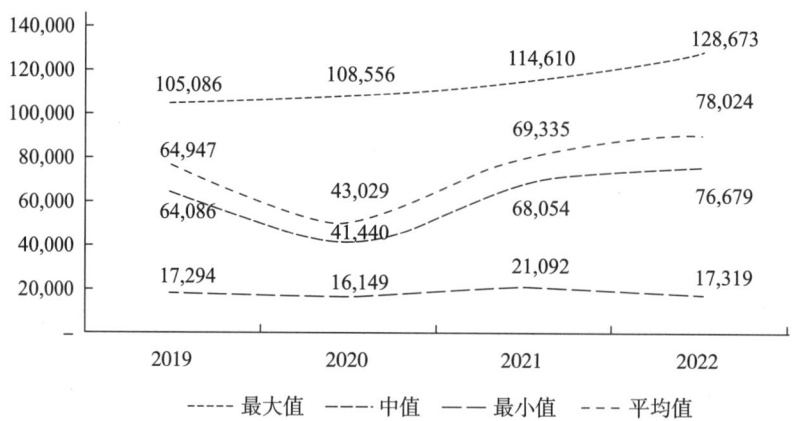

图 4　绵阳公交集团公交驾驶员薪酬统计分析

近 4 年，我国经历了从新冠疫情突发直至社会生产生活逐步恢复的过程，这对我国经济的发展产生了深远的影响。绵阳公交集团公交驾驶员个人薪酬的最小值在四年里基本持平，说明无论市场状况的好坏，均无法影响表现较差的那部分公交驾驶员的工作行为。中值和平均值整体呈上升趋势，说明绵阳公交集团在缓慢发展，且绵阳公交集团公交驾驶员个人薪酬的最大值也在缓慢上升，但上升幅度不大。此外，平均值和中值在 2020 年存在显著的下跌，说明新冠疫情突发深刻地影响了 2020 年绵阳市的公交运行工作，使得绵阳公交集团乘客数量大幅下跌，公交运行收入锐减，从而压缩了公交驾驶员创造效益的空间。而在 2022 年，国家对疫情管控逐渐放开使得公交线路的运营状况有了极大的改善，无论是公交的出勤班次还是乘坐公交的人流量都有了十分明显的回暖，因而公交驾驶员的总体工资又再次呈上升态势，但是疫情改变了乘客的出行方式，导致公共交通乘坐率增长缓慢。另外，中值和平均值几乎重叠说明绵阳公交集团公交驾驶员的个人薪酬高低人员的分布以及具体薪酬值的分布比较对称，也就是好坏各一半。而最大值在四年里呈缓慢上升的趋势，说明市场状况的好坏并未影响优秀的人努力前行。

同样，本文对 2021 年绵阳公交集团公交驾驶员的月度薪酬组成及占比情况进行了统计。图 5 为 2021 年绵阳公交集团公交驾驶员的薪酬组成情况，它以公交驾驶员平均月度总薪酬为标准，计算了其主要薪酬趟工资、效益奖等组成部分在公交驾驶员平均月度总薪酬中的

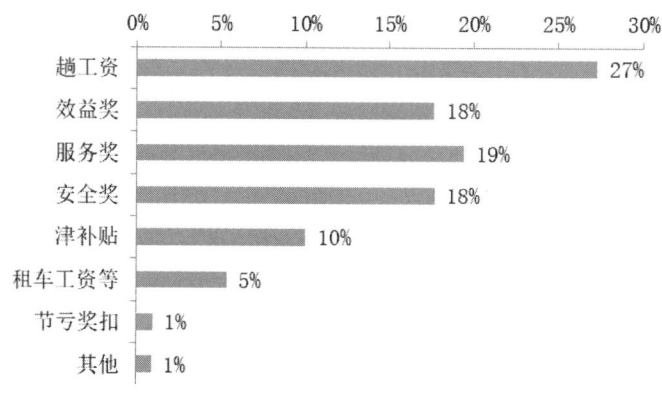

图 5　绵阳公交集团公交驾驶员薪酬组成及占比现状

占比。由数据展示可看出，趟工资、效益奖、服务奖、安全奖这四部分在总薪酬中占比高达83%，是公交驾驶员薪酬的主体。但这四部分薪酬的核心计算量是公交驾驶员的趟数。整个薪酬组成中趟工资占比最高，达28%，津补贴占比最低，为10%，其他更低的组成则因为是临时性收入，未纳入比较。但是体现公交驾驶员劳动量与劳动效果的趟工资、效益占公交驾驶员平均月度总薪酬不足50%，"大锅饭"形势较为明显，服务奖、安全奖在公交驾驶员平均月度总薪酬中占比37%，使公交驾驶员利用合理理由逃避工作且获得服务奖、安全奖的情况屡有发生。

（三）绵阳公交集团公交驾驶员在薪酬方面存在的问题

薪酬激励是最能调动员工工作积极性、主动性和创造性的手段，如果薪酬激励不合理，它会成为最影响员工情绪、导致员工工作效果越来越差的重要因素。公交驾驶员应技术过硬，社会责任感极强，但目前绵阳公交集团公交驾驶员的薪酬现状使得公交驾驶员工作热情不高，人员流动性较大。

1. 薪酬管理缺乏系统性

薪酬管理作为企业和员工都非常关注的重点工作，应具备系统性。绵阳公交集团在公交驾驶员薪酬管理方面缺乏系统的薪酬管理文件和系统的管理实施工作。绵阳公交集团现有的薪酬文件仅限于薪酬表格和补贴等相关办法，缺少系统的薪酬制度文件，包括薪酬策略、薪酬原则、薪酬调整等。绵阳公交集团应完善相关内容。

2. 薪酬分配存在不公平性

绵阳公交集团公交驾驶员的薪酬最关键的衡量标准是趟数，趟工资和效益奖均与此有关，而服务奖和安全奖仅与考勤天数有关。在这种情况下，趟工资、效益奖占公交驾驶员工资总额不足50%，服务奖、安全奖在公交驾驶员工资总额中达37%，多劳多得仅存在于这50%不到的比例中，而出勤即可获却达到了37%的比例，这两部分对应着截然不同的行为模式，不能体现多劳多得的公平理念，使得部分公交驾驶员存在着选择和逃避的行为。

3. 薪酬分配缺乏内驱力

绵阳公交集团公交驾驶员的薪酬无法让公交驾驶员形成努力工作、获取公平公正的劳动报酬的内驱力。由于绵阳公交集团日常管理中存在着吃"大锅饭"和做"老好人"的问题，导致公交驾驶员多干活还不如钻空子。某些公交驾驶员每天上班出勤，然后浑水摸鱼、懒于发车，却不比勤恳工作的公交驾驶员拿得少。这种制度上的漏洞让破窗效应越来越大，勤恳工作的公交驾驶员受其影响逐渐放弃自我、不争前行，这种态势会给绵阳公交集团的良性发展带来隐忧。

三、绵阳公交集团公交驾驶员薪酬体系的建设

（一）公交驾驶员薪酬设计的关键点

公交驾驶员的薪酬设计最重要的原则是科学。绵阳公交集团要抓住公交驾驶员工作的核心运营里程数来设计，还要考虑公共交通服务的多项影响因素，如路况复杂度、乘客群体、车龄

车况等。各种因素的交织增加了公交驾驶员薪酬设计的难度。

1. 如何确定薪酬水平

企业的薪酬水平与市场化程度有关，劳动力市场的供需状况决定了薪酬水平的高低，但是作为公用企业的公交公司却无法据此来确定公交驾驶员的薪酬水平。其主要原因在于公交公司属社会公益性企业，政府会补贴票价，公交公司无法通过营收、成本、利润等因素来确定员工的工资。另外，公交公司存在着一定的垄断性，而且不同城市的公交公司还存在着各自不同的影响因素，导致行业对比存在困难。因此，本文针对绵阳公交集团的公交驾驶员设计薪酬模型时，薪酬水平的确定是关键点。

2. 如何确定劳动标准

理论上劳动的评定标准多采用劳动定额来衡量，一般存在时间定额和产量定额两种模式。绵阳公交集团公交驾驶员原来采用时间定额来评定劳动报酬，但这种模式已经产生了出工不出力的现象，而如果采用产量定额的模式，以每天运营里程为衡量标准，将会杜绝前面的现象，体现出公平分配的思想。但是，产量定额的标准较难选择，公交公司要充分考虑线路长短、线路状况、乘客偏好、车型、车龄、车况等多种因素，如何在这种情况下找到能代表众多因素的产量定额标准是公交驾驶员薪酬设计面临的难点。

3. 薪酬档次划分

公交驾驶员的薪酬结构不可能是单一的，其中一定包含了较多板块，虽然不是每一个板块都需要确定档次，但一定或多或少存在这个问题。公交驾驶员可能涉及档次划分的薪酬板块有岗位工资档次划分、行车工资档次划分、安全奖划分标准、节能奖划分标准、星级服务划分标准等。这些可能涉及档次划分的板块将是绵阳公交集团驾驶员薪酬设计的另一个难点。

（二）绵阳公交集团公交驾驶员 KB 薪酬平衡模型

本文针对绵阳公交集团驾驶员的薪酬设计，采用了 KB 平衡的思路，K（Kilometer）指公交驾驶员公里数，主要体现多劳多得的思想，B（Benefit）指公交驾驶员创造的效益，需要公交驾驶员在完成工作量的同时努力创造更高的行车效益。在设计绵阳公交集团公交驾驶员的薪酬组成结构时，体现公交驾驶员公里数的板块占比与体现公交驾驶员创造的效益的板块占比尽量平衡。根据这个思想，本文设计的 KB 薪酬平衡模型如图 6 所示。

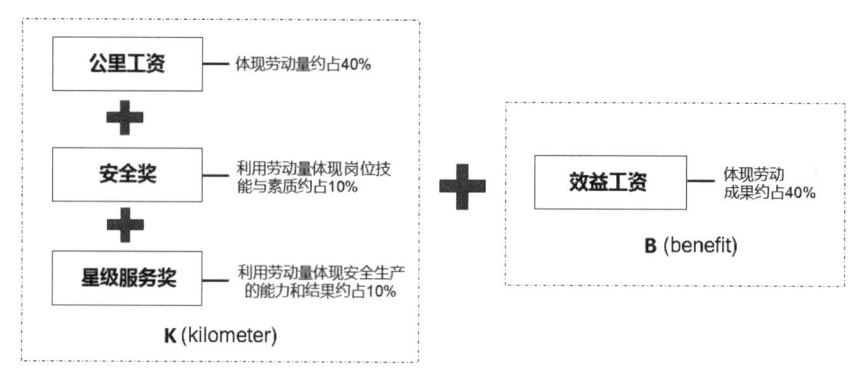

图 6　针对绵阳公交集团公交驾驶员的 KB 薪酬平衡模型

由图 6 可以看出，绵阳公交集团公交驾驶员 KB 薪酬平衡模型体现了劳动量与劳动效益的平衡思想，整个模型分为两大部分：K 部分和 B 部分。

K 部分包括公里工资、安全奖、星级服务奖三个板块，与以前相比，全部采用体现劳动量的公交驾驶员公里数作为核心产量定额标准。

公里工资采用公交驾驶员当月行驶的公里数与公里工资标准来计算，代替了原来的趟工资。

安全奖和星级服务奖均采用公交驾驶员当月行驶的公里数完成率与线路安全奖标准和驾驶员星级奖标准计算获得，此方法将以前的公交驾驶员出勤天数替换成了公交驾驶员当月行驶的公里数完成率。

B 部分仅有效益工资一个板块，但其占比约为 40%，充分体现出了公交驾驶员在以公里数作为核心产量定额标准的基础上，必须兼顾劳动成果的问题。

在 KB 薪酬平衡模型中，还有一个重要的设计环节，包括公里工资标准设计、线路安全奖标准设计和公交驾驶员星级奖标准设计。这部分工作涉及薪酬设计中档次划分的难点。通过对公里工资标准、线路安全奖标准和公交驾驶员星级奖标准的设计，完善了 KB 平衡模型，为科学地进行绵阳公交集团公交驾驶员的薪酬设计提供了思路。

（三）绵阳公交集团公交驾驶员薪酬体系解析

根据绵阳公交集团公交驾驶员 KB 薪酬平衡模型的设计，本文完善了绵阳公交集团公交驾驶员薪酬计算公式，通过对其进行深入解析，可以明确 KB 薪酬平衡模型相对于以前的薪酬计算方式的优势。

1. 公里工资

在公里工资板块中，本文引入了公交驾驶员的当月行驶公里数，代替了原来的趟工资，解决了以前趟次不易量化管理和每趟耗时需要及时实地多次测量的问题。另外，针对公里工资标准，本文以 2019—2022 年度绵阳公交集团每条线路的收入为研究对象，通过对公交线路的圈层设计、对各条线路进行分类研究，得出了较为科学的公里工资标准。这样有助于根据不同线路行车的难度、交通状况来形成差异化的公里工资单位，为不同线路和区域的公交驾驶员提供公平且统一的公里工资标准。具体公式如下：

$$公里工资 = 当月行驶公里数 \times 公里工资标准 \qquad （公式一）$$

2. 效益工资

在效益工资板块中，本文将原有的行车趟数占比替换为了公交驾驶员的当月行驶的公里数完成率，这种设计的初衷在于树立提升线路整体效益的思想，而且用公里数占比替代发车趟数占比，使标准更加统一，让公交驾驶员充分意识到行驶公里数与线路效益之间的平衡关系，在多跑公里数的同时兼顾效益。具体公式如下：

$$效益工资 = 线路效益工资总额 \times （实际在该线路行驶公里数 \div 该线路当月总公里数）$$

$$（公式二）$$

3. 安全奖

在安全奖板块中，由于城乡之间存在不同的交通环境和条件，公交驾驶员所面临的安全方面的挑战也会有所不同，不同长度的公交车为了避免剐蹭和碰撞，驾驶难度也会不同，因此本文根据行车区域和车辆长度划分不同的安全奖标准，使得更能胜任复杂环境和大型客车的公交驾驶员将会获得较高的安全奖励。另外，这个板块的计算与公交驾驶员自身完成的公里数相关，这样就解决了以前"签到"但不办事的问题，具体公式如下：

$$安全奖 = 线路安全奖标准 \times 驾驶员线路公里完成率 \quad （公式三）$$

4. 星级服务奖

在星级服务奖板块中，本文将线路的分级制度改为驾驶员个人的星级服务制度，这种改进有助于驾驶员提升个人的服务质量，包括仪容仪表、礼貌用语、向乘客提供力所能及的帮助等。另外，这个板块的计算与公交驾驶员自身完成的公里数相关，这样还是为了解决以前考勤到场，但几乎不出车，即可获得精品线路奖励的问题。具体公式如下：

$$星级服务奖 = 驾驶员星级服务奖基数 \times 驾驶员线路公里完成率 \quad （公式四）$$

通过以往的薪酬分配情况可知，公交驾驶员岗位强调按劳分配，按贡献分配、驾驶员的勤奋程度对最终的薪酬水平有较大的影响。故而，本文在设计新的KB薪酬平衡模型时将公交驾驶员为当条线路创造的收益与个人行驶公里数作为其最终所应获得的酬劳数额的共同影响因素，可以更加直观、有效地衡量一位公交驾驶员的业务能力，并对公交驾驶员群体形成长期且有效的激励。

四、结语

KB薪酬平衡模型的设计，能够有效地帮助绵阳公交集团公交驾驶员的薪酬体系进行更新迭代。全新模型的应用更有助于绵阳公交集团和公交驾驶员群体充分理解薪酬体系的意义，公交驾驶员不仅不是一个每天到班打卡签到即万事无忧的岗位，而是一个需要重视行车距离、重视路线收益的岗位。薪酬体系的变化体现了人力资源管理在资源配置上的有效性和准确性，提高了该岗位职工劳动效率、劳动热情、促进了企业职工队伍的稳定。只有正确认识薪酬体系的重要性，才能发挥薪酬在经济杠杆中的最大效益，才能对当下公交集团所面临的改革困境对症下药，从而使公交集团能够紧跟时代的发展潮流，激发新老员工积极奋发，踊跃参与到新时代现代化城市公共交通综合型产业集团的建设当中。

案例负责人：李　勇

主要创作人：李　勇

参与创作人：周　梅、邓　鹏、贾森林

某军工企业构建多元化考评激励机制探究

北方光电集团有限公司

本案例依据工作动机理论中的内容激励、过程激励和目标激励原理，坚持价值战略、系统构建原则，以增强员工组织承诺、提高业务能力、提升业绩质量为目的，制定激发全员工作动力、聚焦核心人才价值创造过程的薪酬战略；以"能力为本、业绩至上"为导向，优化岗位薪酬为基础、绩效薪酬为主体、津补贴为补充的全员薪酬分配模式；以经营目标和关键业绩为牵引，围绕管理价值创造和效率提升，完善细化与公司经营效果联动、与部门考评结果挂钩、以个人绩效考评得分为依据的管理人员考评激励机制；以全过程、多维度、中长期为思路，围绕技术价值创造和推动创新，构建岗位积分为基础、项目绩效为主体、成果转化为重点、技术突破为核心、跟投激励为试点的科技人员考评激励体系；以精品制造、提质增效为目标，围绕生产价值创造和技能攻关，建立质量成本为前提、岗位技能为基础、工时计件为主体、任务难度为调节、职业技能提升为专项的技能人员考评激励框架。最终形成一套具有全员激励共性和分类激励个性特征的考评激励体系，牵引员工行为模式和价值关注点发生根本改变，充分激发员工内生动力，有效提升人力资源整体效能。

一、基于价值创造的多元化考评激励机制构建的背景

（一）顺应新时代生产要素地位变动趋势，发挥人力资源战略性作用的必然要求

经济社会发展进入了以创新驱动为显著特征的新时代，数字经济成为产业发展的新趋势，创新驱动和智能制造成为军工制造企业发展的新引擎。企业生产经营不再仅仅依赖于自然资源、资本、劳动力等传统生产要素，而是快速转向以人才、知识和信息为主的具有创新和能动特质的生产要素，人力资源的战略地位日益突出，人才的价值和作用更加重要。军工制造企业必须深刻洞察这一新的变化趋势，及时调整企业人力资源管理战略，改进提升人力资源开发与管理体系，特别是要规划设计好人力资源动力机制，最大限度地激发全体员工的主观能动性，更加充分地释放科技、技能和管理人才队伍的创新活力与工作动力，才能推动和牵引企业实现更强、更优、更好发展。

（二）履行新时代强军首责，提升核心竞争能力的使命召唤

现代战争形态正在发生深刻转变，以信息化、智能化为方向的作战模式成为确保打赢的重要支撑，推动着武器装备快速转型与迭代升级。随着军队体制改革，武器装备采购已经从原来的"计划定点模式"转变为"市场订单模式"，竞争择优成为新常态，创新驱动成为企业发展战略的必由之路。创新驱动就是人才驱动，其背后实质上是人才创新能力的反映，科技人才在

其中又发挥着至关重要的先导作用。某军工企业作为一家定位于科技创新型数字化制造企业的国防军工单位，必须真正树立"创新是第一动力"的战略管理理念，进一步创新拓展人才考评激励思路和手段，加快建立以全员为基础、以科技人才为重点，充分体现知识、技术、价值等创新要素的多维度考评激励机制，才能持续不断地激活、保持和发展各类人才的创新动力和潜能，为推动技术创新、提升武器装备水平提供不竭动力。

（三）深化新时代收入分配制度改革，推动企业高质量发展的迫切需要

近年来，国务院、国资委、中国兵器工业集团先后印发《国务院关于改革国有企业工资决定机制的意见》《国企改革三年行动方案（2020—2022 年）》《对标世界一流管理提升行动专项实施方案》等多项指导性文件和方案，对国有企业深化收入分配改革、增强激励有效性、提高发展活力和效率提出了明确要求。与新的改革发展目标相比，原有的考评激励机制存在着工资总额分配与价值创造关联度不高、重目标结果激励轻价值创造过程激励、即期激励到位但中长期激励不足、核心骨干薪酬市场竞争力不强、人才队伍创新动力活力有待进一步增强等诸多问题与不足，已经不能很好地适应企业高质量发展的需要。因此，企业必须以上级单位的工作部署为指导，并结合自身运营特点，从系统构建的思路出发，深化改革创新，建立符合不同岗位价值创造驱动特征、满足各类人员工作激励需求的多元高效考评激励机制，充分发挥人才价值作用，提升人力资源整体效能。

二、基于价值创造的多元化考评激励机制构建的主要做法

（一）调整薪酬战略，转换考评激励导向

薪酬战略是企业薪酬系统设计及管理的行动指南。企业通过制定适合自身特点的薪酬战略，向员工传递出明确的价值导向。近年来，随着武器装备信息化、智能化的快速发展，军工制造企业的运营管理体系、科研生产方式发生很大改变，对高层次人才的牵引带动需求更加迫切，对员工队伍的知识、能力和效率要求越来越高，必须通过深度调整薪酬战略做出有效应对。

通过全面分析内外部环境变化趋势，结合对企业现存考评激励问题的分析与思考，某军工企业将薪酬战略的调整思路确定为：由结果激励为主向过程结果并重转变，由局部激励向全要素激励转变，由即期激励为主向即期与中长期并重转变，实现薪酬激励政策与推动高质量持续发展相协调、薪酬激励水平与科研生产经营效益相适应、薪酬激励体系与不同岗位价值创造特点相契合，充分调动各类人员的积极性，真正发挥核心人才与关键岗位人员的价值创造作用。

通过客观评估各类岗位人员的工作职责和价值贡献度，某军工企业将薪酬战略确定为：按照管理、科技、技能岗位的价值创造环节和价值创造特点，从提高员工队伍的工作满意度和组织承诺入手，充分运用薪酬的激励功能，实施全过程体现、差异化考评、精准化激励，重奖核心人才，激励骨干人才，激发全体员工，引导各类人才主动增强创新意识，持续聚焦核心价值环节，不断创造新的业绩贡献，全面提高劳动生产效率，为履行强军首责、推动高质量发展提供强而有力的动力机制保障。

（二）优化薪酬管理体系，丰富考评激励要素

为了实现薪酬战略调整意图，某军工企业按照全员激励和重点激励思路，坚持工资总额预算管理、工资效益联动、即期与中长期激励相结合等原则，从创新完善薪酬制度入手，修订下发了《公司薪酬管理办法》，细化完善了管理、科技和技能人员的薪酬结构、考评指标与发放流程。在此基础上，某军工企业专门出台了《科技人员薪酬管理办法》《科研项目奖励管理办法》《科研项目跟投激励管理办法》等制度，增强对科技人才的倾斜性针对性，从而建立既体现全员考评激励整体性、平衡性，又突出重点群体考评激励个性化、侧重性的薪酬分配长效机制。

按照新的薪酬管理制度，结合某军工企业武器装备自主研发、转接产、零件加工、装配调试、服务保障全价值链运营特征，并结合人员分类特点，科学设置薪酬结构，丰富由岗位薪酬、绩效薪酬、奖励薪酬、津补贴组成的薪酬单元模块，设计岗位体系，测评岗位价值，确定薪酬标准，拓展薪酬激励维度，细化薪酬考评指标，提高活性收入占比，形成以岗位价值为基础、创新贡献为主导的薪酬结构（图1）。

图1　薪酬体系总体架构

（三）完善考核评价机制，构建薪酬核定模式

1. 制定部门业绩和员工绩效考评制度

薪酬体系要真正发挥激励功能，必须通过推行科学有效的考核评价机制来实现。为此，某军工企业制定下发了《部门经营目标与关键业绩考核评价办法》《员工岗位适应性评价办法》《员工绩效考核评价办法》《领导人员考核评价办法》《科技带头人和科技骨干考核评价办法》《关

键技能带头人和技能骨干考核评价办法》等制度，确立以团队绩效、岗位价值、知识能力、业绩贡献作为薪酬激励的主要评判依据，并由各部门制定二次考核评价实施细则，经公司人力资源部门审核后执行，形成"目标层层分解、指标层层落实、激励层层链接"的闭环管理。通过考核评价机制的建立，实现部门薪酬总额与公司效益联动、员工收入与工作绩效挂钩，确保薪酬激励覆盖全体员工、倾斜核心骨干队伍。

2. 构建工资总额分块核算机制

充分发挥工资总额存量与增量的杠杆调节和撬动作用，坚持薪酬存量分配与绩效考核体系联动，提高考核评价结果与收入分配两者的关联度，突出"多干多得、干好多得"的价值创造激励导向；坚持薪酬增量与战略管理体系联动，将薪酬增量投放到经营目标达成、科研竞标立项、科技成果转化、新品科研试制和生产提质增效等重点价值环节，保证核心骨干人才群体收入增幅达到全员平均增幅的1.5倍左右，切实提高薪酬激励精度，达到重奖核心、激励骨干、激发全员的目的。

在具体核算上，将各部门工资总额分为员工岗位薪酬总额、团队绩效薪酬总额、团队奖励薪酬总额、津补贴4部分，严格按照分块核算、细化管理的原则逐项进行核定。其中，员工岗位薪酬总额按照公司岗位价值等级（图2），计算部门员工岗位编制和岗位级别数量，对照岗位薪级标准直接加总确定；团队绩效薪酬总额根据公司工资总额预算，以部门年度业绩合同为依据，进行测算核定；团队奖励薪酬总额采取个性化手段，围绕项目争取、成果转化、核心技术突破等重点价值创造环节和质量进度、重点目标达成等情况进行专项测算核定。通过构建工资总额分块核算机制，充分发挥各薪酬模块的考评激励功能，推动各部门不断提升部门业绩，持续优化员工队伍结构，引导全体员工自觉追求价值创造和职业发展。

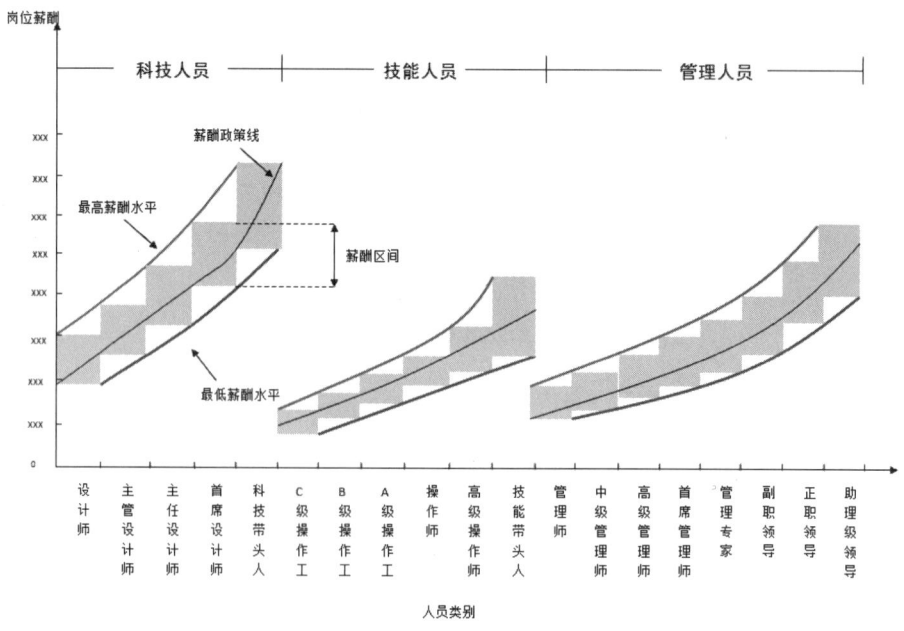

图2 岗位价值等级

（四）围绕经营目标和关键业绩，强化管理价值创造考评激励

1. 中层领导人员实施模拟年薪制和分级考评激励

中层领导人员的主要价值创造是组织带领部门员工推动目标任务达成，实施模拟年薪制和分级考评可以促使部门负责人更加聚焦经营目标和关键业绩指标。具体做法是：按照公司确定的年度经营目标和高质量发展指标，年初首先由发展规划部组织编制各部门业绩合同，并通过公司领导与部门正职领导签约的形式下达各部门，人力资源部将各部门业绩合同内容分解为年度 KPI 指标、干部基础履职指标和专项考核指标，承接公司年度经营目标，明确各项指标的考评分值和权重，实现中层领导人员业绩考评与公司经营业绩考核的对接，考核结果作为部门绩效薪酬和中层领导人员年薪标准确定与分级考评的主要依据。

在具体实施中，某军工企业根据年薪制激励原理，结合企业业绩管理实践，将中层领导人员年薪划分为月度、年度两个部分进行考核发放。其中月度部分与干部基础履职指标和专项考核指标挂钩，分别从工作状态、工作能力、当期履职成效等维度进行考评后按月发放，敦促中层领导人员关注价值创造过程，实现激励实时性。年度部分实施分级考评激励，拉开收入分配差距，按照部门年度业绩分级考评结果、中层领导人员本人年度业绩分级考评结果，综合核算后一次性发放。近年来绩效年薪考评激励差距同层级达到 1.84 倍，有效激励了中层领导人员围绕管理价值创造开展经营管理工作。

2. 畅通管理人员职级发展通道，实施宽带薪酬制和行政系统薪酬包考评激励

管理人员的价值创造重在提高管理效率，加大业务支持，实施宽带薪酬制可以增强管理人员的工作动力，加大业务支持力度。宽带薪酬制考评激励的具体做法是：在开展管理人员岗位价值评估的基础上，建立管理人员职级发展通道，搭建一岗五薪的宽带薪酬结构，新增设专业管理岗位专家职级，打通管理人员职级晋升瓶颈，形成管理专家、首席管理师、主任管理师、主管管理师、管理师五个职级，其中管理专家职级薪酬直接与公司管理层接轨，覆盖部门中层副职 70% 至公司总经理助理 120% 的薪酬域。企业依据管理专家签订的年度业绩责任书内容，从月度履职、重点任务推进、年度责任书指标完成等维度，动态考核调整月度、年度考核系数，对应宽带薪酬薪级，建立员工晋升发展长效机制，实现管理人员收入能高能低。

行政系统薪酬包主要用来强化绩效薪酬的考评激励功能，在企业核定各部门绩效薪酬基数时发挥作用。其具体做法是：客观评价职能部门的工作内容和工作目标，科学制定下达职能部门的岗位编制数量，并以岗位编制数作为部门全年绩效薪酬核定主要依据之一，同时按照"增人不增薪""减人不减薪"的原则，实施"三个人干五个人工作、分配六个人薪酬"的激励措施，强化薪酬是挣来的、是价值创造和业务支持的结果，推动部门主动减少冗员，激励管理人员提高管理效率，精干管理队伍。2019—2021 年，公司职能部门员工人数减少了 8.5%，主营业务收入增长了 40.4%，人均绩效薪酬包增长了 39.9%，达到了减人增产涨工资的目的。

（五）围绕科技创新能力提升，靶向实施技术价值创造考评激励

1. 实施以知识价值积累为导向的岗位积分制考评激励

随着武器装备快速走向信息化、智能化，科技创新发展的重心已经从技术手段和硬件设施投入转变为对科技人才知识储备和技术底蕴的培养提升。为了满足武器装备发展对科技人才队

伍提出的新要求，某军工企业通过创新完善考评激励机制，制定实施科技人员岗位积分制，引导激励科技队伍自觉加强专业理论学习、主动跟踪掌握先进科技，持续培育核心技术，实现知识技术积累和技术创新能力提升，并以此打破科技人才职业发展晋升瓶颈。

岗位积分包括项目课题积分、成果专利论文积分、人才培养积分、研发手段积分四个维度。每年年底，由科技人员对照岗位积分项目和标准自行填写岗位晋升申请表，人力资源部会同科学技术部、装备研发中心、工艺技术中心等部门对科技人员进行积分审核评定，凡是达到岗位积分标准者，奖励晋升一个岗级或薪级。企业中每年有40%以上科技人员通过岗位积分实现岗级薪级晋升。

岗位积分计算公式为：岗位积分＝项目课题积分×30%＋（成果专利论文积分＋人才培养积分）×70%＋研发手段积分（项目课题积分、成果专利论文积分、人才培养积分、研发手段积分再细化分解为16个具体积分指标）。

2. 实施以装备市场价值开拓为导向的项目争取考评激励

随着国防军队体制改革的深入推进和装备采购竞争制度的日趋完善，项目竞标和订单竞争成为军工制造企业实现高质量发展的新常态。只有将科技人才价值创造关注点和激励要素前移，才能激发科技人才超前思考，主动对接武器装备需求，策划争取项目和订单。为此，某军工企业持续优化科技人才激励政策，针对竞标项目和转接产项目，实施科研项目竞标激励和转接产争取激励（表1），激发科技人员的创新潜能和创造活力，引导科技人员面向武器装备市场，主动对接军队装备部门和主机厂所需求，积极主动地推进技术创新升级和武器装备领域拓展，有效促进技术地位和市场地位的巩固提升。

表1　竞标项目、转产项目奖励标准

项目类型	奖励标准	奖励金额	备注
竞标项目	当年订货1.5X亿元以上或近三年累计意向订货3X亿元以上	45万-70万元	非公司独家研制生产的项目奖励金额按照不超过30%—50%执行；项目负责人奖励不低于20%
	当年订货1X亿元以上或近三年累计意向订货2X亿元以上	25万-45万元	
	当年订货0.5X亿元以上或近三年累计意向订货1X亿元以上	5万-25万元	
	获得国家级预研项目立项	20万-30万元	
	获得国防科工局、省部级（含集团公司）、预研项目立项	10万-20万元	
接产项目	应用新技术、系统复杂程度很高，属公司新装备领域拓展，对公司未来发展影响大；当年订货2Y亿元以上或近三年累计意向订货4Y亿元以上	35万-50万元	项目负责人奖励不低于20%
	主要应用新技术、系统复杂程度较高，属公司传统装备领域拓展，对公司未来发展影响较大；当年订货1.5Y亿元以上或近三年累计意向订货3Y亿元以上	15万-35万元	
	主要应用成熟技术、系统复杂程度一般；当年订货Y亿元以上或近三年累计意向订货2Y亿元以上	3万-15万元	

3. 实施以项目价值为导向的项目绩效考评激励

项目绩效薪酬打破按照项目人员职数核定薪酬，进而采取按照项目价值来实施考评激励。项目价值由项目类别、项目等级、项目Z值决定（表2），由科研管理部门会同人力资源部门组织专家进行评定，以团队绩效薪酬的形式予以确定，提交公司相关会议讨论通过后执行。

表2 项目类别、项目等级、项目Z值与项目绩效总额

项目类别	项目等级	项目绩效薪酬总额	项目等级	项目绩效薪酬总额	项目等级	项目绩效薪酬总额	备注
Ⅰ类	A+	20.0Z	A	15.0Z	A−	10.0Z	Z值由人力资源部门根据公司经济效益、薪酬政策等提出建议，提交公司相关会议讨论通过后实施
Ⅰ类	B+	9.9Z	B	8.95Z	B−	8.0Z	
Ⅰ类	C+	7.9Z	C	6.95Z	C−	6.0Z	
Ⅱ类	A+	5.9Z	A	5.2Z	A−	4.5Z	
Ⅱ类	B+	4.4Z	B	3.7Z	B−	3.0Z	
Ⅱ类	C+	2.9Z	C	2.45Z	C−	2.0Z	
Ⅲ类	A+	1.9Z	A	1.65Z	A−	1.4Z	
Ⅲ类	B+	1.3Z	B	1.05Z	B−	0.8Z	
Ⅲ类	C+	0.7Z	C	0.45Z	C−	0.2Z	

具体考核发放流程为：首先由公司科研管理部门严格按照年度科研计划和项目任务书进行节点与效果评价，作为项目绩效薪酬发放的依据，然后由所在部门和项目组根据科技人员的项目角色和承担任务进行分配。计算公式如下：

个人项目绩效薪酬=∑（项目绩效薪酬总额÷项目成员职数×项目角色系数×员工考核得分÷100）

4. 实施以技术成果转化价值创造为导向的中长期考评激励

（1）实施科技成果转化考评激励。成果转化激励是引导驱动科技人员注重科研成果转化、体现科技人才价值创造的重要手段．在具体实施过程中，首先根据战略地位和价值贡献度将科研项目分为大型武器系统、精确制导系列、光电信息装备三个大类，然后分类制定产品投产增值提成比例（表3），按照项目类别和级别对项目团队实施差异化、分段累进式奖励，重点加大自研项目产品转化效益的提成激励力度。计算公式如下：

成果转化奖励额度=新产品年实现增值×奖励比例×当年考核系数

表3 增值提成奖励比例

产品类别	年度实现增值				备注
	0万–X万元	X万–2X万元	2X万–3X万元	3X万元以上	
	奖励比例（%）				
自行研制的项目	10.0	7.0	5.0	3.0	累计奖励8年，满5年后按30%比例逐年下调
自行研制的改进、改型项目	6.0	4.0	3.0	2.0	
合作研制的改进、改型项目	5.0	3.0	2.0	1.0	
接产项目	5.0	3.0	2.0	1.0	
其他类别项目	3.0	2.0	1.0	0.5	

（2）实施科研项目跟投考评激励。科研项目跟投激励是根据事先约定，在科研项目取得阶段性成果或者项目完成投产取得收益后给予跟投科技人员一定回报的激励措施，目的是建立激励与约束相结合、风险与利益共担共享的分配机制。公司跟投项目主要在重大竞标项目、具有快速产业化前景项目、拥有关键核心技术的新开发项目中选择确定。跟投人员分为两种：

一种是指定跟投人员，主要包括项目负责人、主任设计师、工艺技术主管、科研部门负责人等；另外一种是自愿跟投人员，主要包括项目主管设计师、设计师、工艺师、质量师、项目管理人员等。项目跟投出资比例和金额按照跟投人员项目角色、跟投项目科研开发成本、预期销售收入进行测算后确定，跟投人员现金出资后，公司按照 1∶1 比例进行配资，跟投人员可享受本人出资和公司配资两部分的相应奖励、分红和提成权。跟投激励共分为三个部分：一是跟投资金返还，在项目竞标成功或者项目结项后返还本人出资金额；二是经公司项目跟投管理委员会审批后，按照公司配资额给予跟投人员最高 1∶2 的跟投奖励；三是在跟投项目实现产业化后，按照跟投比例享受相应毛利提成奖励。首批选定 2 个项目进行跟投试点，跟投人数达到 70 人以上，跟投各项实施工作有序推进。

（3）实施"揭榜挂帅"考评激励。"揭榜挂帅"激励是完善科技创新体制机制，激发和挖掘科技人才创新潜能的重要举措。某军工企业成立由总经理任组长的科研技术"揭榜挂帅"领导小组，下设"揭榜挂帅"专项工作组研究制定了《科研技术揭榜挂帅实施方案》，将张榜课题范围确定为四个方面：一是公司科研生产过程中卡脖子技术难题，二是对公司产业升级、科技提升起到牵引作用的关键核心技术与工艺，三是竞争领域、拓展领域的核心技术、前沿技术和关键工艺，四是能有效降低产品成本、实现商业价值的应用技术。"揭榜挂帅"通过张榜、揭榜、签订协议书的形式和流程予以确定，明确课题主体、研究内容、考核指标、交付件、完成时间等，实行"挂帅出征、挂图作战、挂责问效"。课题结项通过验收后，按照课题评定等级给予 5 万—60 万元的专项激励，其中"挂帅人"（课题负责人）奖励金额原则上不低于课题奖励总额的 60% 以上，激励和引导科技人员潜心钻研，攻克技术难题，提升公司科技创新能力和高质量发展能力。

5. 设立人才特区激励及配套政策

为了提升"高精尖缺"人才和博士人才引进使用成效，公司制定出台《高层次科技人才引进激励平台方案》，建立高层次科技人才"一事一议"工作机制和"一人一策"激励措施，设立科研条件改善专项支持经费，每名引进人才按照每年 50 万元进行预算，连续提供 2 年，用于购买添置科研仪器、先进软件与工具；设立培养专项支持经费，每名培养对象按照每年 10 万元进行预算，连续提供 3 年，用于参加外部培训学习、组织研讨交流、开展技术调研咨询；设立高端人才薪酬特区，实施协议薪酬，个性化设计薪酬结构、薪酬单元和薪酬水平，给予 5 年特殊保障待遇和"无息贷款购房"优惠政策，做到政策到位，留心留人，保证高层次科技人才作用的发挥。

（六）围绕提质增效和技能提升，量化实施生产价值创造考评激励

1. 实施提质增效价值创造考评激励

提质增效是技能队伍价值创造的重要标志，其结果直接关系着武器装备能否按期履约、装备质量性能是否稳定可靠、企业能否获得持续发展所需资源。某军工企业在实施提质增效考评激励的过程中，除按月考核发放岗位薪酬外，重点实行以生产任务、工作品质、创新改善为主要素的绩效薪酬考评激励。每年年底，某军工企业对各制造部门 1—12 月工时执行情况进行统计汇总，根据达额率、开工率、人均工时等数据，调整产品定额工时标准，确定各装备制造车间下一年度产品工时定额计划，同时测算下达各装备制造车间技能团队月度工时绩效薪酬总额。创新成果、生产改善以专项核定的方式实施考评激励。

车间技能团队月度工时绩效薪酬总额下达后，要求各装备制造车间对工时定额计划进行分解细化，下达每名技能人员承担的任务量，作为个人月度工时绩效薪酬考评发放的依据。为了确保发挥工时计件和降本提质考评激励作用，要求各装备制造车间按照公司员工绩效考核原则和激励导向，结合本部门零件加工和产品装调特点制定技能人员工时绩效薪酬量化考核细则（表4），把工时计件和降本提质考核评价要求切实落到实处。

表4 装备制造X部工时绩效考核评价指标体系

考核内容	考核项目	考核标准 A	考核标准 B	考核标准 C	考核标准 D	分值分布
工时绩效考核主要指标	生产任务（80%）	按照当月实作工时计算，具体为：技能人员生产任务考核得分=本人月度实作工时×（80÷月度工时平均值）				80
	工作品质（10%）	工作质量、产品质量良好，无任何质量事故发生	产品质量良好，但有违反工艺操作规程的现象	违反工艺规程，违规操作，工作质量较差	违反工艺规程，形成质量隐患和质量事故	A:10-7 B:6-4 C:3-1 D:0
	安全与现场管理（10%）	能自觉遵守车间质量与现场管理规定	能自觉遵守车间质量与现场管理规定，但需督促提醒	能基本遵守车间质量与现场管理规定，偶尔有轻微违反	有明显违反车间安全与现场管理规定的行为	A:10-7 B:6-4 C:3-1 D:0
奖励性指标	创新成果	国家级QC或技能攻关成果二等奖，省部级、兵器集团一等奖	国家级QC或技能攻关成果三等奖，省部级、兵器集团二等奖，公司级一等奖	省部级、兵器集团QC或技能攻关成果三等奖，公司级二等奖	公司级QC或技能攻关成果三等奖	A:50-41 B:40-26 C:25-11 D:10-1
	生产改善	完成改善项目，取得显著降本提质收益	完成改善项目，取得较大降本提质收益	完成改善项目，取得一定降本提质收益	积极参与改善活动，发挥促进作用	
处罚性指标	质量事故	主观原因工作失误，造成公司重大品质事故，带来重大经济损失，对整体工作进度造成严重影响	主观原因工作失误，造成公司较大品质事故，带来较大经济损失，对整体工作进度造成较大影响	主观原因工作失误，造成局部品质事故，对部门工作进度造成较大影响	主观原因工作失误，产生经济损失，对部门工作进度造成一定影响	A:-100 B:-60 C:-30 D:-20

2. 实施职业技能提升考评激励

职业技能素质是生产价值创造的重要基础和支撑。在实施技能提升考评激励的过程中，某军工企业制定下发了《职业技能提升行动方案》《职业技能竞赛管理办法》《职业技能等级认定管理办法》等，以企业拥有的五个技能大师工作室为平台，以职业技能竞赛、等级认定为抓手，组建职业技能竞赛集训队，强化赛前系统培训和实操训练，加大职业技能竞赛专项激励力度，引领带动技能队伍积极主动提升加工制造和装配调试技能，践行工匠精神，争当能工巧匠。对参加国家级一类大赛进入决赛的奖励20000元，获得前三名的给予20000—50000元奖励；对参加国家级二类，省级一、二类大赛和兵器集团A类竞赛，进入决赛的奖励10000元，获得前三名的给予10000—20000元；对参加兵器集团B类、地方国防系统和其他同层级的竞赛，进入决赛的奖励5000元，获得前三名的给予5000—10000元。现金奖励的员工，优先推荐参加各类先进和技能带头人、技能骨干评选，其岗位薪酬在原基础上上浮一档，对符合条件者经有关程序后晋升相应职业技能等级。同时，充分发挥企业职业技能等级自主认定资质，持续开展职业技能提升行动，组织开展职业技能等级认定，严格考评程序，确保认定工作质量，培养打造掌握新型技能、智能制造技能、复合型技能人才队伍，给予取得高级工、技师、高级技师技能等级证书者技能津贴，为增强生产价值创造能力提供了高素质技能人才保障。

三、基于价值创造的多元化考评激励机制构建的效果

（一）考评激励充分到位，人力资源管理体系更加完善

通过基于价值创造的多元化考评激励机制创新实践，某军工企业对标世界一流企业管理提升行动取得可喜成果，健全完善了与企业经营效益相适应、更具有灵活性的工资总额动态调整机制，构建确立了充分体现知识技术等创新要素价值、员工收入能高能低的市场化薪酬分配机制，研究制定了契合科技创新全过程的中长期激励措施，系统解决了人力资源动力机制方面存在的深层次问题，工资总额与价值创造关联度有效提升，核心骨干人才薪酬市场竞争力不断增强，科技人才中长期考评激励机制基本形成，实现了人力资源管理能力和管理体系的整体优化和提升。

（二）人力资源作用充分发挥，劳动生产效率明显提高

通过基于价值创造的多元化考评激励机制创新实践，全面增强了员工收入分配的公平合理性和人才薪酬激励的精准性，使员工队伍的获得感、成就感持续增强，工作满意度和组织承诺度整体提高，有效激发了人才队伍的进取精神和职业追求，公司高层次人才加速涌现。近年来，新增国务院政府特殊津贴3人，中华技能大奖1人，省级科技创新领军人才3人，中国兵器科技带头人3人，中国兵器首席技师1人，省级首席技师3人，中国兵器关键技能带头人3人，市区级工匠能手30余人，省部级技能大师工作室3个，技能等级提升率达到63%以上，全员劳动生产率增长超过32.4%以上，为推动公司持续创新和高质量发展提供了强劲动力和能力保障，全面提升了人力资源整体效能。

（三）发展活力充分释放，经营业绩持续改善

通过基于价值创造的多元化考评激励机制创新实践，充分释放了企业发展活力，推动公司经营规模不断增长，产品领域持续拓展，经营质量不断改善。2019—2021年，销售收入年均增长率达到20%；成果转化增长率超过22%，实现经济效益42813万元；开发竞标项目32个，开标成功率达到35%以上；在人员总量不变的情况下，工时增量达到88万小时，提质增效达到1760万元。

案例负责人：郑　昭
主要创作人：郑　昭
参与创作人：覃　乐、高　军、刘建宏、李利华

以价值创造为导向的薪酬激励体系构建与实施

中车齐车集团有限公司

中车齐车集团有限公司（以下简称齐车集团）作为首轮"双百行动"入选企业，大力推动体制机制变革：在"战略+运营"管控模式下，坚持市场化改革方向，突出价值创造导向，创新设计薪酬激励机制，健全完善与现代企业制度相适应的薪酬激励体系，扎实推动薪酬分配更加精准、更加规范、更有实效，为实现收入"能增能减"的动态管理和精准分配提供了切实可行的路径，为持续提升人力资源核心竞争力、激发企业内生动力、助推企业管理变革、支撑企业战略落地、实现高质量发展提供了强力支撑。

齐车集团隶属于中国中车股份有限公司，于2018年5月组建，旨在通过实施业务重组，去产能、调结构、谋发展，深入推进国企改革举措落实落地，形成改革示范效应。齐车集团组建伊始就明确了自身功能定位和管控模式，即强化引领、强化服务、强化支撑、强化协同，实施"战略+运营"管控，把握对上"承接和借力"、对下"集中和依托"的总体管控思路。基于集团功能定位和"战略+运营"管控模式，齐车集团以价值创造为导向，以职位管理及任职资格管理为基础，以绩效考核、项目管理为依托，构建"以岗定薪、一岗多薪""以能定薪，尊重能力差异""以绩定薪，凸显高业绩、高回报"的分配格局和激励导向，形成覆盖集团总部和所属成员企业完整的薪酬激励制度体系。

一、建立宽带薪酬、绩效薪酬、能力薪酬激励机制，支撑智慧密集型总部建设

（一）建立岗位工资宽带薪酬标准，实行绩效积分晋升制

一是实施宽带薪酬，以岗位价值评估为基础，遵循"以岗定薪、岗变薪变"的基本规则，实施"一岗多薪"；二是建立基于绩效提升的岗位工资晋升机制，拓宽工资增长渠道。当累计积分满20分时，晋升一级；当累计积分满-5分时，下降一级。岗位工资晋升或下调后，累计积分将清零。实施岗位工资考评机制，打破岗位工资只能依赖于行政职务晋升的惯例，进一步提升了激励机制的有效性。

（二）健全绩效工资调节机制，发挥绩效工资导向作用

以组织绩效、岗位绩效评价结果为输入，结合考评周期，在工资结构中设立"季度绩效工资"和"年度绩效工资"，分别实行"月度预发、季度考核与清算"和"当年预发、次年考核与清算"两种发放方式。建立以效益导向的绩效工资调节机制，引用归母净利润指标，与绩效工资挂钩，引导员工关注组织绩效。科学设计员工工资结构，确保绩效工资占比70%以上。同时增强薪酬分配的透明度，给予激励对象更加明确的心理预期，引导员工立足岗位，不断提升绩效。

（三）构建能力工资考评机制，强化能力工资激励作用

推动职业发展"双通道"建设，制定《核心人才管理办法》，建立行政职务晋升通道、专业技术晋升通道，提升核心人才工资待遇，完善和形成基于能力职务评聘，覆盖设计研发、工程技术、经营管理、国际营销及技能操作等各个领域的能力工资标准体系。同时，为强化聘任期内的绩效考核，激励专家等核心人才立足岗位持续发挥创新、创效作用，引入能力工资考评机制。结合岗位绩效的考核结果，以季度或年度为考核周期，对能力工资实行动态调整，让能力工资随着员工的岗位绩效"动起来"，充分发挥能力工资的激励作用。

二、建立企业负责人薪酬激励机制，强化薪酬分配的激励约束作用

（一）突出价值创造导向，强化对所属企业负责人经营业绩的考核

在所属企业经营效绩考核层面，制定《成员子企业年度效绩评价考核实施办法》，对于年度营业收入、净利润等主要指标，根据所属企业规模实行差异化考核，采取"三级指导目标、企业自我选择"的方式确定，目标完成难度越大，相应核定的奖励额度就越高。在企业领导人员个人考核层面，制定了《所属企业领导班子和领导人员综合考核评价办法》，综合考核评价以契约化管理为基础，分别从政治素质、团结协作、作风形象、经营业绩、党建工作等5个维度对所属企业负责人进行考核评价。

（二）坚持激励与约束相结合，健全完善所属企业负责人薪酬分配方式

制定《所属企业负责人薪酬管理办法》，对于所属企业负责人均实行年薪制，年度薪酬由"基本薪酬＋绩效薪酬＋奖罚薪酬"三项构成。其中，"基本薪酬"以4.5倍本企业上年度职工平均工资为基数，与归母净利润、营业收入、经营资本经济增加值（EVA）回报率、运营资本、人均营业收入等要素挂钩；"绩效薪酬"以2倍基本薪酬为基数，与企业年度效绩考评综合得分、个人关键行为考核得分挂钩；"奖罚薪酬"主要与经营指标调整、劳动生产率提升、减亏控亏、提质增效、风险防范化解等重点专项工作完成情况挂钩。

三、建立精准激励机制，支撑集团"战略＋运营"管控

（一）设立精准激励预算，深度激励员工价值创造与贡献，助力企业重点工作和课题任务实现突破

制定《精准激励实施办法》，按照"聚焦重点、精准激励，权责对等、深度激励，细化流程、规范管理"的工作原则，公司党委、行政归口负责各自系统的年度重大专项工作的制定，年末根据重大专项工作的完成进度、实施效果和员工参与度等核定奖励额度，奖励范围根据项目规模和参与人员而定，覆盖集团总部及成员子企业。精准激励预算按照年度工资总额预算额度和重点项目制定，按照任务和项目目标完成情况进行考核兑现，引导和激励员工高质量完成项目任务，促进战略协同作用发挥，支撑集团化管控措施的落地实施。

（二）聚焦企业改革发展关键事项，发挥集团管控协同作用

以谋发展、促融合、强协同为任务目标，坚持问题导向和目标导向，结合改革攻坚、风险化解，将成员企业关注焦点精选激励事项纳入精准激励。项目征集过程中采用"揭榜挂帅"的

组织形式，结合年度经营目标、改革攻坚工作，以及战略规划等重点任务，确定年度重点攻关课题形成"榜单"，吸引总部各部门及成员企业积极参与揭榜，充分调动各级组织及员工的积极性，促进集团化协同作用发挥。

（三）规范项目管理，实现管理制度化、考核规范化

制定《重大专项管理办法》《重大专项精准激励实施细则》，结合重大专项工作的立项、实施、监控、考核与激励等各环节，明确相关工作要求，保障专项工作的推进和项目实施，提升项目管理的规范化程度。同时，建立项目督导机制，强化过程管控，有效支撑精准激励机制的实施，为集团"战略+运营"管控注入了强劲动力。

四、建立工资总额预算管理激励机制，强化考核分配正向激励

（一）建立工资总额双向对标调节机制

坚持"效益决定工资"，结合所属企业阶梯指标设定可分配复合效益增长率，选取企业营业收入和归属母公司净利润指标，核算企业工资总额预算。建立效率对标调节机制，选取人工成本利润率和劳动生产率作为对标指标，设置对标调节系数，加大工资总额向劳动效率高、贡献度大的企业倾斜力度。

（二）构建"双预算+三线"动态管控机制

通过设置"目标预算"，营造目标导向机制，引领企业选择和实现高效益经营目标，结合实际情况，积极筹划、安排好全年生产经营工作，发挥薪酬的激励、约束和导向作用，努力实现高经济效益目标；通过设置"执行预算"，落实效益联动机制，根据当前实际和财务滚动预算情况，本着"工效联动""分级调控"的思路，编制和落实执行预算。通过设置工资总额预算"内控线""预警线""红线"三线，密接经营、财务指标，及时预测和动态调整内部工资额预算。

（三）建立工资总额奖罚机制

建立劳动效率对标奖罚机制。对劳动生产率指标有所改善的企业，按增幅的10%核增当年工资总额预算；对劳动生产率指标有所降低的企业，按降幅的10%核减当年工资总额预算。建立用工总量对标奖罚机制。为优化员工结构和用工总量调控，对年末员工总量超计划限额的，每超一人按企业当年人均实发工资的数额扣减预算；对年末职工总量比计划减少的，每减少一人按企业当年人均实发工资50%核增预算，并对年末员工人数低于核定计划人数且同时低于上年末人数的给予适当奖励，激励企业优员增效。

五、建立成本节约激励机制，引导成员企业降本增效

（一）在工资总额预算管控层面构建降本增效激励与约束机制

在工资总额预算管控中引入成本节约激励机制，对成本费用总额占营业收入比率指标有所改善的企业，按同比降幅的20%核增当年工资总额预算；对成本费用总额占营业收入比率指标有所降低的企业，按同比增幅的20%核减当年工资总额预算。所属成员企业在落实成本节约激励机制时，结合自身实际制定专项管理制度，对企业内部实现成本节约的相关单位、人员等

进行奖励。

（二）所属企业内部构建成本节约收益共享机制

企业内部的车间、分厂、制造中心等基层生产制造单位是成本费用指标管控的责任主体，构建两级成本节约收益共享机制，加大对新增绩效的考核力度，将成本节约额度的30%奖励给基层单位，鼓励各分厂压缩用工规模，降低人工成本，落实把降本增效形成的隐形利润转化成显性工资收入的激励机制，推动基层生产制造单位从"以生产为中心"到"以经营为中心"的职能转变，引导基层生产制造单位主动挖潜增效。

六、建立经营指标调节双向激励机制，补齐政策短板

（一）建立与经营绩效指标联动的工资总额双向激励机制

"双向激励"是指在既有工资总额预算管理模式下，对于所属成员企业的效绩评价，在设定阶梯考核指标的基础上，进一步加大激励力度，即对超额完成或未完成主要指标的企业实施特别的政策。主要选取年度营业收入、归母净利润两个指标，以年初制定的指标为基准，对于超额完成或未完成的企业，实行分级、分档核增或核减企业年度工资总额，激励企业超额完成经营目标。

（二）建立与经营指标联动的所属企业负责人薪酬双向激励机制

将企业经营效益情况与所属企业负责人薪酬密切挂钩，在所属企业负责人综合考核评价的基础上，对年度营业收入、归母净利润两个指标，分级、分档核增或核减所属企业负责人年度薪酬，通过正负两个维度激励，增强目标指标的指引性和导向性，引导经营管理者对企业生产经营做出合理规划，对企业经营绩效设定更加准确的预期，进而做到有的放矢，完善既有激励机制的短板和不足，激励所属企业发挥自身优势持续挖潜增效。

齐车集团以改革重组为契机，构建和完善多维激励机制，强化分配的激励与导向作用，加大新增绩效参与分配力度，做实薪酬分配依据的同时，做到薪酬分配的灵活调控与精准激励，解决了薪酬制度的旧有问题，为实现工资"能增能减"的动态管理和分配的精准调控提供了切实可行的路径，对于激发企业内生动力，助推企业管理变革，实现高质量发展具有重要的促进作用和现实意义。

案例负责人：孟庆江

主要创作人：刘红生

参与创作人：张　忠、吴金保、张宝志

第五部分

人才队伍建设

破四唯、立新标：中国中化科技人才 CVC 评价模型的构建与实践

中国中化控股有限责任公司人力资源部（党组组织部）

一、项目背景

中国中化控股有限责任公司（以下简称中国中化）由中化集团和中国化工集团两家中央企业联合重组而成，是国务院国资委监管的国有重要骨干企业。全球员工 22 万人，业务范围覆盖生命科学、材料科学、石油化工、环境科学、橡胶轮胎、机械装备、城市运营、产业金融等八大领域。营业收入位列 2023 年《财富》世界 500 强榜单第 38 位，是全球规模领先的综合性化工企业。公司遵循"科学至上"理念，矢志打造科技驱动的世界一流综合性化工企业，现有科技人才 2.8 万人，研发人才 1.5 万人。为支撑公司产业化转型发展，中国中化亟须推动科技人才评价机制改革，引进和培养一批高层次创新人才和青年科技英才，强化科技人才梯队建设。

中国中化人力资源部（党组组织部）根据国家关于深化科技人才评价改革的工作方向和要求，结合公司业务多元化、管理市场化等实际情况，设计开发了以创新能力、价值和贡献为核心的科技人才 CVC 评价模型，运用履历分析技术实现了对不同业务板块、不同科研性质的科技人才的统一量化评估。利用内部 733 名科技人才和外部 311 名国家级科技人才的评价数据，检验了 CVC 评价模型对内外部科技人才的评估得分均具有良好的区分度，且评估得分与人才层次存在显著的线性关系（越高层次的科技人才评估得分越高）。CVC 评价模型为中国中化科技人才盘点、引进、培养和使用提供了有力支撑。

二、CVC 评价模型的开发与验证

2022 年，中国中化人力资源部成立专项工作小组，根据中共中央办公厅、国务院办公厅印发的《关于分类推进人才评价机制改革的指导意见》探索符合中国中化市场化、科技化、产业化特色的科技人才评价模型。

（一）科技人才评价现状与问题

1. 科技人才队伍结构复杂

在科研领域上，中国中化现有科技人才广泛分布在生命科学、材料科学、石油化工、环境科学、橡胶轮胎、机械装备等产业板块，科研领域跨度大。在科研性质上，既有应用技术研究人员，也有工程技术和产品开发人员；既有民用技术研究人员，也有特种技术研究人员。科技人才队伍结构的复杂性，要求公司加快建设科技人才分类评价体系。

2. 科技人才评价导向不清晰

现有科技人才来自中化集团和中化工集团。两家企业的科技人才管理体制导致人才评价

导向存在一定差异,中国化工集团侧重评价科技人才的学历、职称、科研项目等,中化集团侧重评价科技人才为企业做出的财务贡献。这要求公司应树立清晰明确的科技人才评价导向。

3. 科技人才评价技术单一

召开专业评审会和专家书面评审是中国中化最常用的科技人才评价方式,具有较高的专业性和权威性,但是组织难度较大且成本较高,适用于重要的科研项目和人才计划。对于人才盘点、人才引进等需要高频次评价的工作,迫切需要科学有效的评价技术和简便快捷的评价工具。

(二)CVC 评价模型开发

围绕打造科技驱动的世界一流综合性化工企业,中国中化探索建立了以创新能力、价值和贡献为核心的科技人才 CVC 评价模型。

1. 中国中化 I2P 创新管理

中国中化作为高度市场化的产业集团,坚持从"创意"到"利润"(Idea To Profit)的创新管理理念,并通过 Pipeline 管理流程实现"需求—创新—产品"的管理闭环。在需求阶段,公司必须敏锐且准确地把握市场和技术的发展趋势,寻找具有创新价值和市场前景的创新成果,如稀缺的种质资源、先进的化学材料等。在创新阶段,公司对选中的创意进行概念验证(探索性研究)和研究开发(实验室研究),进一步验证其技术价值和经济价值。在产品阶段,公司通过产业化投资实现技术的工程放大和产品的商业化运行,在市场竞争中实现战略价值和财务回报。

"需求—创新—产品"的闭环管理对应着中国中化科技人才评价的三大核心要素。在需求阶段,公司收集内外部创意,重点关注有创新能力的科技人才,落脚在科技论文和技术上。在创新阶段,公司的研发投入需要转化为具有知识产权的科技成果,并通过科研项目、科技奖励等内外部认可来明确创新价值。在产品阶段,公司的产业化投资最终转化为市场中流通的商品和服务,体现为技术鉴定、新产品销售收入等创新贡献,如图 1 所示。

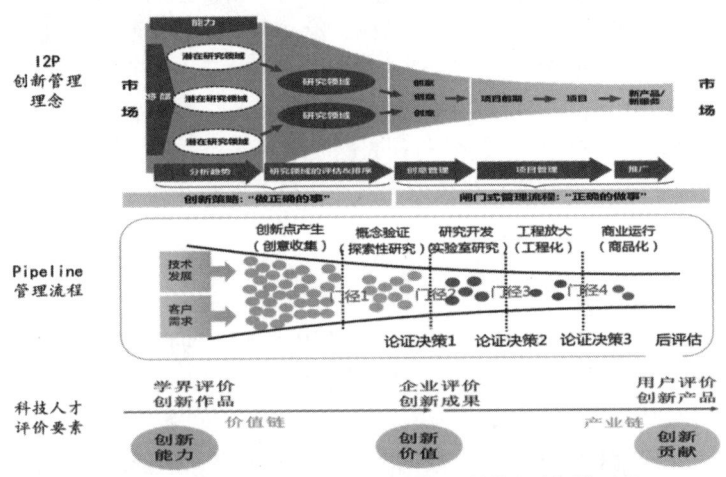

图 1 中国中化创新管理理念、流程和科技人才评价要素

2. 中国中化 CVC 评价模型

专项工作组先后对来自 11 家科技型企业的 120 余名科技人才进行结构化访谈,汇总科技人才评价的意见和建议并提交给由 5 位专家组成的委员会讨论,进而构建了以创新能力

（Competence）、价值（Value）和贡献（Contribution）为导向的科技人才 CVC 评价模型，并确定了评价维度和权重设计。

该模型中，科技人才的创新能力主要通过所取得的科技成果来评价，包括专业水平、科技论文和发明专利等。考虑到中国中化科技人才队伍国际化建设的战略需要，将国际化经历作为加分项。创新价值主要通过科技人才取得的专业认可来评价，包括科技项目、科技奖励和专业影响。创新贡献主要通过科技人才取得的市场检验来评价，包括战略贡献、财务贡献等，如表1所示。

表1 中国中化科技人才 CVC 评价模型指标及权重

一级维度	二级维度	评估要素	备注
创新能力（35分）	专业水平（10分）	人才层次及科研团队	国际化经历作为加分项
	科技论文（10分）	3篇代表性论文	
	发明专利（10分）	5项代表性专利	
	国际化经历（5分）	留学及国际化工作经历	
创新价值（30分）	科技项目（10分）	2项代表性科技项目	三项求和
	科技奖励（10分）	2项代表性科技奖励	
	专业影响（10分）	兼职及大会报告	
创新贡献（40分）	财务贡献（40分）	技术转让或成果产业化	取两者较大值
	战略贡献（40分）	特殊技术鉴定及应用	

中国中化科技人才 CVC 评价模型主要有三大特点。一是鲜明的市场化导向：对企业发展的战略贡献和财务贡献占到科技人才评价的40%，着力牵引科技人才履行央企责任使命、投身经济主战场。此外，学历和职称未纳入评分指标，论文和奖项的权重共20%，有效破除了"唯学历、唯职称、唯论文、唯奖项"的不良评价导向。二是注重分类评价：针对从事特种技术研究、通用技术研究和应用产品开发的不同类别的科研人员，分别设置了战略贡献、专利技术转让、产业化收入等创新贡献指标。三是实行代表性成果制度：各项评价指标以质量为第一标准，主要考察代表性成果的水平。例如，科技论文只评估最具创新性的3篇，科技奖项只评估最有含金量的2项。

3. 履历分析技术

为了客观高效地开展科技人才评价工作，工作组采用了履历分析技术（Curriculum Vitae Analysis，CVA），并开发了 Excel 版本的《中国中化科技人才标准履历表》。履历分析技术是科技人才评价和科技政策研究中的新工具和新方法，通过对科研人员履历进行信息编码获取数据并统计分析，具有信息资源丰富、数据客观性强等优点，广泛应用于职业生涯发展等研究。为克服履历信息冗余、编码难度大等问题，《中国中化科技人才标准履历表》采用标准化字段收集信息，并根据评价指标和标准事先进行编码，并将编码规则、计算规则嵌入到履历表中，提高信息收集效率。科技人员按要求填报《中国中化科技人才标准履历表》后，Excel 自动完成评价工作并生成数字化的评价结果，有效增强了科技人才评价的客观性。以科技论文为例，科技人员按要求填写不超过3篇代表性科技论文，系统自动按照论文的中国科学院 SCI 分区（小区）进行赋分（SCI 一区，5 分；SCI 二区，4 分；SCI 三区，3 分；SCI 四区，2 分；其他，1 分），并按照论文作者排序赋予权重（第一作者或通讯作者，2；第二三作者，1.5；其他作者，1）。每篇代表论文的得分乘以权重即评估得分，代表性论文的加权平均分即科技人员的科技论文得分。

（三）CVC 评价模型验证

为了检验 CVC 评价模型的有效性，工作组历时两年（2021—2022 年）完成了内外部两组样本的采样工作。2021 年 8 月，完成中国中化内部 11 家二级企业 733 名科技人才抽样调查工作，包括科技领军人才 23 名、科技领航人才（科技领军人才后备）187 名和科技骨干人才（科技领航人才后备）523 名。2022 年 12 月，完成 311 名国家级科技人才履历信息采集工作，包括中国科学院化学部院士 90 人、中国工程院化工冶金与材料工程学部院士 63 人和第三批国家万人计划科技创新领军人才（化学和材料领域）158 人。

1. 内部有效性检验

采用单因素方差分析检验 CVC 评价模型对中国中化不同层次的科技人才评价结果的差异性是否显著。分析结果显示，科技领军人才、领航人才和骨干人才 CVC 模型评估结果的均值分别为 61.8 分、40.3 分和 10.1 分（图 2），评估结果的组间差异显著（F=355.145，$P=0.000<0.001$）（表 2）。这表明 CVC 评价模型对中国中化不同层次科技人才具有良好的区分度。

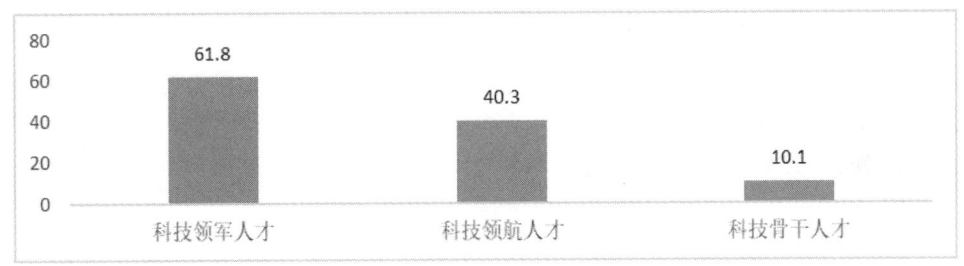

图 2　中国中化科技人才 CVC 评估结果均值

表 2　中国中化科技人才 CVC 模型评估结果的方差分析（N=733）

评估总分		科技领军人才 N=23	科技领航人才 N=187	科技骨干人才 N=523	F=355.1
	平均值	61.8	40.3	10.1	
	标准差	22.3	23.0	11.0	21.6**

为进一步验证模型的有效性，在控制了性别、年龄、最高学历、专业技术职称、专业领域等变量后，以科技人员的评估得分为自变量、人才层次为因变量（科技领军人才 =1，科技领航人才 =2，科技骨干人才 =3）进行回归分析，结果显示（表 3）：评估得分对人才层次的回归系数显著（$\beta=-0.016$，$P=0.000<0.001$），说明 CVC 模型评估得分与人才层次存在显著的线性关系。

表3 中国中化科技人才CVC模型评估得分与人才层次的回归分析（N=733）

变量	人才层次	
	模型一	模型二
控制变量		
性别	.026	.020
年龄	−.023***	−.010***
最高学历	−.133***	−.057**
专业技术职称	.002	−.001
专业方向	.003	.011
自变量		
评估得分		.016***
F	29.341	131.938
R²	.168	.518
△R²	.168***	.354***

注：* : $P<0.05$ ；** : $P<0.01$ ；*** : $P<0.001$

2. 外部对标分析

采用单因素方差分析（多重比较）检验CVC评价模型对外部国家级科技人才评价结果的差异性是否显著。分析结果显示，中国科学院院士、中国工程院院士和万人计划创新领军人才CVC模型评分结果的均值分别为79.7分、78.8分和62.9分（图3）。多重比较结果显示中国科学院院士和中国工程院院士的评估结果没有显著性差异（工程院院士在成果产业化方面的得分显著高于科学院院士），万人计划创新领军人才的评估结果与中国科学院院士和中国工程院院士的差异性显著（表4）。

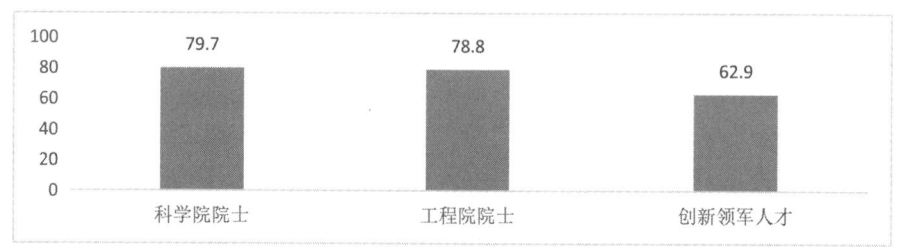

图3 国家级科技人才CVC评估结果均值

表4 国家级科技人才CVC模型评估得分的多重比较（N=311）

I 分组	J 分组	均值差（I−J）	标准误	显著性
中国科学院院士	中国工程院院士	0.94	1.92	0.624
	万人计划创新领军人才	16.84*	1.54	0.000
中国工程院院士	中国科学院院士	−0.94	1.92	0.624
	万人计划创新领军人才	15.90*	1.74	0.000
万人计划创新领军人才	中国科学院院士	−16.84*	1.54	0.000
	中国工程院院士	−15.90*	1.74	0.000

注：均值差的显著性水平为0.05。

综上所述，中国中化 CVC 评价模型运用履历分析技术对科技人才的评估结果具有良好的有效性：（1）内外部科技人才的评估得分均具有良好的区分度；（2）评估得分与公司人才层次划分存在显著的线性关系，越高层次的科技人才，评估得分越高。

三、CVC 评价模型的实践与成效

中国中化运用 CVC 评价模型重构了科技人才评价体系，重点评价科技人才的创新能力、创新价值和创新贡献，强调市场导向和分类评价，评估结果在科技人才管理实践中得到广泛应用。

（一）实现科技人才穿透式管理

1. 统一管理

由于中国中化多元化业态和两化重组后内部业务整合，亟须聚焦主责主业加强科技人才统一管理。CVC 评价模型在创新贡献维度设置了战略贡献、专利技术转让、产业化收入等创新贡献指标，并且对不同行业的产业化收入设置了差异化的标准（如化工行业中，基础化工品的基准是 5 亿元，精细化工品的基准是 1 亿元），从而实现了不同科研性质、不同产业板块的科技人才的标准化评价。《中国中化科技人才标准履历表》为科技人才盘点提供了便捷的工具，奠定了科技人才统一管理的基础。

如图 4 所示，来自不同产业板块的 4 名科研人才，采用相同的评价指标和差异化的评价标准得出具有可比性的评估结果（左图），为跨产业板块（横向）的科技人才统一管理奠定了基础；右图展示了某产业板块未来三年（纵向）对科技领军及领航人才的发展规划，评估结果均值的持续提升能够直观地展示科技人才队伍的建设成效。

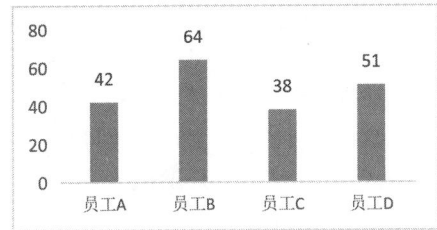
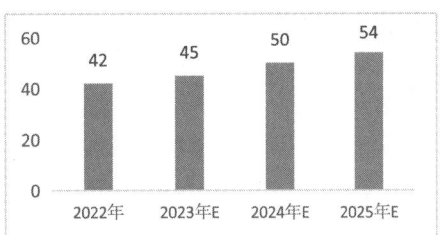

注：所用数据为模拟数据。

图 4 科技人才统一管理示意图

2. 分级管理

根据科技人才职级管理规定：总部人力资源部负责管理中国中化高级专家（T5 职级），授权各二级公司自主管理中国中化专家（T4 职级）及以下职级（T3-T1）。CVC 评价模型能够有效帮助各级企业分析各层次科技人才水平，诊断科技人才梯队建设状况。如图 5 中上图所示，总部人力资源部运用 CVC 评价模型评估各二级公司评选出的中国中化专家（T4 职级），有效监督和指导各二级公司（如公司 5 需要提升 T4 职级评审标准）。如图 5 中下图所示，某二级公司运用 CVC 评价模型诊断 A、B 两个领域的人才梯队建设发现，A 领域年龄小得分高的科技人才较多，B 领域年龄大得分低的科技人才较多，进而确定应加强 A 领域的科技领军人才建设和推动 B 领域的青年科技人才引进培养两种不同的管理策略。

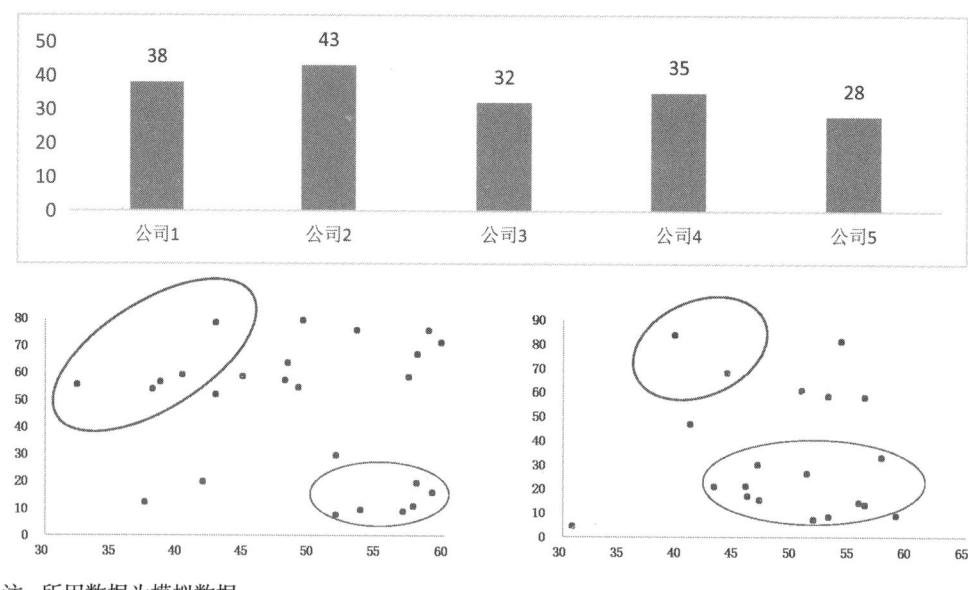

注：所用数据为模拟数据。

图 5 科技人才分级管理示意图

（二）实现科技人才引进对标管理

1. 引才需求分析

CVC 评价模型支持各级企业围绕产业链建设盘点科技人才现状和招聘需求。总部人力资源部为了结合公司产业链制定未来三年科技人才队伍建设规划，根据 CVC 模型评估结果，以 60 分和 40 分为界限划分出潜在的科技领军人才和科技领航人才，得到产业链及科技人才统计表（表5），发现优势产业链 I 和 J 及全部 5 条潜力产业链没有潜在的科技领军人才。按照每条产业链至少 3 名科技领军人才和 12 名科技领航人才的配备标准，结合存量梳理出各产业链的科技领军人才和科技领航人才招聘需求，并将引才指标分解落实到各产业链承接单位。

表 5 产业链及科技人才存量及需求统计表

	优势产业链（10）										潜力产业链（5）				
	A	B	C	D	E	F	G	H	I	J	K	L	M	N	O
60分以上人员数	2	5	3	2	1	3	2	1	0	0	0	0	0	0	0
40—60分人员数	5	22	6	11	11	25	9	5	7	5	0	6	6	3	4
领军人才引进需求	2	1	2	2	3	1	2	3	4	4	4	4	4	4	4
领航人才引进需求	7	2	6	1	1	0	3	7	5	7	12	6	6	9	8

注：所用数据为模拟数据。

2. 引才对标分析

CVC 评价模型可以有效帮助管理者直观地了解不同领域的科技人才水平，并参照内外部的标准进行决策。如图 6 所示，用人单位根据两名应聘人员的 CVC 模型评估得分，可以大致判断出应聘人员的人才层次；将应聘人员评价结果与目标岗位同级别人员进行内外部对标，可以为人才引进定岗定薪等提供决策依据。

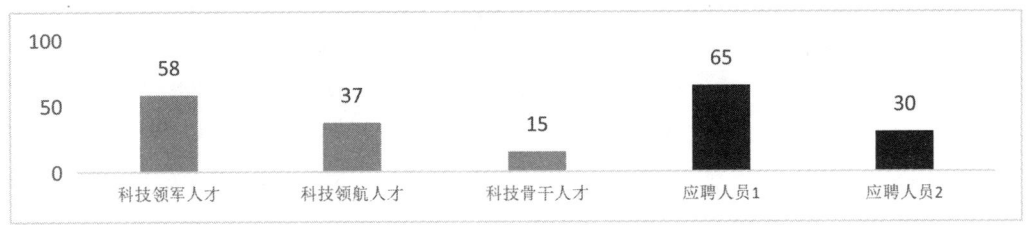

注：所用数据为模拟数据。

图 6　科技人才引进对标示意图

（三）实现科技人才培养精细管理

1. 明确培训需求

CVC 评价模型从专业水平、科技论文、发明专利、国际化经历、科技项目、科技奖励、专业影响、财务贡献、战略贡献等 9 个维度全面分析科技人才，能够准确定位能力短板和不足，为科技人才发展提供改进方向。例如，某单位重点培养的 8 名科技人才中，B、C、D 缺乏国际化工作经历，应重点考虑外派境外研发机构；E、F 的创新贡献不足，应加强产业化项目历练；G 的创新贡献很高，但科技影响力不足，应重点加强担任行业交流和兼职；H 在学术论文、科技项目等方面实力较强，但创新贡献相对不足、创新能力有待提升，应重点加强个人和团队能力建设（表 6）。

表 6　CVC 评价模型在培训需求分析中的应用

人员	专业能力	学术论文	发明专利	科技奖励	科技影响力	科技项目	创新贡献	国际化经历
A	6	6	9	8	6	6	37	5
B	7	6	8	7	8	8	40	0
C	5	8	9	6	7	8	38	0
D	8	5	8	7	5	8	40	0
E	5	9	6	5	8	6	0	1
F	4	7	6	6	7	8	10	1
G	8	6	10	8	1	9	40	1
H	3	9	8	8	5	8	12	1

注：所用数据为模拟数据。

2. 助力职业发展

CVC 评价模型能够帮助科技人才实时了解自身评估结果，对照目标群体或岗位找差距、做提升；也能够帮助各级企业更好地划分各层次科技人才和后备人才，系统规划和指导科技人才的职业发展。中国中化在推荐各类国家级科技人才项目候选人和开展中国中化高级专家（T5职级）评审工作中，把申报人的CVC模型评估结果和对标情况（图7）作为专家委员会和决策者的重要参考依据，精简了评审流程，节约了管理成本。

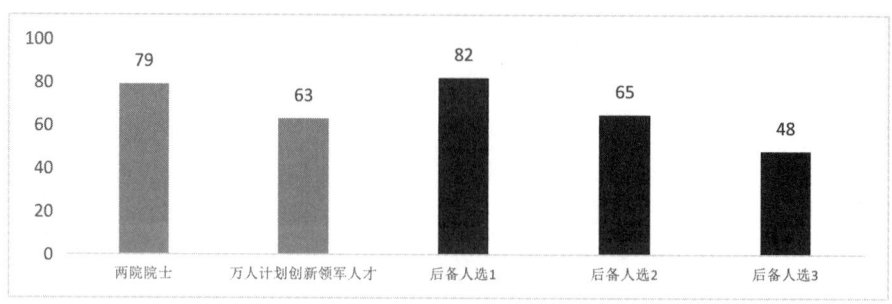

注：所用数据为模拟数据。

图7　CVC评价模型在科技人才职业发展中的应用

四、结语

CVC评价模型是中国中化贯彻落实国家关于分类推进人才评价机制改革的指导意见，并结合公司管理实际探索出的创新成果。经实践检验，CVC评价模型能够比较全面和准确地评估科技人才，为公司树立了以创新能力、创新价值和创新贡献为核心的评价导向，推动了科技人才的数字化管理，为科技人才盘点、引进、培养和使用提供了有力支撑。

案例负责人：刘　兴

主要创作人：刘　兴、罗　建

参与创作人：李　爽、刘凌霄

拓宽选人用人视野 激活人才发展动能
国药集团市场化选聘高级管理人员成效显著

中国医药集团有限公司

中国医药集团有限公司（以下简称国药集团）是国务院国资委直接管理的唯一一家以生命健康为主业的中央企业。2021年国药集团营业收入突破7000亿，利润超1000亿，位列财富世界500强第80位。国药集团的快速发展离不开人才队伍的支撑。

一直以来，国药集团党委高度重视人才队伍建设，作为混合所有制试点企业，国药集团一直走在市场化的前沿。集团所属各级企业100%市场化用工，通过市场化选聘方式，引入竞争机制，深化三能机制，拓宽选人用人视野，遴选优秀经营管理人才。

特别是近两年来，集团党委管理的干部岗位也推向市场，先后组织实施了财务高级管理人才，国药现代总裁、副总裁，国药医疗总经理、副总经理等岗位面向全社会的公开选聘工作，引起了社会的广泛关注。选聘财务高级管理人才5人，均来自国药集团系统外，分别担任集团总部财务部、投资部负责人和国药现代、国药医工总院财务总监职务，选聘国药现代、国药医疗高管7人，其中正职2人。国药集团高级管理人员的公开选聘工作，进一步强化了国药集团竞争择优的用人机制，激发了内部人才活力，拓宽了选人用人视野，成效显著。现将国药集团公开选聘工作总结如下。

一、强化组织领导，确保选聘工作规范有序

强有力的组织领导是确保公开选聘工作顺利开展的有效前提，国药集团公开选聘充分发挥了"三个组织"的作用。一是集团党委切实落实党管干部原则。公开选聘在集团党委的统一领导下组织实施，党委研究审定公开选聘工作方案，关注工作进度，审议选聘过程重大事项，研究决定拟录用人员名单。二是公开选聘领导小组发挥总揽全局、协调各方的作用。集团党委书记任领导小组组长，重点环节、关键步骤亲自把关，党委副书记靠前指挥，组织人事部门统筹协调，相关业务部门和子公司协助配合。三是引入第三方机构，增强选聘工作的专业性和公正性。公开选聘工作委托专业央企人才服务机构中智公司进行组织，同时邀请集团外部董事、行业专家、第三方面试专家进入面试专家组对应聘人员共同把关，增强选聘的专业性和公正性。

二、明确选人用人标准，确保选聘工作公开透明

国药集团公开选聘工作坚持"四公开"，即职位公开、条件公开、程序公开、结果公开。一是系统思考谋划全局，在公开选聘领导小组的指导下，集团党委组织部（人力资源部）会同专业人才服务机构悉心谋划，结合岗位需求和干部队伍建设要求，制定详细工作方案及严谨面试流程。二是严格规范选人用人标准，贯彻新时代党的组织路线，落实国有企业领导人员"20字"

标准，按照国药集团干部选拔任用有关规定和拟任职岗位要求，严格制定岗位任职资格和主要工作职责，让选人用人有据可依。三是竞争上岗、人岗相宜。将"竞争择优、专业突出"写进工作方案，切实把业务发展真正需要的人才引进来，优中选优。

三、坚持线上线下联动，提高招聘宣传力度

加强招聘公告的宣传，广纳贤才。一是广泛发动线上宣传渠道，在国资小新、国药集团官方网站、国药集团微信公众号、国药招聘微信公众号、猎聘网等线上平台同步发布招聘公告，今日头条等主流媒体转发。公告一经发布，引起了广泛关注，各平台累计阅读量超30万人次，共收集应聘简历5300余份，全面营造了国药集团广纳贤才的浓厚氛围。二是有针对性拓展线下纸媒。国药医疗高管招聘群体为医疗专业人才，国药集团在《中国医学论坛报》上整版刊发招聘公告，基本覆盖全国各类三甲医院，实现了对医疗专业人才点对点、面对面传递招聘信息。

四、坚持专业与细节并重，确保公开选聘有温度、有力度

一是密切配合做好简历筛选。简历筛选过程中，集团公开选聘工作办公室与中智公司密切配合，同时筛选，对筛选结果进行交叉验证，做到不错过任何一个人才，筛选过程中，也通过电话沟通等方式将候选人推荐到更合适的应聘岗位，最终遴选通知575人参加笔试。二是做好人才保温。高层级人才招聘周期长，人才易流失，为做好人才保温工作，国药集团先后多次短信通知候选人，告知其后续的时间周期及安排，提升候选人好感度，减少因长时间未收到反馈而流失的情况发生。三是灵活调整笔试、面试方式。因疫情原因，部分候选人无法现场参加笔试或面试，国药集团灵活调整，在做到全程监控的前提下，以视频和现场两种形式开展笔试和面试工作，确保候选人不因疫情的影响而错失机会。

五、强化过程监督，把纪律要求贯彻招聘始终

严格执行公开选聘工作纪律要求，将"公平公正"写进工作方案，为应聘者提供透明、平等、公正的竞争机会。一是笔试第三方出题，考前绝对保密。公开选聘笔试由中智专家出题，考前绝对保密，现场拆封。二是面试过程集团纪委同志全程监督。集团纪委同志对面试过程及评分汇总进行全程监督，面试结果提交面试专家组现场审查。三是严格落实干部选拔任用工作要求。对公开选聘拟录用的内外部人才，通过审核干部人事档案、核查个人事项、考察和背景调查等多种方式延伸对候选人的多维度了解，严格落实干部任前有关工作要求。

六、做好招聘闭环管理，强化以岗育人

招聘闭环管理体现了对人才的尊重，国药集团一方面主动向竞聘未录用人员致信表示感谢，另一方面对于个别有培养潜力但尚不满足集团党委管理干部能力素质要求的应聘者，将其简历推荐到二级子公司人力资源部再次遴选，已有多名应聘的候选人被二级子公司录用。

在坚持以事择人、人岗相宜的原则下，对于已录用人员我们坚持以岗育人。公开选聘的高级管理人才，集团组织召开入职见面会，集团党委书记、董事长出席会议并讲话，提要求、压担子，

党委组织部（人力资源部）组织线上专题培训，促进其尽快熟悉环境、明晰工作职责、迅速转变角色，适应新的岗位。

七、总结公开选聘工作经验，深入推进国企改革三年行动

一是公开选聘拓宽了集团党委选人用人视野，优秀人才得到有效识别和配置。公开选聘充分体现了国药集团党委广纳贤才的宽广胸襟，打破了人才藩篱，扩大了选人用人的视野和范围。在5300余份简历中，选聘财务高级管理人才5人，二级子公司高管7人，其中高管正职2人。坚持需求导向、人岗相适、人事相宜，通过公开选聘找到最符合职位要求的优秀人才，优化了管理队伍结构，提升了干部人才队伍整体水平和专业素质。

二是为子公司领导班子注入了新鲜"活水"。本次公开选聘的高管人员均为管理经验丰富，具备前瞻性眼光和先进经营管理理念的管理人才，到岗后快速适应新环境、融入新团队，展现出了较强的专业素质和干事创业的热情，为所在公司带来了新鲜的血液，引入了创新的思路和方法。

三是公开选聘让优秀年轻干部看到了希望，释放出了强大的"鲶鱼效应"。公开选聘打破了以往的干部任用惯例，整个选拔过程更加公开透明，使得更多的年轻干部脱颖而出，充分激发了优秀年轻干部的竞争意识和工作积极性，在集团系统内释放了强大的"鲶鱼效应"，进一步强化了竞争上岗意识和竞争择优的用人理念。

四是营造了浓厚的引才引智氛围，进一步宣传了国药集团品牌。财务高级管理人才和二级子公司高管岗位招聘，即使在疫情之下，笔试参加率仍达到了90%和80%，面试到场率均为100%，充分体现了国药集团的社会影响力和品牌吸引力。

国药集团将进一步总结公开选聘工作经验，深入贯彻落实国企改革深化提升行动部署安排，持续深化三项制度改革，加强人才队伍建设，让想干事者有机会，能干事者有平台，干成事者有位子，进一步营造"人尽其才、才尽其用"的良好氛围，为推动"十四五"战略规划落地，奋力构建卓越的具有全球竞争力的世界一流综合性医药健康产业集团提供坚强的人才保障。

案例负责人：刘敬桢、杨　柳
主要创作人：王香芬
参与创作人：侯成平、刘兴隆、刘　冬

运用"加法思维"持续释放国有企业专业人才队伍发展活力

中石化胜利石油工程有限公司渤海钻井总公司

人才资源是经济社会发展的第一资源，创新驱动的实质是人才驱动。为打造一支高素质专业人才队伍，中石化胜利石油工程有限公司渤海钻井总公司创新运用"加法思维"，"政策支持＋机制建设"一体化推进，"培养路径＋使用方式"多元化改进，"激励模式＋服务质量"多角度提升，打造以"政策＋机制"选才，"培养＋使用"育才，"激励＋服务"留才的精准培养模式，加快专业人才价值创造转化，为企业高质量发展提供强有力的人才保障和智力支撑。

一、实施背景

国有企业改革不断深化的新形势下，公司发展迫切需要一大批高素质的专业技术人才做支撑。受规模机制等诸多影响，专业技术人才队伍建设仍存在短板，一定程度上制约了公司高端高质高效发展。主要表现为以下几个方面。

专业人才队伍管理模式仍不健全。专业技术人才队伍建设和管理与现代化管理要求仍有一定差距，专业技术人才管理同其他人才管理差异性体现不明显，在专业技术人才成长发展、培养提升、薪酬待遇、政治激励等方面缺乏细致有效的措施和办法，影响了专业技术人才工作积极性。

专业人才考核评价体系仍不系统。对各专业岗位职位的专业技术能力、职业行为素养、作用发挥程度等方面的考核评价比较分散，不成系统。各单位部门评价专业人才的标准、岗位胜任能力要求、考核项点内容等参差不齐，缺少规范统一的标准，各自为战、平均主义、论资排辈现象时有发生，缺乏系统性、科学性。

专业人才价值创造转化仍不明显。专业成果产出率与转化率相对较低：一方面部分研究成果与生产实际存在一定脱节，实际应用价值不高；另一方面，受投资、成本等因素影响，成果验证、投入使用进程都被延缓，同时高层次人才传帮带、导师带徒等方面激励机制等还不够完善，制约了高层次人才发挥作用的积极性和年轻专业人才的成长。

二、主要做法

基于对专业人才队伍建设短板的认识，公司立足专业人才发展定位，运用"加法思维"，着力找准专业人才培养的切入点、关键点，不断完善专业人才发展的全链条，为激发人才创新活力打下坚实基础。

（一）"政策＋机制"同频升级，构筑专业人才队伍建设"四梁八柱"

专业人才选配是专业人才队伍建设的基石，政策为人才"开门"，机制为人才"扩路"，运用"政策+机制"同频升级思维,确保人才选优配强,为人才队伍注入新鲜血液,做好人才储备。

坚持以系统观念谋全局。有效发挥公司党委宏观指导、统筹协调作用,推进公司、基层单位多元协同配合,打造"专业技术人才发展综合体"。紧扣胜利工程"五大战略""六条路径""六新目标",把握"十四五"高质量发展"路线图",加大顶层设计,全面构建人才政策支持体系。抓好人才工作总体布局,制定人才队伍建设规划,建立人才工作领导小组会议制度和人才工作专项会议制度,推行"账单式"工作制度,通过年初"明账"、平时"对账"、年底"结账",逐步完善人才工作的"最初一公里"和"最后一公里"。

坚持以体系模式建机制。修订完善公司《专业技术职位管理实施细则》《关于进一步完善人才成长通道建设的实施意见》等办法,细化专业技术职位选聘、使用、考核、退出、激励约束等各项管理工作,形成一整套较为系统完备的专业技术人才管理体系。完善序列层级设置,形成覆盖全领域、涵盖主要业务的人才架构层级网络。突出"三个倾斜""两个优先",即专业技术职位向一线优秀员工倾斜,向高学历优秀青年倾斜,向基层业务骨干倾斜,优先把基层中的优秀分子培养成专业技术人才,优先把工作表现突出的专业技术人才培养成高层次人才。深化人才成长通道建设,将成熟的管理序列干部横向贯通转聘充实到专业技术序列,着眼于储备后备力量,按照每个职位1:3左右的接续力量储备。

(二)"培养+使用"同向发力,抓实专业人才队伍素能"关键环节"

专业人才队伍素质的全面提升关键在"育",运用"培养+使用"同向发力思维,育贤任能,搭建平台载体,畅通成长通道,不断提高人才分析解决实际问题和应对复杂局面的综合能力,着力培养"多专多能"的复合型人才。

突出"全链条"培养、"多角度"实训。深化"369"英才塑造计划,按三年、六年、九年的时间阶段构建进阶式、精准化人才成长路线,完善从毕业生到首席专家的全周期培养设计链条。特别是对工程技术人员,灵活运用"基层一线历练、关键岗位锻炼、多岗交流磨炼"的培养模式,延展专业深度、开阔技术视野。加大公司内部跨单位、跨项目、跨专业岗位交流力度,采取实操、"项目+"、挂职等方法开展实践锻炼,形成立体式人才交叉培养体系。建立"一对多"的轮流培养机制和"多对一"的联合导师制度。开设"专家大讲堂",形成技术专题系列品牌栏目。配套钻井实训基地设施,增设VR仿真体验、全尺寸钻井模拟培训系统,丰富完善培训矩阵。构建"云课堂"学习教育平台,丰富信息化手段,多形式传授专业知识、工作经验。

实施"团队化"建设、"区块化"管理。实行专业人才"领衔攻关制",完善"揭榜挂帅""井场赛马"制和目标导向的"军令状"制,以首席专家、专家、主任师为引领、以专业技术为纽带,吸引同一领域优秀人才加入共建,成为首席专家、专家、主任师及其团队合作开展课题研究的"攻关站"、建设优势专业技术的"主阵地"、推广创新成果的"孵化器"和培养后备人才的"蓄水池",示范引领和辐射带动公司专业技术人才队伍发展。坚持"人才在一线培养,作用在一线发挥",成立河口、桩西、孤岛、孤东等区域"专家联盟团队",建立"钻井工程师包井、主任工程师包区、专家会商集成"的分级技术管理体系,探索"一区块一模式、一口井一方案、一环节一对策"精准化钻井施工模式,施工井"专家会商率"达100%,专家人才"蹲点问诊",当好智囊参谋,提供决策支持,盯在"最前线",提供"最优解"。

(三)"激励+服务"同步优化,打通专业人才队伍发展"最后一里"

专业人才创效动力的持续增强离不开有效的激励措施及服务质量,运用"激励+服务"同步优化思维，推行全方位的激励模式，开展多元化的服务，鼓舞专业人才士气，挖掘创效能力，体现专业人才价值，以保持企业人力资源持续增值。

注重激励引导，激发干事热情。在公司范围内建立"给票子、给面子、给位子"（"三给"）激励模式，专业技术人员的基本薪酬等级对标相应层级管理人员，设置业绩贡献绩效兑现。提高专业技术人才政治待遇，推荐专业技术人才在各类组织中挂职、兼职，安排进入公司科技、专业、人才评审等相关委员会或专业组。部分专业人才可参与单位工作分工、列席所在单位领导办公会、职代会及民主恳谈会等。打破行政级别，推行岗位管理，打通管理、专业、操作3个序列互通晋升通道，形成人人皆可成才、人人尽展其才的生动局面。

聚焦多元服务，优化干事环境。公司领导班子结对联系专业人才全覆盖，带头在思想上尊重人才、政治上关心人才、创业上扶持人才。大力推荐杰出专业人才作为公司各级代表人选，积极培树优秀人才典型群体，加大专业人才特色工作的宣传力度，造浓"四尊"氛围。启用"专业人才工作站"，设立专业人才"专员式"服务窗口，为公司专业人才提供政策解读、职称评审、职业规划等各业务咨询服务，对专业人才，全面推行一套机制支持成长、一名领导结对服务、一名专员助力排忧等"三个一"服务举措，保证专业人才工作安心、生活舒心，营造爱才敬才浓厚氛围。

三、取得成效

一是专业技术人才队伍素质全面提升。通过各类专业素养培育措施，全面提升了专业技术人才的综合素质，2023年以来，组织技术专项培训28次，组织技术、装备等五大系列专题讲座60余期，参培人员达320人次，累计处理疑难问题60次。推荐7人参加了全国钻井液工技能大赛选拔培训，1人获大赛铜奖。依托师带徒培养梯队人才、技术比赛搭建平台，切实培养造就了一批专业过硬，品质优良，具备技术领军能力，能够有效推动技术改造、工艺革新和项目攻关的创新型、专业化人才队伍。

二是专业技术人才创新创效成效显著。运用"加法思维"专业技术人才培养模式下，公司专业技术人才组成各类攻关团队，紧盯页岩油、深层、难动用等30余项关键技术。集成推出深层、超深层钻完井等6项配套技术，攻克页岩油气井断裂涌漏等10项难题，完成义页1-1VF、2VF井各600米连续取心，刷新国内页岩油取心井段最深、单趟取心最长两项纪录。施工的渤深斜10井多项指标打破胜利东部工区近10年施工纪录，累计完成创新成果9项，8项成果被推广应用，申请专利89项、已授权89项，发表论文72篇，公司被授予"创新创效突出贡献团队"称号。

案例负责人：张修林

主要创作人：张修林

参与创作人：张峰峰、左丰芹、周　刚

统筹人才"引进、使用、激励",牵引夜视院集团核心技术攻关与产业发展
——北方夜视科技研究院集团有限公司人才队伍建设探索实践

北方夜视科技研究院集团有限公司

北方夜视科技研究院集团有限公司(以下简称夜视院集团)隶属于中国兵器工业集团有限公司(以下简称兵器工业集团),是2010年在昆明物理研究所、国营第二九八厂、北方夜视技术股份有限公司的基础上,整合西安微光专业级重点实验室等资源组建成的区域性、专业化、产研结合的高科技子集团,内设14个总部职能部门、4个事业部和7家子公司。夜视院集团主要从事红外探测器、微光像增强器、OLED微型显示器、红外整机、微光整机、多光谱融合整机、光电系统及相关衍生、配套产品的研制生产,是国内规模最大的夜视核心器件和装备研发生产基地、军民融合创新基地,是国家红外器件、OLED微型显示器件自主可控的核心支撑单位和微光器件自主可控的唯一支撑单位,拥有自主知识产权专利500余项,近5年获得国家级及省部级奖项40余项,是国内夜视技术领域的先进代表之一。同时,夜视院集团也是兵器工业集团与云南省政府"省部合作"的重要平台和载体。截至2022年年底,资产总额103亿元,职工3600余人,有正高级工程师200余人、高级工程师400余人、博士110余人、硕士860余人,拥有中国工程院院士、国家级、兵器工业集团级知名专家40余人。

为进一步完善人才的引进、使用、激励机制,增强人才在技术攻关与产业发展中的能动性,夜视院集团立足自身实际,从人才"引、用、激"方面进行体制改革和机制创新,进行了一系列大刀阔斧的改革实践。大量引进了双一流高校毕业生和高层次人才,让年轻科研人员担重任、挑大梁,并在科研项目中对科研人员进行精准激励。新鲜血液的注入和有效使用激发了夜视院集团的内部微观主体活力,促进了核心技术攻关与产业发展。

一、四步法开展人才引进

(一)精细分析人才需求

1. 以业务发展需要为导向,分析岗位需求

夜视院集团拥有材料、器件、整机、系统,涵盖关键配套的完整的夜视产业链。发展过程中,人才队伍建设存在很大的缺口,必须加大人才队伍建设力度,以突破核心"卡脖子"技术和关键工艺难题。针对业务发展需求,夜视院集团组织各技术领域专家、部门负责人、人力资源部人员,围绕现有人才队伍建设情况,运用人力资源招聘4P模型,对包括职位类别、工作内容、环境、职责等在内的特定业务内容进行了全面的梳理和分析,确定了各技术领域发展、各职能部门岗位需求,制定岗位需求清单。

2. 分析人才学历、专业、数量需求

基于岗位需求,并参考行业内其他企业人才结构,人力资源部牵头各相关单位根据招聘素

质模型理论、人力资源招聘匹配理论，制定需求岗位的职位描述，确定了引进人才的数量，建立了人才引进计划；以岗位职责为依据，从一般能力、可移植性、个性能力等方面分析需求岗位人才所应具备的各种能力，确定了人才引进的学校范围、专业、学历等要求。

（二）精确梳理人才层次

匹配各层次人才的引进条件，以各层次人才的岗位职责、需要突破的核心"卡脖子"技术和关键工艺难题为依据，设置各层次人才的引进条件，具体内容见表1。

表1　引进科技人才、关键技能人才层次的引进条件

人才类别	引进层次	引进条件
引进科技人才层次	第一层次	"两院"院士，距退休年龄5年及以上。"双跨院士"执行兵器工业集团相关规定。
	第二层次	相当于"兵器首席科学家"层次人才，国家高层次人才专家、领军人才，其他相应层次人才，距退休年龄8年及以上。
	第三层次	相当于"兵器科技带头人"层次人才，国家高层次青年人才专家、青年拔尖人才、云南省科技领军人才，其他相应层次人才，距退休年龄10年及以上。
	第四层次	相当于"兵器青年科技带头人""夜视院集团级科技带头人"层次人才，云南省"云岭学者"，其他相应层次人才，年龄一般在40岁以下，具有博士学位。
	第五层次	夜视院集团招聘的全日制应届、往届、有工作经历的博士毕业生，年龄在35岁以下，理工类急需紧缺专业，科研技术岗。
	第六层次	夜视院集团招聘的全日制应届、往届、有工作经历的硕士毕业生，年龄在30岁以下，理工类急需紧缺专业，科研技术岗。
引进关键技能人才层次	第一层次	相当于"兵器首席技师"层次人才，距退休年龄8年及以上。
	第二层次	相当于"兵器关键技能带头人"层次人才，距退休年龄10年及以上。
	第三层次	相当于"夜视院集团级关键技能带头人"层次人才，年龄在40岁以下，具有技师及以上技能资格。

（三）精准调研人才薪酬

基于夜视院集团发展战略，人力资源部借助第三方咨询机构，对红外、光电行业薪酬水平、云南省属地薪酬水平、双一流高校毕业生平均薪酬水平等进行调研分析；结合人力资本理论、最低工资理论等薪酬管理理论，立足需求岗位价值、人才贡献及市场环境等方面确定了各层次人才有较强竞争力的薪酬水平。

1. 薪酬匹配

基于调研分析结果，设置各层次人才的薪酬标准，同时针对博士研究生、硕士研究生、本科生毕业院校的类别设定相应的薪酬标准。博士研究生设定了8个档级的薪酬标准，硕士研究生设定了3个档级的薪酬标准，本科生设定了2个档级的薪酬标准；个性化定制管理的人才实行谈判工资制，每月薪酬发放标准＝年薪总额×80%÷12（月）。入职夜视院集团工作6个月以上，经考核合格的，发放薪酬总额剩余的20%，考核结果有不合格情形的，扣罚薪酬总额剩余的20%。若超额完成协议约定的科研工作，可享受夜视院集团科研奖励。同时针对管理岗位，提高其试用期薪酬待遇，转正后通过岗位工资、绩效工资的工资结构进行薪酬匹配。

2. 安家费及周转住房

为解决人才到昆工作后的安家问题，让人才无后顾之忧，根据不同层次的人才，设置了不同档级的安家费。在领取安家费的基础上，同时为人才提供1—2年的周转住房，周转住房的分配原则为：博士学历新员工1人/间，硕士学历新员工1—2人/间，其余员工视房源情况2—3人/间。

第一至第四层次科技人才安家费，报到工作6个月后发放60%，工作满一年后发放剩余40%。第五至第六层次科技人才安家费、关键技能人才安家费，报到工作6个月后全额发放。引进的科技、技能人才服务期未满3年（含3年）的，离开夜视院集团的退还全部安家费。服务年限超过3年者，离开夜视院集团的退还服务期剩余年月的安家费（剩余年月的安家费＝安家费总额/服务期限年月 × 剩余年月）。

（四）制定人才引进流程

各板块以学科和专业技术领域建设以及优化和提升人才队伍结构需要等为依据，制定"年度科技、技能人才引进计划"，经履行审批手续后，发布招聘信息、应聘人员提出应聘申请、用人单位面试等流程，各板块根据不同层次的人才进行录用审批。经夜视院集团审批同意引进的科技人才、技能人才，按人事管理权限报兵器工业集团和地方审批（备案）后办理相关手续。科技人才、技能人才的引进流程具体见图1。

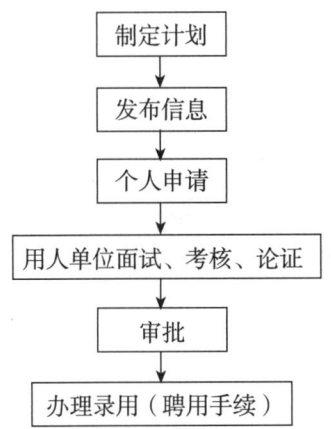

图1　科技人才、技能人才引进流程

1. 多渠道开展猎头及社会招聘工作

通过与第三方平台合作，利用其高精尖人才资源及各类媒体资源，挖掘拥有3年及以上工作经验的领军人才，加快突破核心"卡脖子"技术和关键工艺难题；同时挖掘工作经验不足3年的优秀人才，为各技术领域的发展注入新动力。

2. 解决个性问题，完善相关制度

针对引才过程中出现的个性问题，夜视院集团积极提供解决方案，及时修订完善相关制度，避免引才进度受到影响。针对现阶段各行业、各领域都在"抢夺"工科类优秀应届毕业生，特别是集成电路类、软件工程类、人工智能类等热门专业毕业生，夜视院集团积极调整谈判薪酬政策，提高薪酬、安家费等标准，提升引才竞争力。

二、用活人才，让人力资源转化为人力资本

（一）确定人才管理方式

人才个性化定制管理。一是用人单位或人力资源部结合人才自身条件，围绕人才的岗位、职责、工作任务、工作目标、工作要求、服务期限、薪酬福利、保密要求、竞业限制、知识产权等内容进行工资谈判并签订个性化年度履职责任书，人才薪酬严格按照年度履职责任书完成情况进行兑现。二是服务期限，根据人才各层次匹配的薪酬待遇，确定了5—8年的服务期限。服务期内引进的科技、技能人才，因个人原因离开夜视院集团，须承担违约责任，违约责任在协议书中协商约定。引进的科技、技能人才，服务期内不得调离科研生产岗位，服务期内无论何种原因离开科研生产岗位的，自调离当月起终止协议，取消谈判工资。

（二）构建"三层四纵十级人才发展体系"

1. 创新科技人才发展通道

科技人才发展通道要求具备扎实的专业知识和研究能力，科研领军人才是该通道员工的努力方向。科技通道共设置三层十级，自上而下的前五级分别是"院士—兵器首席科学家—兵器科技带头人—兵器青年科技带头人—夜视院集团科技带头人"，与兵器工业集团一致；除第十级是新入职科技人员外，第六级到第九级是"科技骨干—夜视院集团青年科技带头人—启辰计划骨干人才—'一人一策'科技人才"，是夜视院集团结合科研人员成长和科研项目角色管理创新设置的科技人才发展通道。

2. 完善技能人才发展通道

技能通道人员偏向实际操作能力的提升与发展，是科研与设计工作的支持者和实践者。技能通道共设置三层六级职业发展通道：新进技能人员—技能骨干—夜视关键技能带头人—兵器关键技能带头人—兵器首席技师—大国工匠。同时，通过明确和细化技能人才向管理人才、科技人才和营销人才转换的资格条件，畅通技能人才横向发展通道、拓宽事业平台。

3. 优化管理人才发展通道

管理通道人员主要承担各种职能管理工作，负责对管辖范围内资源的合理调配与利用，成为管理干部或管理专家是这个通道人员的职业方向。管理通道设置三层八级"双通道"，即领导职务序列和专业管理序列。领导职务序列含"新晋管理人员—四级业务主管—中干副职—中干正职—总经理助理—公司副职领导—公司正职领导"，非领导职务序列含"新晋管理人员—四级业务主管—三级业务主管—二级业务主管——级业务主管"。

4. 建立营销人才发展通道

夜视院集团根据科技成果转化需要和市场拓展需要，创新建立营销人才发展通道。营销通道人员除要求具备一定的科研能力外，更看重其跑市场、拓业务等销售能力，成长为营销带头人是营销人员的努力方向。营销通道共设置两层三级：新进营销人员—营销骨干—营销带头人。

（三）为青年员工提供发展的舞台

一是建立两级联系机制，强化双导师制。定期召开青年员工座谈会，听取有关意见建议，落实整改到位，及时解决实际问题。充分发挥业务、生活导师作用，加强言传身教和传帮带。二是松绑减负。把青年科研人员从重复性、事务性的工作中解放出来，安排有关人员协助科研人员开展辅助性工作，减少不必要的非科研事务。三是放权授权。赋予青年项目负责人技术路线决策权、团队人员选用权、经费支配权和资源调配权，最大程度满足青年人才开展项目所需的各项资源，最大限度激发青年人才创新创造活力。

三、激发人才创新创造活力

（一）立足科技创新载体建立科研项目全流程激励

1. 在科研项目争取阶段实施科研市场奖励

科研市场奖励指对于通过竞标、定向发布立项、单一来源谈判、横向争取、推广应用等方式取得的军品科研项目承研、承制资格，成功完成项目及规划论证，根据项目来源、重要程度、经费额度给予最高 200 万元奖励，贡献特别巨大的可进一步提高奖励额度。

2. 在科研项目推进阶段实施项目风险金激励

项目风险金激励是指对于难度特别大、复杂程度特别高、不确定性强或具有超目标任务的科研项目，在项目立项前或实施过程中，由项目团队核心成员与企业共同出资作为项目风险金，在达成约定目标后，全额返还项目风险金并按出资金额一定倍数奖励给出资人，若未达成目标则项目风险金不予返还或扣减一定比例后返还。项目风险金激励的激励对象必须是项目团队成员，管理人员不参与项目风险金激励。项目负责人对激励对象范围、出资额度、返还倍数、工作完成情况认定具有建议权和一票否决权，在团队激励方面做到向项目负责人充分授权。

3. 在科研攻关阶段实施关键核心技术攻关奖励

关键核心技术攻关奖励是指在满足科技发展规划的前提下，以实现主营产品工程化、型谱化和产业化为导向，以获得竞争优势为目标，自筹经费重点支持的科研项目攻关实施奖励。项目取得阶段性重大突破，在产品上完成应用验证，对保障项目完成年度任务和取得竞标胜利、提升所属领域夜视院集团整体技术水平、行业站位、提高企业效益或推动夜视院集团高速或跨越式发展具有重大作用，或重大关键核心技术项目需通过立项评审，正式立项，明确重大突破阶段标志，或随科研项目突破的关键核心技术，给予 30 万—200 万元不等的奖励。

4. 在科研项目转产阶段实施科技成果转化奖励

科技成果转化奖励是指对于正式列入科研计划的项目取得经定型、鉴定或生产技术状态确认的新产品和入库的标准模块（含软件）等科技成果，转化为可销售产品后，从产品销售收益中提取一定比例奖励给在职的原科技成果完成人员。科技成果转化奖励自科技成果确认后开始连续 6 年，授予对象为科技成果的设计开发部门，其中 70% 分配给科研部门及配套研制部门人员，20% 分配给工艺及其他开发人员，另外 10% 用于奖励在促进科技成果转化过程中做出贡献的市场人员。

5. 在科研项目评价阶段实施项目年度完成奖和科学技术奖

科研项目年度完成奖是指在夜视院集团下达科研计划项目中，根据项目技术难度、创新性、先进性、应用前景和预期效益、年度完成情况等因素，最高给予项目团队 100 万元奖励（图2）。

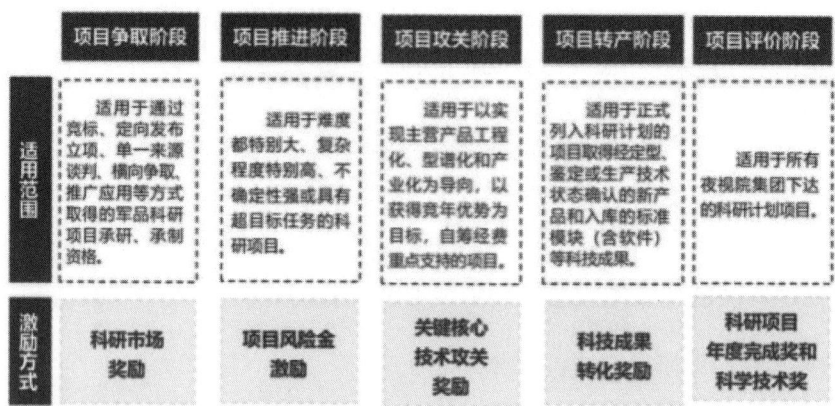

图 2　科研项目全流程专项奖励

（二）立足人才发展阶段建立职业津贴体系

1. 科研人才津贴激励

进入"启辰计划"培养对象、夜视青年科技带头人、科技骨干、兵器青年科技带头人、夜视科技带头人五个层级后，每月对应增加 1000 元、1500 元、2500 元、4000 元、6000 元职业津贴，与多元化的专项奖励和中长期激励收入一起成为科技骨干收入的主要部分。领军科技人才实行年薪制，薪酬水平可以超过公司级领导人员，担任硕博导师的领军人才还增加了导师津贴。

2. 技能人才津贴激励

进入技能骨干、夜视院集团技能带头人两个层级后，每月对应增加 1500 元、2000 元职业津贴，同时开始参与专项奖励和中长期激励分配。另外，针对艰苦边远地区、危险作业、有毒有害岗位、夜班岗位、驻外保障人才给予一线保障津贴，按照高层次技能人才带徒传技情况增加了师带徒津贴。

3. 管理人才津贴激励

进入四到一级业务主管后，每月对应增加 2000 元、4000 元、6000 元、8000 元职业津贴。对科研项目争取、核心技术攻关、科技成果转化承担了重要组织工作并做出积极贡献的管理人员可以参与中长期激励分配。

4. 营销人才津贴激励

营销人才薪酬总体上以低基薪、高绩效的岗位绩效工资制为主，成为营销带头人后增加与订单量有关的高额项目提奖。对科技成果转化发挥重要作用的营销人员参与科技成果转产奖励分配、项目分红和超额利润分享奖励。在营销人才队伍建设初期，为稳定营销人才队伍，在成为营销骨干后增加 3500 元/月津贴，晋升为夜视院集团营销带头人后津贴标准增长为 5000 元/月。

以上如表2所示。

表2 夜视院集团员工职业津贴体系

单位：元/月

管理人员		科技人员		技能人员		营销人员	
层级	津贴标准	层级	津贴标准	层级	津贴标准	层级	津贴标准
一级业务主管	8000	夜视科技带头人	6000	夜视关键技能带头人	2000	夜视营销带头人	5000
二级业务主管	6000	科技骨干	4000				
三级业务主管	4000	兵器青年科技带头人	按集团标准				
四级业务主管	3000	夜视青年科技带头人	2500				
业务骨干	2000	启辰计划	一层次 1500 二层次 1000	技能骨干	1500	营销骨干	3500
		导师津贴、艰苦边远地区津贴		危险岗位、有毒有害岗位、艰苦边远地区津贴			

（三）立足企业文化建立荣誉激励体系

1. 实施政治荣誉激励

对于在夜视院集团层面具有代表性的中国共产党党员评选为党代表，代表夜视院集团出席党代会；对于在夜视院集团工作能力突出的，通过员工民主选举选出人大代表，代表夜视院集团参加人大相关会议；对于在夜视院集团层面工作能力突出的，通过员工民主选举选出政协委员，代表夜视院集团参加政协相关会议。

2. 实施党建、工会及群团荣誉激励

对于符合云南省委、省总工会推荐要求，为夜视院集团做出杰出贡献的评选为"劳动模范"，获得云南省的相关奖励，并在夜视院集团内部进行宣传，邀请为夜视院集团员工讲课；对于符合云南省委、省总工会推荐要求，为夜视院集团做出杰出贡献的评选获得"五一劳动奖章"，获得国家的相关奖励并在夜视院集团内部进行宣传，邀请为夜视院集团员工讲课；对于工作业绩突出，为夜视院集团做出突出贡献的优秀青年评选活动"五四奖章"，获得相关荣誉证书和一定的奖金；对于工作业绩突出，为夜视院集团做出突出贡献的女性员工评为"三八红旗手"，获得相关荣誉证书和一定的奖金；对于党委推荐的工作业绩突出、具有先锋模范作用的党员评为"优秀共产党员"，获得荣誉称号和证书。

3. 实施专业能力和业绩贡献荣誉激励

对于入职后短期内做出明显工作成效（如工艺突破、技术突破等）的科技人员和技能人员评为"夜视院集团新人奖"，获得相关荣誉称号、职称评审中优先推荐、优先推荐参加各类人才计划；对于业绩突出的先进单位、部门、班组和个人给予"业绩突出单位""业绩突出部门""业绩突出班组"或"业绩突出个人"荣誉称号和证书以及一定的奖金。对于具有突出业绩、在技术上有独特技术和特色操作法的技能人员评为"技术能手"，给予一定的津贴激励，条件更优秀的申请配备大师工作室，并给予工作室一定经费、配备相关团队。

4. 实施内部聘任激励

夜视院集团聘任自身优秀员工作为内训师，承担一定的新员工培训、内部员工培训、专业

管理内容培训等任务，并按照培训时长给予课时费奖励；评选出业务能力强和责任心强的骨干层员工担任员工导师，通过签订"师带徒"协议明确培养目标和培养计划，并给予导师补贴；评选出科研能力强、具有重大项目攻关经历的高层次人才担任硕博点硕导、博导，承担研究生培养任务，并获相应的导师津贴。以上如表3所示。

表3 夜视院集团员工荣誉激励体系

	政治荣誉	党建、工会及群团荣誉	技术荣誉	业绩荣誉
评选奖项激励	党代表 人大代表 政协委员	劳动模范 五一劳动奖章 五四奖章 三八红旗手 优秀共产党员 青年文明号 优秀基层党组织	技术能手 大师工作室 技术进步奖	夜视院集团新人奖 先进个人 先进单位 先进部门 先进班组
内部聘任激励		内训师 博士生导师 硕士生导师 青年员工导师		

四、核心技术攻关突破，企业实现高质量发展

（一）促进了夜视院集团履行强军首责和推动高质量发展

夜视院集团实施人才使用引进激励机制3年来，极大地提升了人才机制对战略目标达成的直接作用力，促进了夜视院集团履行强军首责和推动高质量发展。具体表现在两方面：一是有效支撑了装备保障任务的全面高质量完成。近年来夜视院集团在全面完成装备承制任务的基础上，在主动对接装备生产需求、高质量完成紧前装备承制任务、全面完成装备保障任务等方面均做出超值贡献。2020年获得兵器工业集团经营业绩和党建工作考核双A的好成绩，并多次在集团公司党组扩大会议、科技创新工作会、国企改革推进会上进行经验分享和交流发言。二是有效助力了经济效益的大幅提升。2019年以来视院集团营业收入由28.16亿元增长到41.01亿元，增幅46%；净利润由5.18亿元增长到7.02亿元，增幅36%；经济增加值由3.15亿元增长到5.76亿元，增幅83%；劳产率由36.87万元/人·年增长到44.60万元/人·年，增幅21%；连续3年获得兵器工业集团经济效益突出贡献奖。

（二）推动了夜视院集团装备研发和"卡脖子"关键技术突破能力的提升

夜视院集团实施人才使用引进激励机制3年来，始终以提升科技创新能力为导向，资源坚持向科研人员倾斜，通过激发科研人员活力效能助力技术突破。具体表现在三个方面。一是在承担重大工程、重点专项方面作用更加突出。2019年以来夜视院集团累计承担Ⅰ类项目109项，Ⅱ类项目191项，Ⅲ类项目140项，2019年以来Ⅰ类项目增长超过一倍。二是在"卡脖子"和核心技术攻关方面取得突破。夜视院集团2019年以来关键核心技术攻关数量从9项提升到18项，数量增长一倍，持续巩固行业地位。红外器件方面，打破国外技术垄断。微光器件方面，支撑××像增强器性能追平法国先进水平；突破××微光器件工程化技术。红外整机方面，

图像质量提升技术满足了多个型号竞标100%国产化要求；微光整机方面，突破头戴夜视镜共用关键技术，应用于飞行员夜视镜，实现系列化发展。光学元件方面，××关键技术攻克瓶颈，实现大口径××透镜的批量生产。2019年以来，获得了国家级奖项2项，省部级奖项11项，兵器集团级奖项18项。三是科技创新成果转化成效显著。目前，夜视院集团每年的军民品新产品贡献率均超过三分之一。

五、经验启示

夜视院集团人才"引进、使用、激励"方面的探索实践，一方面为夜视院集团进一步深化改革积累了宝贵经验，另一方面也有助于夜视院集团吸取不足，推动自身人才管理体制机制日趋完善。机制的顺利实施，为夜视院集团下一步发展储备了充足的人力资本，可以简要概括为四个"要"。一要抢抓改革良机。本次人才机制的改革发生在夜视院集团业绩快速扩张期，急需补充优秀人才，以此为契机积极推动改革。二要勇于自我革命，引才制度改变不可避免地造成了员工收入"新老倒挂"等问题，夜视院集团直面问题，通过不断体制机制调整解决出现的问题。三要立足于企业实际，人才体制改革涉及多方利益，稍有不慎就会造成人员流失与负向激励，不能照搬其他企业经验直接使用，需要立足企业本身改革才能取得成效。四要激发改革主体活力，夜视院集团人才工作实践证明，调动人民积极性始终是党立于不败之地的强大根基，依靠人民改革，改革才有活力。

案例负责人：姬荣斌

主要创作人：姬荣斌

参与创作人：张晓阳、包伟杰、苏　栓、陈家梁、和灿霞、马　斌

董惠英、李　萍、马亚芳、廖亦戴、王周君、溥　睿

建设高水平体系化研发人才队伍，以创新驱动引领国有科技型上市公司高质量发展

航天信息股份有限公司

航天信息股份有限公司（以下简称航天信息）成立于2000年11月，是中国航天科工集团有限公司（以下简称航天科工）控股、以信息安全为核心的国有科技型上市公司（SHA：600271），依托在密码、区块链、人工智能和大数据等方面的技术优势，深耕以信息安全为特色的数字财税领域，并以此为基础向数字经济相关产业积极拓展，是服务我国数字政府建设、推动企业数字化转型的国家队、主力军，是科技部认定的高新技术企业、国务院国资委标杆"科改示范企业""全国文明单位"。航天信息2022年位列中国电子信息百强企业第42位、中国软件企业百强第16位，截至2022年年底，在岗职工18485人，下设66家控股子公司。

近年来，航天信息税务业务受政策变化及市场发展趋势影响，面临巨大发展挑战。随着国家税务管理思路的变革、减税降费政策的实施，税务服务收费政策、产品形态发生根本性变化，航天信息税务业务从依靠政策红利转为完全市场化竞争。新产业尚处于培育期，盈利贡献有限，航天信息整体发展面临越来越大的市场压力。

面对新形势、新的政策环境，航天信息高度重视战略的引领作用，注重从整体上把握发展趋势和方向，并根据环境变化及时调整、优化发展战略，在"十四五"既定规划体系基础上系统提出新战略，进一步升级了企业发展愿景，提出了"一二三五八"的发展思路，明确了"战略新高度、创新新速度、产业新维度、改革新动能、精神新面貌"的发展目标。在新战略指引下，航天信息研究制定了数字政府和企业数字化产业顶层规划和配套专项规划，实施了网络可信身份认证、网络可信数据交换等八个重大创新工程。

"聚焦新战略，打造新航信"目标的实现，必须依托人才强企战略的实施。人力资源工作需找准战略定位，找准服务发展、服务业务的融合点和切入点，紧密围绕经营结构和产业结构调整人才结构，以高素质专业化人才队伍建设助推业务发展、引领创新发展、支撑转型发展。

一、高水平体系化研发人才队伍建设的实施背景

（一）科技人才队伍建设是科技强国的必由之路

党的十八大以来，以习近平同志为核心的党中央把科技创新摆在国家发展全局的核心位置，围绕科技创新、人才队伍建设提出了一系列重要论述，亲自谋划、亲自部署、亲自推动一系列重大战略举措，引领我国科技事业取得历史性成就、发生历史性变革。党的二十大报告指出，加快实施创新驱动发展战略，加快实现高水平科技自立自强。加快建设国家战略人才力量，努力培养造就更多大师、战略科学家、一流科技领军人才和创新团队、青年科技人才、卓越工程师、大国工匠、高技能人才。党的二十大报告关于人才工作的重要论述，为新时代党的人才工作指明了正确方向，为航天信息打造高素质专业化研发人才队伍提供了根本遵循。

（二）国有企业数字化转型对相关技术领域人才需求呈快速增长态势

随着全球新一轮科技革命和产业变革兴起，数字化、网络化、智能化趋势不断加深，以数据为核心的生产要素、以数字技术为驱动力的新兴生产方式，在推动经济社会发展、推动产业升级、满足人民日益增长的美好生活需要等方面发挥着越来越重要的作用。数字经济已成为高质量发展的新引擎，把握住数字经济发展先机，就能抢占未来发展制高点。

《中华人民共和国国民经济和社会发展第十四个五年规划和2035年远景目标纲要》明确提出要打造数字经济新优势，加快建设数字经济、数字社会、数字政府，以数字化转型整体驱动生产方式、生活方式和治理方式变革。人才是企业数字化转型的核心动能，加快推动数字产业化，一方面需要强化内生动力，加快培育创新型、复合型数字化人才队伍，另一方面需要外引资源，加快信息安全、大数据、工业互联网、云计算等领军型人才引进，以坚实的人力资源保障推动航天信息数字化转型工作。

（三）航天科工专业技术人才队伍建设的战略举措

近年来，航天科工积极落实中央人才工作会精神，践行新时代党的组织路线，把握正确方向、打造动力机制、突破制约瓶颈、支持一流建设，积极培养忠诚干净担当的高素质专业化干部人才队伍，集聚培养矢志爱国奉献、热爱航天事业、勇于创新创造的各方面优秀人才。航天科工积极实施人才强企战略，打造高水平人才高地，将"三创新"作为推动工作的重要抓手，以技术创新增强企业核心竞争力，以商业模式创新提升企业价值创造能力，以管理创新激发全员活力。

在专业技术人才培养方面，统筹加强各类专业干部队伍建设，深化体制机制改革，出台一系列专业人才培养建设战略措施，印发《航天科工人才强企战略2.0》《航天科工专家选拔工作指导意见》《航天科工关于进一步完善人才工作机制的指导意见》《航天科工关于进一步加强干部人才队伍建设的若干措施》等文件方案，着力优化人才智力结构，突出创新型科技人才培养，努力培养造就一大批具有国际水平的战略科技人才、科技领军人才、青年科技人才和高水平创新团队，着力打造科技人才"雁阵"格局，为早日建成世界一流航天防务航天科工、支撑世界一流军队建设和航天强国建设提供坚强的人力资源保障和广泛的智力支持。

（四）航天信息研发人才队伍亟待体系化建设

作为科技型企业，研发人才是航天信息最重要的无形资产。但现阶段研发人才队伍建设与产业发展之间的结构性摩擦频现，集中表现在三个方面。一是受传统业务模式影响，航天信息原有人才队伍中技术支持、语音服务营销人员所占比例高，在科技前沿攻关领域及数字经济重点发展产业领域，科技创新型人才比例偏低。二是全体系专业技术人才主要集中于航天信息本部及产业本部，分子公司研发资源分散，缺乏顶层设计，对新形势新业态下业务发展的匹配度、牵引能力不够。三是高层次创新型人才始终缺乏。对核心骨干人员的激励机制尚不完善，核心骨干研发人才收入水平与同类公司相比竞争性不足，造成研发人才流失严重、高端研发人才短缺等诸多问题。能不能建立一支素质能力过硬、结构优良、业绩突出的研发人才队伍，已经成为摆在公司当前人力资源战略发展上的突出问题。

二、高水平体系化研发人才队伍建设的内涵和主要做法

航天信息高水平体系化研发人才队伍建设是指以公司专业技术发展方向及"高精尖缺"为

导向，针对航天信息从事产品研发和技术研究的开发与测试人员、核心运维人员等实施的员工职业发展体系化建设，主要目的是持续完善基于专业技术人才能力、素质、业绩成长的考核激励机制，将专业技术等级人才队伍建设与航天信息重大创新工程、重点研发项目、科技任务需求精准对接，通过提升核心骨干专业技术人才的技术引领、技术攻关、技术管理、决策支撑、人才培养等能力，从而推进研发人才创新创效能力提升。

基于研发人才创新创效能力提升的专业技术等级体系建设的主要做法如下。

（一）强化顶层设计，完善人才队伍建设体制机制

为稳定核心骨干专业技术人才队伍，优化人才梯队，为专业技术人才搭建干事创业的平台，结合航天信息产业发展、重点业务和实际情况，公司以论证课题《航天信息研发人才体系建设实践研究》为指导，先后制定了《航天信息专业技术人才队伍建设工作方案》《航天信息专家体系建设工作方案》和《航天信息专业技术等级设置管理工作方案》《航天信息专业技术人才考核管理办法》等。从顶层设计方面明确了公司各层级专业技术人才职责定位、建设目标和等级待遇，将公司专业领域分为8个大领域和24个子领域，将技术等级划分为10个层级，形成基于专业技术人才技能与工作业绩的成长通道。

（二）完善人才体系设置，打造一流科技人才方阵

1. 技术领域设置

根据航天信息重点产业及专业技术发展方向，设置信息安全与密码技术、大数据与人工智能应用技术、区块链平台与应用技术、软件设计与开发技术、硬件电路设计与嵌入式开发技术、物联网终端与通信技术、大型终端设计与集成技术、复杂系统设计与集成技术（含信息技术应用创新）等8个专业技术领域，各技术领域下设相关子领域。技术领域的设置根据航天信息业务发展方向和技术战略的变化，进行适应性调整。技术领域覆盖硬件层、软件层、数据层，根据各技术领域的技术对象划分，形成"三层两域"的关系，如图1所示。

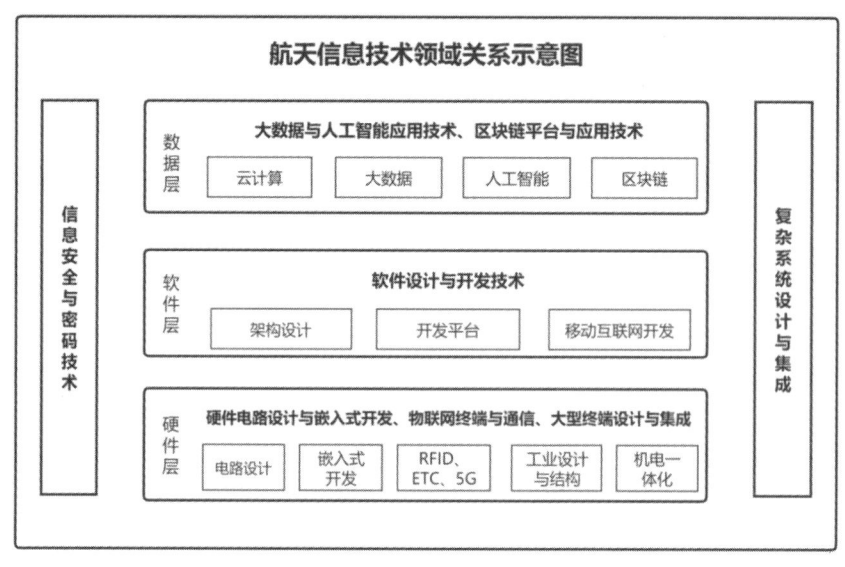

图1 航天信息技术领域关系示意图

2. 等级体系设置

各技术领域内的专业技术等级细分为五大档、十个层级。

（1）专家序列：首席专家（T10）、特级专家（T9）是航天信息的技术带头人，承担技术发展规划、决策支撑与指导、人才培养与技术交流、技术决策与技术管理等职责。

（2）总师序列：专业总师（T8）、专业副总师（T7）是航天信息产品线/业务线级别的负责人，承担技术决策、技术管理、人才培养与技术交流等职责。

（3）主任师序列：专业技术主任师（T6）、专业技术副主任师（T5）是航天信息产品/项目级别的负责人，承担技术在本单位的应用和发展的职责。

（4）主管序列：专业技术主管（T4）、专业技术副主管（T3）是一线技术骨干，主要负责一线技术研究和产品研发工作。

（5）专员序列：专业技术员（T2）、专业助理员（T1）是一线技术人员，承担技术应用和技术助理职责。

各层级专业技术等级代表的是本专业方向研究开发的水平、能力、素质以及对本专业发展的贡献，引领和推动该专业的战略发展，承担本专业领域内的规划、研究、开发、技术攻关等工作。从队伍结构上看，航天信息专业技术人才体系呈金字塔形结构，专家、总师梯队是航天信息科技领军人才，作为"塔尖"，代表着专业技术人才队伍的最高水平；主任师梯队为专业技术等级体系的核心力量；主管、专员梯队作为"塔基"，构筑起专业技术人才队伍的雄厚基础。

3. 职数设置

航天信息按照"从严要求、精干高效、宁缺毋滥""动态管理、能上能下、能进能出"为原则，科学核定各等级人才职数设置。各专业技术领域专家原则上为1人，总师原则上不超过2人，副总师原则上各子领域1人，特别重要的领域由公司研究后可增设总师、副总师职数。主任师、副主任师职数一般不超过各单位专业技术人才总数的10%、20%。主管及以下职数由各单位根据专业发展情况核定。

在配置各等级职数时实行动态管理，原则上每人只承担一项技术等级职务，不兼任本领域或其他领域的任何等级职务。对各等级职数实行动态管理，为下一层级晋升留有空间，如图2所示。

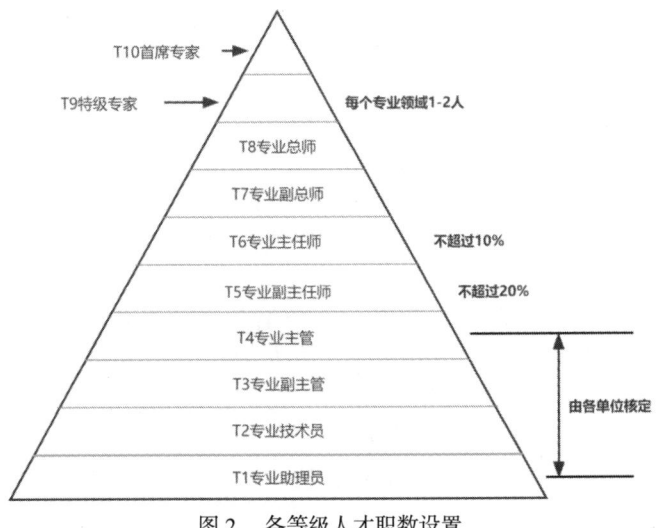

图2　各等级人才职数设置

4.任职资格标准设置

航天信息选取研究院、产业本部（含分子公司）、应用研发部等核心研发单位中从事产品线经理、产品经理、项目经理、架构师、开发工程师（包含各种语言的开发及需求分析师在内）等关键研发岗位人员，通过访谈、调研问卷形式提取各层级研发人才胜任力要素。综合来看，任职资格标准包括基本标准、核心标准和参考标准三项，如图3所示。

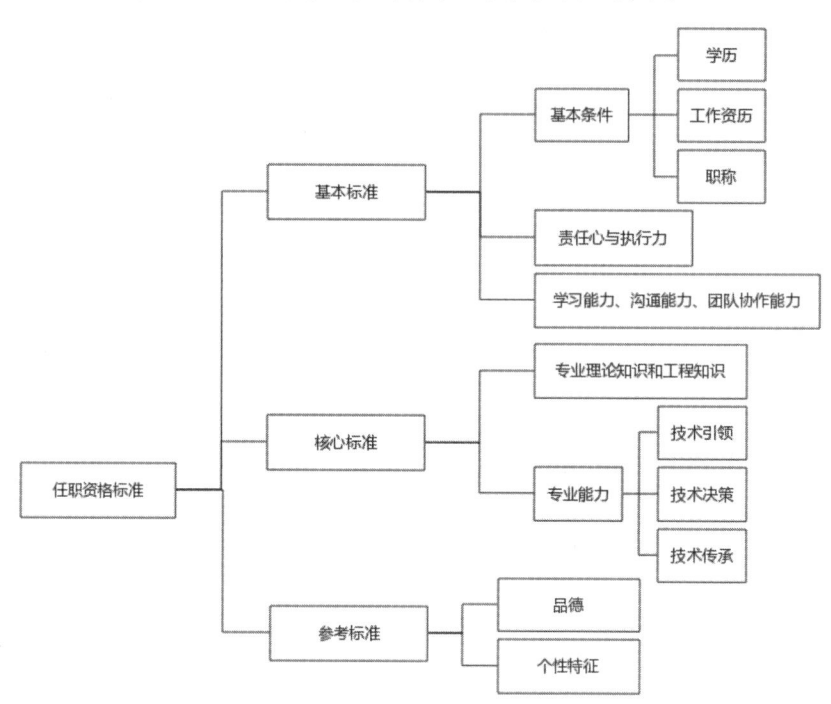

图3 任职资格标准示意图

（三）依托重大创新工程，打造育才用才平台载体

航天信息坚持以国家战略为导向，以"四个面向"为指引，立足航天科工"服务国家战略、服务国防建设、服务国计民生"的定位，围绕"基础性、紧迫性、颠覆性"需求，着力推进技术创新、商业模式创新，组织实施网络可信身份认证体系、网络可信数据交换、爱信诺企业服务平台、"丝路云链"平台、"双链"分析等8个重大创新工程，加快推动科技自立自强，加速实现产业化落地。重大创新工程覆盖国家安全、数字政府、数字企业、数字经济、国防建设、重点行业领域或重点区域，是航天信息产业转型升级的关键抓手。

以纵向贯通的专业技术等级体系为输入，以横向协同的重大创新工程为载体，"一纵一横"采取矩阵式模式为专业技术人才干事创业搭建平台。重大创新工程以"揭榜挂帅"和"赛马制"的方式推进实施，将专业技术等级人选配置为重大创新工程"两总"人员，重大创新工程总设计师一般为航天信息相关专业技术领域的专家、专业总师，副总设计师一般为工程主责单位的专业总师或主任师。

实施"揭榜挂帅"、技术总师负责制等机制，以及责任令和年度工程目标等制度，赋予技术总师技术路线决定权、经费支配权、资源调度权，鼓励"两总"人员开展技术创新，为产业链供应链关键环节及关键领域"补短板""锻长板""填空白",让想干事、能干事、干成事的专业技术领军人才挂帅出征、成就事业。通过将专业技术等级与重大创新工程挂钩绑定,为专业技术等级人选提供干事创业、科技攻关的平台,推动一批关键技术和产品的创新突破。

(四)强化评聘、考核与激励,激发创新创效能力提升

1. 完善评聘机制,确保精准选人

专业技术等级评聘工作采取"分级"模式开展。其中副总师及以上人员的评聘工作由航天信息统一组织。主任师、副主任师由各单位自行组织,评聘结果报航天信息备案。各单位定期根据主管序列、专员序列(T4-T1)任职资格条件完成主管、专员的配备工作。

基于发展核心技术和关键产品用人需求,按需设岗、按需评聘,将评聘的人员配置到相关研发项目,尽可能做到"精准"选人、用人和激励。在职数设置的基本规则下,以前期核心技术与关键产品梳理的需求为输入确定职数。根据已评聘人员数量、可参评人员估计情况,确定职位需求,形成《职位需求分析报告》和《职位需求清单》,据此开展评聘工作。最后将评选出来的人员将配置到核心技术关键产品相关的研发项目。评聘工作的总体思路如图4所示。

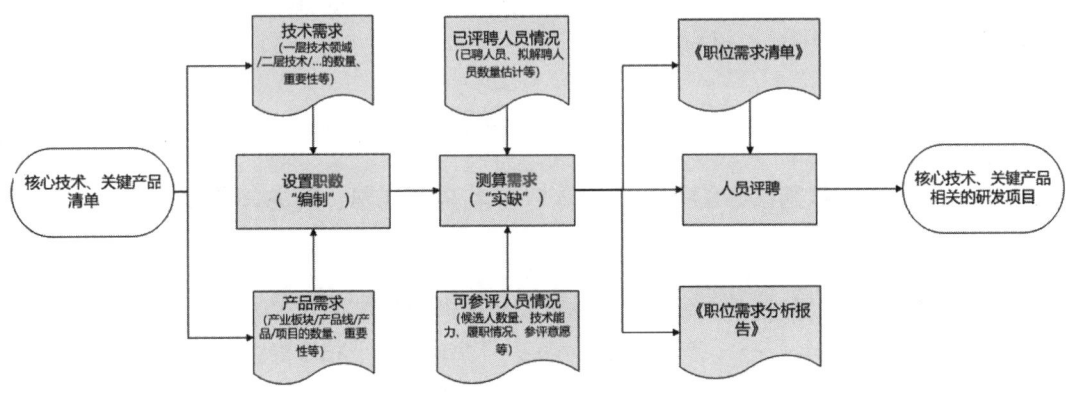

图4 评聘工作的总体思路

专业技术等级实施以来,评聘分布情况如表1所示。

表1 评聘分布情况

分布	信息安全与密码技术	区块链技术	大数据及人工智能技术	软件设计与开发	物联网终端与通信技术	大型终端设备设计与集成	硬件电路设计与嵌入式开发	系统集成与运维
专家序列	1		1	1	2			
总师序列	7	2	7	7	14			
主任师序列	22	12	48	68	27			

2. 建立以创新价值、能力水平、业绩贡献为导向的专业技术人才评价标准

专业技术等级T10至T5人员考核设置为年度考核及聘期考核。年度考核以年度为周期,在次年年初进行。聘期考核结合聘期期满当年年度考核一并进行。每年年初,航天信息相关部

门结合年度技术管理要点、重大创新工程年度任务等，研究制定专家、总师年度《目标责任书》，考核内容包括但不限于：决策支撑与指导、人才培养与技术交流、技术决策与技术管理等指标。主任师的《目标责任书》由所在单位、所属技术领域的总师共同制定。考核内容包括但不限于本单位研发工作、总师部署工作等，经各单位审定后下发至本单位主任师。

年度考核分为目标责任书打分和年度述职两部分组成，考核结果作为岗位聘任、调整、岗位津贴兑现等的重要依据。依托目标责任书加强赋能，确保人才队伍质量和技术水准，强化考核结果应用，考核为优秀的，可作为续聘或晋升的依据；考核结果不称职的或连续两年考核为基本称职的，降级为下一技术等级，实现岗位"能上能下、能进能出"。

3. 加大科技成果转化激励力度，释放科技人才创新活力

（1）专家实行年薪制，参照航天科工设定的专家体系年薪范围，确保专家年薪达到就业市场75分以上分位。具体年薪标准结合航天信息总体经济效益及职工平均工资水平变化情况等因素确定是否调整及调整幅度。

（2）专业总师序列、专业主任师序列在原薪酬待遇基础上，每月给予一定额度的专业技术等级待遇。

专家序列的年薪标准是包含现任岗位薪资标准的年薪总额，其差额部分与年度绩效工资合并发放；总师及主任师序列的补贴自聘任后次月起按月与工资一并发放，根据年度考核结果补齐或补扣应发津贴总额与已发津贴的差额。

三、高水平体系化研发人才队伍建设的实施效果

（一）以赋能创效为核心的专业技术人才体系基本成熟，成为体系化、规范化的建制完整的研发队伍

2019年实施至今，航天信息持续优化专业技术等级队伍配置及结构，将专业技术人才队伍建设与重大工程项目、科技任务需求精准对接，扎实推进专业技术等级建设及专业技术等级人员考核评价。围绕核心技术及关键产品，先后配备了航天信息首席专家及特级专家5人、总师（含副总师）37人、主任师（含副主任师）170余人，分布于全国各地并承担全体系各类重点研发任务，成为航天信息技术体系化发展的联系纽带。

航天信息先后研究制定《专业技术人才管理办法》《重大创新工程管理办法》《科技创新团队管理办法》，以制度化形式巩固专业技术等级建设成果。专家、总师、主任师每年通过航天信息技术大讲坛的形式向全体系科技开发人员授课，分享前沿技术及研究成果，各等级专业技术人才技术攻关、技术管理、人才培养能力持续凸显。2019年至今，专业技术等级人员中新增国务院政府特殊津贴专家、航天报国贡献个人奖、航天科工有突出贡献的专家和学术技术带头人等各级各类奖项、人才计划30余人次，形成了高端人才引领航天信息发展的常态化局面。

（二）以重大创新工程为载体加强赋能练兵的平台建设持续完善，成为公司新战略落地的重要支撑力量

聚焦航天信息新战略，从专业技术等级体系中择优为重大创新工程配备工程总设计师、副总设计师21人次，赋予"两总"技术管理权限，鼓励"两总"人员开展技术创新、产品攻关，

为产业链供应链关键环节及关键领域"补短板""锻长板""填空白"。

各项重大创新工程共涉 44 项技术攻关、26 款产品及 14 条产品线开发工作，为各专业技术等级体系人才以核心技术攻关、关键产品研发、产品线管理提供抓手，如表 2 所示。

表 2　创新工程情况一览表

序号	工程名称	核心技术攻关数量	产品研发数量	产品线研发数量
1	网络可信身份	5	–	1
2	可信数据交换	6	7	–
3	爱信诺企服平台	5	–	5
4	"丝路云链"平台	4	4	–
5	"双链"分析	2	–	3
6	粮食创新中心	1	–	1
7	"数字海南"	2	4	–
8	"30"专项工程	14	–	4
	合计	39	15	14

（三）以协同创新为导向的科技创新管理体系建设持续深化，成为牵引全体系研发工作的技术纽带

依托专业技术等级体系和核心专业技术领域，基于航天信息全国分布式研发实际情况，以及研发协同中的问题，航天信息逐步确立了"1+4+2+N"的研发布局并持续优化改进，构成了由 1 个基础共性技术研发机构、4 个行业应用研发机构、2 个专业应用研发机构以及 N 个本地化应用研发机构组成的分工明确、优势互补的研发体系，奠定了航天信息研发体系化发展的组织基础。

围绕公司发展方向，进一步发挥科技委专家在专业技术方面的参议参谋作用。依托研究院、产业本部及支撑机构总师团队，强化研究院技术引领和技术支撑作用，紧密围绕公司发展战略与业务需要，开展前沿技术研究，发挥技术引领作用；强化产业本部所属产品公司的核心产品研发定位，产品公司根据专业方向规划相应领域产品谱系，开展业务平台及核心产品标准版、基础型研发，形成统筹协调的产品研发布局；进一步提升研发支撑机构的资源保障能力。以快速交付、高质量、低成本为目标，发挥规模化成本优势，提升研发资源的保障支撑能力。依托各单位主任师力量，推进区域公司基于产品公司的产品做好本地化开发和技术服务。

（四）以驱动产业发展为导向的技术创新成果不断涌现，成为科技自立自强的核心与中坚

2019 年以来，通过深入实施专业技术等级体系，支撑航天信息产业发展战略实施为导向的技术创新成果持续积累。航天信息突破异构中继跨链协议、高速密码云服务、透明化数据加密、隐私计算技术等 9 项核心技术，形成上百项核心技术成果，集成创新并打造了包含可信身份服务、统一密码服务、可信数据交换服务的通用"安全底座"。

各专业技术领域技术攻关成效凸显。信息安全与密码掌握协同密钥生成、协同签名等关键技术，多项密码产品取得国家密码局商用密码产品型号证书。区块链突破多项核心技术，形成了"1+4+N"的区块链产品体系，区块链等新一代信息技术得到快速发展，获批工信部、科技部国家项目计划。"区块链工业产品溯源平台"入选国家区块链创新应用试点，"丝路云链"大宗贸运数字平台位列中央网信办数字科技企业双化协同典型案例第一名，在国家新基建中崭露头角。人工智能与大数据初步打造"航天信息服务大脑"，自主研发了知识图谱、智能客服等人工智能产品和工具，应用于40余家体系单位。软件与信息技术服务建设的AOS/AOS+技术统一开发平台，支撑20家体系单位累计近160个产品/项目。系统集成与运维服务建成信创适配中心、体验中心及方案中心，形成系列化整体解决方案。面向政府（行业）、企业打造行业系列解决方案，形成规模应用或典型案例。

航天信息专业技术等级体系中，专家、总师、主任师获评4项省部级科技进步奖、技术发明奖，新获批12个国家及省部级国拨项目。新获批11个创新平台，其中国家级2个、省市级9个。新获得中国专利优秀奖2项、北京市发明专利奖1项。新发布国标4项、行标30项、团标26项，科技创新体系化建设初见成效。2023年2月，航天信息成功入选国务院国资委创建世界一流专业领军示范企业。

下一步，航天信息将以新战略为导向，深入推进专业技术等级体系建设和重大创新工程建设"双轮驱动"，着力构建"专业突出、创新驱动、管理精益、特色明显"的世界一流数字财税专业领军示范企业。在关键核心技术领域拥有一批在行业、国家层面有影响力的领军专家，形成科技领军人才、青年科技人才和优秀创新团队等为主体的完整梯队，成为国家治理体系和治理能力现代化建设的国家队和主力军，成为企业数字化市场的核心企业和平台服务龙头，为早日成为"世界一流的信息技术集团"战略目标提供坚强的人力资源保障和广泛的智力支持。

案例负责人：王家安

主要创作人：王　洋

参与创作人：徐东旭、徐　凯、肖家旺

建强青年人才"供应链",保障企业高质量发展

中化商务有限公司

一、企业简介

中化商务有限公司(Sinochem Commerce)(以下简称中化商务)成立于 1997 年,前身为中化国际招标有限责任公司,是中国中化控股有限责任公司(Sinochem Holdings)(以下简称中国中化)旗下成员企业。作为专业化的产业服务商,中化商务多年来聚焦国民经济核心产业发展,围绕客户投资链及供应链服务需求,为各级政府及企业提供招标服务、供应链服务、工程服务、产业咨询等综合商务服务,服务中央企业客户 60 余家,年均服务规模超 1000 亿元,在全国招投标领域行业评选中连续十二年蝉联"中国招标代理公司十大领军品牌"称号,有力服务国家战略发展,保障中国中化核心主业。

二、案例背景:谋求高质量的创新发展变革

中化商务有限公司一直坚定不移听党话、跟党走,在竞争激烈的时代浪潮中谋求高质量发展。2017 年,"中化国际招标有限责任公司"提出专业化、区域化发展战略,并于 2018 年 11 月正式更名为"中化商务有限公司",开启了历史性的战略转型升级之路。

两化重组后,中国中化聚焦打造原创技术策源地和现代产业链链长,产业化特点愈发凸显。作为中国中化专业化从事招采工作的企业,中化商务迎来了更加光荣的使命和职责,整体业务发展从招标采购业务,延伸到采购及供应链服务、工程服务、产业咨询等综合商务服务。"十三五"期间,中化商务进入高速发展的快车道,人员规模成倍增长,利润规模翻了两番,创造了瞩目的"速度奇迹"。2021 年,中化商务按下从高速发展向高质量发展的快进键,进入"十四五"阶段,将从"速度奇迹"向"质量奇迹"迈进,由劳动密集型向知识密集型企业转变。这得益于中化商务长期秉持"以员工全面发展引领企业高质量发展"核心经营理念,坚持重视人才、投资人才、赋能人才,通过构建稳定的人才供应链,保障公司战略升级迭代,如图 1 所示。

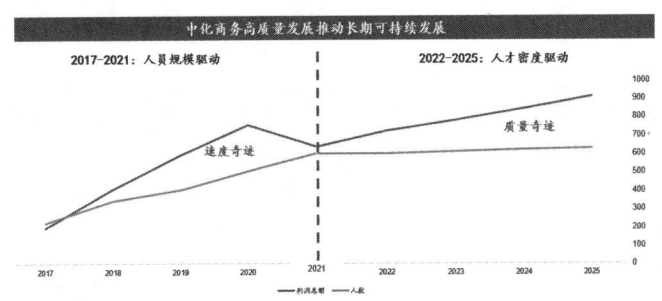

图 1 中化商务"人才密度驱动"战略规划推动业绩奇迹

三、人才战略：锻造专业化、年轻化的精兵强将队伍

中化商务围绕核心战略，践行"精兵强将"人力资源战略，创新工作模式，着力打造一支专业化、年轻化的干部人才队伍。在明确的指导理念下，中化商务积极高效地开展整体人才战略的布局，持续优化队伍结构，加大人力资本投资，提升人才密度。

（一）坚持忠诚为先的评价标准

坚持对党忠诚作为选育的严格前提，把"政治体检"当作引才、选才、用才的第一关口，加强政治素质考察，严格抓好人才工作关键步骤，确保新提拔的干部、新引进的人才始终胸怀大局，始终与党同心同向、同力同行，真正做到政治上靠得住、事业中做得好。

（二）注重训战结合的培养体系

培养课程来源于业务、服务于业务，构建"以业务为中心、以结果为导向，贴近作战一线、使能业务发展"的培训体系。注重"场景化"，以实际业务为基础，提炼出具有代表性的业务情景和实战案例，保证训练和实战之间的高度一致性和适配性；注重"战例化"，实战案例是经过验证过的"打法"和工具模板，或是可以被借鉴推广的经验，以保证在训练过程中迅速在实战中得到应用；注重"标准化"，快速总结和迭代典型的商业业务情景和"打法"，形成可复制的过程、工具和模板，确保在工作中遇到类似的场景时，能够第一时间做出标准化的行动。

（三）凸显实绩导向的激励机制

建立一支高素质、专业化的队伍需要一个长时间磨合、历练、考核的过程，绩效管理是公司管控体系中最重要的组成部分。坚持做到事事有评价、时时在评价、人人被评价，搭建干部员工的赛马场，施展才华的大舞台。在人才选拔、使用方面，在突出政治标准的基础上，着重考验干部人才干事创业的决心和担当作为的勇气。

四、实施举措：打造有韧性的青年人才"供应链"

中化商务创新性地运用供应链管理理念，建立科学的人才评鉴体系，通过选拔引进、科学培养、统筹任用等多种方式形成合力，双向赋能组织与人才，打造有韧性的青年人才供应链，激活适应高质量发展的组织能力，如图2所示。

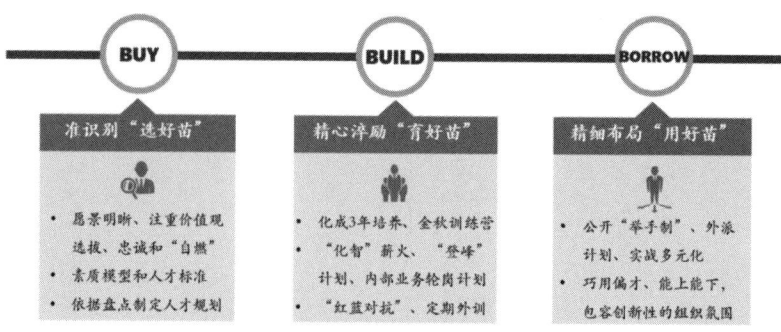

图2　中化商务青年人才供应链"3B"模型

（一）青年人才"采购"（Buy）精益化

1. 确立人才"质量标准"

中化商务秉持"先人后事"的原则，在招聘阶段就坚持选择优秀的人才。自2018年起，公司实施"化成"青年人才培养计划，针对校招员工通过优中选优、加速培养，成就了一批年轻化、专业强、有干劲的年轻干部。

校园招聘坚持四个统一。第一，统一的校招宣传理念。对外宣传品公司将与中化资本保持一致，各部门、分支机构如需进校、走访就业办可申请领用。各部门、分支机构招聘标准必须与公司整体导向相一致，达到引进优秀人才的同时提升雇主品牌的目的。第二，统一线上招聘渠道。坚持"公开、公平、公正"原则，所有候选人必须通过校招平台完成所有招聘流程；所有校招岗位由公司参考用人部门意见统筹安排，由人力资源部负责联系面试、录用。第三，统一的线上测评工具。通过认知能力测试、心理测评、共创活动、游戏化问题解决能力测试等方式考察候选人的综合能力，全面评估候选人潜力水平。第四，统一的选拔任用标准。所有岗位基础考核内容和标准保持一致，对标干部胜任素质模型、企业文化、价值观要求，重点甄别高潜力特征，把好人才入口关。

2. 开发人才"供应商"

高潜质顶尖人才从来都是稀缺的，为了在人才市场占领先机，公司注重与行业协会、国内外一流高校之间的合作，寻找源头人才供应商的合作，深入推进校企合作、产教融合，实现了司内资源与司外资源的有机结合和优化配置，共同培养适应企业发展需要的高素质、高技能的创新型和专业化人才，为公司做好智力资本的储备。

在校园招聘方面，公司构建了目标院校和目标专业清单，在北京大学、清华大学、中国人民大学、北京理工大学、北京交通大学、北京科技大学、北京化工大学等高校选聘校园大使，与学校签订校企合作协议，打造了专业技能人才定向培育基地；积极组织"化+"实习生计划，设计窥见业务、理解职场、职涯畅聊、跨界参访等生动的实习内容，增强高校实习生的体验感和获得感，提升雇主品牌形象建设，践行央企社会责任。

3. 选聘人才"质检员"

选人工作是人力资源最重要的工作，选错人将给公司带来巨大损失。面试官是公司人才流入的"质检员"，是为企业创造人力资本价值的关键一环。公司搭建面试官选拔体系，相信优秀人才之间会产生共鸣，坚持"用最优秀的人找到优秀的人"。通过选拔、构建面试官队伍，达成用人理念的共识，统一人才选择的标准，提高选人用人信度和效度。同时，还定期对面试官进行面试技巧培训，在面试实施过程中监控面试官表现和复试通过率，及时进行复训和优化。

在招聘实施阶段，采用线上线下相结合的方式，缩短面试周期，组织人力资源部、用人部门、公司高层领导等多方参与，对候选人评价进行交互验证，如表1所示。

表1 面试官选聘标准

	初试官	复试官
司龄	一年以上	两年以上
职级	中级及以上专业/管理者	高级管理者

续表

面试技巧	接受过公司组织的招聘面试技巧培训	
定期评估	每半年进行一次	每年进行一次
独立面试资格	参与面试次数不少于20人次	
资格取消	复试通过率低于30%	终面通过率低于30%

（二）人才培养（Build）体系化

1."成长地图"砺精兵

党的二十大报告提出，"坚持为党育人、为国育才，全面提高人才自主培养质量，着力造就拔尖创新人才，聚天下英才而用之"。人才自主培养不仅可以确保公司积极应对战略升级，及时满足各层级、专业的人才需求，充分确保核心团队的延续性，而且可以有效地传承公司价值与文化，持续保持战略定力。

公司构建了从实习生到骨干的青年人才成长地图，以3个专项计划贯通青年人才发展的全生命周期。以加深职场体验为主要内容的"化+"计划，旨在辅导在校大学生深度理解职场要求，并将其与自身优势才干相关联，瞄准自身职业定位，规划职业生涯；以促进职业化为目的的"化成"计划，通过双导师辅导定制"成长方案"、多阶段集中培训及实践性研究课题帮助初入职场的新员工快速融入团队，养成好的工作习惯，提高自我效能感；以提升党性修养、团队领导力和创新思维能力为主旨的"化智"薪火计划，通过个人IDP和战略蓝军双主线，让青年核心骨干在更新知识，解决经营难题、挑战更高目标的过程中守初心、担使命、练本领，实现个人发展与组织发展的双向赋能。"成长地图"规范了青年员工成长路径，加速了成长成才，彻底解决青年人才的"自然生长"问题，打通了人才发展落地和快速成才的最后一公里。

2."训战结合"锻强将

"化智"薪火计划作为公司青年人才培养的重要载体之一，担负着培养和选拔未来领军人才的双重使命。它通过战略蓝军和IDP实践两条主线，帮助骨干青年人才提高党性修养、开阔视野、创新思维、提升能力；同时，也能搭建共融、共创平台，进一步促进各部门、分支机构干部人才的横向交流与融合。

个人发展主线，以IDP为工具的整体设计和落地主要分为四个阶段，即明标准、测能力、促认知和谋发展。对青年骨干进行个人潜能测评，从动机、能力、行为理解领导力、激发领导自觉。在培训内容上，课程案例均来自现实管理情景，通过沙盘游戏引发学员对问题的反思，萃取经验，熔炼领导力。个人IDP主线由员工本人、直接上级、项目导师、HR等多元参与主体共同参与，定期组织复盘、复测，要求青年人才将所学与所行密切结合，注重培训转化。

战略蓝军主线，以蓝军理念为整体设计思路，将青年骨干分成若干个战略蓝军部队，向公司既有战略发起挑战。主要包括针对战略决策，研究公司的战略方向是否正确、执行是否到位、如何正确决策或执行；针对重大产业、项目、产品，研究方向是否正确、商业模式是否可行、实施收益是否合理；针对经营管理，研究经营风险分析是否到位、政策及管理流程是否合理有效等。蓝军主线由学员组成团队，公司领导班子成员担任导师，外部专家参与指导，让青年骨干深度参与公司战略决策过程，站在更高层面思考更长远问题，提高青年人才的战略思维和概念化能力，并保持青年人主动求变、适时应变的积极心态。

（三）青年人才调用（Borrow）一盘棋

1. 建立人才"数据库"

人才盘点是把人才供应链打造成一条线、一盘棋的系统性工作。中化商务坚持常态化人才盘点，以动态掌握人才家底，促使各级管理者"目中有人、心中有数"。通过人才盘点实现对企业整体的人才现状进行全息扫描，基于企业的未来发展战略审视目前人才现状与未来需求之间的差距，并根据差距指导人才供应链上的人才招聘、人才培养、人才激励、人才使用等各环节制定出缩短差距的人才行动方案。

中化商务的人才盘点综合运用民主测评、现场访谈、关键经历分析、技能认证、人才盘点会等手段，应用"技能矩阵"掌握重点业务条线上的专业人才数量和水平，采用"九宫格"掌握关键管理岗位上的干部履职情况和后备人才数量。通过人才盘点会议，全方位评估干部的素质和能力，树立统一、科学的人才标准，将人才分门别类地纳入人才数据库，在调用人员时才会做到心中有数，有条不紊。

2. 打造人才"蓄水池"

中化商务始终坚持"人才是公司统一资源，统一管理、统一使用"导向，不断探索实施积极、灵活的人才配置机制，推动青年人才跨部门、跨区域、跨机构实现一体化配置、统筹化使用。同时，公司还鼓励青年骨干向业务一线、创新单元流动，有效破解人力资源不均衡、工作力量不充足、人才流动不通畅等组织难题。近年来，中化商务每年定期组织举手、竞聘等公开选拔，不仅选派优秀青年干部奔赴区域公司、分支机构带兵，也将年轻人才轮岗到业务一线、项目现场派驻，将这些单元打造成为专业化干部的"蓄水池""输送站"，真正做到通过"急、难、险、重"的作战任务，提升青年人才的政治素质和专业能力。

五、结语

建设一支优秀的年轻干部队伍，是关系到事业薪火相传、企业基业长青的重大战略。中化商务紧紧围绕核心战略，践行"精兵强将"人力资源战略，创新工作模式，努力让企业的人才供应链更安全、更稳定、更具韧性。

在不懈努力下，公司全员劳动生产率逐年增长。近 80% 的中层干部是 85 后，基层管理岗位上近 60% 为 1990 年前后出生的青年骨干，超 20% 的中高级专业技术人才由公司自主培养，已初步搭建了一支充满开拓创业的激情、富有吃苦耐劳的精神、具备干事成事的能力的干部人才队伍。

"人才是全面建设社会主义现代化国家的基础性、战略性支撑，要坚持教育优先发展、科技自立自强、人才引领驱动，深入实施人才强国战略，加快建设世界重要人才中心和创新高地，着力形成人才国际竞争的比较优势。"党的二十大报告对加强人才培养工作做出了新的重要部署，中化商务将全面深入贯彻党的二十大精神，进一步树牢人才是第一资源的理念，不断完善人才培养体系，以人的全面发展引领企业实现高质量发展。

案例负责人：田　川

主要创作人：李　茜

参与创作人：周　婷、董振中、张霁月

以"智囊团"人才池建设筑牢"人才库"的屏障，为公司高质量发展建言献策

中海石油（中国）有限公司湛江分公司

一、背景情况

随着深化国有企业三项制度改革落地和推进落实干部能上能下，中海石油（中国）有限公司湛江分公司（以下简称有限湛江分公司）将有部分领导人员退出领导岗位；近年来，有限湛江分公司着力打造高层次人才并取得佳绩，两级专家数量越来越多，探索建立"智囊团"人才池，充分挖掘退出领导岗位人员、两级专家等人员的聪明才智，服务公司高质量发展显得尤为重要。通过优化管理模式，聚焦重点任务，发挥"智囊团"成员的优势和专长，员工归属感、成就感和幸福感得以提升，团队凝聚力和战斗力得以加强。

党的二十大报告指出"人才是第一资源"，并将人才强国战略与科教兴国战略、创新驱动发展战略摆在一起，充分体现了习近平总书记坚持系统观念的要求，凸显了人才工作的重要性。

根据中国海洋石油集团有限公司三项制度改革实施方案和健全干部能上能下的管理机制的相关要求，明确考核退出、制度退出、问责退出、不适宜退出和"非优必转"退出等"下"的途径，有限湛江分公司将有部分年龄偏大，但经验丰富的干部退出领导岗位，从事专项工作。有限湛江分公司高度重视高层次人才的培养，通过创新培养举措，以各层级技能技术比武平台挖掘人才，选拔人才，营造良好的比学赶超的积极氛围。近年来，有限湛江分公司高层次人才队伍建设取得较好成绩，两级专家的数量与日俱增。另外，在职业卫生要求愈发严格和海上人员平均年龄日益增大的背景下，部分职业禁忌和高龄人员将不适宜从事海上作业，随着退出原岗位人员数量增多，探索发挥此类人才的智慧和力量对公司发展极为重要。

围绕充分挖掘退出领导岗位人员的专业智慧和管理心得，充分发挥两级专家在攻坚克难、成果提炼等方面的智慧力量，充分利用不适宜出海人员的一线丰富经验的优势，立足有限湛江分公司人才队伍现状，结合有限湛江分公司未来发展规划，依托有限湛江分公司人本理念践行示范中心建设的平台，坚持以人为本，人尽其才，事得其人，人事相宜，充分调动"智囊团"人员的积极性，激发干事创业的热情，提升归属感、成就感和幸福感，传承技术技能专业成果，帮助现场解决急难险重问题，为公司高质量发展提供强有力的后备支撑。

二、管理模式

（一）人员范围

（1）退出领导岗位人员。
（2）两级技术技能专家。
（3）其他有关人员。

（二）人员管理

为充分发挥各专业优势，结合有限湛江分公司专业分布情况和各部门/单位职能，将"智囊团"中生产类专业人员划分到有限湛江分公司后勤支持服务中心电力技术公司统一管理；将"智囊团"中科研类专业人员划分到有限湛江分公司南海西部石油研究院统一管理；"智囊团"中综合类专业人员由原部门/单位统一管理。通过明确"智囊团"人员的组织归属，统一指挥，统一协调，充分发挥组织的管理优势，充分调动人员的积极性和主观能动性，提高员工的归属感和成就感。

三、重点任务

（一）开展师徒结对子，促进技术技能传承

以学技术、学技能、学管理为主要目的，充分发挥"智囊团"人员特别是退出领导岗位人员的优势和示范引领作用，通过传、帮、带，促使新员工或者专业技术技能水平薄弱的员工快速成长。具体做法为首先由有限湛江分公司组织启动师徒结对子活动，根据"智囊团"导师专业结构情况，由相关部门/单位推荐培养人选，经有限湛江分公司审核确定培养人选，交由导师自行选择培养人员，未结对或结对未完成的由有限湛江分公司统一安排培养人选，最后组织签订师徒协议。师带徒协议时间不少于 6 个月，原则上不超过一年，特殊情况可适当延长。师带徒协议中明确徒弟成长目标、培养计划、培养时长等，实施过程中根据徒弟的实际情况进行适度调整。

（二）鼓励成果提炼，做好经验总结

有限湛江分公司和有限海南分公司各自独立以来，人才的流失给有限湛江分公司运营带来了前所未有的挑战。总结经验，提炼成果，充分挖掘员工的智慧对实现公司的增储上产尤有帮助。"智囊团"人员身经百战，集智慧和阅历于一身，有限湛江分公司鼓励"智囊团"人员重提"旧账"，聚焦公司的顽疾痼症，或是勘探开发领域，或是生产工艺流程，或是设备维修维保，或是现场安全管控等；发挥各自专长，理清问题的逻辑线，回顾历年的经验和教训，总结提炼解决问题之道；丰富成果提炼的表达面，既可以以专业总结、论文课题、好课程开发等形式呈现，又可以以专题研讨、专题巡讲、课程开发指导等形式展开，根据工作情况，"智囊团"成员提交专业总结或专业论文、参与或指导课程开发，最大程度放大成果提炼的作用和影响力，对于成果显著的，由有限湛江分公司组织专题研讨或专题巡讲。

（三）专项项目英雄榜，立项攻关克难题

为点燃员工奋进力量，激发公司创新活力，有限湛江分公司组织"智囊团"人员参与开展专项项目活动，针对解决公司的"瓶颈点""硬骨头""卡脖子"等难题组织攻关，明确工作团队、工作任务、工作方案等。鼓励"智囊团"人员以个人或者团队的形式踊跃参加，成立攻关小组或攻关先锋队，以结果导向充分调动和发掘员工潜力，让不想干、不能干、不好好干的人靠边站，让想干事、能干事、真干事的人有所为。对于表现优异的项目，有限湛江分公司给予激励表彰。

（四）全身心致力科创工场，发光发热服务公司发展

科创工场作为有限湛江分公司人才资源运行平台，是征集巩固员工智慧的智库中心。通过高层次、高水平的科技论坛活动，激发科研人员的自主创新意识，达到活跃科技创新氛围，优化自由研讨环境，开创科技创新新局面，使科研人员开阔视野，增长知识，激发广大科研人员的积极性、主动性和创造性，推动科技成果加快向现实生产力转化。有限湛江分公司组织"智囊团"人员踊跃参与科创工场的各个板块，参与知识问答、发布金点子、收集前沿专业技术等环节，充分发挥"智库"作用。

（五）提供专业技术支持服务，保障技能工作室日常运行

现有限湛江分公司共有技能工作室11个（集团公司级1个，分公司级2个，作业公司级8个），技能工作室囊括专业多，队伍人员数量大，但在发挥工作室效能方面极为薄弱，主要原因是海上一线工作为倒班制的性质，虽然各工作室在陆地均有固定的工作场所，但除了工作领衔人和个别骨干成员外，员工海休时投入到工作室的时间极为有限。"智囊团"人员，特别是从海上一线回来的员工，技能水平扎实，技能工作经验丰富。有限湛江分公司通过将部分合适的"智囊团"人员纳入到技能工作室并明确岗位职责，对工作室的日常管理、制度建设、成果提炼总结和队伍建设等方面提供专业技术支持服务，保障工作室的效能得到有效发挥。

（六）审核项目把难关，稳步推进提效率

"智囊团"人员工作经验丰富，有限湛江分公司组织他们参与到新项目中。一方面能分担技术人员的工作，另一方面能为新项目把关，让项目少走弯路，大力提高工作效率，极大推动项目进展。为科学高效做好项目管理工作，坚持专家参与决策原则，组织技术型"智囊团"成员以专家身份协助编写或审查项目立项、实施、验收等相关报告并参加项目立项论证、过程审查和验收（结题）等重大活动。

（七）成立专项维保队伍和培训讲师团队，为公司安全生产保驾护航

"智囊团"人员，特别是从海上一线回来的员工，熟悉现场环境，了解现场需求，有限湛江分公司抽调专业技术扎实的人员成立专项维保队，由有限湛江分公司后勤支持服务中心统一管理，协助公司驻地和油田现场完成各项维保作业。海上一线的承包商人数众多，人员安全意识和安全技能参差不齐，这给现场安全生产带来巨大挑战。有限湛江分公司组织"智囊团"人员成立安全专项技能培训团队，由湛江职业技能考核站统一管理，选拔团队中优秀的讲师定期给承包商授课分享，开展领队专项培训、岗前安全培训等培训项目，切实提升承办商的安全意识和安全技能。

四、经验启示

习近平总书记强调，要在全社会大兴识才爱才敬才用才之风。这一要求充分体现了对人才工作的高度重视，对营造人才发展良好环境、大力推进人才事业发展提出的殷切期望。

湛江分公司始终坚持以人为本，走人才兴企之路。组织开展"智囊团"人才池建设是在充

分分析人才队伍现状，聚焦公司现阶段面临的难题和未来发展规划，深入考虑员工专业专长的基础上经反复商酌后提出的，体现了有限湛江分公司对人才工作的高度重视。随着"智囊团"人才池建设深入人心，公司员工干事创业热情高涨，人人有担当，事事有着落，"智囊团"人员作为有限湛江分公司重要一员，主动作为，智慧力量得以全面充分发挥，个人发展与公司发展相辅相成，员工的归属感、成就感和幸福感进一步提升，公司凝聚力进一步增强。有限湛江分公司深入开展"智囊团"人才池建设，在内容上将人才队伍建设与公司主营业务深入融合，在形式上鼓励"智囊团"成员激发活力，发挥专长，具有较强的实践意义和可操作性。

第一，提高站位，打造高素质人才队伍。坚持以公司事业发展为导向，企业从上到下、同心聚力抓好人才队伍建设工作，培养服务于公司发展的高素质人才队伍。有限湛江分公司各部门、各单位充分认识到开展"智囊团"人才池建设的重要意义，切实把思想和行动统一到各项部署要求上来，坚持"智囊团"人才池"一盘棋"统筹组织管理，各项措施有序落实，"智囊团"人才队伍建设成效显著，人人各司其职，各尽其责。

第二，以人为本，营造积极向上的氛围。硬实力、软实力，归根到底要靠人才实力，任何企业任何形式的竞争归根到底是人才竞争。调动员工的积极性，发挥员工的主观能动性，为各类人才营造公平公正和谐和气的环境是企业永葆生机活力的关键。"智囊团"人员是公司人才队伍的重要一部分，和普通员工一样肩负着为公司增储上产献智出力的崇高使命，有限湛江分公司紧紧围绕"人"这一最有活力、能力和创造性的因素，通过搭建各类舞台，将"智囊团"人员凝聚到公司的主业中，营造爱才敬才用才的良好氛围，人员才华得以施展，自我价值得以实现，公司的发展得以推动。

第三，扬长避短，谋求高质量发展之路。金无足赤，人无完人，每一名员工都有自己的优势和劣势，企业要懂得用其长，避其短，最大可能发挥广大员工的优势，促进公司的高质量发展。"智囊团"人员专业不同，各有专长，有限湛江分公司结合各成员的专业专长，通过合理安排各类舞台的角色，将"智囊团"人员安排到最合适的工作岗位，对于表现优异的成员，给予适当的物质激励和精神激励表彰，最大可能激发员工奋发有为的活力，为公司的高质量发展贡献力量。

案例负责人：袁　鑫

主要创作人：王　升

参与创作人：黄礼祥、蔡　培

"三强三化六协同"：基于产业链协同创效的国际化人才系统建设

中国国际石油化工联合有限责任公司

党的二十大对全面建成社会主义现代化强国、以中国式现代化全面推进中华民族伟大复兴作出了战略部署，指明了党和国家事业的前进方向，提出"要稳步扩大规则、规制、管理、标准等制度型开放，推动货物贸易优化升级，创新服务贸易发展机制，发展数字贸易，加快建设贸易强国"。这是继党的十九大报告首次提出"推进贸易强国建设"后，进一步从体制机制、关键内涵、核心工作、重点方向等方面，对贸易强国建设作出的全面安排部署，是加快构建新发展格局的必然要求，也是新时代新征程上我国推进高水平对外开放的重要任务。

中国国际石油化工联合有限责任公司（以下简称联合石化）在中国石化集团公司的坚强领导下，坚持"三强三化六协同"的工作思路，坚决扛起"保供降本、增效创效"的职责使命，坚定上中下游产业链一体化协同创效服务平台定位，不断完善基于产业链协同创效的国际化人才系统建设，为实现世界领先能源大宗商品国际贸易公司目标提供坚实的人力资源支撑，以高质量国际化经营助力加快建设贸易强国。

一、企业简介

联合石化成立于1993年2月，是中国石化的全资子公司，主营能源大宗商品国际贸易业务，包括原油贸易、成品油贸易、LNG贸易、生物燃料贸易、仓储物流、碳交易和电交易等。公司本部位于北京，在宁波、青岛等地有2家全资子公司，在美国、英国、新加坡、中国香港等地有5家境外机构。

经过30年发展，联合石化建立了一支由20多个国家和地区人才组成的油气国际贸易团队，共有员工近千人（含境外当地雇员），干部人才队伍整体呈现年轻化、高学历、国际化的特点。联合石化与全球100多个国家和地区的近2000家交易对手建立了长期稳定的合作关系，是全球最大的石油贸易公司之一，以过硬的专业实力和优良的商业信誉，服务于国内外炼油化工企业和终端用户，实现与客户的共同成长。

二、主要做法

联合石化作为类金融机构，以人才和数据为核心资产，遵循专业的人做专业的事，聚焦协同创效核心竞争力，不断强化"六协同"（区域协同、船货协同、前中后台协同、实货期纸货协同、贸易与仓储协同、上中下游协同），持续提升"三化"（国际化经营、市场化机制、专业化团队）水平，努力打造"三强"（资源获取能力强、市场运营能力强、风险管理能力强）的世界领先能源大宗商品国际贸易公司和中国石化集团公司上中下游产业链一体化协同创效服务平台。

联合石化的人才系统建设紧密围绕"三强三化六协同"发展思路和企业战略的落实落

地，立足于产业链内外部环境的变化与挑战，合理预测企业和产业链中长期人力资源需求和供给，持续优化人力资源管理各项工作，形成了一些行之有效、强企兴企的经验做法，助力上中下游产业链人力资本合力创效，助推集团公司高质量发展，如图1所示。

图1 "三强三化六协同"战略

（一）三强

1. 聚焦资源获取能力强，提升人才队伍竞争力

（1）多元引进高素质人才，提高贸易团队市场竞争力。为进一步提升一手资源和稳定长约获取能力，握牢能源经济性保供的主动权，实现从采购商到贸易商的转型，打造中国石化的"精品粮店"，联合石化贸易团队建设不仅从高校中引入具备炼油化工、经济金融专业背景从零培养的毕业生，同样注重从油田、炼厂引进熟悉石油石化行业及生产装置特点、具有全球视野和贸易思维的优秀人才，从知识结构上与贸易、经济、金融等专业背景的人才互补，同时根据各境外机构业务布局和市场开拓需要，灵活引进相应区域的当地员工或国际员工，用好当地资源，增强"即战力"，高质量满足业务前端人才需求。

在人才是第一资源的思想指导下，联合石化不断加强雇主品牌建设，积极提升高素质人才吸引力。针对境内外贸易团队人才个性化需求，制定核心人才的求才留才策略，提供满足目标人才所需要的工作体验，如清晰的人才发展路径、完善的福利保障、良好的工作氛围等，并根据工作岗位因地制宜选择重点院校，邀请在职员工担任雇主品牌的宣讲人，以"讲好联合石化故事、石化故事"为切入点，助力提升企业品牌在境内外的认可度和美誉度。

（2）整合集聚内外脑资源，提高市场分析团队洞察力。为更好地适应复杂多变的市场形势，及时捕捉市场机遇，联合石化灵活整合内外脑资源，积极组建"快准灵"的市场分析团队。一方面将具备前台业务部门、境外机构工作经历的中层管理人员和业务骨干吸收到市场分析团队，另一方面以开放的视野、包容的心态，在境内外选好用好外部市场分析专业机构，提供数据信息资源支持，根据工作需要共同组建项目组开展专项工作。市场分析团队每日编写《联合石化简报》，参与主编"石油蓝皮书"，以知识、信息输出的方式，向公司前台贸易部门赋能，增强研判市场、捕捉机遇的能力，服务集团公司总部及系统内企业，助力产业链上中下游增强对市场动态的洞察力。

2. 聚焦市场运营能力强，构建灵活高效组织模式

（1）搭建全球化多维组织架构，有效实现业务协同。为更好地适应各油种业务的全球布局，加强全球业务之间的协同，联合石化高度重视全球一体化贸易团队建设，合理确定机构分工。北京本部业务中心负责业务条线的管理及指导工作，负责全球业务协调、跨区贸易统筹等。各境外机构负责所属片区的业务工作，还可依托其他境外机构跨区设立异地工作组。除此以外，联合石化在公司层面成立了运输一体化项目协调小组，专门负责原油、成品油、LNG、化工原料等跨油种、跨区运输的协调工作，如图2所示。

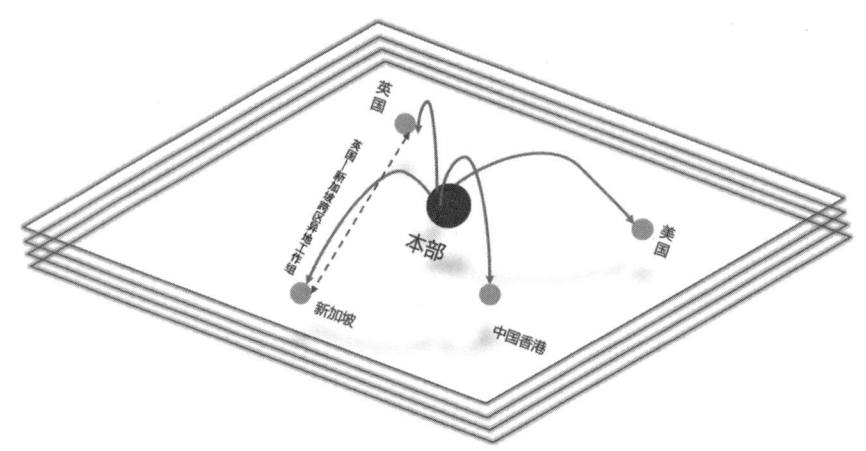

图2 全球化多维组织模式

（2）搭建扁平化柔性组织架构，支持组织高效运转。为更好地适应瞬息万变的国际石油市场，提升快速反应能力，联合石化在组织设计上注重扁平化导向。北京本部仅设"公司管理层—业务中心/职能部门管理层—员工"三层，境外机构也只设"公司管理层—条线经理—员工"三层。汇报路径清晰，沟通环节精简，有效提升工作决策与执行效率；在办公安排上注重营造无障碍沟通的氛围，贸易大厅无隔断方便员工之间随时沟通，营造高效开放的工作氛围。

3. 聚焦风险管理能力强，加强监督管理体系保障

（1）推行"垂直一体化"中后台监管体系，提升监督合力。联合石化坚持"大监督""大风控""大合规"理念，公司层面成立监督委员会，由公司管理层担任组长与副组长，风控、法律、审计、财务、信息、企管、人力、行政、企业文化、企业监督等部门作为成员单位，每年安排专项监督任务，每季度集中开会研讨并解决问题，从机制上提升了监督合力和监督效果。为更好地保证风控、法律、企业监督实现垂直一体化管理，赋予本部部门对各境内外机构相应条线人员的考核权、业务指导权、招聘或选配建议权等，并创新向境内外机构派驻监督专员，充分发挥监督保障执行、促进完善发展作用。

（2）推行"物理隔离"岗位人员管理体系，降低合规风险。联合石化坚持"管理者回归管理岗位""前中后台分开、不相容岗位分离"原则，结合风险管控上的"类金融机构"特点，通过细化岗位分工、明确岗位职责，形成个人工作状态的标准化、规范化和制度化，强化不相容岗位的物理隔离，做好授权管理和过程监督。坚持"管用分离"原则，通过社会招聘方式组建中国石化系统内首个船舶审核专家团队，搭建国际海事安全专业平台，建成中国石化系统内首个海事安全管理信息系统，打造符合业务实际、有自身特色的船舶审核制度体系，把牢船东交易对手和船舶选用关，积极推进船舶在港作业规范，做实做强海事安全管理。牢固树立"不合规不交易"理念，组织全员每年参加合规培训、签署利益冲突合规承诺，推动合规观念入脑入心。

（二）三化

1. 聚焦国际化经营，培养具有全球视野的高素质人才

（1）人才培养国际化。联合石化高度重视员工派驻境外及境内外定期轮换工作，初期以外派贸易人员为主，逐步发展为人员外派全面覆盖前中后台、各年龄段员工，广泛派往境外子公司和系统内其他国际化单位，或依托合资项目开展中短期的境外实岗培训。境外实岗历练有助于干部员工开阔视野，增强项目管理、依法合规治企能力，增加与上中下游产业链相关方的沟通合作，为公司开展全球贸易业务、强化资源获取能力夯实基础。为了给更多员工提供国际化一线锻炼的机会，联合石化同时注重外派员工任期管理，结合工作需要，定期组织境内外机构之间、不同境外机构之间的人员轮换，努力打造国际化经营的"人才高地"。

（2）培训练兵多元化。联合石化高度重视员工队伍国际化素养培训及岗位练兵工作，邀请国际化经营知名企业代表、知名高校专业教授、知名律师、境外机构当地专家、专业市场研究机构等，开展跨文化沟通、境外项目管理、国际化素养、境外财税政策、境外贸易规则、油气市场分析等方面的培训；依托中国石化集团公司资源，组织员工参加小语种、重点国家国情国策等方面的培训，并结合业务需要组织境内员工到境外机构、境外当地雇员到境内进行1—3个月的专业岗位轮训，多维度、立体化地帮助员工提升国际化经营能力。紧扣国际化主题，在全公司范围内定期组织以制度体系、公司各条线基本知识为主题的劳动竞赛，组织开展青年论坛、中英文演讲比赛、主题征文比赛、领读者等形式多样的竞赛活动；每年评选先进工作者和明星员工，全面覆盖中方员工和境外当地雇员，鼓励员工创先争优，为各类人才提供施展才华的广阔舞台。

2. 聚焦市场化机制，实现"收入多与少，业绩说了算"

（1）绩效考核市场化。在考核市场化方面，联合石化通过部门（机构）绩效、员工绩效等多维度的考核，确定员工的考核等级。考核等级实行强制分布、拉开差距，同时依托任期制契约化管理机制，明确管理人员任期，通过任期及年度任务的高目标牵引管理人员的高绩效。对于绩效表现不佳、未有效完成任务目标的，实行末等调整、不胜任退出，推动管理人员能上能下。联合石化境外机构当地雇员占比较高，平均属地化率高达75%以上。实行市场化公开招聘、市场化考核，签订雇佣协议期限较短，协议到期视绩效考核结果再行决定是否续约。长期表现不佳的员工末位淘汰，为员工能进能出做好机制保障。

（2）薪酬激励市场化。在激励市场化方面，联合石化通过专业咨询机构，定期开展境内外业绩薪酬双对标，结合公司业绩表现、市场薪酬水平、内部管理实际等，动态确定公司内部薪酬策略，明确激励导向和重点；境外招聘当地雇员，薪酬与市场充分接轨，其中对于部分当地成熟交易员，遵循行业通行做法，与其签订市场化提成协议，以其创造的税后净利润为基础进行提成激励，如未盈利或亏损，奖金为零甚至扣发过往延迟兑现奖金；中方员工奖金分配充分体现绩效导向，同类员工绩效等级高者奖金必须高于绩效等级低者，并拉开收入差距，设置总经理奖励，对年度突出表现者及专项任务完成情况优秀者进行奖励，

真正实现薪酬能增能减，同时通过严格考核、充分拉开收入差距，显化绩效表现较差的员工，以收入分配机制的市场化带动用工管理的市场化。

3. 聚焦专业化团队，落实"让专业的人做专业的事"

（1）任职资格标准化。联合石化倡导"专业的人做专业的事"的理念，人员引进上严把专业关，从源头上保证员工队伍的专业化、高素质；岗位配置上严把资质关，要求相关岗位人员应按规定持有注册安全工程师、法律职业资格或会计师等专业证书；岗位轮换上注重专业相关性，为员工提供与本职工作密切相关的其他部门、岗位的实习或工作机会，完善专业知识结构；员工培训上投入大量资源，组织开展各类专业培训，为员工参加与岗位密切相关的系统外培训提供支持，为新入职员工配备专业导师和思想导师，鼓励员工持续学习、积极参与专业技术职称考试或评审。

（2）职业通道立体化。联合石化实施管理、专业技术、技能三通道机制，专业人才无需拥挤在管理序列这一"独木桥"上，还可以通过自身职称提升、专业水平提高等，竞聘专业技术序列的各级专家岗位，且通道间横向贯通，符合条件的可跨通道切换任职，为各类人才畅通发展通道。与各级专家签订任期、年度绩效任务书，要求其在智囊参谋、决策支持、创新攻关、解难释惑、人才培养、专项工作等方面积极发挥作用，在公司内部营造尊重专业、追求卓越、干事创业的良好氛围，如图3所示。

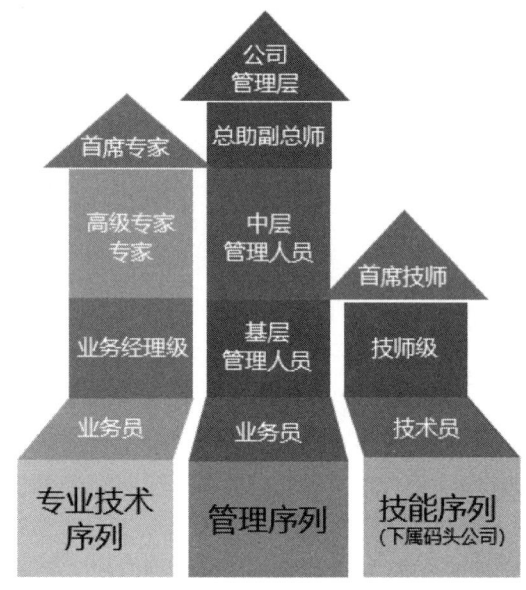

图3　立体化职业通道

（三）六协同

1. 聚焦内部协同聚力，联心合行破难题促发展

联合石化致力于打造前台与中后台相互赋能、一体创效的协同文化，在部门（机构）职责分工、考核激励机制上保障协同文化落地，持续强化"心往一处想、劲往一处使"的团队意识。要求前台主动敞开胸怀，接受中后台监督、自觉拥抱监督，习惯在监督约束下工作；要求中后

台主动贴近前台、服务前台，落实监督管理职能；对于内部协同创效表现突出的机构或个人，在专项奖励上予以倾斜。此外，为更好地落实区域协同、船货协同、前中后台协同、实货期纸货协同、贸易与仓储协同等理念，联合石化有序推动不同区域、不同机构、不同岗位间的人才轮岗或实习交流，增进相互了解。如遇开展新业务、现有业务调整等情况，前中后台有关部门及相关境内外机构都会集合开会研究，从各方面将潜在风险、协同模式、问题与难点、后续工作等全面摸清情况，凝聚共识，增强合力。

2. 聚焦外部协同融合，助力产业链降本增效

联合石化致力于打造上中下游产业链一体化协同创效服务平台，始终牢记"保供降本、增效创效"的职责使命，经过多年努力，把服务对象从炼油企业进一步扩展到境外上游、天然气、商储和化工企业，使国际贸易成为连接中国石化产业链的坚韧节点，建立了"两个市场、两种资源"的高效联动机制。一方面，联合石化通过信息分享、知识输出的方式，为集团总部和系统内企业提供市场信息支持，帮助其提高市场风险意识和市场研判能力，筑牢协同创效的基础；另一方面，联合石化凭借多年的专业积累和对市场的研判能力，为上中下游企业提供库存统筹、衍生品套期保值、物流运输优化等专业建议，共同努力实现集团公司整体效益最大化。同时联合石化将以上内容纳入绩效考核体系，用考核"指挥棒"确保外部协同有序开展。

三、结语

在中国石化集团公司的坚强领导下，在总部各部门和企业的支持帮助下，联合石化认真落实人才强企战略、三项制度改革有关部署要求，积极践行"三强三化六协同"工作思路，基于产业链协同创效不断完善国际化人才系统建设，人才队伍活力迸发，干事创业氛围浓厚，近年来效益屡创历史新高，在集团公司考核中连续两年获评"A级企业"，被集团公司评为三项制度改革"A级企业"，被国家有关部门评为"海关高级认证企业""纳税信用A级纳税人"。三十载风雨兼程，新征程砥砺奋进，联合石化将继续不忘初心、牢记使命，瞄准世界领先能源大宗商品国际贸易公司目标，深入践行高水平对外开放和高质量发展要求，为集团公司打造具有强大战略支撑力、强大民生保障力、强大精神感召力的中国石化，为加快建设贸易强国、全面建设社会主义现代化国家做出新的更大贡献。

案例负责人：葛韩华

主要创作人：葛韩华

参与创作人：袁嘉炜、史昊宇、孙立亚、王立波

马孟哲、王瑞梅、范雨竹

产教融合视域下解决产业人才需求侧与供给侧"两张皮"问题的探索与实践

——以北控水务集团有限公司为例

北控水务集团有限公司

一、行业背景

北控水务集团有限公司（以下简称北控水务）依托自身产业优势，以北水教育中心为平台，整合产业链上中下游和国内生态环境相关高校和院系资源，构建"产、学、研、用、创、金"校企深度合作格局，打造"教育＋科技"的数字化产教融合创新平台，构建"企业大学＋产教融合＋职业技能鉴定＋创新创业＋科技成果转化"五位一体的多层次、多形式教育办学格局，在推动产业人才发展与科技创新领域具有推广价值和示范意义。

党的十八大以来，中国共产党深入贯彻新发展理念，在打好污染防治攻坚战、推进美丽中国建设进程中，坚定不移推动绿色低碳发展，促进经济社会发展全面绿色转型。党的二十大报告中重点强调环保产业企业是生态文明建设、实现绿色发展的主力军，他们是建设美丽中国、深入打好污染防治攻坚战、助力实现碳达峰碳中和目标的主力军，既迎来了新的发展机遇，也需要自身迭代升级，环保产业作为"双碳"目标实施的重要保障和执行主体，面临全方位转型升级的巨大挑战。

随着环保产业智慧水务发展趋势，企业间的竞争日趋白热化，人才作为企业发展的关键因素之一，越来越受到企业管理的重视。在智慧水务建设从粗放式发展阶段逐渐步入成熟阶段的过程中，有效地建设人才战略梯队至关重要，而传统环境类工科专业的边缘化，对产业发展复合型人才提出新的标准与要求。

针对职业院校传统专业人才培养与企业产业发展需求相脱节，院校专业设置与产业发展所需的岗位能力要求相脱节，院校职业标准课程设置与企业生产过程中能力要求相脱节，院校人才供给能力不足与企业大量人才需求相脱节，在传统的校企合作中，企业在职业教育人才培养中发挥的作用并不明显等问题，以生态文明建设为引领，以教育创新为驱动，加强新时代生态环保人才队伍建设，依托双高院校重点学科、实验室、行业性组织等资源平台，结合"专业＋产业"，建立产业学院人才培养实体，发挥企业办学主体作用，"按需定制，精准培养""校企融通，共建产业人才培养"新格局，做好产教融合最后一公里服务，从人才培养方案设置、教学体系与课程优化、双师型教师团队打造、实习实践基地共享、精准就业方面，基于意识共同体、利益共同体，推动共同体建设，构建校企产教融合命运共同体。

二、产教融合发展现状

（一）国家与地方产教融合政策

通过梳理国家政策（表1）与地方政策发现，产教融合政策的制定和执行过程和大多传统公共政策一样,也是采用自上而下的模式,但随着社会经济的发展和各政策主体认知水平的提升,产教融合政策执行主体发生了从自上而下的政府执行到多主体平等参与执行的转变。国家越来越肯定多元主体参与产教融合政策,鼓励企业、职业院校等多元主体协作参与到政策执行过程中,并多次强调了企业在人才培养中的重要主体作用。

表1 国家产教融合政策

发文主体	政策	内容
国办发〔2017〕95号	《关于深化产教融合的若干意见》	构建教育和产业统筹融合发展格局,深化产教融合,促进教育链、人才链与产业链、创新链有机衔接。推进产教融合人才培养改革。强化企业重要主体作用。
国发〔2019〕4号	《国家职业教育改革实施方案》	职业教育与普通教育是两种不同教育类型,具有同等重要地位。发挥企业重要办学主体作用,鼓励有条件的企业特别是大企业举办高质量职业教育。
发改社会〔2019〕1558号	《国家产教融合建设试点实施方案》	完善产教融合发展规划和资源布局。探索产教融合深度发展体制机制创新。推进行业龙头企业牵头搭建行业科研创新、成果转化、信息对接、教育服务平台,聚合带动各类中小企业参与。
国务院办公厅发〔2021〕	《关于推动现代职业教育高质量发展的意见》	完善产教融合办学体制,创新校企合作办学机制,鼓励上市公司、行业龙头企业举办职业教育,鼓励各类企业依法参与举办职业教育。鼓励职业学校与社会资本合作共建职业教育基础设施、实训基地,共建共享公共实训基地。对产教融合型企业给予"金融+财政+土地+信用"组合式激励,按规定落实相关税费政策。
国务院办公厅	《中华人民共和国民办教育促进法实施条例(2021修订)》	进一步增加和明确扶持政策,包括财政扶持、税收优惠、用地保障等,鼓励金融、保险机构为民办学校融资、风险保障等提供服务。国家鼓励企业以独资、合资、合作等方式依法举办或者参与举办实施职业教育的民办学校。
国务院办公厅	《中华人民共和国职业教育法》	国内首次以法律的形式明确了职业教育的地位和发展方向。新法明确规定职业教育是与普通教育具有同等重要地位的教育类型,着力提升职业教育认可度,深化产教融合、校企合作,完善职业教育保障制度和措施,更好推动职业教育高质量发展。明确企业主体、坚持多元办学、深化产教融合、突出就业导向、明确国家优化教育经费支出结构。

(二)产教融合实施情况

数据调研表明,产教融合政策取得了一定成效。企业能够利用自身优势独立举办或参与举办职业院校现代学徒制试点工作,能够接收学生开展一定规模的实习实训活动,参与职业院校的人才培养、专业课程建设和教材开发等,但大部分企业认为投入与产业效益不平衡、结果与预期有很大差距、时间与管理成本高、校企无法建立长效合作机制、认知不高,共享共赢思维、资源整合思维不够,以及校企双方的评价方式不同等,使得企业开始热情高,合作后热情骤减;同时,广大职业院校虽然已普遍施行产教融合政策,但在施行过程中大多数职业院校还是偏重产教融合中的"教"而忽视"产",这主要源于职业院校在产教融合中存在比较顽固的认知偏差。因此产教融合政策整体实施情况欠佳,校企也在积极探索深度合作机制,建立双方长效合作、互利共赢的双边关系。

三、问题浅析与改善举措

（一）传统专业教学课程设置与产业转型发展脱节

结合环保产业发展趋势以及产业转型升级企业岗位能力要求，以教学环境设计、人才培养方案升级、教学课程开发、企业案例库建设、教材开发、智库打造、企业专家进校园、技术交流、大型展会展览、实习实训等举措，打造"专业升级＋教学创新＋教辅开发＋企业挂职＋咨询指导"五位一体教学模式，助力高校智慧水务领域一流学科建设和课程体系改革，多层面解决教育端与产业端人才供给"两张皮"问题。

（二）教学资源落后，与人才培养升级改革的迫切需求不匹配

1. 教材升级

联合行业企业、院校专家从产业趋势梳理配套教学资源，从在线课程、配套教材等教辅资源出发，按照"十四五"规划教材要求，开发新型教材，将企业实践案例萃取集成，课程内容充分体现了理论知识与实践经验相结合的特色，将水务行业典型案例融入教学内容，建设形式丰富、内容及时更新的教材编修机制，确保教材内容深度对接行业企业标准，落实"书证融通"相关要求，并积极适应"互联网＋职业教育"发展需求，并运用现代信息技术改进教学方式方法，加强与虚拟仿真网络平台的结合。

2. 师资建设

组织开展青年师资能力提升培训研修班，搭建"5+3"的理论实践课程体系。5 天理论以结合智慧水务发展趋势，未来新水务、新技术等产业发展现状和趋势为主，3 天实践以深度参与水厂项目实践为主，打造双师型教师团队。

（三）人才培养过程中，学生职业能力实践不足

为保证学生高质量就业，打造岗课赛证融通机制，北控水务将 1+X 证书纳入人才培养体系中。岗课融通：企业岗位能力需求模块化对标院校专业课程模块化；课证融通：通过课程设置与学习，打通 1+X 职业技能等级证书考核，倒逼院校三教改革；赛证融通：学生可通过参与北控水务杯职业技能大赛，表现优异者可直接获取职业技能等级证书和企业实习就业直通机会，为企业和学生就业提供精准就业平台；岗证融通：以北控水务为代表，积极践行推广，协同人力资源中心，将职业技能等级证书作为岗位职责、职业发展的重要凭证，以"四融通"机制，促进教育链、人才链、产业链三链有效衔接。

四、北控水务的探索与实践

北控水务（香港主板上市公司，股票代码 00371.HK）是北控集团旗下专注于水资源循环利用和水生态环境保护事业的旗舰企业。近年来，北控水务深度洞察市场，构建"1+4+4"业务协同发展新格局，深度聚焦污水主业，并行推进供水水司、厂网一体化管网、再生水、污泥业务，同时关注环卫、装备、工业水、新固废四大新赛道业务发展，形成业务组合的良性互动，向高质量发展迈出新步伐。

作为一家综合性、全产业链、领先的专业化水务环境综合服务商，北控水务集产业投资、设计、建设、运营、技术服务与资本运作于一体，水处理规模、总资产、总收入位居国内行业前列。经过多年发展，北控水务连续十三年荣登"中国水业十大影响力企业"榜首，在2014年全球水务高峰论坛上作为唯一一家中国水务企业入选全球年度水务公司四佳，连续七年入选《财富》中国500强，连续八年荣获全亚洲精英团队"最具荣誉公司"称号，荣获"最具品牌价值上市公司""最具社会责任感上市公司"等多项国内外权威大奖。

北控水务经过多年的实践与探索，采用创新性的平台运作模式，致力于打造成为生态环保行业教育、人才、科技服务的政、产、学、研、用、训、创一站式综合服务平台。

（一）搭建人才培训体系，为企业发展提供人才保障

北水教育秉承"为企业搭建人才管理平台、为客户培养输送高级人才、为环境产业开发蓄力赋能"的理念，针对环境产业政府、企事业单位等开展"高端培训＋委托培训＋定制课堂＋学历提升＋咨询服务＋圈层服务"等一系列服务。比如，举办中国环境产业高级经理人研修班、污水/供水水厂厂长研修班等多种在职培训；以翻转课堂、知识资产化联动自主学习＋线下学习，提升环保行业从业人员、环保院校毕业生的素质及结构，赋能本组织和环境产业人才队伍建设，助力企业可持续发展的同时，也提升了培训部门的自我价值。

目前，已成功举办精品高级研修班累计26期，为环境产业输送优秀毕业学员人数1452人。一方面，针对环保产业发展前沿与短板，培养急需人才，引领和支撑产业转型升级，从而满足产业需求。另一方面，通过人才培训，改善员工知识结构和技能结构，提升综合业务能力和宏观思维能力，逐步优化人才队伍，提高整体素质。通过科学制定不同区域、层级、业务领域的人才培训，为企业续存发展壮大提供有力人才支撑。

（二）建设在线学习平台，助力企业学习型组织建设

为顺应培训技术发展，促进培训方式多元化开展，提升学员培训体验和学习灵活度，满足环境产业上下游企业线上赋能团队、拓展专业人才环境行业及环保水务知识需求，北水教育特面向环境产业企业开启线上直播云学苑服务，打造线上学习平台，助力环境产业人才培养，为环境产业企业客户提供定制化线上直播系列精品课程服务。

"北水云学苑"在线学习平台，包含岗位培训、直播授课、在线考核等核心功能，最大限度实现培训内容、培训对象、职责分工三个"全覆盖"，培训方式从"面对面"转为"屏对屏"，旨在克服当前培训工作中供需信息不对称、课程资源不丰富等问题，构建了线上线下相互配合的"互联网＋培训"模式。据统计，截至目前，北水云学苑更新课程、报告累计316门，在线学习时间1578.5万分钟，学习人次136485万人次，营造了全员学习的良好氛围，形成了培训促成长、促业务的良好局面，加速人才队伍的建设与组织能力的培养。

（三）深化产教融合，促进环境产业人才高质量精准就业

为深化产教融合、校企合作，推进"引企入教"，协调多主体之间开放合作，整合多主体创新要素和资源，凝练产教深度融合、多方协同育人的应用型人才培养模式，充分发挥产业优势，发挥企业重要教育主体作用，由北控水务牵头成立了生态环境产教联盟，打造"产、学、研、用、创"的立体式人才价值链，全面推动环保行业人才培养供给侧和产业需求侧结构要素全方

位结合，培养适合中国环保行业未来发展的高素质人才。

依托产业发展需求，推进岗课赛证融通，以"岗"促教，以"课"促改，以"赛"促学，以"证"促训。岗位能力需求是人才培养的指南，也是学校专业课程建设的起点和依据，以第四批1+X"智能水厂运行与调控""水环境监测与治理"证书为突破口，全面提升学生技能水平；以"全国大学生职业技能大赛""企业专家进校园"系列讲座、"生态环境创新创意短视频大赛"为引领，强化学生综合素质；以"产教融合实践中心"建设为抓手，弥补培养体系缺失的实践环节；以"'美丽中国'环保产业大学生专场招聘会"为闭环，落实人才培养的最后一公里。

北控水务坚持走"政校行企深度合作、产教融合理实一体"的育人之路，推行"资源共享、优势互补、合作共赢、协同发展"的理念。通过共建产业学院，充分发挥企业和高校的资源优势，在新专业方向建设、人才培养方案优化、"双师型"教师队伍搭建、课程教材开发、实训基地建设、创新创业教育、学生实习就业、联合科研攻关、科技成果转化等领域开展深度合作，将教育深度融入产业发展，协同发挥资源优势，服务国家重大战略，打造人才培养新高地，构造产教融合新格局，助力生态环境行业高质量发展。

北控水务作为生态环境行业领军企业，建立科学的人才管理模式，制定有效的人才发展战略，以包容开放的企业文化，最大限度激发人才潜力，对推动生态环境产业人才培养具有推广价值和示范意义。

五、成果案例

北水教育产教融合创新平台通过整合校企资源、明确分工、强化合力，为学生建立"学业—就业—创业—择业—职业"闭环全职业生涯服务体系，双方以优势互补，资源共享共同建立认知共同体、意识共同体、利益共同体以及命运共同体，校企协同育人成效显著。

（一）产业学院

北控水务作为产教融合的坚定实施者与开拓者，先后与河北环境工程学院、长沙环境保护职业技术学院、山东水利职业学院、广东环境保护工程职业学院、杨凌职业技术学院、青岛理工大学、广西生态工程职业技术学院、黄河水利职业技术学院、河北工业职业技术大学9所院校合作成立（现代）产业学院，重点围绕排水科学与工程、环境工程和智慧水务等与环保水务相关的专业，与校方共同制定培养方案、开展人才培养项目。致力于打造一个开放的、充满活力的产教融合平台，探索协同育人的人才培养新模式。

其中，山东水利职业学院共建的智能水务管理专业（智慧水务方向），自2019年开始招生，目前在校生共115人，该模式已进一步推广至其他北控水务产业学院。

（二）师资培训

北控水务作为教育部第二批全国职业教育教师企业实践基地，2019—2023年，北控水务举办了四期高校师资工程实践能力提升研修班，为60家院校近百名教师提供智慧水务、专创融合、专业教学能力提升方面的课程，提高教师教育教学能力和专业实践能力，优化专兼职教师队伍结构，大力提升职业院校"双师型"教师队伍建设水平，为实现我国职业教育现代化、培养大批高素质技术技能人才提供有力的师资保障。

（三）1+X 证书

北控水务"智能水厂运行与调控""水环境监测与治理"两项 1+X 证书已建设 100 个考核站点，组织师资培训 1271 余人次，组织全国统考 7753 余人次（图 1），通过率达 79%。通过对技能人才评价的经验积累及效果反馈，可进一步加强企业"产培研"和人才"引育留"深度融合，不断完善职业技能培训模式，全面服务知识型、技能型、创新型技能人才队伍建设。

图 1　北控水务 1+X 证书师资培训班（第一期）合影

（四）教学资源

1. 系列教材

北控水务主编的《中国生态环境产教融合系列丛书》（图 2）已于 2022 年正式发行，包括智慧水务系列、职业技能等级标准系列、大学生创新创业系列等 7 大系列教材，采用校企双元合作的教材开发模式，以结构化、模块化、章节式体例为主，深度对接行业标准，落实"书证融通"相关要求，并更好地与"互联网 +"发展需求相融合。

图 2　《中国生态环境产教融合系列丛书》

2. 线上 VR 课程

结合院校教学需求，北控水务开发线上 VR 课程，通过线上 VR 可以打破地域限制，学习到全国各地领先的具有代表性的污水处理厂及处理工艺，可以详细地参观构筑物的内部构造，将理论与实际相结合；增加交互性与趣味性，提升学生的自主学习能力，可以重复学习，针对难点反复观看，加强认识理解，并且方便快捷，不依赖特定设备，可以随时随地进行学习。线上 VR 课程依托于先进的智能化水厂，对污水处理厂常用的、具有代表性的工艺进行实景呈现，手机端自由参观，并配备引导路线，走近某处理构筑物时会播放语音介绍，具备交互功能，通过点击构筑物，弹出视频讲解，将重难点内容进行形象可视化的展示，是对污水处理厂工艺流程整体认知，让学生提前了解岗位职责和发展方向，为后续实习实践奠定认知基础。

线上 VR 课程为大一、大二认知实习提供了便利，为提高学生理论实践能力学习打下坚实基础，进一步扩充了院校教学资源，助力教育教学改革升级。

3. 产教融合实践中心

《关于深化现代职业教育体系建设改革的意见》提出打造行业产教融合共同体，鼓励学校、企业以"校中厂""厂中校"的方式共建一批实践中心，服务职业学校学生实习实训，企业员工培训、产品中试、工艺改进、技术研发等。由此，北水教育已依托北控水务集团强大的科技和人才力量，对标产业发展前沿，建设集实践教学、社会培训、真实生产和技术服务功能为一体的开放型区域产教融合实践中心，服务于院校高质量人才培养与教育教学改革。

（五）招聘就业

为实现环境专业大学生精准就业，每年举办大型专场招聘会。"美丽中国"环保产业大学生专场招聘会，目前已举办 4 期，全国近百家企业与百余所高校参与了线上＋线下招聘会，累计参与近万人次，线下招聘会学生累计上千名学生，企业共收取简历 2 万余份（图 3）。目前已搭建了就业圈层，为环保产业提供大批量就业资源，为大学生高质量就业通过精准对接平台。

图 3 "美丽中国"环保产业大学生专场招聘会现场

（六）创新创业

北控水务杯中国国际"互联网+"生态环境创新创业大赛面向高校在校生与青年教师，至今已成功举办 5 届，累计参与单位 1031 家，参赛项目 3398 个，17616 名学生、4263 名教师参与，服务专利成果转化 1048 项，与北控水务达成合作意向签约 40 项。北控水务杯中国国际"互联网+"生态环境创新创业大赛总决赛如图4所示。

图4 北控水务杯中国国际"互联网+"生态环境创新创业大赛总决赛

六、推广应用

以行业龙头企业为主体的平台化产教融合实践案例，适用于各个行业领先企业与各大院校相关专业院系之间的产教融合深度合作。

（一）人才培养建立引企入教的有效途径

利用领先企业的行业整合能力，为领域内多学科背景的学生提供具有现代商业思维的企业导师资源。目前，北控水务培养了一批科技创新和产业化人才、企业科学家及领军人才，在智库圈层打造了"讲师—高级讲师—教授级讲师"三级师资体系，已完成327位内部讲师和139位外聘讲师评定，实现人才的跨界提升，为行业转型升级提供保障。

（二）产业学院完善了人才培养的系统体系

通过共建产业学院，充分发挥企业和高校的资源优势，在新专业方向建设、人才培养方案优化、"双师型"教师队伍搭建、课程教材开发、实训基地建设、创新创业教育、学生实习就业、联合科研攻关、科技成果转化等领域开展合作，形成产业链、岗位链、教学链深度融合的培养模式，不断提高学生就业率、创业能力和就业质量。

（三）通过实训与双创建立了学生多样化的成长路径

北控水务实训中心设在全国先进星级水厂，工艺精良，规模宏大，同时配备标准化实验室及专业的师资团队，针对高职、职业大学以及普通本科三类高校设置不同培养模式，为学生提供科技研发、实习实训、创业就业、职业规划等定向辅导，将让不同禀赋和需要的学生能够多次选择、多样化成才，拓宽学生成长通道。

北控水务将在现有平台基础上，持续优化资源整合能力，充分发挥龙头企业对行业专业教育教学工作的主体作用，持续开展专创融合教学方法的创新研究，深化产学研合作实效性与示范性。

案例负责人：朱 蕊

主要创作人：冀广鹏

参与创作人：于立国、朱 蕊、潘 寒

打造"四位一体"跨越式人才发展体系

山东高速集团有限公司人才发展院

山东高速集团有限公司(以下简称山东高速)深入贯彻实施人才强国战略,在人才发展体系建设工作中,不断探索、创新,聚焦组织建设、价值创造、培养工程、体系保障四个方面,打造"四位一体"的跨越式人才发展体系。

一、强化组织建设,为企业提供人才支撑和智力保障

山东高速是山东省基础设施领域的国有资本投资公司,运营管理高速公路8322公里,拥有6家上市公司,是世界500强企业,资产规模1.4万亿元,营业收入2318亿元,致力于打造主业突出、核心竞争力强的基础设施投资建设运营服务商和行业龙头企业,为"交通强省"建设提供有力支撑。"十四五"期间,山东高速提出"双一流"建设目标:建设世界一流企业、世界一流基础设施综合服务商;建立一体、两翼、三驱动的发展格局:一体是基础设施投资建设运营,两翼是工程建设和产融结合,三驱动是产业拓展、改革创新、动能转换,如图1所示。

- **山东高速集团**是山东省基础设施领域的国有资本投资公司,致力于打造主业突出、核心竞争力强的基础设施投资建设运营服务商和行业龙头企业,为"交通强省"建设提供有力支撑。
- **一体**:基础设施投资建设运营;**两翼**:工程建设+产融结合;**三驱动**:产业拓展+改革创新+动能转换

图1 山东高速集团基本概况

愿景的实现要有强有力的人才发展体系来支撑,"十四五"规划中,山东高速大力实施人才强企战略,深层次挖掘人才发展与组织赋能作用,提出重点培养能够突破行业关键技术、发展高新技术产业、带动新兴产业发展的高端人才。

战略实施、人才先行。为搭建集团内部赋能组织与人才的高效能平台,突出人才发展推动集团发展的核心作用,山东高速人才发展院应运而生。2021年6月,山东高速人才发展院(以下简称人才发展院)正式成立,作为集团公司直属机构,负责集团人才发展与人才培养工作(图2)。

图 2　山东高速集团人才发展院成立

人才发展院确立了"成为基础设施综合服务产业人才发展高地"的发展愿景，致力为山东高速跨越式发展提供组织助力与人才护航；提出践行 123456 发展战略，即实现一个愿景、明确两大定位、建设三支队伍、培养四种能力、深耕五项功能、提质六大板块（图 3）。

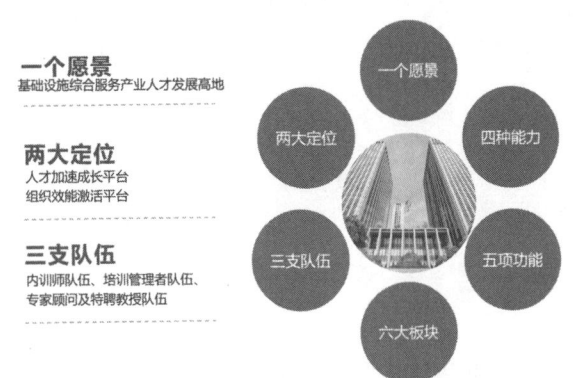

图 3　山东高速集团人才发展院 123456 发展战略

二、深化价值创造，赋能人才发挥业务发展引领作用

人才发展院在摸索中形成了一套科学系统的人才培养价值观。一是"以终为始"。"以终为始，方行更远"，这是保障人才培养成效的关键。二是"上承战略、下接绩效"。不仅要实现战略愿景，更要帮助员工提升个人能力和绩效水平，这是人才培养的价值所在。三是以"助推发展、业务提升、问题解决"为导向。将人才培养与业务发展密切链接，解决业务问题，这是人才培养的实际意义。这三个理念是指导工作开展的"三个法宝"。人才发展体系在价值创造方面有三大支柱，分别是战略支撑、业务赋能和品牌打造。

（一）战略支撑

聚焦集团战略落地和业务发展对人才培养的需求，强化战略性成果输出（图 4）。一是领导力研修班形成《基础设施投资建设业务进军城市市场研究》等 8 个课题报告，共计 21 万字，为集团战略探寻路径。二是商业骨干班组建产业研究院（虚拟），形成 8 个产业报告，为集团提供前沿决策参考。三是青年人才班产出论文、专利等成果 21 项，部分实现业务应用并取得创收，激活业务创新发展活力。

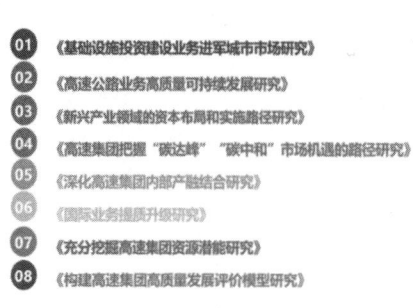

图 4　战略性成果输出

（二）业务赋能

准确把握集团业务提升需求，推动员工加速成长，助力业务改进和发展提升（图 5）。

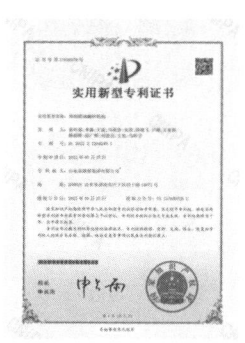

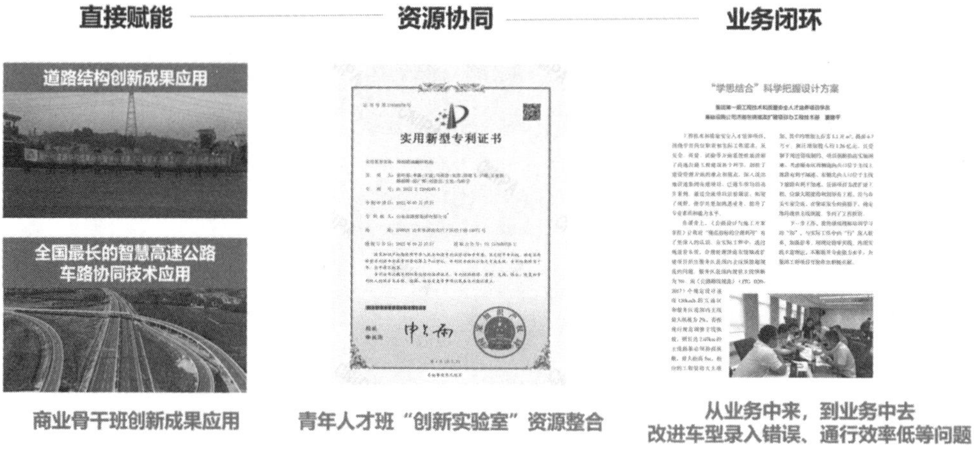

图 5　学习成果落地

1. 商业骨干班开展行业研究

制定《高速公路车路协同》等产业研究报告，其中一名学员已成长为智慧高速板块的技术领头人，助力集团建设完成全国最长的智慧高速公路——京台高速泰安至枣庄段改扩建项目，实现车路协同技术的有效落地，对后续的无人驾驶技术产业的进步起到推动作用，得到中央电视台、人民网、人民日报的争相报道。

2. 青年人才班成立创新实验室

不同业务条线、不同职能分工的学员，组成业务小组，群策群力研究创新业务问题，申报实用新型专利，有效促进集团内部的资源整合，发挥出内部创新的集聚效应。

3. 收费站站长班引入行动学习

坚持从业务中来，到业务中去，还原业务场景，对于实际业务存在的问题，使用行动学习工具，群策群力分析原因、制定措施、付诸实践，有效改进车型车牌录入错误、通行效率低等业务问题。

（三）品牌打造

人才发展院依托科学系统的人才发展理念，高质高效推动人才培养工作开展，发挥讲师内训化、运营数字化、场地集约化作用，降低培养成本约5024万元，减碳约9.6万吨，有力促进"降本增效"和"节能减排"，实现了品牌价值的深度塑造。

同时，按照"一年打基础、三年创品牌、五年争一流"的发展规划，深入开展组织经验萃取，沉淀人才工作经验，在《大众日报》《山东国资》等发表重要文章（图6），积极在行业内分享人才理念、传播品牌价值，塑强品牌形象。

《大众日报》《山东国资》等重要文章发表

图6　相关重要文章

过去一年中，人才发展院获省政府、省交通运输厅批示2次，省部级奖项2项，市厅级奖项10项，行业奖项35项，全面深化塑造品牌影响力（图7）。省领导也给予充分肯定并做出专门批示，指出人才发展院为省属企业人才培养蹚出了新路子。

图7　奖项荣誉

三、聚焦培养工程，推动人才与企业相互促进、共同成长

人才发展院探索建立系统规划与重点培育于一体的人才培养工程，致力于实现员工与企业深度绑定、同频共振、相互促进、相互成就。

（一）系统规划全员学习生态

打造山东高速集团全景化学习地图，以实现集团全岗位、全序列人员赋能提升。在全景化学习地图中，以全景化、梯队化人才发展学习路径为中心，实现纵向覆盖各管理层级、横向覆盖各业务条线的两个覆盖（图8）。全景化学习地图的具体呈现，让员工自身和企业管理者都能直观看到人才的成长和组织的进步。

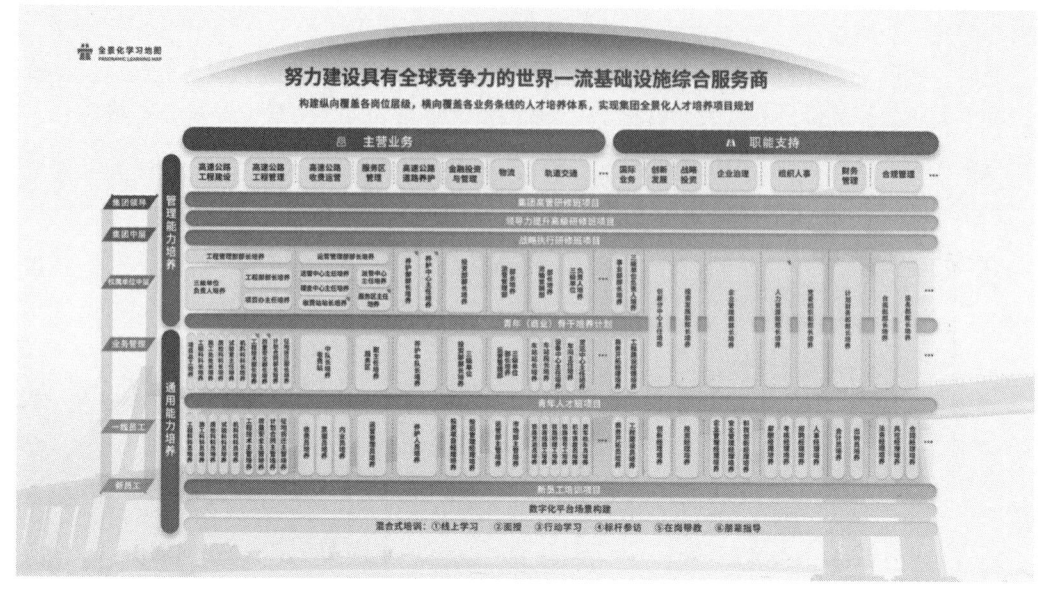

图8　山东高速集团全景化学习地图

1. 员工层面

能够了解岗位胜任要求，通过岗位地图，匹配能力标准、课程体系、讲师资源、测评工具、学习方案，制定岗位发展规划，促进任职能力提升。

2. 团队负责人层面

能够掌握团队成员的能力测评结果，了解员工岗位胜任情况，通过课程推送、在岗带教、对标学习等方式弥补员工的短板弱项，整体提升团队能力。

3. 单位领导层面

管理者能够浏览单位人员的能力标签，了解人才储备情况，合理进行人员调配，建立人才与单位的链接，整体提升公司人才水平和业务发展能力。

山东高速全景化学习地图，是人才培养的顶层规划，创造了极大的价值。一是实现全集团、全业务、全岗位的覆盖，从集团战略高度出发，拆解到业务落地推进；二是构建了自主化知识管理体系，如课程体系、内训师体系、运营体系建设等，形成了知识萃取和经验传播的"山高管理之道"；三是聚焦岗位，搭建职业发展路径，加速员工在岗位上的成长。这些工作极大提高人才培养效能，最终实现员工与企业的共同成长、相互成就。

全景化学习地图是山东高速人才发展院打造的规划体系类建设工程，在探索中前进，不断丰富全景化学习地图的内涵、价值和意义。从宏观角度来看，集团战略的落地，体现在主营业务及职能部门的业务赋能。从中观角度来看，体现在集团各细分业务板块的组织发展。从微观角度来看，体现在员工绩效、岗位能力提升及成长路径。山东高速集团运用全景化学习地图的多层次"下沉"路径，是实现全景化学习地图"上下协同""密切联动"的重要手段。

（二）重点打造人才雁阵计划

山东高速在全景化学习地图基础上，进一步识别关键岗位，按照年龄、职级、业务领域等重要维度，系统打造人才雁阵计划，培养管理人才、产业人才、技能人才、青年人才，形成强大聚合效应，如图9所示。

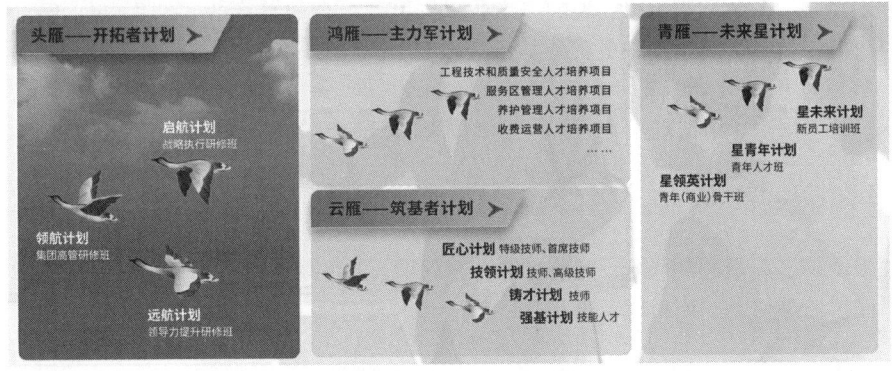

图9　山东高速集团人才雁阵梯队

对头雁管理人才，实施开拓者计划。突出管理者对战略格局、企业治理以及集团中层对领导力、执行力提升的培训需求。包括高管研修班、领导力研修班、执行力研修班等，涵盖中层正职、副职，2022年累计培养300人次。

对鸿雁产业人才，实施主力军计划。突出业务群体对专业知识、综合素质的培训需求。包括收费站站长、服务区主任、工程部部长等，专业板块业务人员，累计培养约5000人次。

对云雁技能人才，实施筑基者计划。突出技能提升和评定，畅通技能人才成长通道。以技能人才赋能、技能等级评价、技能岗位认证、技能人才发展"四大中心"为抓手，建立技能人才培养、评价、认证、使用机制。以学习资源、专业人才、基础平台"三大支撑"为保障，构建"四位一体"高质量技能人才发展平台，如图10所示。

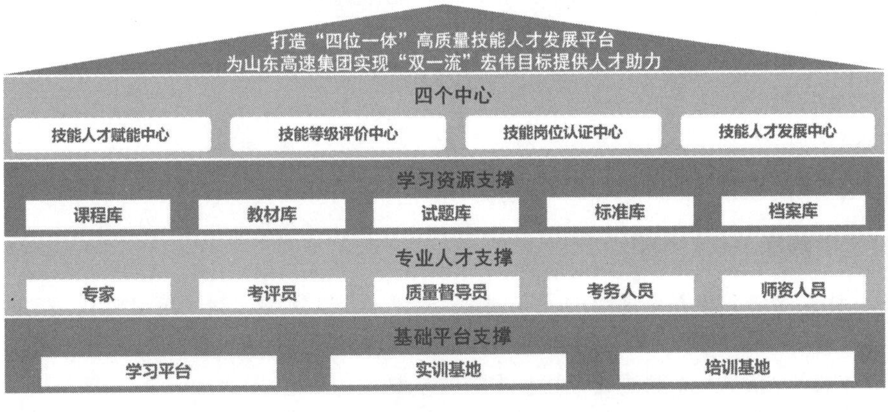

图10　山东高速技能人才发展体系架构图

以技能等级评价为载体，制定收费及监控员国家标准，获得31个职业，74个工种技能等级自主评价资格；2个职业，3个工种技能等级社会评价资格，累计评价5000余人。

对青雁青年人才，实施未来星计划。突出青年群体对商业能力、开拓创新能力、适应力提升的培训需求。包括青年商业骨干培养计划、青年人才班、新员工项目等，去年累计培养1800人次。

青雁计划尤其注重青年人才培养网络的建设。纵向，围绕从聚焦"融入""修己""待人""理事""筑业"5大核心能力的新员工培养，到采取"六型山高能力模型""五线并行方法"培养的优秀青年员工，到以"产业为本、战略为势、创新为魂、金融为器"为理念培养的青年商业骨干员工；横向，结合青年人才成长的多个业务维度，打造覆盖商业、工程、创新、数字化等业务序列网络，发展各产业板块的青年队伍力量。

四、落实体系保障，筑牢人才发展的坚实内容根基

（一）知识资源保障

为加强内部知识资源的收集、整合、传递和利用，山东高速系统化推动"六库工程"建设，分别是课程库、讲师库、项目库、案例库、成果库、专家库。如图11所示。

图11 山东高速集团"六库工程"建设

1. 打造课程库

围绕集团发展优势，深入萃取组织经验。累计开发内部课程总计达到1300门。

2. 打造讲师库

秉承"让优秀的人培养更优秀的人"理念，构建师资队伍"1234"培养机制，开展"薪火、薪传、薪星、薪研"系列培养计划。自主培养讲师队伍，累计培养423名，强化"人、岗、课、师"的资源匹配，推动人才加速成长和组织经验萃取。

3. 打造项目库

分层次推动人才工作开展，打造品牌项目、特色项目、精品项目，同时将成熟项目标准化，提高人才培养效率。

4. 打造案例库

沉淀组织经验，梳理发展样例。开展案例大赛，划分战略、业务、管理类案例，制定案例白皮书。

5. 打造成果库

催化培养成效，提升业务发展助推作用。通过人才培养工作，共形成产业研究报告、对标调研报告、行动学习报告、论文、著作等 100 余篇，成果丰硕。

6. 打造专家库

组建顶层规划、学习技术、人才发展、产教融合、风险防控等专家委员会，充分发挥专家、委员的决策建议等智库作用。实现山东高速人才培养的高起点规划、高标准建设、高标准运营。

（二）数智生态保障

打造集知识管理、师资管理、学习运营、数据统计于一体的数字化学习平台—"高速 e 学"（图 12），建立集团覆盖全员、服务全产业链的数字化学习生态。目前，平台用户 4.8 万人，人均学习时长 88.6 小时。上线一周年以来，"高速 e 学"实现数智化 3.0 转型升级，打造"五心五力"学习平台。

图 12 "高速 e 学"数字化学习平台

1. 搭建在线学习中心

建设数字图书馆，上线课程资源 7000 门，各类图书资源 3 万册，题库试题 4.6 万道。

2. 搭建资源共享中心

打造"师说""了不起的 TA""高山仰止·技术顶流"三档直播栏目，分享典型做法和优秀经验，开展 20 期，吸引超 8 万人次学习，让知识分享蔚然成风（图 13）。

图 13　数字化资源共享中心

3. 搭建教学管理中心

满足全员"测、学、练、考、评"需求。通过需求分析、项目设计、进度监控、绩效跟踪、数据挖掘等功能，为组织及用人决策提供良性参考。

4. 搭建文化宣传中心

设立信仰之光、创新之术、幸福之源专栏，上线内部文化课程，传承山高文化、助力基业长青。

5. 搭建人才发展中心

开展人才评估和人才盘点，建立可视化学习地图，成长路径一目了然，推动员工实现能力成长和职业发展双提升（图14）。

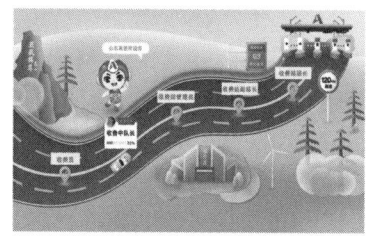

图 14　数字化人才发展中心

"高速 e 学"经过一年的科学谋划和精心运营，目前已经成为集团打造全员学习生态、建设学习型组织的重要支撑，是山东高速重要的学习和文化阵地，更成为了链接集团与员工的重要载体。

山东高速打造跨越式人才发展体系，不是一蹴而就的，而是一步一个脚印，在深入调研、科学部署、细致谋划的基础上，想公司之所想，急业务之所急，谋员工之所需，在成长与进步中，逐步探索而来的。

以上4个方面，共同形成山东高速的人才发展体系，将人才发展院打造成了助推山东高速成长的强力引擎。在人才发展体系的基础上，山东高速朝着建设成为省属国企人才培养高地的中期发展目标更进了一步，也更加有信心，更加有底气，为山东高速建设成为世界一流企业，提供更强劲的人才支撑和智力保障。

人才事业任务艰巨、责任重大、使命光荣，山东高速人才发展院还有很长的路要走。接下来将以久久为功的耐力和发展创新的活力，用科学发展的方法建设巩固好人才发展体系，走好人才发展之路。

案例负责人：钟　霞

主要创作人：李恩宗

参与创作人：李中玉、侯国庆、刘德文、王兴政、闫相国

构建人才工作格局　打造东线人才高地

中国南水北调集团东线有限公司

一、企业简介

中国南水北调集团东线有限公司（以下简称东线公司）是由中国南水北调集团有限公司独资控股的国有企业。公司作为东线一期新增主体工程的统一管理单位，负责东线工程统一调度和资产经营管理。东线一期工程自 2013 年通水以来，已完成 9 个调水年度的供水，工程运行安全平稳，水质稳定达标。截至 2023 年 3 月底，东线工程累计抽江水量超 405 亿立方米，调入山东省水量近 60 亿立方米，有效发挥了东线一期工程的综合效益。

公司自 2014 年成立以来，始终坚持提升人才服务意识，将人才发展贯穿涉水产业链打造的全过程之中，不断提升对人才的吸引力、凝聚力、向心力，充分释放人才创新发展的内在活力和强大动力，为推动公司高质量发展提供重要人才支撑，为把公司打造成为国际一流投建营一体化水利标杆企业打好人才基础。

二、构建人才工作管理格局的背景

党的二十大报告指出，教育、科技、人才是全面建设社会主义现代化国家的基础性、战略性支撑。人才强则国家强，人才兴则政党兴。立足南水北调事业欣逢最好发展时期、面临更高发展要求的历史方位，奋力推进企业管理运营体系现代化，服务中国式现代化，统筹推进南水北调集团、东线公司、东线工程、东线员工和沿线经济社会"五位一体"高质量发展对人才建设提出了新的更高要求。通过优化人才遴选机制，健全人才引育机制，完善人才评价机制，全方位构建人才工作格局，切实将党中央部署的人才强国战略落实到企业发展实践中。

三、主要做法

（一）完善机制，构建人才工作联动格局

始终坚持党管人才原则。建立健全党管人才工作机制，形成党委统一领导、人事部门牵头抓总、所属各单位各负其责的人才工作格局。明确各单位的职能职责，充分激发和调动各方面抓人才工作的积极性、主动性和创造性。公司按照精准、精简、高效的现代企业治理要求，优化内设机构及人员职数。

（二）优化政策，构建人才汇聚工作格局

以优化管理、提升效能为目标，组织修订了公司绩效管理办法，构建充分体现知识、技术

等创新要素价值的激励机制，实现人才与事业相生相长、相互促进的良好局面。以营造风清气正的文化氛围为目标，制定公司员工违纪违规处理办法、全面激励办法，从制度层面明确员工行为负面清单、调动员工的积极性和创造性，切实做到用政策聚集人才，用事业留住人才。

（三）科学谋划，构建人才引育工作格局

以"坚持系统观念、坚持立体思维、坚持动态谋划"为原则，综合考虑用人主体、业务需求、公司发展3个维度对人才队伍的需求状况，注重专业、知识、经历、年龄等因素的合理配置，分层次建立人才引进模式，实现各类人才需求精准有效供给。以公司战略实施所需为出发点，内培外训，精准选题、精准选师、精准选课，年度培训坚持面向重大业务开拓、重大风险化解、重点项目建设，力争实现公司发展与人才培养双丰收。

四、取得成效

（一）人才选用机制日趋完善

2022年5月，东线公司顺利完成公司制改制工作，为继续深化三项制度改革奠定了基础，打开了空间。全年共选拔任用和交流调整17名中层干部，以竞聘方式组织开展了处级以下员工职位晋升，切实做到双向选择、竞聘上岗、择优聘任，不断激发人才队伍干事创业活力。

（二）人才发展基础更加夯实

2022年10月，东线公司编制印发了新"三定"并调整落实机构人员到位，通过对有关部门采取合署办公方式，减少协调成本，进步健全组织保障机制，更好服务人才高质量发展。把做好人才工作作为抓好基层党组织建设的首要任务，推荐徐州分公司党支部申报并获得中央和国家机关"四强"党支部称号，把党组织优势转化为推动人才工作的力量优势、制胜优势，持续夯实东线事业发展人才基础。

（三）干部员工素质稳步提升

创新人才培养模式，通过现场实践锻炼、地方挂职锻炼、借调岗位锻炼等方式，全年累计有17人次借助锻炼平台提升能力水平。积极推荐优秀人才，组织专业人才申报全国青年档案业务骨干、中央企业优秀青年科技人才和技术能手、中国水利发电工程学会"青年人才托举工程"项目等荣誉称号。丰富培训形式，加大培训线上线下、内外结合力度，发挥培训网络平台作用，组织开展好国企改革、法治合规、安全生产等专项培训，有效提高人才队伍素质水平，为公司"十四五"发展提供坚实智力保障。2022年，公司硕士及以上人员80人，占员工总人数的40%，较上年同比增长2.56%；高级以上职称人员69人，占总人数的34.84%，较上年同比增长5.06%。

（四）科技创新工作取得实效

开展创新人才培养，联合水科院、南科院、清华大学等10家单位成立科技创新攻关团队，依靠项目资源成功申请"十四五"国家重点研发计划项目。探索"知识产权＋人才"协同培育

路径，组织开展国家重点研发计划——水资源高效开发利用重点专项成果管理工作，获得发明专利1项。开展团队攻关，结合多水源均衡配置、关键信息领域科研项目、数字孪生工程建设等研究工作，成立工作专班及项目团队，营造资源整合、优势互补的创业氛围，为东线工程数字赋能工作奠定基础，助力科技创新取得实效。

案例负责人：胡周汉
主要创作人：李　响
参与创作人：刘秀娟、李亚鹏、袁　园、胡元帅、杨　阳、许开健

围绕改革大局 对标世界一流 坚持人才引领
——加快新时代市场化销贸队伍建设

中海石油气电集团有限责任公司

为全面贯彻落实党中央、国务院关于国企改革三年行动方案和中国海洋石油集团有限公司（以下简称集团公司）深化三项制度改革实施方案要求，根据中海石油气电集团有限责任公司（以下简称气电集团）销售体制改革整体部署，以"优化贸易体系，增强资源竞争实力；优化销售体系，增强市场掌控能力"为方向，推进资源采购、市场销售两支队伍建设。

一、整体思路

坚持以习近平新时代中国特色社会主义思想为指导，深入领会国有企业改革的重大意义，以集团公司《深化三项制度改革实施方案》为重要依据，进一步优化气电集团销售体制，积极贯彻落实集团公司党组对气电产业"十四五"规划目标，紧紧抓住后管网时代的新发展机遇，在兼顾外部竞争性和内部公平性的基础上，向外对标行业一流企业，向内开展业务现状和管理机制诊断，构建选聘标准化、管理契约化、薪酬市场化的销贸队伍管理体系，做优做强资源采购、市场销售两支队伍，助力气电集团天然气产业取得新的突破、再上新台阶。

二、行业对标

为了着力解决资源采购、市场销售两支队伍三大问题：队伍规模与业务匹配问题、职业化能力建设问题和队伍可持续发展问题，围绕"岗位职级、绩效考核、薪酬分配"三体系，主要就岗位序列划分与层级体系设计，绩效管理理念与指标考核体系，薪酬策略及绩效结果应用与奖金兑现等进行深入对标。通过全面对标诊断，获取行业优秀管理理念与实践，查找短板弱项，明确管理提升目标，为两支队伍建设实施方案设计和决策提供支持。

（一）对标对象选取

结合石油天然气行业性质和气电集团战略规划、体制机制及业务特点，选取4家在同行业中具有一定影响力、兼具优秀经营业绩和先进管理实践的一流企业，作为对标对象（表1）。

表1 对标对象基本情况

对标对象		基本情况
国际综合性石油公司	公司A 石油天然气行业世界前十强	经过多年经营与不断优化，探索出了系统的、具有行业引领性的人力资源管理体系，具有职责清晰的岗位职责、岗位层级体系和职业发展通道。
	公司B 全球成品油及LNG供应商前十强	采用科学的、与业务特点相匹配的绩效管理与薪酬体系。

续表

对标对象		基本情况
国际石油贸易公司	公司C	全球独立石油贸易公司前十强	具有明确的绩效管理理念和基于战略分解的指标体系，绩效结果与奖金挂钩，同时采用目标奖金制与利润提成制，并根据前台与中台的不同性质进行差异化设置。
国内石油贸易公司	公司D	中央企业出资组建的石油外贸公司	基于三项制度改革的要求，对于其贸易业务职能的优化经过3年的探索与实施，现已初具一定的成效，其岗位体系、绩效与薪酬体系，既锚定国际一流企业，同时又紧密结合其实际要求，打造出具有自身特色的人力资源管理模式。

（二）对标内容

1. 岗位职级体系设计及序列划分

岗位职级体系是人力资源管理中非常重要的一环，是搭建人才发展通道的重要保障，包括关键职能、岗位职级、职业发展通道等。气电集团在现岗位职级体系基础上，开展对标，主要聚焦企业内部不同岗位职能特点和职责分工差异，在岗位职级体系设计、岗位序列划分等方面的实施方法和效果（表2）。

表2 岗位职级体系对标情况

公司	岗位职级体系设计	岗位序列划分
国际综合性石油公司	采用体现岗位价值的职级体系，对不同岗位进行岗位价值评估，同一层级岗位存在价值的高低差异。	对岗位序列进行细化管理，专业序列按前中后台进行划分，定义序列所含岗位，对前中后台岗位进行差异化管理与激励。
国内石油贸易公司	体现岗位价值差异，不同规模/体量的机构/部门负责人的岗位级别均存在差异，充分考虑不同岗位对公司的差异化贡献，有效衡量投入与产出。	建立细分序列职业发展通道，大序列下进行细分管理，贸易序列细分为交易、市场、分析和执行四个子序列，便于加强不同专业领域人员发展通道的建设以及进行精准激励。
气电集团	现行的岗位职级体系以行政级别为主要依据，同一层级岗位未体现岗位价值差异。	未建立独立的资源采购市场销售序列，并区分采购和销售人员职能差异，进行差异化管理。

2. 绩效管理理念及绩效指标体系

绩效考核体系是通过考核评价，鼓励员工持续提高绩效水平，助力公司实现经营战略目标的有效工具，为员工级别调整、薪酬分配、评奖评优及岗位变更等提供依据。气电集团在现绩效考核体系基础上，开展对标，主要围绕评估绩效表现、识别履职能力和业绩指标选择等绩效考核核心，在绩效管理理念、绩效指标体系等方面的导向和做法（表3）。

表3 绩效考核体系对标情况

公司	绩效管理理念	绩效指标体系
国际综合性石油公司	侧重基于市场的战略制定与分解，强调战略一致性、战略支撑性，中短期目标相结合；侧重与战略分解匹配的目标管理与预算管理，强调过程管理、过程监控；各业务板块支撑公司战略落地，强调战略协同，关注不同业务间的平衡发展。	采用基于目标管理的关键业绩指标考核，年初设定预算目标并进行分解，将预算目标作为考核基准。其中，针对前台员工，主要考核销售额、利润等业绩指标；针对中后台员工，主要考核基于平衡计分卡分解的个人绩效考核指标与基于公司价值观的行为考核指标。

续表

公司	绩效管理理念	绩效指标体系
国际石油贸易公司	侧重外部市场,强调市场行情或机遇的把握,强调财务结果;侧重收益最大化而非目标达成率,强调结果导向,淡化过程管理;各业务板块独立运作,盈亏随市场波动。	关键业绩指标侧重利润、业务量等财务指标,预算目标不作为考核基础。其中,针对前台员工,主要考核利润、客户开发数量等业绩指标;针对中台员工,主要考核客户关系、数据准确性等指标;针对后台员工,主要基于部门与岗位职责制定考核指标。
国内石油贸易公司	兼顾战略导向与利润导向,兼顾目标管理与业绩管理,兼顾预算管理与核算管理,兼顾过程管理与结果管理。	组织绩效指标包括业绩合同考核、业绩贡献及专项任务。个人绩效指标包括基于组织业绩合同分解的个人业绩合同、能力评价及专项任务。其中,针对前台和中后台员工,分别执行两套业绩合同和能力评价的考核权重。
气电集团	考核关注目标与预算达成率,兼顾战略导向与利润导向,兼顾目标管理与业绩管理,兼顾预算管理与核算管理,兼顾过程管理与结果管理。	采用基于目标管理的关键业绩指标考核,年初设定预算目标并进行分解,将预算目标作为考核基准。虽具有明确的组织绩效考核指标,但部分指标未能量化分解到岗到人,未签订个人业绩合同。

3. 薪酬策略及分配方式

薪酬分配体系是基于行业/区域薪酬水平及本企业经营效益情况,在特定薪酬架构下,根据员工岗位性质、工作特点和工资级别等确定基本薪酬标准,并结合绩效表现给予奖金兑现等激励的保障系统。气电集团在现薪酬分配体系基础上,开展对标,主要着力于充分激发员工活力动力,提升工作效率与质量,总结在薪酬策略、总额分配、奖金兑现方式等方面的经验与成效(表4)。

表4 薪酬分配体系对标情况

公司	薪酬策略	薪酬总额分配	奖金兑现方式
国际综合性石油公司	不同序列岗位对标各自市场水平,核心岗位薪酬对标市场中高位水平;通过岗位价值评估,体现职级差异,从而体现薪酬水平差异。	预算目标完成对应不同的考核系数,通过考核系数平衡奖金分配,奖金分配上有封顶、下有保底,从而确保业务线奖金上下限的平衡。	采用目标奖金制,贸易人员以团队目标为考核基础,确定兑现奖金额度,且与公司整体业绩挂钩;市场人员奖金与目标完成率挂钩。
国际石油贸易公司	以属地标准为基础,确定薪酬水平,中后台人员精简,根据所需岗位人才要求,精准对标确定薪酬水平,薪酬整体处于市场中高位水平。	根据实际利润考核,不考核预算完成情况,公司不根据业务难度做平衡,不同业务线之间没有奖金平衡,各业务线自负盈亏。	贸易人员采用利润提成制,其他岗位采用目标奖金制,其中,贸易人员以团队实际创造的利润为基础,给予团队一定提成比例的奖金;市场人员实行利润分成考核,提成与实际利润挂钩。
国内石油贸易公司	针对不同序列、不同岗位设置适合其应用的绩效薪酬挂钩制度,通过岗位价值、序列、绩效系数、地区系数保障业务部门与职能部门间薪酬的合理差异。	预算目标完成对应不同的考核系数,通过经营难度系数体现业绩实现难度差异,通过利润贡献大小、利润成长性和经营难度决定考核系数,做到奖金分配的合理差异与平衡。	采用利润提成制与目标奖金制相结合的方式,其中,贸易人员采用利润提成制,实际兑现额度与个人考核结果挂钩;市场人员采用目标奖金制,与组织绩效完成情况挂钩。

续表

公司	薪酬策略	薪酬总额分配	奖金兑现方式
气电集团	市场化业务岗位薪酬水平缺乏外部竞争力，同层级岗位未体现岗位价值差异，薪酬水平差异较小。	预算目标完成对应不同的考核系数，但未设置经营难度系数体现业绩实现难度差异。	采用目标奖金制，与组织绩效完成情况挂钩，与个人业绩完成情况关联度不高，未体现业绩导向。

（三）对标结论

经与行业一流企业对标，明确气电集团资源采购、市场销售两支队伍在岗位职级、绩效考核和薪酬分配三体系中的问题：一是未建立体现岗位价值差异的岗位职级体系，并实施序列细化管理；二是组织及岗位绩效指标设计及分解不够到位，绩效考核结果应用不够深入；三是关键岗位薪酬水平行业竞争力不足，未建立挂钩业绩考核的分配模式。

三、提升措施

按照"分类实施"原则，对销贸序列岗位进行细化管理，将销贸序列划分为资源采购和市场销售2个子序列，资源采购子序列区分前台和中台，均分别设计不同的岗位职级、绩效考核及薪酬激励体系，以加强不同业务领域人员发展通道的建设，并对其进行差异化管理和精准激励，激活两支队伍活力。

（一）岗位职级体系

通过外部对标，采用国际通用的岗位价值评估方法，梳理岗位设置、评估岗位价值，构建国际一流、国内领先的选聘标准，形成人岗匹配、能上能下的销贸序列岗位职级体系，体现差异发展路径。

（二）绩效考核体系

通过优化业绩考核导向，优化组织及岗位绩效指标设计，打造契约化管理的考核模式，完善关键岗位与关键指标挂钩的考核体系，实行差异化考核。

（三）薪酬分配体系

与行业对标，完善整体奖酬方案，建立对标市场化的薪酬机制，优化收入与业绩直接挂钩的分配模式，实施精准激励，建立前中台业绩联动的分配体系，增强薪酬行业竞争力。

四、主要成效

经对标4家行业一流企业，梳理661个销售体制改革前采购销售岗位，并针对其中450个销售前台岗位，形成标准化岗位名称229个，开展43场中高层管理者访谈及50场岗位价值评估沟通，完成260多个改革后采购销售岗位价值评估，形成资源采购、市场销售两支队伍建设实施方案。

（一）新建采购销售序列岗位职级体系

新建采购销售序列，分设资源采购和市场销售 2 个子序列，突出岗位价值和业绩晋升"能上能下"，以加强不同业务领域人员发展通道的建设，并进行差异化管理和精准激励，激活两支队伍活力。

一是建立市场化的岗位职级图谱。采用国际通用的岗位价值评估工具，结合企业实际情况通过四因素、十维度，以及系统性调研访谈，全覆盖评估岗位价值（图1），确定跨职能、跨部门和跨区域不同岗位之间的内部相对价值，建立独立运行的市场化职级图谱（图2）。

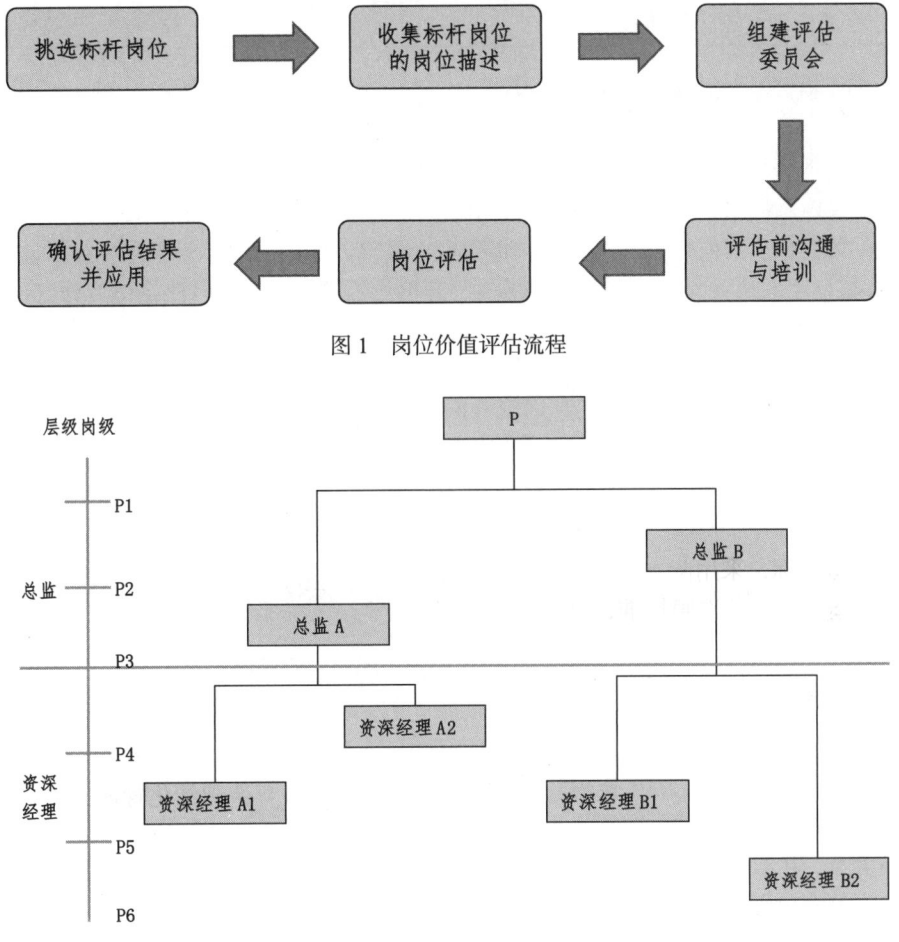

图 1　岗位价值评估流程

图 2　岗位职级图谱示例

二是明确人岗匹配的任职资格标准。将岗位要求和员工能力素质要求统一，强化人岗匹配，在现有任职资格管理体系基础上，新增业绩和能力素质要求，并建立能力素质模型。其中，关键岗位突出能力要求，关注未来潜力，任职资格中增加能力评价结果应用，其他岗位上岗以任职资格和业绩要求为主。

三是新建业绩导向、能上能下的晋升规则。全员竞争上岗，建立业绩导向的考评晋升制。其中，层级内晋升只看业绩积分条件，层级间晋升须符合业绩积分、从业年限及能力要求等条件。业绩优秀者可快速晋升（表5），业绩末位者强制"下"，业绩考评结果"优秀"及"不称职"

人员比例与组织绩效考评结果正向联动。同时，着力培养复合型人才，建立鼓励优秀骨干多岗位锻炼的"之"字型晋升规则。

表5 层级内晋升示例

历时年数	高级经理A	高级经理B	高级经理C
4		P7	
3	P7	P8（优秀+3）	（淘汰/降级）
2	P8（良好+2）	P8（不称职-1）	P8（不称职-1）
1	P8（优秀+3）	P8（优秀+3）	P8（不称职-1）

（二）确定个人业绩指标考核方案

强化业绩考核导向，高效发挥"指挥棒"作用，优化组织及岗位绩效指标设计，建立关键业绩指标库及衡量规则，推动公司战略目标和年度计划层层分解、层层压实。根据不同的业务定位和岗位性质，落实前中后台岗位差异化考核，其中，针对前台岗位实行与业绩指标挂钩的考核体系，签订个人绩效合同，进行契约化管理，并推进考核结果在晋升激励等方面的深化应用。

个人绩效合同以关键业绩指标为主，完全承接组织的业绩目标，并基于不同的岗位层级、工作职责及岗位价值，每个人考核的业绩指标项及目标值均不相同，且分层设定为基础目标、奋斗目标及挑战目标；岗位层级相同，岗位价值越高的职位，业绩目标值越高。

前台岗位绩效考核等级分为优秀、良好、胜任和不胜任四级，结合个人业绩完成情况和组织绩效考核情况评定，即以个人业绩考核得分为门槛值，同时将各等级分布比例与组织绩效考核情况挂钩。

（三）建立"岗位价值+能力水平+业绩贡献"市场化分配体系

通过外部市场对标，新建市场化的工资表，建立薪酬与业绩挂钩的高弹性、高浮动分配模式，打破高水平大锅饭，构建有市场竞争力的薪酬分配体系，增强薪酬行业竞争力。

一是单独设计市场化的工资表。根据对标情况和气电集团实际，基于市场实践和岗位价值评估，新建前台岗位市场化的工资表，薪级和档位调整主要与个人业绩考核情况挂钩。

二是建立挂钩业绩考核的高弹性目标奖金分配模式。为保持内部公平性，提升前台人员的积极性和活力，在与市场薪酬对标的基础上，进一步增加高岗位人员浮动收入占比，且前台岗位全员年终奖金包由业绩考核结果决定；个人绩效奖金，由基于岗位价值的员工岗位系数和个人绩效系数构成。

三是优化前中后台业绩联动的分配体系。实行前中后台薪酬联动分配机制，中后台岗位全员年终奖金包与前台联动，由中后台奖金基准和前台组织绩效考核系数构成，个人绩效奖金与个人绩效考核结果及岗位价值挂钩。

案例负责人：李　磊
主要创作人：田　露
参与创作人：蒋　涛、李　想、王　岚

构建人才价值与人才发展工程，推动人才工作体系变革

中建三局一公司人力资源部（干部人事部）

全球经济快速发展，数字化、信息化、智能化时代已到来，人才市场正发生着翻天覆地的变化，企业组织和人的关系也面临重塑。对于企业人力资源管理来说，传统的管理方式已经不能满足企业发展的要求，数字化背景下企业的人力资源管理必须不断更新认知、理念，紧跟时代变革和企业战略，变革人才工作体系以快速提升人才管理能力、筑强人才队伍、支撑高质量发展。

中建三局一公司对人才管理存在的问题进行了深入的分析，以战略引领与价值创造为内核，打造人才价值和人才发展两大工程，围绕人才价值链构建指标体系、优化管理机制，从认知、理念、体系上对人才工作进行升级和统一。本文通过剖析中建三局一公司人才工作体系创新实践，为大型国企人力资源管理的理论发展和实践应用提供一定的借鉴和启迪意义。

一、人才工作体系变革的迫切性和重要性

（一）变革人才工作体系，实现人才强企战略

习近平总书记在党的二十大报告中强调人才引领驱动，首次将教育、科技、人才统筹部署、一体推进，赋予人才新的战略地位、使命价值。完善人才工作体系是实施新时代人才强国战略的迫切需要，而变革创新企业人才工作体系是实现人才强企战略的迫切需要。

面对新一轮科技革命和产业变革的迅猛发展，企业应积极响应党人才引领驱动思想，开展人才工作体系自我变革、优化提升，从人才价值和发展双向发力、促进战略协同，在更高起点、更高层次、更高目标上对人才强企作出顶层设计和战略谋划，统筹当前和长远、全局和重点，实现高质量发展。

（二）解决人才管理痛点问题，提高人均效能

随着经济下行压力增大，人口红利逐渐消失，企业在发展过程中人力资源领域的矛盾和短板日渐显现，给人才管理带来了诸多挑战。人才的成本与价值如何均衡、人才的培养与激励如何精准、人才的发展与企业发展如何同频、人才工作的成果和投资收益如何量化评价、人才的聚集力和吸附力如何提升等问题制约着企业的高质量发展。在外部行业变革加剧、内部发展目标更高、人才竞争愈加激烈的大环境下，我们亟需变革人才工作体系，系统性地解决这些难点、痛点问题，从而提升企业的人均效能和人才发展质量。

二、构建两大工程，全面升级人才工作体系的管理实践

行业内的竞争已经白热化、越来越激烈，市场的竞争、技术的竞争、管理的竞争，归根到底是人才的竞争。企业要奋起突围，需要快速提升人才优势，推动人才体系变革也就势在必行。结合当前人才工作现状，中建三局一公司创新性提出人才价值和人才发展两大工程，并完善管控机制、评价工具、办公平台，推动人才工作体系升级。一方面，聚焦人力资本总量，从宏观上以价值链为核心进行人才管理，从更加长远的角度去规划人力资本给企业带来的中短期价值和长期价值。另一方面，聚焦人才个体，从微观上打造精准识别、精准培养、精准激励的人才发展管理工具，以更加系统的思维建立"能力储备＋价值实现"双线增长的人才发展平台，如图1、图2所示。

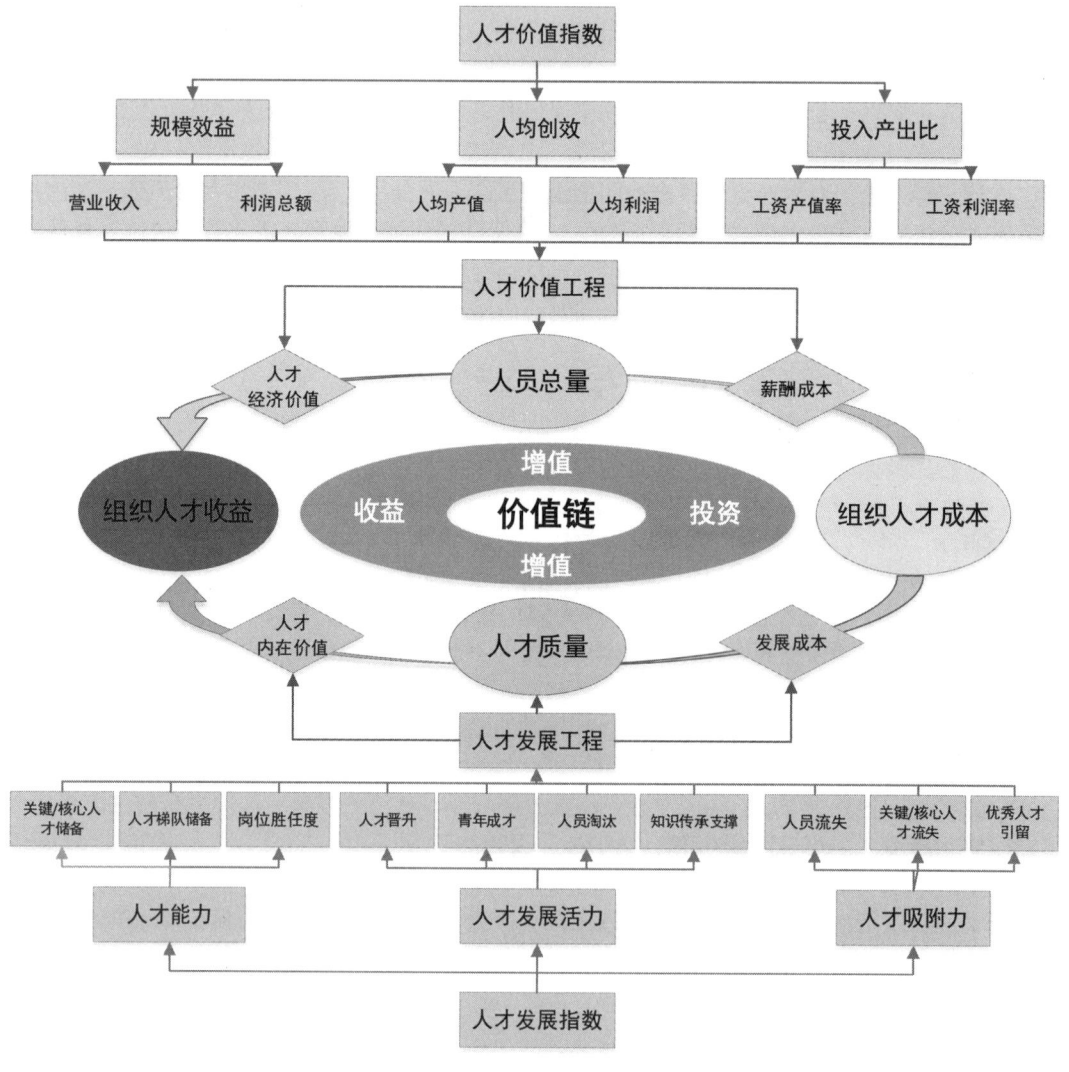

图1 人才价值与人才发展体系管控逻辑

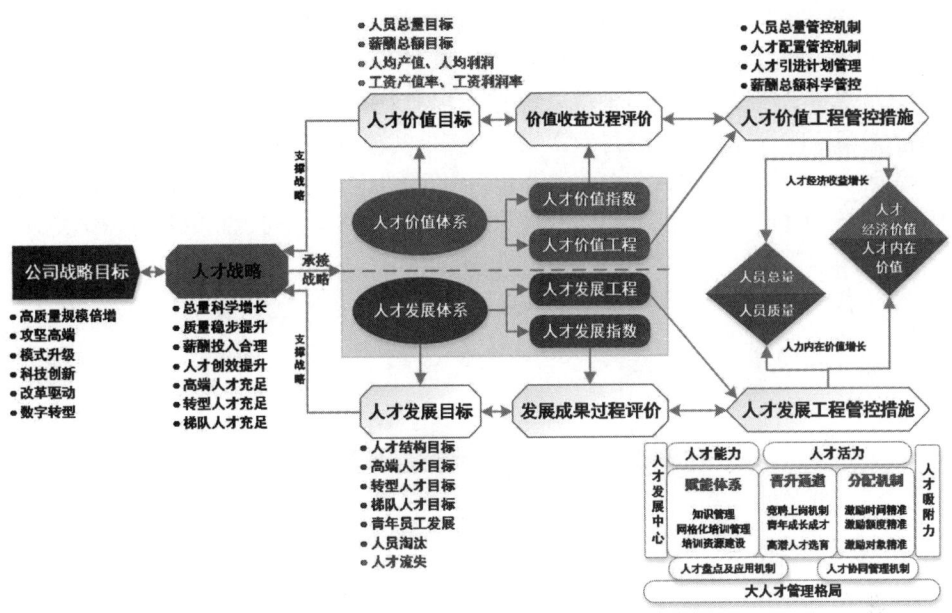

图 2　人才价值与人才发展工程运行机制

（一）人才价值工程

1. 人才价值指数

人才价值指数得分由营业收入、利润总额、人均产值、人均利润、工资产值率和工资利润率六项指标得分组成。主要应用于对中长期人才价值进行评价；直观对比投入与产出，为薪酬总额控制提供依据；判断各单位人员是否富余，对人员总量实时进行管控。如图 3 所示。

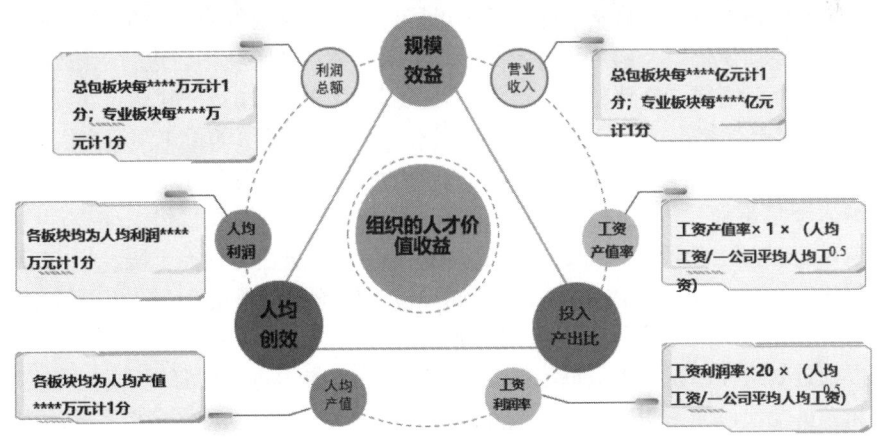

图 3　人才价值工程指标体系

2. 人才价值工程

（1）科学编制人员规划，实行人员总量管理。一是合理编制中长期人才发展规划。结合公司"十四五"战略布局，编制人才专项规划，制定中长期人力资本增量目标和人才价值创造目标，规划人力资本在各单位、各业务版块、各专业序列的布局。根据人才专项规划，结合各单位年度运营目标，制定人才价值年度管控目标，对各单位人均创效、投入产出进行结果管理。

二是完善人员总量管控机制。以年度人才价值管控目标为基础，建立基于人均创效、投入产出比的人员总量管控机制，并对人员总量进行计划管理。建立以产值完成率、人均产值完成率为基础的总量实时管控系数，通过数字化平台按季度进行过程管控。对各业务板块人员总量进行统筹管理、计划管控，使其与企业业务布局相匹配。建立人才价值考核评比机制，季度对人均产值、人员总量管控系数（图4）进行评比通报，年度对人才价值指数进行评比奖罚。

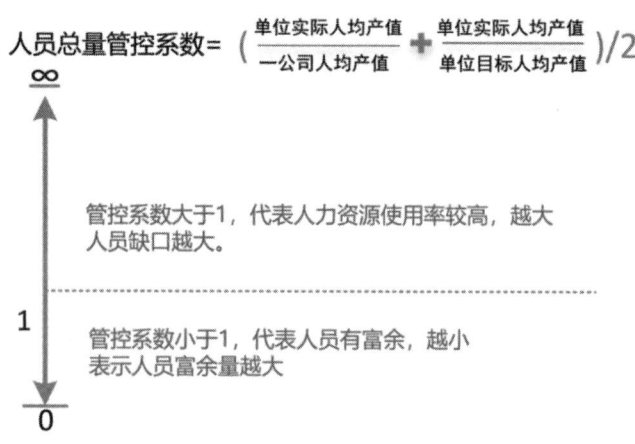

图4　人员总量实时管控系数

（2）强化价值导向，推动薪酬总额管控。完善薪酬BI分析工具，建立更具价值导向、更具实时性的薪酬总控机制。以投入产出确定人均薪酬增幅，以人均创效为基准控制人员总量，进而管控薪酬总额，让高效益、高效能的单位有高的薪酬回报；建立总额预警机制，按季度将产值完成率、薪酬发放率进行对比分析，对年度薪酬发放进程进行过程管控。

（3）优化人员配置，提升人力资源利用率。一是持续推进各级机关定岗定编。以部门承接的战略发展任务、核心职责、日常工作为依据设置岗位，以岗位职责、岗位工作饱和度确定编制，结合机构年度规模效益，确定年度定岗定编上限。利用数字化平台进行上限管理，实时管控各级机构人员配置情况，坚持超编人员不调入、满编先出后进的管理原则。结合绩效考核结果，各级机关人员择优留用，岗位胜任力不足、岗位价值创造低下的员工须调离机关工作岗位。

二是完善项目人员配置管控机制。建立项目人员配置计划管理机制，将项目各阶段人员配置计划纳入项目策划，依托精益建造平台实施线上管理；依据项目组织架构优化方案，项目承接初期制定各施工阶段人员配置计划，将其作为人员配置的管控上限，以此设置人员配置自动预警机制。在全司范围内对同类型、同规模、同施工阶段的项目人员配置情况进行对比分析，逐步建立更加契合实际的人员配置标准。

（4）严格计划管控，完善人员进出机制。一是优化人员引进计划管理机制。基于人员总量管控机制和人员配置标准，明确缺口，制定年度人员引进计划；以总量管控系数为依据，分析各单位人员配置现状，按季度对人员引进计划进行纠偏与调整。强化人才招聘程序规范性，明确招聘岗位的胜任力，提升测评工具风险识别、专业面试能力识别的作用，降低人才引进风险，提升引进人才质量。加强校招体系建设，提升校园招聘标准化、信息化管理水平，打造职业化校招团队，实施目标院校"分级"管理策略。强化平台资源建设，深化与猎头公司、人才招聘网站的合作。重点解决企业专家型、新领域人才需求，加强高端人才、新兴业务人才引进工作。

二是完善人员考核退出管理机制。通过全员绩效考核、人才盘点结果、岗位胜任度，识别出能力不足、价值创造力低下的员工，进行培训轮岗后仍无法胜任者强制退出。强化试用期考核力度，淘汰与企业文化和发展需求不匹配人员，把好人才引进最后关口。

（二）人才发展工程

1. 人才发展指数

人才发展指数得分由关键/核心人才储备、人才梯队储备、岗位胜任力、人才晋升、青年成才、人员淘汰率、知识传承支撑、人员流失率、关键/核心人才流失率和优秀人才引留10项组成（图5）。主要应用于对人才发展情况进行科学评估、量化评价；实时掌握人才能力、发展活力、吸附力三大关键指标数据，诊断人才发展中存在的问题；各单位人才发展工作进行实时管控和趋势预警。

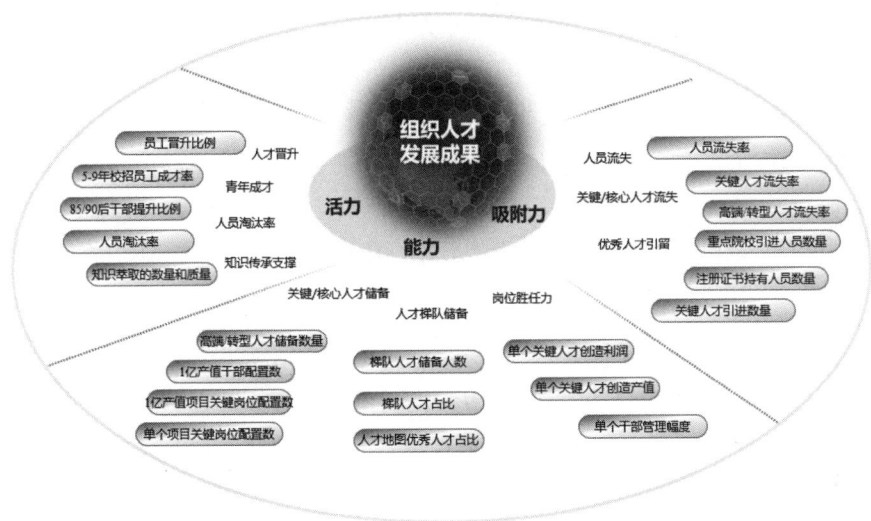

图 5　人才发展工程指标体系

2. 人才发展工程

（1）建立岗位胜任力模型，明确员工能力提升路径。建立更加清晰的岗位胜任力模型。岗位胜任力模型明确了岗位所需的知识、能力、职业素养及其胜任标准，是员工能力提升的方向标、是实现人岗匹配的基础工具。围绕专业序列、管理序列，建立各层级各岗位的胜任力模型，围绕历练、知识/技能、胜任力、心理特质，明确岗位任职标准，以其为基础搭建更科学的能力提升路径、职业发展路径。

（2）绘制人才地图，搭建人才发展平台。人才地图是指能够明确企业人才现状、了解人才优势和弱势的战略地图，是人才结构的透视和规划，能客观描述当前与未来人才储备的差距，为下一步的人岗匹配、能力培养、职业发展、薪酬激励提供科学依据。

一是加快建立人才地图。依托人才发展中心，借助外部智力和平台力量，建立基于能力和绩效的人才盘点工作体系。完善能力评价机制，搭建管理能力与专业能力素质模型，开发标准化题库与测评工具，量化员工能力；强化绩效考核刚度，以绩效考核结果量化员工工作业绩；通过人才盘点将员工分布到明星人才至整体欠佳等9个区间，整体上展现人员的数量和质量，个体上展现员工的能力现状、发展现状和潜力现状。根据人才分布结果，绘制不同序列关键岗位、基层员工多层级的人才地图。

二是深化应用人才地图。通过数量上、质量上、结构上的深入盘点，清晰了解人才现状，结合人员总量管控机制，制定更科学、更精准的人才引进计划。了解员工在专业能力、综合管理能力等方面的优势及待发展项，制定更加精准的能力提升方案。根据各层级各序列的岗位胜任标准，结合员工能力分级，选拔各岗位后备人才，制定更加科学的职业发展方案。精准定位和识别明星人才、高潜人才，分析其薪酬激励的精准性与竞争性，制定专项薪酬激励优化方案。

（3）建设知识管理系统，构建员工能力提升体系。一是制定更加科学的员工能力提升路径。利用岗位胜任力模型明确能力需求项，通过人才地图明确能力缺失项，优化更新专业序列、管理序列学习地图，制定从新员工到业务精英、从基层管理者到高层管理干部的能力提升路径。

二是建设科学化知识管理系统。建立沉淀、共享、应用和创新的知识循环管理机制，以知识管理系统为载体，结合学习地图，将知识自动归集到员工能力提升路径中去，让员工找到知识、知识找到员工，以此构建更加智能化的知识储存、知识输出机制。以"孺子牛计划"带动高经验人才投身知识萃取，配套提供物质和精神激励，吸引全员参与，推动知识的快速累积。

三是持续压实培训工作实效。深推网格化培养体系，明确培训工作中人力资源部和业务序列的管理权责。培训计划要契合实际需求并根据员工需求动态更新；培训对象要以能力分级，注重因材施教；课程设计要明确学习目标，注重培训实效；严把标准课件入库关，夯实培训基础资源建设；坚持开展训后评估工作，持续提升培训质量。

四是持续强化内训师队伍建设。充实内训师数量，提升内训师质量，以业务系统为管理主轴，均衡司属各单位内训师队伍建设，确保各业务系统和司属单位内训师数量充足；开展内训师技能提升培训，切实提升内训师授课质量。确保内训师授课课酬发放的及时性，激发内训师授课主观意愿。

（4）培养与激励并举，建设多层次人才梯队。一是建立阶梯式人才选拔培养体系。以能力提升体系为基础，以岗位胜任力、人才地图为指引，建立递进式培养选拔机制，公司、分公司层面分级实施，以鲲鹏计划为蓝本，打造层层选拔、上下贯通的人才梯队培养体系。明确各层级梯队人才能力提升目标，为课程设计提供指引。设计更加科学的结业评价工具，对结训员工能力是否达标明确评价，为人才任用提供有力依据。

二是强化竞争上岗的人才选用机制。明确岗位胜任标准，进一步提升竞争上岗覆盖率，在岗位竞聘中以"能力+绩效"双重评价为核心，选用能力突出、业绩突出的优质人才，给予更高的职业平台。结合人才地图，识别出拟晋升人员的能力短板，做好任前和任期培养工作，帮助其更快适应新的岗位要求。推行"继任者"计划，通过人才盘点和竞聘机制选拔关键岗位的继任者，结合人才梯队选拔培养机制，做好继任者的任前培养工作。

三是建立差异化薪酬分配激励机制。以人才地图中的人才分级为基础，开展关键序列薪酬调研，精准定位和识别明星人才，关键人才，分析其薪酬激励的精准性与竞争性，并针对性制定专项薪酬分配优化方案。强化与外部对标，确定关键岗位的薪酬基准，了解行业薪酬环境，确保关键人才的激励具有市场竞争力。健全专项奖励的贡献评估机制，通过专项奖对高绩效、高能力的优质人才进行补充激励。建立薪酬发放督办体系，确保薪酬激励及时，提升员工获得感。

四是完善新员工成长成才路径。重视新员工入职初期对企业的融入度，入职前调研，准确掌握新员工的关键诉求，构建更适合新生代融入职场、融入企业的环境。重视新员工职业观的塑造，进一步压实职业导师职责，落实谈心谈话制度，在入职初期强化思想建设，改变只重视技能教学不重视思想教育的培养现状。重视新员工职业迷茫期的引导工作，各层级业务部门需提前发现、加以引导。

五是推行标杆项目经理培养方案。打造一批涵盖超高层、机场场馆、电子厂房、基础设施等名片项目投标及履约的标杆项目经理及后备人才。从专业素养、发展潜力、相关业绩、任职资格四个维度，甄选标杆项目经理，制定聚焦领域深耕的专项人才发展方案，战训结合，助其成长为某个工程领域的标杆和专家，快速形成可用的人才队伍。制定更具竞争力的职业与薪酬激励机制，拓宽其职业发展空间，提升薪酬激励额度，激发标杆项目经理队伍活力。

（5）推出梧桐计划，系统优化人才发展环境。聚焦文化氛围、职业发展、薪酬激励、工作环境、生活环境5大类18项影响因子。深入一线调研走访，了解项目真实需求，每年度对离职人员进行回访，诊断并优化人才管理中的堵点痛点，系统改善人才环境软硬件设施，厚植人才沃土。

（三）构建大人才管理格局，推动体系落地

1. 建立人才发展中心

统筹人才体系建设与运营，完善人才管理制度，坚持数字化建设，构建评价为起点、协同为核心、考核为抓手的"大人才"管理格局（图6）。

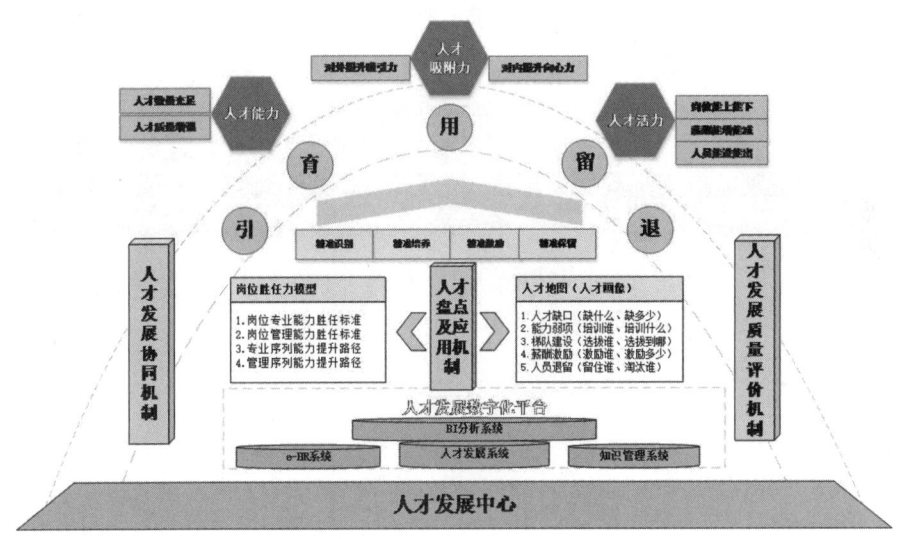

图6 人才发展中心工作架构图

2. 建立三种机制

一是人才发展协同机制，明确人才管理全流程权责划分，推动各经理层深度参与人才工作。二是人才盘点及应用机制，评价人才梯队科学性、能力优劣势和岗位适配性，牵引精准选育、精准发展、精准激励。三是人才发展质量评价机制，通过两大工程指标体系量化评价、考核、诊断人才工作，压实人才管理权责。

3. 打造一个平台

围绕人才体系需求，打造"E-HR、知识系统、发展系统、BI系统"四位一体的数字化平台

（图7），实现业务全在线、数据全贯通、过程科学管控、结果量化考核，以数字化建设推动人才体系迭代升级。一是集成人员总量、流动、效能数据，实时监控人员总量、结构和分布，实现优选精配；二是系统管控培训计划、资源、项目、知识，做实培养实效、实现精准赋能、支撑人才加速发展；三是分析业绩、能力、薪酬数据，落实高业绩高能力高收入，激发人才价值；四是聚焦两大工程各项指标，实现对人才价值收益、人才发展质量的量化评价和科学管控。

做好人才工作，深刻认识和把握人才，具有战略性重大意义，对企业高质量发展起到关键性作用。面向未来，依托数字化、信息化手段，打造人才价值与人才发展两大工程，激活人才引擎，激发组织活力，以人才管理推动战略规划精准落地，提供人才支撑。

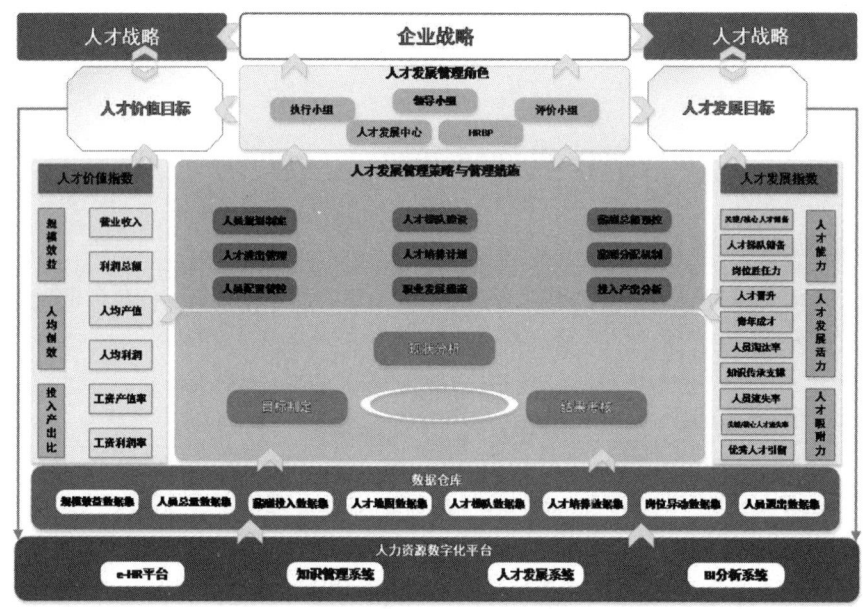

图7　人才发展数字化平台运行逻辑图

三、人才工作体系创新变革的成效

制定系统性人才举措，抓实管理实效。在体系运行过程中，以各项指标诊断人才工作现状，根据阶段性人才工作目标，制定系统性工作举措，支撑两大工程实施落地。

（一）人力资本增值，人才能力更优

1. 围绕价值体系，控总量、调结构、抓实引优退劣

一是构建人员总量规划模型、监控系数，发布年度人员总量规划，月度实时监控人员进出情况，长效管控总量。2022年引进1774人次、淘汰312人次，总量较2021年度增长9.05%，人均产值增长12.10%、人均利润增长14.36%，人员总量有序增长。

二是管控人员引进质量、重点补充结构性人员缺口。2022年引进人才中985/211院校毕业生832人、持注册类证书170人，基础设施、总承包、海外、科技等成熟人才192人，转型人才占比增长2%。

2. 深推员工赋能，建平台、抓培养、塑强专项能力

一是打造一站式知识平台，系统管控知识沉淀、萃取、共享、学习与创新，完成18个专业序列知识树、构建知识仓库，沉淀知识文档3万余份；搭建岗位知识地图和业务知识地图113张；筛选13类53个代表项目建设项目知识站；借助BIM模型将业务知识、岗位地图3D化呈现；打造知识检索引擎，精准定位知识。

二是推行网格线人才培养体系，以知识平台为载体，系统性推进学习地图、内部讲师、标准课程开发与建设，以"孺子牛计划"激励优秀员工投身人才培养，从制度、资源、措施上形成培养合力。

三是分层加强人才专项能力。以"领翔、鲲鹏"等强化干部队伍能力，根据人才盘点能力弱项，定制培训课程，战训结合，持续壮大核心干部队伍，其中"鲲鹏"实施以来累计培育后备干部200人次，选用D级干部46人次、E级80人次；以"项目铁四角"加强生产履约、投标攻坚能力，除常态化培养提升管理能力、专业能力之外，重点打造投标和履约品牌项目团队，针对超高层、场馆、基础设施等高端项目选拔培训"三有人才"（有资质、有能力、有业绩），定制化培养、发展及保留措施，当前已选拔入库18人并进行长期追踪发展；以"施工工艺培学考"提升基层员工质量安全管理能力，滚动开展培、学、考一体化专项培训，已完成含15000余题的施工工艺题库建设，组织覆盖5700余人的摸底考试，针对考试结果全面开展施工工艺专项培训，年度复检培训成果。

（二）精准评价精准激励，人才活力更强

1. 持续开展人才盘点，优化干部队伍结构

一是持续开展人才盘点。宏观上，掌握组织的数量饱和度、结构合理性、阶梯科学性；微观上，评价个体的能力优劣势、岗位适配性，以精准评价推动各项人才管理工作。现已开展6个关键序列人才盘点工作，形成6份人才盘点报告并绘制人才地图，输出3700余份人才画像。

二是强化盘点结果应用，深推竞争上岗，加速年轻干部选拔任用。2022年组织各类公开竞聘138场次，其中E级以上干部和项目班子70余场次、选拔250余名高潜人才；加速年轻干部选拔任用，重点关注在急难险重任务和关键岗位历练以及具有跨层级跨专业工作经历的优秀青年，提任E级及以上85后干部93人、90后61人；持续关注青年员工成才率，6—9年校招新员工成才率较上年度提升3个百分点。

2. 优化薪酬分配机制，贯彻高业绩高能力高收入

优化薪酬分配机制，以竞争性薪酬为抓手，贯彻高业绩高能力高收入。一是两级班子真考核、真奖罚，公司副职考核不出满分卷，分公司副职全司贯通排名、刚性奖罚；二是以全员绩效拉开收入差，机关和项目绩效奖差距可达3倍和4.2倍；三是以专业职级激励基层专业能力突出的员工，已有4900余人获评；四是对项目初始条件差、担难担责但未受到有效激励的优质人才进行补充激励。

（三）优化人才发展环境，人才吸附力更强

提炼人才吸附力5大类、18项影响因子，发布梧桐计划及年度工作方案，上下联动、深

入基层，系统优化人才发展生态环境。2022年聚焦关键岗位、明星人才深推人才保留工作，年度关键人才流失率较上年度下降2.62%，整体流失率下降3.98%。2023年启动梧桐计划调研评估工作，针对18项因子开展问卷调研及实地走访，覆盖7800余人次，编制人才吸附力专项调研报告，全面诊断、改善人才发展环境，为建设人才高地夯实基石。

人才体系建设非一日之功，人才强企之路征途漫漫。中建三局一公司紧跟党和国家的人才战略，聚焦人才价值链和效能提升，全方位深化人才工作体系，不断探索、实践人力资源管理新的理念与体系，以期对大型国企激活人才引擎、激发组织活力有所帮助和启示。

案例负责人：任贤华

主要创作人：任贤华、陈　仕、周　清

探究"校农结合"与"校企合作"新模式，以农业产业发展带动人才队伍建设

贵州蔬菜集团有限公司

一、贵州蔬菜集团简介

贵州蔬菜集团有限公司（以下简称"蔬菜集团"）是在贵州省委省政府提出"大力发展十二大特色农业产业、深入推进农村产业革命"大背景下于2019年7月19日组建成立的，是现代物流集团"1+11+N+X"现代物流体系中"1+6"农产品流通板块的重要子公司。股东包括贵州现代物流产业集团（控股）、贵州省农业农村现代化发展基金、上海蔬菜集团及贵州省各市州政府平台公司等14户国有企业，实缴注册资本4.73亿元。蔬菜集团下辖全资、控股、参股公司共35户，员工2000余人。

蔬菜集团自组建以来，坚持以高质量发展统揽全局，以"打响黔菜品牌，助推黔货出山"为使命，按照"以销定产、以产促销、以产带产"的发展思路，聚焦流通渠道构建、"七进"市场运行、示范基地打造主营业务，竭力推动贵州蔬菜产业高质量发展，助力巩固拓展脱贫攻坚成果同乡村振兴有效衔接。2020年被认定为"农业产业化省级重点龙头企业"，集团第一党支部荣获"全省脱贫攻坚先进基层党组织"荣誉称号；2021年被认定为"省级服务业龙头企业"，荣获"贵州省抗击新冠肺炎疫情先进集体"荣誉称号，位列"贵州100强品牌"第38位、"贵州农业企业品牌50强"第8位；2022年荣获"贵州省蔬菜产业先进集体""抗击疫情爱心企业""全国工人先锋号"荣誉称号。2023年被认定为净菜加工示范企业，"贵"字号商业机构。

二、贵州蔬菜集团面临的农业基层人才体系建设问题

农业为其他产业的发展提供基础条件，本不应成为弱势产业，然而我国农业收益比较低，贵州省与其他地区相比农业问题尤为突出，尤其根源是传统农业在新技术下未能实现转型升级，无法满足更无法创造新需求。农民增收的关键在于能否有效利用互联网等现代经营方式与营销理念，农村经济的发展在于能否充分发挥农业的多功能性，延长产业链，增加附加值。

近年来，围绕现代山地特色高效农业，贵州省各地市、县、乡镇出台政策进行农技体系改革，改善管理人才队伍结构；但"农民缺新技术、农村缺新劳力、农业缺新人才"的现实问题依然不能忽视。最主要的问题还是存在于以下三个方面，一是劳动力总量不足，人才流失严重；二是农民思想观念陈旧，素质普遍偏低；三是人才队伍结构不合理，人才队伍之间缺少配合。

贵州蔬菜集团作为贵州省农业板块的龙头国有企业，有责任首当其冲，全力以赴为贵州省的"人才强农"战略添砖加瓦。要想提升人才的队伍建设，解决以上的问题，眼光就不可只放在贵州蔬菜集团的内部，只有产业发展了，"蛋糕"做大了，劳动力方能回流，才会有改善农民观念和技术的可能。

三、"校农结合""校企合作"两条腿走路，发掘需求拉动人才体系建设

2022年12月23日，习近平总书记在中央农村工作会上讲话指出，强国必先强农，农强方能国强。没有农业强国就没有整个现代化强国；没有农业农村现代化，社会主义现代化就是不全面的。产业振兴是乡村振兴的重中之重，也是实际工作的切入点。没有产业的农村，难聚人气，更谈不上留住人才，农民增收路子拓不宽，文化活动很难开展起来。各地推动产业振兴，要把"土特产"这3个字琢磨透。"土"的是基于一方水土，开发乡土资源。"特"讲的是突出地域特点，体现当地风情。要跳出本地看本地，打造为广大消费者所认可、能形成竞争优势的特色。"产"讲的是真正建成产业、形成集群。要延长农产品产业链，发展农产品加工、保鲜储藏、运输销售等，形成一定规模，把农产品增值收益留在农村、留给农民。总之，要依托农业农村特色资源，向开发农业多种功能、挖掘乡村多元价值要效益，向一二三产业融合发展要效益，强龙头、补链条、兴业态、树品牌，推动乡村产业全链条升级，增强市场竞争力和可持续发展能力。

（一）"校农结合"与"校企合作"两条腿走路

"校农结合"：以学生营养餐农产品消费需求为重点，建立全省"校农结合"产销平台，逐步实施"以销定产"的订单农业模式，实现需求与生产精准对接。按照"学校+龙头企业+农民专业合作社（种植养殖基地）+农户"的组织模式，建立学校食堂与贫困农户的利益链接机制，既促进学生餐质量提升，又促进农村产业结构调整和发展。

"校企合作"：贵州蔬菜集团始终以服务为宗旨，以帮助学生就业为导向，大力推进校企合作人才培养模式，以旗下人才培训中心有限公司为主体，联合省农科院、贵州大学、华南农大等67家科研院所、高等院校等组建农业专家库和师资库，通过建立专业、务实的人才培训体系和专业培训教育机构，有效解决我省长期面临的农业生产专业技术人员缺乏、市场营销专业人才匮乏、农业产业专业管理人员不足的问题，以人才"活水"驱动发展"活力"，如图1所示。

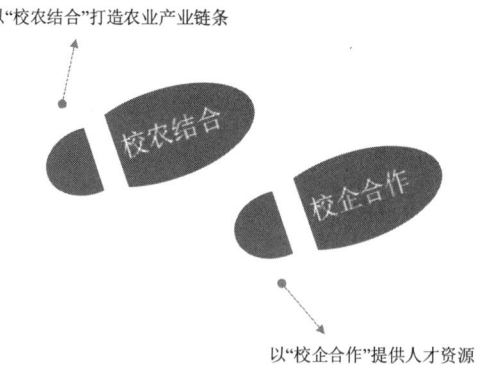

图1　"校农结合"与"校企合作"两条腿走路

（二）以三大核心业务打造贵州"校农结合"新模板

蔬菜集团成立以来，聚焦农产品现代商贸、标准化团餐配送、产销双引示范基地打造三大

核心业务，共同发力推动蔬菜产业高质量发展、助力乡村振兴。标准化团餐配送业务因体量相对较大、市场渠道相对稳定等因素，成为蔬菜集团助力乡村振兴的重要力量。蔬菜集团充分发挥这一市场优势和农产品生产、供给功能，积极探索"校农结合"机制，优化食材采购模式和配送流程，订单带动合作社，采购当地农产品。如图2所示。

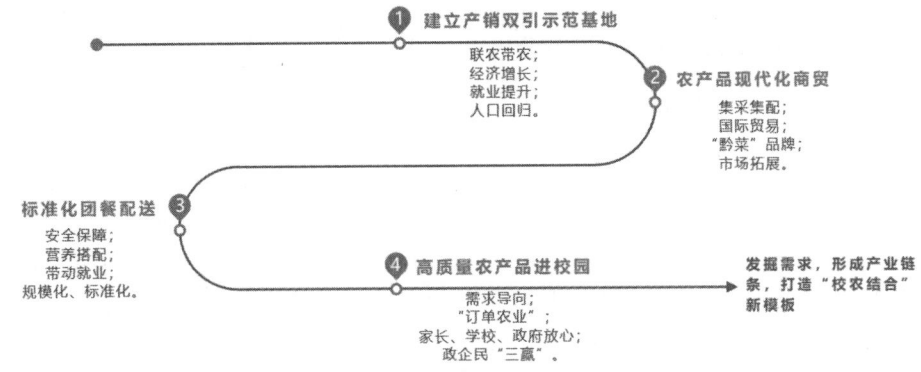

图2　贵州蔬菜集团"校农结合"流程图

1. 建立产销双引示范基地

蔬菜集团根据全省高中低海拔立体气候条件，在全省划分"三大种植区、四条产业带"。在高山冷凉蔬菜种植区、黔中蔬菜种植区、南部沿线蔬菜种植区三大区域内规划了四条产业带，一是南部沿线低海拔地区喜温蔬菜产业带；二是南部沿线高海拔地区以菜心为主的高端叶菜产业带；三是中高海拔地区高山冷凉蔬菜产业带；四是黔中保供及精深加工产业带。同时，培育蔬菜集团种子种苗产业体系，带动全省蔬菜产业高质量发展。按照"错季种植、错时移栽、错峰上市"的产销融合发展思路，充分发挥贵州独有的气候优势和地理优势，以市场化需求为导向，先后在黔南、黔西南、毕节等地区投资建设标准化蔬菜产销双引示范基地，对示范基地的品类选择、种植时间、种植规模进行可行性论证、规划设计、试验试种和设施建设，推行返租倒包模式，培育职业农民和家庭农场，带动农户按标准种植，其种得好、卖得好，带动农户深入参与产业发展，实现农户持续稳定增收，在助力乡村振兴的同时，深入探索产品标准，找准市场路径。

2. 农产品现代化商贸

蔬菜集团按照"可控合作基地＋自有基地＋档口＋商超＋配送企业供应链＋加工企业供应链＋电商"等多渠道模式，以粤港澳大湾区、长三角地区、成渝地区、贵州为目标市场，重点围绕香葱、菜心、豆苗、辣椒、土豆等核心蔬菜单品，结合扎佐、虎门、上海江桥市场以及上海西郊国际农产品交易市场等档口自有平台，链接集团自有基地及可控合作基地，持续构建省内外产供销供应链体系，逐步实现采销融合，在遵循市场规律的基础上，以长期持续供应优质蔬菜能力为抓手，树立"黔菜"品牌形象，攻占目标市场，拓展优质下游客商，切实实现蔬菜贸易降本增效，助力推动"黔菜出山"。

3. 标准化团餐配送

蔬菜集团致力于建立贵州省标准化团餐配送体系，以行业高标准监控、计量及食品安全检测设备为终端，以射频识别、物联网等信息技术为手段，对团餐配送业务进行标准化管理和全流程监控，确保产品质量和食品安全。同时，通过对团餐市场的大数据分析，精准指导生产端的生产品类、生产规模和生产时间，在提高种植稳定性的同时增强抗风险能力，推动分拣分级功能的不断完善，提高农产品附加值，引领产业发展。目前校园团餐配送覆盖至22个县（市）区，服务人数达138.4万人；社会团餐配送服务企业达47家覆盖5.9万人。

4. 发掘需求，以三大业务核心形成产业链条，打造"校农结合"新模板

根据省委、省政府提出的《关于全面推进乡村振兴加快农业农村现代化的实施意见》，及贵州省教育厅、省商务厅等八部门印发的《关于深化"校农结合"工作助推农村产业革命和脱贫攻坚的指导意见》省教育厅印发的《贵州省"校农结合"助推乡村振兴开新局实施意见》等文件精神，实施"企业+基地+农户（贫困户）+学校"的校园食材供应模式，既解决了让孩子们吃到安全优质的营养餐，让家长、公众、政府放心，又能通过学校的市场实现校农结合"以销定产"，带动周边农村农产品产业的发展，有效助推乡村振兴。公司将学生营养餐食材的统一配送与"校农结合"进行有机结合，一是实施以校园市场为导向的订单式农业生产机制，将庞大而稳定的学校食堂消费市场与各地农产品销售实现产销精准对接，实现学校需求、农户生产、食材销售一体化，有效调整农村产业结构；二是合理规划和引导种植养殖基地建设，引导农户统一按订单需求生产农产品，带动农民进行规模化种植、标准化管理，激发种植农户振兴乡村内生动力；三是按市场价统一收购，确保农产品"销路安全"，将学校的农产品需求导向与农村产业调整精准对接结合，推动乡村振兴和农业供给侧结构性改革，实现民企政"三赢"。

（三）以建立省级人才培训机构促进"校企合作"新局面

为深入贯彻落实党的二十大精神和习近平总书记关于加强新时代人才建设的系列重要指示精神，推动教育高质量发展的要求，进一步加强新形势下人才队伍建设工作，围绕"四新"主攻"四化"及国家乡村振兴人才战略目标，蔬菜集团联合内外教学机构、市县级国有及民办培训机构，构建起以省级为主体、市级为分支、县级为抓手的技能人才实训体系，逐级逐专业开展技能人才培训。针对贵州目前农业产业发展过程中专业人才缺乏的现状，以公益性、服务性、可持续性为基础，集"科研、教学、培训、交流、服务、实践、创业、就业"于一体，形成具有人才供求信息的归集、发布、咨询，就业咨询，人事代理，人才配置，人才培训等职能的综合性培训模式，建立由省级试点示范基地、市和县培训机构、实训基地、科研院所、职业院校、商协学会、龙头企业构成的跨领域、跨部门、跨地区的覆盖全省专门从事人力资源开发与人才流动服务的综合性人才管理与服务的多级培训平台。

1. 人才培养体系建设项目

（1）省级培训：组织执行省乡村振兴局、省农业农村厅、省商务厅、省工业和信息化厅、十二个特色产业专班、其他省级厅、办、委、局的相关培训业务。

（2）重点市（县）培训：针对贵州产业重点县市，重点整合乡村振兴、农业、人社、商务部门培训业务，打破部门壁垒，研发优质课程，培训实用度高的产业人才、技能型人才；建立终身学习体系，跟踪学员就业、创业并适时提供服务；创立具有产业人才聚集效应的技能人才品牌。

（3）其他市县培训：以市县级乡村振兴、农业、人社三部门培训业务为工作切入点，以全

省优质师资、特色课程为亮点，向不同市县开展具有针对性、实效性的培训，并提供全周期、终身制的跟踪服务，确保培训效果和可持续性。

（4）人才项目服务：联合贵州省现代物流集团、磷化集团、盘江集团、贵州贵天下茶叶集团、贵州黄牛集团、地利集团、江南集团、雨润集团、望家欢农产品集团等138家单位合作，打造贵州人才服务品牌，与各级人才关联单位建立联系，举办技能和创业比赛、招聘会、人才论坛、人才引入系列活动、人才服务周、返乡农民创业系列活动、地方人才发展规划、产业人才定向培育、建立农业产业链的社会化服务体系，打造人才创业示范项目等。

（5）建设覆盖全省的市县级服务网点：强化农业培训技能优势，整合职业技能培训、专科到博士阶段的学历培训、各类执业资格、公考考前培训资源，形成满足多种人群学习的培训体系，采取合作模式，每个市县选择一个合作单位，统一形象、统一项目、统一服务，设立"贵州省人才培训中心服务终端"，每个终端有3—5名工作人员，负责维护好市县级相关部门业务关系，推广推介中心所有项目，如图3所示。

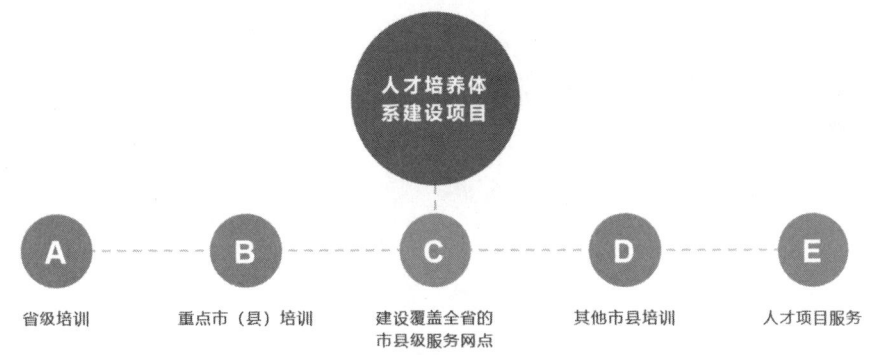

图3　贵州蔬菜集团人才培养体系

2. 培训课程体系

蔬菜集团培训课程设计紧贴贵州农业产业发展需求，抓农业现代化（含产销融合）、抓新时代美丽新村建设、抓农商文旅体综合三大发展方向，在五大关键环节、五大主题班及四大运营板块打造"5+5+4"品牌课程体系，如图4所示。

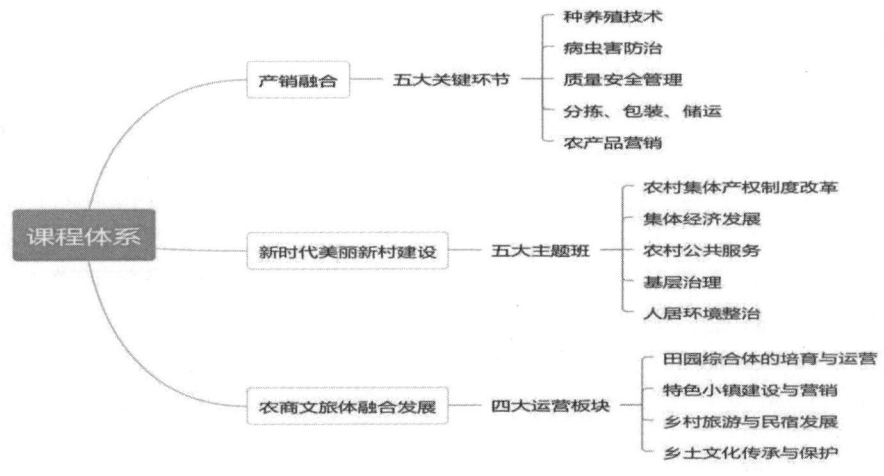

图4　贵州蔬菜集团培训课程体系

3. 培训开展方式

（1）理论指导：培训中心汇聚科研机构、职业院校、龙头企业等优质师资资源，探索具有科学性、实用性、针对性、可复制性的教学方式，开创实用、有效、系统的培训模式，加快培养农业生产经营人才、农村二三产业发展人才、乡村公共服务人才、乡村治理人才、农业农村科技人才，建立健全以"教育培训、认定管理、定向扶持"为主要内容的人才培育服务体系，围绕产业发展、乡村治理，通过资源赋能及产业加持，改革培训方式，因势顺导升级农民技能水平；细分学员工种，因人而异开展教育学习。以产销融合为重点，多种培训方式结合，联合科研机构、职业院校、企事业单位、技能鉴定所等机构，培养一批有一技之长、带动能力强的"土专家""田秀才"等产业人才，以助力贵州省农业产业高质量发展。

（2）具体方式：培训方式包括理论学习、实地演练、观摩学习、跟班学习和终身学习，如图5所示。

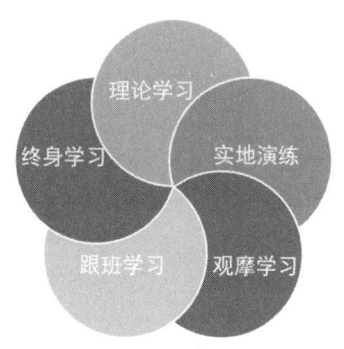

图5　贵州蔬菜集团人才培训方式

四、坚定不移用习近平总书记关于人才工作的重要论述，以人为本，推动蔬菜集团高质量发展

2013年6月28日，习近平在全国组织工作会议上发表重要讲话，"我们党历来高度重视选贤任能，始终把选人用人作为关系党和人民事业的关键性、根本性问题来抓。各级党委及组织部门要坚持党管干部原则，坚持正确用人导向，坚持德才兼备、以德为先，努力做到选贤任能、用当其时，知人善任、人尽其才，把好干部及时发现出来、合理使用起来"。

2017年10月18日，习近平总书记在中国共产党第十九次全国代表大会上的报告中指出，"要坚持党管人才原则，聚天下英才而用之，加快建设人才强国"。

在社会化大生产中，企业规模越大，内控的重要性就越显著。可以说，内部控制的健全与否，是企业经营成败的关键。从目前看，很多企业都建有一套完整的内部控制制度，但是大部分企业的正常经营、可持续发展仍然存在许多问题。企业内部控制制度不能完全落地的主要原因之一是内控的执行不到位、不深入。而执行内控的主体就是企业的各层级员工，内控同时也应该服务于人才的发展，可以说人才是内控的核心因素之一，两者相互影响，一体推进。要想将内控做好，就应该抓好人才这个关键点。企业如何保障招聘的员工具有专业胜任能力，能清楚地理解内控的重要作用并有效执行、更新内控制度，这属于人力资源的范畴。事实上，人力资源是企业的第一重要资源，通过人力资源管理实现企业内部控制在很大程度上影响企业的战略规划及目标实现效果。但是很多企业没有意识到人力资源管理在内控中的重要作用，将人力资源部门仅仅视为是企业的行政部门。人力资源无法参与企业总体发展战略的制定，与企业管理的内控工作脱轨严重，造成一定的人力资源成本的浪费。无论是民族复兴，还是国家兴盛，抑或是企业发展，都离不开人才所提供的基础动力，深入实施人才强国战略，坚持尊重劳动、尊重知识、尊重人才、尊重创造，实施更加积极、更加开放、更加有效的人才政策，是蔬菜集团迈向高质量发展的必经之路。

（一）坚持人才体系建设工作中党的领导，以完善的选人用人机制树立正确的政绩观

选人用人导向对政绩观具有重要影响，用什么样的人就是倡导什么样的政绩观。要全面落实新时代好干部标准，坚持以实干论英雄、凭实绩用干部，以正确选人用人导向引领领导干部在干事创业中树立和践行正确政绩观。

蔬菜集团坚持把人才资源开发放在最优先位置，制定并落实蔬菜集团"十四五"人才发展规划，坚持"引、用、育、留"一体化，始终以爱才的诚意、聚才的良方、识才的慧眼、用才的胆识、容才的雅量。通过中层干部竞聘任用、末等调整与不胜任退出、推行经理层成员任期制和契约化管理等多种途径、多种方式，有层次、分步骤地为蔬菜集团输送优质管理人才。

另外，结合目前高质量发展的总体要求，以优中选优为工作原则，以进一步营造比学赶超、积极进取的良好氛围，提高员工工作积极性，增强员工的归属感与向心力为目的，设立劳务派遣员工转为正式员工机制。每年，经党委会研究后将年度绩效考核优秀的劳务派遣员工转为正式员工，在蔬菜集团内部形成了突出标杆、积极进取的总体氛围。

蔬菜集团也坚持让职业经理人及中层管理人员能上能下，通过解聘、降职等多种渠道和方式，将不适应企业发展、不适应迅猛发展向高质量发展转变的人员进行"下"的安排，让更多能干事想干事的同志得到应有的职务和机会，形成能者上，庸者下的企业生态文化。

（二）深化绩效考核与激励模式

蔬菜集团通过建立《薪酬激励与绩效考核管理办法》，以客观、公正、公开、科学的绩效评价制度，按照诊断评估、目标确定、管理方案、测评分析、辅导改善、考核实施的流程，全面提高考核对象的工作能力，完善员工的激励机制与约束机制，将全年绩效工资中的 40% 作为年底绩效考评，对员工的日常工作任务完成度、工作能力、态度与作风（德能勤绩廉）等方面进行全方位考核。所有职工身兼考核者与被考核者的双重身份，普通职工、中层干部、领导班子形成公司考核循环体系，员工可对公司的经营管理成效进行反馈和建议，公司可对员工的个人工作成效进行评定和指导。

同时，蔬菜集团也通过不断的尝试和研究，制定出一套完备的激励制度，对各业务板块给予充分的激励支持。

1. 业务拓展绩效激励

（1）取得学生团餐配送业务拓展成果的，按照所签订合同总金额的 0.25%—0.5% 进行业务奖励。原则上按照 0.25% 执行业务奖励。对具有战略意义或业务质量较好或业务规模较大的项目，经党委会和经理层研究通过，最高可按合同总金额的 0.5% 提加奖励。

（2）取得社会化团餐配送业务拓展成果的，按照所签订合同总金额的 1%—1.5% 进行业务奖励，原则上按照 1% 执行业务奖励。对具有战略意义或业务质量较好或业务规模较

大的项目，经党委会和经理层研究通过，最高可按合同总金额的1.5%计提奖励。

（3）取得培训业务拓展成果的，按照项目毛利润的30%计提业务奖励。

2. 指标完成绩效激励

（1）团餐业务板块根据集团下达的年度营收、净利润额度、回款率等进行考核，按完成目标任务的情况对应考核等次，经营团队按总体净利润的5%—15%作为绩效薪酬。

（2）基地板块负责人绩效薪酬按照基地板块全年总产值的0.5%发放，片区负责人及小组成员绩效薪酬按照所负责片区的项目负责人和职业经理绩效奖励加权平均的100%作为绩效薪酬总额，由片区长按照工作人员贡献值大小拟定分配比例。

（3）人才培训板块根据集团下达的任务指标进行考核，按完成目标任务的情况对应考核等次，以该公司总体净利润的10%—15%作为绩效薪酬。

（4）蔬菜贸易板块，根据集团下达的任务指标进行考核，按完成目标任务的情况对应考核等次，以该公司总体净利润的15%—25%作为绩效薪酬。

3. 超额绩效激励

（1）团餐项目公司在完成集团公司下达的净利润目标后，经营所产生的超额利润，按15%—30%计提奖励经营团队。

（2）蔬菜贸易、人才培训、基地板块在完成集团公司下达的净利润目标后，经营所产生的超额利润，按10%—25%计提奖励。

（3）蔬菜集团所有板块在完成集团公司下达的净利润目标后，所有板块的超额利润整体计提3.5%—10%为集团非业务主管部门年度超额奖励，按各门员工岗位系数进行分配，如表1所示。

表1 激励明细表

序号	项目		激励金额
1	业务拓展	学生团餐配送业务拓展	合同总金额0.25%—0.5%
2		社会化团餐配送业务拓展	
3		培训业务拓展	项目毛利润的30%
4	指标完成绩效	团餐业务板块	净利润的5%—15%
5		基地板块	全年总产值的0.5%
6		人才培训板块	总体净利润的10%—15%
7		蔬菜贸易板块	总体净利润的15%—25%
8	超额绩效	团餐业务板块	按超额利润15%—30%
9		基地板块	按超额利润10%—25%
10		人才培训板块	
11		蔬菜贸易板块	
12		非业务部门	整体超额利润的3.5%—10%

（三）涵养政治生态，锻造干净铁军队伍

政治生态好，人心就顺、正气就足；政治生态不好，就会人心涣散、弊病丛生。营造良好政治生态是一项长期任务，需要浚其源、涵其林、养正气、固根本，锲而不舍地抓下去。蔬菜集团一是结合党委"第一议题"和党委中心组、支部"三会一课"开展关于党内法规的学习，通过日常自学，学思践悟，对贯彻执行好相关法规制度起到了积极的推动作用。二是加强廉政警示教育，教育引导干部职工坚定理想信念、严守党纪法规。持续强化警示震慑，让干部职工知敬畏、存戒惧、守底线。三是加强督导检查，蔬菜集团通过对中央八项规定、安全生产、生产经营、财务费用、公车管理等项目的监督检查，切实增强蔬菜集团全体干部职工政治意识、大局意识、核心意识、看齐意识，为全面从严治党，弘扬新风正气，传播核心价值营造良好氛围，如图6所示。

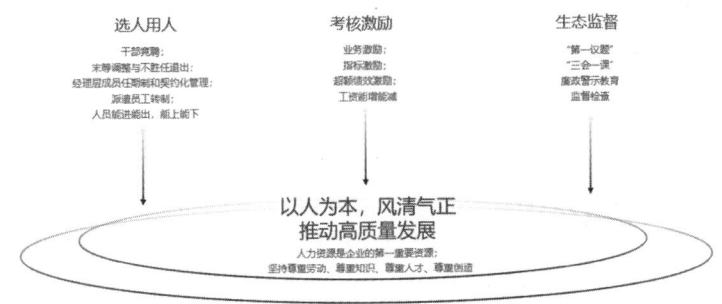

图 6　贵州蔬菜集团以人为本，推动高质量发展

五、人才体系建设成效

（一）"校农结合"经济成效

"校农结合"的产业带动模式，增强了"贴农"意识，加大了"惠农"力度，注入了"援农"力量，实现了学校健康食材需求与当地农产品销售精准对接，让家长、学校、政府放心的同时，又能通过团餐市场建立"订单农业"生产机制，将学校农产品需求导向与农村产业发展有机结合，推动农业产业稳定发展，实现政企民"三赢"，推动蔬菜产业发展，助力乡村振兴。持续打造贵州高品质蔬菜种植基地示范点，在安龙、黔西、赫章、独山、瓮安、兴义等地建设7600亩标准化蔬菜基地，其中，自建基地5300亩，目前香葱、豆苗、韭菜正在持续进行采收上市，累计产量1750吨，销售额410万。目前蔬菜集团团餐业务覆盖至22个县（市）区，服务人数达138.4万人，社会化团餐配送业务配送服务企业达47家覆盖5.9万人，2023年上半年全渠道共计销售蔬菜4.1万吨（省内2.9万吨，省外1.2万吨），链接带动合作社285个，带动2.8万名农户增收，人均增收2500元。

（二）"校企合作"人才培养成效

围绕贵州12个特色产业和新型工业化、新型城镇化、农业现代化、旅游产业化，与贵州省商务厅、贵州省农业农村局、贵州省乡村振兴局、贵州省人社厅开展专项培训。分别开展了"绿色商场创建培训会"、"农村经纪人骨干培训班"、农业农村厅"耕耘者新型经营主体培训班"、"贵州省乡村振兴产业人才发展研讨会"等；中标普定县职业技能培训服务供应商、入围农业农村部和腾讯"耕耘者振兴计划"年度服务商。2022年实现培训人才2000余人次，累计培训农业从业人员6000人以上，共建设县域中心24个，完成八个市州覆盖，如表2所示。

表2　贵州蔬菜集团2022年农业人才培训明细（部分）

序号	培训项目	培训对象	参训人数
1	贵州省蔬菜产业冬季培训会	贵州省蔬菜产业发展领导小组成员单位	500余人
2	贵州省农村经纪人骨干培训	农村经纪人、农村电商从业人员	1700余人
3	贵州省绿色商场示范创建培训会	全省各市（州）商务局负责同志和30家大型商业综合体负责人	50余人
4	耕耘者振兴计划贵州省农业新型经营主体油菜生产专题培训班	农民合作社带头人、家庭农场经营者	100余人
……	……	……	……

（三）选人用人成效

国企三年改革工作以来，蔬菜集团党委全面贯彻落实中央和贵州省委关于深入实施国企改革三年行动的重大行动部署，深入开展人才选用机制改革，不断探索，扩大选人视野，丰富拓展职工晋升机制。通过开展干部竞聘，以职级与职务分离和职级与职务并行的多样化模式，鼓励员工积极进取、扎实肯干，为德才兼备、愿意干事、领导认可、同事拥护的干部职工脱颖而出创造有利条件，从而激发企业活力，为贵州蔬菜集团高质量发展增添动力。争取做到人尽其才、运行高效为各类人才当好"后勤部长"、提供"保姆式"服务，做到真心爱才、悉心育才、倾心引才、精心用才、暖心留才。自今年以来，为了适应国企三年改革新要求，推动公司高质量发展，遴选德才兼备的干部队伍，优化管理人员结构。

（四）考核激励成效

蔬菜集团除建有实用性、适用性、针对性的激励政策以外，还有效地将考核制度与绩效薪酬、职级晋升或降级、劳务派遣转制、不胜任退出等方面有机结合起来，通过营造公开、透明、科学、客观的绩效考核环境，对各岗位人员做出正确的评价，进而做到人尽其才，客观合理地安置组织成员，调动员工工作积极性，提高工作绩效，亦是对员工职务的调整、薪酬福利、培训及奖金核定的重要依据，明确员工的导向，保障组织有效运行，给予员工与其贡献相应的激励。

六、结语

长期以来，贵州省与其他地区相比农业问题尤为突出，人才体系建设的滞后与较为落后的农业种植技术之间的矛盾有恶性循环的趋势，在此前提下，贵州省各地市、县、乡镇出台政策进行农技体系改革，改善管理人才队伍结构。而蔬菜集团作为贵州省涉农的龙头企业，用"校农结合"与"校企合作"两条腿走路的创新模式，通过打造以学生营养餐为切入点的整条农业产业链条，增加产业中各环节人才需求，并通过建立省级人才培养体系，带动贵州各地市县及乡镇农业种植、市场营销等各类专业化人才的"引、育、用、留"，从根本上缓解及改善贵州当地农业发展与人才体系建设的矛盾点。

案例负责人：罗兴鸿

主要创作人：罗兴鸿、刘　怡、林　森

广西石化分公司专业技术岗位序列改革探索与实践

中国石油天然气股份有限公司广西石化分公司

一、背景介绍

为进一步适应发展战略需要,深化专业技术序列管理制度改革,建立有效的选才、用才、聚才工作机制,激发专业技术人才创新创造活力,加快高素质人才队伍建设,中国石油天然气股份有限公司开展了建立专业技术岗位序列工作。广西石化分公司积极落实集团公司双序列改革工作部署,大力实施人才强企战略,扎实开展专业技术岗位序列改革探索与研究,在三支人才队伍建设的重要方面和关键环节取得了阶段性进展和成效。

(一)适应石油行业日趋激烈竞争环境需要

全球石油行业的发展面临激烈竞争和严峻挑战。当前,全球石油供需基本面延续宽松,石油供应持续富余,油价仍面临下行压力。以美国和欧洲为主的石油巨头,无论是石油消费份额还是拥有的权益储量都在逐步下降。新兴经济体和发展中国家的石油消费比重却不断增加,悄然改变的石油消费版图给广大发展中国家的石油企业提供了良好机遇。

当今和未来的竞争,说到底是人才的竞争。习近平总书记指出:"人才是第一资源。综合国力的竞争归根到底是人才竞争。哪个国家拥有人才上的优势,那个国家最后就会拥有实力上的优势。"谁拥有更多更好的人才,谁就能在竞争中取得主动,赢得未来。随着科技不断进步,科技人才在国家、企业竞争中无疑起着决定性且日益重要的作用。

(二)贯彻集团公司专业技术岗位改革要求

近年来,中国石油以岗位管理为基础,推进专业技术序列制度改革,建立了专业技术序列和管理序列的"双序列"职级体系。通过推行岗位管理制度,合理界定专业技术岗位责权、任职能力条件,将职称作为专业技术人员竞聘上岗基本条件要求,实现评聘分开。实行与专业技术岗位序列配套,体现专业技术岗位价值、能力水平和业绩贡献的薪酬制度。建立以岗位要求为主要依据、符合专业技术工作特性和专业技术人员特点的考核评价体系,将考核结果作为专业技术人员岗位变动和薪酬调整的依据,实现岗位能上能下、薪酬能增能减的动态管理。

(三)优化公司内部人才成长成才路径需要

实施专业技术岗位序列改革前,专业技术人员的晋升路径是职称制度,职称体系在评价和选拔专业技术人才方面起到了积极作用,造就了一批优秀专业技术人才和技术团队,为公司科技创新提供了专业技术保障。然而,随着公司日益发展壮大,专业技术人员发展的局限性日渐突出。这些矛盾主要体现在以下三个方面。

一是专业技术人员发展通道不畅。专业技术人员在技术上取得一定成绩后，转到相应管理岗位，即"千军万马走官道""学而优则仕"，职业发展面临"天花板"，即使晋升到了管理岗位，也因技术人员缺乏相应的管理能力难以发挥技术才能，同时还导致了企业技术实力下降，对技术人员自身发展、企业管理都是不利的。

二是专业技术岗位薪酬待遇不高。激励措施相对弱化，即使取得了较高的专业技术职称等级，由于没有对其进行聘任，兑现不了相应的专业技术岗位工资，致使部分专业技术人员不能安于专业技术工作，2016年至2019年期间，大批量专业技术人员流失，给公司正常运转造成了较大影响。

三是专业技术岗位设置动态不足。以职称为资格条件，专业技术人员晋升大致为技术员、工程师、装置主任，按照固定的任职年限和经历逐级晋升，到达一定程度后就会停滞不前，且"能上不能下、能进不能出"，一定程度上影响了专业技术人员工作积极性、能动力和作用发挥。

二、工作成效

广西石化分公司自实施专业技术序列管理创新实践以来，始终以习近平新时代中国特色社会主义思想为指导，坚持"两个一以贯之"，深入贯彻落实新时代党的组织路线和《中国共产党组织工作条例》，确立人才引领发展战略地位，遵循"四个坚持"兴企方略、"四化"治企准则，牢固树立"创新是第一动力、人才是第一资源""没有人才一切归零"的人才理念，大力实施人才强企工程，全面提升人才价值，构建完善"生聚理用"人才发展机制，深化专业技术岗位序列体制机制改革，培育造就高端人才、稳定壮大关键人才、激活用好现有人才、战略储备接替人才，造就一支数量充足、结构合理、专业配套、素质全面、作风过硬的专业化人才队伍，在同行业中具有示范性效果。

（一）人才发展通道得到了拓宽

专业技术岗位序列改革使广大专业技术人员认识到，竞聘到管理岗位不再是职业生涯的唯一出路。在打通技术序列的转换通道之后，各层级专业技术岗位人员在一定程度上免除了后顾之忧，进一步坚定了扎根科技、潜心创新创效的信心和决心。截至目前，共有116人参加专业技术岗位竞聘，专业技术序列共设置49类专业技术岗位，企业首席专家2人，企业高级专家1人，二级工程师24人，三级工程师37人，助理工程师及技术员52人。广西石化分公司专业技术岗位序列的"塔尖""塔身""塔基"逐渐形成，专业技术人才梯队的系统化搭建人才梯队逐步建立，党委联系专家制度逐步走深走实。

（二）技术岗位管理实现了动态

年度考核按照主体生产部门、辅助生产部门两个单元进行考核。考核内容主要从职业素养、工作能力、工作业绩三个维度，政治素质、职业操守、作风建设、廉洁从业、科学决策、推动执行、学习创新、年度任务完成情况、技术攻关、协同成效十个方面进行，考核按照综合得分进行分档，并严格兑现岗位工资和绩效工资。共计11人奖励晋档，86人正常晋档，16人不晋档，3人降档，实现了薪酬能增能减；1名专业技术干部入选第十四届全国人大代表；3名技术干部入选集团公司"青年科技人才培养计划"；2名专业技术人员推荐至广西壮族自治区政府部门挂职，

23名专业技术人员跨序列竞聘至管理序列,实现了专业技术岗位能进能出;因考核较差,经谈话反馈、分析,先后有3名专业技术人员解除聘期,退出专业技术岗位,实现了岗位能上能下。

(三)人才创新动能得到了激发

广西石化分公司专业技术岗位序列改革激发了专业技术人员的创新动力活力,提升了各项技术能耗指标,企业发展态势和员工面貌焕然一新。通过专业技术岗位序列改革,主要生产装置技术指标稳步提升,能耗指标持续下降。新增省部级人才20余人,钦州市人才25人,企业高级专家2人,各类创新工作室12个,形成了拔尖人才带头、各专业人才积极参与,人员年龄、专业和梯次结构合理的创新人才队伍。参与中国石油重大科技专项5项;形成93项科技成果,其中,国家科技进步奖二等奖2项,中国石油和化学工业联合会科技进步一等奖1项,中石油集团公司科技进步奖6项;授权专利52件;制定企业标准54项;发表专业技术论文300余篇。

(四)满意度归属感得到了提升

广西石化分公司通过专业技术岗位序列改革,专业技术员工的薪酬待遇与岗位价值、考核结果充分挂钩,工作中有压力也有动力,有激励亦有惩罚,使得专业技术人员既感受到利益又承担着风险。在此基础上,着力突出"业绩导向",形成人人有指标、层层有责任、晋升看业绩、奖惩凭贡献的专业技术岗位激励约束机制。同时,员工的专业发展路径更加明确,激励机制进一步完善,通过岗位晋升、薪酬调整、先进表彰、跨序列竞聘、挂职与交流等一系列精准激励措施,充分体现了干与不干不一样,干多干少不一样,干好干坏不一样,以重实干、求实效、重实绩为导向,让专业技术人员普遍感到工作有奔头、成长有空间、发展有盼头、事业有收获,充分调动了人才的工作积极性,使改革更深入人心,切实实现了员工与企业同成长、共命运。

三、主要做法

(一)坚定"一个原则",抓标准、明依据

按照"按需设岗、责权统一、动态管理、待遇从优"的原则,全面推进专业技术序列岗位改革。通过制订改革方案、做实岗位管理、严把业务主线等多措并举,建立专业技术岗位序列管理制度,为专业技术人员提供独立、畅通、稳定的职业发展通道,拓展职业发展空间,鼓励专业技术人才扎根生产一线、在攻关中彰显价值。

围绕企业战略,制订改革方案。按照广西石化分公司"三支队伍建设"总体发展思路和炼化一体化转型的总体框架,围绕"装置长周期运行攻关""重油催化裂化系列催化剂研制开发与推广应用""大型芳烃生产及综合利用成套技术研究开发与工业应用""聚烯烃新产品及成套工艺技术研究开发与工业应用""炼油化工转型升级关键技术开发与工业应用"等科研生产项目,坚持岗位设置与炼化主营业务、主体专业、科研项目、生产任务、实际需要等紧密结合,切实围绕企业战略规划,制订专业技术序列岗位改革方案。

突出重点专业,做实岗位管理。在广西石化分公司首先专家、高级专家、一级工程师等关键岗位层级设置上突出重点攻关领域,明确专攻方向,以高生产难度、高技术含量、高HSE风险、高知识技能等高价值岗位为基本导向,在岗位论证基础上,合理设置各层级岗位及人员数量。以人才成长通道建设实施方案为基准点,以持续打造高素质人才队伍为着力点,以"搭台子""铺路子""递梯子"为支撑点,以开展"实打实"考核为落脚点,充分发挥考核结果"三挂钩"作用,

建立专业技术岗位动态管理机制，激发专业技术干部担当作为。

严把业务主线，形成长效机制。根据现有符合条件人数和后续人员配置，逐级进行职数设置。规划未来的人才需求，充分发挥好高层级专业技术岗位的"筑巢引凤"作用，造就一支数量充足、结构合理、专业配套、素质全面、作风过硬的专业技术人才队伍。优化完善晋升及考核细项，持续把年度考核结果作为选树典型、薪酬分配、选人用人的重要依据，推进形成想干事者有动力、能干事者有舞台、干成事者有所获的良好氛围。真正引导专业技术人员在抓实工作的前提下，一手抓创新、一手抓创优，善于发现工作中的亮点、热点、难点问题，用创新的思路和办法攻坚克难。严把业务主线，形成长效机制，促使企业专业技术工作上台阶、有突破，为建设世界一流现代化炼化企业提供厚实人力资源保障和智力保障。

（二）紧握"两个抓手"，抓重点、严举措

以服务企业发展战略为核心，按照"确定人员需求总量—依据专业细分领域—按照价值搭建通道—合理设置岗位层级"的思路，借鉴系统内先进企业的做法，形成一套既满足企业当下专业技术人才队伍需求，又能为未来炼化一体化战略规划提供人才储备的专业技术人员设置体系。

1. 以岗位论证为抓手，夯实改革基础

根据业务现状的实际需求以及业务提升的要求，按照岗位性质、工作内容和工作特点，综合运用组织分析法、核心工作量分析法、标杆对照法、业务数据定员法等多方法，按照"业务梳理—职能职责分解—工作量核定—现状对照比较—定岗定员方案"的流程开展岗位论证相关工作。

一是进行岗位业务梳理。纵向上，将部门职能分解为彼此独立而又相互连续的职能模块；横向上，将每个职能按照工作性质和流程分层进行细化描述，使各项职责具体化、可操作化。对各部门（或单位）的职能进行梳理与完善，纵向上将部门职能分解为彼此独立而又相互连续的职能模块，如生产、设备、安全等，横向上将每个职能按照工作性质和流程分层进行细化描述，使各项职责具体化、可操作化，如决策层、执行层、操作层等，如图1所示。

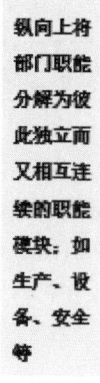
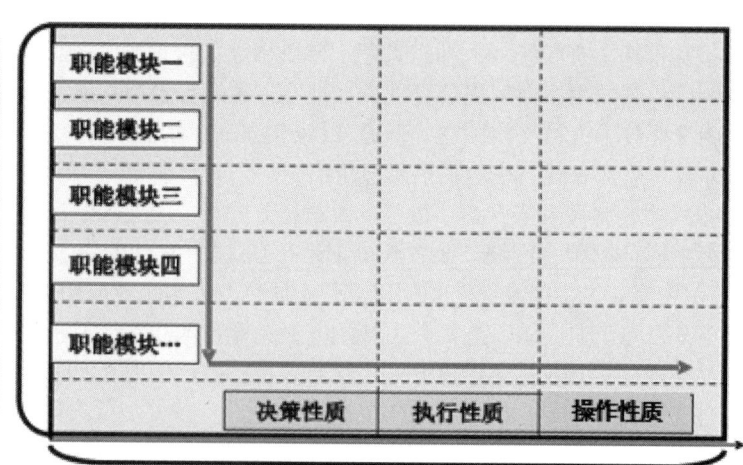

图1　岗位业务梳理

二是进行岗位职责分解。运用三级分解法将职能进行职责细化分解，其中，一级职能是部门（或单位）存在的目的和意义，即组织赋予部门（或单位）的主要职能（模块），部门承担的主要业务和管理职能；二级职能是从一级职能之下分解的若干项子职能（职责描述），这些职责是某一方面的工作；三级职能是分解二级职能的具体业务活动，三级职能是一些具体的作业项目（工作活动），是可以操作的。根据分解后三级职能的业务活动内容初步设置岗位并确定岗位名称。

三是进行岗位分类核定。将每个岗位的职责按照模块进行划分，每个模块按照工作流程细化为岗位的工作任务，以日、周、月、季度、半年、年度为周期，按照工作日写实的方法确定每项工作的经验工作量，然后计算每个岗位的总工作量。以工作量为依据，确定每个岗位的定员人数，并与同类型企业的相似岗位定员相比照。目前共设置49类专业技术岗位，总定员116人。

2. 以岗位评估为抓手，提升履职能力

一是明确岗位任职资格为晋升基本条件。针对现有的专业技术人员晋升主要侧重于基本条件的弊端，采用专家研讨的方式，条分缕析地对目前设置的49个专业技术岗位按照专业大类进一步划分为炼化工艺、公用工程工艺、储运工艺、动静设备、电气设备、仪表设备、HSE、信息技术、分析、计量、消防11个子序列。根据子序列划分，以每个子序列为单位设计了11项任职资格标准。每一项任职资格标准与子序列一一对应，主要包含各子序列专业技术岗位任职的基本条件、知识技能、参考项等，进一步明确了各专业技术岗位的任职资格标准和晋升要求。

二是明确岗位价值贡献为评估主要参照。邀请34名企业各层级、各业务领域专家参与岗位价值测评工作。测评方法采用经过多次实践验证的"评分法"，主要从工作责任、工作性质、知识技能、工作环境等四个方面评价各岗位的价值贡献。价值贡献越大的岗位，表明其技术含量越高、工作责任越重、工作难度越大，需要掌握的知识与技能更多，那么该岗位员工可以晋升的层级就应该越高。岗位测评具体结果涉及晋升通道划分，每个岗位晋升通道的最高级别为该岗位可以晋升达到的上限，当岗位任职者不能满足最高级别任职要求或者该部门高级别职数达到上限时，该岗位任职者按照低级别任职。

三是明确岗位评估结果为层级设置依据。以各子序列上一层级人数不应多于下一层级人数的原则，根据专业技术岗位评估结果及专业技术岗位员工的职业晋升通道，结合各单位实际人才梯队情况，合理进行专业技术岗位各层级人员数量的设置。公司专业技术岗级由高到低设企业首席专家、企业高级专家、一级工程师、二级工程师、三级工程师、助理工程师、技术员，专业技术岗位序列与管理序列建立对应关系，资历互认，在一定条件下可相互转换。企业首席专家、企业高级专家、一级工程师、二级工程师、三级工程师分别与一级副、二级正、二级副、高级主管、主管等大致对应。

3. 力促"三个挂钩"，抓激励、盯落实

按照分类分级管理原则，研究制定考核办法，认真组织实施，对专业技术岗位人员实行年度考核，根据考核得分强制分档，严格兑现，充分发挥考核结果"三挂钩"作用，建立专业技术序列岗位动态管理机制，激发专业技术干部担当作为。

一是与先进典型选树挂钩。为确保选树先进典型立得住、叫得响、树得牢，结合实际制定了专业技术人才评先选优方案，明确评选奖项、名额、程序和标准，有针对性选树和表彰一批

在爱国敬业、艰苦奋斗、扎根基层、潜心攻关等方面表现突出的优秀青年专业技术人才。通过量化指标与评价指标相结合的方式,在近三年年度考核为 A 档(优秀)的专业技术人员中评选出 5 名优秀青年专业技术人才,大力营造"人人学习先进、人人争当先进"的良好氛围,激励广大干部员工坚定信心、转变思想、担当作为,全力推进企业高质量发展。

二是与薪酬待遇增减挂钩。专业技术人员年度考核结果按照综合得分进行分档,年度考核结果严格与岗位工资收入挂钩,A 档(优秀)当年晋升一档岗位工资;连续 2 年为 B 档或 C 档(称职)晋升一档岗位工资;D 档(基本称职)或 E 档(不称职)当年不调整岗位工资档次,连续 2 年为 E 档(不称职)则降一档岗位工资。严格执行专业技术人员年度考核结果与薪酬待遇增减相挂钩,坚持优者奖、庸者下、劣者汰,让辛苦者不"心苦",让实干者得实惠。

三是与选人用人导向挂钩。树立鲜明的选人用人导向,弘扬正气、崇尚实干,切实为敢于担当、踏实做事、积极作为的优秀专业技术人员撑腰鼓劲。注重考人考事相结合,将年度考核结果以较大权重计入专业技术人员竞聘基本指标,有效将年度考核结果与选人用人工作密切衔接,确保优秀专业技术人员在干部选人用人上优先考虑。建立专业技术人员考核实绩档案,实行一人一档,主要记录专业技术人员承担年度任务书完成情况、奖惩情况、工作亮点,定期补充数据,内容动态更新。近年来,先后有 23 名优秀专业技术人员被选拔使用。

4. 坚持"四个突出",抓导向、促提升

广西石化分公司以推动人才强企工程实施为目标,以激发人才动力活力为根本,重点围绕提质增效专项行动,进一步调动广大专业技术人员干事创业积极性、主动性、创造性,在深入推动企业高质量发展站排头进程中当好标兵、做好表率。

一是突出建章立制,强化教育培养。根据《中国石油广西石化分公司人才成长通道建设实施方案》《中国石油广西石化分公司基层单位培养建设"三支人才队伍"指导意见》《中国石油广西石化分公司关于加强青年专业技术人才培养的指导意见》相关要求,各生产部门制定了本部门《青年专业技术人才培养方案》,促使青年专业技术人才系统掌握专业理论知识,创造性地开展专业技术工作,切实解决一批关键和重大技术难题,加速专业技术人才成长。同时,在青年专业技术人才中开展大讨论,重点围绕如何完成提质增效各项指标进行讨论分析、交流思想、出谋划策,凝聚青年共识,汇聚青年力量,促进人才成长。

二是突出建言献策,发挥团队力量。在专业技术人员中开展建言献策活动,重点围绕生产经营、降本增效、科技创新、队伍建设等,提出具有前瞻性、可行性、效益佳的建议。针对所征集的意见和建议,按照"两个维度、两个层面"进行逐条分解。"两个维度"即员工关注的亮点、热点、难点问题和可行、不可行、待定问题。"两个层面"即针对广西石化分公司全局性、普遍性意见及建议和针对业务性、事务性的意见和建议。截至目前,共收集专业技术人员"心声"1637 条,经筛选,有 621 条为重复性问题,对 174 条规章制度方面的问题当场进行了沟通解释,对 7 方面 19 个专业员工队伍建设方面的问题进行了梳理研究。

三是突出考核导向,做实岗位管理。按照严考核、强分档、重兑现的工作要求,从职业素养、工作能力、工作业绩 3 个方面入手专业技术人员考核,通过量化指标打分、评价指标打分后得出综合得分。结合专业技术人员年度任务书完成情况(定量考核)及民主测评(定性考核)结果,将年度考核结果与岗位工资、绩效工资收入挂钩,并作为岗位续聘和跨序列选聘的重要条件。近年来,A 档(优秀)的专业技术人员除晋升一档岗位工资外,在跨序列选聘及各类评先选优中都被优先推荐、提拔使用,切实突出年度考核导向,扎实兑现结果运用,进一步做实专业技术岗位动态管理,如图 2 所示。

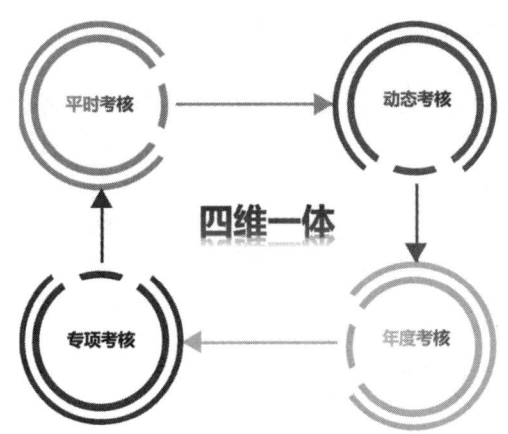

图 2　考核四维一体

四是突出精神激励，注重精心培育。在专业技术梯队"塔身"重点典型培树方面，坚持上下联动、聚力培树，结合广西石化分公司实际制定了专业技术人员评先选优方案，明确评选奖项、名额、程序和标准，以专业技术大比武、优秀青年科技人才评选为平台，以青年专业技术人才座谈会、专家大讲堂为契机，有针对性选树和表彰一批在爱国敬业、艰苦奋斗、扎根基层、潜心攻关等方面表现突出的先进个人。在"塔基"重点培树方面，制定《中国石油广西石化分公司优秀实习生评选方案》，着力把青年人才培养作为服务企业管理提升、服务青年成长成才的一项重要工作。为进一步突出示范引领作用，广西石化分公司扎实开展优秀实习生评选工作。优秀实习生评选以报名阶段、评选阶段、公示阶段、奖励阶段为主线，以实习报告、理论考试、岗位讲述为主要评比内容，以定量指标及定性指标相结合为评价方式，在听取用人部门实际反馈及现场问答等综合因素后，评选出本年度优秀实习生，颁发"优秀实习生"奖状，并在下一年度新入职员工座谈会上分享经验、交流思想。

四、启示

广西石化分公司在进行专业技术岗位序列改革后，三支人才队伍稳定，特别是在技术创新、提质增效等方面做出了突出贡献，彰显了"人才是第一资源"的理念，提升了企业市场核心竞争力，接下来，在全面推进专业技术岗位序列改革中工作中，要着重做好以下几方面工作。

（一）处理好专业技术序列改革前后关系的衔接

一是处理好改革前后工资总额的衔接。对专业技术人员职称结构及收入水平进行统计分析，在工资总额不增加的前提下，对专业技术序列聘任指数进行模拟推算，最终形成"塔尖精、塔身壮、塔基稳"的聘任模式，实现新老政策的平稳衔接。二是处理好三支人才队伍有序转换的衔接。紧盯生产经营工作主线，在项目建设、提质增效等重点工作中，体现三支人才队伍责权利的关系，实现三支人才队伍纵向贯通晋升、横向畅通交流良好态势。三是处理好专业技术晋升与职称关系的衔接。破除职称定级制度，坚持以岗定薪、岗变薪变动态管理机制，建立以岗位价值、技术能力、业绩贡献为主导的专业技术序列选人用人长效机制。

（二）树立好专业技术序列选拔任用机制的风向标

严格专业技术队伍选人用人程序，重点突出实干实绩导向，将个人特点比较鲜明、年度考核排名靠前，专业知识、专业能力、专业精神突出的专业技术人员优先进一步使用，进一步树立"有为者有位，能干者能上，优秀者优先"的选人用人理念，让"谁该用"变成"该用谁"。综合研判专业技术人员在专项工作中的表现和个人特长，在重点项目推进、疫情防控战场、年底目标冲刺等方面为专业技术人员成长成才搭建平台、历练才干、磨砺意志、锤炼品性，激发专业技术队伍"正能量"与创新活力，切实为企业高质量发展创一流提供坚强的专业技术保障。

（三）提升好专业技术序列队伍综合素质的能力值

一是在理论学习中提升党性修养。结合习近平新时代中国特色社会主义思想、《习近平谈治国理政》第四卷、党的二十大和习近平总书记重要指示批示精神等内容，长效化、分专题、分阶段进行深入学习，从高处把握、在实处着力、向深处推进。二是在重点任务中锤炼过硬本领。紧盯生产经营工作主线，在项目建设、提质增效、治理体系治理能力现代化、人才强企等重点工作中，坚持挂图作战，全面落实人才强企战略安排部署，稳妥推进专业技术岗位序列改革。三是在专业训练中提升能力素质。按照"缺什么、补什么"的原则，开展公司、部门、个人三个维度的提素赋能，按需施教、精准提升，切实提升专业技术序列队伍的综合能力素质水平。

案例负责人：王　澍
主要创作人：王　芝
参与创作人：邓　剑、王　璐、王洪娟、王　澍
　　　　　　黄　瑞、付　阳、曾　斌

"党建引领聚力，深化融合赋能"
全力锻造"三强"干部队伍

中国石油天然气股份有限公司西北销售陕西分公司

一、背景介绍

陕西分公司作为中国石油天然气股份有限公司西北公司在西部地区重要的派驻机构，近年来随着业务运行模式变化、机构体制改革，管理压力不断增大，尤其是干部队伍结构不尽合理，提质赋能措施不够精准的问题逐渐凸显。因此，如何有效建立高质量的人才队伍对陕西分公司有着特殊的时代内涵和深远意义。为此，陕西分公司坚决贯彻落实西北公司关于人才强企工程的工作部署，突出党建引领、深化融合赋能，抓好"关键少数"，突出"三强"干部队伍建设，进一步解放思想，转变作风，营造出担当作为、干事创业的浓厚氛围。

二、主要做法

（一）坚持党建引领、突出政治标准，建造党政融合的"蓄水池"

充分发挥党建引领作用是陕西分公司干部队伍建设取得优异成绩的制胜法宝。几年来，分公司党委充分发挥领导核心作用，自觉践行"两个维护"，在贯彻执行党和公司重大决策部署中走在前、作表率，不断提高政治判断力、政治领悟力、政治执行力。

1. 深行笃学，筑牢思想理论根基

陕西分公司始终坚持把政治坚强作为干部能力体系的第一维度，把政治能力建设摆在首位，深入考察干部是否具有绝对忠诚的政治品质，无私无畏的政治担当。一是强化领导干部政治意识。严格落实"第一议题"学习，扎实开展党史学习教育，协同推进"转观念、勇担当、强管理、创一流"主题教育，从党史学习教育中汲取"红色"养分，通过加密集中学习、严格个人自学等方式，引导领导干部把初心落在行动上、把使命担在肩膀上，让"红色养分"成为干部成长的主要营养成分。二是提升领导干部政治修养。坚持把党史学习教育作为党员领导干部的终身必修课，把党史学习教育作为全面从严治党和加强干部队伍建设的突出任务来抓，加强党性锻炼，围绕安全生产、项目建设等急难险重任务，组织党员领导干部全部进驻班组，开展党员突击队、青年突击队、党员责任区、党员示范岗、党员志愿服务等活动，抓实"我为群众办实事"，用服务基层结对子的"店小二"精神，想方设法解决员工子女上学问题，积极履职进社区开展防疫志愿者活动，先后为员工办实事30余件，解决了员工后顾之忧，践行了企业社会责任，发挥出党员先锋模范作用。

2. 深化培养，提升培训机制"精准度"

陕西分公司以党建引领为前提，全面加强干部培养体系建设，落实党管人才原则，通过"分布式、捆绑式、订单式"的培养，强化领导干部能力提升。一是构建党建引领干部培养体系。在思想上坚决贯彻落实公司党委的重大决策部署，充分发挥党委"把方向、管大局、促落实"的领导作用，坚持思想先行，通过党委理论学习中心组、"三会一课"等，运用"学习+研讨+调研"的方式，加强用党的理论指导工作实践。在行动上依照党建"三基本"和"三基"工作有机融合的实施方案，构建定标准、建机制、抓落实、强考核的完整闭环，持续加强领导干部理想信念教育，为领导干部队伍建设提供原生动力。二是加强年轻干部统筹治理能力培养。分公司着眼"三强"干部队伍建设，将年轻干部统筹治理能力作为培训重点，持续加强优秀年轻干部的轮岗交流，选派优秀年轻干部参加培训班，加强年轻干部参与党务工作的能力，对现有支部进行整合，结合各部门工作实际，以部门为单位成立四个党支部，将部门负责人放在支部书记、支部委员的重要位置，从而不断提高政治判断力、政治领悟力、政治执行力。同时，分层次、分专业建立健全后备人才库，根据成熟度细化培养方向和路径，加大使用力度、教育培训及轮岗锻炼等措施，精准分析年轻干部年龄段差异，给优秀年轻干部定任务、压担子，不断为青年干部成长提供平台。目前，陕西分公司"80后"年轻干部占基层领导人员的53%，形成老中青三结合干部队伍的良好局面。

（二）坚持全程赋能、突出岗位历练，练好本领高强的"千里马"

分公司持续加大年轻干部选拔力度，将重要经营管理岗位作为发现、培养、锻炼年轻干部和后备干部的重要平台，精准赋能，持续淬炼干部队伍，多措并举打造战略预备队。

1. 优化结构，培养选拔年轻干部

坚持党管干部原则，立足优化改善干部队伍功能结构，把培养选拔优秀年轻干部作为事关分公司长远发展的根本大计，科学制订领导人员选拔任用工作计划，突出党建引领，以"党建+"模式融合运行各项工作，持续提升干部党建融合的政治功能。在年轻干部选拔上，以思想淬炼、政治历练、实践锻炼、专业训练为重点，以选优配强、改善结构、提高能力为目标，坚持人岗相适、事业为上原则，破除论资排辈、平衡照顾等保守观念，对那些看得准、有潜力、较成熟的优秀年轻干部果断大胆使用，着力培养一支敢于负责、勇于担当、善于作为、实绩突出的中坚力量。2018年至今年共计提拔干部15人，其中"80后"优秀年轻干部10人，"80后"二级干部1人，"70后"二级干部达到4人，干部队伍平均年龄由2017年年底的44岁下降到42岁，干部队伍年龄结构持续改善，队伍活力显著增强。

2. 墩苗助长，增强干部本领才干

遵循干部成长规律，将实践锻炼作为促进年轻干部快速成长的主渠道，坚持在生产一线和基层艰苦岗位磨炼干部，在关键吃劲岗位和重点建设项目锻炼干部，让年轻干部积累带队伍经验，锤炼务实作风。2021年，有计划地安排所有三级干部到基层"结对子"，实地调研了解基层运行困难，提高解决复杂问题能力。2022年，加快复合型干部培养，有针对性地选拔三级干部深入开展党建融合、管理提升、安全生产经营、提质增效和合规管理等方面的课题研究。持续推进三级干部跨专业学习，先行试点业务财务交叉工作，丰富年轻干部业务运行思路，促进干部快速成长。同时，加大后备干部培养力度，鼓励年轻后备干部参与计划编制、管理协调等工作，提升后备干部统筹能力。

（三）坚持提质聚力，突出担当作为，培养意志顽强的"实干家"

近年，分公司充分发挥党工团组织优势，营造"学习先进、赶超先进"的良好风气和精神面貌。为干部队伍压担子、铺路子，分公司创先争优、攻坚克难的大环境、大导向正在形成。

1. 轮岗交流，提升队伍协作能力

紧紧围绕公司"十四五"发展规划目标，按照坚持"在干中学、在学中干"，分公司重点加强业务领域专题培训，多交任务、多开展交流，加快年轻干部和业务骨干培养力度。在统筹安排好各项工作的基础上，坚持"主管必须兼岗、岗位必须交流"的原则，从各部门主管开始，在部门内部进行多岗位轮岗交流，后备干部在部门内部分层次、分专业适时开展交流，通过岗位交流合理优化部门结构，促进经验共享，提升工作标准与质量，使年轻干部对岗位始终充满新鲜感和紧迫感，进一步理解不同岗位工作的重要性，以岗位交流形式使员工队伍整体水平达到公司发展的实际需要，切实提高专业技能以及对突发问题、空缺岗位的应变适应能力。目前，各部门轮岗交流覆盖率均达到50%，全力解决了岗位之间配合不畅、岗位之间协作效率不高的问题。

2. 严管厚爱，激励干部担当作为

加强对中层领导人员年度考核及结果应用，对连续排名靠后的中层领导人员进行提醒谈话或调整岗位，提升履职意识。以提升业绩为导向，修订绩效考核办法，持续提升绩效考核权重，围绕效益最大化，深挖价值创造，先后在考核方案里提高专业技术岗组织系数，将个人贡献与部门绩效挂钩，奖到心动，罚到心痛，对"四屡问题""低级失误"及涉及一票否决事项从严从重追责，对苗头性、倾向性问题及时敲响警钟、拉响警报，做到防微杜渐、举一反三。对模范履行职责、出色完成工作任务、做出突出贡献的个人和集体，及时给予大幅度考核奖励、精神奖励。坚持"三个区分开来"，正确把握经营管理干部在工作中出现失误、错误的性质和影响，深入运用容错纠错机制，让年轻干部甩开思想包袱，勇于尝试，拒绝"躺平"，进一步调动和激发广大干部的积极性、主动性、创造性。加强健康企业建设，构建员工身心健康服务保障体系，利用座谈交流、培训疗养、健康体检、带薪休假、文体生活等多种方式，加大关心关怀力度，营造有利于保持人才身心健康的机制、氛围和环境。

三、工作成效

（一）作风建设进一步加强

近年来，分公司坚持党建引领，突出党建融合，推行以"走一线、转方式、改作风"为抓手的"一线工作法"，从"党旗风景线"到"党建双融阵地"，将主营业务与党建工作相融合，年均"走动"管理次数达2000余次，现场解决问题200余项，现场设备完好率达99.92%以上，隐患整改率、油品质量合格率、基层员工对机关人员服务满意度、炼销企业对分公司服务满意度达到四个100%。各级领导干部每天参与班组交接班活动，带头以上率下，走在前列、干在实处、做出表率，积极深入基层调研、随时了解班组运行动态，第一时间解决班组员工"急难愁盼"的问题。结合党建联系点活动，开展了机关部门及各支部与班组"结对子"活动，

通过签订协议、定期互动的方式，为基层做标杆，到一线去减负，真正做到了"到一线去推动工作、到一线去排除隐患、到一线去解决问题、到一线去化解矛盾"的初衷。尤其是在面对疫情防控的诸多挑战中，分公司干部员工舍小家、顾大家，全身心投入到疫情防控阻击战中，保障了安全生产平稳运行，全力确保了炼厂后路畅通，实现了全员"零感染、零疑似、零确诊"目标，用党建引领凝聚起了守护油库的"红色盾牌"、保障炼销的"红色力量"、抗击疫情的"红色屏障"。

（二）人才存量进一步盘活

分公司不断深化人力资源管理效率，完善"能上能下"工作机制，以现行轮岗成效全面推行轮岗制度，加大员工内部流动，针对部分岗位开展竞聘工作，新提拔4名副科级干部，全面盘活人才存量。坚持自主培训和好中选优、请进送出的原则，结合公司"424"人才计划的实施，实施"岗位教学"、推进"岗位练兵"，围绕岗位职责、岗位流程、岗位认知、岗位体会、岗位经验及应急反应等六个方面的内容，科学设置培训项目，全年开展各类培训26项，累计培训327人次，培养出一批专业岗位"拔尖"的技术"带头人"。分公司现拥有西北公司"424"人才库人才4人，分公司技师队伍由5名增加到9名，其中高级技师1名，技师8名。高级工占比60%以上，双证持证率90%以上，各项数值位居公司前列。

（三）整体竞争力进一步提升

经过近几年的努力，分公司队伍建设取得丰硕成果。先后荣获集团公司基层党建"百面红旗"、2021年度先进单位、风险综合防控工作先进单位、2021年度HES标准化先进基层单位。截至目前，分公司已成立技师工作室、创新工作室，取得多项国家实用性专利，"五小"攻关及课题研究先后多次荣获公司创新成果奖。在西北销售公司举行的"第七届职业技能竞赛"中，分公司荣获"竞赛团体奖第一名"，包揽油品储运调合工、油品计量工、油品储运调合工多个奖项。目前分公司助理级职称15人，中级职称22人，副高级职称3人，干部队伍整体竞争实力较"十三五"时期有了明显的提升。

四、收获启示

（一）锻造"三强"干部队伍应形成强大合力

党管人才是深入实施"人才强企"专项工程的根本保证，要坚持"一把手"抓"第一资源"，基层单位党委要坚决实行"一把手"抓战略、抓规划，把人才工作摆到转型发展全局中的优先位置去谋划、去推动；各专业部门要负责抓协调、抓落实，切实履行好牵头抓总的职责，增强工作合力。只要"一把手"重视，以上率下亲自抓，就没有落实不了的事情。各级干部应通过努力学习、刻苦实践来使自己成为管党员的党员、管干部的干部、管人才的人才，这样才能充分发挥党组织作为"党员之家""干部之家""人才之家"的作用。

（二）锻造"三强"干部队伍应坚持各尽其能

当前，西北公司已经进入改革的攻坚期、关键期，推进改革三年行动计划任务艰巨繁重，迫切需要一大批敢于担当、拼劲十足、能干成事的实干家。对人才要实行取其长、避其短的策略，各司其职，各尽其能。要持续营造好"用"的环境，让想干事、能干事、干成事的受激励和重用，对不作为、慢作为的坚决调整，对乱作为的坚决处理。要用当其时，尊重人才成长规律，优化人才结构，搭建好党务管理、企业管理、技术创新的平台，完善成果转化激励机制，打造一支留得住、能战斗、带不走的人才队伍。

（三）锻造"三强"干部队伍应鼓励先行先试

干部队伍建设要在合规管理的基础上，逐步解放思想、凝聚共识，特别是要激发年轻干部大胆尝试、勇于创新的激情，应鼓励年轻干部在程序文件和制度没有禁止的情况下允许先行先试，避免为了合规管理而束缚思想，造成"宁可不干事，只要不出事"的"躺平"思想逐渐滋生。要善用容错纠错机制，强调"只要忠诚干净，如有试错，个人不负责任，由组织负责"的理念，让年轻干部放开手脚，推动落实一批业务运行、安全管理、体制创新等一系列先行先试举措。只有鼓励干部队伍卸下包袱，才能试出自信，试出胆略，试出出路，更能激发出分公司高质量发展的磅礴力量。

案例负责人：姚　江
主要创作人：王宏江、张亚男、张明悦

打造人才孵化摇篮　助推企业高质量发展

中交浚浦建筑科技（上海）有限公司

本报告以中交浚浦建筑科技（上海）有限公司所属项目南浔智慧文创中心项目部人才管理为例详细剖析。南浔智慧文创中心项目为浙江省湖州市重点工程项目，是集设计、施工、采购于一体的 EPC 工程总承包项目。案例人才孵化基地的建设实施紧紧围绕"品牌展示窗口、标化管理典范、人才孵化基地、创先争优摇篮"四大目标，以培养、输出房建业务管理人才为使命，大力实施"雄鹰""飞鹰""雏鹰"三鹰孵化计划，为公司奋力开拓房建市场提供人才支撑。

一、企业简介

中交浚浦建筑科技（上海）有限公司成立于 1993 年 8 月，注册资本 50000 万元，是中交疏浚上海航道局旗下建筑工业化领域的核心企业。

企业主营业务分为房建总承包与建筑工业化两大板块。其中建筑工业化板块业务涉及建筑工业化产品研发（研发、咨询、设计、信息化管理服务）、部品部件生产（房建、市政、水工、装饰、部品部件、绿色建材）、专业培训（装配式建筑培训、产业工人、本工队伍）及生产基地投资建设运营。房建总承包业务涉及工业建筑、住宅、商办、公共建筑等各类房建业务。

二、实施背景

"发展是第一要务，人才是第一资源，创新是第一动力"。习近平总书记强调，对综合国力的竞争最终是对人才的竞争。人才对于整个社会的发展非常重要，对于国家而言更是重中之重。人才是推动高质量经济发展的力量源泉，也是衡量一个国家综合国力的重要指标。

在百年奋斗历程中，我们党始终重视培养人才、团结人才、引领人才、成就人才。而企业的竞争，归根结底是人才的竞争。随着企业生产规模的不断扩大及业务的迅速发展，我们需要更多精通工作业务、管理经验丰富、具有良好敬业和创新精神的人才来提高企业的整体水平，以确保企业的可持续发展。报告以中交浚浦建筑科技（上海）有限公司所属项目南浔智慧文创中心为例详细剖析。

（一）调查与分析

南浔智慧文创中心项目（以下简称南浔项目）于 2020 年 12 月启动实施，肩负着开拓湖州乃至浙江房建市场的重任，也是公司在房建市场试点的桥头堡重点项目之一，高质量完成南浔项目对公司房建项目管理组织结构、资源配置、人才结构、成本管控、利润把控等方面具有重要意义，对公司高质量发展具有引领作用。

项目启动之初，公司人力资源部围绕项目人才结构进行了深入调查研究，走访项目负责人、主要管理骨干、一般管理人员 30 人次，发放调查问卷 30 份，组织公司层级座谈会 4 场次，问卷调查 20 人，绘制了 SWOT 分析表（表 1）。

表 1　南浔项目人力资源现状 SWOT 分析表

内部因素 外部因素	内部优势 S 1. 公司领导重视，给项目提供了有力政策支持。 2. 房建业务作为上航局重点培育业务之一，在人才、薪酬等方面给予了灵活政策。 3. 公司具备一定储量的成熟人才，具备支撑项目实施优势。	内部劣势 W 1. 项目管理团队思想认识有差距，系统性思考问题能力不足。 2. 人才结构不够合理，结构单一，高端人才储备不足。 3. 培训的针对性、实效性不强，形式大于内容，存有培训与需求脱节的现象。
外部机会（O） 1. 该项目为 EPC 项目，业主方给予了很大的设计优化空间，对于锻炼队伍提供了平台。 2. 该项目资金状况较好，有良好的资金保障，项目实施过程能够顺利实施。	SO- 利用这些 建立灵活有效的薪酬激励机制，加大人才培养力度，通过与业主方的深入沟通交流，加大设计优化，提高项目利润率。	WO- 改进这些 利用项目加快实施的良好机会，提升项目整体管控能力，能者上、庸者下，促进项目管理团队正向循环。
外部威胁（T） 1. 房建项目同质化竞争白热化，利润率较薄，项目人力成本受到制约。 2. 公司在湖州区域房建业务影响力不足，高端人才引进需要较长时间，一般管理人员属地化招聘受阻，无法及时补充。	TS- 监视这些 运用一岗多责、岗位兼职、内部荐才等方式解决项目急需人才。坚持以培养为主，引进为辅，着眼于开发人才资源，加大对现有人才的教育培训。	TW- 消除这些 加大人才自我裂变力度，调整人才结构，优化培训针对性，确保人才孵化效果。大力宣传优秀人才先进事迹，开展建言献策等活动，为优秀人才服务项目、服务社会建设搭建平台，促使各类人才人尽其才，才尽其用，为企业高质量发展贡献力量。

（二）战略目标与具体目标

为落实好公司高质量发展要求，实现"人才兴企"的战略目标，公司对南浔项目部下达了"品牌展示窗口、标化管理典范、人才孵化基地、创先争优摇篮"四大战略目标要求。2021 年年初，公司承办的"中交上航局房建业务人才孵化基地"在南浔项目部揭牌，正式确立了南浔项目部人才孵化基地职能，项目部制定了"培养输出房建业务人才"的人力资源工作使命，在公司指导和帮助下，立足项目自身实际和 SWOT 分析结果，提出了"三鹰"孵化计划，并制定 4 点具体目标。

（1）对应"品牌展示窗口"战略目标。项目管理经验、人才培养经验等要形成可复制、可推广的经验，并得到省部级以上宣传媒体的报道。

（2）对应"标化管理典范"战略目标。项目管理全面优于项目管理目标责任书，技术创新成果不低于 20 项，获得省部级以上项目奖项不少于 3 项次。

（3）对应"人才孵化基地"战略目标。输送"雄鹰"5 名，"飞鹰"10 名，"雏鹰"20 名，项目部自身人才结构全面优于公司人才规划要求。

(4)对应"创先争优摇篮"战略目标。项目创先争优要在公司内排名靠前,获得局级以上荣誉人员不少于3人次,要有人员获得省部级以上个人荣誉。

三、主要做法

(一)精心筹备,夯实基础

1. 加强组织领导

公司成立了由公司分管领导为组长、项目书记和项目经理为副组长的人才孵化领导小组,负责培养目标制定、培养效果考评及过程督导。项目设立项目人才孵化工作小组办公室,依托项目办技术部实施具体工作,负责培养目标制定、培养效果考评和日常事务,并做好培养方案宣贯指导与过程监控。项目各部门作为人才培养的主责部门,负责推选培养对象、制定培养计划、开展具体培养工作、考核培养对象等。不断完善体系,创新机制,改善方法,整合资源,发挥各部门的主观能动性,为人才孵化提供坚强的组织保证。

为保障人才孵化基地各项工作高效开展,公司指导项目部建立了《中交上航局房建业务人才孵化基地建设管理办法》,项目部建立了配套的实施方案和细则,涵盖师徒带教、项目人才职业规划、人才培训与管理、专项经费使用等全链条,构成了"1个管理办法+5个实施方案+N个实施细则"的人才培养孵化制度体系,为公司打造孵化摇篮、助力高质量企业发展提供了制度保障。

2. 创新孵化模式

企业紧密结合房建业务各板块人才需求,制定人才孵化实施方案,明确各级责任分工;制定"雏鹰""飞鹰"和"雄鹰"三鹰培养计划,制定了"四个一"的培养要求,即针对新进员工、项目中层骨干、项目领导班子三层级人员,分别明确培养对象、培养方式、培养目标、培养流程、考核办法、人才输送机制和奖励措施,全面调动各层级人员积极性。

"雏鹰计划"旨在通过对有上进心、乐于学习、积极进取的毕业两年以内的员工进行培养,使其逐步成长为部门技术骨干、业务骨干:开展一次职业规划,参与该计划的员工要根据自己的所学专业、所在岗位和兴趣爱好制定一份完整的职业规划,在导师及部门负责人监督下进行落实,每隔半年对自己的职业规划进行检查,发现偏差及时制定纠偏措施;进行一次拜师学艺,按照专业对口原则,实行带教培养,导师在工作上对员工进行科学、系统、全面的业务指导,帮助学员快速掌握岗位技能;学习一门在线课程,依托上航名塾在线培训平台开辟孵化基地学习专栏,员工每年至少选定一门课程进行学习,达到规定的学时并考核合格;通过一次工作测验,考核期内需通过项目部组织的考试或答辩。

"飞鹰计划"旨在通过对有三到五年工作经验的、有进一步培养潜质的员工进行培养,使其逐步成长为各职能部门的负责人:进行一次轮岗锻炼,根据员工所在职能部门配合程度的需要完成一次岗位轮换,使其能够熟悉部门内部不同岗位的主要职责和不同岗位间的协作情况,以便将来更好的进行项目管理;完成一项岗位成果,根据所在职能部门职能完成一份相应的岗位成果,可以是一篇论文、一篇工法、一项QC成果、一项专利或总结一份岗位操作手册;参加一次内部培训,要结合自身实际,合理安排时间,有针对性地参加公司组织的各项培训,确保每年至少参加一次专业培训,拓宽思路,提升业务水平,努力提高履职尽责能力;通过一次工作测验,考核期内需通过项目部组织的测验考试或答辩。

"雄鹰计划"旨在通过对项目关键岗位、部门负责人、项目副职等员工进行培养，使其逐步成长为综合能力较强的人才，满足企业未来发展需要的一些重要中级和高级岗位需求：培养一名员工，至少与"雏鹰计划""飞鹰计划"中的一名学员签署导师带教合同，并完成带教任务；开展一次授课，"雄鹰计划"人才根据自身特长自行准备课件，走上"讲台"进行一次授课，分享交流先进理论、业务知识、成功经验等；参加一次外部培训，凡列入"雄鹰计划"的人才要根据时间安排每年至少接受一次外部培训，注重更新、深化专业知识；通过一次工作测验，考核期内需通过项目部组织的测验考试或答辩。

3. 营造学习氛围

为确保孵化工作有序、有效开展，企业专门设置了培训教室、党员活动室，以及"书香上航""读书角"，还投资建设了安环机械培训专用场地、智慧建造专用场地等实操实训场地，加强学员的现场作业体验，提升员工工程施工、安全质量管理水平。专门储备党建、管理和房建各类专业书籍300余册和四套培训软件，为人才孵化营造了良好的学习氛围。

（二）挖掘资源，畅通渠道

1. 依托内部平台，打造育才"孵化器"

项目充分利用中交网院、上航名塾、建贤e学堂等在线培训平台，开辟孵化基地学习专栏，将具有特色的人才培养举措、施工工艺、生产工法等作及时总结推广，组织参加企业级专业交流研讨不少于1次；对项目职工开展《二次结构施工控制点》《吊篮安全管理》《大商务体系建设》《封闭式插接母线安装工艺施工流程》《项目无效成本清单分析》等培训59场次；组织职工参加中交上航局微课制作大赛3人次；组织施工、技术、安全环保、党建、综合管理等专业培训53场次，有效发挥中交系统人才孵化器作用。

2. 发挥驻地优势，激活塑才"动力源"

项目积极协调南浔区住建局、执法局、公安分局、高新区管委会等地方政府机关，赢得支持和帮助，全力培养员工施工管理、安全文明施工、遵章守纪、内外协调等综合能力；联合业主单位、监理单位、人民医院等基层党组织，开展党建联建和人才交流活动26次；依托驻地红军长征纪念馆、长超村红色纪念馆、抗日英雄纪念碑、南浔陵园等红色基地，开展爱岗敬业教育，培育精诚团结、艰苦奋斗精神。邀请浙江省期刊协会、湖州市和南浔区两级总工会、湖州市建筑建材协会领导，亲临项目现场指导授课；邀请中建八局、越烽集团、美信佳集团、华昌建设等外部专家老师来项目传经送宝，为争创"飞英杯""钱江杯"积蓄能量，为锻造高素质房建人才奠定坚实的基础。

3. 创建优质品牌，下好留才"制胜棋"

项目积极承办和参与2021、2022年南浔区建筑文明施工标准化建设暨扬尘治理观摩会，与建筑施工同行深入交流经验做法，展示智慧工地建设成果，树立"上航建筑"品牌形象；承办中交上航局第八届职工技术比武大赛建筑专场赛，并取得两项第一名和三项第二名的好成绩，提高了职工技术、培养了工匠精神；传承百年上航文化基因，积极创建"五色工地"：打造红色工地，党建引领赋能项目管理；打造绿色工地，科技创新擦亮水晶晶南浔；打造蓝色工地，智能智慧提升管理效能；打造青色工地，坚守安全廉洁底线；打造金色工地，提升施工质量。

（三）优化措施，确保成效

1. 因材施教，构建体系

开展师徒带教活动。企业挑选具有多年相关领域专业经验人员为导师团队，结合房建业务各条线特点，按照领导班子、中层骨干和业务精英三个梯次，契合专业、科学搭配、结对培养，制定有针对性的培养计划和目标，每月跟踪落实。让每名员工的优势得到发挥，弱处得以弥补。

加快推进培训体系建设，不断提升员工专业水平，逐步建立针对每个岗位培训的课程、教学、考核体系，实现轮岗、转岗、晋升等与培训紧密结合。

搭建岗位交流平台。组织各单位人员定期开展岗位交流。每年统计各单位交流岗位职数，统一汇总，组织报名，有效配置。通过轮岗交流，激活员工热情，发挥员工潜能，提升员工综合能力。努力做到人尽其才、才尽其用，加快人才由专才到复合型人才的转变。通过岗位交流，为广大员工提供更多的职业选择机会。

构建横向到边、纵向到底的岗位绩效考核体系。通过岗位考核，客观评价员工工作绩效、态度和能力，帮助员工提升工作水平，促进上下级沟通和各部门之间相互协作。通过岗位绩效管理体系建设，建立客观、公正、科学的评价体系，为员工职业选择、岗位调动提供依据。

2. 丰富形式，激发兴趣

企业聚人心：组织观看红色电影《江水滔滔》《长津湖》，组织学员参与南浔区民兵训练、邀请部队首长开展革命传统教育，弘扬革命精神，凝聚奋进力量；会同党建联建单位一起学习二十大精神，牢记初心使命，坚定理想信念，树立必胜信心。

企业促融合：开展上航局企业文化培训，认同企业文化，凝聚人才力量；带领员工参观疏浚展示馆，重温疏浚历史，传承企业文化，弘扬工匠精神。

企业抓学习：采取线上、线下相结合，"请进来教、走出去学"相结合，灵活教学模式，开展项目管理、风险管理知识与经验、项目创奖创杯、绿色施工创建经验等辅导培训，组织员工到中建集团项目、中国能源建设集团、中国五冶集团、大东吴集团等工地实地观摩，达到取人之长、补己之短之目的。企业人力资源部定期对项目员工年度培训学习情况进行抽查，主要检查培训签到表、网络平台学习记录、培训效果评估等培训学习过程性资料，并对检查结果进行通报。每年向企业教育培训委员会报告员工年度刚性培训学习总体情况。

3. 奖优罚劣，调动热情

企业不断完善机制：完善用人机制，优化队伍结构，积极营造"能进能出""能上能下"的管理氛围，制订员工考核管理实施办法，实行季度考核，坚持人岗相适、人尽其才，充分发挥考核"指挥棒"作用，健全员工优胜劣汰考核机制，针对考核不合格的3名员工，予以辞退、降岗处理，针对考核优秀的16名员工，将优先晋升岗位、优先纳入公司骨干人才储备库、优先参与各类竞聘选拔、培训推优等，树立争创一流的竞争意识，全面调动员工比学赶帮超热情。

企业精神激励为主：针对表现优异的学员，一是推荐至公司总部、兄弟项目部任职，或内部晋升岗位，给予更大的工作平台和发展空间。二是推荐各级先进荣誉评选，项目员工先后获得20余项个人荣誉，全面调动了各类人员的积极性，为项目有序、有效开展起到了巨大助推作用。

企业物质奖励补充：严格兑现奖惩制度，针对一人多岗、抗洪抢险、导师授课、先进员工、节假日主动加班等各类表现突出的员工实施机动奖奖励140人次，共计91770元；安全行为之星表彰奖励奖品5492.17元。

四、实施效果

2023年年初，公司组织人才孵化摇篮验收工作，对照公司制定的四大战略目标和项目部制定的四大具体目标进行了逐项验收，各项指标均达到并优于原有设定目标。

（一）品牌展示窗口

南浔项目人才孵化基地及项目管理经验在多家主流媒体发表文章，涵盖新浪新闻、财经头条、文汇报、人民网、搜狐新闻、今日头条、网易新闻、今日南浔、南浔融媒体、浙江在线、浙江科技新闻网等多家单位，据不完全统计发稿超过20篇次，省部级以上媒体发稿超过5家。

（二）标化管理典范

自从实施人才孵化工作以来，项目管理逐步优化，项目管理目标达到并超过了项目管理目标责任书，项目荣誉获得20余项，包含但不限于浙江省"工程建设优秀质量管理小组荣誉"浙江省"中国钢结构金奖"推荐奖（"浙江省钢结构金刚奖"）、浙江省"文明现场、未来工地"竞赛先进工地；湖州市"2021年度文明典范城市测评突出贡献奖""重点建设市级示范培育项目"；南浔区"标杆工地""建筑工地扬尘治理先进单位""技能比武"锦旗、"7.23烟花抗台"和"观摩工地"表扬信等。

（三）人才孵化基地

南浔项目为其他项目部和上级公司输送人才达50名。其中，雄鹰计划输送高端人才7名，分别担任国内外项目经理、总工等职务；飞鹰计划输送骨干人才10名，分别担任各项目部部门长等职务；雏鹰计划输送基础人才26名，分别担任公司总部、各项目部主管、主管工程师等职务；输送7名大学生至各项目部、8人获得各类专业证书、26人获得职务晋升：全面超过了原有既定目标。

（四）创先争优摇篮

项目管理在创先争优方面硕果累累，个人荣誉获得10余项，囊括中交上航局品牌员工、上海住建系统立功竞赛先进个人、2022年度优秀航道建设者、《PC工法组合桩围护结构施工技术应用》优秀论文。项目获得中交上航局先进基层党组织、平安工地、无废工地、优秀安全生产标杆、安全生产示范岗、先进集体，月度"安全生产优秀"第一、二名，"优秀安全生产标杆"，"宣传文化工作先进组织"等。

2023年，上航局组织了"中交上航局房建业务人才孵化基地"成果验收及分享会，公司选送的南浔项目部"三鹰"人才孵化培养成果得到了与会领导的一致好评，与会专家领导表示，"三鹰"计划不但为公司培养了大量的有用之才，并且对项目管理产生了良好的引导效应，人才兴企作用明显，为公司高质量发展提供了良好的智力保障，起到了牵一发而动全身的引领作用。2023年，南浔项目人才孵化基地经验作为上航局优秀孵化成果予以印发，供其他单位参考学习。

五、经验总结

（一）让人才"学有所成"

1. 构建孵化体系

构建以企业为主体、项目为基础、属地与社会支持相结合的人才培养体系。按照"为人才压担子、搭台子、铺路子"的工作思路，让人才引得进、留得下、用得好。要为人才提供发展需要的高层次、专业化平台作支撑，为各类人才施展才华提供平台和空间。

2. 打造孵化阵地

因地制宜打造企业培训中心、项目实训基地等阵地，为培养高技能人才提供有力支撑。打造企业独有的人才文化品牌，以最好的平台汇聚人才、最暖的服务留住人才，大力涵养"百花齐放"的人才发展生态。

3. 创新孵化方式

持续探索"三鹰"模式，整合各种资源"补缺口""助成材"，构建从招生招工、课程开发、教育教学、考核评价的培养闭环。

4. 采取多种方式

充分发挥人才传帮带作用，通过名师带徒、技能研修、岗位练兵、技能竞赛等形式，实现高技能人才"量质齐增"。

（二）让人才"评有所依"

1. 建立评价制度

探索建立员工考核制度，打破发展"天花板"、打开发展"新赛道"，努力形成人人渴望成才、人人努力成才、人人皆可成才、人人尽展其才的良好局面。

2. 敢于打破限制

敢于打破学历、职称、年龄等限制，对技能高超、业绩突出的，可直接认定；对攻克重大难题、取得重大创新的，可破格晋升。放宽基层条件、实施基层人才对口培养计划等人才流动机制，不唯学历、不唯资历、不唯身份，不拘一格选人才，让人才智慧竞相迸发。

（三）让高技能人才"劳有所获"

1. 健全奖励体系

要建立以国家表彰为引领、企业奖励为主体、社会奖励为补充的高技能人才表彰奖励体系。创新激励政策是关键。坚持一线思维和问题导向，探索出台向一线倾斜的扶持政策、人才流动的"绿色通道"、切实"有料"的人才激励政策，吸引人才，使之不断变成一个巨大的人才孵化器和加速器。

2. 持续加大评选

加大人才在劳动模范、优秀个人、先进工作者、岗位能手等表彰中的评选力度，定期展示人才匠心独运、躬耕岗位的动人故事，增强技能人才荣誉感和获得感。

3. 适当加强奖励

加强对技能人才的政治引领，引导企业建立职业技能等级津贴制度。

4. 完善配套服务

完善技能人才服务配套机制，在子女就学、疗休养、医疗保障、住房等"关键小事"上给予倾斜。

六、推广应用

（一）对企业的应用价值

人才是企业的中流砥柱人才，是企业的发展命脉，是企业各种因素中最重要的因素。从上述可得，人才是企业最重要的资源之一，其中高素质的员工是技术、知识创新和传播的重要力量。员工因其亟须掌握和灵活应用知识与技术，成为了担起知识传递、转换和更新的重要角色。因此，企业对于人才的管理和培养尤其重要，员工的知识技能与经验能够源源不断地为企业带来价值，从而让企业取得更高的业绩。

（二）对行业的应用价值

世界科技发展史证明，谁拥有了一流创新人才、拥有了一流科学家，谁就能在科技创新中占据优势。同理，报告中南浔项目部以发展人才作为技术创新、企业改革的重要手段，发挥了至关重要的作用。

（三）对社会的应用价值

人才是国家综合国力竞争的重要指标。无论是大国重器的铸造，还是企业技改的实施，处处都有技能人才的贡献。人才是第一资源，新时代背景下，聚天下英才而用之，做好人才工作显得格外重要。培养更多高素质技能人才、能工巧匠、大国工匠，对于促进国家经济转型升级，加快推进技能强国战略，增强我国核心竞争力和自主创新能力有着深远意义，为基本实现社会主义现代化提供人才支撑，为全面建成社会主义现代化强国打好人才基础。

七、总结

雄关漫道真如铁，而今迈步从头越。感谢社会、国家对企业人才孵化工作的关心支持、对工作存在不足时的包容和指正。一直以来，企业深入贯彻落实习近平总书记关于做好新时代人才工作的重要思想和重要指示批示精神，结合企业实际，千方百计为各类人才提供最好资源、最优服务，与各类人才共享机遇、共筑梦想、共赢未来，形成与人才共同成长、相互成就的崭新格局。企业将坚持创新驱动发展，充分激发人才活力，坚持真心爱才、悉心育才、倾心引才、精心用才，以人才孵化助力企业高质量发展。

案例负责人：颜百川
主要创作人：陈全东
参与创作人：朱　军、朱绪伟、李　朋、张应峰、吴诗骑

建筑企业"新八级工"制度落地探索与实践

中能建建筑集团有限公司

产业工人队伍是中国建造的重要支撑，对推动建筑企业高质量发展具有重要作用。中能建建筑集团有限公司构建"3×3"建设体系，推动"新八级工"制度落地，为建筑企业产业工人队伍建设做出了示范。

一、引言

党的二十大报告指出，努力培养造就更多大国工匠、高技能人才。为了适应当今世界科技革命和产业变革的需要，我国应势推出了"新八级工"制度，重构技能人才职业技能等级新体系，加强新时代产业工人队伍建设。中能建建筑集团有限公司（以下简称公司）率先探索、推进"新八级工"制度落地，走在了全国前列、提供了实践样板。

二、实施背景和概念内涵

（一）实施背景

规模庞大的高素质产业工人队伍，是我国电力行业实现高质量发展的关键支撑。在由要素驱动、投资驱动向创新驱动转变的高质量发展新阶段，我国技能人才发展正面临严峻挑战——总体上仍处于短缺状态，技能水平跟不上产业结构调整、技术进步和市场变化，在培养上仍落后于产业发展。伴随建筑业数字化转型浪潮的兴起，新型技能人才短缺已成为制约产业升级的瓶颈。加之产业工人职业发展受限、社会认同度低等问题，导致招工难、留工难等情况，"技工荒"进而成为电力建设行业发展的堵点之一。该公司作为我国能源电力建设的国家队和基础设施建设的主力军，构建能源电力、房屋建筑和市政、综合交通、环保水务"2+3"业务格局，广泛涉足包括电力建设在内的各类工程建设领域，培养与打造一支高素质产业工人队伍是企业高质量发展的必然要求。

（二）概念内涵

在实施对象上，在"新八级工"制度推出前，职业技能等级分为初级工、中级工、高级工、技师、高级技师"五级"，实施后增加了学徒工和特级技师、首席技师，达到了"八级"。在实施举措上，构建了"3×3"建设体系（图1），即从规划体系、评价体系、培养体系"3个体系"，每个体系分别落地"3大举措"，构建新时代建筑企业产业工人队伍建设体系，着力打造一支爱党报国、敬业奉献、技艺精湛、结构合理的高素质产业工人队伍。

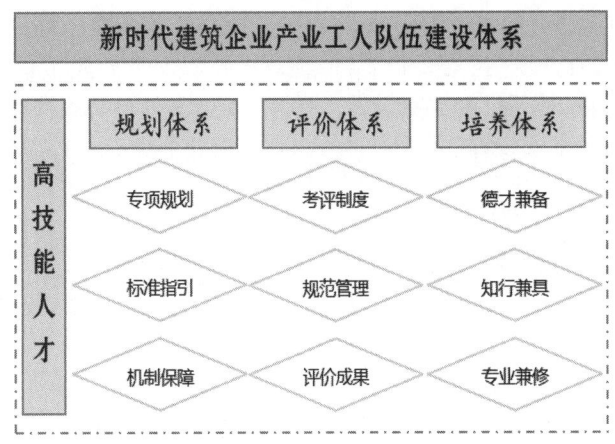

图 1　新时代建筑企业生产工人队伍建设体系图

三、具体做法及效果

（一）构建规划体系

该公司将产业工人队伍建设纳入战略范畴，在企业总体战略之下制定专项人力资源规划，从顶层设计上提供标准指引和机制保障。

制定专项规划。依据中共中央、国务院印发的《新时期产业工人队伍建设改革方案》和人社部《关于健全完善新时代技能人才职业技能等级制度的意见（试行）》，制定企业"十四五"人力资源规划，将技能人才培养、评价、激励等作为重要内容，逐年分解目标，推进举措落地。导入卓越绩效模式，构建规划与引、育、用、测、留为一体的技能人才发展"钻石模型"（图 2），提供产业工人队伍建设方向、主要路径和具体任务，进一步提升技能人才结构、能力和发展空间。

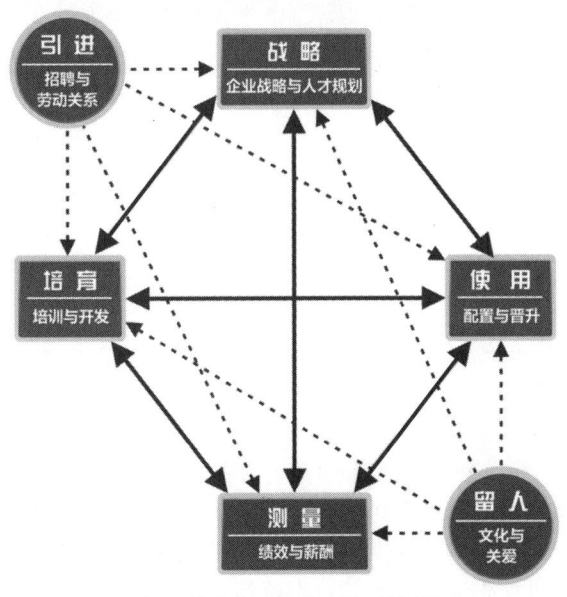

图 2　技能人才培养"钻石模型"

强化标准指引。为强化产业工人队伍的建设，将其管理置入企业"三标一体"管理体系，围绕引进、培养、使用、激励等关键环节，制定了31个管理标准、710个工作标准（其中技能岗位序列工作标准201个）、技术标准2个，实现了技能人才管理制度化、标准化、规范化。经过3年的运行，该标准体系已经成熟定型，获得人社部和安徽省人社厅充分认可。2022年，该公司受政府委托，主编了安徽省《职业技能等级认定指导手册（V1.0）》（图3），现已出版，为安徽省由技工大省向技工强省转变做出了重要贡献。

图3 "三标一体"管理体系成熟定型

完善机制保障。该公司每年均制定技能人才引进与培养目标，并向各级次所属单位逐级进行分解。按月进行盘点、督导，确保计划落地与目标达成。同时，出台技能人才工作、培养、激励与晋升等保障性制度，使得高技能人才不仅在发展上更有保障，也能和经营者一样从科技型企业股权激励、岗位分红、超额利润工资总额分配等中长期激励中获得额外收益，促进产业工人与企业发展相互成就。加大校招力度，优先从技师院校、高职院校等招录应届毕业生，补充核心工种数量和结构。抢抓"现代学徒制""新型学徒制"政策机遇，积极与技工院校等通过联合培养、共建基地等模式，开展联合招生、"招生即招工"等创新举措，拓宽技能人才引进与培养的途径。辅之以政策宣讲，让更多学生及其家长了解并认可国家对于大力支持发展职业教育、鼓励做高技能人才的政策，使得更多人愿意步入技工院校接受职业教育并乐于进入企业从事技能岗位工作。近三年，累计引进、共培技能人才达到412人，壮大了企业核心人才后备梯队。

（二）构建评价体系

技能人才评价是一项系统性工作，不仅条件门槛高，而且对于管理的各方面都有严格要求。该公司健全考评制度、完善过程评价，蹚出了一条新路。

健全考评制度。制定产业工人教育培训管理规定、导师带徒管理办法和职业技能等级认定的工作流程、考试规章、考生须知、监考规范、考务职责、培训认定档案等评价管理制度19个，建立了完备的认定考核体系，为规范实施认定活动提供了制度保障。建立考评队伍226人，聘请了65名技术、技能专家担任企业讲师。疫情期间，采用"云"课堂等方式，三年累计培训132期、3120人次。建立质量督导组，对评价活动全程督导，确保规范透明。制定工作流程、笔试及操作技能、监考、试卷、人员职责及培训资料档案管理等制度，为评价工作奠定基础。由于管理规范，该公司于2022年受托编制了安徽省《职业技能等级认定管理制度（样本）》，为全省企业开展评价工作提供了借鉴。

规范评价管理。考前管理——根据国家职业技能标准、上级规定和批复，结合企业实际确定评价范围、工种和申报条件，编制计划并实施，重点抓好资格审查、题库开发、资源准备等工作。考中管理——规范设置考场，严格考务管理，严肃考试秩序。过程对考试场景拍照、录像，可倒查可追溯。考后管理——规范阅卷流程，理论与实操分别批阅评分。坚持职业能力考核和职业素养评价相结合，突出对品德、能力和业绩评价。对申报技师以上人员进行论文答辩，考核解决生产技术难题、技术革新、合理化建议取得的成果，及传授技艺、提高经济效益等方面取得的成绩；所在单位对考生综合业绩进行考核，日常表现、业绩贡献等纳入考核。

评价工作成果。该公司技能人才评价工作基础扎实，于2019年成为安徽省首批职业技能等级认定试点企业，2020年成为安徽省高技能人才培训基地，2021年获人社部批复成为特级技师、首席技师评聘试点企业。2021年、2022年，分别评聘产生全国首批特级技师、首席技师，评价工作走在全国前列。开展评价试点工作以来，认定工种达140多个，实现"新八级工"全覆盖。近三年，开展10批次评价工作，覆盖28个职业、七个等级，累计开展认定技能等级513人，发放技能等级证书396本。其中，首席技师4人、特级技师9人、高级技师98人、技师82人、高级工180人、中级工23人。

（三）构建培养体系

实施产业工人队伍培养工程，建立涵盖理论与实践并重、使用与培育并进、横向与纵向晋升等立体式培养体系，注重培养德才兼备、知行兼具、专业兼修的高技能人才。

突出德才兼备。将产业工人队伍职业道德、职业操守和劳模精神、劳动精神、工匠精神等内容纳入职业标准，体现提升劳动者职业素养在企业赢得市场竞争优势和个人获得职业发展过程中的关键作用。实施"双师导带"，为每一名年轻技能人才安排两名导师，其中一线导师（技能导师）带工作技能促其尽快成才，总部导师（职业导师）带职业发展引导涵养高尚品格。该公司建立以"德、才"为核心要素的技能人才考核评价体系，引领产业工人树牢德与才双重价值理念。

突出知行兼具。技能人才是联结科技创新与生产实践"最后一公里"最关键、最核心的劳动要素，必须紧跟世界之变、产业之变、行业之变，转换培养方式和内容。适应于以创新为引领的绿色化、数智化、融合化发展之路，面向新能源、新产业、新模式开发新型技能人才培养课程和体系。立足一线，建立技能大师工作室，拓展技能人才施展才能、创新创造的舞台。首席技师杨秀忠技能大师工作室已获省市级命名。该公司与大专院校联合开展"新型学徒制""现代学徒制"探索，联合培养知行兼具的新时代产业工人。

突出专业兼修。现代化的产业工人，不仅只会操作技能，而且需运用现代化手段，注重培养一专多能的复合型高技能人才。该公司构建"三职系阶梯型互通式"职业模型，畅通技能人才晋升通道。随着"新八级工"制度落地，人才成长"天花板"被打破，高技能人才不再需转到管理岗位就能获得岗位晋升和收入增长。取得职业技能等级证书人员，及时兑现相应奖励，按级别给予技能津贴。对于一线首席技师，按所在单位班子成员标准核定薪酬基数。2022年，首席技师、特级技师年收入分别增长20.16%、16.68%。一年来，52人获市级以上荣誉，其中首席技师王怀祥继获"第十五届全国技术能手"之后，于2023年荣获全国五一劳动奖章。

四、结语

业由才广，功以才成。中能建建筑集团构建"3×3"产业工人队伍建设体系，有效推动"新八级工"制度落地，增强了人才吸引力、潜能和动力，实现了企业人效稳居同行第一。面向未来，必须紧跟党的二十大关于建设现代化产业体系的重大部署，立足服务高质量发展的主题，围绕产业发展全链条、人才成长全过程、技能提升全维度，持续优化与完善"新八级工"落地机制，结合新的要求叠加改革举措，推动形成高技能人才发展新局面，为加快构建新发展格局、着力推动高质量发展做出新的更大贡献。

案例负责人：李国兵
主要创作人：董俊顺
参与创作人：李国兵、曹宗保

基于任职资格与胜任力视角的战略人力资源双轮驱动模型研究

中国水利水电第十四工程局有限公司

企业实现人才强基的战略目标，必须拥有一支高素质的人才队伍且直接受制于人才队伍整体建设水平。本文对搭建岗位序列的内涵和要求进行深入研究，探索模式和规律，为企业三项制度改革提供积极帮助和加强人才竞争力。

党的二十大报告提出要深入实施人才强国战略，强化现代化建设人才支撑。教育、科技、人才是全面建设社会主义现代化国家的基础性、战略性支撑。必须坚持科技是第一生产力、人才是第一资源、创新是第一动力，深入实施科教兴国战略、人才强国战略、创新驱动发展战略。从人才视角而言，企业要认清自身的基础能力，围绕基础能力的建设投入、人才组织方式、外部资源利用和人才选拔任用上进行创新。核心是聚焦领导干部、项目管理、营销和科技四类人才的管理创新，抓紧培养一批企业管理、项目管理、市场营销和专业技术人才。中国水利水电第十四工程局有限公司紧紧围绕劳动、人事、分配三项制度改革的契机，破除利益固化藩篱，在深入推进任期制与契约化的基础上，建立战略人力资源双轮驱动模型，"以绩效薪酬为核心的结果驱动+以任职资格为核心的能力驱动"（图1）。

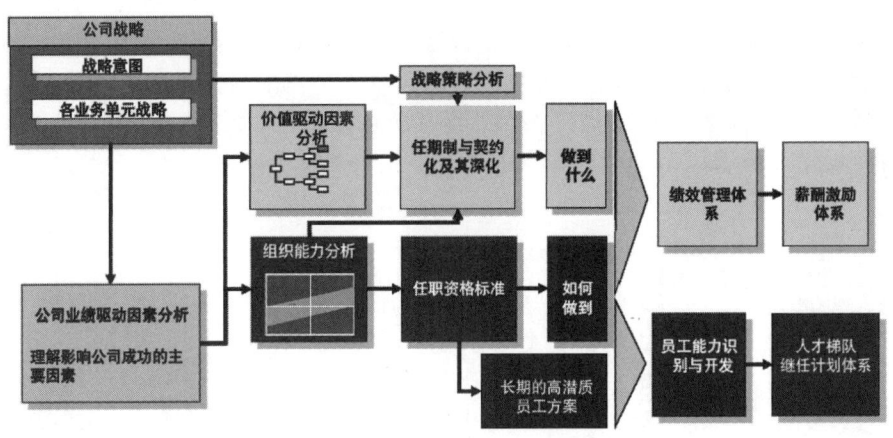

图1 战略人力资源双轮驱动模型

一、推行任职资格管理的目的

对"人"的管理，全球企业普遍做得如何。盖洛普公司[①]最新一期的员工调查结果显示：仅仅有13%的员工积极工作，他们对工作充满热情与干劲，奋力拼搏，不断推动公司向前发展；

---

① 盖洛普公司由美国著名的社会科学家乔治·盖洛普博士于20世纪30年代创立，是全球知名的民意测验和商业调查/咨询公司。

约63%的人对工作却"并不投入",他们每天混日子,对工作并不上心;另有约24%的员工则"消极怠工",对工作相当厌恶。换言之,全球的职场人士中,有近90%的人认为,工作更多时候带给他们的是沮丧和挫败,而非光荣与梦想。人力资源管理的本质是能力管理与开发,推行围绕职位管理和能力管理的任职资格与胜任力体系,有利于吸引和留住关键岗位核心骨干人才。随着市场机制变革的不断深入,建筑施工企业建立和推行岗位任职资格管理也变得尤为重要。

推动岗位任职资格管理是激发企业人才成长的关键举措。企业根据战略规划制定发展目标,通过明确岗位任职资格、树立相应"标尺",提高企业人员引进与配置水平,为人才培养指引路径,使建筑施工企业逐渐摆脱"数量不够多、尖子不够尖、缺的补不上",中坚力量薄弱、后备人才难以为继、断层现象明显等人才队伍素质不占优势的现状。

推动岗位任职资格管理是实现企业高质量发展的必然要求。建立和推行岗位任职资格管理,有利于建立与市场规律及人才成长规律相适应的员工职业发展通道,明确员工自身努力方向与发展方向。更好地识别、甄选公司高潜质后备人才,更精准地任用、提拔公司高绩效人才,提升人才识别科学性,提高人岗匹配度,使优秀人才脱颖而出,同时这也是建筑施工企业克服人才高流失率,留用员工的有效途径之一。

二、任职资格管理驱动模型的构建

结合国企改革要求及企业管理等实际情况,选取典型事业部A及典型项目部B为研究对象,以事业部领导班子岗位、本部中层岗位、项目部班子岗位、项目部中层岗位、作业队队长等50个关键岗位为对象开展调研。

(一)第一步 项目调研及访谈

问卷调研共发放1500份,回收1202份。对事业部近百个岗位进行深度访谈。总结提炼4类关键启示,为任职资格管理模型构建奠定基础。

关键启示1[①]:构建多路径的职业发展通道及标准化的任职资格体系,将有助于人才积极、正向发展。如表1所示。

表1 员工问卷调研结果

问题	选项	人数比例
人力资源管理的瓶颈	职业发展和晋升无可执行的路径与规划	41.93%
导致人才流失的原因	缺乏科学的人才甄选程序与晋升通道	46.26%
不胜任岗位情况发生的原因(公司层面)	缺少晋升机会	42.93%
	晋升通道较少	42.26%
	选拔标准不明确、流程不公开公正	44.01%
最想通过问卷告诉管理层的是什么(留言)	优化晋升机制,拓宽晋升渠道;制定合理的人才规划、用人机制;增加发展通道……	

关键启示2:"学习"成为员工关注的焦点,任职资格需要将每个层级的能力内容和标准细化到员工能够自我学习的程度,牵引员工自我学习,自我成长。如表2所示。

关键启示3:战略管理、项目管理、客户开发是员工认为关乎未来长远发展的三项最关键的成功能力要素,全体员工分程度都需要具备。如表3所示。

---

① 关键启示1-3数据源于企业内部问卷调研。

表2 员工问卷调研结果

问题	选项	人数比例
用什么方法留住人才	完善人才培训制度（增加培训学习机会）	43.26%
自身能力需要改善的方面	自我提高能力、学习能力	65.31%
不胜任岗位情况发生的原因（个人层面）	缺乏持续学习的能力（拥有者工作思路和方法不改变）	53.49%
必须具备的职业能力	学习反思能力	38.1%
最想通过问卷告诉管理层的是什么（留言）	鼓励员工积极学习，全面发展，培养多功能型人才；增加内外部单位之间的学习与交流建立共享学习机制	

表3 员工问卷调研结果

问题	选项	人数比例
未来事业部的核心竞争力	战略管理能力	49.33%
	项目管理能力	58.49%
	客户开发能力	47%
最想通过问卷告诉管理层的是什么（留言）	拓宽新的业务，发展其他固定产业，适当扩大经营范围，建立有效的合作渠道和模式；勇于进行管理模式创新，拒绝老套路新壳子；提高经营管理水平，增加核心竞争力……	

关键启示4[①]：传统人员选拔中，学历因素占比较重，导致人员到岗后，实操能力跟不上团队发展要求，出现人岗不匹配情况。能力匹配最有效的是在过往项目经历以及在经历中沉淀的知识技能，任职资格中必须将岗位经历占比加重。

（二）第二步 关键职位梳理和职位族划分

根据对岗位说明书分析、调研访谈分析，确定五大职位序列[②]和17类职位的划分（表4）。

表4 五大职位序列及十七类职位族

职位序列		职位类	类定义	适用范围
领导干部	1	领导类	对公司经营利润和可持续发展承担直接责任	从事企业管理、项目管理工作的人员
	2	管理类	对管理标准、计划与组织承担直接责任	
	3	监督类	对管理标准与计划的实施承担直接责任	
项目管理	4	经济类	对经济分析与核算、分包管理、合同管理承担直接责任	从事经营管理、分包管理、合同管理类人员
	5	技术类	对技术材料编写、技术问题处理、校核设计工程量承担直接责任	具备工程系列职称、从事工程管理类、科技管理、技术管理、科研/试验、工程设计类人员
	6	现场类	对施工目标、任务的达成承担直接责任	
	7	安质类	对项目安全、环境保护、质量承担直接监管责任	从事安全环保等工作的人员
	8	测绘类	对放样数据和放样草图的准确度承担直接责任	从事测绘管理等工作的人员
	9	物资类	对设备物资采购、发放、保管、监督承担直接责任	从事设备物资、资产管理等工作的人员
	10	信息类	对信息系统建设、运行、维护及信息设备采购、发放、保管、监督承担直接责任	从事信息管理等工作的人员

---

① 关键启示4分析源于企业内部访谈。
② 五大职位序列定义及标准：1.对企业承担的核心贡献价值不同；2.具有相同或相近专业资质要求的职位归并成一类职位群组。

续表

职位序列		职位类	类定义	适用范围
职能管理	11	党务类	对公司人员思想教育、企业文化、对外关系维护承担直接责任	从事党务、纪检监察、群团等工作的人员
	12	行政类	对公司的行政后勤事务、办公接待、固定资产管理承担直接责任	从事行政、战略、法务、人力资源等其他职能管理工作的人员
	13	财经类	对公司资金运营的有效与安全承担直接责任	从事投资管理、财务资金管理、审计等工作的人员
市场营销	14	市场类	对产品的品牌知名度、市场推广承担直接责任	从事市场开发工作的人员
	15	营销类	对产品的销售额、市场占有率承担直接责任	
	16	编标类	对产品中标率、产品包装（编标）承担直接责任	
技能操作	17	操作类	对产量、质量、生产成本与交货期承担直接责任	从事技能操作工作的人员

（1）领导干部序列：全面领导所负责领域的工作，并对其当前有效运转及长期可持续发展能力负完全责任。

（2）项目管理序列：以项目的实施过程管理为主要职责特征，对项目交付、收入、利润承担直接责任。包含包括现场、技术、安全、质量、经济、物资、测绘七个通道（职位类）。

（3）职能管理序列：提供各项专业管理与服务，提高公司各项资源的配置与利用效率，对组织经营指标间接负责。包含行政、党务、财经三个通道（职位类）。

（4）市场营销序列：对公司产品品牌的认知度、忠诚度、美誉度以及市场占有率承担直接责任。包含市场、营销、编标三个通道（职位类）。

（5）技能操作序列：对产品的产量、质量、生产成本与交货期承担直接责任。包含水轮发电机安装、材料试验工、焊工、凿岩工、金属结构制作与安装等工种通道。

（三）第三步　职业能力层级划分及职业通道设计

为保障不同职位族类职业通道的"纵向贯通"和"横向互通"，职业能力从低到高划分为五个层级，引导员工在大"Y字型"职业通道中有序成长（图2）。

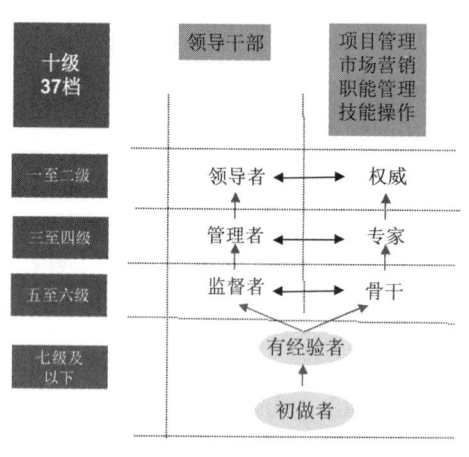

图2　"Y字型"能力发展通道

1. 管理通道（企业管理、项目经理）

一级：领导者。管理、指导多个团队，对公司经营利润和可持续发展承担直接责任。
二级：管理者。管理、指导综合性团队，对管理标准、计划与组织承担直接责任。
三级：监督者。管理、指导单一细分专业小组，对管理标准与计划的实施承担直接责任。

2. 专业/技术通道（项目管理、职能管理、市场营销、技能操作）

一级：权威。公司公认的某两个领域以上的资深专家，参与公司战略制定，推动公司决策，对大型项目/战略项目成功负责，具有行业专业影响力。
二级：专家。公司某一领域专家，能成功领导公司级项目，能推动和主导实施本专业领域内的重大变革，具有公司级专业影响力，能培养骨干级人才。
三级：骨干。部门内某专业领域的骨干，能主导部门级项目，能够发现和解决部门重大的挑战性问题，部门内部具有专业影响力，能为部门同事提供专业指导。
四级：有经验者。作为有经验者，能够运用专业知识独立解决较为复杂的问题，能为新职工或一级职工提供相关指导。
五级：初做者。能做好被安排的一般性工作，能判断和解决例行、常规问题。如图3所示。

图3 人才成长五级模型

3. 流转升降

（1）满足岗位任职资格要求并达到升降标准时，职工可以在同一通道职类中升降岗位。满足其他通道职类相应岗位任职资格要求并达到升降标准时，职工可以跨通道横向流转或升降岗位。

（2）鼓励职工努力工作并提升自己的专业技能水平，在职工个人能力获得提升时，按照职业师管理办法，经公司评审通过，可取得项目管理、职能管理、市场营销、技能操作序列的晋级。

（3）公司建立后备人才机制，通过组织考核、竞聘等方式，取得相应的领导干部序列晋升机会。

（4）专业/技术通道和管理通道互不相斥，公司鼓励职工横向跨序列拓展工作平台和工作机会，两条通道可并驾齐驱。如表5所示。

表5 职工职业发展通道

通道层级	能力层级	职位等级	领导干部序列	项目管理/职能序列/营销序列	技能序列
领军级	特级	1级	子企业班子成员	子企业首席项目经理	公司级首席专家	大国工匠（中华技能大奖）
专家级	一级	2级	公司高级管理人员	一级项目经理	子企业首席专家（分序列）	公司级首席技师、企业首席技师
	二级	3级	公司中层管理人员	二级项目经理	一级资深职业师（分序列）	
		4级		三级项目经理	二级资深职业师（分序列）	
骨干级	三级	5级	公司基层管理人员	四级项目经理	三级职业师（分序列）	一级技师
		6级		五级项目经理	四级职业师（分序列）	二级技师
基础级	四级	7级	主办类职位			三级技师
	五级	8级以下	专责类职位			技能人员

（四）第四步 任职资格标准设计

任职条件：某个岗位对任职者的要求，是与工作绩效高度相关的一系列人员特征，具体包括对学历、专业、知识、能力、经验等方面的综合评估要素。胜任能力：成功完成某一类工作活动的素质、品德、知识、技能的总和，称为胜任能力。核心工作行为：知识、技能、素质在实际工作过程中所表现出来的行为特征，也是本次任职资格标准量化的难点和要点。如表6所示。

表6 任职资格标准及胜任力模型

类别	内容
一、任职条件	是指岗位人员必须具备的工作经验、学历、专业、职（执）业资格等，包含但不限于： （一）工作经验：岗位人员所具备的与本岗位相关的工作经历。 （二）学历：岗位人员通过国民教育所取得的学历层次。 （三）专业：岗位人员通过国民教育所学习的与本岗位相关的专业。 （四）职（执）业资格：岗位人员所要求的从业资格等级。

续表

类别	内容
二、核心工作行为	指为达成岗位绩效而必须执行的工作任务，以及高绩效人员在达成核心工作任务过程中采取有效的标准行为，主要包含做什么、怎么做、输出结果、输出质量等要素。
三、胜任能力	指岗位人员必须具备的知识、技能和素质。
知识	知识：岗位人员在特定领域所拥有的信息量，包括通用知识和专业知识。通用知识指某一职位族岗位人员应掌握的知识，专业知识指某一职类岗位人员应掌握的知识。其按照认知程度分为五个等级： A：精通。能将各种专业知识进行整合，创造性解决项目管理中的瓶颈问题。 B：运用。能通过在工作中对知识的灵活运用进行总结，并将总结的知识传授给他人。 C：掌握。全局性的认识本岗位所需要的知识，掌握整个知识网络体系，能在实际工作中自由运用。 D：熟悉。系统性地认识本岗位所需要的知识，能找到知识之间的联系，把分散的知识点连成线，运用到实际工作中。 E：了解。认识本岗位的知识，但这种认识可能是概念性、局部或分散的知识点，能将这些知识部分运用到实际工作中。
技能	技能：岗位人员在特定领域能够向他人进行示范操作的技巧或者方法，包括通用技能和专业技能。通用技能指某一职位族岗位人员应掌握的技能，专业技能指某一职类岗位人员应掌握的技能。其按照操作熟练程度和范围广度分为五个等级： A：创新。能够洞察行业先进的操作标准，结合实际情况对企业现有操作标准体系进行创新升级。 B：推广。能够将某一领域的操作规范构建成一个完整的操作标准体系，并在公司内加以推广。 C：总结。能够通过熟练的操作经验总结出某些诀窍使操作效率得到显著提升。 D：应用。能够根据工作的目的选择操作方法，并输出较为完整的工作结果。 E：学习。对某一操作有认识和记忆，并据此开始局部的、部分的或个别环节的操作。
素质	岗位人员潜在自我管理、个性、动机等方面的特征，包括通用素质和专业素质。通用素质是指公司全体职工所需要具备的素养，专业素质是指某一职类岗位人员应具有的素养。素质主要通过外在行为来展现，按照投入程度、影响范围程度、认知程度分为五个等级，并各自对应相应的行为标准。
四、品德	是指岗位人员必须具备的政治品德、工作品德和生活品德。 （一）政治品德：在社会生活和政治生活中形成的立场、方向、纪律性。 （二）工作品德：在工作中应当遵循的行为准则与规范。 （三）生活品德：在生活中应当遵循的社会公德、秩序、规范。

（五）第五步　任职资格管理模型

  任职资格管理是结合职位管理、能力发展通道和任职资格标准的"三位一体"驱动模型。其目的是实现企业"人岗匹配、人尽其责"的最佳状态。如图4所示。

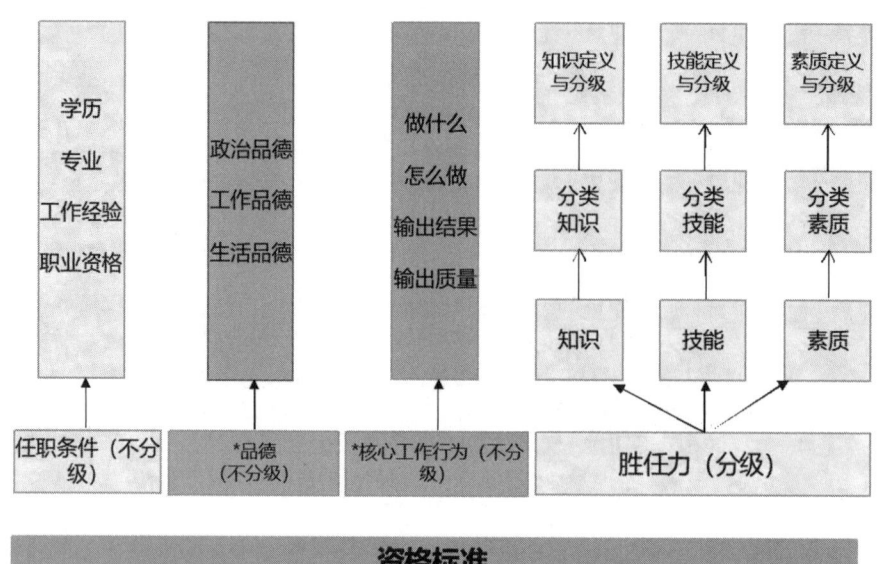

图 4 任职资格及胜任力模型

三、任职资格管理的应用建议

（一）任职资格应用于职位管理

任职资格管理是人才发展的指引，指导员工在职业发展通道中有序成长。任职资格标准是拟定《职位说明书》的基础，同时也为关键职位的招聘、选拔提供了人才综合评价标准，有利于实现人岗匹配，达到人事相宜。

（二）任职资格应用于培训管理

任职资格标准是拟定员工个人发展计划的重要参考,胜任能力是个人发展计划的核心内容。公司应基于各岗位任职资格标准，围绕员工胜任能力设计培训方案。按照各层级通用和专业两类构建课程体系，结合"纵向看层级，横向看族群"的分级分类原则，重点搭建企业管理、市场营销、项目管理序列培训课程，逐步构建和完善年度培训课程体系，形成具有动态性和系统性的知识和技能结构体系，以确保人才强企目标的实现。

（三）任职资格应用于绩效管理

任职资格标准是进行员工履职绩效评估的直接客观依据。岗位任职评估以本岗位任职条件、品德、核心工作行为、知识、技能、素质等评价内容进行年度综合评价，原则上直接上级领导评价占比不高于80%，同级及下级评价占比不低于20%。通过评估，有效地提高员工的履职能力和人岗匹配度。如表7所示。

表7 履职考核评价要点

评价要素	评价内容	权重
任职条件	工作经验、学历、专业、执业资格、职业资格或职称	10%
核心行为	详见各岗位任职资格标准	60%
胜任力	通用知识、专业知识、通用技能、专业技能、通用素质、专业素质	20%
品德	政治品德、工作品德、生活品德	10%

（四）任职资格应用于薪酬管理

任职资格管理是宽幅薪酬和能力付薪的重要依据之一。基于"以岗定级、以级定薪、人岗匹配，易岗易薪"的薪酬原则，将任职资格考评纳入公司年度薪点积分结构，根据员工个人薪点考核结果对符合条件的员工职位工资等级的调整，确保岗位薪酬对员工具有激励性且公平公正，着力构建绩效管理体系、薪酬分配体系、任职资格评价体系三位一体的动态价值分配结构。

四、结语

任职资格管理本身是一项系统的工程，不可能一蹴而就，需要通过不断解决过程问题而逐步完善。任职资格管理将与人力资源管理的各个模块深度融合，为公司战略目标的实现提供支撑，达到员工与公司的双赢。

案例负责人：郑修建

主要创作人：郑修建

参与创作人：白　敏、王踞山、周祖兴

第六部分

人才培养与实践

集团总部以"四突出、四实现"挂职工作法为体系的年轻干部培养创新与实践

中国华能集团有限公司党组组织部（人力资源部）

一、相关背景

中国华能集团有限公司（以下简称中国华能）是经国务院批准成立的国有重要骨干企业，目前公司拥有58家二级单位、480余家三级企业，5家上市公司，职工13万人。中国华能因改革开放而生，伴随着改革开放不断成长壮大，坚决扛起中央企业的使命责任，在高质量发展道路上不断迈出坚实步伐。十八大以来，习近平总书记多次就优秀年轻干部工作做出重要指示，党的二十大报告也指出"抓好后继有人这个根本大计，健全培养选拔优秀年轻干部常态化工作机制"。为适应新时代要求和事业发展需要，中国华能持续把年轻干部发现培养选拔使用作为重大战略任务。

干部从发现到使用，培养是关键一环。中国华能党组组织部（人力资源部）深入贯彻落实中央决策部署和集团党组工作要求，不断健全常态化工作机制，持续深化年轻干部培养模式。集团总部自2004年起开展上挂培养工作，先后选拔了近800名上挂干部，取得了较好的培养成效，也积累了较为丰富的实践经验。2018年年底，集团公司印发了《适应新时代要求大力发现培养优秀年轻干部实施办法》，2019年开始，围绕集团公司大力发现培养选拔优秀年轻干部工作，把挂职锻炼作为培养年轻干部的重要载体。党组组织部（人力资源部）从近4年累计选拔培养的5批次上挂干部共237人工作实践中，把握了所属单位到总部挂职（以下简称上挂）干部分布集中、易于组织、便于接触的特点，围绕选拔、培育、管理、使用四个环节，探索总结出一套"四突出、四实现"挂职工作法（图1），借助中国华能集团总部平台，对全系统50多家二级单位选派的优秀挂职干部开展体系化培养，形成一套可借鉴、可复制、可推广的年轻干部培养模式；梳理出规划发展等17个培养方向，专业覆盖火电、水电、新能源、煤炭五大生产领域，通过"123"班级组织模式抓日常管理、引入交流互动模式强化集中培训，全方位立体化培养，将挂职锻炼这项"制度性安排"有效转化成一项"体系化培养模式"。

图1 "四突出、四实现"挂职工作法工作流程

二、主要做法

（一）围绕选拔环节，突出组织把关，实现择优上挂

一是在选拔条件上强调质量双控。上挂人选基本条件为年龄 45 周岁以内、全日制大学本科以上、有基层中层及以上任职经历，优先选派"80 后"基层电厂厂长助理级及以上干部；每年整体数量按照 50 人左右掌握。

从近四年 5 个批次 237 名干部整体情况来看（图 2），选派干部主要特点有：一是年轻有活力，各批次平均年龄 37～38 岁，"80 后"干部 139 人，占比 75% 以上；二是基本素质好，均为本科及以上学历，研究生以上占比为 39%、高级职称占比 60%、中共党员（含中共预备党员）占比 98%；三是基层工作历练扎实，来自基层单位人员 162 人，占比 88%，基层电厂班子成员、厂长助理级 58 人，占比近三分之一。

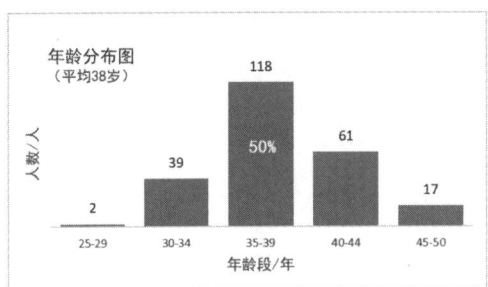
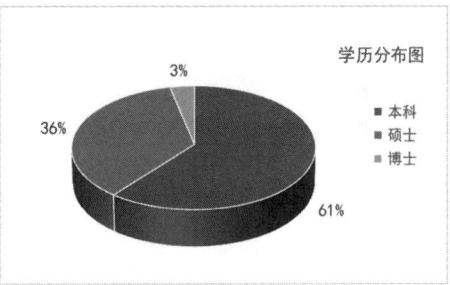
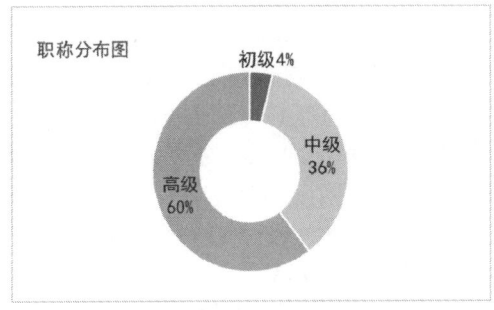
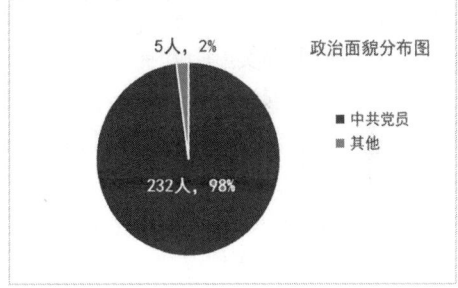

图 2　选派干部基本情况分布图

二是在选拔程序上做到两级组织把关。首先，由所属二级单位党委根据战略发展需要，经集体研究提名人选并明确培养方向，不下指标、不点人选，充分尊重各单位选派自主权，引导各二级单位党委把上挂锻炼作为培养干部的重要平台，积极选派有培养潜力的优秀年轻干部参加。每批次接收的挂职推荐人数近目标岗位 2 倍，5 批次累计推荐 450 名人选，人选数量、质量呈现逐年上升趋势。其次，集团党组组织部（人力资源部）根据培养方向，结合挂职部门需求，通过竞争性选拔（面试）方式提名上挂人选，集团党组主要领导审定上挂人选及岗位安排建议。

从近四年 5 个批次 237 名干部挂职部门、选派单位分布情况来看（图 3、图 4）：挂职部门超 30 个，主要集中在战略部门、发展经营任务较重的部门及党组织机构，与总部"两强、两高"（功能强、能力强，工作标准高、工作效率高）的定位相契合；选派单位超 40 个，主要集中在沿海发达地区、重要区域公司和重点项目单位，这些单位也是干部人才资源最富集的单位。

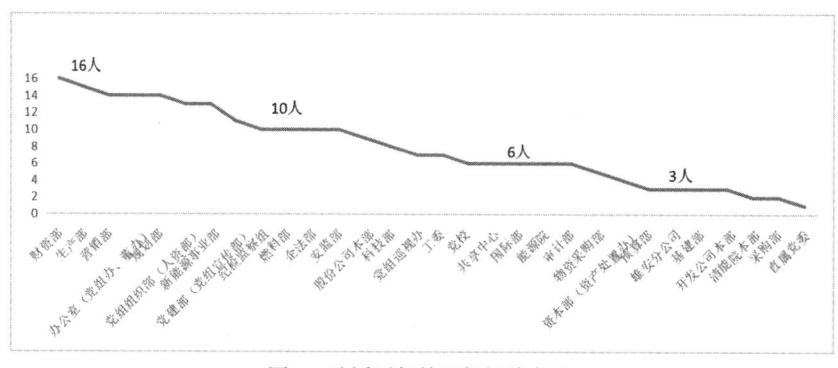

图 3　选派干部挂职部门分布图

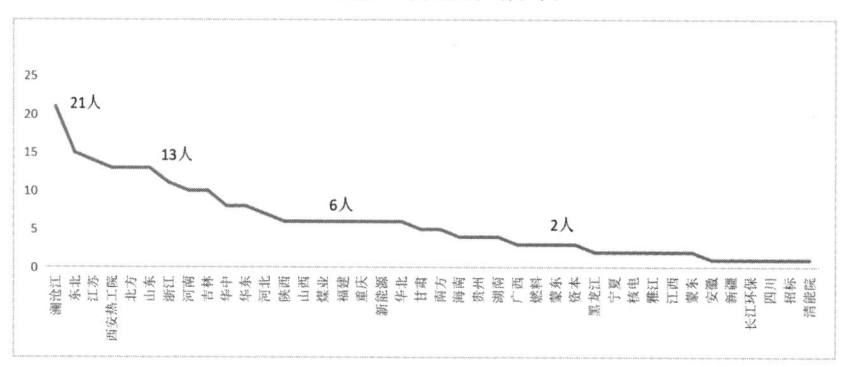

图 4　选派干部二级单位分布图

三是在选拔过程中引入竞争机制。上挂人选范围覆盖全系统超 50 家二级单位（含产业公司、区域公司等），干部知识结构、思维方式、性格特点、经历经验等各不相同，党组组织部（人力资源部）根据总部部门设置情况，梳理形成了规划发展、前期管理等 17 个培养方向（图 5），专业覆盖火电、水电、新能源、煤炭五大生产领域，确定竞争性选拔面试分组，提高面试组织效率，精准匹配培养方向与挂职岗位。统筹竞争性选拔面试，面试设置个人陈述、考官提问两个环节，由挂职目标部门、党组组织部（人力资源部）组成联合考官组，综合专业背景、工作经历、面试表现、培养方向及个人意愿等情况评定格次，作为确定最终人选的重要参考。挂职目标部门全程参与，较好地兼顾了部门需求。同时，竞争性选拔面试方式引导各二级单位形成赛马意识，激励其持续提升推荐人选质量；增强了上挂干部的荣誉感、责任感，激励其倍加珍惜挂职锻炼机会。

图 5　上挂锻炼 17 个培养方向

（二）围绕培育环节，突出组织赋能，实现扎实历练

一是挂职部门为干部定制培养方案。牢牢把握岗位锻炼的"主战场"，夯实挂职部门培养责任，动员挂职部门安排上挂干部多承担急难险重任务。挂职干部到位后，挂职部门根据岗位职责，定制培养目标及具体任务，指定专人"师带徒"，注重吸纳上挂干部参与部门重点工作，敢于放手让其独立承担任务，鼓励他们加深部门内外沟通，实现短时间、多业务、综合能力的快速成长。党组组织部（人力资源部）通过日常交流持续关注干部各方面表现，对于工作任务饱满度稍低的，主动督促挂职部门压实担子，确保挂实职、真锻炼，持续强化培养成效。在挂职总结会上，总结并展示每位上挂干部的工作成果。

二是组织上挂干部开展高质量调研。挂职初期，上挂干部在挂职部门的指导下开题，提出选题及基本设想，党组组织部（人力资源部）邀请战略部门同志指导调研报告撰写。挂职中期，按照选题、专业、分组，有组织开展阶段成果汇报会，督促进度、集思广益。挂职结束前，提交调研报告，开展优秀论文评选工作，并择优推荐至有关杂志发表，扩大成果使用范围。

三是党组组织部（人力资源部）抓常抓新集中培训。挂职初期，组织开班式及集中培训，明确工作生活各项要求，帮助上挂干部尽快进入工作状态。挂职期间，常态化、体系化组织集中学习交流活动，坚持战略引领，围绕集团发展方向开设培训课程，扩展上挂干部视野；坚持过程管理，培训前调研、培训中互动加培训后总结，推动培训全流程高质量开展；坚持人人参与，通过主题分享、交流互动、简报编写、课题延展等方式，增强上挂干部的主人翁意识，全面强化培训深度。

（三）围绕管理环节，突出从严要求，实现团队成长

一是对干部坚持从严要求。党组组织部（人力资源部）主要负责同志从守纪律、慎言行方面提出总体要求，督促挂职干部严格律己，做到洁身自好，多学习少应酬、多思考少议论、多谋事少谋人，不辜负组织的培养；召集挂职班委开展座谈，组织发布倡议书，从增强政治意识、纪律意识、安全意识、学习意识、团队意识等方面明确具体做法；注重日常谈心谈话，多维度掌握干部思想动态，抓早抓小、防微杜渐。

二是创新开展班级管理。创新构建挂职班级管理模式，每批次均成立班委组织架构，划分四个小组，选定班委组长 11 人，形成班委定期研究工作制，利用小组积分评比方式激活团队活力，依托"人人上讲台""人人出项目"的成果输出倒逼自我学习成长，培训学习主题拓展至人文、体育和科技等，最大程度构建互相启发、互相交流的浓厚学习氛围。

（四）围绕使用环节，突出成果拓展，实现培养目标

一是近距离识别干部出成果。党组组织部（人力资源部）通过近距离观察了解干部，熟悉其工作内容和主要特点，掌握一批综合素质突出的干部；在综合干部挂职期间根据其日常工作表现、工作成效、个性特点等对干部进行立体画像，并将有关情况反馈给二级单位党委，为优秀年轻干部的进一步培养使用打下基础。各单位普遍反映，经过总部平台历练的干部，政治素质高、大局意识好、综合能力强、视野开阔，挂职返岗后在各岗位上均发挥了突出的作用。

二是创新拓展交流培养模式。在总结挂职锻炼实践经验基础上，自 2020 年起每年从基层单位选拔综合素质好、专业经验丰富、培养潜力大的处级干部交流到总部进一步培养。截至目前，通过竞争性选拔方式，3 年先后选拔了 3 批次共 19 名干部到总部交流培养，其间转入人事薪

酬关系。与挂职锻炼相比，干部层次更高，均为基层单位厂级领导干部，均在1980年前后出生；任职时间更长，一般为2～3年；肩负担子更实，均担任总部处级实职。进一步交流培养的模式，更有利于干部放开手脚、扑下身子，主动承担急难险重任务，全方位历练自己。党组组织部（人力资源部）注重跟踪了解，定期与干部本人、所在部门谈话，掌握其工作状态、担当作为等情况。根据事业需要，对于组织看准了的、表现突出的、锻炼成熟的干部，牵头协调有关单位，大胆及时使用，树立鲜明用人导向，把到总部交流培养任职打造成优秀年轻干部锻炼成长的又一重要平台。

三、上挂干部日常管理和集中培训模式创新

（一）以班级组织模式抓紧抓实日常管理

考虑上挂人员规模在40～50人之间，住宿统一、工作地点集中，便于开展集体活动，从而组建班级、选配班委、划分小组，通过日常管理有效传递集团党组对挂职工作及上挂干部的关注和重视，实现挂职团队的有序组织、高效运转。在保障上挂干部认真履职的前提下，有计划地开展集体学习、集体活动，促进沟通交流，搭建展示本领、提升自我的舞台，最大程度丰富业余生活。4年多探索优化打造形成了"123"班级组织模式。

一是抓住班级"领导班子"的"1"个关键。班委人选作为班级"领导班子"，是班级管理的核心团队，既承担着组织职责，也发挥着日常联络作用，因此选优配强班委人选成为班级管理的关键。党组组织部（人力资源部）综合干部特点选配，如班长人选重点考虑岗位层级高、综合素质好、稳重担当的同志，宣传委员重点考虑文字功底好的同志，组织委员重点考虑工作热情高、严谨细致的同志，组长一般考虑岗位层级高、相对年长有威望的同志；统筹选派单位情况选配，优先考虑上挂干部多的单位。借助班委团队定期研究工作机制，充分沟通、深入了解挂职干部，更好地发挥"领导班子"作用。

二是搭建释放干部潜能的"2"个平台。上挂干部基本素质好、基层经验丰富，拥有"一身本领"，但日常工作也存在"放不开"的难题，亟需搭建释放潜能、激发活力的平台。搭建个人展示的"人人上讲台"舞台，以分享交流为切入点，依托集中培训、读书分享、技术论坛等多个场景开展分享，分享主题不做特别限制，由上挂干部从自身熟悉领域出发，除专业外，可结合兴趣爱好、个人特长开展，引导干部放松心态，大胆走上"讲台"和"舞台"，展现风采、增强自信、历练综合能力。搭建建功立业的"人人出项目"平台，由上挂干部结合岗位、专业、兴趣等自发结成项目团队，聚焦集团公司重点难点堵点问题，定期交流碰撞思想，党组组织部（人力资源部）定期听取工作进展并适时督导、持续推进，助力破解企业发展难题，大力发挥上挂干部个人贡献。

三是建立规范班级管理的"3"个机制。建立激发潜力的竞赛机制，研究形成科学的积分标准，以小组为单位，按照上挂干部参与活动组织、简报编写、成果交流展示等实际情况进行积分，并不定期公布积分，对小组成员形成"微压力"，促进竞争与协作交织、压力与动力并行，激发"比学赶超帮"的浓厚氛围。建立保驾护航的监督机制，挂职班成立之初发布遵章守纪倡议书，牢牢把握开班式、集中培训活动及日常轻松交流等各类场合，持续强调纪律要求。班委设纪律委员，不定期发布纪律方面的提醒；组织开展合规经营方面的集中培训，强化纪律意识，提升合规履职能力。建立温馨如家的服务保障机制，上挂干部远离家人、独自在京，挂职班提供集中学习的平台，更关心关注挂职干部的业余生活。以班委为核心成立服务保障队，充分发扬团结

协作、互帮友爱的精神，共同营造如家般温暖的氛围。一个人生病了，整个小组轮流关心照顾。新冠疫情最紧张阶段，班委实时掌握每个人健康动态，重点关注感染人员恢复情况；防疫药品最缺乏时期，班委牵头组织共享药品物资，所有干部主动驰援、共克时艰。

5批次上挂干部累计70人次走上"讲台"，从分享尝试到"人人上讲台"，分享人员逐步扩展，分享内容涵盖专业技术、历史文化、人文地理等各领域，部分优秀成果受邀在部门或单位分享，部分成果被推荐录制华能网络微课，分享成果运用不断扩展；累计编写公众号文章39篇、工作简报21期，发布毕业视频4部，记录干部挂职期间的工作生活，同时也锻炼了上挂干部笔头功夫；通过干中学、学中干，上挂干部的文字能力、表达能力、组织能力得到较大提升，挂职干部深切感受到自身的突破，每个人的参与热情得到充分激发，每个人的聪明才智得到充分挖掘。此外，上挂干部以兴趣为导向，自发组织起技术沙龙、读书分享及体育竞技三个系列品牌活动，业余生活进一步丰富，参加人员范围扩展至借用、在职人员，影响力不断提升。

（二）以交流互动模式抓常抓新集中培训

党组组织部（人力资源部）每1~2个月牵头组织一次集中培训，目前逐一培训已成为上挂干部体系化培养工作的重要组成部分。依托交流互动模式，集中培训逐步发展成为上挂干部学习知识、开阔视野、拓展思维、展示思考和碰撞思想的重要平台，初步形成了以集团战略为引领、以过程管控为主线、以交流互动为载体的培训管理体系，在抓实抓紧集中培训的基础上，实现抓常抓新。

一是以集团战略为引领设置培训课程。为提升上挂干部站位，涵养其大局观，充分用好总部资源，党组组织部（人力资源部）邀请总部有关部门和处室负责同志参与授课，紧紧围绕集团转型发展，将课程分为公司战略类、方法思维类和市场营销类三方面。公司战略类，涵盖双碳、"十四五"发展规划、新能源、核电、煤电转型、科技创新等内容，帮助扩展视野格局；方法思维类，涵盖办文办会、商务礼仪、金融财务思维等课程，促进提升综合素质；市场营销类，涵盖电力市场改革进程、绿电及绿证市场、虚拟电厂等内容，通过系列课堂化零为整，深化对电力市场竞争形势的认识。

二是以过程管控为主线增强培训效果。培训前开展精准调研，由上挂干部牵头设计问卷，重点收集干部"想了解、能分享"的内容；详细分析问卷数据，确定主讲嘉宾，提出课程建议。培训中严格强调纪律要求，无特殊情况原则上不得请假，最大程度提升培训覆盖面；注重交流互动，设置问答交流环节，深入提升培训效果；在传统授课基础上引入场景化教学方式，丰富培训形式、加深培训效果。培训后注重成果归集，推动优秀学习成果转化应用，注重延伸挖掘重点课题，组成项目小组结对攻关，研究提出高质量解决方案。

三是以交流互动为载体强化主人翁意识。化"被动听课"为"主动交流"，强化上挂干部培训"主人翁"意识。上挂干部全流程参与，培训前参与需求调研、材料编撰，培训中参与主题分享、现场交流，培训后参与简报编写、心得分享、成果转化及课题研究等，压紧压实培训成效，让输入输出成正比。

近4年累计组织集体培训超50期，以新能源主题为例介绍运行模式。培训前1个月发布调研问卷，上挂干部全员参与调研并提出培训点子，挂职班委梳理提炼关键词，合并15位上挂干部的分享意愿，召开课程讨论会，研究提出培训课程表（表1）。培训聚焦新能源主题，将其划分为政策、管理、平台、技术四个模块，使用总部大厦、新能源智慧运维中心和清能院三个学习场景，穿插主题培训、现场分享和实地参观等多种形式。培训历时一天半，课程内容吸引力极强，内容涵盖新能源前期、基建、科技创新、智慧运维、造价、财务融资等多领域；现场讨论气氛热烈，上挂干部就热点难点问题展开充分交流碰撞，产生大量新鲜思想。集中培训后，上挂干部结合培训内容，进一步挖掘提炼研究课题，结成项目团队开展研究，将学习成果转化为指导实践、推动工作的具体行动。

表1　新能源主题集中培训案例

日期	模块	学习场景	方式	内容	分享人
第1天	政策类	华能大厦	座谈讲解交流互动	能源电力绿色低碳转型趋势	新能源事业部专业处室负责人
	管理类			1. 推动分布式光伏高质量发展面临的问题及对策 2. 新能源项目在投资决策备案过程中需关注的要素和边界条件 3. 新能源高占比背景下水风光基地高效运行问题与对策	挂职干部
第2天	平台类	新能源智慧运维中心	现场参观	智慧运维平台及控制系统	新能源智慧运维中心技术专家
			交流互动	1. 基层企业新能源数字化、智能化、集约化运维管理 2. 新能源项目建设全周期管理	挂职干部
	技术类	清能院	现场参观	储能技术路线及实验室	清能院技术专家
			交流互动	1. 风电设备创新维护 2. 双碳背景下的储能技术现状 3. 新能源通用造价知识分享	挂职干部

四、实施成效

（一）回归培养初心，干部锻炼有成效

一是干部素质能力得到提升。各单位普遍反映历经总部平台锻炼的干部在政治站位、大局意识、综合能力等方面均有提升，返回工作岗位以后，都发挥了较好作用。有些基层企业的同志交流到二级单位更高的平台，充分发挥了上传下达、沟通协调的作用；有的同志主动分享挂职所学所感，带动各自岗位工作全面提升；绝大多数的挂职干部（68%，162人）走向更高或更重要的岗位（图6），在各自的岗位上发挥了重要作用。选派人数较多的几个单位，形成了争先恐后的申报态势，各级党委重视程度不断增强，选派干部质量越来越高、竞争优势越发明显，挂职工作进入良性循环（图7）。

二是优质干部资源得到挖掘。党组组织部（人力资源部）通过体系化培养，近距离观察了解，掌握了一批综合素质突出的干部，并对干部进行画像（基本情况、专业方向、突出业绩、性格特点、培养方向等）；搭建与二级单位沟通机制，形成选育培用闭环，为系统内优秀年轻干部队伍建设工作打下基础；通过人力资源信息管理平台，丰富年轻干部人才库应用功能，将干部挂职、借用、专项工作、重点项目等特殊经历进行标记，实现对干部职业生涯的全流程跟踪，同时为组织人事部门的干部使用提供重要参考依据。

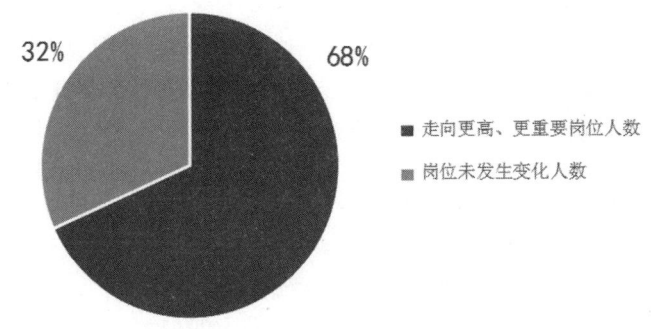

图 6 挂职返回后岗位跟踪图

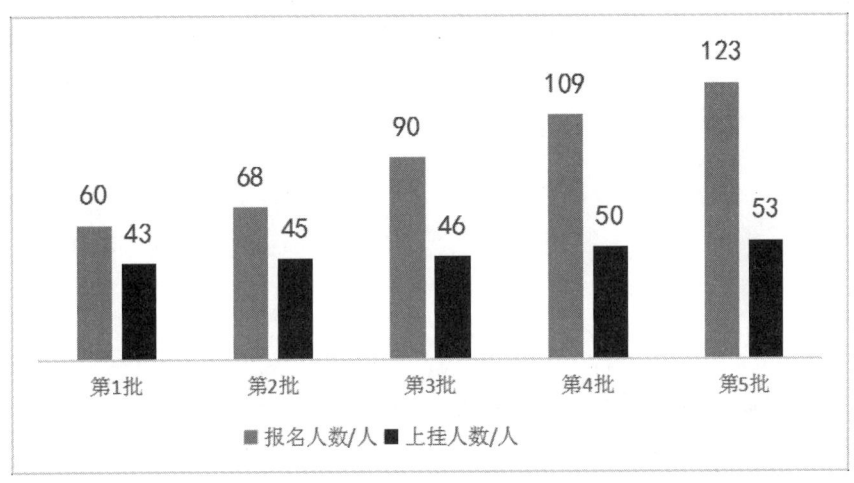

图 7 各批次申报及挂职人数

（二）形成体系方法，组织工作有成效

一是实现培养锻炼的核心目标。通过挂职促使干部增长见识、丰富经历、提高韧性，在决策中更具大局观，更好地服务事业发展需要，这既是挂职锻炼的核心目标，也是挂职工作的初心使命。坚持干部挂职的"培养本源"，人选条件从严把关，选拔程序严格设置，日常管理突出组织性、纪律性；坚持干部挂职的"培养本源"，各级单位党委才能舍得把优秀干部推荐出来，挂职部门才能针对性定制培养方案、压实工作任务并支持培训调研，挂职干部才能形成很强的荣誉感、责任感，主动承担重要任务、激发内生动力。

二是构建高效循环的运转机制。把握工作内在规律、构建有效运转机制，充分激发选派单位、挂职部门和干部本人等各方积极性，促进挂职工作进入良性循环。在激发选派单位方面，让二级单位党委提名人选并明确培养方向，尊重各单位推荐自主权；通过竞争性选拔方式产生人选，引导各单位党委选优荐强，舍得把优秀的同志推选出来，持续关注干部成长并及时把好干部放在重要岗位发挥作用。在激发挂职部门方面，通过严格人选条件和选拔程序保障人选质量，确保干部能够在岗位上发挥作用；兼顾挂职部门工作需要，让挂职部门参与竞争性选拔工作，熟悉掌握干部基本情况，提高培养的针对性。在激励挂职干部本人方面，通过竞争性选拔方式产生人选，个人更加珍惜来之不易的机会；经过挂职班有组织、成体系的培养工作，政治站位、大局意识、综合能力等得到有效提升。

三是形成可复制推广的工作模式。"四突出、四实现"挂职工作法作为年轻干部培养工作的一种模式，将挂职锻炼这种"制度性安排"有效转化成一种"体系化培养模式"，把握挂职培养干中学、学中干的特点，通过"123"班级组织模式抓日常管理、引入交流互动模式强化集中培训，这种模式操作性强、推广性好，适宜规模化组织挂职的单位借鉴和复制。

习近平总书记强调，"培养选拔年轻干部要优中选优、讲求质量，不能拔苗助长，更不能降格以求。好干部是选拔出来的，也是培养和管理出来的。"中国华能将始终坚持以习近平新时代中国特色社会主义思想为指导，贯彻落实新时代党的组织路线，党组组织部（人力资源部）在集团党组的坚强领导下，进一步强化顶层设计，优化实践模式，深化成果效果，把挂职锻炼工作继续往深里走、往实里做，将其探索打造成年轻干部培养的品牌工程、基因工程、精品工程，继续培养政治素质好、政策水平高、综合管理能力强的优秀年轻干部队伍，为中国华能系统内选人用人工作打下良好基础，为中国华能系统外年轻干部培养工作贡献方案和智慧。

案例负责人：王志杰
主要创作人：李亚峰、雷彬彬
参与创作人：缪忠恕、董　键、周　密、魏晓卉

打造"哑铃型"干部培养体系，推动干部队伍建设

中化国际（控股）股份有限公司

一、公司简介

中化国际（控股）股份有限公司（以下简称中化国际）是在中间体及新材料、聚合物添加剂等领域具有核心竞争力的国际化经营的大型国有控股上市公司。作为中国中化在材料科学领域的核心战略实施平台，中化国际以"精细化学 绿色生活"为愿景，持续聚焦以化工新材料为核心的精细化工主业，以产业链思维和一体化产业布局进行战略转型，打造技术领先、具有核心竞争力的新材料产业集群，致力于成为世界级的材料科学平台。

二、背景介绍

党的二十大报告指出，深入实施人才强国战略，培养造就大批德才兼备的高素质人才，是国家和民族长远发展大计。中央人才工作会议强调要深入实施新时代人才强国战略，加快建设世界重要人才中心和创新高地。中国中化肩负着促进加快化工新材料产业补短板的"国家队"使命，作为中国中化材料科学板块的重要平台，中化国际在构建核心产业链格局的背景下，人才资源尤其是干部队伍建设成为其重要的资源保障，因此迫切需要加快推动干部队伍建设。在此过程中，中化国际遇到如下挑战。

（一）公司业务发展迅猛，对人才渴求度大

自2016年以来，中化国际不断聚焦核心主业，大力推进产业升级，通过新建项目、战略并购、业务整合等多种举措向化工新材料企业转型，但随着基地数量不断增加，企业对人才的需求量也逐年上涨，干部队伍的建设已然成为企业的当务之急。

（二）人才供应紧张，需深入挖潜后备人才

业务的迅速发展，一方面加大了对干部和人才的需求，另外一方面也对干部和人员的能力素质提出新要求。例如，新材料细分领域众多，不仅对人才专业化程度提出更高要求，更要求相关人才具备技术营销方面的能力，但过往人才储备和梯队建设，对于这类人才的发掘与培养的关注度较少。因此，部分干部提拔后出现适应新岗位时间较长、与新团队磨合较慢等挑战。这就要求我们密切关注新发展阶段对干部的能力要求，一方面要梳理现有队伍情况，另外也要对现有队伍进一步挖潜后备，从而形成稳定的人才供应链。

基于此，在业务快速扩张，人才供给紧张，培养体系难以满足业务诉求的背景下，中化

国际一方面在原培养体系基础上，尝试以优化干部人才培养体系为突破口，增加人才对业务的理解，使其与业务更紧密结合，加大干部的选拔、培养和储备力度，满足公司发展所需；另一方面，推动各业务单位结合自身业务特性和队伍现状，展开系列特色实践，推动内部干部队伍建设。

三、主要做法

（一）完善干部梯次培养体系，推进干部系统培养

中化国际在原有基础上，不断迭代升级干部梯次培养体系，明确"后备梯队＋在岗梯队"两条培养主线，覆盖干部职业生涯发展周期。"后备梯队"分别覆盖优秀校招大学生、中层后备、关岗后备及高层管理者四类群体，满足短中长期人才储备需求。中化国际针对这四类群体通过"四大主体班次"系统化培养各梯次后备力量（图1）。"在岗梯队"则主要面向新任经理和新任关岗，通过"两新"培训，帮助新任管理者快速适应新角色新岗位（图2）。

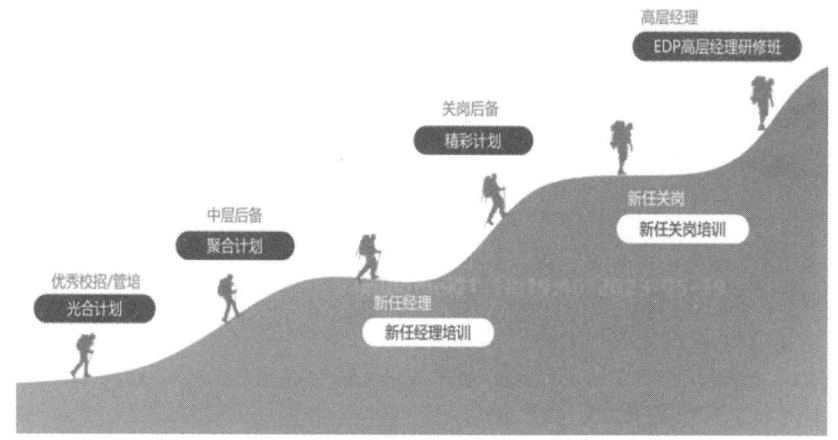

图1　干部梯次培养体系

图2　"矩阵式"培养内容

此外，根据业务发展需要同步优化人才培养频次，保证稳定有序的人才供应。针对群体基数相对较大、成长周期较长的大学生群体开设的"光合计划"每年滚动开班，而群体基数相对较少、成熟度比较高的中层后备和关岗后备则每两年举办一次（图3）。通过不同周期的合理安排来确保稳定有效的人才供应体系。

	项目名称	人群定位	项目频次	第1年	第2年	第3年	第4年
四大主体班次	光合计划	优秀校招应届生	1期/年				
	聚合计划	中层后备	1期/2年				
	精彩计划	关岗后备	1期/2年				
	EDP高层经理研修班	高层经理	1期/3年				
"两新"培训	新任经理	首带团队管理者	1期/年				
	新任关岗	新晋关键岗位人员	1年/期				

图3 人才培养频次得以优化

（二）打好"选训用"组合拳，促进人才成长成才

中化国际干部梯次培养体系过往重"训"，轻"选"和"用"，即典型的**"橄榄结构"**，培训学员由各单位推荐，推荐即可入选参训，项目结营即意味着培养结束。这会导致"选训用"未同向发力、培养效果不明显等问题。为解决上述痛点，中化国际在原有培养体系基础上，转变培养理念，强调业务单位和直线管理者是干部培养的责任主体；同时多措并举，打通选拔端、培养端和使用端，加快人才成长。

1. 模式创新：从"橄榄结构"转向"哑铃结构"

2022年，中化国际以"聚合计划"和"精彩计划"为契机，勇于突破和大胆实践，正式提出**"哑铃结构"**的培养模式，即在精准赋能的基础上，加强选拔端和使用端的管理，形成"选训用"三位一体的培养链条，过程充分卷入业务端与人力资源，协同发力（图4）。

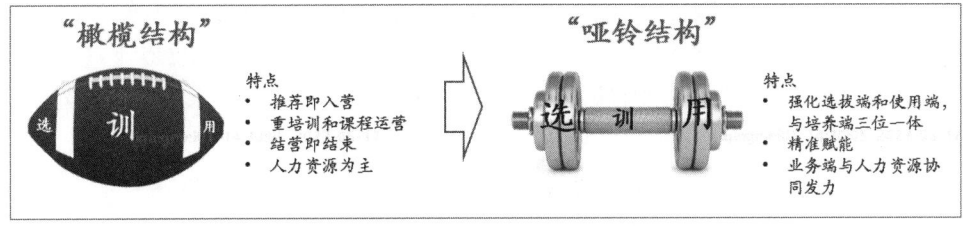

图4 "橄榄结构"和"哑铃结构"培养模式

基于"哑铃结构"培养模式，中化国际在"选训用"结合方面进行了有益探索实践，保障各梯次干部培养的针对性和有效性。

2. 选拔端：层层把关，高管识才，确保阳光选才，优中选优

秉承"好干部是选出来的"的选人理念，中化国际探索设计多元化选拔和录取机制，制定公开透明、标准化的选拔流程，实现阳光选才、辨人识才（图5）。选拔录取机制和流程设计充分考虑多方（业务单位、人力资源、公司高管）卷入和多科学工具（人才盘点、人才测评、结构化面试）使用，保障干部选拔的入口关、质量关、纪律关、思想关。

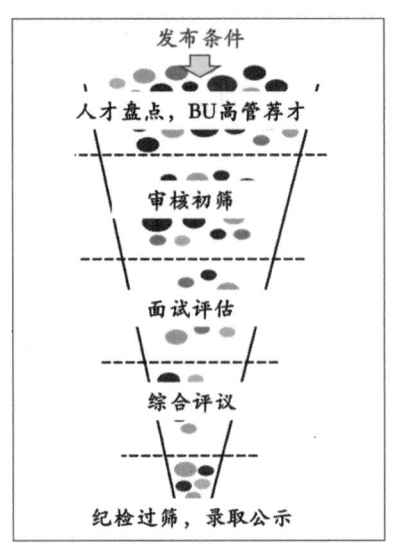

图 5 干部选拔流程

自古以来"千里马常有，而伯乐不常有"，伯乐是人才选拔决策的关键环节。中化国际探索成立人才发展委员会，邀请6位中化国际领导、4位业务单位主要负责人躬身入局，组建伯乐团，推动高层管理者重视梯队建设与选才。人才发展委员会不仅仅参与对候选学员的面试选拔，而且其职责贯穿人才面试选拔的前中后，如前期选拔标准与流程设计、面试评估和录取合议、成长反馈、高管授课等。该方式既体现事业部整体视角选才，也提供优秀人才自我展示平台与机遇，激发人才成长动力。特别值得注意的是，人才委员会在面试中充分关注大家的专业能力、学习能力、领导能力、价值观和思维方式等维度特点，这些特点与实际工作中选人用人导向高度一致，具有非常强的现实指导意义。

2022 年，中化国际"人才发展委员会"共选拔了48名中层后备和56名关岗后备，并将其纳入公司视野，录取学员充分体现年轻化（聚合计划"90后"70%，精彩计划"80后"70%）、专业化（聚合计划75%，精彩计划70%）的特点。此外，录取学员也展现了多样特质，例如，聚合计划学员好奇心强，勇于挑战，历经重要工作项目历练；精彩计划学员专业储备扎实，具备丰富的团队管理经验。此外，中化国际在实践中也明确了一套人才选拔标准，开发了一套情景化面试题库，健全了一套选拔评估机制，实现内部管理沉淀。

3. 培养端：精准赋能，统筹设计干部梯次学习路线图，多元化培养

培养环节，一如既往倡导"721"多元化培养方式，10%强调正式课程学习，20%指向他人交流或请教学习，70%指实践赋能。与此同时，高度结合人才发展委员会面试反馈意见，精准设计赋能方向。基于"721"多元化培养方式，中化国际进一步打造设计"5+N+1"特色学习路线图，具体内容如下。

（1）5：必学必讲，聚焦思想文化教育，邀请中化国际高管分别从"党性修养、纪检、HSE、战略、文化"五方面统一思想，达成共识。

（2）N：经营管理案例学习，聚焦经营管理，围绕产业链培育、科技攻关、卓越运营、组织能力建设等经营管理关键领域，开展真实案例教学，帮助学员建立业务全局视野。

（3）1：现场学习，聚焦业务，通过走进中化国际产业建设核心阵地现场沉浸式学习，建立业务与文化体感。

4. 使用端：持续跟踪，动态管理，打通优秀干部成长绿色通道

针对过往"结营即结束""训用脱节"的情况，探索建立成长纪实档案，强化对各梯次干部及后备队伍持续跟踪和监督；同时设计直升机制，打通绿色通道，加速优秀人才成长，进而推动人才发展与流动使用（图6）。

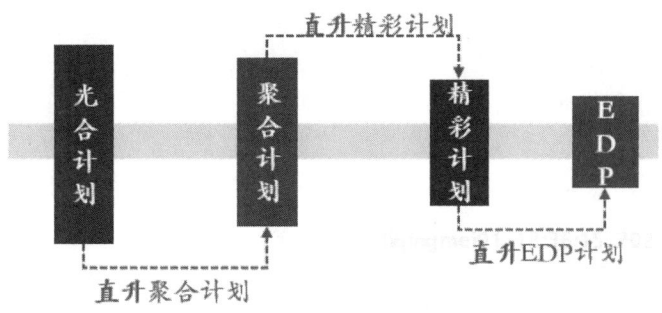

图6　优秀干部直升机制

首先，探索建立"一人一档"，实现立体全面的人才成长纪实和跟踪，主要涵盖人才盘点报告、测评报告、面试评价、学习记录、跟班观察等信息，为后续人才发展使用提供多维参考，并根据人才盘点周期，动态更新维护。其次，为推动培养体系有序衔接、营造良性竞争氛围，面向优秀学员时打破年龄与管理层级限制，大胆给机会，直升纳入下一次梯次人才池，充分激励和激发优秀人才。

此外，中化国际持续动态跟踪干部的成长发展，自2022年聚合计划和精彩计划项目启动以来，培训期间已有17名干部获得提拔使用，9名干部在下属单位甚至更大范围开展"之"字轮岗交流，21名干部承担重大工作项目历练，16名干部被推荐进入集团重点培训班次学习。

（三）推动业务单位进行干部队伍建设实践

中化国际在统筹谋划干部队伍建设的基础上，各业务单位也结合自身业务特性和人才现状，开展相关特色探索实践，实现干部队伍建设的"一池活水"。

1. 扬农集团明确选人用人导向，创新机制，推进干部队伍建设

扬农集团积极推进干部队伍"年轻化、知识化和专业化"建设，突出政治过硬、对党忠诚，业务精通、本领高强，敢于担当、意志顽强的选人用人导向，为转型升级、结构优化和高效稳定发展提供有力的人才保证。在干部选拔使用端，一方面深化民主推荐选拔，严把推荐关、考察关、决策关、监督关和使用关"五关"，另一方面通过公开竞聘方式加大竞争性选拔，实现阳光选才，使胜出者服众，落选者服气。在干部培养机制方面，强调通过"三结合"，即理论和实践相结合、学习和交流相结合、全面和定向相结合，培养"忠诚、干净、担当"的高素质复合型干部队伍。

2. 南通星辰推行中层干部公开竞聘，建立健全机制，助力发现优秀人才

南通星辰探索将任期制和契约化管理向中层干部延伸，尝试"全体起立、公开竞聘、人岗相适、择优坐下、末位淘汰"的创新模式，实现"干部能上能下"常态化管理，着力营造"有为才有位"的氛围。2022年，南通星辰自主开发"管理者任职资格必备知识"题库、盘点人

才队伍、构建能力矩阵、优化职数设置、明确考核目标、制定激励约束机制、完善退出机制，实现中层干部全体起立，公开竞聘，发现一批优秀青年人才、储备后备干部，丰富干部队伍"蓄水池"，激发企业活力和效率。

3. 高性能事业部"一企一策"，打造政治素质过硬、专业能力强、结构合理的干部队伍

高性能事业部下设业务单位，专业细分领域差异大，通过"一企一策"，逐步优化干部队伍结构。在干部培养方面，坚持培养复合型人才，例如，针对干部实行"管理+研发""管理+生产"多领域培养模式，储备一批懂管理、懂技术、懂生产的战略人才。在干部使用方面，建立大胆用人机制，激发干事创业氛围，例如，将管培生提拔至管理层，分管重点战略工作。

四、后续思路

2022年年底，中国中化发布"人才兴企计划"，进一步明确干部队伍建设管理要求。中化国际后续将结合"人才兴企"要求，围绕干部队伍年轻化和专业化方向要求，深入开展相关工作。持续发现和培养干部后备人才，不断探索拓宽梯次干部使用渠道。在"之"字活水培养方面，通过加大跨行业、跨板块、跨基地、跨专业的交流力度与频次，通过挂职锻炼、轮岗、强制流动等手段推动干部成长。在专业化水平提升方面，探索导师制，促进干部专业化完善与传承，更突出在重大项目、急难险重任务等实战环境下锤炼过硬本领。与此同时，进一步完善保障机制，探索建立人才积分制，量化人才成长轨迹、建功立业贡献，为干部选拔任用提供客观依据。

案例负责人：浦　江
主要创作人：慈龙江
参与创作人：陈其红、李庆玫

让"知识场"扎根于企业土壤
——航天特色课程体系建设与实践

中国运载火箭技术研究院长征培训中心

"知识是企业的战略性资产,在一个只有不确定性能确定的经济环境中,持续竞争优势的一个确定性来源是知识。"课程作为企业知识资产的有效载体,是人才培训培养的核心资源,有助于实现人才预先培养、随需到位,促进业务定期复盘、解决问题。

为落实新时代人才强国战略部署,倾力打造航天人才高地,为中国运载火箭技术研究院(以下简称火箭院)人才培训培养工作打下坚实基础,长征培训中心深入开展航天特色课程体系建设与实践,在逐步实现企业内生知识场"强闭环"和"自组织"的过程中,进一步凝聚发展共识、沉淀组织智慧,促进火箭院员工精准赋能、组织绩效提升。

一、项目总体思路

航天特色课程体系项目以组织经验萃取为核心,以课程开发为抓手,融入SECI知识创造螺旋模型的概念,从整体架构搭建、管理机制完善、基础能力建设、项目实践验证四个维度,解码、复制、优化、传承组织优秀能力,输出基于业务经验的本土化培训课程,并通过知识场的作用,形成完整的企业内生知识产出与实践的闭环,如图1所示。

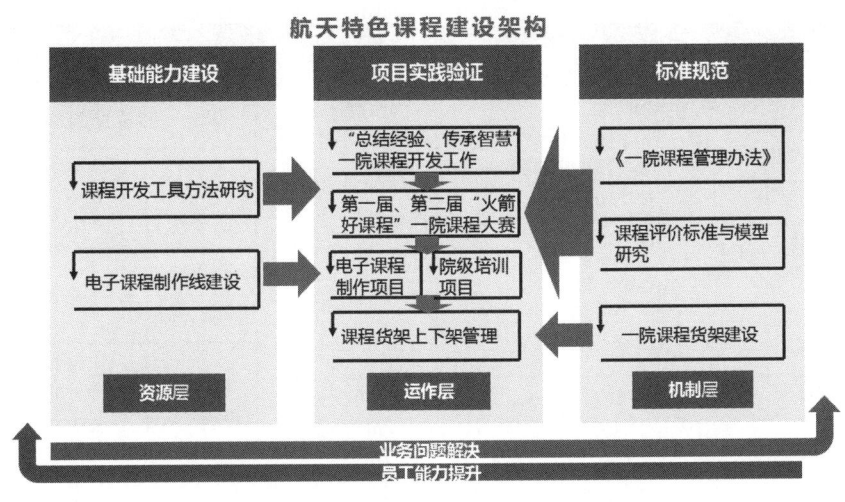

图1 航天特色课程体系建设总体思路

(一)把方向,整体架构搭建

搭建人才培养和业务发展相耦合的航天特色课程体系架构,指导火箭院课程开发方向,明确课程开发需求,形成标准学习方案,响应员工快速成长需求与业务高质量发展需要。

（二）定标准，管理机制完善

建立指导全院开展课程相关工作的标准规范，研究制定课程管理办法、课程评价标准、课程管理流程、课程共享机制。

（三）强支撑，基础能力建设

研究课程开发标准化模板、高效课程开发工具和方法，建立电子课程制作线，开发线上制作视频课程的功能，提供技术保障和平台支持。

（四）探路径，项目实践验证

组织"总结经验、传承智慧"全院课程开发工作，举办火箭院课程大赛，组织电子课程制作，拓宽培训项目应用，探索优质课程开发、应用、管理的一体化模式。

二、项目实施方案

（一）搭建航天特色课程建设架构

开展基于岗位的课程体系结构设计，梳理分析火箭院岗位序列，围绕在岗学习和岗位提升两个阶段，形成基于员工职业发展的岗位学习方案。深入对接业务需求，聚焦重点领域，梳理典型任务、重点工作问题清单，设计基于业务问题解决的系列课程。将岗位课程体系和问题解决课程体系结构相互融合，形成火箭院航天特色课程建设架构（表1）。

表1 基于岗位+问题解决的航天特色课程建设架构

岗位	基于员工职业发展培养							基于解决业务问题			
	在岗学习阶段					岗位提升阶段		业务问题N系列课程			
	应知应会	通用知识	一级专业知识	二级专业知识	三级专业知识	经验与教训	新知与动向	业务1	业务2	...	业务N
岗位S1	职级大类应掌握的基本的知识课程	职级大类应掌握的通用知识课程	按专业岗位和型号两个维度划分的通用知识课程	可院级共享的知识课程	可厂所级共享的知识课程	岗位实践过程中的经验与教训课程	岗位所在专业领域最新的知识和发展动向课程	问题解决1	...	...	...
								问题解决2	...	...	...
								问题解决3	...	...	...
岗位S2	...	...	...	...	...	...	...				
岗位S3	...	...	...	...	...	...	...	...	...	...	...
...											
岗位Sn	...	...	...	...	...	...	...	问题解决n	...	...	...

（二）建立航天特色课程管理标准

1. 制定课程管理办法

在参考集团公司教材管理办法、教育培训管理办法的基础上，结合火箭院培训体系情况和课程实际，研究课程相关原则、职责分工、组织管理、选购及开发、流程步骤、评价标准、审核评优、共享使用、经费与激励等内容，形成火箭院培训课程管理办法，规范课程的规划、计划、开发、使用、完善、入库全过程管理。

2. 建立课程评价标准及成熟度模型

通过外部课程评价标准研究（中国内训师大赛、中国微课大赛、教育部第四届微课大赛等）和内部标杆学习（火箭院产品化建设），研究课程评价指标和成熟度划分依据，基于评价指标的操作可行性，对指标逐层进行拆分和细化，对内涵相似的要素进行合并，建立火箭院培训课程评价模型，该模型包含 5 个一级指标和 11 个二级指标，如图 2 所示。运用层次分析法对培训课程各维度指标进行权重计算，分配各指标分值，如表 2 所示。

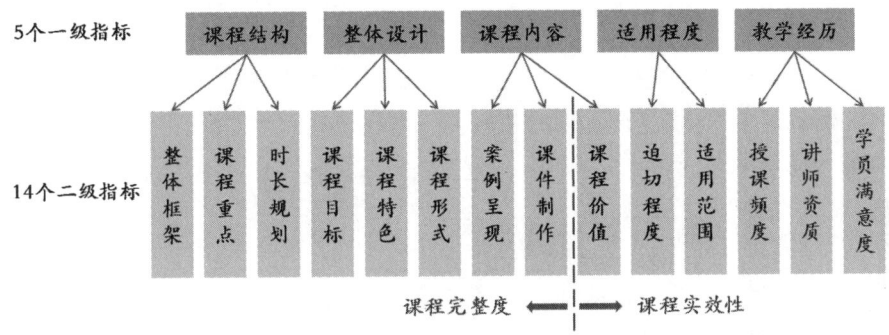

图 2 课程成熟度评价模型

表 2 培训课程评价标准

一级指标	权重	二级指标	评价标准
课程主题	20	课程目标	课程目标明确、聚焦
		课程重点	课程重点突出、贴合主题
		课程价值	课程内容紧贴业务需求，能解决具体问题；有前瞻性、启迪性
课程结构	25	整体框架	课程整体框架合理、完整、科学，各模块之间关联性、逻辑性合理
		内容规划	课程内容主次分明、经略得当；培训方法设计与内容的特点和重要性匹配，重点内容时间分配有保证
课程内容	20	案例呈现	案例详实，具有代表性、关联性、实用性
		课程特色	主题、形式、活动设计具有创新性
整体设计	15	课程形式	学习活动具有多样性、实用性、可操作性
		课件制作	课件前后风格统一、精美大方、文图布局合理
讲授呈现	20	授课演示	着装得体，表达流利，肢体语言与声音紧密结合
		讲授效果	教学节奏适宜，能够采取适当策略吸引学员的注意力，启发思考，体验好

3. 创建基于产品化思维的院级课程货架

基于产品化思维和 CMM 模型，研究课程货架和产品化的内在联系，搭建课程货架框架，制定成熟度判定标准，设计课程上下架的运作流程和工作接口，绘制课程货架管理流程图(图3)，对课程货架建设定义、目标与思路、建设基础、过程与方法、使用说明和建设规划进行详细说明，形成统一认知、标准化管理的《火箭院课程货架管理手册》。

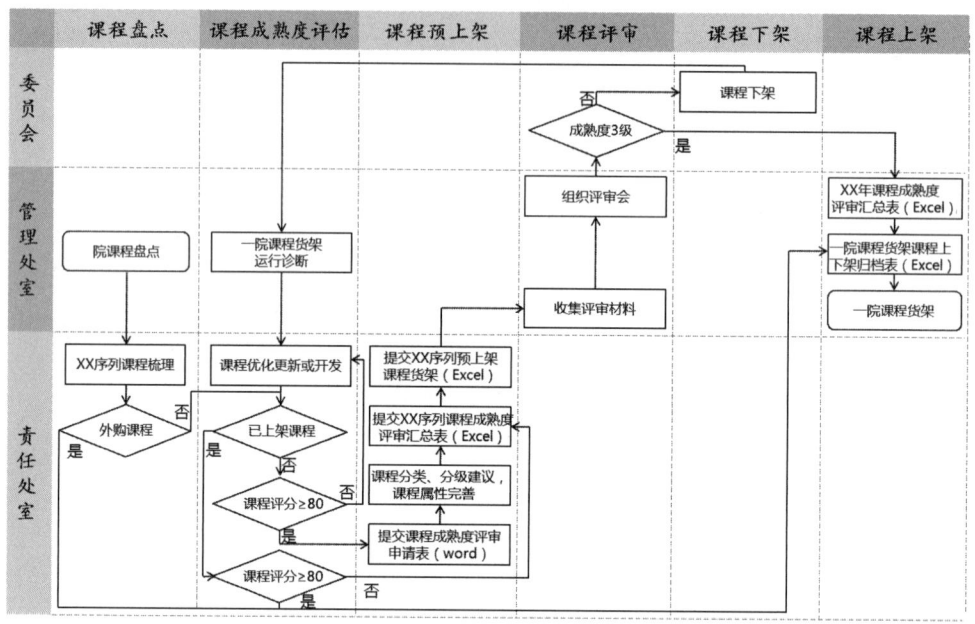

图 3　课程货架管理流程图

（三）开展课程开发基础能力建设

1. 自制课程开发工具方法

在分析 ISD、SAM、FAST、HPT 等常规课程开发方法的基础上，应用金字塔原理及培训引导技术，围绕组织经验萃取的核心要素和通用流程，锚定开发需求、精准分析问题、准确定位目标、迅速搭建架构、深度激发专家状态、提取过往经验、激活现有知识，搭建包含三个阶段九项工作的 ADDIA 简易课程开发模型，如图4所示。按照 ADDIA 课程开发流程，设计结构化表单，在关键课程开发环节提供参考思路，辅助员工快速完成自主课程开发。

编制课程开发手册，从培训课程的开发与规划、授课技巧的设计与应用两大方面，共12个内容模块，提出内部课程开发的实用方法、基本流程和技巧策略，作为全员开展组织经验萃取的作业指导书。

2. 建立电子课程制作线

利用内外部资源优势，建立全链条电子课程开发制作服务能力，论证电子课程制作建设方案，引进电子课程制作采录系统，建立电子课程制作线，形成由课程开发技术、业务内容专家、电子课程制作技术人员构成的专业电子课程制作团队，建立电子课程录制工作室，如图5所示。

第六部分 人才培养与实践

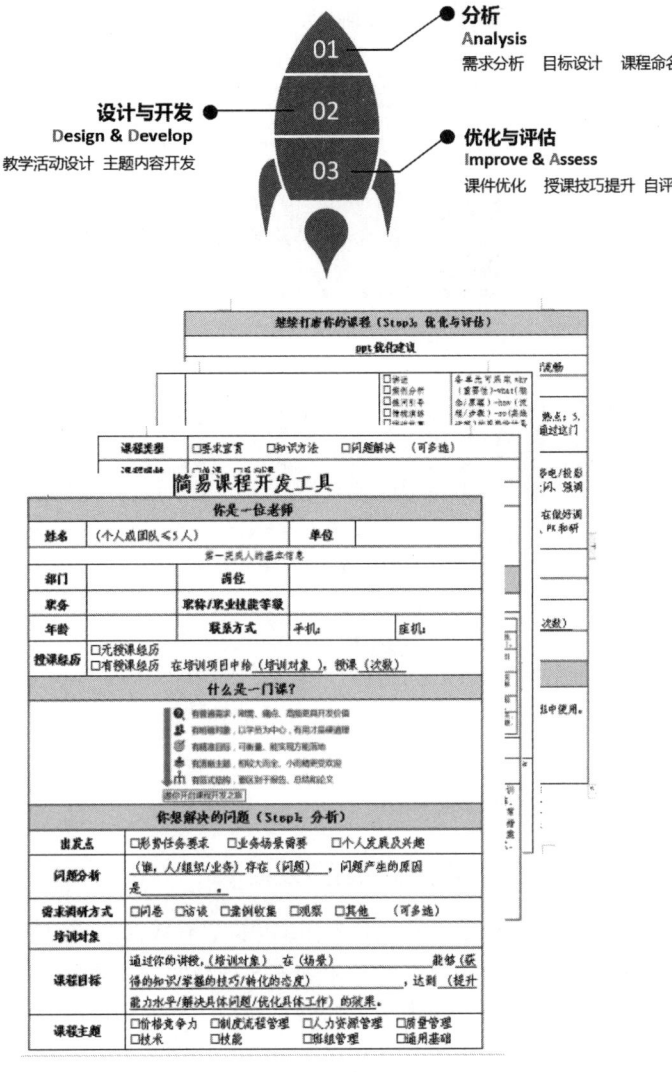

图 4　ADDIA 简易课程开发模型及工具

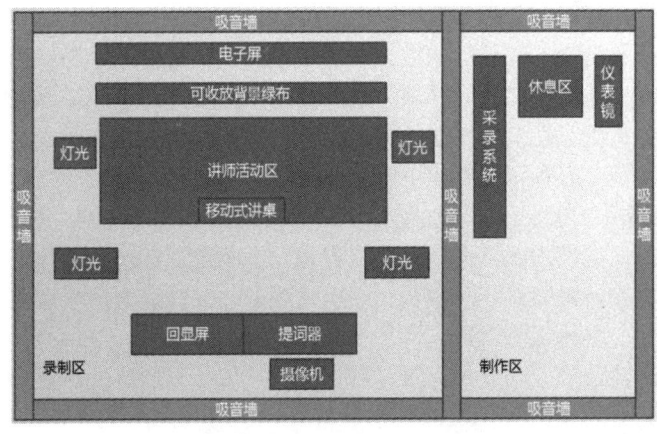

图 5　电子课程录制工作室

编制电子课程开发精细化流程，系统梳理相关部门和责任主体的职责、工作内容和接口，开展电子课程开发精细化实施及管理。参考国家干部网络培训课程制作要求，建立电子课程开发制作流程，如图 6 所示。设计电子课程要求规范，建立基于典型应用场景的电子课程制作标准及模板样本。

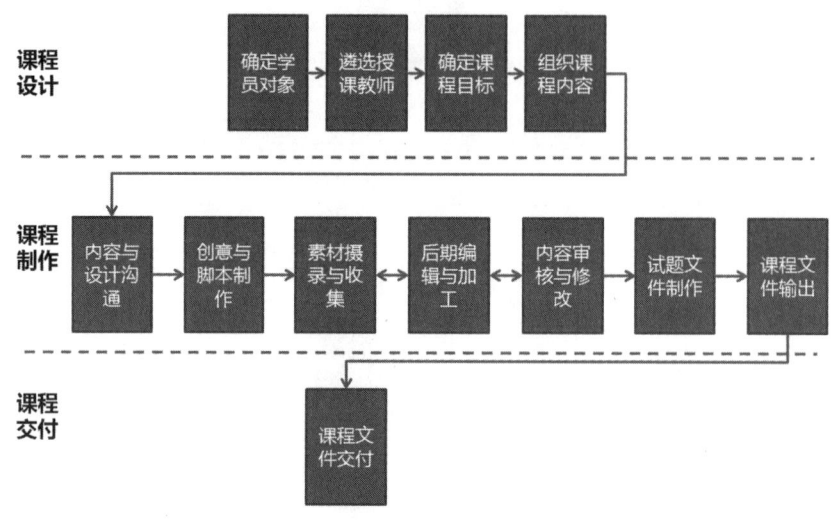

图 6　电子课程制作线

（四）航天特色课程建设项目实践

1. "总结经验、传承智慧"火箭院课程开发活动

课程密度、维度、跨度的差异化可以形成知识势差，有效促进知识的流动，增大知识场强。外部市场上，课程趋于同质化，随着火箭院培训体系的横向覆盖和纵向加深，以内部课程开发为根基的组织智慧萃取工程发挥着越来越重要的作用。为此，火箭院开展全院"总结经验、传承智慧"课程开发工作，组织各级领导、专家、班组长、型号队伍等群体，开发航天精神与文化、管理、技术、技能类本土化课程，广泛萃取组织智慧和员工经验，筑牢人才培训培养根基。

2. "火箭好课程"课程大赛

课程大赛围绕火箭院中心工作，采取合作办赛模式，长征培训中心搭建大赛平台，建立大赛规则、标准及流程，业务部门设计赛项主题。细化主题设计，每年结合火箭院形势任务要求及重点领域典型业务挑战，在一级主题的基础上，动态调整、细化二级大赛主题方向。完善赛程设置，大赛设置初赛、复赛和决赛三个阶段，院所两级联动，分级举办，分主题组织，如图 7 所示。增设大赛辅导，开展线上答疑活动，统一大赛认知，组织一对一课程开发诊断及反馈、辅导研讨会、课程开发基础知识直播培训、课程开发进阶及授课技巧提升直播培训。开发做课平台，长征云学平台支持视频课程录制及两级审批服务，提供线上操作指南，协助参赛者高效完成视频课程的制作。立体氛围营造，设计召集令、排行榜吸引员工参赛和观摩，制作宣传及总结视频、易拉宝引流造势，刊登长征报、制作海报宣传获奖信息，设置线上展示活动，面向全员开放大众评审通道，增加员工关注度和参与度。通过大赛，促进知识的运用和相互作用，将无形的知识场显性化，为企业搭建开放共享、陪伴成长的内部学习交流平台。

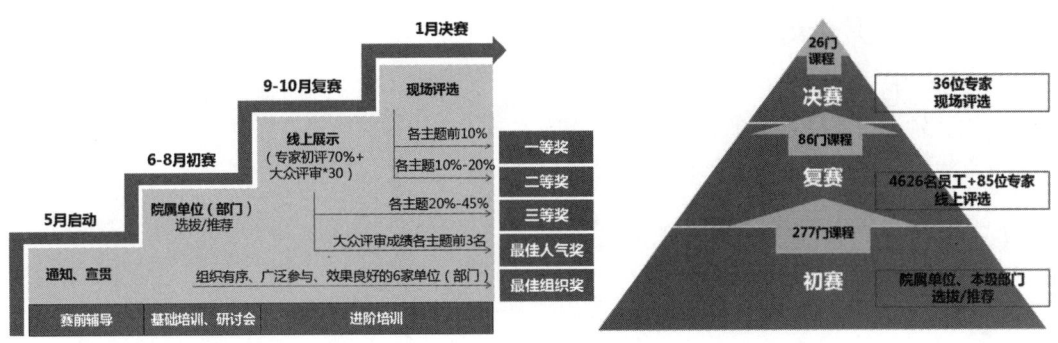

图 7 "火箭好课程"大赛赛程

三、项目效果

航天特色课程体系以课程为载体,促进知识的相互感应和启发,实现显性知识的组合和实践迁移,形成企业内生知识场。伴随着紧密围绕企业战略要求、业务发展需求、员工成长诉求,项目将持续解决业务问题、完善知识体系、培养锻炼人才、强化企业竞争力。

(一)全面推动组织智慧快速沉淀

1. 提升课程开发能力

研究适用于火箭院员工的课程开发方法,开发简易课程开发工具,解决业务专家缺乏工具方法的难题;编制课程开发手册,形成辅助组织经验萃取的作业指导书;组织定制化课程开发辅导培训,循序渐进提升全院课程开发水平;建立电子课程制作生产线及工作室,开发长征云学在线做课功能,促进不同类别、不同需求视频课程的快速开发,夯实全院课程开发的基础能力。

2. 规范课程开发管理

发布火箭院课程管理办法,统一课程的开发、使用、共享、评价的指导意见和标准要求;建立课程评价标准和模型,提供课程评价方法和优化方向;创建院级课程货架,规范火箭院优质课程的管理。

3. 丰富火箭院课程资源

组织"总结经验、传承智慧"课程开发活动,统一全院对课程资源建设、人才培训培养工作的认知,第一阶段完成5700多门本土化课程的开发,较为有效地总结了火箭院六十余年发展积累的技术创新与管理实践经验。课程大赛每年组织开发200门以上基于业务实践的优秀课程,丰富院级优质视频课程资源,形成稳定、有序的课程产出机制。

(二)有力培养骨干员工成长成才

1. 激发人才创造活力

通过课程开发活动和课程大赛项目,项目牵引院员工立足本岗位,积累专业知识、复盘工作实践、总结业务经验、形成工作方法、引发深度思考、提升专业水平;锻炼员工逻辑思维、口语表达、PPT制作等能力,提升员工综合能力。课程开发实现了员工个人成长和组织发展并轨。

2. 蓄能内训师建设

课程大赛持续发现、锻炼了400多名有课讲、能讲课、讲好课的青年人才，系统提升参赛选手课程开发及授课技巧水平。获奖者中，85后员工占比60.8%，大赛促进了后备青年讲师的培养，为火箭院内训师队伍梯队建设提供了人才保障。

（三）有力促进组织绩效快速提升

1. 解决业务问题

项目以解决业务实际问题为导向，组织全院员工开发实用性课程。通过课程开发活动、课程大赛开发的4700多门课程，在内外部培训项目中进行了广泛应用，对内培训支撑业务发展，对外培训促进供应链效率提升。

2. 营造学习氛围

项目搭建了院级学习共享平台，引导员工从被动知识输入向主动知识共建转变。全院单位部门积极开展课程开发活动，鼓励员工踊跃参加课程大赛，通过跨领域、跨专业学习交流，打破单位、部门的壁垒，促进学习型组织的共建。

3. 促进价值创造

培训由内向外拓展，组织开发制作《航天质量管理》《供应商全级次管理》等电子课程，应用于火箭院供应商管理培训，创造收益近百万元；组织开发100多门航天精神与文化类课程，助力航天品牌系列课程的打造，将火箭院内生知识转化为软实力。

四、结语

"动荡时代最大的危险不是动荡本身，而是仍然用过去的逻辑做事"，在国际政治格局纷繁复杂、全球经济复苏承压、技术革命加速演进的不确定形势下，航天特色课程体系高效有序推进组织隐性智慧显性化，培育教学相长的学习氛围，让知识场有效扎根于企业土壤，为企业持续打造原始创新策源地而蓄力。

案例负责人：李　勇

主要创作人：冯　瑶

参与创作人：胡志高、郭　磊、杨滨婷

基于"一盘棋"理念的大培训体系优化与实践

国网陕西省电力有限公司人力资源部

国网陕西省电力有限公司（以下简称陕西电力）面临着高素质人才培养的新任务、"三期叠加"的新形势和数字化转型的新阶段，这些都对培训管理工作提出了更高的要求。为此，陕西电力基于问题、目标和结果导向，深入分析了当前大培训管理体系存在的问题，基于"一盘棋"理念，守正创新、全面系统提出了优化大培训体系的"六步棋"，从培训目标规划、需求计划、重点领域、评估激励、资源支撑、数字化转型等多维发力，全面支撑陕西电力高质量发展。

一、实施背景

（一）优化大培训体系是落实人才强企战略的坚定行动

国家电网有限公司始终将人才强企战略放在首要位置，辛保安董事长在年中工作会上提出要"深入实施人才培养'三大工程'，构建人才雁阵格局"，把人才工作作为关系事业发展全局的关键性、根本性问题来抓。

陕西电力坚决落实国网公司人才强企战略，但现阶段整体员工能力素质与面临的风险挑战还不相适应，高层次人才紧缺，一专多能的高水平复合型人才储备不足，基层员工专业不精、业务不熟的情况依然存在。因此，迫切需要构建基于"一盘棋"理念的大培训体系，在人才"选、育、评、奖"的各方面下功夫，培养一支数量充足、结构合理、文化相融、专业专注、作风过硬的高素质人才队伍。

（二）优化大培训体系是解决"三期"叠加问题的迫切需要

面向新征程，陕西电力融合发展进入"深水区"，同时要解决管理理念、管理模式、文化理念、队伍建设等方面存在的差异；电网发展进入"攻坚期"，当前陕西支撑性电源建设、电网建设、新能源项目建设滞后问题突出；陕西电力经营管理进入"爬坡期"，融合后资源整合、电网发展、同质化管理任务繁重，短期内难以形成规模效应。

融合发展"深水区"、电网发展"攻坚期"、经营管理"爬坡期"三期叠加，陕西电力必须强化教育培训，通过优化"大培训"体系，让干部员工队伍"想干、能干、干好"，啃下保障电力供应、能源转型发展、深化电力改革等一系列硬骨头。

（三）优化大培训体系是推动业务数字化转型的重要举措

当前，随着陕西电力和电网高质量发展不断深化，公司工作量日益增大、新挑战层出不穷，亟需以数字化转型带动工作质效提升、寻求业务创新突破。

面对前所未有的数字化浪潮，要想实现弯道超车，既需要顺应数字化发展趋势，优化改进大培训管理流程效率，发挥国家电网公司人资2.0教育培训模块和"国网学堂陕西专区"等数字平台作用，全力推进教育培训数字化转型，更需要通过大培训推动各专业、各层面应用数字化成果和数字化手段解决问题、推进工作，面向各业务口开展持续性、全覆盖、针对性的数字化转型教育培训，培育数字化工作思维、培养数字化应用人才、培训数字化作战梯队，促进全员争当数字化建设"排头兵"，打造全业务数字化转型崭新局面。

二、主要做法

基于以上现实背景及管理困境，公司提出了"提升员工队伍素质，培养一流陕电铁军"的大培训体系建设目标。同时强化了必须坚持"管专业必须管培训"和"干什么、学什么；缺什么，补什么"两个培训理念。

"管专业必须管培训"就是打造"人资归口、专业主导、分级管理、协同高效"的全员培训大格局，落实各级专业部门定期下沉基层一线要求，深度参与岗位练兵活动、现场培训督导，做到有计划、有落实、有反馈，实现培训专业全参与、人员全覆盖。

"干什么，学什么；缺什么，补什么"，一把尺子量到底，借助知识清单、学习地图和岗位测评等工具，管理人员能够知标准，会评估，能指导，可培训；一线员工能准确地厘清目标，锚定问题，梳理差距，明确短板，强化并养成"学为工，工促学，工学一体，终身学习"的意识和职业素养；提升培训目标计划的系统性、培训重点领域的精准性、培训结果应用的全面性、培训资源保障的均衡性、培训数字化转型的前瞻性，持续将大培训做深做实。

辛保安董事长多次强调人力资源开发是企业的关键"棋眼"，一子落准、满盘皆活。而要想下好大培训"一盘棋"，必先练就统领"棋局"、用活"棋路"、发挥"棋力"的本领。因此，在具体做法上公司提出，统筹下好从构建培训目标体系到数字化转型的"先手、精准、关键、制胜、共赢、长远"六步棋，综合施策，合力优化"一盘棋"大培训体系布局。

（一）构建统一目标体系，下好谋篇布局的"先手棋"

一是系统规划大培训工作目标。聚焦陕西电力发展"重点"、规划实施"难点"、人才培养"痛点"，从国网战略和陕西电力重点工作出发对"大培训"工作进行系统规划，明确近期和中长期工作目标，全面开创陕西电力培训新局面。启动实施期：2022年至2023年全面启动实施大培训，丰富培训载体，强化实操实训，初步搭建分层分级、阶梯培养的培训项目体系。完善提升期：用5年左右的时间再深化大培训体系运转，优化培训资源，健全实训基地，持续完善培训体系，全面实现培训数字化转型。固化总结期：用10年左右的时间固化总结大培训，把各级各类人才培养发力挺近国家电网公司前列，实现大培训"两年一小步、五年一大步、十年磨一剑"的建设目标。

二是构建分层分级培训项目体系。以"培训创造价值"和"铸造陕电铁军"为理念引领，在2022年开展骨干人员提级培训、核心技能"三年过关"等专项培训基础上，针对领导人员、技术技能人员、管理人员、青年员工、高端人才等5类核心骨干人员，建立分层分级、阶梯培养的培训项目体系。

（二）完善需求计划管理，着眼源头响应的"精准棋"

一是夯实培训需求征集。项目计划编制前，"自下而上"收集需求，通过多种调研形式多频次获取基层最强烈、迫切的学习需求。以服务战略为导向，以解决问题为目标，以安全履职能力、专业能力、数字素质能力提升共性需求为主，以职业素养、心理健康等员工差异化、个性化需求为辅，精准解决"培什么"的问题。

二是完善计划编制统筹。强化各部门的职责分工协作和业务协同，分析历史培训计划实施情况的数据，得出培训计划的周期性规律，提高培训计划时间安排的合理性和科学性，在整体的时间安排上避免工学矛盾。

三是完善计划动态管理。根据实际业务需要，建立以年度培训计划管理为主，动态调整为辅的计划管理机制。对新增培训需求及变动情况进行调查与分析，在充分论证的基础上编制培训项目季度储备专项计划，按季度对年度计划进行滚动修编，逐步补充形成全年动态储备的新模式，探索制定培训计划管理的"24节气表"，提高需求侧响应的前瞻性与及时性。

（三）聚焦重点领域培训，走稳能力提升的"关键棋"

一是强化全员合规管理培训。以"三抓"为切入点，建立上下贯通、全面覆盖、体系合规的管理培训机制。抓关键少数，要以"三重一大"、招投标管理、财务风控为切入点、着力点，重点学习陕西电力治理有关知识，实现领导干部带头学。抓重点领域，结合《公司10类融合发展保障系列丛书》《重点领域合规实践案例》，重点学习陕西电力运营管理方面的合规要求，切实发挥各业务部门"第一道防线"作用，确保不仅"管好自己"、守住责任田，更要下沉力量、层层抓落实。抓全员合规，依据《员工应知应会手册》《标准化岗位说明书》，开展全员合规培训，明确日常工作岗位职责和合规工作流程，营造人人主动合规、合规人人有责的良好氛围。

二是促进技术人才业务能力不断提升。研究不同类型技术技能人员分布，分门别类、科学施策。狠抓基本功培训，加大变电、二次等核心业务在安装、运维、抢修方面的培训力度。实施基层站所业务技能培训提升专项行动，对10千伏配网属地运维包干、客户服务等工作人员进行相关业务"排除法"考试，哪里欠缺补哪里，苦练基本功，促使员工掌握新技能、获得新动能，尽快成为"多面手"。狠抓实操培训，开展基层业务培训提升专项行动，综合运用"教、练、评、考"四种模式，巩固理论教学，攻坚实操练习，严格教师评审，严肃考核考试，实施三年实操"过关"培训，确保人人都培训、人人都过关。狠抓标准化培训，将标准化作业文本纳入各层级学习培训内容，利用新员工培训、师带徒、微课堂、安全日活动等形式，加快"让习惯符合标准，让标准成为习惯"。

三是做精做强"同质化"培训。统筹各专业领域、各基层战线，全力以赴推动"同质化"教育培训落实落地。强化制度刚性执行，坚持"统一标准、统一要求、统一培训、统一奖惩"，建立外包队伍安全教育培训管理制度，明确各级各阶段安全教育培训的实施主体、内容、形式、学时、考核、评估等要求，构建贯穿始终的"同质化"教育培训机制。强化安全管控落地，将省管产业单位、外包队伍纳入本企业安全管理体系管理，严格入场三级安全教育培训和技能验证，依法开展安全教育培训，建立安全教育培训管理台账，确保培训、考试、合格3个100%。

强化现场监督管控，组织外包队伍全过程参加班组安全活动，定期以查看记录、现场考问、组织考试等方式对外包队伍教育培训效果进行检查评估，确保外包人员熟悉安全生产规章制度和操作规程，掌握安全操作技能和事故应急处理措施。

（四）健全评价激励机制，锚定培训质效的"制胜棋"

一是完善培训评价机制。参照柯氏评估模型，加强一级学员反应评估，将问卷评估与学员考试成绩、培训课时挂钩，提升学员对问卷调查的重视程度和问卷的真实程度。强化二级学习评估，严格培训考试和结业管理，以现场问答、现场操作、模拟操作等方式针对性地开展学员的学习获得程度测评，真实反映出学员知识获取及技能掌握方面的提升程度。

二是建立培训后反馈机制。探索实施三级行为评估，通过跟踪掌握参培人员在培训后的实际工作表现，了解学员在工作中岗位变动、绩效考核、工作能力等行为层面上的改进和提升情况，检验学习成果在实际工作中的成效。坚持定性和定量评估相结合，对培训周期在 30 天以上的重点培训班，在培训后 2—3 个月后实施三级评估，根据学员得分反馈出相应的《培训项目行为评估及改进意见书》，形成有效的评估反馈闭环。加强对大培训年实施的总结评估。定期总结评估 8 大版块 25 项重点工作进展和实施效果，滚动优化完善大培训实施计划，持续改进培训质效，做到"按需培训"，保证"学以致用"。

三是强化培训激励约束。注重正向激励，把培训成果转化与受训者的奖酬、评先评优、晋升、职业生涯发展相挂钩，提高受训者培训成果转化的积极性与主动性。强化反向激励和约束，加强培训考核，对各单位、各专业在融合发展培训质效进行季度量化评估打分，合理拉开得分差距。对现有年龄偏大或能力较弱的员工，转变观念、更新知识，为他们转岗创造良好的学习环境和条件；对少数不思进取或经过培训仍未达到岗位要求的员工，设立必要的退出机制。

（五）盘活培训资源要素，积聚支撑保障的"共赢棋"

一是推进培训资源共享。在技能实训上，共享存量，梳理整合陕西电力东区南区培训资源，绘制发布"实训基地地图"，打造培训资源"融平台"，构建无边界技能实训体系。配置增量，对照"资源分布图"现状，对资源配置率不高的地市、区县公司，按照"场所、设备、费用"倾斜的原则，补充实操场所和设备等资源，推动全省资源均衡分布。在管理实训上，着力将管培中心打造成管理类实训基地中心，提升品质，为满足融合发展最新要求，升级改造现有党性体检中心、保密基地、法制基地。再铸精品，继续打造延安精神、党风廉政、安全文化基地，力争达到通用性管理专业应建尽建，解决管理培训"实操难"的问题。

二是加大师资队伍投入。扩总量，重启培训师振兴计划，开展兼职培训师培养，采取灵活多样的选聘模式，将各级技术专家、技能工匠吸纳到兼职师资队伍中。强激励，专职培训师课酬标准参照高校标准重新进行核定，兼职培训师在原有职称课酬标准基础上，再上调一个档位。同时，将兼职培训师资格纳入薪点积分范畴，不断激发培训师的从教热情。建立外部师资库，针对高端培训师资，设法开辟与"市场行情"挂钩的"绿色通道"。提质量，开展专兼职培训师岗位实践交流，针对兼职培训师开展授课技巧进阶训练，推动"工学融合、产教融合"良性循环。建立末位淘汰制，从源头提升教学质量。

（六）优化线上培训平台，弈活数字转型的"长远棋"

一是明确培训数字化转型思路。数字化赋能"大培训"，充实课程资源和方式，管理上聚焦创新、减负、提效，从培训管理前端到受众应用终端，将"云计算""大数据""流程机器人"等技术横向覆盖各专业面，纵向贯穿省、市、县、供电所四个层级。

二是丰富数字化培训资源和手段。数字化资源方面，充分发挥陕西电力现有的线上培训资源作用，加速提升"陕电大讲堂""国网学堂陕西专区"精品课程数量，同时建立评估打分机制，形成高质量课程资源供给的良性循环。培训手段方面，依托培训中心、实训基地，加大智慧教室建设力度，加入AR、VR、MR、可穿戴设备等多元化、交互式、沉浸式等体感仿真培训，以学习者为中心，有效提升实操培训数量，提高学员参与积极性，从"要我培训"向"我要培训"过渡。

三是将国网学堂纵向横向扎根深耕。纵向理顺"国网学堂"省、市、县三级培训专区，横向厘清生产、营销、基建等专业专区，让学习者进入专区后直接清晰准确转到应知应会培训课程。利用人工智能、算力等数字化技术，根据个人岗位和课程掌握程度匹配程度，对参培人员实现个性化、精准化课程推送，建立初级、进阶和高级循序渐进的培训模式，提升员工线上培训学习黏性。

四是推动培训流程管理数字化。实现从计划管理、需求分析、培训设计、培训实施、质量评估流程线上完成，提高培训项目管理效率，避免专业培训打架问题。统一人员域、培训域数据编码标准，形成标准化的数据归档，解决培训过程记录多、负担重等问题。

五是建立培训大数据画像。结合员工培训档案历史数据及员工个人档案，应用人工智能、知识图谱等技术，将学习次数、学习内容、学习时长和考试成绩等数据价值化、具象化，精准绘制个人成长画像，推动基于大数据的智能化人才发展。

三、实施效果

（一）优夯基础、促融合、保安全，创新开局大培训年

2022年，公司以"四抓四强"为主线，立足融合发展需要、着眼队伍素质提升，面向全员启动大培训年，支撑保障了各层级文化理念、规章制度、操作规范融合统一。

一是培训实施蹄疾步稳。制定全员全业务培训计划，创新开局"全员大培训"，攻坚8大版块、25项重点任务。按月征集培训需求，按季度发布专业培训要点和实施项目，做到业培融合、精准培训，应用RPA机器人智能手段实现培训"一人一档"。全年开展脱产提级轮训83期6664人次，完成4151名一线人员岗位能力过关测评。创新设立大培训专项奖励，已兑现683万元、3802人次。

克服疫情影响，依托"国网学堂"完成7个阶段、81万人次线上培训。以"融合奋进"为主题，各专业处室上讲台授课200期，基本实现本部部门"人人上讲台"。"陕电大讲堂直播"获电力行业培训优秀成果。

开创"以赛促培"新局面，参加中电联技能竞赛获团体、个人双第一。

建立培训开发项目"后评估"机制，完成对2021年度结项且项目成果已实践应用或推广

6个月以上的58个培训开发项目进行了后评估。

二是夯基础、保安全。出台安全生产管理若干组织措施、违章培训责任倒查、违章党员说清反思等举措，形成了党政工团纪抓安全的工作合力。会同安监部狠抓安全培训，落实严重违章培训倒查10项举措和"三个清单"，每月在公司大早会通报安全培训倒查情况，夯实了安全教育培训主体责任。扎实开展"保安全、提技能"夏练冬训大练兵活动，抓实"四个一"技能练兵和"四个一"管理下沉，班组培训练兵17321次，管理下沉督导5705次。

三是实操练兵抓铁有痕。突出安全培训，出台严重违章培训倒查10条措施和"三个清单"，公司早会通报9次，落实培训整改措施78项，夯实了培训基础，保障了安全稳定。扎实开展"保安全、提技能"夏季大练兵，班组培训练兵17321次，管理下沉督导5705次，核心技能测评通关10151人次。

四是人才培养亮点纷呈。首次高规格召开高层次人才代表调研座谈会，印发加强高层次人才队伍建设指导意见、专家人才管理实施细则，初步构建了"三类六级"专家人才梯队。融合后首次平稳完成40名二三级专家人才选拔工作，公司二三级专家人才总量达到88人，新增高层次人才15人，公司专家人才总量突破600人。实施青年人才托举工程，入选国网公司托举5人，评选公司级托举人才和工匠种子272名。开创"以赛促训"新局面，印发以赛促训和以考促练若干措施，建立省、市、县、班组四级抓"竞赛、比武、抽考、练兵"的以赛促训机制。在全国电力行业职业技能竞赛中获得团体第一，获得个人第一的刘彤昊（29岁）破格入选电网检修专业三级工匠。

大培训年起步稳、提速快、氛围浓、成效明显。《全员培训促进融合发展》《强化人才队伍建设》2篇经验在国网工作动态刊发，"陕电大讲堂直播""大培训体系建设""培训质效评估"3个项目获电力行业培训优秀成果，16项课程获评国家电网公司优秀网络培训资源，"陕西专区"荣获国网学堂优秀专区。首次获中电联人才培养专项先进。大培训年开创"以赛促培"新局面，取得历史最好成绩。

五是培训方式推陈出新。陕电大讲堂播出200期（图1），初步实现各专业"人人上讲台"。"国网学堂陕西专区"上线运行，完成7个阶段、81万人次线上培训，人均学习积分位列国网第一。开发优秀小微视频课51个，"铜电小萌新"等培训微视频号深受欢迎。开设"陕电大培训"专栏，"卓越陕电"报道大培训68篇，《国家电网报》等上级媒体报道4篇。

（二）搭体系、明方向、绘蓝图，锚定深耕大培训体系

构建陕电大培训体系（图2、图3），以贯彻落实国家电网公司战略和各项政策要求为出发点，坚持全局谋划、系统推进，形成整体框架目标、搭建工作模块、梳理相互关系，服务公司发展、绩效改进、员工成长。同时，持续优化、迭代更新，积极适应组织机构调整、业务融合转型、职责流程优化、技术手段升级等形势，不断创新、完善、深化体系架构、建设目标和关键要素，实现教育培训工作与新任务、新要求、新业态、新技术、新流程紧密融合。

第六部分 人才培养与实践

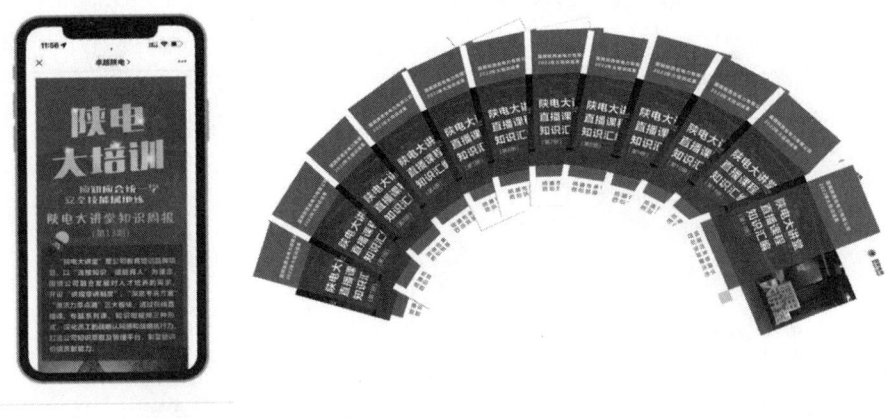

图 1 陕电大讲堂

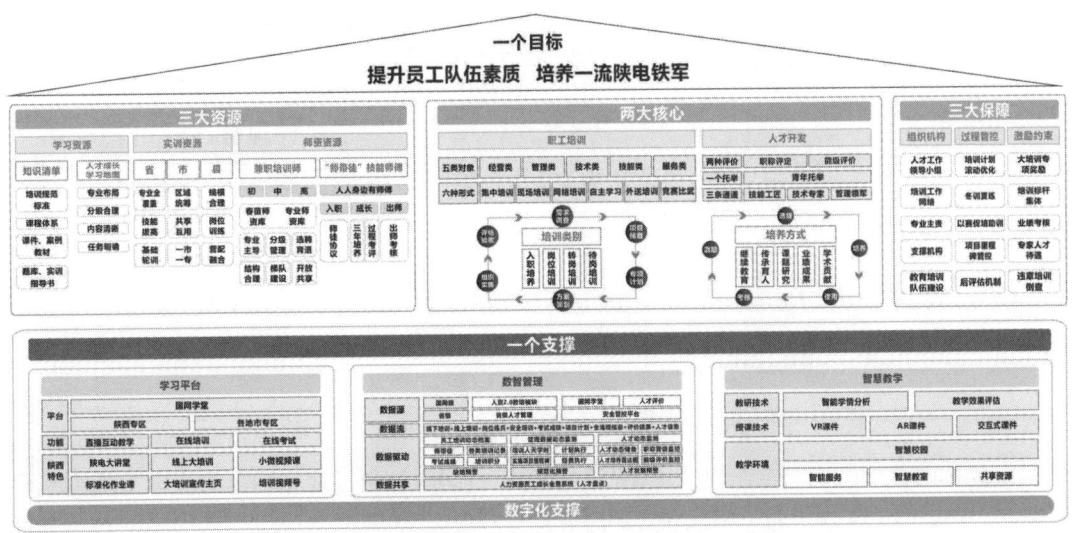

图 2 国网陕西省电力有限公司大培训体系框架图

547

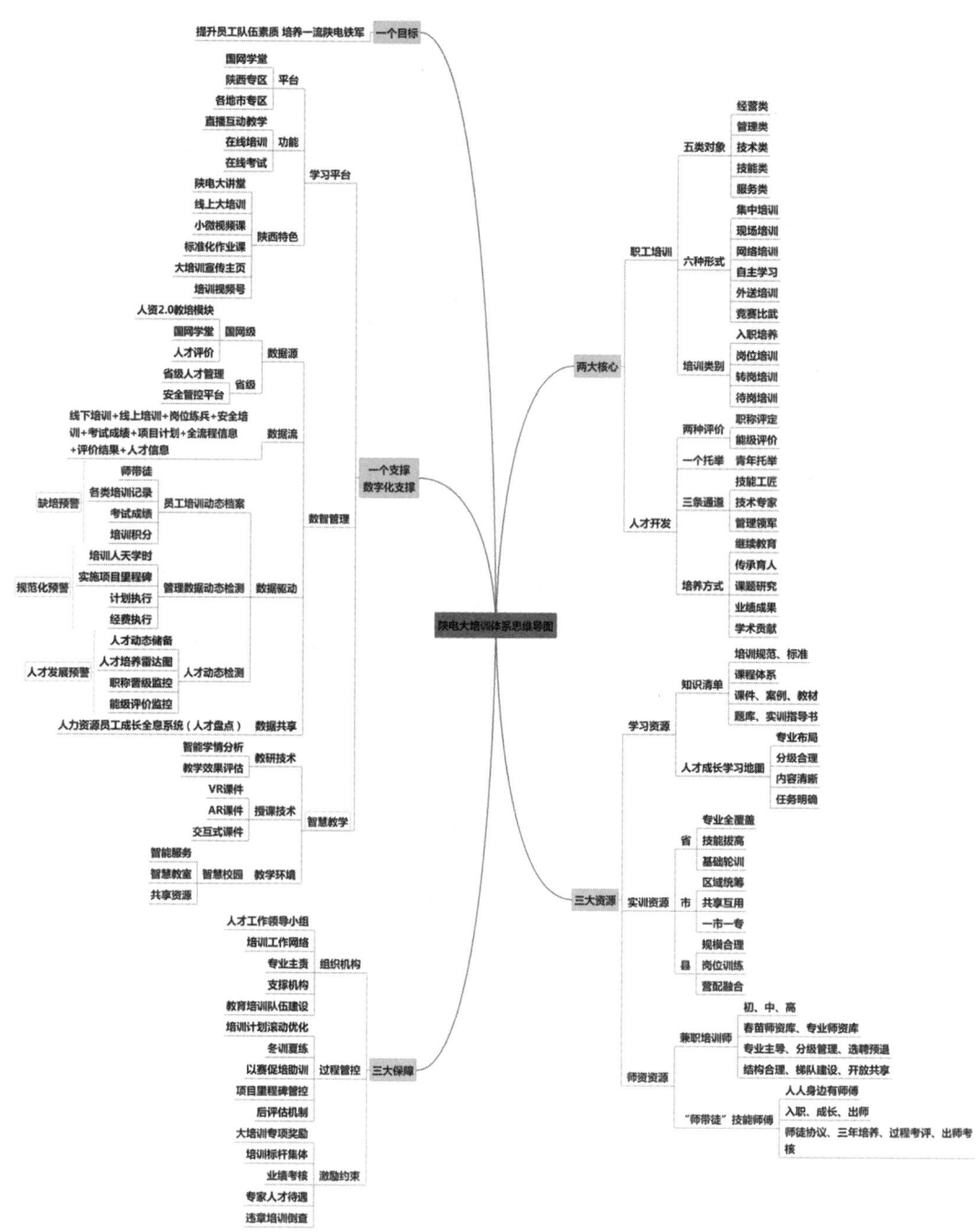

图 3 国网陕西省电力有限公司大培训体系思维导图

在此基础上,以变电专业为试点,开发设计了技能人员学习地图和学习清单(图 4)。学习地图,在纵向上覆盖了同一岗位包含的所有专业对应的核心能力所需的主要课程,并根据能力要求不同划分为三个适用等级;横向上,不同课程以必修为主匹配了同一岗位不同阶段的员工,并基于学习地图和学习清单,开展并完成了对重点人群的培训、测评、反馈等全景式培养。

第六部分 人才培养与实践

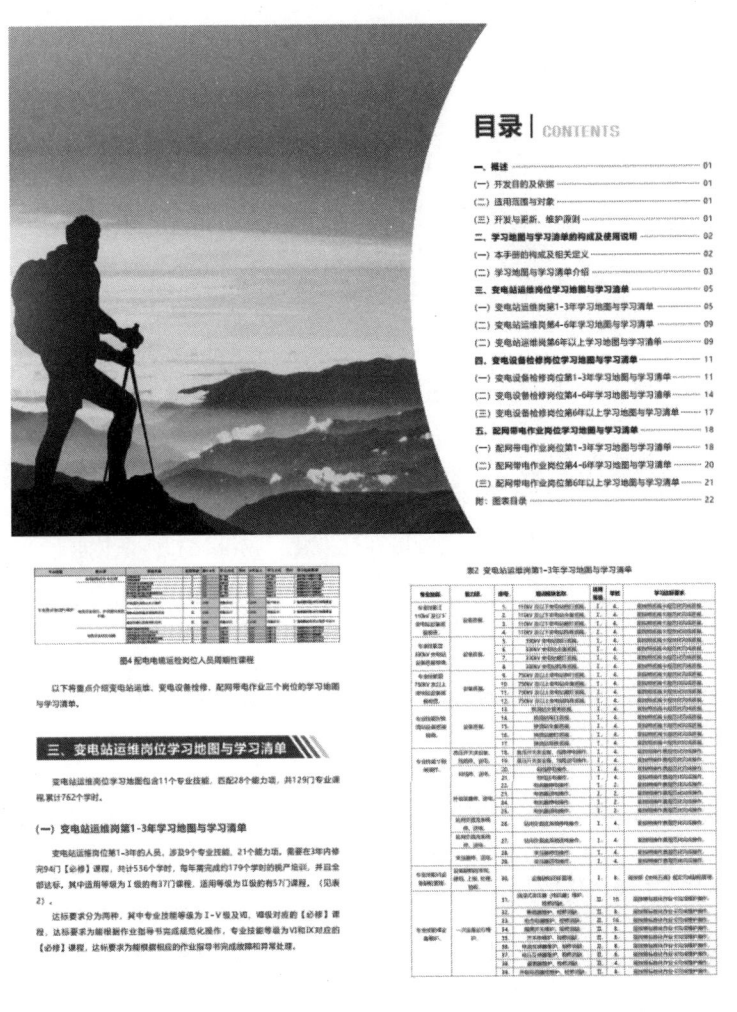

图 4 技能人员学习地图和学习清单

（三）实现了培训资源建设多点开花，重启了兼职培训师队伍建设，为员工培训和技能实训提供了坚实保障

实施"陕电兼职培训师领航训战"工程，选拔培养 1200 名专业兼职培训师和 1006 名安全兼职培训师，储备培养 66 名 90 后"春苗"培训师，向国网公司推荐 80 名高级兼职培训师参加评选，重启兼职培训师队伍。

首次发布省市县三级实训资源一张图，完成年度实训基地投资 2707 万元、增幅 105%。

案例负责人：刘　彬
主要创作人：娄亚宁
参与创作人：冯　椿、魏　璐、王　蔚

工程项目管理岗位标准化培训体系建设

中国石油管道局工程有限公司

近年来，国有企业积极贯彻落实人才强国战略，推行人才强企工程，不断剖析自身存在问题，针对问题短板采取有效举措增强自身核心竞争力，促进企业高质量发展。2021年，中国石油管道局工程有限公司（以下简称管道局）在深入研究国内外管理岗位标准化培训体系建设最佳实践和先进经验的基础上，积极探索工程项目管理岗位标准化培训体系建设的方法，组织开展工程项目岗位标准化培训体系建设，实现工程项目岗位培训标准化、精准化和体系化。

一、培训工作背景

工程项目是工程类企业的安身立命之本、经济效益之源。长期以来，工程项目存在管理不够精细、运作成本较高、盈利能力不强等问题，部分原因是项目管理人才素质提升没有跟上工程项目发展的需求，岗位履职能力标准不清晰，培训针对性不强、系统性不够等。为此，管道局研究谋划工程项目管理人员履职能力培训工作，结合工程项目管理的实际需要和工程项目管理人员的能力素质现状，充分消化吸收了集团公司建设思路，提出了以工程项目管理人员为切入点的岗位标准化培训体系建设工作。

二、培训工作目标

根据工程项目管理不同岗位、不同层级的履职标准和能力素质要求，研究制定一套岗位培训标准，精准构建一套标准化培训课程体系，建立一套贯通人才选拔、培养、考核、晋级的全流程人才发展机制。通过推行训战结合的岗位标准化培训模式，逐步实施工程项目管理岗位任职资格培训认证制度，实现上岗要认证、在岗要赋能、晋级要达标，推动训用结合、以用领训、以训辅用，建设一支高素质专业化的工程项目管理人才梯队，助力企业高质量发展。

三、培训工作方法

（一）统筹规划整合资源，科学制定工作方案

充分开展调研。主要通过专题研讨会和培训需求调研两个方面开展调研活动。查阅大量文献和资料，对标先进案例和最佳实践，结合集团公司的建设思路和管道局的实际情况，组织召开专题研讨会，确定整体工作思路。从项目计划填报、征集参训意向、管理层访谈三个维度，全面细致地组织培训需求调研工作，梳理出亟需提升和强化的核心人才、关键岗位等重点领域作为教育培训重点工作方向，确定经营管理、合同管理和外协管理三个紧缺业务岗位作为试点岗位，明确了试点工作的重要内容。依据充分的调研分析结果，坚持从实践中来，到实践中去，

有序推进工程项目管理岗位标准化培训体系建设。

强化顶层设计。工程项目管理岗位标准化培训体系建设是一项系统工程，按照统一规划、分步实施、边运行、边完善、边建设的原则，管道局确定了"十四五"期间全面完成工程项目管理岗位标准化培训体系建设的整体目标，制定了整体工作方案，明确了整体进度安排：2021 年，研究确定建设思路及整体方案；2022 年，正式启动试点工作；2023 至 2025 年，进入全面建设阶段；2025 年年底前，力争全面建成管道局工程项目管理岗位标准化培训体系。

科学划分层级。依据《管道局 EPC 项目管理手册》中组织机构设置，分级分类建立 3 级 7 类的岗位培训标准体系。纵向上分高级、中级、初级 3 个岗位层级。高级为项目的领导层岗位，中级为项目的业务部门领导岗位，初级为项目各部门的具体业务管理岗位。横向上每个层级按业务划分为 7 类业务模块：全面项目管理、工程管理、经营合同管理、QHSE 管理、外协管理、行政文控管理、财务管理。

明确职责分工。管道局人事部（党委组织部）负责统筹规划、统一部署、资源调配、协调推动，把控试点工作整体进度。管道局机关业务部门负责相关业务把关、专家推荐、过程跟踪指导，审定成果。业务突出的所属单位作为业务岗位教材的编制单位，负责文件的具体编制和初审工作。管道学院按照工作安排和工作运行机制，在管道局人事部（党委组织部）指导下做好课程开发工作中的全程跟进、会议组织、专题研讨、进度反馈、专家评审等具体组织协调工作，组织试点培训项目的实施和考试认证。

做好工作动员。组织召开管道局工程项目管理岗位标准化培训体系建设工作启动会，执行董事、党委书记薛枫出席会议并讲话，强调全局要统一思想、提高认识，系统思考、以始为终，按照工作方案高效有序推进工程项目管理岗位标准化培训体系建设。工作开展过程中，组织召开推进会，确保了各参与单位对体系建设工作的思路理解到位、任务内容清晰、工作程序和标准统一，实现体系建设试点工作高效有序推动。

（二）精心组织求效率，精益求精保质量

精准制定岗位培训标准。人事部（党委组织部）组织机关业务部室管理人员、业务专家、外部培训专家，召开专题研讨会，围绕工程项目管理岗位职责，梳理出经营管理、合同管理和外协管理三个试点管理岗位知识要点，编制工程项目岗位任职资格标准和培训课程开发手册（课程清单及要点），邀请业务专家对成果进行两轮审核，提出意见建议，经过两轮修改，最终构建以专业知识、业务技能为核心，涵盖初、中、高三个管理层级的任职资格标准和培训标准，作为培训课程开发的重要依据。

精益开发课程体系。人事部（党委组织部）统筹协调，安排三家二级单位分别牵头，成立编制工作组和协调组，由单位领导班子成员带队，开展课程、课件和题库的开发工作。引入外部培训专家开展专项培训，全程指导编制工作。建立周会、讨论会、协调会等沟通机制，确保思想统一、标准统一、步调一致。建立课程体系，开发标准化教学课件、配套题库。邀请业务专家对成果进行两轮审核，提出意见建议，经过两轮修改，最终高质量完成标准化课程、教学课件和配套题库的开发工作。

精心筹划试点培训项目。委托外部培训机构制定师资培训方案，从培训教学赋能、讲授赋能与实践、案例应用与案例萃取、课程展示与评价等模块对授课老师进行培训，强化师资力量，提升授课水平，保障培训质量。指导内部培训机构制定培训实施方案，合理选择培训方式方法，引导学员积极思考，鼓励学员反馈意见，为后续课程迭代优化奠定基础。监督做好认证考核制

度建设，注重考核试题质量，丰富考核形式，树立考核结果应用的权威性。通过精心筹划，严把培训项目实施各个环节实施质量，保证培训取得实效，逐步提升工程项目不同层级人员的岗位履职能力。

（三）探索创新勇突破，步步为营求实效

管道局工程项目管理岗位标准化培训体系建设是在做了大量研究和调研的基础上，结合企业实际情况和客观发展需求提出的，是教育培训工作服务企业战略、服务人才赋能的一项重要创新举措。

1. 明确工作创新点

一是实现了培训工作和岗位履职要求深度融合，构建满足工程项目管理岗位履职要求的岗位标准化培训体系；二是实现了培训工作和人才选用标准深度融合，建立培训与选拔、考核、使用一体化推进的企业培训新模式。

2. 明晰成果应用途径

工程项目管理岗位标准化培训认证结果将作为衡量工程项目管理岗位员工履职能力和开展员工岗位聘任、培训开发、员工职业生涯规划和考核晋级的重要依据。

岗位聘用依据。岗位任职资格培训证书是工程项目管理岗位人员上岗聘用、岗位调整、职务晋升的主要依据，工程项目管理岗位人员在进行岗位调配前，原则上应取得相应岗位的任职资格培训证书，实行"先取证后上岗"。

指导业务培训。根据业务发展需要，确定各岗位需要的任职资格及人数，根据现有岗位人员的任职情况和能力差异，制定培训计划，提高培训的针对性和实效性。员工可根据岗位任职要求和个人能力差异，提出培训需求，主动补短板强弱项。

指导员工职业生涯规划。员工对照岗位资格标准，明确岗位的任职条件和胜任要求，明确晋升的通道和途径，通过岗位培训认证，了解个人适合从事的职业或岗位，合理设计职业规划，利于员工主动学习和提高、快速成长和进步。

纳入业绩考核。将培训认证成绩和年度学分达标情况纳入员工业绩考核，并作为评先选优的重要参考依据。

3. 展望推广应用前景

管道局工程项目管理岗位标准化培训体系建设成果的应用前景主要分为三个层面：一是用于管道局工程项目管理人员，实现上岗要认证、在岗要赋能、晋级要达标，推动训用结合、以用领训、以训辅用，全面提升工程项目管理人员的岗位履职能力。二是用于能源储运类或工程项目管理模式和履职能力标准与管道局相近的企业，根据需要选择应用途径，实现既定目标。三是用于工程类企业，借鉴管道局工程项目管理岗位标准化培训体系建设思路和成果，重新梳理贴合本企业实际的岗位任职资格标准，精准构建本企业岗位标准化培训体系。

四、工作成效

经过一年多的努力，管道局工程项目管理岗位标准化培训体系建设已取得丰硕成果和一定成效，主要包含以下三个方面。

（一）打造"三体系"

管道局已建成课程课件开发体系、授课师资培养体系、培训认证运营体系。课程开发体系涵盖开发标准、开发流程、职责分工、审核标准和迭代更新机制等，已开发课程课件近 100 套，并建立了标准的培训测试题库；授课师资培养体系涵盖师资推荐程序、遴选标准、培训方案、日常管理等，已培养 87 名素质优良、业务精湛、教学娴熟的高水平内训师；培训认证运营体系涵盖培训认证指导意见、培训运营团队建设、培训运营流程、认证结果管理等，顺利举办认证培训班 10 期次，400 多名项目管理人员通过认证考核。三个体系紧密衔接、形成一个有机整体，为有序推动岗位标准化培训认证工作、提升工程项目管理人员岗位履职能力提供了坚实保障。

（二）谱好"三部曲"

在确定培训内容方面，管道局围绕 3 层 7 类工程项目管理岗位，按照了解、熟悉、掌握 3 个标准安排课程内容深度，培训内容紧贴岗位实际。在明确培训对象方面，下发《关于开展管道局工程项目管理岗位标准化培训认证工作的指导意见》，明确初级参训对象为一般管理人员，中级参训对象为部门负责人，高级参训对象为项目领导班子副职，为各单位有序派送参训人员提供了有力指导。在认证考核方面，从课堂学习表现、实训作业、结业考试等 3 个维度设置考核指标，在实训作业考核环节，分别以撰写学习心得、萃取经典案例、提交解决方案等方式来对初、中、高级参训对象进行考核。通过谱好培训内容、培训对象、认证考核"三部曲"，管道局实现了培训标准化、精准化和体系化。

（三）实现"三满意"

通过打造"三体系"、谱好"三部曲"，管道局持续抓实工程项目管理岗位标准化培训体系建设工作，实现了上级领导满意、基层单位满意、参训员工满意。管道局工程项目管理岗位标准化培训体系建设被中国石油集团公司人力资源部选为岗位标准化建设优秀案例；《聚焦工程项目岗位履职能力 打造标准化培训体系》的经验交流材料，被纳入组织人事工作期刊；申报的 2022 年度管理创新项目《能源储运公司工程项目管理岗位标准化培训体系建设》顺利通过终审；撰写的论文《关于大型国有施工企业工程项目管理岗位标准化培训体系建设的探讨》被推荐申报 2023 年度石油石化企业管理现代化创新优秀论文。目前，管道局已经举办的 10 期认证培训得到了基层单位的好评，特别是部分项目经理反应热烈，认为培训认证工作恰逢其时，解决了项目选人用人没有标准、员工素质能力提升没有渠道、晋升成长没有目标的难题。通过已认证培训员工的积极反馈，部分单位主动申请增加培训名额。参加认证培训，既提升了员工岗位履职能力，也清晰了员工职业发展路径，实现了从"要我学"到"我要学"的转变。

五、工作思考

在推进工程项目管理岗位标准化培训体系建设工作的过程中，需要坚持"三个结合"，从而有利于保障工程项目管理岗位标准化培训体系建设落地见效。

（一）与人才强企工程相结合

人才强企工程是中国石油集团公司党组深入贯彻落实新时代党的组织路线、确立人才引领发展战略地位的一项重要举措。在开展工程项目管理岗位标准化培训体系建设时，要把握好大方向与小目标，将试点建设工作与人才强企工程有机结合起来，在做好顶层设计的同时，注重工作成果的转化，重点是要考虑实现项目成果要可操作、能落地、有效果的目标。

（二）与人力资源管理的整体工作相结合

现在教育培训最大的问题是"训、用"结合得不够紧密，教育培训没有完全嵌入人力资源管理的整体运行之中，员工培不培训、培训结果好与不好，对员工本人没有实质性的影响，导致从单位到员工均对培训重视程度不够。岗位标准化培训本质上是解决"人岗匹配"的问题，不能就培训论培训，而要将其纳入人力资源管理的整体中去审视，从前期方案设计到后期结果应用，都要与人力资源管理的各个环节结合起来，最后以岗位标准化培训的考核认证机制输出，将来可以逐步与员工的岗位晋级、职务晋升、薪酬绩效挂钩，解决学习动力不足、工学矛盾等问题，实现从"要我学"到"我要学"的转变，促进员工形成自主学习、终身学习理念，实现人力资源价值增值。

（三）与工程项目管理人员岗位履职的具体要求相结合

工程项目管理岗位培训标准化体系建设的目的是提升工程项目管理人员的岗位履职能力，要坚持从工程项目管理的实际要求出发，深入思考实际工作中这个岗位需要什么样的人，这个人应该具备什么样的能力，然后再根据岗位的工作职责，梳理出工作任务和工作质量标准，萃取工作中的关键行为，严格按照岗位履职能力要求，精准提炼出该岗位员工应掌握的业务知识和业务技能，在此基础上，再研究课程大纲，组织开展课程编制工作。

管道局围绕"1234 10445"新时期总体发展战略和人才强企工程有关要求，统筹谋划，精心组织，创新开展了工程项目管理岗位标准化培训体系建设。2022年已完成试点工作，2023年将进入全面建设阶段，在2025年年底前全面建成管道局工程项目管理岗位标准化培训体系，着力加强工程项目不同层级人员的岗位履职能力，建设一支高素质专业化的工程项目管理人才梯队，助力企业高质量可持续发展。管道局工程项目管理岗位标准化培训体系建设的思路、方法和措施对企业开展岗位履职能力的系统培训具有极强的借鉴意义。

案例负责人：陈友君

主要创作人：陈　义

参与创作人：杨小博、李雪坡、刘　睿、魏军锋、孟韶龙

基于"1.2.3"人才培养框架的"551"习酒人才队伍培养

贵州习酒投资控股集团有限责任公司

一、项目实施前的背景和痛难点

"十四五"期间,国家政策的支持、中国文化的发展及新中产阶层的崛起给中国品牌带来极好的发展机遇,白酒作为中国特色酒类,得到消费者追捧,酱酒的市场空间不断扩大,但竞争也愈加激烈。近年来,贵州习酒投资控股集团有限责任公司(以下简称习酒)业绩、规模和员工队伍迅速扩大,开启了高质量发展的新征程,给人才培养工作提出了新要求、带来了新挑战。习酒早在20世纪90年代就与各级各类高校联合办学,为习酒培养了众多的优秀人才。在内外部培训方面,习酒也做出了很多有益的尝试,部分培训效果受到员工认可,但仍存在一些不足,无法有效推动员工专业能力和整体素质的提升。

在人才需求方面,人才培养工作无法满足习酒的战略布局、业务发展及干部员工能力提升的需求。在内部师资方面,无法全面支撑公司培训的开展,师资的选拔与任用机制不规范、师资数量不足、专业能力不高。在运作流程方面,习酒在培训工作的各个步骤都存在一定的短板,培训工作不系统。在最终效果方面,缺乏对培训效果的评估和总结,无法形成经验的积累和知识的固化。

项目预期目标:规划并落实习酒企业大学"习酒君品院"建设,在习酒君品院定位、理念、发展目标指引下,建立有针对性、有效性的课程体系、充足的师资体系和有效的教学运行机制。从习酒发展中亟需解决的具体问题入手,通过整合公司培训资源,重点针对员工综合素质提升、内训师培养、基层班组长培养、管理干部培养、营销队伍培养、经销商培训等内容进行培训,建设数量充足、结构合理、素质优良的人才队伍,为实现习酒百亿后发展目标提供坚实的人才保障和智力支持,助推习酒高质量发展。

二、项目实施的过程与投入

(一)项目设计思路

一是建立习酒企业大学"习酒君品院",从人才的"1标准体系、2评估体系、3培训体系"3个环节循序构建"1.2.3"人才培养框架,逐步形成完善的培养系统。二是根据对习酒现有团队的人才盘点和人才现状分析,在各序列人员中甄选识别出核心人才作为重点培养对象,形成"551"习酒人才队伍。三是基于习酒君品院的"1.2.3"人才培养框架,结合业务发展和培训需求,在习酒君品院平台上设计针对各支人才队伍特点的专题培训项目,探索内外部结合、线上线下、理论加实践、多种学习方式混合的人才培养模式,全面提升各支队伍的岗位胜任力。

（二）主要步骤（含方法和工具）

1. 建立"标准体系"

依据各岗位的工作性质和能力素质要求的相近性，划分习酒岗位，梳理完善岗位体系。根据习酒战略和员工发展的需要，构建习酒分类、分层、分级的胜任力模型，建立任职资格标准。最终形成人才培养的数量和质量标准，为人才培养提供针对性、有效性依据，解决人才培养依据不足的问题。

2. 建立"评估体系"

建立人才盘点机制、人才测评体系，将其作为识别人才绩效、能力和潜力的主要工具，并在此基础上指导员工制定个人发展规划，解决谁来学、学什么的问题。

3. 建立"培训体系"

按"分级、分层、分类，锁定核心人才"的原则形成针对各职位序列人员的课程体系，依据"7.2.1"学习法则（70%行动中学，20%人际学习，10%正式学习），以混合式教学方法设计学习项目，形成具有习酒自身特色的教学技术和方法论，解决有哪些内容可学、如何去学的问题。

4. 打造"551"人才队伍

以领导力的塑造为主题，根据管理者的能力和发展路径设计学习内容，培养5支复合型管理人才队伍。侧重营销队伍业务能力提升和各支队伍综合能力的提高，培养5支有信念、有素养、有能力的精锐队伍。以新员工角色转换、树立正确职业心态、尽快融入习酒为重点设计培训内容，培养一支青春奋斗的新员工队伍。

"551"人才队伍培养模式的具体内容如表1所示。

表1 "551"人才队伍培养模式

	人才类型	培养目标
5支复合型管理队伍	帅才－高瞻远瞩的高层领导干部队伍	成为复合型经营管理人才和行业领军人才，具有战略视野和开拓性思维，具备卓越的领导决策能力，推动组织变革
	将才－指挥有度的中层管理干部队伍	成为有清晰管理意识与熟练管理技巧，思想素质过硬、思考判断准确、业务管理高效、团队管理有序的领导人才
5支复合型管理队伍	英才－精干敬业的生产基层干部队伍	实现管理自我到管理他人的转变，具备一定的管理意识和管理理念，掌握一定的管理技能，思想素质过硬、思考判断准确、业务管理有序、有较强执行力和目标达成能力的一线管理人员
	雄才－勇谋善战的销售基层干部队伍	
	潜才－年轻有为的后备管理人才队伍	成为年富力强、锐意创新、知识结构健全、能力素质优良的新型经营管理人才，成为公司干部选拔时的有效人选
5支专业能力强的精锐队伍	智才－潜心钻研的技术队伍	培养一支技术精湛、经验丰富、在行业内处于领先水平、推动技术与工艺不断精进，具备高学历、高文化认同度的技术队伍

续表

人才类型		培养目标
5支专业能力强的精锐队伍	专才–专业高效的职能队伍	培养一支好学上进、执行力强、主动积极、勤于服务的专业职能管理队伍，为公司及业务发展赋能助力
	商才–激情开拓的营销队伍	培养一支有活力、凝聚力强、骁勇善战的高绩效精英销售团队
	匠才–操作精湛的技能队伍	培养一支经验丰富、技术精湛、严谨细致、生产关键环节值得信赖的技术工人团队
	干才–规范可靠的普工队伍	培养一支操作规范、工作细致、认真务实的普通工人队伍
俊才–青春奋斗的新员工队伍		培养一支认知习酒、融入习酒，快速胜任新的工作岗位，具备良好的职业素养的新生代

5. 课程体系建设

　　以岗位及任职资格为基础，结合习酒管理实际，从资源规划、课程落地、实施应用三个层面搭建课程体系整体框架。课程体系以胜任力模型（KSA）为主线，结合其他模型进行分级、分层、分类开发，形成"通用力、文化力、领导力、专业力、专题开发"5个课程系列。通用力课程包括全员通用的知识类、技能类课程，文化力课程包括全员通用的职业素质类课程；领导力课程包括领导干部的入门级和进阶级的知识、技能、职业素质类课程；专业力课程包括各专业序列的入门级和进阶级的知识、技能、职业素质类课程；专题开发课程包括针对业务难点、管理变革创新、科研专题、新员工培训、外部客户培训等项目开发的课程。课程开发的具体方法如下：

　　（1）根据习酒岗位现状及任职资格，不同序列、不同类别的能力素质要求、业务特殊需要、习酒战略要求及员工发展等，提炼培训要点，转换成课程主题。

　　（2）根据培训课程的组成要素，按照能力项目中行为要点的要求，依据所涉及内容的属性和逻辑顺序，选择合适课程及先后顺序进行培训课程的开发。

　　（3）通过对已开发/获取的内外部课程进行结构化整合，形成针对管理、职能、技术、营销、生产、辅助等各类别人员的多类别、多层次的培训课程体系。

6. 讲师体系建设

　　通过内部培养与外部聘请相结合的方式构建讲师队伍，讲师以内部讲师为主。内部讲师主要为兼职讲师，由中高层管理人员和业务骨干、技术骨干构成，分为内部认证讲师和内部特约讲师。

　　（1）内部认证讲师：主要讲授专业力课程、通用力课程、文化力课程和专题开发项目等。内部认证讲师来源于各个岗位，是经过内部严格选拔、讲师专业培训后，具备一定的讲授和课程开发技巧，并获得课程认证的讲师。

　　（2）内部特约讲师：主要讲授领导力、文化力和专业力课程等，包括技术专家和习酒高层领导者等。

　　（3）内部讲师培养：在内部认证讲师的培养与任用方面，建立分级认证管理体系，将讲师分为储备、初级、中级、高级讲师。习酒君品院优先安排内训师参加相关能力与素质培训，设置专项培训班,不定期组织内训师专题研讨会,建立内部跟课观摩制度,鼓励内训师跟踪本专业技术知识,为其创造参加外派进修及内部集训的条件。

(4)外部讲师:外部讲师一是来源于习酒专家库中已有的外部专家,二是来源于外购课程、学习项目/活动开展过程中优秀的外部讲师。主要讲授领导力课程、专业力课程和通用力课程。

(5)讲师队伍管理:对讲师队伍进行动态管理,根据不同发展阶段和习酒内部需要,及时调整优化讲师队伍的数量、质量、内外部结构。建立讲师队伍年审制,对讲师的培训量、培训效果、授课满意度、课件开发成果等进行审查评价,根据评价结果调整讲师等级。

7. 培训组织实施

依托习酒君品院,习酒在教育培训方面做了较大改进和优化,提高了培训的系统性、针对性和专业性,形成了一套特色的培训管理体系。

(1)习酒君品院的运营以计划管理为核心,通过各项计划促进管理活动的有序化和精细化,提高运营管理效率,逐步建立规范化、精细化、信息化的教务管理体系。将培训需求调研结果和课程体系运用于年度培训计划的制定、培训项目设计等方面。

(2)树立以学员为中心的服务意识,建立与学员多渠道信息沟通机制和满意度监测,持续改进习酒君品院各项教学服务工作。严格学习纪律,完善学员评价,将学习结果与学员职业发展相关联,保障学员的学习效果。

(3)制定习酒君品院运营管理的关键制度流程,并根据不同时期的发展、架构进行及时调整,以制度规范运营,力争将习酒君品院建设为规范高效的管理示范单位。

8. 建设培训评估体系

培训评估的主要对象为培训课程、学员、培训讲师及培训组织者。培训评估采用柯氏四级评估模型,该模型从评估的深度和难度将培训效果分为四个递进的层次:反应层、学习层、行为层和绩效层,不同的课程或项目,依据内容、培训模式、培训方法等采取不同层级的培训评估方法。

培训评估由习酒君品院负责设计、组织和实施,并及时整理与分析评估数据,形成培训评估报告。根据评估结果或报告,对人才培养体系进行优化完善。

9. 知识管理体系建设

习酒知识管理体系按8个步骤构建总体框架,分别为知识目录梳理、知识内容分类、知识采集、知识加工处理、知识库管理、知识应用、安全管理和支撑保障。

(三)创新点

一是通过人才盘点、岗位梳理、任职资格建立等工作,优化提升习酒人力资源部分基础工作,规划并落实习酒企业大学"习酒君品院"建设,培养开发习酒发展所需人才。

二是以胜任力模型(KSA)为主线,结合其他模型进行分级、分层、分类开发,形成"通用力、文化力、领导力、专业力、专题开发"五个习酒课程系列,结合习酒实际,自主开发与习酒业务紧密相连的培训课程。构建核心人才的学习地图,针对不同人员的岗位序列、职级层次、个人特点,绘制从新进员工到高层次人才的学习成长路径,满足员工职业发展各阶段培训需求,形成职业生涯全周期培训机制。

三是充分整合习酒内外的优质培训资源,构建习酒知识共享体系,建立各类人才的长效学习机制，引导员工树立终身学习观念，强化自觉学习意识，并带动所在团队打造"学习型组织"。

（四）资源投入

（1）人力资源：包括习酒君品院领导班子，专职工作人员，内部讲师和外部讲师。

（2）财务资源：包括习酒君品院教室等硬件改造、教学设备购置所需费用，以及课程采购、课程开发、外聘讲师费用、内部讲师课酬、外部合作机构费用支出、日常运转费用等，目前已投入830余万元。

（3）硬件资源：包括教室、会议室、图书馆、办公室、校舍、生活设施、教学设备、教学物资消耗品等。

（4）信息化资源：包括教学环境的网络信息系统改造、远程教学设备更新改造、教务信息化系统建设、移动学习平台建设等。

（5）课程资源：包括内外部课程库建设、各专业所需课程、各项目所需课程体系、课件管理、知识库管理、课程多介质建设等。

（6）社会资源：包括高校、培训咨询机构、行业协会、同行业相关企业、标杆管理企业、认证机构、政府及媒体等。

三、项目主要成果

该项目实施以来，习酒以人才队伍培养的体系化、专业化、规范化为建设主题，走出一条具有自身特色的人才培养新路，开创了人才队伍建设新篇章。

（一）形成报告等成果

通过访谈习酒高层领导、中层管理人员和基层员工，结合调查问卷（8000余份）和人才现状盘点、企业大学标杆研究，形成《习酒人才盘点分析报告》（图1）、《企业大学标杆研究》（图2）、《习酒人才管理体系诊断报告》（图3）、《习酒调查问卷分析报告》等成果。

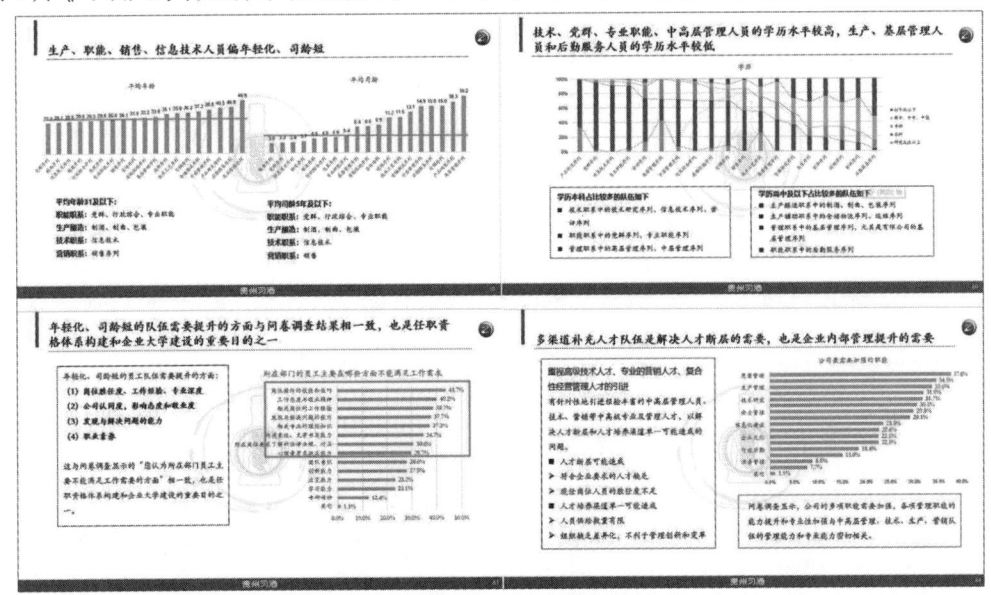

图1 《习酒人才盘点分析报告》节选

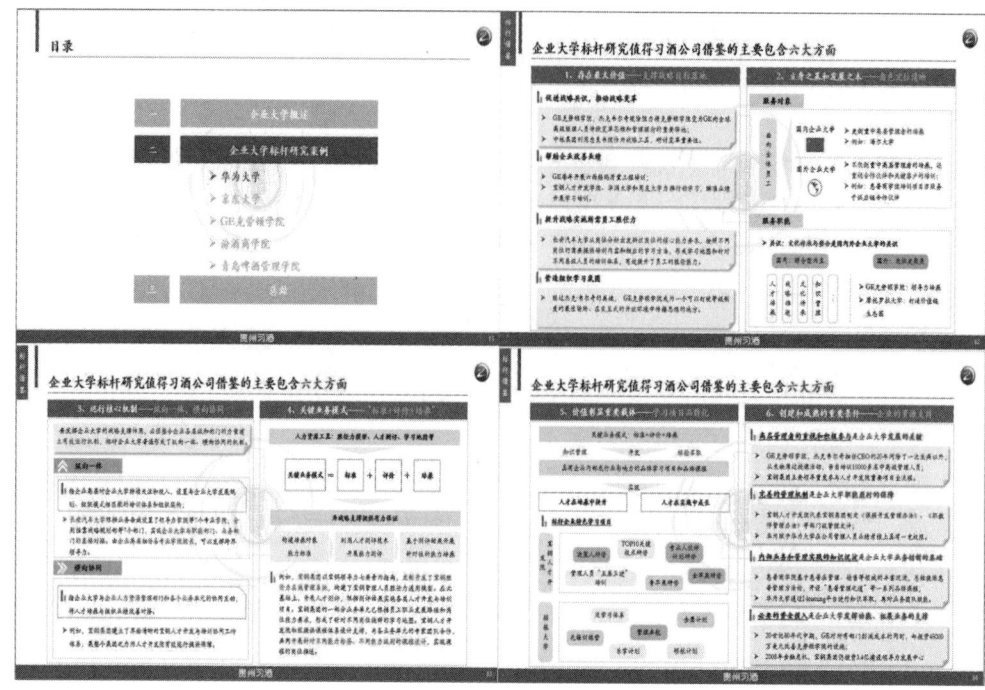

图 2 《企业大学标杆研究》节选

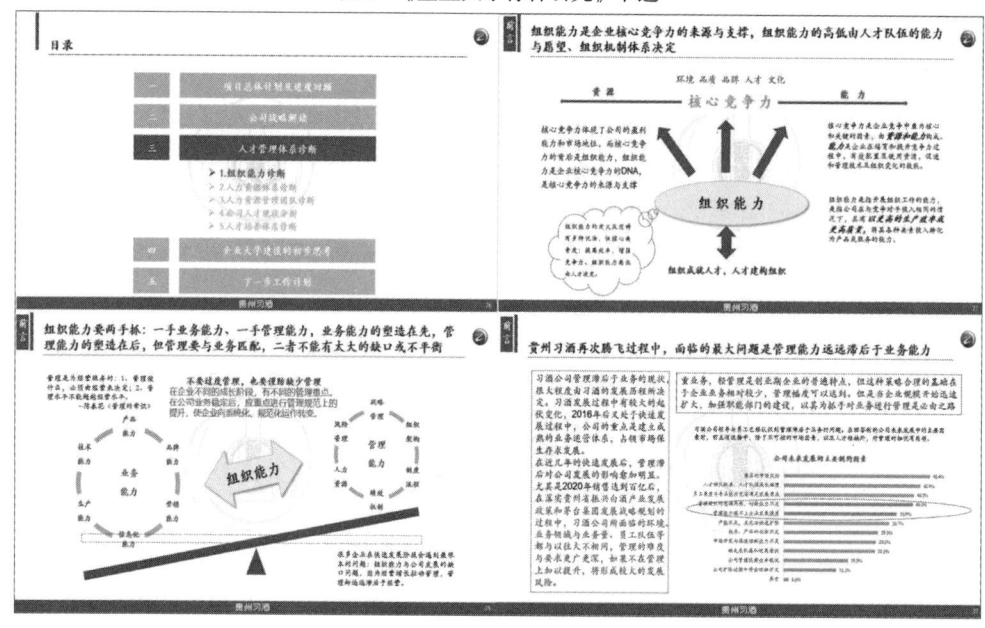

图 3 《习酒人才管理体系诊断报告》节选

（二）进行岗位划分

通过岗位梳理,习酒将现有岗位划分为 6 大序列、29 个类别,形成《习酒岗位体系梳理报告》（图 4）。组织习酒各部门开展岗位说明书撰写培训和任职资格标准培训,进一步规范岗位说明书和岗位任职资格标准,形成《习酒岗位说明书汇编》《习酒各序列任职资格标准》（图 5）。

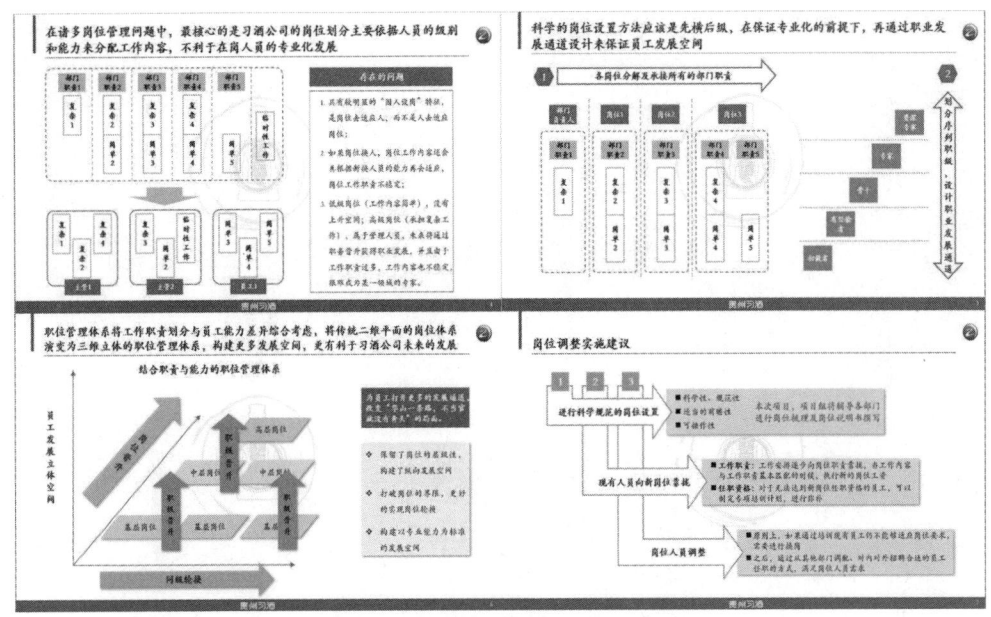

图 4 《习酒岗位体系梳理报告》节选

习酒岗位序列划分表

序号	部门		岗位名称	管理序列			职能序列										生产技术序列					营销序列			生产酿造序列			辅助序列				
				高层管理类	中层管理类	基层管理类	党群管理类	风控合规类	财务管理类	人力资源管理类	信息技术类	基建设备类	生产管理类	质量安环类	品牌文化类	综合管理类	研发类	生产工艺技术类	勾调类	尝评类	理化分析类	市场品牌类	销售类	电商类	制曲类	制酒类	包装类	采购储运类	检化类	运维类	内部保卫类	后勤服务类
2	党委组织部	1	部长		4级																											
		2	副部长		1级																											
		3	组织干事				1级																									
		4	党建干事				1级																									
		5	人才管理干事				1级																									
3	党委宣传部	1	党委宣传部部长		4级																											
		3	党委宣传部副部长		1级																											
		5	思想政治专员岗				1级																									
		6	综合事务岗												1级																	
		13	舆情管理岗												1级																	
	融媒体中心	2	融媒体中心主任		4级																											
		4	融媒体中心副主任		1级																											
		7	新闻采编岗												1级																	
		8	音视频制作岗												1级																	
		9	播音主持岗												1级																	
		10	广播电视及设备维护岗												1级																	
		11	公共氛围营造岗												1级																	
		12	外媒事务岗												1级																	
		14	新媒体策划运营岗												1级																	

图 5　习酒岗位序列划分表（部分）

（三）制订《习酒君品院发展规划》

习酒君品院于 2022 年 2 月揭牌成立，通过打造系列品牌项目，扎实开展各类培训（图 6、图 7），培训成效进一步提高。2022 年习酒共举办培训 322 期，其中一级培训 91 期，参训人员达 20739 人次，二级培训 231 期，参训人员达 23304 人次。

图 6　中级管理人员培训

图 7　大学生培训军训风采

（四）夯实内部师资队伍

邀请习酒高层领导、部分酿造系列技术职务聘任专家担任内部讲师（图8），提炼整合习酒内部知识。选拔、认证127名内训师，开展10名优秀讲师评选和表彰工作，建立讲师激励机制。

贵州习酒投资控股集团有限责任公司文件

黔习有限〔2022〕68号

关于习酒集团内训师聘任的通知

各单位：

　　为充分挖掘和利用内部培训资源，建立和培养高素质的内训师队伍，经集团公司研究，决定聘任内训师127名，聘期为两年（特级内训师聘期不限），时间从发文之日起至2024年12月31日止。

　　希望被聘任人员修身立德，善学善思，履职尽责，做到"传道、授业、解惑"，增强使命感，不断探索创新教学方式，提升

— 1 —

图8　内训师聘任通知

（五）建立习酒课程库

以胜任力模型为基础，整合内外部资源，建立习酒课程库。新开发内部课程25门，更新内部课程6门。邀请外部专家对微课制作方法进行培训，组织参训学员制作微课16门。以赛促学，组织习酒各部门员工根据通用力课程知识点，制作微课14门。

（六）出台各类管理办法

制订完善内训师管理、课件开发管理、教务管理、学员管理、计划和费用管理、培训效果评估管理办法、培训实施管理细则等（图9）。同时，建立信息沟通和满意度测评机制，就培训组织、培训讲师、课程设计等方面开展培训效果评估工作。

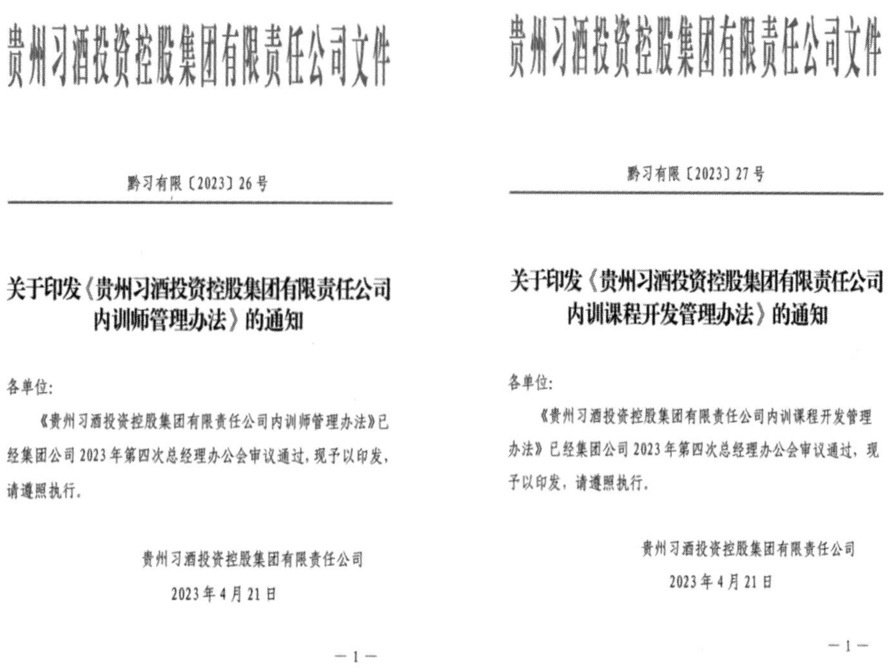

图 9　内训师管理办法和内训课程开发管理办法

（七）提供多种类学习资源

制订线上学习系统及知识管理规划（图 10），采购视频课，为员工开发线上学习平台，利用微信公众号、学堂在线等渠道为员工提供多种类学习资源。

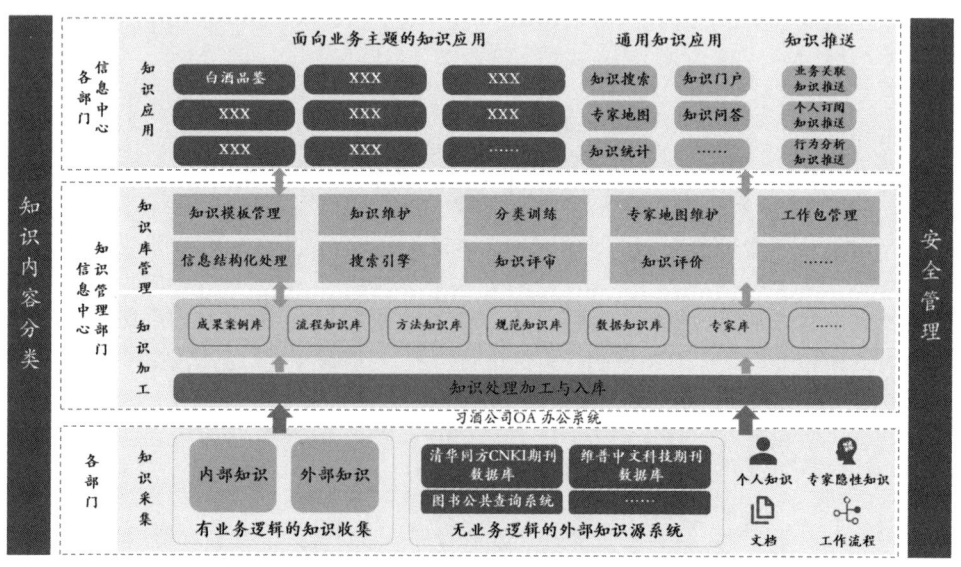

图 10　知识管理规则

四、项目实施后续管理

以"551"人才队伍培养为宗旨,持续完善习酒君品院建设,以战略化、咨询化为建设主题,发挥专家智库功能,咨询顾问及学习平台服务能力提升,搭建员工成长培养、行业思想交流平台和行业智库的传播平台。

(一)学习平台成熟运行

人才培养体系全面建成,学习与创新融入习酒各个领域,员工具备积极和自发的学习能力和意识;学习智能化程度与时代同步;知识管理体系完善,知识库有效运行;教研队伍实现向教练队伍转变,教练技术、工作坊、知识萃取、案例开发等能力达到行业一流水平。

(二)咨询顾问服务成熟开展

习酒君品院对已有的业务体系进行转型升级,开发与习酒业务创新与变革需求相关的战略推进、专题研讨等服务项目;提供对内对外的培训指导和服务、人才测评、员工发展顾问等服务项目;扩展外部合作伙伴培训、业务交流范围。

(三)智库参谋作用充分发挥

技术骨干和专家介入课题研究和专业课程开发,对行业前沿技术、习酒战略和业务关键课题展开深入研究,研究成果达到业内领先水平;高端论坛及学术活动等对外学习交流项目日渐繁荣,成为学术与管理对外交流合作的重要窗口。

(四)习酒君品院品牌效应彰显

"名师、名课、名优学员、品牌项目、良好校风"等5项核心要素成熟体现,成为习酒君品院的专业名片。习酒君品院的知名度、美誉度大幅提升,在业内外的影响力不断彰显。

案例负责人:蒋茂平
主要创作人:母成林
参与创作人:舒远凤、何 浪、肖必叶

基于海油智库实践的软科学人才全生命周期培育体系

中国海油集团能源经济研究院

中国海油集团能源经济研究院（简称能经院）是中国海洋石油集团有限公司下属单位，成立于2020年12月15日，以建设中国特色世界一流能源公司智库为发展目标，以提升战略研究与业务咨询能力、服务政府决策与行业发展、扩大社会知名度与国际影响力为着力点，秉承服务国家、服务集团、服务社会的宗旨，对内是集团党组智囊、企业内部咨询公司，对外是服务能源行业的智库。功能定位为"一部三中心"，即集团公司战略决策参谋部、经营决策与管理创新支撑中心、重大项目评价与咨询论证中心和能源经济与信息对外交流合作中心，立足能源行业，突出海油特色，为国家战略需求和中国海油高质量发展提供智力支持。能经院采用"4+3+1+1+1"组织架构，即4部门（综合管理部、党建组织部、计划财务部和发展运营部）、3中心（能源经济与政策研究中心、发展战略与管理研究中心和咨询评估中心）、1平台（信息与实验研究平台）、1所（碳中和研究所）和1个纪检机构。3个中心下设14个室，其中能源经济与政策研究中心下设石油经济研究室、天然气经济研究室、海洋经济研究室、财税与金融研究室；发展战略与管理研究中心下设规划研究室、战略研究室、国际化发展研究室、创新与数字化研究室、改革与企业管理研究室；咨询评估中心下设综合经济咨询室、油气与工程咨询室、石油化工咨询室、清洁能源咨询室、储量评估咨询室。

近年来，能经院坚持以习近平新时代中国特色社会主义思想为指导，深入学习贯彻习近平总书记关于做好新时代人才工作的重要思想，全面贯彻落实中央人才工作会议精神及集团公司科技和人才大会精神，牢固树立"人才是第一资源"的思想理念，坚持科学化管理人才、市场化引进人才、导向化培育人才、精准化选用人才、多元化留住人才，探索构建起与人才强国战略相适应、与国企改革方向相匹配、与海油智库建设相协调的软科学人才全生命周期培育体系，加快形成有利于人才成长的培养机制、有利于人尽其才的使用机制、有利于人才各展其能的激励机制、有利于人才脱颖而出的竞争机制，为中国特色世界一流能源公司智库建设提供坚强有力的人才支撑和智力保障。

一、软科学人才全生命周期培育体系的构建背景

人才是经济发展的创新源泉，也是企业高质量发展的重要支撑。能经院构建软科学人才全生命周期培育体系，具有深刻的时代背景和社会环境，既是坚决贯彻落实党中央、国务院重大决策部署的政治要求，也是基于更好助推世界一流智库建设的现实考量。具体来说，该体系内容主要有以下几个方面。

首先，人才强国战略为构建人才培育体系赋予了新的重要使命。党的十八大以来，习近平总书记亲自谋划、亲自部署、亲自推动人才强国建设，特别是在中央人才工作会议上发表的重要讲话，围绕为什么建设人才强国、什么是人才强国、怎样建设人才强国，系统阐述了新时代

人才工作的重大理论和实践问题，深刻提出了一系列具有全局性、战略性、前瞻性、基础性的重大举措，为做好新时代人才工作指明了前进方向、提供了根本遵循。党的二十大进一步强调加快建设世界重要人才中心和创新高地的新时代人才强国战略系列布局，并将"聚天下英才而用之""充分发挥人才作为第一资源的作用"写入党章修正案，作为党要长期坚持的基本路线和行动纲领。这标志着人才战略位次显著提升，人才战略重心调整优化，人才战略目标更加聚焦，我国开始迈入建设世界一流人才强国新征程。

其次，新型智库建设对构建人才培育体系作出了新的部署要求。当今世界，智库发展水平是一个国家软实力和竞争力的重要标志，也是推进国家治理体系和治理能力现代化的重要支撑。党的十八大以来，以习近平同志为核心的党中央更是把智库建设上升到关乎党和国家长远发展战略全局的高度，提出加快推进中国特色新型智库建设。2015年1月，中办、国办印发《关于加强中国特色新型智库建设的意见》，要求建设高水平科技创新智库和企业智库，明确提出要"加强智库人才队伍建设""实施中国特色新型智库高端培养计划"。成果是智库最重要的"产品"，人才是智库最核心的"资产"，只有紧紧聚焦党和国家决策咨询，坚持把产出高质量成果作为首要目标，不断探索符合智库特点的人才管理、培养、流动机制，才能真正把智库建设成为出思想的高地、出人才的富矿。

再次，能源转型变革对构建人才培育体系提出了新的机遇挑战。当今世界，百年未有之大变局加速演进，新一轮科技革命和产业变革深入发展，新能源、非常规油气、先进核能、新型储能、氢能等新能源技术以前所未有的速度加快迭代，全球能源结构正逐步从化石能源向非化石能源调整转化，能源行业走绿色低碳发展之路已经成为大势所趋。与此同时，人类正逐步从传统工业时代迈向信息和智能时代，数字技术给各行各业带来深刻变化，能源行业也正加速从传统要素驱动、投资驱动向创新驱动转变。随着科技竞争的日益激烈，人才特别是高层次人才的竞争正在深刻影响和改变着产业格局和经济版图，人才创新变革、组织整合、模式优化的重要性日益凸显，人才开发正逐步从简单化的能力素质培训转变为全过程的培育体系塑造，加快建立人才竞争优势正成为建设世界一流企业的先决条件和必然要求。

从次，海油事业发展对构建人才培育体系明确了新的目标任务。中国海油作为国家重要的能源企业之一，肩负着保障国家能源安全的重要责任和使命。这些年，中国海油始终高度重视人才工作，坚持把"人才兴企"战略作为集团公司五个战略之一和基础保障工程。2021年12月，中国海油出台《"十四五"人才发展规划》，要求健全有利于人才集聚的配置机制。今年1月，中国海油党组书记、董事长汪东进在集团公司2023年工作会议上鲜明指出，要以梯队建设为中心，加快打造一流的人才队伍。海油智库所从事的软科学研究，是一门立足实践、面向决策的综合性交叉学科，是服务海油事业发展大局的智囊机构，更加需要努力构建具有国际竞争力的人才制度和人才治理体系优势，助力中国海油打造成为核心技术攻关主阵地、高端人才汇集地、科技创新示范区。

最后，生命周期理论对构建人才培育体系提供了新的理论视角。生命周期理论最早于20世纪30年代提出并逐步被引入到其他学科，如企业管理、产品生产、环境保护、城市建设等诸多领域。对于全生命周期的概念，我们可以简单理解为事物从开始到结束的全部历程，其中所蕴含的系统治理思维、可持续发展理念及事前、事中、事后全流程闭环管理思路，在人才队伍建设方面具有非常现实的指导意义。在这种理论的指引下，能经院紧盯打造人才集聚高地这一发展目标，立足"一部三中心"的职能定位，不断做强人才增量、盘活人才存量、突破人才变量、优化人才质量，持续探索打造全生命周期人才培育体系，构建形成贯通引、育、留、用等各个环节的人才政策和人才服务体系，扎实有效地推动人才链与产业链、创新链全面深度融合。

二、软科学人才全生命周期培育体系的基本内涵和主要内容

能经院牢牢把握高质量发展这个首要任务，秉承"人才是第一资源"的发展理念，突出"广聚天下英才"的主线脉络，结合海油智库软科学研究的实际特色，构建起贯穿人才培育前、中、后期的全生命周期管理链条，涉及体制改革、队伍建设、人才培养、模块创新、载体融合等多个层面，构建形成软科学人才"5+"全生命周期培育体系，包括以"党建引领+规划引导"为总揽的人才发展支撑体系、以"内部培养+外部引进"为抓手的人才队伍建设体系、以"向上生长+向下扎根"为目标的人才评价使用体系、以"政治历练+实践锻炼"为依托的人才能力塑造体系、以"以人为本+以严为先"为动力的人才激励约束体系。"5+"全生命周期培育体系的5个子体系既相互影响又相互促进，不是简单的并列、平行关系，而是一个有机联系、环环相扣的整体，其中，发展支撑体系是根本，队伍建设体系是基础，评价使用体系是灵魂，能力塑造体系是条件，激励约束体系是保证。只有统筹兼顾、全面推进，才能形成5个子体系协同倍增、相得益彰的运行模式，全面营造悉心育才、诚心引才、精心用才、倾心留才的良好环境。"5+"全生命周期培育体系的基本内涵和主要内容如下。

（1）坚持"党建引领+规划引导"双向发力，构建智库人才发展支撑体系。构建软科学人才全生命周期培育体系，首要是牢牢坚持党对人才工作的全面领导，不断强化人才引领发展的战略地位。能经院全面树立"人才是第一资源""人才工程是第一工程"的理念，始终把人才资源开发摆在最优先的位置紧抓不放，认真做好总体规划制定、重要政策统筹、重大工程策划、重点人才培养等全局性和战略性工作，不断夯实智库人才发展的底盘根基。

一方面，坚持党管人才原则不动摇。一是全面加强党的领导。制定《公司章程》，推动"党建入章"，明确党组织在公司法人治理结构中的法定地位，切实发挥党委把方向、管大局、促落实的领导作用。创新建立服务基层党建"四个一"机制，首次参与集团公司支部达标考核即实现100%达标。制定落实"融合深化工程"具体举措，建立"书记项目"、党员示范岗，为智库人才发挥作用提供党建引领的平台载体。二是健全人才工作机制。成立以能经院主要领导担任组长的人才工作领导小组，明确将人才工作纳入党委年度工作要点，定期召开专题会议分析研判智库人才工作，持续加强所属单位人才工作的横向统筹，切实形成党委统一领导、组织部门牵头抓总、职能部门各司其职、干部员工广泛参与的人才工作格局。三是压实人才目标责任。认真落实人才工作目标责任制，将人才政策落地、人才工作投入、人才队伍建设、人才项目推进、人才环境优化等纳入党建工作述职评议考核重要内容，作为领导班子综合评价和选拔任用领导干部的重要依据，推动人才工作各项任务要求不折不扣地落到实处。

另一方面，坚持强化顶层设计不动摇。一是着眼一流系统谋划。紧紧围绕建设中国特色世界一流能源公司智库的目标任务，制定能经院落实干部人才队伍建设"3+1"工程实施方案，从26个方面明确具体路径，统筹推进各类各层次人才队伍协调发展，全方位培养、引进、使用好支撑能经院高质量发展的各类优秀人才，促进人才规模、质量、结构与能经院发展高度匹配。二是实施人才强院行动。高标准高质量编制形成《能经院人才发展战略规划》，创新提出"13631高层次人才培育计划"（即到2025年，国家级或行业领军人才达到1—2名，集团公司级软科学专家达到3名，能经院级专家达到6名，优秀青年后备人才达到30名，国际化人才达到10名），形成人才强院的行动纲领。三是明确人才目标任务。坚持把服务能经院高质量发展作为人才工作的根本出发点和落脚点，每年制定能经院人力资源工作要点，专章专篇地对人才年度目标任务进行部署，科学确定智库人才发展的重点、方法和举措，同步设立项目长，实施清单化推进、项目化管理，确保目标明确、时间明确、标准明确。

（2）坚持"内部培养+外部引进"双向驱动，构建智库人才队伍建设体系。构建软科学

人才全生命周期培育体系，根本之处是持续加强人才队伍建设，打造一支结构合理、素质优良、能力突出的高素质智库人才队伍。能经院聚焦"一部三中心"的职能定位，用好"内培外引"两只手，持续加强人才队伍建设，全力打造人才集聚高地，有力有效地助推海油智库各项事业高质量发展。

一方面，涵养人才内培"蓄水池"。一是加强战略性高层次人才培育。软科学人才全生命周期培育体系成立之初就把全面提高人才自主培养质量作为一项极其重要而紧迫的战略任务紧抓不放，想方设法拓宽培养渠道、创新培养模式、提升培养实效，坚定不移地走好人才自主培养之路。制定《能经院战略性高层次人才培育方案》，从"补短板、搭台子、压担子、优服务"四个方面明确十条重点培育措施，专门制定高层次人才"一人一策"，着力造就一批战略眼光深远、学术水平高、行业影响力强、在软科学领域做出突出贡献的战略性高层次人才。二是推动重点领域紧缺人才培育。探索建立优秀人才"早发现、早培养、早使用"的工作机制，形成岗位竞争机制，激发研究人员工作热情和活力。持续优化专业化人才队伍建设，培养造就一批具备战略思维、适应绿色发展、站在国际前沿的专业人才队伍。聚焦绿色能源转型工程，实施重点人才培养计划，建立起与发展相匹配的高层次核心人才梯队。三是构建新型智库人才培育模式。与中国大连高级经理学院达成战略合作，充分发挥校企联合工作站的平台优势，设立研究基地，开展高峰论坛，联合招收博士后开展定向研究，创新打造产学研用相结合的人才培育模式，持续推动教育链、人才链与产业链、创新链深度融合，积极引导软科学人才培养体系与产业发展和创新活动有机衔接，相关情况在《海洋石油报》头版和海油官方主页刊登，在系统内外引起热烈反响。

另一方面，筑牢人才招引"凤凰台"。一是发挥高端专家引领作用。牵头组建以院士为主体的高层次专家委员会，成功聘请以院士为主体的各领域专家近20人组成智囊团，定期组织专题研究和咨询活动，促进专家委员会更好地发挥研判趋势、引领发展、资政建言的参谋作用。二是创新人才招引方式方法。坚持"引援"与"挖潜"相结合，多渠道分类别抓好"以才引才""柔性引才"工作，多方挖掘新能源、国际化、数字化等领域带头人，初步形成各类人才多维互补的"引才机制"和互推互荐的"链条效应"。创新海外高层次人才引智模式，加强与国外高等院校和智库机构的交流合作，充分利用当地高层次软科学人才为海油智库服务。三是加大专业人才引进力度。在从原集团公司咨询中心、研究总院规划院有关研究室改革划转的基础上，系统内单位调入各类人才40余人，聚焦新产业新业态、"双碳"等领域，从中石油、中石化、国家电网、中国船舶等系统外能源央企引进各类人才10余人，其中博士占比73%。面向国内外一流高校，招聘优秀应届毕业生30余人，其中博士生占比近70%。

（3）坚持"向上生长＋向下扎根"双向赋能，构建智库人才评价使用体系。构建人才全生命周期培育体系，关键是全面优化人才发展环境，建立以能力和贡献为导向的人才评价机制和人才使用机制。能经院坚持始终"软科学、硬考核、真兑现"的工作理念，推动形成导向明确、精准科学、规范有序、竞争择优的科学化差异化人才评价使用机制，让那些想干事的有机会、能干事的有舞台、干成事的有收获，切实打通外生活力、内生动力的"双循环"渠道。

一方面，畅通优秀人才向上发展通道。一是深入实施三项制度改革。探索构建以"六个强化""六个提升"为主要特征的"两制一契"管理体系，使能经院成为系统内首批完成中层领导人员"两制一契"、全员劳动合同签订及工资套改的单位。创新制定竞聘上岗方案，实施"摘标制""搭建攻守擂台"等竞争性选拔，创新采用"提前亮标、现场摘标、赛后评标"的方式，变"排位子"为"抢椅子"，变"软科学项目"为"硬指标任务"，变"伯乐相马"为"赛场选马"，大幅压减中层领导人员岗位，43%转化为研究员序列，典型经验成果在《海油石油报》专版刊登，并被作为系统内典型案例推荐给国务院国资委。二是建立起软科学专家队伍。编制软科学专家评审办法及实施细则，首次组织开展软科学专家评选，突出重大课题研究能力、重大项目咨询评估能力，切实让研究水平高、成果多、业绩突出、贡献显著的专家和骨干脱颖而出，成功填补集团公司软科学专业专家的空白。三是健全完善人才使用机制。立足能经院专业人才高学历、年轻化的现实特点，编制《研究员序列晋升管理办法》，细化完善《评价指标量化积分规则》，稳妥有序推进年度研究员序列晋升，采用"基层积分定量""党委研判定性"相结合的考核方式，成功设计具有海油智库特色的"三级三通道""双层双考评"人才使用机制，探索开创软科学人才晋升路径和上升通道，致力于为不同类型的研究人员投身海油智库事业提供施展才华的广阔舞台和多元开放的发展空间。

另一方面，改善各类人才向下扎根环境。一是优化智库人才管理模式。加快实施"去行政化"改革，组织机构设置上化繁为简、化难为易，想方设法让智库人才放开手脚、大展拳脚。按照"一个机构、两块牌子"的运作模式，其中管理人员占比仅13%，实现小机关、少层级、扁平化、矩阵式管理，从组织建设层面规避冗杂流程，让管理触角直扎基层，充分保障人才将主要精力用于软科学研究工作，持续激发人才的创新潜能与活力。二是注重突出一线鲜明导向。建立健全人才双向交流机制，持续探索"研究—现场—研究"的模式，引导软科学人才从办公室奔赴生产一线锻炼。注重在研究一线考察识别干部人才，及时发现和培养经过项目历练且术业有专攻的"专家型"干部人才，新提任党委直管干部中有83%来自发展战略、能源经济、咨询评估等基层一线主干专业。开展优秀年轻干部调研，甄别选拔20余名青年骨干进入人才库。加大优秀年轻干部人才选拔力度，新提任党委直管干部中40岁左右的年轻干部占比超71%，优秀年轻干部储备比超过1:1。三是引导青年人才创新创效。创建海油智库青年先锋队，打造"海油青年论坛""新年学术论坛"等品牌，全方位展示青年研究人员的学术成果，充分调动人才创新创效的主动性、积极性和创造性。《中国海油碳达峰碳中和行动方案》等重要编制任务的工作专班中，青年人数占比超50%；《中国海洋能源发展报告2022》有70%以上内容由青年研究员撰写；80%以上青年研究员在行业知名期刊发表高水平论文；90%以上青年员工上讲台参加各类学术论坛交流；青年先锋队队员获得集团公司及内外部单位重要奖项比例达到100%。

（4）坚持"政治历练+实践锻炼"双向提升，构建智库人才能力塑造体系。构建人才全生命周期培育体系，重点是不断提升人才的能力素质。能经院围绕提升各类人才政治能力、专业能力两大目标任务，不断优化培训体系、创新培训形式、丰富培训内容，以对党忠诚、本领高强的人才队伍助推海油智库事业高质量发展。

一方面，着重提升"红心向党"的政治能力。一是实施凝心铸魂工程。坚持把深入学习贯彻习近平新时代中国特色社会主义思想作为首要政治任务，建立党委理论学习中心组学习制度和"第一议题"学习常态化机制，设立"学习强院"专栏实现资源共享，不断提升政治判断力、政治领悟力、政治执行力。研究制定党的二十大精神"七聚焦七落地"学习方案，组织学习贯彻党的二十大精神专题研讨会，打造"能力提升十讲""研究范式大家谈"等特色学习机制，引导广大研究人员深刻领悟"两个确立"的决定性意义，进一步增强"四个意识"、坚定"四个自信"、做到"两个维护"。实施干部人才轮训工程，常态化举办新提任中层干部培训班，组织学员赴井冈山革命根据地接受红色教育，教育引导全体干部进一步接受政治淬炼、体悟红色征程、砥砺初心使命。二是开展党史学习教育。紧扣"学史明理、学史增信、学史崇德、学史力行"目标要求，高标准高质量开展党史学习教育，推动集团公司党史学习教育56项任务要求转化落地为"七个一"工作方案，举办读书班、专题学习30余场次，邀请海油前辈、权威专家结合百年党史、能源发展变革、海油发展历程等主题讲授专题党课，各级党员领导干部讲党课实现100%全覆盖，党史学习教育成效得到中央企业党史学习教育第二指导组充分认可。

三是传承赓续红色基因。组织开展庆祝中国海油成立40周年系列活动,大力弘扬"三老四严""苦干实干"的石油精神和"爱国、担当、奋斗、创新"的新时代海油精神,引导全体干部员工牢记"我为祖国献石油""在经济领域为党工作"的使命担当。注重从海油事业蓬勃发展脉络中凝聚信心,在全院上下形成"心往一处想、劲往一处使"的良好局面。

另一方面,着重提升"矢志一流"的专业能力。一是打造智库培训体系。丰富完善"准入式"岗前技能培训、"适岗式"新增技能培训、"进阶式"强化技能培训体系,实施以新蓝进阶、青蓝提升、蔚蓝卓越、深蓝领航为核心的"四蓝计划",构建党性教育、理论教育、能力培训、知识培训"四位一体"的内容体系,探索打造菜单式选择、模块化设计、精准性定制的培训课程,形成基于岗位价值、贯穿职业生涯的软科学人才培训体系。建立"特邀名家+外部专家+内部行家"的智库师资名录近150人,开展"智库好课程好讲师"评选活动,累计开发课程40余门。二是打造蓝海品牌矩阵。聚焦提升智库人才的战略思维和专业水准,创建《蓝海拾慧》《蓝海经济》及"蓝海讲坛"等系列智库载体,逐步形成蓝海品牌矩阵。其中,《蓝海拾慧》由《领导参阅》汇编而来,是海油智库信息工作领域的"必备工具书",在大变局大转型中成为保障能源安全、助推能源转型的智慧源泉。《蓝海经济》是中国海油集团内唯一的、面向社会发行的经济管理类综合性学术期刊,每年出版两辑,目前累计出版3辑,已有10余篇论文被《中国能源》《油气与新能源》等期刊选录发表,赢得院内外专家的普遍赞誉和好评。"蓝海讲坛"以"视野重塑格局、专业汇聚力量"为理念,目前已举办14期,成为行业内高端学术交流活动之一。三是打造能力素质模型。突出人才实践锻炼,强化重大研究项目、关键性课题和咨询评估审查等项目历练,积极为各类研究人才干事创业和实现自身价值提供机会和条件。按照"岗位任务—能力素质—教育学习—实践锻炼"的总体思路,探索打造能力素质模型,定期组织开展人才测评、教育培训、实践锻炼、绩效反馈,针对不同层级、不同岗位开展适应性评价,形成全维度多要素的分析机制并绘制人才画像,营造人尽其才、人岗相宜的良好生态。

(5)坚持"以人为本+以严为先"双向推进,构建智库人才激励约束体系。构建人才全生命周期培育体系,前提是不断增强人才的认同感和归属感,持续激发人才的创新热情。能经院坚持严管和厚爱结合、激励和约束并重,更好激发广大智库人才的积极性、主动性、创造性,形成奋进新征程、建功新时代的浓厚氛围和生动局面。

一方面,健全人才激励机制。一是深化薪酬分配制度改革。完善多元化、多场景激励机制,探索实施"揭榜挂帅""十大基础性课题申报"等分配方式,建立以项目为核心、以成果为导向、以产出价值为基准的综合性业绩考核机制,建立预发效益奖、年中效益奖、年终绩效奖金、院长即时奖、专项奖励、聘期激励及超额贡献奖励等多形式全覆盖差异化的薪酬激励体系,实现重点人员、重要课题、重大贡献的精准激励,充分调动研究人员的主动性、积极性和创造性。二是培育特色企业文化。坚持把价值观作为培育企业文化最核心的基石,提出"求真(Truth-seeking)、担当(Responsibility)、创新(Unique-insights)、专业(Specialization)、协作(Team-work)"的 Trust 价值观,引导激励广大研究人员不断增强对中国海油的认同感、自豪感和归属感,得到集团公司主要领导充分肯定,相关研究成果荣获2022年石油石化企业管理现代化创新优秀成果一等奖。三是深化人才暖心服务。创新打造"院长下午茶"活动品牌,累计举办20余期,搭建院管理层与员工"零距离、零时差、面对面"的交流平台,努力营造"人人都是企业主人翁"的浓厚氛围。建立"双导师"制度,组织开展新员工训练营,策划"院长十讲"活动,用好用活"五力"模型。充分发挥智库人才之家的作用,用心用情维护社保、休假、个税等方面的合法权益。建立心理预警机制,持续加强对智库人才身心健康的关心关爱,凝聚起携手推动能经院高质量发展的强大力量。

另一方面，坚持全面从严要求。一是压实党风廉政责任。制定党委全面从严治党主体责任规定和责任清单，定期召开年度党风廉政建设和反腐败工作会议，推动落实班子成员"一岗双责""六个一"，实现院领导班子、基层党支部书记《党风廉政建设责任书》签订全覆盖。开展全面从严治党"两个责任"专项提升工作，实施并建立明责"三张清单"、督责"三项机制"、考责"一述两评"，推动全面从严治党各项责任落地落实。二是加强日常监督管理。发布加强"一把手"监督等机制性文件，从严从实做好干部日常监督和"一报告两评议"工作，选人用人总体评价满意度、从严监督干部情况评价满意度实现"双100%"。扎实开展违规兼职取酬、"裸官"等专项整治，构建无缝衔接、闭环管理的监督管理长效机制。深入开展全员个人信息治理专项工作，实现数字化信息化分析研判，为智库人才精细化管理提供及时准确的信息支撑，在集团公司三次阶段性考核中均获满分。三是提升廉政教育实效。常态化开展廉洁从业谈话，针对中央八项规定精神等重点领域开展廉政教育，开通"清廉智库""廉政文化"等宣传教育平台，引导广大智库人才知敬畏、存戒惧、守底线，营造风清气正的政治生态和干事创业的工作氛围。

三、软科学人才全生命周期培育体系的实施效果

该体系构建实施以来，在能经院取得较为显著的成效，形成人才规模与战略定位相匹配、人才结构与高质量发展相适应、人才格局与中国特色相承接、人才贡献与国际一流相契合的生动局面，得到集团公司的充分肯定，受到广大干部员工的广泛认可，相关成果经验在中国海油报等系统内平台载体多次刊发。主要效果体现在以下几个方面。

（1）人才集聚高地加快形成。一是人才总量持续增长。成立两年多来，广开进贤之路、广纳天下英才，目前各类在岗人才百余人，其中副高级以上职称占比55%、硕士以上学历占比超过80%（其中博士32%），队伍结构具有明显的软科学智库单位特色，具体表现为"四高"（党员比例高、学历程度高、综合素质高、研究人员占比高），结构合理、素质优良、能力突出的高素质人才队伍特征初步呈现。二是人才结构持续优化。经过三项制度改革，中层领导干部平均年龄从48.5岁降低至43.7岁，年龄结构由6∶4∶0优化为4∶4∶2，后续将适当为"潜力股"拓宽并预留成长空间，通过"外部引援+内部挖潜"相结合的方式遴选优秀年轻研究骨干进行蹲苗育苗,确保在一个聘期(任期)内实现4∶3∶3。三是人才活力持续释放。动态优化序列设置，将原有双序列调整为管理（M）、科研（T）和业务（B）三个序列，推动多名中层干部及管理人员打破"序列壁垒"回流至研究岗位，横向实现"转换有序",推动优秀人才"跨专业、跨序列、跨单位"流动发展。中层领导人员"两制一契"和全员劳动合同100%签订，初步构建起与智库功能定位相配套的"三能"机制。

（2）智库治理体系更加成熟。一是业务板块不断明晰。逐步明晰四条业务主线,涵盖宏观、中观、微观三个层面，建立具有海油特色的智力产品体系。能源经济与政策研究业务线跟踪研判形势，建成系统全面的石油、天然气、能源经济、新能源报告系列。发展战略与管理研究业务线注重顶层设计，常态化开展世界一流公司对标、创新驱动、国际化发展、数字化转型、企业改革等研究，相关成果应用于集团公司改革和管理创新。重大项目评价与咨询论证业务线探索全新领域，创新开展新能源领域的陆上集中式光伏项目、海上风电投资项目、科技与信息化类项目等评估工作。碳中和研究业务线关注发展趋势，聚焦能源中长期发展趋势研究及能源领域减碳路径研究，为集团公司实现碳达峰碳中和提供智力支撑。二是管理制度不断健全。坚持"规范管理、制度先行"思路，建立健全岗位晋升、员工招聘、日常管理、考核监督等一系列规章制度，初步构建起特色鲜明、系统完备、务实管用的人力资源管理机制，不断提升人才甄选、

人才培养、人才评价、人才激励的精准度和有效性，典型经验做法两次被《海洋石油报》收录，其中一篇在头版刊发。三是运作体系不断完善。深入推进体系卓越工程，全力打造"合法依规、精益高效"的运营管理体系、"内生固本，外向包容"的研究方法论体系、"市场导向、竞合有序"的研究组织体系、"互联互通、智慧能经"的数字情报共享体系、"开门办院、协作共赢"的协同合作体系、"百家争鸣、品誉卓越"的品牌成果体系、"包容并蓄、上下同心"的思想文化体系，初步建立起创新型、开放型、现代化的治理模式。

（3）创新创造成果日益丰硕。一是双碳战略扎实推进。组建"双碳"工作专班，历经17个月的团结协作、攻坚克难，完成《中国海油"碳达峰、碳中和"行动方案》研究编制任务，并紧跟形势变化，聚焦"十四五"和"十五五"碳达峰实现路径，进一步深化细化总体行动方案，形成《中国海油碳达峰行动方案》，助力中国海油全面开启绿色低碳转型发展新征程。二是战略水平稳步提升。承担集团公司"十四五"规划编制、重点区域规划和专题研究工作，构建起较为成熟的规划编制方法体系。参与《集团公司发展战略纲要（2022年版）》研究工作，为各所属单位发展战略编制提供指引。高质量完成中国海油"1+5+3"新能源产业中长期发展规划中主体部分，首次在集团内部系统性研究新能源业务管理关键机制及制度体系建设，助力集团公司明确新能源产业中长期发展目标、任务与路径。《新形势下气电产业发展战略与经营策略》《炼化产业竞争态势分析》等研究成果为集团各专业公司高质量发展提出切实可行的具体建议。三是研判能力显著增强。调动全院业务骨干建立专班，形成月度、季度形势分析研判工作机制，在集团公司月度生产经营协调会和季度生产经营形势分析会上作油气行业形势分析研判汇报。创新建立"1+7"国际油价研讨机制，2022年油价预测结果准确性显著优于外部咨询机构。建立天然气价格长、中、短期预测分析框架，多次精准预判天然气价格拐点。

（4）智库行业影响全面提速。一是智库知名度不断提升。成立以来，累计报送13大类信息500余份400余万字。专报信息获中办、国办采用18次，国资委采用20次，部分专报信息获中央领导批示，有效帮助集团公司及时掌握行业发展动态、政策走势。申报两个专业全国工程咨询甲级资信获批，成功跻身全国工程咨询甲级资信单位行列，业务领域涵盖油气产业上中下游，在集团层面取得较大突破，海油智库在行业及国家部委的影响力不断提升。二是智库美誉度不断提升。连续两年发布《中国海洋能源发展报告》，持续为国家有关部门、能源企业、研究机构开展有关海洋能源的研究和政策制定提供参考。《中国海洋能源发展报告2022》相关报道触达受众近2000万，影响力处于行业前列。对标世界一流能源公司和能源智库，使用合作开发预测模型，完成《中国海油2060能源展望》世界及中国能源展望部分的研究和编制工作，系统探讨能源清洁低碳转型趋势与路径，为更好认识未来和提高决策能力提供支持。三是智库能见度不断提升。院内专家积极参加第四和第五届进博会、第四届世界油商大会、伦敦国际石油周、金砖国家能源合作论坛、第十九届上海衍生品市场论坛等国内外重量级会议活动并发表演讲，分享传播海油智库理念和研究成果，提升海油智库行业话语权。与国际能源署（IEA）、邓迪大学等机构开展交流活动，实现研究信息共享、优势互补。促成中国海油加入国际燃气联盟（IGU），并受邀牵头未来三年《世界LNG报告》编制工作，持续提升海油智库品牌影响力。

案例负责人：孙　颖

主要创作人：项曙初

参与创作人：申书锋、朱启龙、万慧文、周奕廷、郝　蕾、周　城

搭建人才培训体系，培养中坚腰部力量
——重庆鲁能"劲松计划"培训项目

重庆鲁能开发（集团）有限公司

一、项目背景

2021年是党和国家历史上具有里程碑意义的一年，它是建党一百周年、"十四五"开局之年，也是中国绿发的起航之年。国企改革三年行动方案的提出和中央人才工作会议的顺利召开，对公司高质量发展所需人才提出了更高要求。重庆鲁能开发（集团）有限公司（以下简称重庆公司）虽然每年都开展培训工作，但没有形成系统化的人才培养体系，培训缺乏针对性，培训方式相对单一，不利于调动员工积极性。

面对新形势、新发展、新要求，重庆公司以习近平新时代中国特色社会主义思想为指导，深入贯彻新时代党的组织路线和中央人才工作会议精神，认真落实国资委各项改革要求和集团公司党委决策部署，大力实施人才强企战略，持续加强人才队伍建设，创建了"青学院"培训体系（图1）。"青学院"是以企业战略为中心（1个中心），以星能量内训和云课堂线上平台为载体（2个载体）的培训体系。该体系针对基层、中层、高层分别建立青苗/青柏、劲松、青雲专项培训计划（3个层级），通过集中学习、实践学习、对标学习、自主学习四种学习形式（4种形式），集"需求调研—计划制定—课程设计—培训实施—评估反馈"五位为一体（5个步骤），针对员工不同专业细分投拓运营、营销客服、工程设计、财务成本、通用综合、文旅农旅六大条线（6大专业条线），全面锤炼干部员工政治能力、调查研究能力、科学决策能力、改革攻坚能力、应急处突能力、群众工作能力、抓落实能力7种能力（7种能力），打造了一支适应市场变化、拥有过硬专业技术、敢担当善作为的"钢班子、铁队伍"，为公司事业发展提供了坚强的组织人才保障。

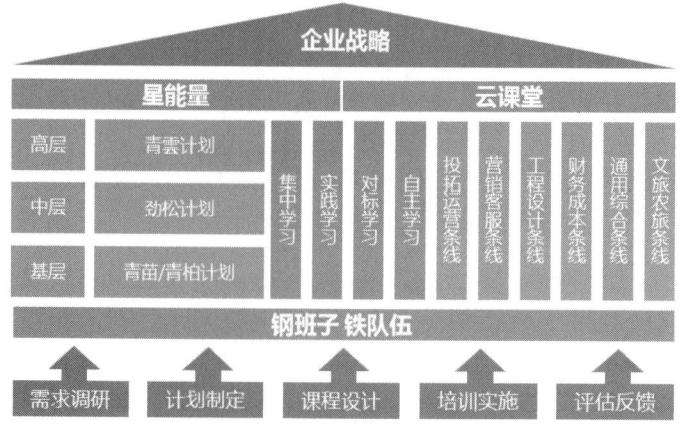

图1 "青学院"培训体系

中层管理者既是战略的执行者，也是团队的领导者，既是指挥员，也是战斗员，在组织中起着承上启下的关键作用，是企业人才的中坚力量，其素质的高低、能力的发挥与否，直接影响着企业生产经营和发展的好坏。重庆公司为强化中层管理人员团队管理、部门协作及专业能力，全面提升中层干部整体素质，打造中坚腰部力量，针对中层和后备人员重点实施"劲松计划"，并于2021年举办第一期培训班，2022年经过优化，举办第二期培训班，累计培训了116名中层及后备人员。

二、具体做法

（一）深挖需求，实现精准赋能

"劲松计划"培训项目秉承"缺什么补什么、干什么学什么"的理念，首先开展培训需求调研，了解中层及后备人员培训需求。通过调研，项目组了解到中层管理人员认为自身亟需提升战略意识、跨部门协作能力、团队管理能力、业务专业技能；需求前五类课程主题分别是领导能力、经营思维、产品研发（产品力提升）、营销去化、新型工艺（如装配式建筑、绿色建筑等）。

其次，公司通过SWOT分析法对公司中层管理者面临的情景进行全面、系统、准确的研究，根据研究结果制定相应的中层管理人员标准模型：懂经营、强专业、带队伍、出业绩（图2）。参照这一模型，公司引入了TAS绩效能力评估系统，分别从通用能力、绩效能力、职业特性等对中层及后备人员进行测评，对整个团队进行能力盘点，精准定位团队优势及短板。结果显示，中层及后备团队的能力相较于行业参考水平还有待提升，问题主要表现在：对内外部资源利用不充分，管理者角色转换不到位，无法适应组织的动态变化，应急处突和联合作战能力不足。

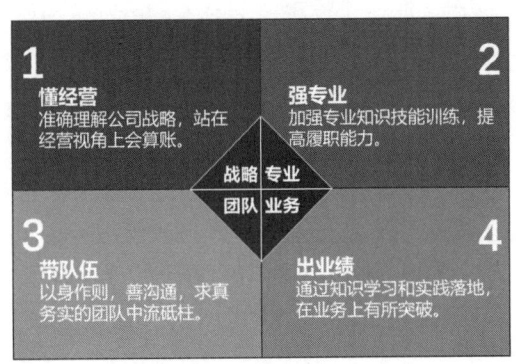

图2　中层管理人员标准模型

最后，通过综合分析，培训目标锁定为：一是提升中层及后备人员在工作中的勤于实践、敢于创新的担当与魄力，培养以实践指导创新，以创新带动实践的工作作风。二是强化中层及后备人员发现问题、解决问题的敏锐眼光、业务能力及基础管理能力。三是结合实践进一步提高中层及后备人员的沟通能力、表达能力，在内部建立通达顺畅的工作沟通机制，形成相互支持、相互提升的良好沟通氛围，在岗位之间、部门之间打通壁垒，架设高效的沟通交流渠道。四是结合当今发展趋势进一步提升中层及后备人员互联网及大数据等方面的专业能力，拓展工作思路，提升创新意识、高效意识。

（二）紧扣目标，定制培训计划

"劲松计划"紧扣培训目标，为满足中层及后备人员重业务、要创新、强沟通、增实效的需求，采用了"精准赋能＋问题解决"的双轮驱动学习模式，培训内容在设计上注重发展思路的开拓、业务实际的融合、能力业绩的提升，重庆公司邀约多家培训机构进行方案设计，将课程内容以问卷形式发给参培人员，最大化满足了参培人员的培训需求。

经过反复研讨，结合实际需求，最终形成了"课前深度访谈开训＋专家授课落地辅导＋复盘一对一辅导＋翻转课堂课后辅导＋毕业答辩"五位一体的培训模式，涵盖"大运营管理、商业去化、产品力提升、领导力、装配式建筑、跨部门沟通"等课程的培训计划，并以团队的形式开展课题研究，确保学员能够系统掌握各类管理技能和管理知识，分析问题、解决问题和学以致用的能力能够有效提升。

（三）高效实施，全流程管控

（1）前期筹备。公司领导讲解培训工作重要性，组织部在公司例会上重点宣贯启动"劲松计划"，随后发布详细的培训计划，并在开班前宣传预热，从思想上和氛围上为计划实施奠定基础。

（2）培训开班。举办开班仪式，设计定制签到墙、发放专属学习笔记本、印制学习协议、朗诵培训誓词，增强学员仪式感和守约意识；介绍培训整体方案，明晰具体的培训安排；采用拼图寻组的方式对学员进行分组，增强学员的融合意识，调动学员的学习积极性。

（3）培训开展。按计划开展培训工作，做好课前通知、培训组织和课后保温，充分利用积分制度、复盘学习、课题研究实现"三化"。

积分制度，实现考核量化。培训项目建立了"个人积分＋团队积分，正激励＋负激励"的积分模式，从"课堂纪律、课堂表现、课后保温"三个方面实现了培训全过程管理，以分值的形式量化考核培训工作，充分调动学员参加培训的积极性和主动性，塑造良好的学习氛围，使得整个培训按照既定的学习目标有序推进。同时以小组的形式进行管理，相互督促、同步提升，强化团队合作能力，提高全体学员的战斗力，确保培训效果的实现，如图3所示。

复盘学习，实现知识消化。建立课后保温机制，每次课程结束后通过课后考试、学习复盘和行动计划三种方式进行课后保温。通过考试，进一步温习培训重点；通过复盘，跳出角色多角度看问题，从而更容易发现一些工作中被忽略的问题，便于融会贯通；同时结合工作实际进行思考，制定行动计划，运用所学所思提出针对性的落地措施。更重要的是可以让员工从回顾中总结经验，形成事后思考的良好习惯，让学习成为一个持续的、循环的、自发的行为，通过温故知新促进知识的消化吸收，提高管理水平，助力未来改变。

课题研究，实现成果转化。安排学员以小组的形式围绕国家发展大计、集团战略、最新技术理念、公司业务发展进行课题研讨，如新型城镇化背景下古镇绿色低碳开发、房地产发展模式、绿色建筑技术应用、存量资产销售去化等，引导学员把所学运用到实际工作场景中，真正做到将培训转化为业务成果，为公司发展提供指导。

（4）培训结业。组织结业典礼，分组进行课题汇报，并公布积分和评选优秀学员，颁发荣誉证书，制作精美电子毕业纪念册，强化学员对培训学习的认可。

学习积分规则								
设置		课堂纪律			课堂表现			课后保温	
^ || 出勤统计	全程坚持	课堂秩序	课堂互动	优秀成员	团队表现	心得分享	作业进度	作业质量
积分项目 || 每天早上和中午各计一次考勤；按时到场加分，迟到则扣分	课程进行中出现无故早退或课中途缺席的扣分	上课前手机调成静音，课上出入接打电话超过3次者予以处罚	主动提问或回答老师问题	每期课程每个团队评审出一名优秀成员	每期课程老师根据每组表现打分	学习群或朋友圈主动发表学习心得，或分享学习资料	按照完成时间节点提交作业加分，未按时完成则减分	根据完成作业的态度和质量加分或者扣分
正激励	学员积分	+5分	/	/	+5分/次	+10分	/	+10分/次	+10分	+0-10分
^	团队积分	+5分	/	/	+5分/次	/	老师打分	+10分/次	+10分	/
负激励	学员积分	-5分(外加开课前表演节目或娱乐性惩罚)	-5分	超过3次的学员向学员群内发一个价值30元的红包(当天课程结束后完成)	/	/	-10分	-0—10分(抄袭在群内点名批评、扣分，在群内罚红包200元/次)	
^	团队积分	-5分	-2分/人(按早退人头扣分)	/	/	/	-2分/人	/	

说明：
1. 出勤环节，学员因为特殊情况不能到场或者要早退的，履行请假手续后不扣分；若不经请假就无故缺席、早退的则必须扣分。早上和中午开课前的出勤计算方式：个人按时准时出勤一次每人可加5分，若有迟到或者缺席的，每人每次扣5分(如早中都准时出勤，则该学员全天出勤分为5*2=10分)。小组积分方式：如一个小组8人，整组全勤，小组加5分/次，如果出现迟到或者缺勤的则扣5分/次，与缺勤或者来迟的人数无关。课堂中出现无故早退或者中途缺席的，学员本人扣5分，针对小组，每少一人小组扣2分，走几人小组扣几人的分数。
2. 作业如果出现严重的抄袭情况，作业高度相似的同学，在学习群内点名批评、扣除积分、同时还要群内发红包。

图3 培训项目积分模式

（四）聚焦实效，多层培训评估

根据难度和深度，评估分为现场评估及工作后评估两个阶段，通过问卷调查、课后测验、绩效考核、年度测评等方式，从反应、学习、行为和效果四个层面评估培训效果。

反应评估聚焦员工对培训的主观感受，了解其对培训活动内容、讲师授课技巧、课堂气氛感受、培训组织情况的反馈意见，进一步优化培训组织工作，提高培训的整体满意度；学习评估检测员工接受培训后的即时学习效果，评估员工对培训内容的掌握程度，确定员工的知识、技能等是否有所提高及提高的程度；行为评估观察员工在多大程度上通过培训而发生工作行为上的改变、绩效的改变，评估学习成果的应用；结果评估从组织高度评估培训后的年度绩效是否得到改善与提高。

三、实施成效

目前"劲松计划"已开展两期，共设9门课程，涵盖行业发展、专业知识、个人素质提升等方面，通过外部行业专家授课、内部案例研讨、工作坊、课题研究等方式，共培训了116名中层及后备人员，充分促进了各专业之间的交流，拓宽了学员的思维视野，提升了学员的专业技能及管理能力。

（一）创新培养理念，完善培训体系

一是创新理念，搭建培训体系。将公司培训工作品牌化、体系化，为公司人才培养工作提供框架指导，为员工打造职业生涯全生命周期培养体系提供依据，有利于提升员工专业能力素质，满足公司业务发展所需的人才培养和输出需求，帮助公司塑造良好的雇主品牌形象。二是全面覆盖，丰富人才画像。将员工培训及成长成才情况纳入员工全生命周期管理，作为考核评价、提拔晋升的重要依据，帮助员工全面认知自我，提升能力短板，同时助力组织快速识别人才，建立人才标准，为公司健康发展持续储备和输出人才。

（二）知识有效转化，培训成效显著

一是精准滴灌，解决能力短板。通过培训，提升中层及后备人员的经营意识，能准确理解公司战略，站在经营视角上会算账；提升中层及后备人员的专业能力，提高本专业的技术支撑，减少专业技术决策风险，降低经营成本；提升中层及后备人员的领导力，明确管理者角色认知，树立诚实正直的职业观，掌握多种领导方法和技能；提升中层及后备人员的业务管理能力，能够运用多种方法和工具，提供问题解决的多种方案，高效达成业绩。二是知识转化，培训成果丰硕。"劲松计划"培训后形成课题报告 4 份，13 人获得职位晋升，12 人登上讲台进行知识输出。近 3 年中层年度测评，综合得分由前两年平均分 90.1 提升到 98.2，提升率 9%；优秀率由前两年平均分 58.7% 提升到 89.9%，提升率 53.2%。三是创新研究，指导未来发展。通过在学中练、在练中悟、在解决问题中成长的方式，组织中层及后备人员以小组研讨的方式，形成了存量商业去化、绿色建筑技术应用、新型城镇化背景下房地产发展模式、古镇绿色低碳开发四个研究课题报告，锻炼中层及后备人员前瞻性思维，为公司未来发展提供思路。

（三）沉淀优秀经验，复制推广性强

培训项目开展过程中总结出了"课前深度访谈开训＋专家授课落地辅导＋复盘一对一辅导＋翻转课堂课后辅导＋毕业答辩"五位一体全覆盖的培训模式，运用不同培训形式，对不同层级针对性开展培训工作，有效弥补传统培训项目在技能培训与能力提升方面的不足，提高了培训的系统性、针对性和有效性，实现了培训指导工作，工作引领培训。"劲松计划"培训模式的成功实践，得到了其他公司的广泛关注，本项目在实践中总结形成的成功经验，操作性强，可以应用于其他组织，具有可复制性和推广性。

案例负责人：范卫亭
主要创作人：苗春晓
参与创作人：杨太艳、王　莹、翟　婷、张　南、陈冬梅

以彩虹为桥　让人人出彩
——科环集团人才培养创新之路

国家能源集团科技环保有限公司

企业的高质量发展离不开高质量的人才。高质量培养事业发展需要的各类优秀人才，加快建立人才资源竞争优势，是国有企业实现高质量发展、赢得国际竞争主动的关键支撑。为解决国有企业在传统组织学习中学习型组织构建成效不佳等问题，国家能源集团科技环保有限公司（以下简称科环集团）自2017年以来，紧密围绕企业核心发展战略，深入实施人才强企战略，践行人才培养新理念，连续六年实施"彩虹人才"计划，打造人才培养新机制，整合人才可持续职业生涯，在人才引进、培养、使用、评价、激励等关键环节取得标志性突破，为建设具有全球竞争力的世界一流能源集团贡献专业价值，入列国务院国资委深化人才发展体制机制改革二十家示范企业之一。

一、企业基本情况

科环集团是国家能源集团唯一以能源环保、节能低碳为主业的科技环保投资运营企业，多年入选全球新能源企业500强，是国家能源集团践行创新发展新理念、实施重大科技创新部署的骨干力量和重要平台。

科环集团紧紧围绕能源结构调整和电力技术变革，坚持让能源利用更加清洁高效的产业发展方向，积极主动为国家能源集团绿色低碳转型发展提供战略支撑，助力国家能源集团构建化石能源清洁化、清洁能源规模化、能源产业智能化产业格局，为全球生态安全作出专业贡献，切实担负起国家能源集团科技创新的主力军、节能减排的助推器、市场开发的排头兵、改革探索的试验田、安全生产的支撑架、人才培养的孵化器等使命。

科环集团紧紧围绕能源高效、清洁利用的产业发展方向，致力于为国家能源集团的安全高效、低碳绿色发展提供科技和服务支撑，培育形成了能源环保、低碳节能、信息与控制、新能源投资运营、科技转化与科技投资五大核心业务板块，是目前中国最大的常规燃煤电厂节能环保服务商和领先的可再生能源系统服务及设备制造商，业务分布于国内33个省区市及印度尼西亚、印度、土耳其、韩国、俄罗斯、津巴布韦等国家。拥有环保工程专业承包一级、环境工程（固体废物处理处置、大气污染防治、水污染防治、物理污染防治）专项设计甲级、污染治理运营一级资质、工程咨询甲级、职业病危害因素检测等资质，拥有检验检测机构资质认定证书（CMA）的实验室。

二、践行人才培养新理念，一以贯之彰显成效

多年来，科环集团坚决贯彻落实习近平总书记关于科技创新、人才强国的重要思想，始终认真践行习近平新时代人才工作新理念新战略新举措，坚持加强和改进党对干部、人才工作的

全面领导,健全领导体制和工作格局,创新工作方法,为深化公司人才发展战略提供政治保证和组织保证。

科环集团始终坚持人才引领发展的战略地位,始终视人才为驱动创新发展的核心力量,并坚信市场价值由公司和人才共同创造,坚持传递发扬"创新、务实、诚信、坚韧、共赢"的精神品质,秉承"倍加珍惜价值创造者,集中各类优势资源向核心骨干员工倾斜"的人才理念,树立正确的人才观,大力推动人才强企战略,为人才搭建起价值提升的平台,提供多样化培养资源,赋能人才成长。

近年来,科环集团通过组织变革实现了一定的人才培养效果提升,公司已初步完成学习型组织构建,但是公司的组织学习机制仍未能满足公司的集体发展需要,距离真正的学习型组织还有一定的差距。

为解决传统组织学习成效不佳等问题,2017年,科环集团聚焦顶层设计,明确人才机制改革的工作重心,结合自身业务发展需要和人才成长需求,聚焦促进人才职业生涯可持续发展,创新性地提出全方位引进、培养、使用人才的"彩虹人才"计划。该计划实施人才精准分类、科学盘点、定制化培养、全链条管理,不断激发人才活力、提升企业内生动力,致力于打造符合世界一流高新技术企业的人才成长发展体系,为建设世界一流科技环保集团公司提供坚强的人才支撑。

经过6年的实践、培养评估与不断完善,"彩虹人才"计划不断更新迭代,形成科环集团整体牵头抓总、所属单位自主管理的核心运行机制,成为独立完备的现代企业人才选用育留全周期管理模式和科环集团内部核心人才体系,助力企业可持续发展。

"彩虹人才"由科环集团业务发展所需的七类人才组成,这七类人才是按照彩虹的七种颜色及公司岗位特点命名的,分别为:红色领英(处级干部)、橙色金英(优秀年轻干部)、黄色猎英(市场开拓人才)、绿色创英(科技人才)、青色匠英(一线技能人才)、蓝色睿英(优秀职能人才)、紫色晨英(优秀青年人才)。相关介绍详见图1。

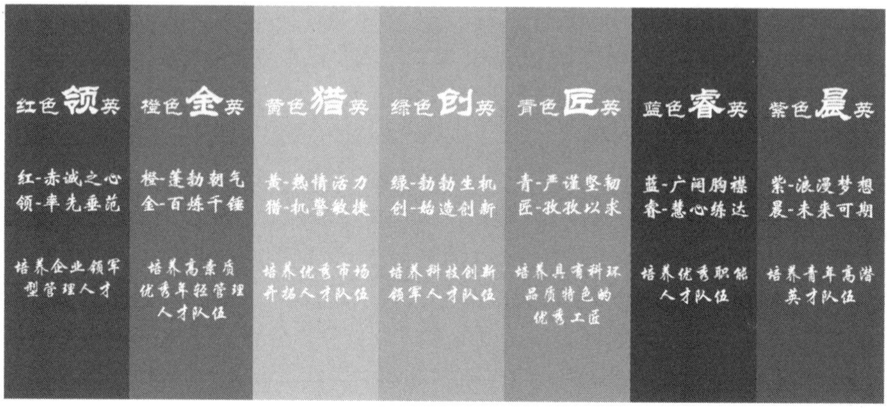

图1 "彩虹人才"相关介绍

"彩虹人才"计划围绕一个培养目标,设计一套制度体系,打造七项培养计划,落实三项重点任务,系统推进人才培养高质量发展。

一个培养目标凸显价值引领。科环集团坚持党管干部、党管人才,不断发现核心人才、继任人才、骨干人才,着力培养造就一支引领业务发展、赢得市场领先、创造学习型组织优势、具有使命感和责任感的核心人才队伍,支撑公司战略目标的实现。

一套制度体系夯实工作基础。结合"彩虹人才"计划,合理利用培养资源、科学制定培养方案，配套制定人才选拔、培养、激励、使用等制度作为计划实施支撑，实现人才选用育留全周期管理模式。

七项培养计划规划生涯路径。结合彩虹七类人才岗位特点制定个性化的七项培养计划，构建了从入职毕业生到高级管理者、首席科学家/首席工程师、首席技能大师的"彩虹人才"发展路径，实现"纵向发展有资源承接，横向流转有资源匹配"的一体化人才发展体系（图2），使不同层级、不同序列的优秀"彩虹人才"拥有专属颜色，归属群体，确保人才队伍职业生涯的稳定、持久、可持续发展。

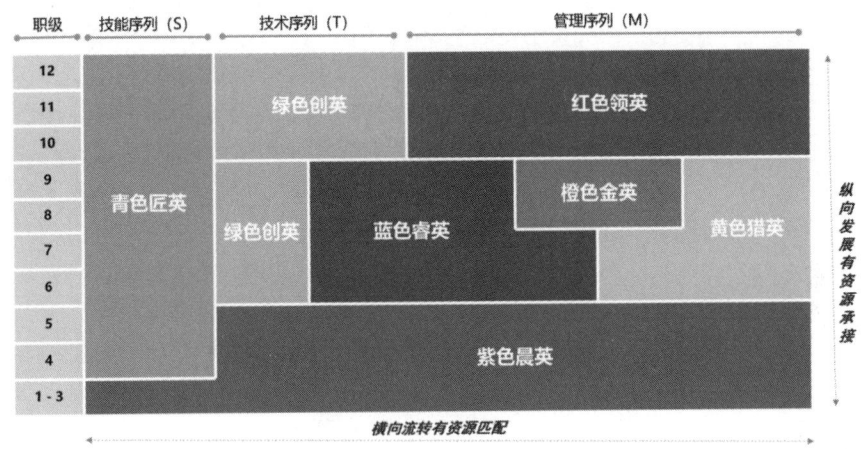

图2 "彩虹人才"发展路径

三项重点任务彰显保障力度。在实施"彩虹人才"计划过程中，科环集团重点配套建设现代化科技创新体系、差异化薪酬激励体系和市场化人才管理体系，为人才发展创造良好环境。

六年来，"彩虹人才"计划一以贯之人才培养新理念，利用各方优势资源，取得丰硕成果，为人才高质量发展凝聚强劲动能。"彩虹人才"计划搭建了高质量人才梯队，目前公司内部本科及以上学历人员占比70.3%，硕博人员达到875人，"双一流"院校毕业生达890人，"80后"干部占比达25.7%，累计向国家能源集团输送26人，兄弟单位输送96人，中央部委输送5人，其他中央企业输送23人。

聚集了高层次科研人才，拥有海外高层次人才、国家百千万人才工程人才、国际知名专家、国家科技部专家等高端人才队伍，所属企业员工陈峰荣任十九大代表，田雨聪被评为国家级劳模、大国工匠，144人获得省部级、集团级荣誉称号，营造了积极进取、良性竞争的人才培养环境，人才队伍战略储备支撑度显著提升。

取得了国家级科技研发成果，拥有4个国家级平台、1个院士工作站、2个博士后工作站和10个省部级研发平台。获得国家科学技术进步二等奖5项、中国专利金奖2项、中国专利优秀奖8项、国家技术发明二等奖1项，省部级及行业学会、协会科技奖项190余项。

形成了优秀的人才工作品牌影响力，引领人才生涯成长与发展成为吸引人才独特的报酬要素，形成了良好雇主口碑；2019年，科环集团入选国务院国资委深化人才发展体制机制改革示范企业，标志着在人才发展体制机制改革的重要领域——人才引进、培养、使用、评价、激励等关键环节取得突破性进展；2021年，在国资委专项改革考核中获评标杆，改革成果入选《国企改革三年行动简报》和《国企改革"双百行动"案例集》；2022年，科环集团的"彩虹人才"

计划作为国家能源集团内唯一"人才发展项目"品牌入选集团 RISE 品牌[①]名录；2023 年，科环集团的"彩虹人才"计划入选全国企业人力资源管理优秀创新案例。

与董明珠开展跨界大数据诊断优化合作　　首届博士后创新创业大赛合作伙伴　　龙源环保承办第六届"创客中国"创新创业大赛

组建大国工匠、全国劳模田雨聪团队　　一线青年职工组成青年突击队　　院士工作站、博士后工作站

图 3　"彩虹人才"计划相关成果（部分）

三、打造人才培养新机制，育成"七彩"人才队伍

"梧桐凤凰栖，花香蝶自来"，科环集团深知打铁还需自身硬，在国有企业现有人才管理机制上主动探索创新突破，对标世界一流人才培养体系，打造人才集聚高地，改进人才培养的新机制，进一步健全选拔、评价、培育、使用和激励机制，育成"七彩"人才队伍，逐步形成人才孵化的央企样板。

（一）动态灵活的人才"选拔"机制

"彩虹人才库"储好人才。建立分层分级管理的"彩虹人才库"，各所属单位管理所在单位"彩虹人才库"，科环集团组织人事部同步汇总掌握总人才库；以职位职级、岗位年限、工作表现、考核情况、资质证书等作为基础筛选条件，以工作经历、个人贡献、奖励奖项、年龄作为优先条件，实现正向、清晰的人才发展导向。按照"各单位选拔推荐、科环集团审批汇总"的程序，确定人才入库名单。

"能进能出"管好人才。严格要求人才出库入库合规守则，科环集团组织人事部统一管控各人才库名额编制；明确人才出库规则及流程，人才的出库入库均由科环人才领导小组审批，人才在培养期间出现工作业绩不达标、培养过程不配合、违规违纪等情况，按照相关流程退出"彩虹人才"培养计划及"彩虹人才库"，规定一定期限内不得重新进入；同时如发现范围外优秀人选，也可以根据相关流程进行人选补充或替换。

（二）科学精准的人才"评价"机制

搭建"一心五品七力"胜任力模型。建立以内在品质与外在能力、潜力为标准的"彩虹人

[①] R、I、S、E 分别代表 Revolutionary（改革创新）、Integrative（一体化）、Sustainable（可持续）、Equal（平等共享）。实施 RISE 品牌工程，着力打造能源保供、绿色发展、科技创新、社会责任四个领军形象，是国家能源集团打造世界一流品牌的战略举措。

才""一心五品七力"胜任力模型(图4),形成"彩虹人才"柔性筛选条件。一心为"对党忠诚",代表国企人才队伍最应具备的底线要求,五品为科环集团企业精神的"坚韧、诚信、共赢、创新、务实",代表科环人才应与企业精神高度匹配,七力为七类人才应具备的七种能力,分别为"领导力、业务力、革新力、开拓力、协同力、匠造力、成长力"。胜任力模型深度融合人才的综合素质能力及各类人才的差异性能力特点,指引人才行为及能力发展方向。模型既可以作为"彩虹人才"盘点测评、日常培养的重要参考,同时为公司内部各类人才选拔使用提供统一的多维度标准,实现人才精准识别与合理应用。

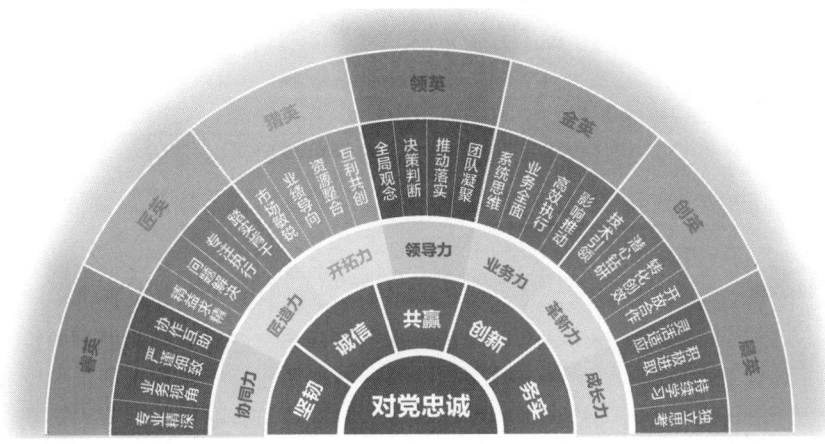

图 4 "一心五品七力"胜任力模型

实施"彩虹人才"分类盘点。根据七类人才岗位特质及人员素质能力不同需求,独立设计盘点工作方案,便于人才在入库后的日常观察与综合评价。除考察其日常工作能力及业绩情况以外,更多使用 360 行为评估、情景模拟、能力测试、商业推理测验等现代人才测评工具,因才而异,区别测评,例如,红色领英属于管理类高潜人才,着重考察其领导能力、管理能力,要进行以管理潜力测验为主的测评工作,绿色创英着重考察其钻研能力,主要通过答辩与 CPI 测试相结合的方式对人才进行评价。

(三)个性专业的人才"培育"机制

遵循成人学习"721"法则。按照人才职业成长规律,以 70% 实战实践 +20% 沟通交流 +10% 理论学习为基本结构,围绕七类人才发展周期特点及岗位特点,针对性地为每类人才建立理论建构、交流辅导、行业对话、实战实践四类人才培养模块,达到因材施教、科学培养目标。例如,针对红色领英,主要培养领导能力,一般以战略论坛、EMT 培训为主,同时安排轮岗交流及内部讲师等培养锻炼形式(图 5)。

构建阶梯型"彩虹人才"培养体系。根据"一心五品七力"胜任力模型,以企业内部人才及业务实际情况为基础,按照能力发展需求,坚持分层分类,对应形成阶梯型的"彩虹人才"培养体系(图 6),建立定制化、差异化的培养方案,全面提升人才培养实效。同时以"彩虹人才"为中心,对应可持续职业生涯的核心要素,关注人才的身体健康和心理健康,帮助人才提升工作幸福感、克服职业倦怠;关注人才在培养学习过程中的投入和体验感,强化学习过程中的参与及互动,促进人才快乐学习;关注学习者个人的能力提升和职业发展需求,为促进学习者提升工作胜任力制定个性化成长路径。另外,提供具备专业教练资格的外部顾问作为能力导师,配置一对一岗位导师,辅助制定个人IDP发展计划,定期跟踪评估,提供发展反馈与指导建议。同时,鼓励"彩虹人才"在干中学,提供跨部门、跨条线轮岗交流等实战锻炼机会,拓宽实践历练领域,提升专业复合能力。

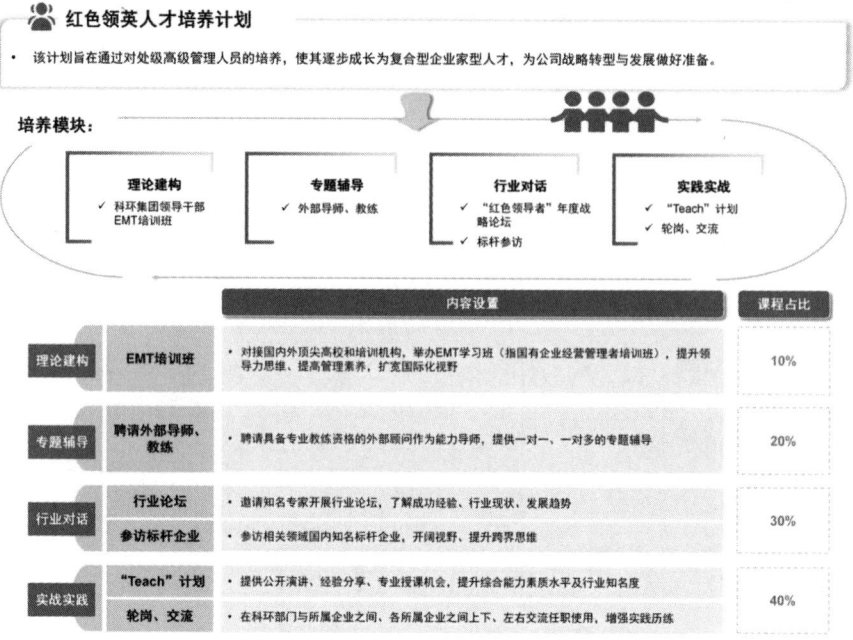

图5 红色领英人才培养计划(部分)

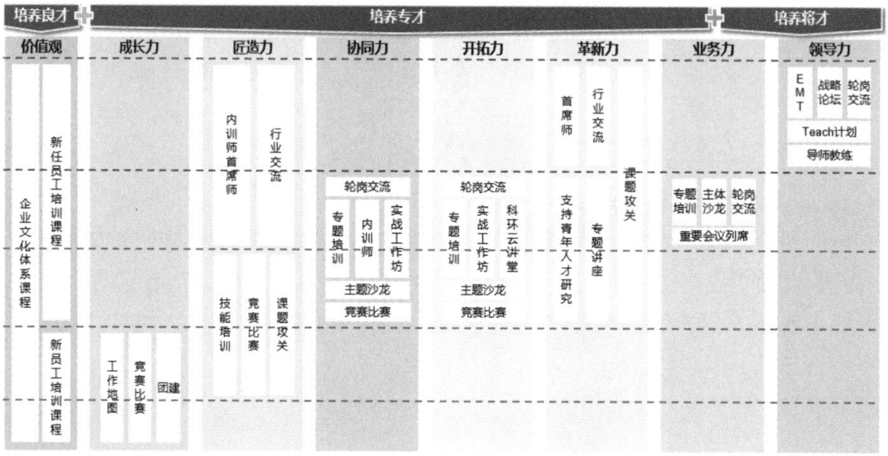

图6 "彩虹人才"培养体系图

协同实施"1+1"人才培养计划。为了人才培养计划更加落地,每年度科环集团组织人事部联合总部各相关部门、各所属企业,共同制定发布《年度"彩虹人才"培养大纲》,形成"1+1"人才培养计划,由科环集团总部和各所属企业协同推进"彩虹人才"年度培养工作。科环集团组织人事部牵头组织大型通用性人才培养活动,如主题培训、主题沙龙、云讲堂、工作坊、跨单位轮岗交流、竞赛比武等,各所属企业积极配合参与;各所属企业结合自身业务需要和人才能力素质短板，制定本单位"彩虹人才"专项年度培养计划，报科环审批备案后，按序开展。

持续创新培训培养形式。科环集团培训形式多样，设立独立的沙龙教室，多年来持续开展"创享沙龙"特色培训，近年开展的橙色金英"远航"培训、绿色创英"乘风"培训、蓝色睿英百日执企能力培训、紫色晨英"星河计划"培训等备受员工青睐，成功搭建科环云讲堂、建立彩虹人才工作坊等内部培养项目，定期组织人才实战演练；同时坚持人才多岗位历练，多次带领人才进行标杆企业参访、外部学习交流等，每年定期开展优秀人才交流及干部挂职工作，不断提升员工综合素质及能力。

落实培养计划，跟踪评估机制。科环组织人事部统筹负责"彩虹人才"计划落实情况的跟踪工作，建立定期检查、专项检查相结合的督导机制；各所属企业负责本单位"彩虹人才"日常管理与考核评价，积极探索人才领域管理创新，对"彩虹人才"进行全过程全方位跟踪培养，先行先试提升人才培养转移成效。同时，不定期地采用考夫曼五层次评估模型对"彩虹人才"的培训效果进行评估，即评估学习者对"彩虹人才"培养计划的满意度、学习者能力的变化、行为的改变、对企业及对社会和客户的积极影响；利用评估结果，判断培训有效性及培养的人才是否切实符合公司业务的实际需求，并采用循证管理的思维，对当前培养体系存在的问题或效用较低的环节进行调整和更新。

（四）多元高效的人才"使用"机制

拓宽人才使用平台。系统设计"彩虹人才"培养期内及培养后使用路径，明确纵向晋升、横向交流、特殊专项等"用才"方式，选拔优秀年轻干部赴一线基层、急难险重、边远地区担任重要职务、重大项目负责人等，敢于给人才"压担子"，同时与国家部委、国家能源集团本部及兄弟单位持续联动，定期选派优秀青年人才借调交流，锻炼人才"走出去"，与"双一流"学校建立长期合作，选拔科技研发人才、卓越工程师赴高校挂职、深造，实现人才多元交流使用。

深挖人才展示渠道。在日常工作中给予"彩虹人才"更多内部展示机会，选拔红色领英、橙色金英、蓝色睿英作为内训师，定期内部授课并指导工作，持续传承良好的工作经验及专业知识。选拔绿色创英、青色匠英作为首席师，在专业技术人才评鉴、职称评审、招聘等工作中担任评委，选用优秀人才参加公司战略研讨及重要会议，赋予人才建言献策的权利；定期举办技能比武大赛、彩虹人才演讲等活动，不断给予人才展示自我的机会平台。

（五）导向明确的人才"激励"机制

建立人才评优评先机制。强化荣誉激励，设立"彩虹人才"专项资金池，考评选拔培养期表现突出的七类人才并对人才培养工作突出的所属企业进行奖励、授予荣誉称号；同时积极选送优秀人才参与国家能源集团、省部级、国家级各类奖项评选，助力人才整体价值提升。

落实差异化薪酬制度。坚持收入分配向生产一线、关键核心岗位和紧缺急需的高精尖专人才倾斜，结合科技环保板块实际，现场一线、生产辅助（科技研发）、服务类岗位收入分配比例目前为2∶3∶1，其中骨干科技人才薪酬已达到职能管理人员的2倍以上；强化绩效考核结果应用，优秀等次员工年度绩效工资达同职级称职等次员工的1.2—1.32倍。

统筹用好中长期激励。将灵活开展多种方式的中长期激励作为激发活力的重要举措，强化顶层设计，因企施策，目前，已在9家所属企业实施中长期激励，其中，1家实施上市公司股权激励、2家实施科技企业股权激励、4家实施科技企业分红激励、2家实施超额利润分享，是国家能源集团中长期激励"破冰"最早、实施企业户数最多、激励种类最广的二级单位。

四、铸牢人才培养新基石，凝聚事业发展新动能

科环集团"彩虹人才"计划在迭代创新过程中，依托国家能源集团强大的平台和资源优势，拓展理论边界、深化专业支撑、拥抱数字变革、打造卓越品牌，精耕细作，久久为功，做好人才培养可持续发展的新基建，凝聚激发人才活力、赋能人才高质量发展的新动能。

拓展理论边界。科环集团在人才培养实践过程中，以组织学习、学习型组织等理论为核心，关注"彩虹人才"可持续职业生涯发展，促进人才幸福感、满意度和绩效提升；对"彩虹人才"进行全过程全方位跟踪培养，关注培训转移效果；配备专业教练及岗位导师，为人才提供发展反馈与指导建议。科环集团在不断地实践与改进过程中，逐步解决传统组织学习成效不佳的问题，构建学习型组织取得实效，拓展了理论边界，为国有企业组织变革提供最佳范式，贡献本土理论。

深化专业支撑。科环集团积极搭建外部资源平台，通过高校合作、专业人才咨询机构合作、科研机构专家授课交流等方面，提升培训培养质量效果。创新评价方式，以评价人才在培养期间的进步值、成长度为重点，定期开展育人成效评估，采用"问卷+测评"方法进行培养前后对比评价，强化结果应用，作为"彩虹人才"后续培养、岗位任用、激励评优的重要依据。同时，坚持循证思维，利用问卷、测评结果，针对性地开展实证研究，探究影响"彩虹人才"计划培养效果的关键性因素，并不断调整培训计划，迭代培训体系。

拥抱数字变革。科环集团充分利用现有智能化学习平台，开展常态化在线学习，依据定制化个性化的人才发展路径，智能化匹配学习资源；不定时开展脉冲调查，注重"彩虹人才"在培养锻炼过程中的学习感受和情感体验；持续观察"彩虹人才"在学习和实践过程中的情感态度、行为轨迹、关键事件和投入表现，并基于此实施生成式评价，随时了解"彩虹人才"计划的进展情况，获得连续反馈，为调整培训计划、改进培训方式提供参考；同时收集记录全过程、多层次的成长轨迹数据，丰富人才成长与发展相关的数字资产，为后续相关课题研究提供数据支撑。

打造卓越品牌。科环集团视卓越雇主口碑为人才工作高质量发展的重要象征，充分发挥雇主品牌影响力。科环集团通过传递正向的企业文化和价值观，突出"倍加珍惜价值创造者"的人才理念，强调成长与发展是持续提升人才获得感、价值感、幸福感的重要激励源，持之以恒将"彩虹人才"计划打造为国家能源集团乃至央企人才工作高质量发展的品牌标杆。通过主动走出去加强交流与合作，发挥"彩虹人才"吸引人才、集聚人才、留住人才的标杆示范作用，提升全球行业英才对科环集团雇主品牌的认同，为建设世界一流科技环保集团公司提供坚强人才支撑。

"彩虹"一直以来都是美好的象征。科环集团将人才发展工作赋予"彩虹"的寓意，实施"彩虹人才"计划，专注于人才的高素质专业化培养，让"刀在石上磨，人在事上练"，引领"彩虹"人才在一线经风雨、见世面、壮筋骨、长才干，六年一以贯之，积极探索求新，不断将天上的彩虹梦变为脚下的成长路，成为央企人才培养高质量发展的标杆品牌。未来，"彩虹人才"计划将继续在循证管理基础上，总结实践经验，凝练本土理论，为加快建设世界一流科技环保集团公司贡献力量！

案例负责人：陈冬青、李彩云
主要创作人：曹家军、高建强、高权升
参与创作人：王　娟、贺　蔷、萨日娜、周兴人、高宇鹏

特大型勘察设计企业以多维度激励为核心的"培家工程"建设

中铁第一勘察设计院集团有限公司

一、企业简介

中铁第一勘察设计院集团有限公司(以下简称铁一院)成立于1953年,总部位于陕西省西安市,是新中国成立的第一批大型综合性铁路勘察设计单位,为世界500强中国铁建股份有限公司全资子公司,现有员工4300余人。自成立以来,公司始终将人才和技术作为企业发展双翼,先后培养出中国工程院院士1名,全国工程勘察设计大师8人,享受国务院政府特殊津贴专家36人,各类省部级人才200余人次,荣获国家和省部级科技奖500余项。

二、特大型勘察设计企业以多维度激励为核心的"培家工程"建设背景

习近平总书记在党的二十大报告中明确提出,加快建设交通强国,这标志着我国交通强国建设进入了新的历史阶段。深入贯彻落实人才强国战略,培养造就一大批交通勘察设计行业的领军人才和高水平创新团队,是助力国家交通事业发展,实现由"跟跑""并跑"到"领跑"的历史性跨越的根本。公司作为国家铁路勘察设计事业发展的主力军,担负着培养铁路勘察设计领域创新人才的重要历史使命。然而,企业高层次人才培养实践仍然面临着目标导向不明确、薪酬激励作用不明显、培养与考核激励机制尚待优化等现实问题,这在一定程度上制约着勘察设计企业的高质量发展。为此,铁一院大力开展专家人才培养工程(以下简称"培家工程"),建设了一套以多维度激励为核心的"培家工程"体系,持续拓宽员工职业发展通道,引导员工自我学习与发展,对于提升企业与员工个人核心竞争力、促进勘察设计行业不断创新具有重要意义。

三、特大型勘察设计企业以多维度激励为核心的"培家工程"建设内涵和主要做法

铁一院将人才战略作为一流强院建设的重要战略,在"顶层设计"上将"培家工程"与企业发展战略深度融合,按照"人才领先、服务战略、贡献为本、结构优化、融合发展"的人力资源战略方针,大力实施"1313+"人才培养工程,创新任职资格管理体系,优化绩效考核与薪酬管理机制,拓展人才培养平台与模式,不断优化人才成长环境,构建了以多维度激励为核心的高层次人才培养体系。主要做法如下。

(一)畅通人才成长路径,持续推动"四级人才梯队"建设

为强化专家人才队伍建设,保证专家人才推荐、选拔、培养的公平性与合理性,公司将专

家人才划分为四个层次进行梯次培养（表1）。原则上每一层次的专家人才要从本级或下一级人才梯队中选拔和推荐，并根据新增专家类型（称号）不断增补完善，形成一支层次清晰、结构合理、动态优化的四级"金字塔结构"专家人才梯队。

表1 "四级人才梯队"结构

层次	专家人才类型
一级	中国科学院、工程院院士
	全国工程勘察设计大师、百千万人才工程国家级人选、国家级有突出贡献专家、享受国务院政府特贴专家等
二级	省级工程勘察设计大师、省级优秀勘察设计师、省级有突出贡献专家、省部级专业技术带头人、省部级青年科技拔尖人才、省级"三五"人才工程第一和第二层次获得者等
三级	公司专业技术带头人、优秀青年工程师等
四级	二级单位人才梯队

"四级人才梯队"在实际建设过程中，一是针对专家人才层级多、种类繁等特点，结合专家人才推荐申报工作实际，总结提出了人才推荐申报原则、各层级申报流程并创新实施了"专家申报跟踪表单"，提升了专家推荐申报规范化、精细化管理水平。二是健全科技创新、生产经营等要素联席培养模式，按照5个年龄段分组（以35、40、45、50岁为分界点）建立科技人才基础数据库，时时掌握科技人才项目获奖、专著论文、专利、标准规范、科研项目等关键信息，为高效开展专家人才申报提供支撑。三是多渠道开展专家人才选树，建立多层级、多类型专家人才梯队网格，分析专家类别，精准匹配人物，结合工作实际，从时代特点和当前形势出发，优化人才选树宣传机制。

（二）瞄准"培家工程"目标，实施"1313+"人才培养工程

实施"1313+"人才培养工程，铁一院建立职能管理联席工作制度，对照培养目标，有计划、分类别、有重点地开展各类人才培养。

1. 实施科技创新领军人才和海外高层次人才培养

公司在科研经费、团队建设、项目承担等方面提供稳定支持，加大薪酬分配激励力度，积极为高层次专家人才创造出国学习培训、名校深造、学术交流等机会，加大博士后和数字技术等新兴产业人才和海外人才引进培养力度，培养一批行业领军人才、创新团队和青年科技人才后备军。

2. 实施青年科技拔尖人才和卓越工程师培养

一是夯实后备专家人才队伍发展基础，对标重大产业布局，充分借助国家重点实验室、院士工作室、勘察设计大师工作室等科研创新平台，引导各层级专家和总工主动开展技术攻关、科研交流和人员培训，做好公司技术专家、专业技术带头人、优秀青年工程师及生产单位一级人才梯队建设，造就一批青年科技拔尖人才和卓越工程师队伍，形成高层次专家人才选拔培养"蓄水池"。二是紧盯全国工程勘察设计大师、省级工程勘察设计大师等高层次专家评选，及时与各单位对接，做好申报总体策划、基础信息收集、主管部门沟通等工作，力争高层次人才培养取得新突破。三是加快青年员工培养步伐，加大"导师带徒""双总体双专册"等培养力度，

选派优秀青年员工赴重要铁路项目等生产一线实践锻炼，鼓励其积极参与科研项目攻关、BIM等新技术研究应用等，鼓励骨干人才在国家重点研发计划等技术攻关中"打头阵"。目前，公司已形成由"二级单位储备人才"到"铁一院优秀青年工程师、专业技术带头人"，到"省部级专家"，再到"全国大师"和"院士"所构成的阶梯式人才发展路径。

3. 实施海外及投融资、工程总承包等新兴业务人才培养

公司以新兴业务，如海外、投融资、工程总承包等项目为平台，开展专业技术、行业发展、业务能力提升等专题培训，全面掌握新兴业务全产业链技术知识，为业务拓展提供技术储备，加大两级总工程师队伍教育培训和学术交流力度，强化技术总结、学术授课和技术交流，开展业务培训、技术交流和实践锻炼，以成熟人才带动现有人才转型发展，加快复合型人才培养步伐。

4. 以系统培养模式推进人才"能力提升"

公司注重人才能力提升，以系统培养模式促进青年人才全面成长。强化理论武装，筑牢思想根基，针对年轻干部实施青年英才暨青年马克思主义者培养工程，不断提高运用党的创新理论推动工作的能力。坚持教育培训与实践历练并重、训用结合，以青年创新团队、青年创新工作室、青年科研专项基金等各项青年人才培育措施为抓手，打造具有国际竞争力的总体型、复合型的优秀青年骨干人才。

5. 持续强化注册津贴激励机制

坚持注册资格年度目标分解制，健全注册津贴动态调整制度，将注册津贴数额与公司转型发展需要相匹配，引导员工考取所从事专业或含金量高的注册类别，增强个人和企业核心竞争优势。

通过实施"1313+"等系列人才培养工程，公司制定培养目标和培养措施，每年年初对上年完成情况进行总结，对下年目标进行任务分解，将考核结果纳入各单位党建工作责任制考核、四好领导班子评选、领导人员综合考核等，充分发挥基层单位领导班子在人才培养过程中的整体效能，促使"培家工程"落地生根。

（三）构建多元化任职资格体系，激发人才成长自驱力

围绕建立机制、明确标准、体现差异，同时强调拓展空间、规范管理、增强激励的设计思路，全面构建"以岗定级、以级定薪；人岗匹配、易岗易薪；纵向发展、横向流动"的任职资格体系，与薪酬和绩效考核紧密挂钩，有效激发人才发展与成长自驱力，支撑公司战略发展。

在岗位序列方面，按照"横向给机制、纵向给空间"的原则，根据公司业务特点、员工结构、岗位类别、岗位数量及重要程度等情况，在原有岗位序列的基础上，拓展市场经营、项目管理等新发展通道，建立了多元化、差异化的职业发展通道，解决了员工发展通道相对局限的问题。同时，建立健全各岗位序列职级晋升、淘汰规则，以及不同序列横向流动规则，形成了合理的人才流动机制，推进职级体系与人才发展的良性循环。

在任职资格方面，按照"量化标准、优进劣汰"的原则明确差异化的职级任职资格标准，体现业绩与能力导向，并按不同序列不同职级配套不同薪酬，体现岗位差异与人员能力差异，增强职级体系的激励牵引作用，实现了"干部能上能下，员工能进能出"的改革目标。

（四）创新薪酬绩效管理体系，突出业绩导向

围绕"激发活力、提高效率"及"收入能增能减"的改革思路，坚持"以贡献者为本"的

价值导向，坚持"多劳多得"的分配思路，结合外部环境周期、自身企业的成长阶段与内部实际情况，科学构建"基于岗位价值的岗位工资、基于业绩贡献的绩效工资、基于特殊奉献的专项奖励"为主要内容的薪酬结构，着力发挥薪酬的保障、激励和调节功能。对生产单位领导班子实施年薪制，这一制度利于在责任、风险和收入对等的基础上加大激励力度，使管理者广泛深入地参与团队剩余收益分配，使管理者的实际贡献直接反映于当期各类年薪收入的浮动之中。

薪酬发放方式上，领导层采用"控现金型平衡"模式，核心骨干采用"基于绩效预期的月度预发绩效工资"模式，从而获得了更好的企业现金流状况，并通过相对平稳的月度收入调节减少了核心骨干员工由环比收入极值差距而带来的不稳定性风险，有助于提升员工忠诚度和积极性，实现真正意义上的"按劳分配、多劳多得"。

（五）完善培训体制机制，助力人才能力提升

按照"服务大局、注重能力、分类分级、与时俱进"的原则，结合三支队伍建设需要，采取"一个全面、三个层次、多个重点培训"的"1+3+N"复合培养模式（图1），做好岗位培训、技术培训和技能培训，加快实施员工能力提升工程。一是强化"一个全面"培训。围绕"解放思想、更新观念、责任担当意识提升"等核心内容，扎实开展政治理论学习，适时针对性开展重大政治专项培训，邀请知名专家或专业咨询机构开展管理创新、技术创新等集中培训，加强管理能力适应性培训，组团赴先进企业参观学习、交流座谈，形成各单位对标先进找差距、解放思想谋思路的良好氛围。二是分"三个层次"统筹举办关键培训。实施以青年领导人员为主体，以开阔视野为主要内容的"点名调训"；实施以所（室）负责人、基层管理干部为主体，以提升综合管理能力为主要内容的"梯次轮训"；实施以后备干部和青年骨干为主体，以政治理论、综合管理和业务知识为主要内容的"青年英才暨青马工程培训"；实施以技术骨干为主体，以新兴业务知识储备为主要内容的"精英集训"。三是开展"N"个重点培训。以技术培训为主，统筹开展各类重点自办培训班，重点包括高层次专家学术报告、总体专册、总工学术技术交流、经营管理、法律合规、风险管控、质量提升、安全保密、新员工入职等精品课程，为激发员工潜能、增强工作活力提供智力支持。四是强化培训制度落实。加强内部培训师队伍建设，鼓励、挖掘和培养鼓励一批内部"名牌"讲师，建立一院"名师库"；优化培训计划评估机制，加强各单位培训过程与员工培训学时的监督和抽查，实现培训学时数量与质量的双提升。

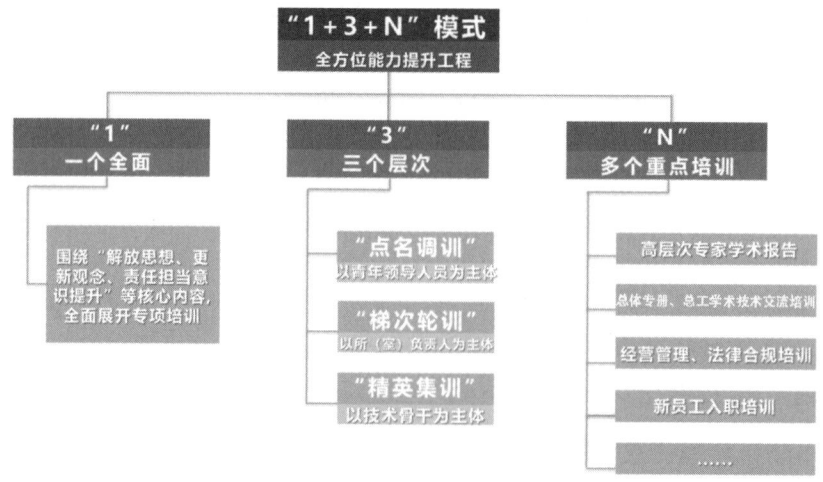

图1 "1+3+N"复合培训模式

（六）构建多元化激励机制，充分发挥激励牵引作用

一是建立专家人才及注册资格专项津贴制度。为体现高层次专家的人才价值，对两院院士、全国工程勘察设计大师、各类省部级专家实行专项津贴奖励政策，为高层次专家人才创造更好的工作和生活条件。另一方面，对一级建筑师、一级结构工程师、注册土木工程师（岩土）等与勘察设计行业紧密相关的注册（执业）资格制定并实施了专项津贴发放管理制度，激励员工考取各类专册（执业）资格，以适应个人职业发展与建设行业市场准入机制相结合的发展趋势，满足企业资质和生产经营、市场开拓需求；并结合业务发展需要，动态确立紧缺注册（执业）资格，并在职务晋升、职称评定、任职资格套入等方面给予政策倾斜，激励各类人才取得注册（执业）资格，为实现"1313+"人才培养工程目标提供制度保障。二是构建专家人才精神荣誉激励机制，建立较为完善的员工精神荣誉激励体系，从专业技术、生产经营管理、党团组织、工会系统四个方面，设置了专业技术带头人、优秀青年工程师、优秀共产党员、劳动模范、三八红旗手、技术比武大赛先进集体及先进个人等多项奖励项目，对做出重要贡献的团队和个人进行表彰。此外，还积极推荐员工参加上级表彰奖励的评选，近5年有百余人次获全国工程勘察设计大师、国务院政府特殊津贴、百千万人才工程、省级工程勘察设计大师、优秀共产党员等国家、省部以上表彰奖励，基本健全了良性的精神激励机制（图2）。三是建立高层次人才"一站式"服务模式，借助陕西省和西安市高层次人才服务平台综合优势，建立高层次人才"一站式"服务模式，积极申请"三秦优才卡"和"西安市人才分类认定"，高层次人才可按照"一窗受理、专员服务、部门联办、限时办结"的方式，在子女入学、医疗保健、配偶就业、住房保障、出行服务、户籍办理等方面享受全方位服务。

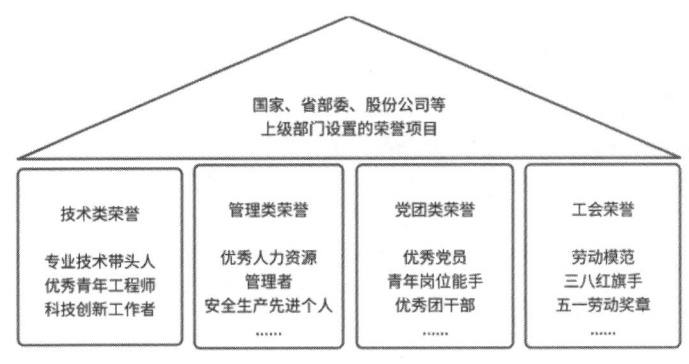

图2　荣誉表彰机制

（七）建立专家人才考核评价体系，激发人才活力效能

一是构建"多层次、全覆盖""年度考核＋综合考核"相结合的专家人才考核制度，年度考核由专家人才所在单位根据年度项目完成情况、日常表现等进行考核，综合考核由公司总工程师任组长，相关副总工程师、二级单位负责人或总工程师等任小组成员，对3年任期内项目情况、科技创新、人才培养等情况进行综合考核。二是注重专家人才考核结果的应用，综合考核结束及时反馈考核结果，并将考核结果与薪酬激励相结合，如对于考核优秀者，发放专家人才考核津贴并酌情进行表彰奖励，并作为推进上一级别专家人才的重要依据；对于考核不合格专家，取消专家称号，并停发专家津贴，持续激发专家人才工作积极性。

(八)培育有利于专家人才成长的企业文化

建院 70 年以来,铁一院始终秉承"诚信求实、勇创第一"的企业宗旨,逐步培育形成了有利于专家人才成长的企业文化。一是公司三代人经过 50 余年的拼搏奋斗,实现了党中央、国务院提出的把"青藏铁路建设成为世界一流高原铁路"的宏伟目标,铸就了"特别能吃苦、特别能战斗、特别能奉献、特别能创新"的"青藏铁路尖兵精神"。二是继承发扬了上级单位中国铁建(前身是中国人民解放军铁道兵)"逢山凿路,遇水架桥,铁道兵前无险阻;风餐露宿,沐雨栉风,铁道兵前无困难"的"铁道兵精神",与时俱进,攻坚克难,再创新业。三是党的十九大以来,在"青藏铁路尖兵精神"的基础上,融入了"特别能担当"的"新时代尖兵精神"内涵,为推进"培家工程"提供文化和思想保障(图 3)。

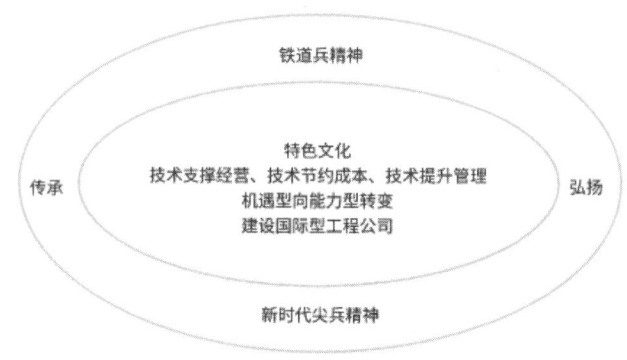

图 3　文化培育机制

四、特大型勘察设计企业以多维度激励为核心的"培家工程"建设效果

(一)高层次人才不断涌现,行业影响力显著提升

一是高层次专家人才培养效果显著,人才核心竞争力不断增强,进一步提升了公司的行业影响力和话语权。近 5 年,公司新增全国工程勘察设计大师 2 人,大师评选成果丰硕;培养出省部级及以上专家人才 59 人次,包括 6 名享受国务院政府特殊津贴专家,6 名省级工程勘察设计大师,2 名陕西省"三秦学者"等。二是青年科技创新人才不断涌现,后备人才梯队建设成效卓著。2 人入选中国科协"青年人才托举工程",2 人荣获交通运输部交通运输青年科技英才荣誉称号,2 人当选陕西省特支计划青年拔尖人才,7 人荣获詹天佑青年奖,为国家交通事业的高质量发展输送了一批青年创新人才和团队。三是第四级人才队伍、专业技术骨干和后备人才不断涌现,人才引进取得重要突破。培养出公司专业技术带头人和在轨道交通、海外项目、总承包、资本运营等领域的领军人物 40 余人;数百人由传统铁路勘察设计业务转型至 TOD 及城市片区开发、生态环境保护、新型(旅游)轨道交通等新兴业务;高级工程师及以上人员由近 1600 人增加到 2000 余人。

(二)高科技成果不断涌现,自主创新力显著提升

项目实施以来,公司在复杂艰险山区、湿陷性黄土地区、大风戈壁区、高原高寒区等极端复杂地质地形条件下成功突破了铁路勘察设计多项重大关键技术,实现了我国铁路勘察设计行业发展的重大跨越,创造了一批高水平的科研技术成果。近 5 年,公司共主持国家重点研发计

划项目 2 项，主持课题近 20 项，主持省部级课题 30 余项；科技研发投入逐年稳步增长，年均科研经费投入超过企业营业收入总额的 3%；制定科技成果转化分配激励制度，持续推进产品产业化业务开展，年均产品产业化增长率在 10% 以上；积极推动创优报奖工作，先后荣获国家科技进步奖 3 项，国家技术发明奖 1 项，省部级科技进步奖 160 余项，詹天佑奖 8 项；取得专利授权近 800 项，自主创新能力得到显著提升。

（三）企业发展动能不断涌现，核心竞争力显著提升

近 5 年，公司企业转型发展步入快车道，传统业务领域优势依旧，新兴业务市场迅速壮大。先后主持并承担实施了包括"世纪工程"之称的"川藏铁路"，"西延、西康、西十"为代表的陕西米字型高铁网，西安、成都、重庆、杭州、南宁、广州等多个重点城市的轨道交通，成都地铁 2 号线 TOD 一体化开发等 20 余项 TOD 综合开发项目和 10 余项新型轨道交通项目，以及引汉济渭、西宁火烧沟生态修复等生态环保项目等。项目实施以来，公司经济效益稳步提高，连续多年新签合同额超 200 亿元，营业收入超 100 亿元，海外市场名列中国勘察设计企业年度境外工程项目管理营业额全国第一，利润总额保持高速增长，职工收入逐年增长，人才获得感明显增强，企业核心竞争力显著提升。

案例负责人：李洪海

主要创作人：朱　斌

参与创作人：于晓冬、王国栋、仝琳洁

实施"青蓓"计划，打造青年人才"孵化器"

中国石油天然气股份有限公司西北销售呼和浩特分公司

一、背景介绍

青年是党和国家的未来和希望，也是企业可持续发展的基石。习近平总书记在党的二十大报告中要求"全党要把青年工作作为战略性工作来抓"，集团公司党组站在确保石油事业薪火相传、后继有人的战略高度，对抓好青年工作做出系列安排部署。近年来，中国石油天然气股份有限公司西北销售呼和浩特分公司（以下简称分公司）40岁及以下青年员工占到员工总数的56%—72%，是支撑分公司发展的主力军。分公司深刻把握新时代青年工作特点和规律，成立由党委书记任组长的青年工作领导小组，制定实施"青蓓"计划，全面加强青年员工的思想淬炼、政治历练、实践锻炼和专业训练，为他们畅通成长成才通道，搭建干事创业舞台，打造出一支对党忠诚、结构合理、素质优良、充满活力的青年人才队伍，为加快推进世界一流物流企业建设提供了澎湃的青春动力，分公司青年员工培养成果被集团公司基层党建案例集收录。

二、主要做法

（一）强化思想引领，铸魂育人强信念

青年理想远大、信念坚定，是一个国家、一个民族无坚不摧的前行动力，分公司发挥思想政治工作优势，引导青年员工凝聚"爱党爱油、兴油报国"的青春共识。一是坚持用理想信念凝聚人。始终用党的创新理论引领青年，选拔优秀青年骨干参加公司"青马工程"，组建分公司"青年讲师团"，狠抓"讲学研用"四个环节，通过"青年大讲堂"、主题团日等多种形式深入学习习近平新时代中国特色社会主义思想，引导广大青年坚定拥护"两个确立"，坚决做到"两个维护"。坚持用党的百年奋斗历史浸润初心，通过聆听红色故事、诵读红色经典、实地探访红色基地等多种方式，引导青年员工追寻红色足迹、铭记红色历史、赓续红色血脉，深刻领会伟大建党精神的丰富内涵和时代价值，切实增强了青年员工做中国人的志气、骨气和底气。二是坚持用石油精神激励人。石油精神是激励石油青年为党拼搏、为国家奉献的动力源泉。多年来，分公司始终坚持把学习大庆精神、铁人精神作为青年员工的入企第一课，引导青年员工扣好"人生第一粒扣子"。持续深化石油精神再学习、再教育、再实践，在分公司企业文化展厅开辟"石油魂"专栏，开展"云游石油展馆"活动，组织青年员工线上参观铁人王进喜纪念馆、大庆油田历史展览馆等石油精神教育基地，通过现场聆听石油故事，让青年员工亲身感受石油使命，让"苦干实干""三老四严"的精神基因在青年员工中得到传承弘扬。三是坚持用责任使命召唤人。2020年以来，面对疫情反复冲击、产销矛盾突出、改革任务艰巨等严峻考验，分公司围绕贯彻落实新发展理念，持续深化形势目标任务责任主题教育，广大青年员工围绕"精

益管理、价值创造、产销服务"等关键词开展大学习、大宣讲、大讨论、大实践,以思想之变引领行动之变,推动发展之变,提振干事创业精气神,在落实公司"十四五""1235"发展规划、奋进世界一流物流企业征程中发挥"生力军""突击队"作用。

(二)全力搭桥扶梯,多措并举赋新能

青年员工思维活跃、接受能力强,正处在长本领、增才干的黄金时期,分公司千方百计为他们搭建成长之梯、开辟成才之路。一是精准培训提素质。坚持把培训作为提升青年员工履职能力和综合素养的基础性、先导性工作,靠实各部门培训主体责任,统筹岗位工作所需和员工能力缺项,创新"基础+个性"的培训机制,按季度为每名员工更新"定制化"学习套餐,实现了培训工作由"大水漫灌"向"精准滴灌"转变,真正使培训满足了公司所需、员工所缺。二是多岗锻炼增才干。为解决员工工作经历单一、工作领域单一、岗位层级单一的问题,分公司选拔优秀青年员工开展内部挂职轮岗,挂职岗位涵盖技能、管理、技术三大系统,实现了班组与机关、机关科室间、部门岗位间的青年骨干人才交流锻炼,员工普遍反映,多岗位的历练让自己开阔了视野、积累了经验、提高了本领、增强了素质,通过多岗位多层面的锻炼培养,成为独当一面的复合型人才。三是骨干带动助成长。针对青年员工工作经验欠缺、业务技能不高的实际情况,充分发挥业务骨干示范带动作用,在关键管理、技术和技能岗位全面推行导师制和师带徒,通过"师带徒"结对帮扶活动,传技能、帮思想、带作风,使青年员工在提高工作能力的同时,养成良好工作作风。四是岗位练兵促提升。落实操作技能人员"日学周练月查季考"制度,建立岗位练兵室,借助炼销企业培训师资和场地,开展现场实践培训,操作队伍技术技能水平显著提升,在公司第七届职业技能竞赛中取得优异成绩。开设"青年人才大讲堂",让每一名青年员工走上讲台,围绕岗位工作,讲解制度、解剖案例、交流经验,"基层党支部换届程序解析""从原油到成品油–炼化工艺全解""成品油物流优化途径"等一批由青年员工亲自制作的课程先后推出,营造了全员学习、共同成长的良好氛围。

(三)打造锻炼平台,实践磨砺促担当

实践锻炼是最好的教育培养,青年需要在经风雨、见世面中增长才干。分公司激励青年人在工作中挑大梁、当主角,在实践磨砺中练就担当作为的硬脊梁、铁肩膀和真本事。一是疫情防控冲在前。面对突如其来的新冠疫情,各专业条线14名青年员工组成的战"疫"突击队迎难而上。人事岗王春旺大年初二便投入工作,全面排查员工出行轨迹,协助落实疫情防控措施。在防疫物资短缺的情况下,后勤管理岗王兵兵冒着危险,全城"扫货",第一时间将口罩、消毒剂等防疫物资发放到每位员工手中;成品油销量断崖式下跌,上游炼厂面临憋停风险,齐惠杰、魏帅等6名青年员工24小时坚守岗位,全力控产量、扩配置、拓渠道、增库容,在危机时刻始终保障了炼厂不停产、市场不断供。二是创新创效挑重担。管道在提升成品油输送效率、降低运输成本方面发挥着十分重要的作用。2019年以来,针对制约呼包鄂管道增输上量的瓶颈问题,分公司组织6名青年业务骨干成立专项课题组,与呼和浩特石化公司、管道输油气公司、内蒙古销售公司开展"协同作战",通过反复模拟实验,不断优化工艺流程及参数,先后攻克0#柴油管输和汽柴油连续混输难题,探索形成"小批量、多批次、多品号"管输模式,呼包鄂管道年输送量最高达到63.95万吨,是投运初期的近5倍,累计输送量达到372.45万吨,节约运费1.28亿元。三是攻坚克难走在前。受内蒙古地区季节性温差波动较大等因素影响,铁路单车装载率偏低始终是困扰分公司铁路运行效率的难题。2021年,分公司青年员工成立铁

路单车装载率攻关小组，先后采集分析 33808 节车辆的单车装载量数据，建成涵盖油品质量、密度、车型、容积表等关键信息的数据库，自动计算出标密和视密两种状态下的单车装载容积率，据此动态调整装车设备参数，通过以上措施，2021 年，呼和浩特分公司铁路单车装载率达到 94.21%，同比提升 1.85%，平均每车多装成品油 0.948 吨，铁路运费节省近 540 万元。

（四）完善保障机制，护航关爱增活力

分公司坚持党建带团建，持续完善各项保障机制，主动关心关爱青年、密切联系服务青年，服务青年成长，提升青年幸福感。一是选树典型做示范。分公司着力打造青字号品牌，在青年员工中大力开展"青年岗位能手""青年文明号"等先进评选活动，以实干论英雄，以实绩看能力，打破论资排辈，切实让干得好的得实惠、受重用，3 年来，在各级荣誉评选过程中，"85 后"优秀青年骨干占比始终在 70% 以上。同时加大先进典型事迹进行宣传报道，用身边人讲身边事、用身边事教育身边人，形成重大典型示范带动、各级各类典型竞相涌现良好局面。二是从严要求强作风。青年员工善于接受新事物，干事创业有激情，然而青年员工利益诉求多元、思想波动大，如何有效地让青年在工作中发挥积极作用是青年工作的重点。分公司坚持严管就是厚爱理念，对于青年员工在工作生活中暴露出的小问题，提早发现、及时敲打、敢于批评、善于引导，早打"预防针"、常敲"警示钟"、多当"引路人"，使青年员工多方位、多角度成长成才，走稳人生关键路。三是知忧解忧暖人心。针对青年员工大多远离家乡和亲人，普遍存在交友难、婚恋难等问题，分公司精准掌握青年服务需求，联合驻地炼销企业积极搭建连理桥，拓宽交友渠道，促成多名青年男女成功牵手。分公司团支部搭建起广泛联系服务青年的桥梁，常态化开展青年帮扶慰问、青工心理辅导、青年子女托管等"我为青年办实事"活动，切实解决青年后顾之忧，让其安心、安身、安业。

三、工作成效

（一）打造出听党话、跟党走的青年铁军

通过有深度、有广度、有温度的思想政治教育，分公司广大青年员工自觉把思想和行动统一到习近平总书记重要讲话和指示批示精神上来，坚定理想信念、弘扬光荣传统、赓续红色血脉、鼓足奋斗精神，思想得到深刻淬炼、精神得到洗礼升华、作风得到有力锤炼，对中国特色社会主义制度的显著优势、对党的创新理论成果、对大庆精神铁人精神有了更深思考和更强认同，跟党走的步伐更加坚定，兴油报国的信念更加坚定。

（二）打造出素质优、本领强的青年铁军

分公司青年员工通过系统化、全方位、多层次的专业训练和实践锻炼，综合素质和履职能力得到显著提升，分公司在岗管理及专业技术岗位员工中级及以上职称比例达到 87.5%，较 3 年前提升 38 个百分点；通过国家及集团公司高级职称任职资格考试人数创历史新高。在西北销售公司管理及专业技术人员业务技能大赛中，分公司斩获综合管理专业一等奖、财务管理专业三等奖、物流管理专业三等奖，1 人入选公司"424"百名人才库。2018 年以来，新提拔干部中，"85"后优秀青年干部比例达到 83%，分公司干部人才队伍的年龄结构、知识结构和专业结构得到持续优化。

（三）打造出敢担当、有作为的青年铁军

分公司青年员工在防风险、稳经营、提效益的火热实践中不畏难、不怕苦，全力支撑分公司高质量发展，推动责任市场产业链整体效益最大化，2020—2022年，分公司年均成品油配置量超267万吨，助力主要服务对象实现盈利32.42亿元，吨油运费等主要成本指标连续多年实现硬下降，质量安全环保始终保持"三个为零"，形成了管理更精、安全更牢、质量更高、效益更好、形象更优的发展新局面，先后荣获中国石油天然气股份有限公司"保后路、增份额、增纯枪、增效益"劳动竞赛先进集体、甘肃省"模范职工小家"、呼和浩特市青年文明号等荣誉称号。

四、收获启示

（一）必须牢牢把握"为党育才"的正确方向

要深入学习贯彻习近平总书记关于人才工作的重要论述精神，站在石油事业薪火相传、基业长青的高度去谋划推动青年人才培养工作，建立起党委统一领导、人事部门组织实施、团委牵头落实、业务部门协同推进、各级组织上下联动的青年人才培养工作格局，为青年成长成才加油助力、保驾护航。

（二）必须紧扣服务企业高质量发展这个中心

做好青年人才培养工作，必须瞄定实现高质量发展、建设基业长青的世界一流企业这个总目标，紧紧围绕公司改革发展部署、立足生产经营大局、面向科技创新前沿、聚焦各类风险挑战，统筹谋划、系统推进各方面、各层次青年人才队伍建设，为推进企业中长期战略目标落实落地提供源源不断的人才支撑。

（三）必须尊重青年人才成长规律

青年人精力充沛、思维活跃，要引导他们珍惜学习成长"黄金期"，增强学习紧迫感，如饥似渴、孜孜不倦地学习，练就过硬本领；青年人渴望展现价值、得到认可，要大胆放手使用，安排他们到吃劲岗位、重点项目实战实训，为优秀人才提供脱颖而出的机会；青年人在职业发展起步阶段面临多重压力，要完善青年人才普惠性政策支持，全力做好服务保障工作，让他们以饱满的精神轻装上阵、迎接挑战。

案例负责人：蒋章荣

主要创作人：王永志

参与创作人：王春旺、陈 竞

打造全员过筛新模式　构建企业培训新格局

中国石油天然气股份有限公司抚顺石化分公司

一、实施背景

2021年，习近平总书记在中央人才工作会议上发表了重要讲话，科学回答了新时代人才工作的重大理论和实践问题，向全党全国发出了深入实施新时代人才强国战略的动员令。同年，中国石油天然气集团有限公司提出，要以工程思维推进落实《人才强企工程行动方案》，积极为奋进高质量发展和建设基业长青的世界一流企业提供坚强的组织和人才保证。抚顺石化公司坚持将学习贯彻中央人才工作会议精神、推进实施人才强企战略举措作为当前和今后一个时期的重要政治任务，深刻认识到当前面临的内外部环境及条件的变化对企业人才工作提出了更高要求，主动加强人才队伍储备，提高全体干部员工职业能力素质。

（一）企业教育培训资源情况

近年来，随着国有企业改革发展进程，员工队伍素质越发成为企业可持续发展的核心竞争力之一。抚顺石化公司培训工作始终坚持围绕中心、服务大局，以提高员工队伍素质为目的开展培训，持续不断地在提供人才保证和智力支持方面发挥重要作用。一是注重专业技术和高技能人才培育。坚持以赛促学、以赛促训，连续开展9届经营管理人员和专业技术人员、11届操作技能人员职业技能竞赛，涵盖33个专业、51个工种，参与人员达19万人次。二是着力推进特色实训场所建设。累计投入3600余万元，建成炼化装置仿真操作、通用工种、油品储运、特种作业等7个实训基地和公共科目、危险化学品安全作业、制冷与空调安全作业等3个培训基地；着力推进专家工作室建设，目前建成国家级技能专家工作室1个，集团公司级（省部级）5个，企业级5个。三是持续将培训实践做法写进国家教材。先后完成18个工种的国家职业技能鉴定教材和题库编写工作。其中，《常减压蒸馏装置操作工（上册、下册）》《催化裂化装置操作工（上册、下册）》荣获集团公司"百优教材"奖，《催化裂化装置操作工（上册）》荣获2020年中国石油化学工业优秀出版物奖·图书奖二等奖。四是打磨精品培训课程。连续8年承办集团公司炼化企业班组长培训示范班，累计培训25家炼化企业460余名班组长和后备人选，为集团公司炼化企业班组长队伍整体素质提升做出积极贡献。

（二）抚顺石化公司人员结构情况

抚顺石化公司现有在籍员工16409人，其中管理和专业技术人员6364人，操作技能人员10045人。从年龄结构上来看，50岁及以上员工比例超过三分之二，35岁以下员工不及11%，平均年龄48岁，年龄结构老龄化程度处于同类企业较高水平（图1）。从学历结构上来看，大学专科学历员工占员工总数的三成，大学专科以下学历员工占约 36%，员工整体学历水平一般，学历结构优势不足（图 2）。随着抚顺石化公司劳动用工形式全面由"五班三运转"转变为"四班两运转"，一线操作员工队伍结构性缺员矛盾得到缓解，但同时公司对员工一岗多能的岗位履职能力提出更高的要求。

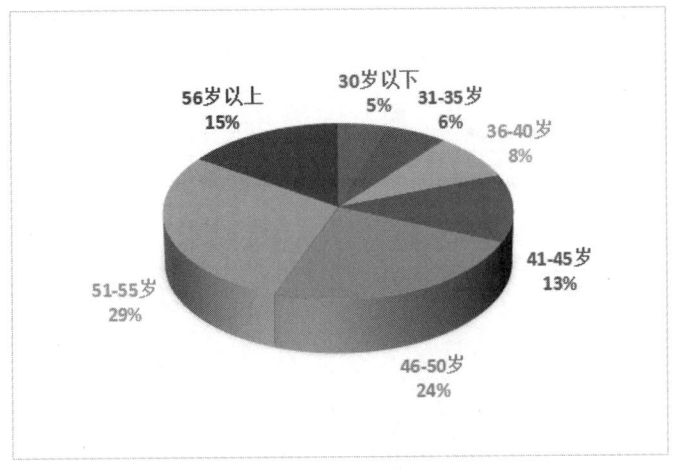

图 1　抚顺石化公司在籍员工年龄结构

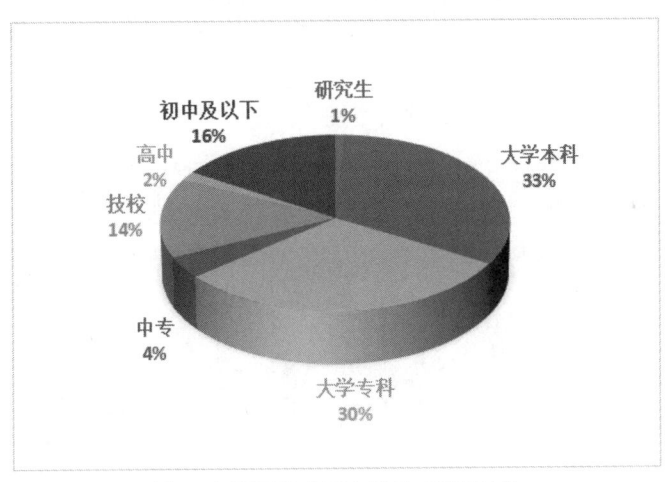

图 2　抚顺石化公司在籍员工学历结构

（三）当前教育培训工作中存在的问题

抚顺石化公司将教育培训作为事关全局、事关长远的基础性、战略性任务，始终保持常省常醒，发现在教育培训工作中尚存一些亟待改善的问题。一是与高质量建设一流的现代化炼化企业的要求相比，干部员工队伍的素质、能力还不完全适应，部分员工基本功不够扎实。二是对培训工作重视程度有待提高，部分管理人员对培训管理责任落实的认识存在偏差，执行培训计划不到位。三是部分培训存在目标不明晰、重点不准确、内容不更新、针对性不强的问题，培训效果评估制度执行存在堵点和盲点，对参训员工能力提升情况缺少系统考核和有效评价。四是员工培训意识不高，存在认为培训不以提升能力效果为目的，只是走形式的现象。

二、管理创新思路

抚顺石化公司聚焦企业战略、岗位成才、个人发展，将培训作为建设高素质干部员工队伍、推进企业治理体系和治理能力现代化的先导性、基础性、战略性工程。建立契合"生聚理用"人才发展机制的现代化岗位培训标准，开展全员"大培训、过筛子"能力提升活动（图3），积极探索全员过筛培训模式，扎实实施全员履职能力培训和综合素质培养，实现100%参加培训、100%接受考核、100%过筛子（图4）。

图3　全员"大培训、过筛子"能力提升活动推进会

图4　全员"大培训、过筛子"能力提升活动总结会

一是开展全员覆盖、形式多样的练兵培训。通过建立系统完善的支撑体系、高效协同的运行机制和浓厚自主的学习氛围，围绕全面提升三支队伍能力素质靶向发力，开展线上线下相结合、理论实践相融合的形式多样、内容丰富的练兵培训。二是实施分级分类、严谨有效的过筛考核。通过设置全员覆盖的过筛考核，强化培训效果的真实验证，严格过程管控、抽查监督、加强结果应用、跟踪考核，从而形成培训长效机制。三是形成员工认同、主动提升的培训理念。通过推广特色培训模式，转变员工培训理念从"要我学"到"我要学"，有效激发员工参与培训、

提升素质的内生动力。

通过搭建具有企业特色的全员过筛培训模式，努力造就一支忠诚事业、业务精湛、作风过硬的知识型、技能型、创新型高素质干部员工队伍，有效构建系统统筹、各负其责、齐抓共管的企业"大培训"格局。

三、主要做法

（一）加强系统谋划，为培训管理工作注入新动能

1. 突出"三个注重"，构建系统完善的支撑体系

注重制度引领。从精准定位、明确职责、规范行为入手，充分立足问题成因、研讨解决方案，总结借鉴过往培训工作的优秀经验，按照"统一规划、分工负责、分级实施、分类培训、严肃考核"思路，锚定提高领导人员专业管控和科学发展能力、管理和专业技术员工技术创新和业务管理能力、操作员工精准操作和应急处置能力3个目标，确定宣传发动、练兵培训、过筛考核、总结应用4个阶段。编制活动"工作手册"，制定"调研制度""学习交流制度"和"总结计划制度"等制度框架，确保管理规范化，活动实施有章可循。

注重压实责任。公司从上到下成立活动领导小组，各单位"一把手"亲自挂帅，层层动员部署；亲自带队，深入基层检查督导；亲自协调，研究解决问题。44个机关处室和直属单位深挖岗位员工能力短板，从问题导向切入，结合自身特点制定具体工作方案，明确培训管理"一把手"职责，细化责任分工，明晰标准和目标。

注重调研指导。建立活动跟踪调研督导机制，将查阅资料、交流访谈、实地调研等方式有机结合，近距离了解员工的感想体会。根据需要，组建6个工作组和9个调研组，深入现场调研247次，访谈817人次，查阅资料280次，解决基层问题99项。从一把手、活动负责人员到基层员工上下联动、左右协同，成立领导小组统筹规划，广泛征集意见建议，记录亮点做法。

2. 突出"三个强化"，形成协同高效的运行机制

强化工程运行。工程思维是应用工程方法和原则来解决问题的一种方式，即通过系统化思考，将整个活动看作一个系统，通过分析每个组件之间的相互关系制定计划、安排资源和时间表。抚顺石化公司将活动细化分解为16项重点工作，以工程思维推动活动"项目化、表格化、时序化"运行，明确计划书、绘制"施工图"，确保活动有序推进。

强化考核评价。按月编制工作清单，发布重点任务，实行定性评价和定量考核相结合方式，建立责任落实考评机制，将工作成效纳入公司"党委晋级争优工作"和机关"强管理、作表率、创一流"竞赛考核内容。通过考核评价，更好地在工作实施过程中进行监督和跟踪，提高工作质量和效率，形成合力，协同推进。

强化会议协调。制定会议制度，以周、月、季度和年为单位，公司层面组织召开各类推进会、协调会、工作组会议15次，通过会议交流，促进沟通协调、决策制定、激励参与、任务落实，进一步明确任务目标，强化统筹，挂图作战，上下联动，取得实效。

3. 突出"三个促进"，营造竞相提高的浓厚氛围

促进影响力提升。建立"过筛子"培训品牌，展示企业员工积极形象，推广全员过筛培训

模式。工作实施情况多次在中国石油天然气集团有限公司人才强企工作会议、专版专栏、动态专刊、中油e学集团首页、中国石油教育培训通讯和《石油组织人事》期刊中作经验推广，得到中国石油天然气集团有限公司的高度认可。

促进经验交流。围绕阶段性重点工作、特色做法、先进经验，编发38期活动简报，阅示49762人次。建立公司门户活动专栏，共发布工作方案、题库资料、活动动态、图片新闻等567篇，累计在门户、石化报、石化动态等媒体平台发布宣传稿件2171篇，并发表评论员文章2篇，在石化电视新闻开辟子栏目，播发新闻100余条。

促进培训文化建立。培训文化作为企业文化的子文化，是需要长时间启发、引导、熏陶的组织文化，是促进培训工作提升的精神内核。通过广泛的宣传发动，企业全体员工提高了认识，统一了思想，树立了"培训是最大福利"的观念，营造了"人人参与、人人过关、人人提升"的浓厚氛围，助力进一步形成和完善干部员工高度认同、坚定信奉、执行的培训文化体系。

（二）聚焦全员培训，员工素质能力有了新提升

1. 强化政策理念培训，提高领导人员专业管控和科学发展能力

一是开展领导干部大讲堂活动。充分发挥领导干部"头雁效应"，分"三个层面、三个阶段"创新组织实施领导干部大讲堂活动（图5），要求机关处室及直属企业处级领导和科级干部分级、分阶段带头授课。处级领导干部大讲堂全员上讲台，累计授课502学时，培训12371人次，完成课件制作215个；各单位组织科级干部大讲堂，完成课件制作1619个，2880人上讲台，累计授课5055学时，培训48434人次。党校实行全程跟踪管控，定期督导检查，同时建立闭环管理评估机制，确保授课效果。切实增强领导干部以上率下、以身示下的培训责任意识，讲管理、学技术，坚持问题导向，发挥走在前列、身为表率的作用，当好风向标。

图5　领导干部大讲台活动

二是抓好直管干部和青年骨干培训。结合党史教育重点，组织公司直管干部187人分批参加为期三天的公司直管干部培训班，习近平总书记重要指示批示精神、党的十九届六中全会精神直播培训班等培训项目的学习。通过学习，领导干部的思想和行动统一到了中央精神上，领导干部提高了贯彻执行党的路线方针政策的能力，并进一步增强"四个意识"、坚定"四个自信"、做到"两个维护"。组织中层领导干部参加安全履职能力提升培训班、依法合规管理网络

专题班等专业培训，增强领导部安全管理、依法合规治企等方面的专业能力。组织公司"青马工程"第一期示范培训班，提高优秀青年骨干的思想政治素质、实践能力和组织协调能力。

三是完善干部培训档案，推动干部教育培训管理工作信息化。档案如实记载中层领导干部和后备干部参加教育培训类别、培训机构、培训时间、培训内容、培训考评结果、考勤状态和干部在线学习、理论学习考试及学历教育等情况，进一步规范和完善干部教育培训工作，及时掌握和了解干部教育培训情况。

2. 强化管理和技术培训，提高管理和专业技术员工技术创新和业务管理能力

一是制定专业培训工作要点并组织实施培训工作。专业人员是企业改革发展的直接行动者和组织实施者，这类"核心"员工的能力素质高低、精神状态好坏，关乎到企业行动力的强弱。公司按照"管业务必须管培训"的工作原则，分专业开展培训需求调研，形成19个专业培训需求报告。专业处室结合从业人员岗位达标考核工作，对本系统近年来培训质量和效果进行评估，根据全年工作重点和专业培训需求，形成专业培训要点。针对专业短板，制定专业培训工作要点和计划，组织、指导、检查、监督和管理专业员工培训工作，累计完成专业培训2026项，公司和厂级培训计划完成率达86.88%，累计培训58562人次，员工思想政治能力、管理能力、业务能力得到有效提升（图6）。

图6　开展专业培训

二是组织开发完善专业培训教材题库。各专业部门坚持"干什么、学什么、缺什么、补什么"原则，按专业、系统、车间、岗位，逐层、逐级分解任务目标，完成各专业从业人员岗位达标考评方案制定及应知应会内容梳理，编制通用题库20577道，专业题库83876道。形成紧密结合专业特点，便于基层员工学习培训和考试，涵盖专业管理全过程、全要素的培训教材、题库。

3. 强化岗位技能培训，提高操作员工精准操作和应急处置能力

一是强化岗位培训。操作技能人才是企业安全生产、稳定运行的基石，也是主要的基本功夯实、过筛式考核目标。直属单位人事部门牵头，组织基层车间编制覆盖全部岗位员工的796套"岗位培训标准"和105759道"操作岗位应知应会题库"，全面夯实操作岗位培训管理基础（图7）。结合不同岗位实际情况，开展形式多样的岗位练兵培训，采取岗位授课、"师带徒"、网络培训等多种培训方式，学原理、画流程、记参数，做到"应知应会一口清"。

图 7　部分岗位培训标准

二是创新开展班组长"学分制"大轮训（图8）。围绕"四零"（零事故、零伤害、零污染、零缺陷）班组建设，探索建立技能人才培训"学分制"管理模式，开展1702名班组长"学分制"大轮训。根据班组长岗位基本任职条件和岗位职责，梳理出班组长岗位任职资格标准，建立班组长胜任力模型，设定课程体系和基础学分要求。采取线上和线下相结合的"学分制"科学培训模式，聘请一线优秀班组长、集团公司技能专家等资深教师参与授课，紧密结合炼化企业发展的实际要求及新工艺、新技术、新规程对知识更新的需要设置培训课程，累计培训9156人次。同时，将积分考核结果在技能等级晋升、高技能人才选拔、职业通道转换等方面予以应用参考，打造一支管理型、创新型、技能型、应急处理指挥型班组长队伍。

图 8　班组长"学分制"大轮训

三是组织开展操作技能人员职业技能竞赛（图9）。组织开展第十二届操作技能人员技能竞赛，扩大覆盖面，优化赛项为个人赛、班组间竞赛、一线创新成果评选和操作微视频竞赛等四个项目，以赛促学、以赛促训、以赛促用，激发员工内生动力。坚持全覆盖原则，个人赛选取在安全生产、质量效益、技术含量等方面有代表性的主体和辅助工种开展公司级竞赛，其他工种开展厂级竞赛。来自13家直属单位涵盖33个工种的999人进入公司级个人决赛，通过理论、实操、仿真等赛项角逐出33名状元，授予"技术能手称号"。班组间竞赛以每个运行班组为单位开展横向竞赛，比赛内容为"三学、一画、一演练"，即"学操作规程、学规章制度、学事故案例""画工艺流程""应急预案演练"，共有39个班组获得一等奖，48个班组获得二等奖，57个班组获得三等奖。从直属单位推荐的53项操作技能人员在生产实践过程中形成的绝招绝技类、技改革新类、解决难题类、安全环保类成果中，评选出21项优秀一线创新成果。动员青年员工以现场实际操作为主要内容，将图、文、音、动画等表现方式有机结合，制作视频培训课程，收集47个操作微视频课程，19个课程获奖，推动操作技能实训资源建设。

图9 操作技能人员职业技能竞赛现场

（三）从严过筛考核，推动人力资源增值发挥新效能

1. 强化过筛考核的过程管控

注重过筛考核对象的全面性。科学合理地针对练兵培训内容进行结果验证，分层、分级、分类组织实施过筛考核。对中层领导人员从政治素质、业务能力、学习能力、责任意识、团队管理能力、执行力、廉洁自律能力等方面合理设置指标，在全体直管干部范围内进行岗位胜任能力评估。开展专业技术及管理岗位从业人员岗位达标考评工作，对专业从业人员岗位工作流程、规范指标标准理解掌握程度、法律法规和政策制度规定执行落实情况、专业技术水平、履职效果等进行实际能力测试和"过筛子"考核。对操作岗位员工进行包含岗位职责要求、应知应会内容、实际操作技能、安全生产要素的履职能力考核评价。过筛考核对象既有处级干部又有专业技术、管理和操作人员，既有全民员工又有集体员工，总共18113人参与，实现了在岗员工全员覆盖。

注重过筛考核的规范性。直管干部考核由党委组织部牵头组织，内容包括"理论考试+民主测评"；经营管理、专业技术和操作人员采取"笔试+答辩"结合方式，设定权重综合评定（过筛考核结果=笔试考试40%+答辩考试60%），分层、分级、分类组织实施。机关处室及直属单位成立考评工作委员会指导实施，多个机关处室和直属单位正职亲自监督。各单位丰富考核形式，结合实际情况探索运用中油e学在线随机组卷等新形式开展笔试考试，同时，在答辩考核过程中充分结合业务能力和日常表现等方面进行评价。直属单位坚持标准、严格程序、过程规范、确保实效。

注重过筛考核的严肃性。为有效区分员工培训效果和能力素质提升差异，考核结果采取强制分布方式。按照岗位序列和专业进行划分，考核结果分为优秀、良好、合格、不合格四个层级，评定优秀的人员不得高于20%，良好不得高于30%，合格和不合格人员不得低于50%。笔试考试低于60分的，最高评定为合格；笔试考试低于40分的，直接评定为不合格。考核过程坚持"四精细四确保"：出题精细，确保理论考试试题的客观性、专业性、系统性；答辩精细，确保答辩组织环节、评价环节客观公正；结果评价精细，确保不单注重考试和答辩成绩，更要结合日常表现、工作业绩等方面综合排序；政策宣讲精细，注重员工的思想教育工作，确保得到员工的充分理解与支持。

2. 强化过筛考核的效果检验

为有效检验各单位过筛考核阶段工作成效，公司组织开展过筛考核结果抽考查验工作。过筛考核工作组牢树严实作风，坚持真考核、真验收、全覆盖，考试人员由工作组随机抽取，重点抽考主要专业、主体装置的专业技术、管理和操作技能员工。采取线上随机组卷和线下随机提问相结合方式，按照各单位管理和技术人员不低于10%，操作人员不低于5%比例进行抽考验证，如出现抽考不及格情况，该人员将视同过筛考核未通过，追究员工所在单位管理责任，该单位过筛考核工作重新组织。最终累计完成抽考582场1385人，抽考人员全部合格，优秀率达92.79%，全员练兵培训成效显著。抽考验证后，通过谈话询问机制收集参训员工的真实意见和建议，进一步完善培训管理工作。

3. 强化过筛考核的结果应用

经过考核，评定结果为优秀的3583人，良好的5115人，合格的9401人，不合格的14人。有效发挥考核"指挥棒"作用，做好培训结果应用，评定为优秀的人员，纳入优秀人员库，进行重点跟踪、重点培养，多为其创造学习成长的条件和机会，确保考有效力、干有动力。对不合格员工，扣除月奖，待岗培训，经强化培训进行补考，实现全员过筛。同时，对各单位各专业排名末位人员进行提醒谈话，累计谈话1022人。提醒谈话对象在次年组织的各类考试中，排名仍在末位，经组织考核不胜任岗位者，进行岗位调整。促进培训效果显性化，与培养、选拔、使用、评价、激励等各个环节高度融合，建立教育培训与干部管理、员工管理、薪酬激励的长效联动机制。

四、实施效果

（一）领导干部更加重视培训

抚顺石化公司党委切实将提高全员能力素质放在重要位置，主要领导亲自挂帅、统筹谋划、推动落实；机关各部门负责人、直属各单位党政"一把手"实实在在地抓细节部署、抓人员配备、抓结果成效，以高度的责任心确保工作层层压实，各环节责任链条清晰，真正做到知责于心、担责于身、履责于行，亲自定方向、理思路、划重点，主持制定本单位活动方案。机关处室及直属单位领导干部带头授课，牵头编制和审核岗位培训标准和专业题库。"管专业必须管培训"工作要求得到贯彻落实，各专业针对不同岗位部门制定大纲，设置培训目标责任，因人、因地、因时、因岗施教，全面提升专业培训的针对性和实用性。

（二）全员培训意识明显提高

员工形成培训常态化意识，借助培训推动力提升能力素质，补齐短板漏项，工作积极性得到提高，达成培训正向反馈闭环。以过筛培训模式为契机，公司全面加快数字化培训转型，推进实施应用培训计划导入、考试、培训专题建设、在线培训等功能，实现全流程线上管理。全年员工主动登录中油e学平台，学习总人次达332万，活跃度99.79%。着重搭建线上课程培训资源体系，推进培训项目实施、练兵考试、专题建设、在线培训、知识分享等功能应用，建立特色专题38项，上传课程554个。促进线上练兵、在线考试等模块应用，实现无纸化培训成果检验，开展在线考试13954场，参考人员28.76万人次，平台使用率在集团公司排名第一，有力迈出培训数字化转型的一大步。

（三）员工素质能力有效提升

有效提升全员安全生产能力意识，助力生产持续优化，年度装置操作平稳率达到99.86%，非计划停工同比下降 8 次，安全生产事故隐患消除 27 起。有效做好"多能手、全岗通"储备，主体生产装置操作员工多岗通比例由 36.3% 提升至 72.6%，增长 36.3 个百分点，突破岗位、工种限制，打造立足岗位成才的"多岗通用型"操作人才队伍，助力缓解一线生产压力。各类优秀业务骨干竞相涌现、崭露头角，充分发挥先进典型的示范作用，激发员工干事创业热情动力。专业技术人员技术序列进一步完善，2 名员工被评为集团公司青年科技人才培养人选。9 名员工被集团公司授予首席技师技能等级资格、40 名员工被授予特级技师技能等级资格，高技能等级资格人员总数位居炼化企业之首。在中国石油天然气集团有限公司第二届创新大赛中，由技术骨干和技能专家组成的参赛队伍获得 3 个一等奖，5 个二等奖，3 个三等奖的好成绩，公司作为"优秀组织单位"在颁奖式上作经验交流发言。在辽宁省和集团公司的多项职业技能竞赛中，13 名员工斩获佳绩、取得奖项。

（四）教育培训工作取得新突破

抚顺石化公司以全员过筛培训模式搭台促发展，立足实际，抓好培训体制机制、保障体系和学习模式创新，推动公司教育培训工作取得新突破。在 2022 年集团公司组织的教育培训工作评估中，积分位列炼化企业第一名，获评"集团公司教育培训先进单位"（图 10）。抚顺石化公司将继续续坚持以习近平新时代中国特色社会主义思想为指引，全面贯彻党的二十大精神，积极落实集团公司人才强企工作要求，围绕"大干三年、奋斗三年"，打造"五个一流"任务目标，持续深化全员"大培训、过筛子"能力提升活动成效，推动常态化全员培训，于 2023 年开展全员"强素质、创一流"培训考核专项工作。形成企业与员工共赢共享的培训工作新格局，为推动公司各项工作在集团公司走在前、做表率，建设一流的现代化炼化企业提供坚实人才支撑和智力保障。

图 10　获评"集团公司教育培训工作先进单位"

案例负责：牟　君
主要创作：尹贤松、王　伟
参与创作：杨　钊、张　彧

基于"六化"模式的全链条人才培养管理体系建设

中交第四航务工程局有限公司

一、案例背景

(一)人才管理工作规划

在中国交通建设集团有限公司(以下简称中交集团)人才工作会议上,中交集团党委书记、董事长王彤宙指出,要在人才选育用管中贯穿市场化、国际化、专业化、区域化、标准化、信息化"六化"建设,深入推进人才发展体制机制改革,以"六化"建设为抓手,切实把人才优势转化为创新优势、竞争优势和发展优势。为深入贯彻中交集团"六化"建设要求,深化企业人才工作,适应企业转型升级的需要,中交第四航务工程局有限公司(以下简称四航局)不断探索优化完善人才工作机制路径,推进人才发展体制机制改革,探索形成了基于"六化"模式的全链条人才培养管理体系,即突出市场化导向、国际化提升、专业化培养、区域化共享、标准化建设、信息化支撑等六个方面采取的系统举措。

(二)全链条人才培养体系建设的意义和价值

1. 是企业深化人才工作的客观需求

市场竞争的本质是知识的竞争、人才的竞争。面对持续演变的国内国际宏观形势和复杂严峻的竞争环境,人才作为第一资源的禀赋特征更加突出,人才工作对企业高质量发展的支撑、驱动作用更加显著。作为具有智力密集、技术密集和劳动力密集等行业特点的现代建筑央企,四航局对高层次复合型人才、核心序列人才等关键人才的需求持续增加。深化人才工作,围绕人才引进、培训、调配、选用等关键业务环节,打造一体贯通、有效串联的全链条人才培养机制建设更显重要、越发紧迫。

2. 是企业转型升级,高质量发展的必然要求。

人才是企业实现转型升级的关键力量,是企业谋求长远发展的根本所在。当前,"十四五"已经开局,持续深入推进企业改革发展与转型升级、不断提升企业可持续发展能力和行业影响力也进入一个关键阶段。要想有效突破发展瓶颈、开拓新兴市场领域,就需要一批具有聪明才智、富有创造力、创新力和活力的人才发挥引领作用,使企业在激烈的市场竞争中赢得优势,为企业转型升级提供有力支撑。

(三)工作面临的问题和挑战

百年未有之大变局加速演进,大国博弈日趋激烈,世界发展格局加快重塑,不确定不稳定因素明显增多。紧扣中交集团的"123456"总体发展思路,根据中交集团"两步走"的战略安排(第一步,到"十四五"末,进入"高质量中交"时代;第二步,到2035年,进入"全球化中交"时代,确保实现创新发展体系、产业发展体系、绿色发展体系和全球化发展体系四大飞跃),今后一段时间四航局人才管理工作面临的问题和挑战主要分为三个方面。

(1)基于传统的模块人才培养工作对企业是高质量发展战略追求的支撑作用不强,亟需建设高效协同的全链条人才培养工作体系。

(2)企业人才培养管理工作是市场经济规律和企业发展规律的反映,企业的人才培养必须紧跟市场走势、紧贴企业所需,因此人才培养工作是一项系统的工作,绝非仅是企业人力资源管理部门的工作,人才培养是体系共建成果共享要求的凸显。

(3)公司"加快建设业界领先、富有活力、受人尊敬的国际一流工程公司"的战略目标,对公司的人才培养工作实效——人才保障和智力支持提出更高的要求。

二、主要做法

(一)方案设计

1. 全链条人才培养管理体系建设目标

建设全链条人才培养管理体系,要紧扣中交集团的"123456"总体发展思路和企业高质量发展的要求,深入推进新时代人才强企战略,始终把干部人才资源开发放在最优先位置,优化设计人才引进、培养、使用工作体系,大力推进重点人才培养工程,为将公司建设成为业界领先、富有活力、受人尊敬的国际一流工程公司提供坚实的人才保障。

2. 全链条人才培养管理体系建设策略

推进落实中交集团"在人才选育用管中贯穿市场化、国际化、专业化、区域化、标准化、信息化'六化'建设,深入推进人才发展体制机制改革,以'六化'建设为抓手,切实把人才优势转化为创新优势、竞争优势和发展优势",在人才规划中把握市场化导向,建立市场化、国际化和专业化的人才选育机制和区域化共享的人才使用机制,并通过标准化建设和信息化手段把企业的人才培养管理进行系统化总结,使其可模式化、可复制、可推广。

(二)组织实施

为推动企业高质量发展跃上新的更高水平,四航局紧跟中交集团人才强企战略部署,不断健全完善人才选育用管机制,探索形成了基于"六化"模式的全链条人才培养管理体系。

1. 突出市场化方向,规划先行,深化改革

(1)人才规划突出市场化导向

一是坚持战略引领,加强人才规划顶层设计,推动人才规划与企业总体规划同谋划、同部署、同落实,前瞻制定人才战略目标,系统筹划人力资源配置,提升公司人力资源顶层设计及管控能力,确保人才规划紧贴中心工作、紧扣发展大局。围绕集团和公司战略布局,结合内外部环境变化和自身实际,深入开展人力资源调研,围绕"两个聚焦"和"四个坚持",制定"十四五"人力资源规划,系统研究年度人力资源策略。

二是坚持遵循市场经济规律和企业发展规律，建立人力资源定期盘点制度，形成年度常态研讨机制，每年根据企业运营、人力资源实际发展情况动态调整公司人力资源发展策略，快速响应公司业务调整和发展实际，灵活应对外部环境变化，确保公司人力资源管理体系及人才培养计划紧跟市场走势、紧贴企业所需。

（2）深入推进市场化的人才发展体制机制改革

一是树牢市场理念，在人才发展体制机制改革中切实以市场化为导向，纵深推进劳动、人事、分配三项制度改革。坚持党管干部原则与市场化选聘相结合，大力推动"干部能上能下、员工能进能出、收入能增能减"按计划实现。强化选人用人的竞争性，突出业绩导向，扎实推进管理人员选聘竞聘，以一岗竞聘带动一序列人才发掘，坚持每年选取一定数量的关键岗位进行公开竞聘，全方位激发干部的干事创业活力；抓实考核管理，中层干部考评、经理层契约化考核、员工绩效考核实现全覆盖；强化结果运用，持续加大干部"能下"、员工"能出"、收入"能减"力度。

二是建立企业内部人才市场，以市场化手段推动人才内部流动。公司建立多序列并行的人才成长渠道，包括管理、技术、项目管理、技能等多序列职位职级管理体系，健全与员工职级通道建设相配套的薪酬激励、绩效考核、选拔培养与人才评价制度，有效实现员工纵向晋升、横向流动，变"千军万马挤独木桥"为"条条大路通罗马"，有力引导优秀人才向公司关键核心技术领域、紧缺急需业务领域和项目一线合理有序流动。建立企业内部人才市场，加强引导和激励员工从主力公司到新公司、从富余单位到紧缺单位，推动内部余缺互济。

2. 突出国际化提升，依托项目，育才引才

（1）建立"海外优先"的人才选拔机制

坚持将海外工作经验融入员工职业生涯规划中，明确把海外业务作为培养锻炼中层干部的重要阵地。引导优秀人才向海外流动，以海外重点项目为依托，选派优秀干部到海外历练成长。在干部选任、交流培养、岗位晋升等方面，对长期在海外一线工作业绩突出的员工，对在市场开发、项目建设、对外交流合作等方面做出突出贡献的人才，适当放宽年龄、职称、专业、资历等条件。例如，公司所属单位主管海外业务的领导班子成员和专门从事海外业务的各级中层管理人员的选拔任用，充分考虑驻外工作经历和业绩；公司及所属单位中层管理人员选拔任用上，同等条件下具备一定驻外工作经历和驻外业绩将作为优先提拔标准；在专业人才通道建设中，将海外工作经验作为任职资格晋升的加分项等。近三年，四航局新提拔局管中层干部中，45% 具有海外工作经历；涉及海外业务的三大主力子公司新提拔干部中，具有海外工作经历占比超过 57%，海外优先的人才选用导向更加彰显。

（2）搭建海外人才三级培训体系

一是大力选拔培养国际化人才，结合公司境外项目多、分布广、涉及专业多的特点，充分运用"四航网院"在线学习平台，科学构建起"线上为主、线下结合、聚焦专业、突出实效"的海外业务培训体系，持续强化海外人才队伍建设。以参建中交网院为契机，结合海外业务人才培训需求，持续优化、丰富在线学习平台。

二是组织开展海外员工学习地图资源盘点和训练工作坊建设，盘点海外关键人才胜任力核心能力指标，构建海外关键人才学习成长路径，明晰各成长阶段的学习内容、学习策略。依据学习地图开展海外关键人才各阶段成长课程体系的完善，切实提高海外员工培训覆盖面和有效性。

三是明确涉外各级组织在人才培训工作中的职责，激发海外项目部用人主体与育人主体在管业务的同时管人才培养的主体意识。组织开展国际商务培训班，邀请集团内外部专家为海外市场人员授课，系统提升海外市场人员的管理水平，为企业海外市场开拓提供坚强保障。

（3）完善健全海外引才机制

夯实海外人才发展基础，用好属地人才，着眼国际化，升级人才招聘平台，强化打造雇主品牌，持续完善并加速推动引才聚才政策落地实施，持续扩大平台影响力，加大海外高层次人才引进力度，打破地域、职业、身份等限制，拓宽选人用人视野，推动海外人才数量和结构优化，采取兼职、项目合作等形式有序推进海外引才。通过海外重点项目、重点科研平台深入挖掘属地国劳务市场，引进属地高端技能人才，加大属地员工占比，提高企业国际化人力资源管理能力，促进企业属地化、国际化水平提升。

（4）畅通海外人才发展渠道

推动海内外人才交流，根据海外业务发展需要，扎实开展公开竞聘，着力通过岗位公开竞聘带动海外优秀人才的发掘与成长。近三年，四航局及所属单位围绕海外业务岗位，开展公开竞聘5场次，成功选聘优秀海外干部6人，并发掘优秀年轻海外业务序列干部一批，进一步加强了企业海外人才库的建设储备。通过组织调配、内部人才市场交流等手段，统筹国内优秀人才向海外重要区域市场、重点大型项目和关键紧缺岗位有序流动、历练成长。建立国内外人才交流共享机制，确保优秀人才能出得去、回得来，切实打通全局干部人才海内外交流通道。

3. 突出专业化培养，打造品牌，精准赋能

四航局聚焦企业战略，紧贴业务实际，持续推进重点人才素质提升工程，从"十三五"的"1513151"到"十四五"的"155311"工程，为不同层级、不同专业的人才提供形式多样、精准高效的培训服务，打造了卓越企管班、中青班、投资人才班、党支部书记轮训等多项人才培养品牌项目，人才培养的系统性、针对性和有效性显著提升。

（1）聚焦头雁工程，提升领导人员素质能力

按照"政治家+企业家"标准，根据职级体系、能力模型，梯队式打造从中青年骨干培训、中层干部培训到卓越企管人才培训的领导素质提升工程，推动各级领导人员政治素养和综合能力全面提升。截至2023年6月，累计开展中青班九期，培训449人次，开班以来公司提拔的中层管理人员80%以上来自中青班；中层管理人员培训班每年两期轮训，依据领导力模型开展针对性主题赋能培训项目；2021年起，启动100名卓越企业管理人才培训项目，针对符合年龄要求的中层管理人员，开展两期卓越企业管理人才培训班，特邀中山大学、华南理工大学管理学、经济学、金融学等多个领域顶尖学者和实战专家进行授课，参训学员层次高、培训时间跨度长、培训内容理论内涵深，着力培养一批符合企业发展需要、具有较强企业运营管理能力的管理型、复合型领导干部，为四航局实现可持续经营发展、有效战略布局和商业模式创新提供了人才保障。

（2）聚焦专业培训，锤炼过硬业务技能

聚焦企业党建、项目管理、海外经营、市场开发、投资管理等重点领域，开展系列专题培训，持续加强关键岗位人才队伍建设培训，培训的系统性、专业性持续提升，重要业务梯队人才培训持续推进，人才培养内生动力持续增强，人才培养开发功效更加显著；大力弘扬工匠精神，承办好国家级、省级技能竞赛，分层分类组织开展技能竞赛，引导广大产业工人走好技能

建功、技能强企之路。自 2020 年以来，公司承办国家、集团、广东省及公司级技能竞赛 8 场，共 16 人获国家及中交技术能手，5 人获广东省技术能手，以赛育才机制进一步强化。

（3）聚焦源头培训，助力新员工快速成长

完善毕业生岗前培训体系，提前进驻高校开展职前培训，系统介绍中交文化、四航文化。在"导师带徒"制度的基础上，创新开展"优才计划"，提供全方位、系统化培训，助力新员工实现"一年雏鹰""两年飞鹰""三年雄鹰"蜕变，为企业发展注入源源活力。每年度举办"优才计划"暨"导师带徒"成果汇报会，优秀青年员工代表通过视频、演讲、歌曲改编等形式，生动形象地汇报导师带徒、优才培养的经历，充分展示了各个阶段的成长收获和感悟。"优才计划"和"导师带徒"是四航局加强青年人才培养的重要抓手，是引导新员工们少走弯路、早挑重担，为四航局可持续发展提供人才保障的重要手段，有利于进一步加强青年员工队伍建设，增强青年员工对四航大家庭的认同感和归属感。汇报展示与分享交流也为新一届新员工提供了宝贵而真实的岗前建议，有利于让新员工加深对四航局的了解，尽快完成角色转变，以更从容的姿态融入职场生活，为四航局高质量发展贡献青春力量。

4. 突出区域化共享，跨域交流，复合培养

（1）开展科研设计、基建主业优秀年轻人才跨板块交流

强化复合型人才培养，根据业务发展需要，创新推动科研设计、基建主业优秀年轻人才双向交流，着力培养一批懂经营、会管理、有技术、敢创新的复合型优秀年轻人才。在交流前强统筹、重谋划，在过程中强穿透、重落实，在交流后强总结、重提升。制定《科研设计板块与基建板块骨干人才专项交流方案》，科学构建交流人员管理体系，理清培养主体权责，明确培养目标要求，建立健全由公司总部、派出单位、用人单位、派出单位培养监督人、用人单位带教责任人组成的全方位人才培养跟踪体系，扎实做好月度跟进、中期交流与年度考评，形成常态化跟踪培养机制。首批 28 人完成双向交流培养后，全面复盘，系统总结，推动跨领域、复合型人才培养机制有效建立运行。

（2）完善人才内部共享机制保障

一是完善机制，加强企业内部人才共享交流建设。制定印发了《中交第四航务工程局有限公司人才交流管理办法》，明确了人才交流的基本原则、交流对象、交流形式、各方管理职责、交流工作程序及有关激励约束保障措施，有效建立健全了局本部和子分公司、项目公司两级内部人才市场，为盘活全局人力资源搭建了良好便捷的互动平台。

二是优化调配，推动人力资源配置总体最优。在实现更优资源投放、绩优人才保留和统筹员工发展合理诉求的基础上，重点加强人才跨单位、跨机构调配，推动开展企业内部人才交流常态化、规范化，切实畅通公司本部与基层单位、基层单位与基层单位之间人才交流，有效推动内部人力资源的余缺互济，也促进了员工在多岗位的历练中成长。

5. 突出标准化建设，优化体系，提升效能

（1）人才培养管理标准化

四航局持续优化三级人才教育培训体系的标准化建设，在纵向、横向上打造出一套全面覆盖、行之有效的立体工作体系。

纵向上，按照管理层级建立"四航局总部—子分公司—项目部"三级人才教育培训管理体系（以下简称三级体系）。明确各层级人才教育培训的管理职责，完善执行监督考核体系，确

保三级体系有效运行。三级体系重心下沉到基层项目上，以示范班、巡教班、送教班、片区联合开展等形式，使基层项目由"用人主体"变为"育人主体"。

横向上，按照业务序列推进专业人才穿透式培训。近年来，四航局强化业务部门对本业务序列人才教育培训的职责，本着"管业务必须管团队""管团队必须管人才培育"的要求，按照不同专业序列，进行穿透式管理＋人才教育培养工作。其中，市场开发、投资、财务业务序列通过对专业序列重点人员和群体点名调训、调岗实训、干训结合，系统开展专项人才培养；安全、质量业务序列通过安全讲座、安全总监培训、安全管理专职人员培训、安全质量巡教等形式，实现业务条线的穿透。上述做法有效助推了专业序列团队建设。

（2）内部知识生产标准化

四航局通过标准化的"23211"内训师培养五步法，结合企业培训师大赛、内训师认证答辩考核，持续推进内训师培养、内部课程开发工作，做好课程资源数据库建设，不断打造优秀的内训师队伍和高质量的精品内训课程库，推动企业知识从隐性转向显性、从离散变为系统，切实提升知识生产运用效能。同时，优化内训管理制度，激发内训师的积极性，加强各单位的培训资源整合共享，发挥系统性优势，有效保障内部培训资源供给。

6. 突出信息化支撑，完善平台，优化供给

（1）人才培养管理信息化

资源供给与学习需求匹配，是组织赋能的关键所在。四航局注重采用信息化管理手段，着力提升学习资源质量及匹配度，持续丰富赋能平台，激活员工内生动力。公司结合集团中交网院在线学习平台，优化在线课程体系，建设四航网院在线学习平台。同时，通过平台同步开通面授课程在线学习，推广在线直播等形式，扩大培训覆盖面。同时，四航局持续开展网院课程中心板块建设工作，推进华南地区精品录课室的建成使用，优化内训资源整合开发，将人力资源管理系统、在线学习平台建设与精品录课室推广、内训课程开发、岗位学习地图实施等有机串联起来，保障培训资源的高质量供给。

（2）搭建个人学习地图

公司运用"721"学习法则，从能力模型、素质模型两个角度，为基层岗位员工的职业发展提供个性化学习指引，推动员工向工作学、向实践学，在完成任务、解决问题中成长。2018年起，四航局持续开展学习地图项目建设工作，先后完成了8个岗位的学习地图设计和实施工作。同时，将学习资源与在线平台建设串联起来，将学习地图与职位职级发展通道、任职资格认证等人力资源管理制度衔接起来，将学习成果有效应用于员工日常工作及职业发展，提升了员工主动学习的热情，实现了从"要我学"向"我要学"的转变。

（三）目标完成情况

1. 人才培养体系运转更加顺畅

在组织体系上，各级培养主体合作更加紧密，三级培养体系运转高效；在业务链条上，破除人才培养工作前后端业务壁垒，人才引进、培训、调配、选用等各环节有效串联，人才培养体系一体贯通、全链运转。2016年起，通过"专业知识＋综合素质＋岗位实践＋小组学习＋教练辅导"混合式培养，从对象筛选、关键点、岗位实践等进行系统设计，共培养60余名投资人才，有效支撑起投资业务发展。

2. 人才培养成果共享更加高效

通过实现课程共享、专家共享、教材共享，各所属单位人才培养工作水平全面提升；各所属单位人才调配交流实现"全局一盘棋"，人力资源配置效用显著增强。公司出台《人才交流管理办法》《跨板块交流专项方案》，打破各单位人才交流壁垒，创新开展板块间人才交流，打造出一批具有规划设计思维、工程咨询能力的经营管理人才和一批懂技术、会管理的复合型人才。

3. 人才培养工作实效更加显著

通过将人才培养内嵌到业务实战与管理实践中，打造了一批特色鲜明、实效突出的品牌培训项目，培养了一支结构合理、素质优良的专业人才队伍，为企业高质量发展提供了坚强的人才保障和智力支持。截至目前，公司累计开展品牌培训项目——中交四航局中青班9期，培训超过400人次三级单位中层干部，开班以来公司提拔的中层管理人员80%以上参加过中青班。针对公司中层管理骨干"企业家"精神培养，开展了两期卓越企业管理人才培训班，提升了关键骨干群体的战略视野、系统思维能力和专业素养，为公司培养了一批符合企业发展需要，有较强运营管理能力的骨干。

三、取得成效

（一）履行社会责任和企业责任等方面

近年来，建立健全全链条人才培养管理体系的建设，为公司高质量发展提供了坚强的人才保障和智力支持，该项目取得的成效主要有以下几方面。

1. 报国强企，转型升级

全面落实国有企业党的建设工作会和国企改革三年行动，升级现代企业治理体系。一是构建规范化决策体系、穿透式执行体系、全方位监督体系，形成了党的领导全面融入公司治理的生动实践。二是"六化建设"贯穿三项制度改革，实现企业转型升级。以市场化为导向，全力推进干部能下，经理层人员任期制和契约化管理、管理人员竞争上岗，全面强化员工公开招聘和全员绩效考核，推动收入分配差异化。

2. 坚持高质量发展，践行央企使命

国际化和专业化的人才培养积累，为公司积极践行国家重大战略，深度融入国家区域发展规划，打赢肯尼亚蒙内铁路等"三大战役"提供了坚实的人才保障和智力支持。近年来，公司累计荣获国家级优质工程奖项超30项，斯里兰卡科伦坡港口城、加纳特码新集装箱码头等项目登上ENR年度全球工程奖榜单。新签合同额、营业收入、利润总额和净资产稳步增长，其中利润总额连续五年稳居中交基建板块第一。近年多次获评中交集团"平安企业"、2021年度优秀企业等。

（二）案例对企业人才管理工作的促进和贡献

1. 匹配企业发展规模和业务发展方向，做好人力资源支撑

2022年以来，公司按照"控制总量、盘活存量、优化增量、提升质量"的原则，践行人

才优先发展战略，统筹推进各类人才队伍建设，优化人才队伍结构，提高人才队伍质量，保持队伍精干高效，科学控制人工成本，激发企业发展活力动力，为加快建设成为业界领先、富有活力、受人尊敬的国际一流工程公司提供了坚强的人才支撑。在人员总量方面，截至2022年年末，公司在岗职工8119人，较上年末增加329人，增长率4.22%，与"十三五"期间的年复合增长率4.3%接近，与企业规模发展相适应。在人工效能方面，"十三五"期间，人均利润年复合增长率12.25%，人工成本利润率年复合增长率8.48%，员工敬业度提升11%，满意度提升15%。公司敬业度水平位于最佳雇主地带，员工对公司的价值观更加认同，对公司归属感稳步提升；公司员工满意度在绩效评估、多样化、培训与发展和公司政策四个方面增长明显，反映了公司在绩效管理、人才培养等方面取得成效。

2. 国际化和专业化成果彰显

（1）人才培养的国际化方面。公司全面强化海外人才优先发展的措施，建立海外优先的人才选拔机制，持续引导优秀人才向公司海外战略业务领域流动、向海外关键紧缺岗位流动、向海外苦脏险累岗位流动，海外优先导向更加鲜明。当前，公司具有境外工作经历员工2073人，占公司职工总数的25.3%，其中局管中层68人，占局管中层的34.7%；子分公司中层521人，占子分公司中层的32.2%。不断健全海外引才机制，通过海外重点项目、重点科研平台深入挖掘属地国劳务市场，引进属地高端技能人才，加大属地员工占比，编制沙特阿拉伯等国家人力资源政策（中英文版），进一步保障公司海外属地用工合法合规，有效提高海外属地化管理水平，为公司海外业务区域及类型的不断拓展提供良好的人力资源支撑。当前，公司已在海外设立22个驻外机构，4个经营性区域分公司，40多个在建项目，遍布24个国家和地区，业务类型涉及港口、公路、桥梁、铁路、市政、海上风电、房建等。

（2）人才培养的专业化方面。公司全面贯彻集团人才工作会议精神，深入实施新时代人才强企战略，加快建设人才新高地，根据企业业务转型发展需要，持续健全人才结构与企业改革发展相协调的动态调整机制，着重解决各专业人才缺口，特别是新业务人才和与公司高质量发展要求相匹配的高素质人才。一是强化规划引领，重点打造六大素质提升工程即"155311"工程，聚焦公司人力资源素质整体提升，持续为各级各类人才发展赋能，有力保障了企业发展所需的重点人才的供给。二是统筹专业培训、人才交流补齐短板，打造品牌培训项目，策划并开展优才计划、中青班、卓越企管班、投资人才半年脱产实战班、跨板块人才交流等多项培养工程，打造了一批培训品牌项目，参加项目人数超过2000人，有效缓解了人才短缺的局面。三是丰富培训形式，实现培训渠道多样化，针对经营、项目、技术管理，青年人才等重点人群，搭建层级丰富、形式多样的培训平台，不断创新人才培训开发机制，有力推动培训资源数据化、培训手段便捷化。四是优化多序列职业发展通道，建立健全多序列职位职级体系，根据不同类型人才成长规律，科学制定培训、培育计划，更加突出战略引领，让晋升渠道从"独木桥"变成"立交桥"。

3. 区域化共享，提高人才使用效率

一是坚持聚焦战略需求，加强员工市场化管理与岗位交流管理，树牢员工管理"一盘棋"思想，推动员工多岗位多平台历练，加大跨单位、跨部门、跨行业轮岗力度，夯实人才本领，强化实践历练，助推全面成长。首批科研设计、基建人才交流已顺利完成，首批28名年轻干部的双向交流培育，为公司深化产研融合、推动主业发展提供了有力的支持保障。二是坚持市场化导向，建立健全公司内部人才市场管理机制，加强人力资源统筹管理，搭建内部人才招聘平台，明晰内部人才流动规则，持续推进总部与基层一线双向交流，引导推进内部人才合理有序流动，人才流动更加规范化、市场化，内部资源充分盘活、优势资源互补利用，市场化管理效能有效提高，实现了企业人才效能的最大化使用。自公司推行内部人才交流以来，跨单位、跨序列交流员工累计达超400人次，企业内部各公司"人才富裕"和"人才短缺"并存现象得到缓解，结构性矛盾得到缓和，人才内部有序交流、有机互动的良好氛围越发浓厚，人才活力持续迸发。

4. 标准化和信息化为管理模式的推广提供条件

一是持续推进人才教育培养体系的标准化，按统一简化、协调和最优化原则，形成标准化的规则制度和工作流程，完善执行监督考核体系，有力推动并确保了公司三级人才教育培训体系的快速落地及有效运转，近年来公司新成立的子公司均能快速完成适应性组织建设并有效建立自我造血机制，职能业务部门均能较好结合业务发展的新需求系统开展专项培训，有力推进专业序列梯队建设。不断打造优秀的内训师队伍和高质量的精品内训课程库，公司现有内训师291名，全年开发内训课程28门，所属单位现有内训师348名，全年开发内训课程319门，内部案例萃取、内部经验传承效率大大提高。二是持续加强学习资源数据化，大力提升学习资源质量及匹配度，有机串联学习资源产出与在线平台建设，有效衔接好个人职位职级发展通道、任职资格认证的需求与学习的需求，已完成的8个岗位的学习地图得到基层员工的广泛认可，并被大量使用。公司同时通过平台同步开通面授课程在线学习，推广在线直播等形式，持续扩大培训覆盖面，2022年公司开展在线形式课程超过29门，通过线上参与培训超过10000人次。

（三）获得荣誉

人才是企业发展的第一资源，公司全链条人才培养体系提升了全局人才培养统筹能力，较好地支撑了公司业务的发展，为公司年度经营目标的完成提供了有力的人才保障，公司连续多年获评中交经济效益类荣誉。公司人力资源部（党委组织部）连续多年获得四航局业绩特别优秀奖，先进基层党组织称号。

一是四航局人才开发和培养工作突出，成绩也得到了中交集团的充分认可，2023年四航局揽获了2022年度全国职业技能竞赛试验员、起重工两个项目团体总分奖第一名，被授予"突出贡献奖"，并获得了集团教育培训先进单位称号，广州航务分院获中交集团标杆分院称号；《四航局项目典型岗位员工学习地图设计案例》获集团"改革调整与品质提升年"活动重点案例奖等。

二是公司人才开发和培养工作收获硕果。近年来，公司员工获全国五一劳动奖章1人，获全国技术能手奖3人。四航局现有交通青年科技英才2人，百千万人才工程国家级人选1人，全国优秀科技工作者1人，享受国务院政府特殊津贴人员15人，全国水运工程勘察设计建造大师1人，中国交建优秀海外商务人才1人，茅以升科学技术奖–建造师奖1人，中国水运建设行业协会专家25人，全国水运工程建设优秀项目经理、全国工程建设优秀项目经理、全国建筑业企业优秀项目经理等各类优秀项目经理共计54人次，中交技术能手7人，中国交建优秀技术专家3人。

四、经验总结

（一）案例在规划和执行过程中的先进经验

1. 坚持人才规划与企业总体规划同步谋划

案例在规划过程中，最核心的一点是强化顶层设计，围绕集团和公司战略布局，科学制定人力资源规划，有效提升公司人力资源顶层设计及管控能力。本案例中公司坚持人才规划与企业总体规划同步谋划的理念，紧跟集团发展战略布局和"十四五"人力资源规划，结合内外部环境变化和自身实际，聚焦集团人才工作会议新要求新举措和企业"十四五"总体发展规划安排，系统谋划制定公司"十四五"人力资源规划，提出了"建设一支规模适度、素质优良、结构合理、竞争力强、富有活力的人才队伍，构建一套科学规范、开放包容、运行高效的人力资源管理体系"的人才战略目标，并制定吸纳、维系和激励人力资源的一系列政策和措施，形成了基于"六化"模式的全链条人才培养管理体系，为公司人才培养提供明确的指引，为公司战略落地建立良好的人力资源基础。

2. 聚焦企业战略，科学开展人才盘点及需求调研分析

全链条的人才培养管理体系要想切实为企业发展发挥作用，就离不开全面、科学的人才盘点和需求调研分析。本案例中，公司聚焦企业战略，结合外部环境（国际、国内、行业）、内部环境（集团发展要求、公司发展要求）对人力资源的要求进行分解，通过问卷调研、专题座谈、个别访谈等形式，深入开展人才盘点及需求调研分析。围绕人力资源总量、质量和结构进行全方位盘点，进一步理清公司未来发展人才需求，为基于"六化"模式的全链条人才培养管理体系提供了人才信息数据支撑。

3. 有效建立人才规划落地执行过程纠偏机制

一是做好宣贯定期检视。每年定期组织专题交流会议，切实强化对集团和四航局两级人才发展战略的宣贯学习，推动企业人力资源规划落实落地。二是召开年度人力资源策略研讨会，系统检视规划执行情况、人才培养体系运行情况，理清年度人力资源管理工作思路，明确年度重点工作任务。三是建立健全人才培养穿透管理体制机制，强化三级培训体系运转监督考核，加强本部业务部门人才培养指导，搭建横纵结合的立体培养工作体系。

4. 多措并举保障人才培养管理体系高效运转

一是加强党对人才工作的领导。全链条人才培养管理体系的建设和实施，需要进一步牢固树立党管人才的思想理念，坚持公司党委对人才事业的领导，充分发挥党委在明确用人标准、规范用人行为、提高人才质量、强化监督管理等方面的领导作用，把各方面优秀人才聚集到公司发展中来，推动各方面力量把人才管好用活，为人才成长和发挥作用提供更有力的支持和更优质的服务，为一切有志成才的员工提供更多发展机遇和更大发展空间，推动形成全公司识才、爱才、敬才、用才、育才的浓厚风气。

二是加大资源及政策支持力度。牢固树立人才资源是第一资源、人才资源投入是效益最大投入的观念，实施人才资源开发适度优先战略。加大人才培养管理体系建设投入，保障人才开发与培养的各项重点措施的顺利实施。人才培养费用严格按照方案明确、使用规范、注重效益的原则进行管理，突出重点培养任务，找准经费投入方向。

三是大力营造良好的成长环境。大力营造尊重知识、尊重人才、尊重创造的良好风尚，积极倡导专业化、职业化、国际化的成才理念，广泛营造鼓励人才干事业、支持人才干成事业、帮助人才干好事业的良好氛围。

四是夯实人才信息平台。以人力资源信息系统为载体，夯实以人力资源共享服务为基础的人力资源信息化管理平台的建设，提高人才培养工作效率。

五是加强实施监督管理。充分利用各种渠道、各种机会，宣传全链条人才培养管理体系，充分调动公司方方面面的积极性和创造性，建立全链条人才培养管理体系运行的监督、评估机制，对执行情况进行定期监测和评估，按期制定规划执行情况评估报告，结合公司发展的新形势、新要求对规划进行及时调整，确保人才培养管理体系满足公司"十四五"时期人才发展要求。

（二）优化和改善建议

1. 健全人才信息数据库，提升人才培养信息化水平

目前，公司人才大数据的运用、基于大数据的人均效能分析系统、基于大数据的人才选拔与岗位配置等需要进一步提升，人才开发和提升信息化水平有待进一步提高。下一步，公司将进一步推动人才开发培养信息数据集成，进一步破除人才培养工作前后端的业务壁垒。

2. 创新人才培训方式，拓宽人才培养渠道

公司目前人才培养的形式较为单一，系统协同能力不足，以培训和在岗实践为主要发力点，业务系统的融入度有待进一步提高，基层项目部人才培养主动意识不强，员工自主学习的渠道有待进一步健全。下一步，公司将以加快建设公司在线学习平台为抓手，打造"四航网院"新平台，充分发挥"互联网+教育培训"的优势，为广大员工提供丰富多样、广泛覆盖、使用便利的培训学习渠道。持续开展在线直播、面授+直播等形式培训项目，不断丰富在线课程资源，优化在线课程体系，推动建成覆盖全员、分层分级的培训课程体系，为基层项目自培训工作开展提供资源支撑；完善培训支持服务，把在线培训的灵活性、扩展性、可复制性等优势在常态员工培训中逐步利用起来，实现培训全方位、数字化、全球化的转型发展；规划应用好"线下线上融合"的培训场景，双管齐下完善员工终身学习体系，加速推进学习型组织与学习型员工建设。

五、推广应用

当前，建筑行业竞争激烈，外部经济环境持续走弱，建筑企业经营生产普遍面临较大压力，企业发展从高增速向高质量转变，关注重点也将从劳动力缺口向专业人才缺口转移，特别是行业领军人才、新业务人才，以及与企业高质量发展要求相匹配的高素质人才，将成为企业用人需求的焦点，如何更加敏捷、快速、灵活地用好、培养好企业的人才将成为未来人才管理工作的重点。在追求规模经济、产业集群、产业链一体的新形势下，传统的人才培养方式方法已无法满足企业高质量、多业务发展战略追求对人才培养速度及质量的要求，本案例聚焦企业战略，建立基于"六化"模式的全链条人才培养管理体系，围绕人才引进、培训、调配、选用等关键业务环节，匹配企业业务发展规模和发展方向，打造一体贯通、有效串联的全链条人才培养机制，使人才培养工作更加系统，使培养的人才素质更加全面。例如，在本案例全链条人才培养

通过探索开展"专业知识+综合素质+岗位实践+小组学习+教练辅导"的混合式培训模式，从对象筛选、关键点、岗位实践等进行全链条的系统设计，创新开展首批28名科研设计、基建人才交流，为公司高层次复合型人才培养提供了有效的实施路径，为公司精准培养专业化人才提供了有力支撑。

考虑案例主体为建筑行业大型央企的二级单位，业务涵盖多个板块，经营建设区域范围广，且人才管理培养体系涉及"国际化""区域化""标准化"等内容，因此本案例可推广应用的单位主要为规模较大、业务涉及较多、业务区域将广的集团公司或所属单位。

案例负责人：陈丹钿

主要创作人：陈丹钿

参与创作人：吴中舟、林　斐、朱智伟、李建龙、钟佳熹

深化"三器"内涵，促进专家工作室作用发挥

中国石油天然气股份有限公司辽河石化分公司

一、背景介绍

辽河石化公司始建于1970年，原油加工能力550万吨/年，主体装置30套，员工总数2200余人，相对于同规模先进炼化企业员工总量偏大、平均年龄偏高。

辽河石化公司现有在岗技能操作人员1435人，平均年龄45.8岁，45岁及以上技能操作人员占74%。其中，30岁及以下99人，占7%；31—40岁120人，占8%；41—50岁909人，占63%；51—60岁，307人，占22%（图1）。一线队伍技能操作人员684人，占47.7%，平均年龄43岁，45岁及以上操作技能人员占63%。

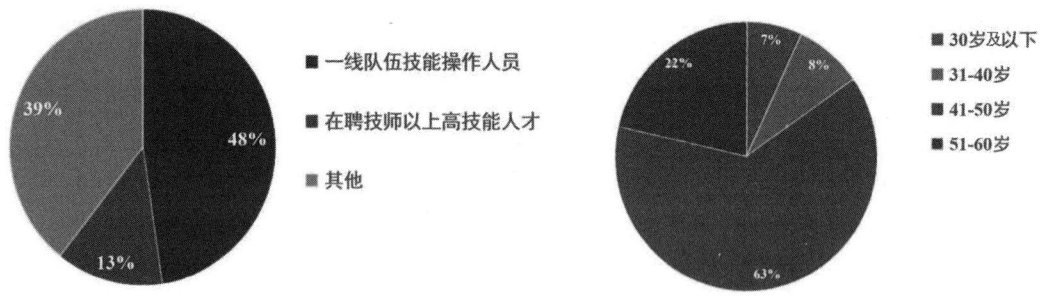

图1 技能人才结构分析

在聘技师及以上高技能人才共计186人，占在岗操作技能人员13%，平均年龄48岁，其中45岁及以下44人；集团公司技能专家4人，企业技能专家4人，特级技师9人，高级技师64人，技师122人。

以上统计数据显示，辽河石化公司技能操作人才队伍"太老"，年轻工匠能手"太少"，技能人才队伍接续"堪忧"。技能操作人员年龄结构整体老化，顶尖工匠能手不足，现有集团公司技能专家4人，企业技能专家仅4人。技能较高人员仍停留在参与处理本单位出现的技能难题和技改课题层面上，能够单独主持处理问题的人员较少，能够主持或参与处理集团公司级难题的顶尖工匠匮乏。未来5年，平均每年有100名左右操作工人退休，而每年新增用工指标只有20个左右，"退五进一"难以保证操作人员队伍的有序接替，无论是生产装置还是生产辅助装置都向人事部门喊缺员，"既多又少"的队伍结构性缺员矛盾突出，如何在现有的技能人员队伍中"拔苗助长"和加大转岗人员、新入职员工培训培养力度迫在眉睫。

二、工作成效

搭平台、建机制、促创新，发挥技能专家工作室技艺传承路由器、名师工匠孵化器、研产

销服助推器"三器"作用，创新技能人才培养模式，着力提升技能人才使用效能，为公司高质量发展提供了技能人才保障。

（一）技能人才队伍不断壮大

两年来，辽河石化公司新增技师62人，高级技师25人，其中新聘任首席技师6人，企业技能专家2人，集团公司技能专家1人，培养"石油名匠"后备人选（全国技术能手）1人；遴选"辽宁突出贡献高技能人才"1名和"辽宁技术能手"人选13名，推荐盘锦工匠2人。辽河石化公司高技能人才占操作技能人员比例13%，在技能攻关、技改革新、技艺传承方面发挥着重要作用（图2）。

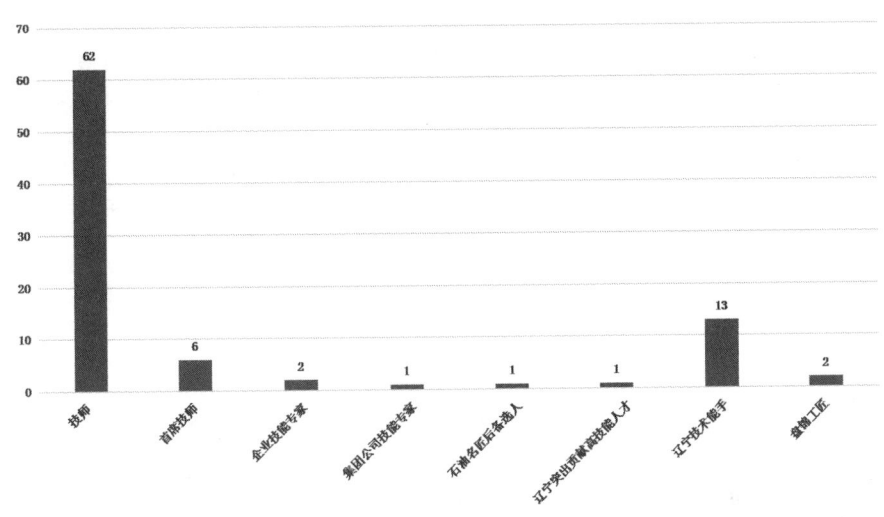

图2　辽河石化公司两年来新增技能人才结构分析

（二）创新创效能力显著增强

辽河石化公司将技师、高级技师按照工种和专业方向分别融入5个技能专家工作室中，将首席技师及以上高技能人才统筹融入技术技能双领衔专家工作室，搭建创新创效平台，让"红工衣和白大褂"形成合力，为生产一线创新创效、解决生产难题提供强有力的人力资源支撑。2022年，辽河石化公司获评集团公司级一线生产难题3项，"提高汽油+液化气收率"项目攻关效果明显，产品分布大幅改善，汽油+液态烃收率超过67%，较改造前的54.45%提高了10余个百分点，较设计值提高了3.06个百分点；"负极材料用石油焦的原料配方优化与产品开发"项目解决了"普通石油焦经过石墨化造粒两次后才能生产负极材料"的难题，辽河石化石油焦经过石墨化造粒一次后就可以形成负极材料，在负极材料生产工艺上有明显优势，以辽河石化石油焦为原料生产的负极材料在作为光伏发电储能电池的材料方面性能表现优越，在绿色能源领域的市场更为广阔；"气柜氧分析仪"经过技术攻关，精细过滤器清理周期由1周延长到2个月，同时实现了预处理系统完全堵塞前的报警和系统在线处理功能。

（三）研产销服项目有序推出

自2021年8月起，辽河石化公司第一批研产销服一体化项目共立项3个；2021年11月，第二批立项3个，至2022年10月，这些项目的增效情况如表1所示。

表1 研产销服一体化项目情况

序号	项目名称	技能专家工作室参与情况	项目增效情况
1	环保阻尼沥青的系列化及改性升级研究	机泵维修钳工、仪表维修、常减压蒸馏工作室	累计增效509万元
2	极寒环境用水工改性沥青的开发	机泵维修钳工、仪表维修、常减压蒸馏工作室	累计增效120万元
3	优化辽河石化资源及工艺提高变压器油及环保橡胶增塑剂产率的技术研究及应用	机泵维修钳工、仪表维修、催化裂化工作室	累计增效271万元
4	钻井液基础液的开发与应用	机泵维修钳工、仪表维修、催化裂化工作室	累计增效303万元
5	导热油的开发与市场推广	机泵维修钳工、仪表维修、延迟焦化工作室	累计增效259万元
6	重质环保橡胶增塑剂的研究与推广	机泵维修钳工、仪表维修、延迟焦化工作室	累计增效290万元

从表1数据可以看出，研产销服一体化项目在经济效益、社会效益、管理效益方面，产生了显著的影响。

三、主要做法

为落实《辽河石化公司人才强企工程实施方案》，稳步推进技能人才培养开发专项工程，打造一线生产智库和创新平台，辽河石化公司自2021年起着手创建技能专家工作室。按照"三器、四抓、五带"的"345"的管理思路，为适应数字化转型和用工方式转变需要，聚焦知识更新和能力提升，突出创新创效，造就了一支技能本领扎实、基层骨干能力过硬的石油铁军。

（一）明确"三器"定位，以上率下立论定向

2021至2022年，辽河石化公司相继建成了延迟焦化、常减压蒸馏、催化裂化、仪表维修4个企业级技能专家工作室和1个技术技能双领衔专家工作室，改造升级了1个集团公司级机泵维修钳工专家工作室。6个专家工作室由技能专家领衔，集中技术、技能人才优势，矢志把专家工作室打造成为"技艺传承路由器，名师工匠孵化器，研产销服助推器"，力争用3年左右的时间实现"三个推出"，即推出专利技术、创新创效新项目，推出技能专家新人选，推出研产销服新成果。

1. 传帮带学重引领，打造技艺传承"路由器"

为有效发挥专家工作室技艺传承作用，辽河石化公司在制度上顶层设计、资金上大力投入、举措上助力赋能，关注技术技能"洼地"和传承"短板"，健全技能领军人才带徒传技机制，逐步形成了"一名技师一面旗，一面旗帜带全局"的辐射效应。以培养技能骨干人才为目标定位，开展"名师带高徒"活动，搭建平台，组织实施和效果跟踪，逐渐形成一级带一级的良性技能人才成长机制，带出了一批技术技能接续和领军人才。

2. 攻关研发求突破，打造名师工匠"孵化器"

技能专家工作室结合企业发展和生产实际问题，以解决一线生产难题为出发点和落脚点，

做好课题分析和创新立项工作，积极开展技术攻关，引用科学的创新方法和创新经验，产生了一批创新成果，培养了一批实践经验丰富的高技能人才。公司高级技术专家曾海负责指导，开展技能人才撰写科技论文工作，引导各级技能专家、首席技师、高级技师总结实践经验，提炼出有益的思路和创新点形成科技论文，在公司期刊上组织出版了一期"辽河石化技能专家"专刊，刊发了技能人才撰写的18篇科技论文，大幅度提升了技能人才的科技创新能力和论文写作水平。

3. 关键节点保科研，打造研产销服"助推器"

辽河石化公司在研究院设立技术技能双领衔专家工作室，由公司高级技术专家曾海和集团公司技能专家肖国营共同管理。工作室成立以来，坚持每月例会制度，总结经验做法、交流技术心得，组织技能人员积极参加各类科研项目的小试、中试试验，在自动控制、设备维修、工艺改进、试验操作等方面有效推动了科技创新工作顺利实施，获得了丰硕的成果，并在成果使用过程中不断对其优化和固化。

（二）聚焦"四抓"，以点带面重点突破

1. 精准施策，抓组织引领

以"百优示范站队"创建为抓手，选优配强基层一线技能骨干力量，修订《辽河石化公司技能专家工作室管理办法》，明确专家工作室工作职责、领衔人管理职责和专家工作室工作目标任务，制定年度工作计划，签订年度工作任务书和工作室带徒协议。制定《辽河石化公司高技能人才管理实施细则》，开展一线生产服务、技术技能交流、技改革新、人才培养等工作，有序培育壮大首席技师、企业技能专家队伍。解决装置生产难题，为装置生产提供技术技能服务支持，确保生产设备、工艺装置的稳定、安全、高效运行；参与装置技术改造项目，解决生产现场关键技术问题或提出合理化建议，开展装置生产创新创效、提质增效活动和技术技能交流；参与装置技术项目攻关，总结生产绝技绝活和特色操作方法，推动创新成果和技术成果转化应用；承担和参与技术技能培训，在生产实践、技能攻关中进行传帮带，重点培养高技能人才后备骨干力量。

2. 聚焦重点，抓技能提升

周强技能专家工作室根据工作任务，将公司转动设备的检修人员分成6个检修小组，由工作室核心成员担任检修组长。为确保检修质量，检修前开展了各检修小组的操作规范、操作规程的培训，特别是通过工作室成员以自身积累的窍门、方法等总结成培训课件对操作人员及工作室成员进行培训交流，提高了受训人员的技能及拓展经验。此外，在检修中及时开展现场培训，就重点设备、重点部位、运行原理、拆装方法、调整原理、关键数据点等方面开展培训。肖国营技能专家工作室以100万吨/年延迟焦化装置作为实训场地，模拟操作训练，紧紧结合技能人才队伍建设和服务一线生产，持续开展了培训、攻关、交流、创新、研发等活动。在大检修期间，工作室通过召开检修前周例会讨论停工、检修、开工过程的细节问题，进一步细化停工前人员安排；每一名高级技师、技师带领本小组人员（外操）熟悉上线流程，并进一步熟悉检修改造内容；收集整理停工过程中反映出来的问题，现场进行实地指导，并适时召开工作室会议进行培训讲解，对好的操作方法进行总结、推广；通过大检修期间的培训和现有装置的优化改造，保障装置的安全平稳运行。不断探索新设备、新工艺、新技术的应用与研发推广，履行总结与传授新成果、绝技绝活、先进操作技术的责任与义务，并及时宣贯、推广。

3. 拓宽思路，抓典型示范

充分发挥技能专家工作室的培训和引领作用，通过解决生产技术难题，将创新成果、绝技绝活、具有特色的生产操作法及时总结推广，扩大实用技术技能传承覆盖面，强化人才培养功能，作为高技能人才的孵化室，做好传授技艺，实现技能传承。参与公司重大技术技能革新和技术攻关项目，加强专业技术人员和技能人员的交流与合作。安排各工种技能领军人才参加专题理论研修、前沿技术培训、创新成果分享，开展定期例会、专题研讨、课堂观摩、档案管理、考核评价等常态化管理，创新"导师跟踪制、课堂交流制、课题引领制、成果辐射制、资源共享制"等方式方法，同时加大征集一线生产难题和申报技能人才创新基金项目力度，开展一线创新成果案例征集推荐工作，加大推广力度和奖励额度。

4. 发挥优势，抓"关键少数"

林辉技能专家工作室在大检修中，充分利用高技能人才优势，带领工作室成员参与各项重点检修项目，以及大量关键仪表、机组的检修工作，解决了各类生产瓶颈问题，有效保障了检修任务顺利完成。陆生技能专家工作室在大检修期间，积极参与各项装置工作，根据成员构成及装置运行情况将人员分设四个生产服务活动小组开展一线生产服务活动，注重人才培养，利用装置检修有利契机，深入现场开展装置开停工操作、管线吹扫、塔器蒸洗试压等一系列操作培训及设备打开后实体结构培训和技改项目培训；充分发挥高技能人才技能优势，参与四套装置技改项目累计50余项，利用大检修契机累计解决装置级难题 6 项、部门级难题 6 项、企业级难题 2 项。

（三）深化"五带"机制，齐头并进整体提升

全面落实职业技能提升行动，建立终身职业技能培训制度，全面提升操作队伍技术技能水平。对技术和技能有较高要求的岗位，实行工程师、技师"双师制""五带"培养机制。落实《辽河石化公司新入职员工培养及考核实施方案》，在技能专家工作室核心成员中为新入职员工选优配强业务导师和职业生涯规划导师，实行"双导师"培养，通过轮岗锻炼、定向培养、跟踪考核评价、严格奖惩等手段利用 3 年时间将新入职人员培养成为高素质的后备人才队伍。

1. 带思想

一是"双导师"每天给徒弟上 10 分钟"微课"，重点讲解形势目标任务、规章制度等，地点不限、时间灵活，形式可以是导师自己讲，也可以利用公众号、网站、视频等新媒体上课。二是导师经常性与徒弟谈心谈话，切实履行帮带义务，掌握徒弟思想动态，发现不良苗头倾向及时沟通疏导、解疑释惑；徒弟及时、认真向导师汇报思想和工作、学习情况，有困难及时反映，寻求帮助和解决方法，确保全身心投入工作。

2. 带作风

"双导师"充分发挥模范带头作用，以"敢打硬仗、敢啃硬骨头"的精神严格要求自己，带头大兴求真务实、团结和谐、真诚服务的良好作风，严格执行制度规范，工作冲锋在前，用实际行动带领徒弟不怕吃苦、敢于担当、敢于负责，以优良的职业道德培养徒弟良好的思想作风和工作作风，共塑良好企业形象。

3. 带安全

"双导师"每天对徒弟进行一次安全知识问答，加强安全教育，切实强化徒弟的安全生产

意识，内容以操作规程和安全生产相关规章制度讲解、作业危险点分析、防爆工器具使用、安全防护用品穿戴等为主，"双导师"带领并监督徒弟遵章守纪，做到无违章指挥、无违章操作、无违反劳动纪律，切实防范各类事故发生，实行师徒安全责任连带奖惩，促进导师在安全素质上帮助提高、在安全措施上协助把关，确保公司安全生产、经营管理等各项目标任务全面完成。

4. 带技能

"双导师"通过对口帮带、项目帮带等形式，以实际操作、现场指导为主，有针对性地给予辅导培训，尽量减少纸上谈兵，带领徒弟在干中学、在学中干，边处理问题、边岗位练兵，从操作规程的标准化执行到装置设备的认知处理等制定详细措施，使徒弟的业务技能水平尽快满足生产需要。此外，鼓励徒弟学以致用、学有所用、学用结合，利用公司员工"轮流上讲台"机会，分享所学所得，做到互相学习、互相促进，共同提高技能素质。

5. 带业绩

"双导师"带徒活动不仅要将落脚点放在提升员工综合素质上，更要放在提升工作业绩上，导师要结合师徒各自岗位特点，围绕优化经济技术指标、对标提升、提质增效等方面工作，针对操作中出现的设备故障、生产波动等，以"小课堂"的形式及时讲解问题处理方法，不断增长经验、强化操作能力，带动绩效提升。

四、启示

（一）创建并用好专家工作室，是促进技能专家效能发挥的关键

为两级技能专家创建专家工作室、提供活动场所、组建攻关团队，能更好地发挥技能专家"头雁"作用，提升高技能人才成就感、获得感、动力感、荣誉感。明确专家工作室定位、制定工作室管理标准、用好专家工作室是促进技能专家效能发挥的关键环节。

（二）全方位开展"名师带徒"活动，是做强技能人才接续培养的重要载体

依托专家工作室成员，为新入职员工和转岗员工选优配强业务师傅，坚持"人人皆为人才，人人皆可成才"理念，将绝招绝技和操作工作法中的经验显性化，实现精湛技艺在更广范围传承发扬，是做强技能人才队伍的关键所在。

（三）宽领域推进"红工衣白大褂"联动，是融合技术技能人才创新创效的有效途径

依托技术技能"双领衔"专家工作室，为"红工衣"与"白大褂"双向合作交流提供广泛领域，让技术难题从生产现场走进实验室、科研成果走进生产现场，实现实验研发与成果应用无缝对接、科技与生产深度融合，有效促进高技能人才创新创效。

案例负责人：马　楠
主要创作人：寇卫民
参与创作人：朱寅菲、陈　雪、李巧玲

第七部分

企业文化与和谐劳动关系

内外合力，协同打造天江药业"1+2+6+4"特色雇主品牌体系

江阴天江药业有限公司

一、企业介绍

江阴天江药业有限公司（以下简称天江药业）创建于1992年，隶属于中国医药集团下属的中国中药控股有限公司，是中药配方颗粒行业的开创者和领跑者。天江药业以江阴为地区总部，现有职工3000余人，在全国布局14个产业园，打造药材资源、中药饮片、中药配方颗粒、大健康产品四大业态，建立全生命周期服务的产品体系，助推中药传承创新发展。

天江药业秉承国有企业建设中国式现代化使命担当，推进企业高质量发展。坚持科技兴企，拥有国家企业技术中心、江苏省重点实验室、刘良院士—江阴中药产业研究中心等多个研发平台，荣获国家科技进步奖二等奖，获批国家标准65个、省级标准131个，承担国家级科技项目23项、省级项目15项；坚持质量稳企，获得TGA、KOSHER、ISO等多个国内外认证，荣获江苏省省长质量奖；坚持数字活企，获评工信部智能制造新模式项目、科技部两化融合项目、江苏省智能制造示范车间；坚持人才强企，拥有陈可冀院士工作站、禤国维国医大师工作室、汪受传名医工作室，荣获人力资源管理杰出奖，获评全国和谐劳动关系创建示范企业、最具发展潜力雇主、最佳雇主品牌优秀企业。

未来，天江药业将持续秉承"中医药让现代生活更美好"的使命，打造"成为中药标准化、现代化和国际化的持续领跑者"的愿景，践行"担当、协作、创新、进取"的价值观，加快实现"五年百亿，持续领跑"的战略目标，为振兴中医药事业，为健康中国建设贡献力量！

二、项目背景

党的十八大以来，习近平总书记高度重视中医药工作，为中医药传承创新发展指明方向，强调要遵循中医药发展规律，传承精华，守正创新，加快推进中医药现代化、产业化，推动中医药事业和产业高质量发展，这也对中医药人才培养提出了更高的要求。

自2015年加入中国医药集团后，天江药业进入飞速发展阶段，人才需求量剧增，但由于中药配方颗粒行业狭窄，企业缺乏深入人心的雇主形象，因而在市场人才竞争中不具备优势。短期内大量新生代人才涌入，企业缺乏现代化人才管理手段，导致内部人才结构失衡、关键人才流失严重。因此雇主品牌建设的战略意义日益凸显。

天江药业始终坚持贯彻习近平总书记关于做好新时代人才工作的重要思想，以国家战略需求为导向，以产业需求为牵引，重点打造天江药业特色雇主品牌体系，重点培养配方颗粒行业领军人才，加快建成中医药行业重要人才中心和创新高地，推动中药配方颗粒行业高质量发展。

三、建设目标

天江药业以习近平新时代中国特色社会主义思想为指导，紧密结合公司"十四五"发展战

略，精确感知市场人才动态，凭借中央企业的文化自信、科研实力及社会责任不断丰富价值定位内涵，凝练出"梦汇天江，药创不凡"的价值主张，来承载天江雇主品牌建设目标。通过对内、对外两条主线并行的建设思路，引入"向心力、持续力、推动力、承载力、吸引力、影响力"的六力理念，纵深推进六项具体建设举措，取得"价值度、合理度、专业度、竞争度"的四度成果，形成由一个目标、两条主线、六项举措、四大成果构成的"1+2+6+4"天江特色雇主品牌体系（图1）。

图1 天江特色雇主品牌体系

天江药业将基于已有的雇主品牌体系不断优化，以雇主品牌的战略延伸为目标，为公司整体的发展提供战略化的人才竞争策略，同时全面布局以天江总部为核心，向全国子公司辐射的集团化雇主品牌战略，在雇主品牌建设成果方面进行更高的追求。

四、建设方法

（一）积蓄内生力量，打造"幸福天江"名片

1.绘制和谐劳动关系同心圆，筑牢雇主品牌向心力

以雇主品牌建设和传播为出发点，多措并举，共同构建合法合规、合情合理、持续完善、互惠共赢、和谐稳定的劳动关系，以建设"五家"为品牌目标，努力营造出和谐的工作氛围，共同绘制和谐劳动关系同心圆，筑牢雇主品牌向心力。

（1）完善合规体系，建设"和谐之家"

建立劳动争议调解机制，以前瞻的视角构筑完备的劳动关系管理体制，以专业化的能力预防劳动争议发生以及发生后快速有效应对；同时成立专项工作小组，定期组织开展劳动法律知识培训，组织开展劳动法律实施情况的监督自查活动。

（2）保障身心健康，建设"安全之家"

一是加强职业健康呵护。持续改善工作环境，定期进行职业病专项体检，督促安全管理部门做好职工的劳动保护，确保职工的生命健康。二是调动专业资源，为员工健康保驾护航。每年开展员工健康体检、"名医进企"活动、"三伏贴"特色义诊活动，为职工提供"一站式"健

康服务。三是开展心理援助。提供员工心理援助（EAP）服务，筑牢职工心理健康防线。

（3）共创共建共享，建设"文化之家"

一是企业文化共创。天江药业联合外部咨询机构，与全体员工共同探讨，提炼出了富有特色的企业精神和健康向上的企业文化。二是关爱体系共建。天江药业始终坚持以员工为中心的文化理念，逐步建立了员工入转调离、员工健康、员工福利、员工发展、员工生活、员工精神文化活动六大员工关爱体系。通过多层次全方位的服务举措，在"润物细无声"中不断增强企业凝聚力，营造和谐温暖的企业文化。

（4）丰富职工生活，建设"活力之家"

公司工会把关心职工群众切身利益、提高职工幸福感作为工作重点，创新"多彩中药·幸福天江"品牌项目。为丰富员工文化生活、提高文体竞技水平，建立了员工活动中心，内设瑜伽室、健身房、乒乓球室、桌球室、图书茶吧等，大大激发了员工的活力。

（5）关怀呵护职工，建设"爱心之家"

一是发放暖心福利。公司工会秉持"以人为本"的宗旨，定期发放工会会员福利（如生日福利、节日福利、书券、电影券等）。二是多渠道关心员工，如设立母婴室、班车设置孕妇专座，以及对生病住院、生育、丧事等职工给予及时慰问。三是设立关爱基金，自发组建员工关爱基金会，建立困难职工档案，开展困难救助，以温情凝聚员工。四是开展退休座谈，切实做到对退休员工在政治上多关心、在思想上多沟通、在生活上多照顾，让退休员工建言献策。五是推进职工医疗互助，给职工更多"医"靠。六是提供团队意外险，给工作存在意外风险的职工购买意外保险，确保职工安心工作。

2. 建立荣誉激励体系，锻造雇主品牌持续力

天江药业建有以年度为周期的评奖评优体系，覆盖优秀个人和优秀团体。以此为基础，进一步推进荣誉体系与企业文化的深度融合，进行荣誉体系的顶层设计，充分发挥精神激励效果，构建了以"荣耀勋章""芙蓉花纪念章"为载体的激励体系（图2），以功绩导向、公平公正、多措并举、精神激励、人才培养五大原则，对员工进行荣誉表彰，进一步激发员工干事创业的热情。

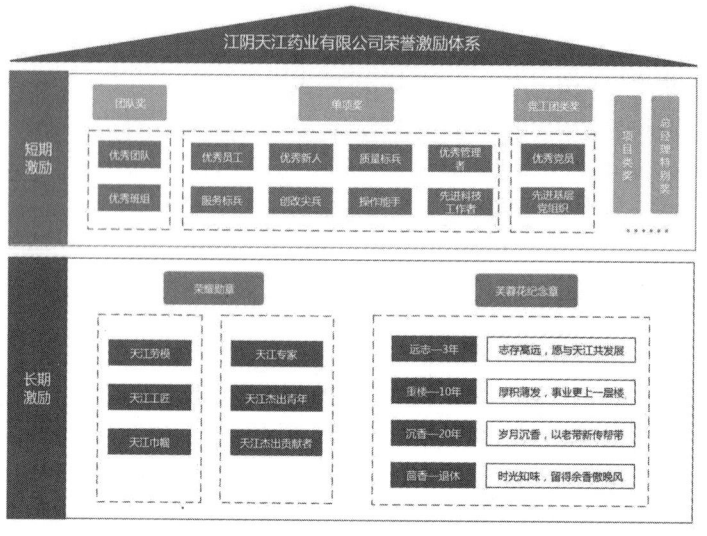

图2　天江荣誉激励体系

3. 完善全面人才评价体系，巩固雇主品牌推动力

建立科学的人才评价机制，对树立正确用人导向、激励引导人才发展、调动人才创新创造积极性、加快建设人才强国具有重要意义。因此天江药业要想建设人才新高地，就要在坚持党管人才的基础上，破立并举，建立以创新价值、能力、贡献为导向的人才评价体系。

天江数字化平台承载了定制化的人才评估服务，从整体匹配度、基本潜质评价、胜任素质评价、面试考察建议、用人发展建议等多个维度完整呈现人才评价体系（图3），为人才的招聘选拔提供依据、为人才培养发展提供建议。从基本信息、教育背景、工作经历及风险信息等多个方面对人选进行全面背景调查工作，对不同序列人才采用灵活调整的背调方案，多角度分析人才信用情况，降低员工频繁流动导致的招聘成本上升，让人事决策更快、更准。

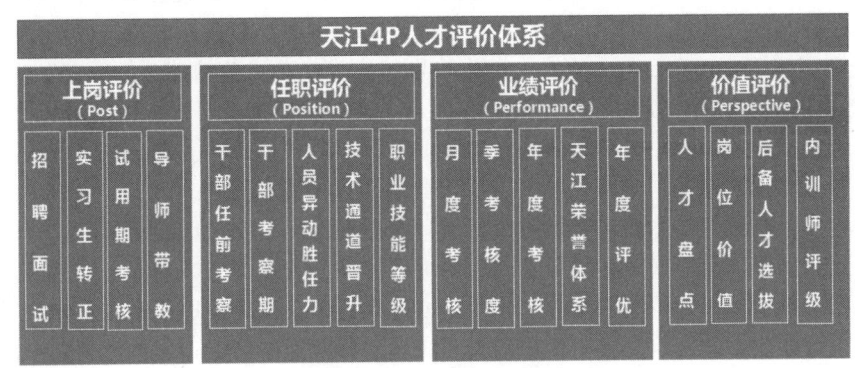

图3 天江4P人才评价体系

（二）汇集外合力量，传递"幸福天江"名片

1. 赋能人才平台数智化升级，重塑雇主品牌承载力

天江药业不断优化知识信息化平台，持续探索人力资源数字化转型。结合企业数字化转型步骤，从招聘模块出发，逐步推进人力资源流程系统全覆盖，进一步加强对人力资源数据化分析，为人才发现、集聚、培养、任用、激励等方面工作提供决策支持。

一是统一人才端口，实现便捷引才。通过北森招聘平台进行职位需求一键式发布，集中收集智联招聘、前程无忧、猎聘等招聘网站管理权限，自动投放岗位信息，并统一归档各平台主投简历，结合业务部门实际的人才需求特点，进行特定场景下的简历自动筛选。流程中，根据人才实际流转情况，自动推进线上招聘进程，减少繁杂的重复操作，充分释放人力资源团队的有效精力，实现便捷引才。

二是强化数据分析，实现高效引才。依靠数智化手段，对人才流转数据全程记录，过程数据动态更新，通过自主设置自定义字段来定制运算公式，自动生成可视化仪表盘，如招聘漏斗图、渠道效果分析、HR工作量表等，全面而清晰地呈现招聘行为全流程数据，实现了以前瞻性的数据洞察给予人才招引工作合理化建议及为下一阶段招聘策略指明方向的效果，从而进行高效引才。

三是绘制人才画像，实现精准引才。利用智能化简历标签对复杂的人才信息进行数据化、结构化、标准化处理，构建起人才画像的数据基础，在人岗匹配过程中洞见人才特点，为人才

的筛选录用提供辅助性依据。通过对人才数据的持续跟踪、历史数据的积累沉淀，实现从简单概括到全面绘制，动态完善人才画像，实现全面精准引才。

四是创建门户网站，实现智汇引才。采用成熟的设计理念，融入天江雇主品牌元素，自主搭建起社会招聘、校园招聘、内部推荐等信息门户网站，并进行移动端页面的同步更新。根据公司不同阶段的人才战略要求，持续对双端进行精细化、特色化运营，以优质的雇主视觉呈现、便捷的信息获取入口、高效的沟通反馈，全面提升员工体验感，智汇各路人才。

2. 夯实校企合作管理体系，提升雇主品牌吸引力

在党的二十大关于"加强企业主导的产学研深度融合，强化目标导向，提高科技成果转化和产业化水平"的政策指导下，天江药业发挥企业主体作用，完善人才布局，积极推动校企合作的深度融合。

一是制定梯队化校企合作方案。中药配方颗粒作为中药行业的细分领域，专业人才稀缺，天江药业全面布局校企合作关系，充分利用校企双方的资源优势，形成梯队化校企合作方案，保证了合作成果对人才成果的有效转化。

（1）第一梯队：与中国中医科学院、中国药科大学、南京中医药大学达成人才培养项目、科研项目合作，依托江苏省产业教授平台及专硕培养基地，以专博专硕联合培养、专题授课、开放日、冠名大赛、实习基地共建等方式，促进教育链、人才链与产业链有机衔接。

（2）第二梯队：与全国各省级中医药类院校及部分综合类院校形成基本合作关系，以奖学金设置、十校联盟校企合作、实习基地建设、校园大使宣发等方式逐步扩大合作维度，建立有效的雇主品牌传播渠道。

（3）第三梯队：强化与大中专院校的合作，打造"企中校，校中企""新型学徒制班"等校企合作新模式。例如与苏州卫生职业技术学院、连云港中医药高等职业技术学校、江阴职业技术学院等大专类院校达成生产、质量技能型人才培养的实训基地项目合作，定向进行基层技能岗位的人才输入。天江药业借助中药炮制工、药物制剂工两个工种的职业技能等级认定资质，开展职业技能等级认定工作，持续提升一线技术工人的职业素养和技能水平，建设一支有理想守信念、懂技术会创新、敢担当讲奉献的产业工人队伍。

二是实施前置化校园招聘策略。校园招聘前置化，可以提前触达契合度高的优秀校园人才，持续提升雇主品牌好感，潜移默化助力校园人才转化。针对在读的学生群体，天江药业积极申报本科实训基地、专硕联合培养基地，与中国药科大学、南京中医药大学等重点中医药院校签订定向人才培养方案，抢占校园人才资源，实现学生群体对天江药业雇主品牌的提前感知。针对应届毕业生群体，天江药业通过多渠道的预热宣传，全面投送雇主品牌信息，持续加大对外输出声量，快速锁定优质目标人才。后续，以线上线下企业资讯传播、经验交流会、礼物关怀等形式进行 offer 保温，降低人才流失风险，持续展现雇主品牌影响力。

三是推行集团化校园招聘模式。建立了天江药业及下属产业园（以下简称天江系）一体化校园招聘模式，十四家子公司根据实际校园人才需求，全程参与前期校园招聘方案制定、宣传物料设计、中期落地招聘、宣讲、后期人才资源共享。一方面，利用子公司地理位置优势，与当地或就近中医药院校建立校企合作关系，积极推动区域内人才战略布局；另一方面，利用天江总部科研实力、雇主品牌等资源优势，宏观优势共享、以点带面，借助天江系雇主品牌在全国范围内的影响力，解决子公司招聘渠道受限、企业知名度低等难题，最终形成总部—子公司—区域院校联合引才、协同育人的新模式。

3. 凸显社会人才专业声量，扩大雇主品牌影响力

一是招才引智，持续提升雇主美誉度。业务规模的持续增长，不断为企业带来新的人才需求，日常招聘工作也在长期进行。日常招聘行为直接触达市场求职人选，对雇主品牌的传播产生最直接影响。通过发布真实、有吸引力的招聘广告对外初步传递公司雇主品牌形象；通过合理、有温度的沟通方式，为候选人构建对雇主的感知和判断；通过科学、严谨的面试、笔试、测评等考核环节，加深候选人对天江雇主品牌整体印象的认识。

二是树立权威，稳步提高雇主知名度。天江药业主办全球中医药论坛，该论坛以关注中医药现代研究领域的最新动态、学科前沿发展趋势和研究热点为宗旨，是一个独立且非营利性的学术交流平台，为行业学术探讨和发展服务。同时，天江药业建有"杏林有曰"健康栏目，传递当下中医药领域的新风向及前沿思维。天江药业以中医药行业知识为载体，向社会面传递雇主品牌的权威要素，稳步提高雇主品牌的知名度。

五、建设成果

（一）降本增效，提高内部人才价值度

天江药业通过建立和谐劳动关系"五家"体系及荣誉激励体系，逐步获得员工对公司的认同，并通过企业文化、价值观、人才观等多维度的理念传递，形成公司与员工在物质与情感方面的融合，全面提高员工的忠诚度与敬业度，关键岗位人才流失率从最高峰的2.1%降至0.9%。同时，全员劳动生产率稳步增长，人工成本得到合理控制，人工成本利润率较上年度提升6.1%，人事费用率较上年度下降5.9%，人效提升成效显著。

（二）强基固本，提高人才结构合理度

以上岗评价、任职评价、业绩评价及价值评价为评价手段，梳理出横向可联动、纵向可贯通的天江人才评价体系，为科学的人岗匹配提供结果依据。全面打造校园雇主品牌体系，建成多梯队的校园人才引入渠道，利用中医药大中专院校人才培养机制，加强技能人才引入及队伍建设，优化企业内部技能人才结构，共240人取得了国家技能等级证书，锻造出适应制造业转型升级的技能人才队伍；为公司高端人才队伍建设提供指导，合理化进行高学历人才引入，硕士及以上学历人才占比由2019年的4.9%逐步提升至2022年的6.8%，以一支专业素质优异、技术本领强、能干事的专业技术人才队伍，引领配方颗粒行业技术发展。

（三）数字驱动，提高人才"选、育、用、留"专业度

通过人力资源数字化平台的应用，天江药业形成了人才"选、育、用、留"全生命周期的管理模式。在选人方面，以明确的人才画像、智能化数字标签、多渠道广告投放为支撑，形成"线上+线下"深度共融互通的人才招引模式，精准而高效地匹配合适人才；在育人方面，以数字化培训平台为基础，搭建起党建、研发、制造、营销、管理、企业文化六大分中心，针对性地进行培训课程的辅导和开发；在用人方面，使用大数据手段为绩效考核提供依据；在留人方面，个性化激励帮助组织留住人才。天江药业实现了人力资源管理与企业战略的有机融合、同频共振，推动企业在数字时代的变革，保持企业在中药配方颗粒行业的领跑地位。

（四）多措并举，提高市场人才竞争度

成熟的雇主品牌已然成为天江药业的标志性符号，天江药业以工作环境、薪酬福利、职业发展等为物质载体，积极对外传播"五年百亿，持续领跑"的战略目标、"担当、协作、创新、进取"的价值理念，在潜在员工、在职员工范围内树立起独特而有吸引力的雇主形象，进一步丰富和提升企业形象内涵。

天江药业借助雇主品牌的外部营销手段，通过社会招聘及校园招聘两条渠道，对企业文化、工作环境、社会责任等雇主品牌元素进行传播，重点展现"全国和谐劳动关系创建示范企业""企业人力资源管理优秀案例""提升职工生活品质试点企业""全国最具发展潜力雇主30强""人力资源管理杰出奖"等雇主品牌建设成果，将雇主品牌作为薪酬以外的另一重要吸引点，持续影响求职者的动机和行为，在激烈的市场人才竞争中脱颖而出，打赢人才争夺战，赢得更多人才的青睐。

案例负责人：杨鹭颖
主要创作人：杨鹭颖
参与创作人：丁晓红、马 杰、陈 健

做好农民工实名制管理，降低建筑施工总承包企业劳动用工风险

中国水利水电第十二工程局有限公司

在《保障农民工工资支付条例》正式施行的背景下，建筑施工总承包企业在农民工工资支付方面的责任日益增加，承担代为支付农民工工资的责任。一方面，农民工的法治意识在不断增强，维权途径多样化，维权成本降低；另一方面，政府对农民工的保护力度在不断加大，导致建筑行业总承包企业面临的"上压下顶"形势更加严峻。本文以中国水利水电第十二工程局有限公司（以下简称水电十二局）抓好农民工实名制管理、降低建筑施工企业劳动用工风险为切入点，为建筑施工企业进一步解决农民工用工问题、不断完善管理制度提供参考。

随着时代的进步，我国经济社会迅速发展，建筑业农民工数量不断增加，2022年已达到29562万人，他们用自己辛勤的汗水让中国的城市高楼林立、道路宽广，使一座座大国重器拔地而起，更是让中国被全世界称为"基建狂魔"。但是由于制度不健全、管理不到位等，建筑施工企业拖欠农民工工资等严重侵害农民工合法权益的事件时有发生。由于建筑施工总承包企业承担兜底责任，大大增加了建筑施工总承包企业的劳动用工风险。

近年来，水电十二局不断探索如何加强建筑施工总承包企业农民工实名制管理，降低劳动用工风险，维护企业和农民工合法权益，梳理总结了从项目中标前期策划到完工结算、从分包单位招标到完工退场、从农民工进场到结清工资退场等全流程以及需要注意的事项，从银行代发农民工工资、做好分包管理、开发农民工实名制管理系统、人脸识别考勤、台账资料收集、农民工思想教育等方面为建筑施工总承包企业保障农民工合法权益、维护企业利益做出了有益探索。

一、建筑施工总承包企业在使用农民工方面的现状

1. 建筑施工行业使用农民工数量多，人员结构复杂，流动性大

建筑施工行业特别是大型的建筑施工项目，往往需要数量庞大的农民工，由于一些项目建设周期长，施工高峰期短期工作量大，往往需要几百甚至上千的农民工。例如水电十二局一个抽水蓄能电站项目，在施工高峰期使用农民工近1300人；一个水库项目在2023年逐渐步入施工高峰期，农民工人数也从2022年的300猛增到了近900；特别是一些光伏新能源项目，在安装高峰期，在短短一个月内进场农民工近600人，高峰期过后农民工人数又迅速回落。

建筑工地使用的大部分农民工年龄较大、学历低，但是工作经验较为丰富，他们一般只听从施工现场班组长的安排和指挥，对项目部的各项规章制度不理解、不支持、不配合，甚至会有抵触情绪，认为项目部的管理耽误他们的工作时间，影响他们的收入。

建筑工地往往条件较为艰苦，农民工来自全国各地，风俗不同、文化程度不同、生活习惯不同，随意性较大，农民工可能因相处不愉快、不愿长期在工地干活等频繁进退场，这进一步增大了管理难度。

2. 分包单位或者包工头以各种理由抵制项目部加强管理

工程分包或者劳务分包都会有相应的合同条款进行约束，在达不到合同要求（如质量验收不合格等）的时候，分包单位想要正常从总承包单位拿钱往往很难。但是近年来国家对农民工工资拖欠治理要求越来越严格，很多不良分包单位便另辟蹊径，伙同农民工以农民工工资名义套取工程款、材料款等，而农民工工资又不得不付；或者分包单位在干完工程盈利部分而工程款又全部套到的情况下离场走人，留下硬骨头给总承包单位；甚至于分包单位在分包合同干完后觉得亏损了，就纠集手下的农民工滥用政府保护农民工的政策，恶意投诉、信访、仲裁、诉讼等逼迫总承包单位妥协。结果就造成分包单位盈利而总承包单位亏损、分包单位有钱而总承包单位资金紧张，严重影响工程项目正常建设。

3. 建筑施工总承包企业规章制度不健全，对农民工管理工作不重视

很多建筑施工总承包企业对于农民工管理仍没有引起足够的重视，没有从源头上控制进而规避农民工方面的劳动用工风险。在现实中经常会有农民工到劳动监察机构或法院主张要求总承包企业补发工资、确认与总承包企业存在事实劳动关系、要求总承包企业补缴社保等案例发生。而总承包企业因为自身管理不善，没有足够的证据推翻农民工的主张，最后只能哑巴吃黄连，蒙受损失。

二、在加强农民工管理、规避企业劳动用工风险方面的探索

农民工工资拖欠问题容易引发群体事件，从而影响社会和谐稳定和企业高质量可持续发展。面对后疫情时代国家经济发展压力增大，建筑施工行业形势严峻的现状，建筑施工总承包企业对农民工的管理要做到细致全面、规范有序。水电十二局采取的主要措施如下。

1. 加强分包管理，从源头堵塞漏洞

在分包策划的时候就将项目部关于农民工管理的要求写入招标文件，要求分包单位在投标的时候对拟使用的农民工各工种单价、需求计划人数、人工费用总额及其占合同额的比重等情况进行预测。在分包单位进场时与分包单位明确约定工程款支付周期及结算办法、农民工实名制管理及人脸识别考勤要求、农民工工资代发等事项，要求分包单位缴纳一定的农民工工资保证金。在分包单位退场前要求其对所招用的农民工工资无拖欠情况进行公示，并出具无拖欠农民工工资承诺书。

对于拒不配合落实实名制管理、人脸识别考勤、代发农民工工资等以及发生拖欠事实的分包单位，列入企业不合格分包商名录并限期清退，对于存在伪造资料套取资金，持有、管理农民工银行卡等情况的，从重处罚。

2. 加强组织领导，做好制度建设

成立项目部农民工管理领导机构，由项目班子成员挂帅，明确各部门职责，责任到人。加强与地方劳动监察等部门的联系，配备劳资专管员并要求结合管理难度适当增配。建立相应的管理制度，如农民工劳动合同管理、考勤管理、银行代发农民工工资、农民工进退场管理、分包单位进退场管理、维权信息公示制度、农民工工资结清承诺制度、处罚制度以及应急管理制度等，为农民工管理提供管理依据。

3. 加强农民工进退场管理

在农民工进场时，要求各分包单位对于其招用的农民工先到项目部报备，再在项目部的见证下与农民工签订劳动合同或用工书面协议，项目部同步安排入场安全教育、录入实名制管理系统，签署实名制考勤承诺书，履行告知义务，同时收集农民工身份证、银行卡及其他必要资料复印件。

在农民工退场时，要求分包单位主动核实工作量，主动结清农民工工资，经班组长、分包单位确认，项目部见证，确保在无欠薪的前提下使农民工退场，并签署农民工退场工资结清承诺书。

4. 用好实名制管理系统，用信息化助力农民工管理

为加强项目农民工实名制管理，水电十二局开发建设了集成门禁技术、视频监控技术、身份证读卡技术、人脸识别技术、大数据分析技术等拥有自主知识产权的农民工实名制管理系统。该系统以实名制管理为核心，通过读取农民工身份证信息实名制录入、人脸识别考勤打卡、动态更新实名制管理数据（如每日实施打卡出勤率、农民工劳动合同签订上传率等）、自动计算薪酬、大数据分析预警等功能，推动所属项目实名制管理水平不断提高。

其中分包单位投标时承诺的工种、工价以及人工费用总额数据，都会录入实名制管理系统。在农民工合同工资超出承诺工价区间、农民工月度发放工资超出合同工资标准、农民工工资累计支付总额以及支付比例超出正常范围时，实名制管理系统会自动发出预警信息，提醒项目注意核查分包单位是否恶意套取资金。

5. 做好日常考勤管理，为总承包企业维权打牢基础

加大对农民工的政策宣传，增强其维权意识，让农民工认识到打卡考勤是为了自己能够及时足额领取工资。同时灵活运用集中定点考勤打卡和移动式手机打卡，使农民工能方便、快捷地实现打卡，减少农民工的抵触情绪。同时要求专管员做好系统中人员信息的维护，每天查看考勤记录，及时处理异常情况。

6. 用好维权信息公示制度

总承包单位应按照要求在施工现场醒目位置设立维权信息告示牌，线性工程等还要根据实际情况增设。告示牌公示信息除了一些常规信息外，还必须有项目专管员的联系方式，给农民工留下项目层级的反馈渠道，尽量争取将欠薪纠纷解决在项目部，避免牵涉劳动监察甚至更高级别的部门，这样做也能进一步维护企业形象。按月收集并在维权信息告示牌公示农民工本人签字摁手印、分包单位法人或授权委托人签字加盖公章的工资单、花名册、考勤表等。

7. 重视农民工思想教育

水电十二局重视对农民工的法律政策宣传，经常性开展农民工思想政治工作，及时掌握农民工思想动态，做到早防范、早化解，争取把问题解决在萌芽状态。

做农民工的思想工作要有针对性，应用一把钥匙开一把锁的办法解决农民工思想上存在的实际问题，从根本上化解矛盾；要注重与农民工的日常沟通交流，从点滴小事中发现问题，把思想工作做到前边，避免亡羊补牢；要尊重农民工人格，关注其生活，以平等的心态开展农民工思想工作，让他们敞开心扉，说出真心话。

8. 提前制定应急预案

对于可能出现的农民工工资拖欠事件或突发的集体讨薪等群体事件，项目部要提前谋划，制定应急预案。在相关事件发生时能快速启动预案，一方面，项目部要在应急事件出现后迅速查明原因并上报；另一方面，总承包企业要立即派人指导、监督处理突发事件，避免事态进一步升级。

9. 建立并保管好农民工实名制管理台账

各项目专管员根据公司发布的资料清单，结合当地主管部门要求，对与农民工实名制管理相关的纸质原件资料和电子资料及时进行收集、整理、归档。

这些资料包括但不限于分包单位现场负责人的授权委托书、分包单位银行代发农民工工资授权委托书、分包单位投标的关于工种工价人数清单、项目部关于农民工实名制考勤告知书及管理制度张贴影像、农民工劳动合同或用工书面协议和身份证银行卡等复印件、农民工退场结清工资确认表、分包单位退场无拖欠农民工工资承诺书、按月收集的农民工工资单花名册考勤表、农民工工资专户开设相关资料、专户资金出入信息、农民工工资发放凭证、工资保证金存储凭证等。

三、落实实名制管理的效果分析

水电十二局通过近几年的不断摸索，形成了项目农民工实名制管理系统的方案、制度以及相关的台账模板。因项目部收集资料完整合规，为企业在面对农民工相关诉讼、争议时提供了有力的证据支撑，为企业减少了不必要的损失，助力建筑施工总承包企业实现高质量发展。

1. 有效降低企业劳动用工风险

（1）有效减少农民工工资拖欠，避免恶意讨薪

借助信息化手段，项目部可以清晰掌握分包单位人员组成、用工记录，可以有效收集保存劳动合同、考勤记录等原始证据，锁定农民工劳动关系、工资发放记录等关键证据链，建筑施工总承包企业每月通过银行直接代发农民工工资，避免了分包单位或包工头拿到工程款后不按时支付农民工工资甚至卷款跑路事件的发生。即使有不良分包单位或班组长因工程亏损等恶意讨薪或以农民工工资名义讨要工程款、材料款等，由于建筑施工总承包企业拥有完整、准确、清晰的关键资料，也能够有效降低劳动用工风险，保护企业和农民工合法权益。

（2）有效助力项目安全管理，降低安全风险

实名制管理的推行，特别是身份证读卡识别，可以有效过滤掉蒙混在工地的违法犯罪分子，消除违法犯罪分子带来的安全隐患；可以摸清现场工人情况，避免分包单位非法使用未成年人等情况；可以明确工人工种，有效规避超龄农民工从事高危岗位工作；可以保障安全教育的覆盖面，确保每一位在现场施工的农民工都接受了项目部入场安全教育，消除了岗前培训死角，防止不规范用工现象，增强了在场人员安全意识，提高其工作技能，有助于现场安全管理，降低了安全风险。

2. 为企业高质量发展提供支撑

（1）有效掌握分包队伍人员真实情况，辅助项目部进行成本控制

随着社会多元化发展，成熟的建筑工人越来越稀缺，其工资水平相应提高。以往，建筑施

工企业在成本控制方面侧重于材料费的控制，主要以节约和重复利用材料等手段为主，如今，农民工的人工费用所占比重越来越高，对成本乃至整体利润影响越来越大。利用实名制管理所掌握的信息，可以有效掌握分包单位人员的投入产出情况，也有利于项目通过对人工的合理利用和控制，减少不必要的人工费用损失。

（2）建立了施工企业的施工人员信息库

依靠实名制管理系统形成的数据库，企业可以有效掌握一批施工经验丰富、工种搭配合理、实际履约良好的一线技能人员队伍，为以后挑选合格分包单位、培养企业长期合作伙伴提供了重要的支撑。

（3）维护企业和社会稳定，夯实高质量发展基础

及时足额支付农民工工资既能保障农民工的合法权益，也能维护企业和谐的劳动关系，维护企业良好的声誉和形象，有利于农民工群体思想稳定、积极工作，高质高效完成施工任务，为项目顺利建成、企业高质量发展夯实基础。

建筑业是我国经济建设的重要产业，相关的农民工问题既事关农民工和建筑施工企业自身利益，也事关社会公平正义和和谐稳定，而做好农民工实名制管理就是解决农民工问题的一条重要途径。本文总结分析了水电十二局在农民工管理工作过程中遇到的典型问题、做好农民工管理工作的有益探索，以及做好农民工实名制管理工作对于降低企业劳动用工风险的作用，相关做法可供其他建筑施工总承包企业参考借鉴。

案例负责人：刘　辉

主要创作人：田土昊

参与创作人：徐映辉、李乾坤